하나님께로부터
보내심을 받은 사람이 있으니
그의 이름은 요한이라
그가 증언하러 왔으니 곧 빛에 대하여 증언하고
모든 사람이 자기로 말미암아 믿게 하려 함이라
그는 이 빛이 아니요
이 빛에 대하여 증언하러 온 자라

요한복음 1장 6-8절

Ἐγένετο ἄνθρωπος,
ἀπεσταλμένος παρὰ θεοῦ,
ὄνομα αὐτῷ Ἰωάννης·
οὗτος ἦλθεν εἰς μαρτυρίαν, ἵνα μαρτυρήσῃ περὶ τοῦ φωτός,
ἵνα πάντες πιστεύσωσιν δι' αὐτοῦ.
οὐκ ἦν ἐκεῖνος τὸ φῶς,
ἀλλ' ἵνα μαρτυρήσῃ περὶ τοῦ φωτός.

ΚΑΤΑ ΙΩΑΝΝΗΝ 1, 6-8.

신학공부, 나는 이렇게 해왔다

My Theological Journey :
A Guide for Seminary Students and Pastors on How to Study Theology

volume 1

김남준

김남준 현 안양대학교의 전신인 대한신학교 신학과를 야학으로 마치고, 총신대학교에서 목회학 석사와 신학 석사 학위를 받았으며, 신학 박사 과정에서 공부했다. 안양대학교와 현 백석대학교에서 전임 강사와 조교수를 지냈다. 1993년 **열린교회**(www.yullin.org)를 개척하여 담임하고 있으며, 현재 총신대학교 신학과 조교수로도 재직하고 있다. 저자는 영국 퓨리턴들의 설교와 목회 사역의 모본을 따르고자 노력해 왔으며, 아우구스티누스를 비롯한 보편교회의 신학과 칼빈, 오웬, 조나단 에드워즈와 17세기 개신교 정통주의 신학에 천착하면서 조국교회에 신학적 깊이가 있는 개혁교회 목회가 뿌리내리기를 갈망하며 섬기고 있다.

주요 저서로는 **1997년도 기독교 출판문화상**을 수상한 『예배의 감격에 빠져라』와 **2003년도 기독교 출판문화상**을 수상한 『거룩한 삶의 실천을 위한 마음지킴』, **2005년도 기독교 출판문화상**을 수상한 『죄와 은혜의 지배』, **2015년도 기독교 출판문화상**을 수상한 『가슴 시리도록 그립다, 가족』을 비롯하여 『자네, 정말 그 길을 가려나』, 『깊이 읽는 주기도문』, 『인간과 잘 사는 것』, 『영원 안에서 나를 찾다』, 『교회와 그리스도의 남은 고난』 등 다수가 있다.

신학공부, 나는 이렇게 해왔다 volume 1

ⓒ 생명의말씀사 2016

2016년 3월 11일 1판 1쇄 발행
2018년 6월 27일   5쇄 발행

펴낸이 | 김재권
펴낸곳 | 생명의말씀사

등록 | 1962. 1. 10. No.300-1962-1
주소 | 서울시 종로구 경희궁1길 5-9(03176)
전화 | 02)738-6555(본사) · 02)3159-7979(영업)
팩스 | 02)739-3824(본사) · 080-022-8585(영업)

지은이 | 김남준

기획편집 | 태현주, 김정주
디자인 | 박소정, 조현진, 최윤창
인쇄 | 영진문원
제본 | 정문바인텍

ISBN 978-89-04-03154-2 (04230)
ISBN 978-89-04-70024-0 (세트)

저작권자의 허락없이 이 책의 일부 또는 전체를
무단 복제, 전재, 발췌하면 저작권법에 의해 처벌을 받습니다.

신학공부, 나는 이렇게 해왔다

My Theological Journey :
A Guide for Seminary Students and Pastors on How to Study Theology

volume 1

교수님들의 추천사

신학공부와 목회 사역의 올바른 방향성을 제시하는 책

이 책은 신학과 목회의 아름다운 접목을 엿보게 합니다. 또한 개혁신학과 개혁신앙에 기반을 둔 목회란 어떤 것인지 알려 줍니다. 어떤 면에서 기독교 지성의 중요성이 약화된 시대에 대한 도전이고 기독교회의 지성적 노력의 빛이 흐려진 시대에 굴기의 빛을 내려는 용기입니다. 그래서 '지성의 자살' 없이 신학하고 목회할 수 있다는 것, 아니 그렇게 사역해야 한다는 진리의 웅변을 듣게 됩니다.

쉽게 쓰인 책이 아닙니다. 심도 있는 고민과 성찰 속에 박학다식의 사색 과정의 오랜 여정이 담겨 있습니다. 주님의 깊이 있는 은혜에 대한 경험들, 그간 치열하고 성실했던 삶과 사역들, 신학의 맥과 사상사의 흐름을 꿰뚫는 통찰들이 어우러져서 '하나님의 아름다움'을 드러내는 신학과 목회가 될 수 있는 길을 제시합니다. 그래서 다채로운 광채를 내는 책입니다.

신학생들과 신학도들에게 정독을 권합니다. 그래서 얻게 될 영적, 지적, 신앙적, 목회적 유익을 기대합니다. 시대를 깨우는 영적 지도자의 길을 가는 이들에게 권하는 바입니다.

김상훈 총신대학교 신학대학원, 총회신학원 원장

신학을 공부할 수 있다는 것은 복 중의 복이라고 생각합니다. 이 세상의 공부라는 것이 크게 나누면 창조주이신 하나님에 관한 공부와 피조물인 세상 만물에 관한 공부입니다. 즉, 신과 그분의 창조(인간, 사회, 자연)에 관한 공부라 그런 말씀이지요.

그런데 근대 합리주의의 발흥과 더불어 학문이라는 것이 이성적 한계 내의 작업으로 고착됨으로써 신과 무관한 대상이 되고 말았습니다. 거기에서 한 걸음 더 나아가 인간의 이성이 신과 관련된 모든 것까지도 주체가 되어 작용하는 데 이르렀습니다. 이는 이성이 신적 권위까지 침탈했다는 뜻이지요. 그 결과 신과 그의 창조세계라는 등식은 깡그리 무너지고 신 없는 창조세계 내지는 신조차 복속시키고 만 창조세계로 전락하고 말았습니다.

독일 사람들은 "모든 것이 질서대로 돌아가고 있습니까?"라는 인사를 주고받는다고 합니다. 그들의 질서 존중 의식과 생활 습관이 유럽 공동체를 메고 갈 정도로 힘 있는 독일을 만들어 낸 것 같습니다. 그러므로 질서 있는 생각과 삶이 곧 경쟁력이라고 해도 과언이 아닐 것입니다. 그런 연장선상에서 볼 때 창조 질서, 즉 신과 창조 관련 질서가 뒤집어지면 모든 것이 무질서화하고 만다는 것이 우리 하나님의 자녀들이 익히 알고 있는 바요, 믿는 바 참다운 도리입니다.

그렇다면 신실한 종교개혁자 존 칼빈이 바르게 일러 주었듯이 만물에 대한 공부를 충실히 감당하기 위해서는 반드시 그 만물과 아무리 떼려고 해도 뗄 수 없는 관계를 맺고 있는 창조주 하나님에 관한 공부를 반드시 먼저 해야 합니다. 이래서 우리는 신지식 우선주의를 내세우는 것입니다. 신학은 다름 아니라 이 신의 존재와 말씀하심 및 작업을 출발점으로 삼고, 다음으로 그와 관련 기타 제반을 관심 두고 성찰하는 공부입니다. 그런 생각에 더하여 신학공부가 최고로 복 받은 일이라고 말씀드린 것입니다.

모든 공부가 다 그렇듯이 신학공부도 공부하는 이의 자세와 공부하는 방법이라는 게 없을 수 없습니다. 신학공부를 하기 위해서는 어떤 자세를 가져야 하는가? 신학공부는 어떻게 하는 것인가? 이런 물음들에 대한 최선의 답을 가지고 공부를 시작하는 사람과 그렇지 않은 사람과의 차이는 하늘과 땅만큼이나 큽니다. 그런데 안타깝게도 한국에 기독교가 본격적으로 전래된 지 130여 년에 달한 지금까지도 이 방면의 친절한 책들이 드문 지경입니다. 사정이 이렇다 보니 신학공부에 나서는 학도들이 시행착오를 많이 범하는 일들이 반복되고 있습니다. 이런 때에 저명한 목회자요 신학자인 김남준 목사께서 이 책을 펴내게 되어 여간 반갑지 않습니다.

아시다시피 김 목사님은 교계에서 인정받는 저술가입니다. 그의 역량은 그로 하여금 종횡무진한 글쓰기를 계속할 수 있게 만들고 있습니다. 그의 연학가적 기질은 신학은 물론 각 방면의 지식을 망라하여 비축케 하고 있을 뿐만 아니라 그에게는 그것을 알기 쉽고 설득력 있게 풀어 내는 기술적 요령까지 있기에 그가 지은 책마다 번번이 낙양의 지가를 올리고 있습니다.

그러므로 비재는 이 책을 경향 각지의 신학도들과 목회자 여러분들께 기쁜 마음을 가지고 자신 있게 추천합니다. 부디 이 책이 한국교회의 신학공부에 열정과 심도를 더하며, 신학공부의 부흥을 다시 한 번 일으키는 강력한 촉매제로 쓰임받게 되기를 충심으로 기원합니다.

김영우 총신대학교 총장

모든 이름 위에 뛰어나신 주 예수 그리스도의 이름을 높여 드립니다. 또한 김남준 목사님을 사랑하시고 귀하게 사용하시는 주님을 찬양합니다. 지금껏 건강하고 아름다운 교회를 섬기는 목회자의 표본이 되어 오셨으며, 한국 신학계와 교계를 위해 주옥같은 저술 활동을 펼쳐 오신 김남준 목사님을 통하여 또 하나의 대작이 탄생함을 참으로 기쁘고 뜻깊게 생각합니다. 이 책을 통하여 참길을 찾고 있는 수 많은 구도자들 그리고 신학생도들이 길이요, 진리요, 생명이신 예수 그리스도께 한 걸음 더 가까이 나아가게 될 것이라 믿어 의심치 않습니다. 또한 앞으로의 목회와 사역의 올바른 방향성을 잡을 수 있으리라 생각됩니다. 하나님을 사랑하고, 더욱 잘 알기 원하여 신학과 신앙이 삶 가운데 일치되고자 갈망하는 모든 그리스도인들에게 이 책을 적극 추천합니다.

김영욱 아세아연합신학대학교 총장

저자는 이 책에서 신학생들과 목회자는 물론이려니와 그리스도를 구세주로 영접한 사람이라면 누구나 왜 신학을 공부해야 하는가를 자신의 영적, 지적, 인간적, 목회적 체험을 진솔하게 간증하면서 설득력 있게 설명하고 있습니다.

그에게 있어서 신학은 신앙과 결코 분리될 수 없는 것으로서, 단순한 지식의 습득이 아니라 하나님을 깊이 체험하게 해주며 자신의 신앙을 견고하게 해줄 뿐만 아니라 자신과 세상을 아름답게 회복시키는 수단과 과정이 되고 있으며, 그의 인생을 하나님께 전적으로 헌신된 삶으로 살게 해주는 필수적 요소임이 이 책에 고백되어지고 있습니다. 그래서 저자는 누구든지 하나님의 자녀로 진지하게 인생을 살기를 원한다면 반드시 신학을 넓고도 깊게 지속적으로 공부해야 한다는 사실을 강조합니다.

이 책은 모든 계층의 독자에게 신학을 공부해야 할 참된 동기를 부여하고 있으며 참된 신학의 본질, 신학공부의 효용성과 가치, 신학을 함으로 얻게 되는 즐거움과 환희, 그 신학을 제대로 할 수 있는 방법을 잘 설명해 주고 있기에 모든 신학도와 목회자뿐만 아니라 모든 성도들의 필독서입니다.

김인환 대신대학교 총장, 전 총신대학교 총장

한국교회를 둘러보면 학자로 알려진 이들은 강의하듯 설교하므로 영혼의 울림이 없는 논리 전개에만 골몰하고, 반면 설교자로 명망을 떨치는 이들은 학문의 깊이가 얕아 청중의 감성을 건드리는 언어 조합에만 여념이 없어 보입니다. 이러한 영성의 빈약과 지성의 빈곤이라는 양극단의 피안에 서 있는, 지성과 영성이 하나로 조화된 참된 설교자이며 동시에 진정한 학자 가운데 한 분이 바로 김남준 목사입니다.

지난 10년 동안 저자는 아우구스티누스며 청교도 사상가들이며 주로 남의 사상만 얘기해 왔는데, 이번에 비로소 자신의 이야기를 중세 알렉산더 헤일즈의 저작에 대한 촌평을 빌리면 '한 필의 말보다 더 무게 있는' 분량으로 써 냈습니다. 이렇게 할 얘기가 많다는 것은 그만큼 학문적 구도자로서의 지적 반성의 내공이 깊고, 신학적 순례자로서의 신앙적 성찰의 내력이 길다는 뜻입니다.

실로 이 책은 자신의 영적, 학문적 방황에 대한 진솔한 고백이 담긴 신학적 자서전이요, 예수 그리스도의 복음을 위한 참된 헌신과 소명의 길을 제시하는 사역적 지침서이며, 하나님의 영광을 정점에 둔 말씀에 대한 깊은 독해가 담긴 성경적 교리서입니다. 이런 점에서 이 책은 아우구스티누스의 『고백록』, 토마스 아 켐피스의 『그리스도를 본받아』, 칼빈의 『기독교강요』가 하나로 어우러진 기독교 학문과 경건의 종합적 결정판이며, 오늘날 신학의 정글 속에서 길 잃고 헤매는 젊은 신학도들에게 바른 길을 제시하는 좋은 길라잡이입니다.

전광식 고신대학교 총장

신학을 준비하는 사람에게도, 현직 신학자나 목회자에게도 신학공부는 매우 어려운 일이라고 말할 수 있을 것입니다. 그것은 결국 하나님에 대한 공부이기 때문입니다. 요즈음 젊은 세대들에게 존경받는 경건한 목회자 김남준 목사가 이번에 자신이 신학을 공부하면서 깨달아 온 구도자로서의 체험을 바탕으로 출간하게 된

『신학공부, 나는 이렇게 해왔다』라는 책은 신학이라는 어려운 길을 가는 사람들에게 많은 도움을 줄 수 있으리라 생각합니다. 김 목사님은 우리 대학교의 2015년도 제1학기 개강 신앙수련회에서 '시편 23편의 숲에서 하나님을 만나다' 라는 주제로 말씀을 전하여 많은 감동을 선사하셨습니다. 금번에 출간하는 『신학공부, 나는 이렇게 해왔다』라는 책이 신학의 숲을 찾아가는 많은 사람들에게 빛을 비춰 주는 훌륭한 길라잡이가 되리라고 믿으며 추천합니다.

정규남 광신대학교 총장

여기 그동안 가장 진지하게 신학공부를 해 오신 한 분의 목사님께서 아주 진지하게 우리에게 자신이 신학공부를 해 오신 과정을 알려 주시면서 우리를 도와주시려 하는 귀한 책이 주어져 있습니다. 김남준 목사님의 이 말씀이 의미 있는 것은 이것이 목사가 되기 전에도 아주 열심히 공부하셨던 분의 말씀이며, 특히 목사가 된 후에도 여전히 열심히 공부하시는 목사님의 말씀이기 때문입니다. 이 책을 통해서 근자에도 김 목사님께서 얼마나 열심히 공부하시는가를 짐작할 수 있습니다.

기본적으로 이 귀한 권면 앞에서 놀라서 신학공부하기를 포기하고 그저 신실한 성도로 살기로 결단하는 일이 많이 있었으면 합니다. 그러나 동시에 이 권면 앞에서 포기하지 않고, 김 목사님의 안내를 따라서 찬찬히 공부의 길로 나아간다면 우리들은 의미 있게 신학공부를 할 수 있게 될 것입니다. 참된 신학공부는 하나님께서 당신 자신을 우리에게 가르쳐서 당신께로 인도하는 과정입니다. 루터가 말한 대로, 읽고 생각하고 기도하는 것으로는 신학을 하는 흉내만 내는 것이고 정죄받고 죽고 그리스도와 함께 살아야 참된 신학공부를 하는 것입니다. 이 책을 읽는 과정 중에서 정죄받고 죽고 다시 사는 경험을 통해 이 땅 가운데 바르게 신학을 공부해 나가는 참목회자들이 많아지기를 기원합니다.

이승구 합동신학대학원대학교 조직신학 교수

나는 이런 목사를 본 적이 없습니다. 개인적으로 5만 권이 넘는 장서를 마련하고 단일 교회에 엄청난 도서관을 구축하며 자료 수집과 편집 그리고 번역을 위해 전문 인력을 배치하고 성도의 교육을 위해 끝없이 교재와 양서를 만들어 내는 목사를!

나는 이런 설교자를 본 적이 없습니다. 젊은 부교역자들이 혀를 내두를 정도로 매일같이 연구하며 말씀의 새로운 지평을 찾아내고 견고한 신학 위에서 범인들이 흉내 내기 힘든 주옥같은 메시지를 만들어 내는 설교자를!

나는 요 근래에 이런 하나님의 사람을 본 적이 없습니다. 철저한 무신론자에서 성령으로 거듭나 어떻게 하든 하나님 앞에서 살아가려 온 몸으로 몸부림치는 한 기독인을!

그가 신앙과 경건과 사상의 몸부림 속에 고민하던 신학에 관한 질문들을 4년간의 작업 끝에 내놓았습니다. 한국 기독교의 아킬레스건이 신학적 학문적 토대의 취약함에 있음을 감안하면 이 노작이야말로 더할 나위 없이 반가운 소식입니다. 오늘의 사역자에게는 다시 근본을 다지는 새 출발의 동인이요 내일을 준비하는 신학생에게는 사역의 건강함을 견인하는 향도가 될 것입니다!

정인교 서울신학대학교 교수

이 책은 한국교회의 목회자들, 신학생들 그리고 일반 성도들에게까지도 함께 읽을 것을 힘주어 권하고 싶은 귀한 책입니다. 저자 김남준 목사는 이 책에서 여전히 구도자가 되어 치열하게 참 목회자가 누구인가를 찾고 있습니다. 다르게는 저자가 한국교회를 향한 자신의 구구절절한 기도와 소망을 토해 내고 있습니다.

나 역시 동학(同學)으로서 아주 큰 호기심과 기대로 이 책을 읽어 나갔는데, 이 책은 신학교수이며 목사인 나를 여러 면에서 성찰의 길로 인도했습니다. 저자는 목회자가 깊은 영성의 사람이 되어야 할 뿐 아니라, 실천적 적실성을 위해 지속적인 공부와 자아 성찰로 신학적 깊이를 갖는 사람이어야 함을 역설하고 있습니다. 진정한 목회자란 자신의 삶 전체를 그리스도 진리 위에 세운 사람으로서 열렬히 주의 진리를 공부하는 신학자가 되어야 한다는 것입니다.

주도홍 백석대학교 교수, 한국개혁신학회 회장

이 책을 다음과 같은 두 가지 이유로 추천드리는 바입니다.

첫 번째 추천 이유는 이 책의 저자가 김남준 목사이기 때문입니다. 그는 참으로 목양적인 목회자인 동시에 탁월한 지성을 가진 신학자입니다. 그는 전형적인 개혁교회의 목회자로서, 경건과 학문 그리고 인격과 실력을 겸비한 분입니다.

두 번째 추천 이유는 이 책의 내용 때문입니다. 이 책에는 저자의 인격의 진솔함과 정직함의 향기를 맡을 수 있는 내용이 담겨 있는 동시에, 목회의 길을 걷고자 하는 사람들에게 큰 감동과 유익이 될 수 있는 특별한 내용과 지혜가 담겨 있습니다.

이에 이 책을 특히 신학생들과 목회자들과 신학자들에게 즐거운 마음으로 강력하게 추천합니다.

최윤배 장로회신학대학교 복음실천처장, 한국성서학연구소 이사

목사님들의 추천사

하나님을 바르게 사랑하며
살아가는 삶을 가르쳐 주는 책

목회자는 신학자입니다. 저는 이 책의 저자 김남준 목사가 현재 한국교회에서 목사로서의 신학자, 신학자로서의 목사의 삶을 가장 모범적으로 보여주고 있다고 생각합니다. 신학대학원 1학년 때 처음 만나 지금까지 30년 동안 교제하면서 지켜본 김남준 목사의 삶은 구도자의 자세를 가지고 불꽃처럼 자신을 태우면서 신학과 목회를 하는 한결같은 모습입니다.

이 책에는 우리 시대 목사로서 사역을 하고 있는 김남준 목사의 신학과 목회의 진수가 풍성한 만찬처럼 제공되어 있습니다. 이 책을 통해 한국교회에 더 많은 목사-신학자가 배출되기를 희망합니다.

백금산 예수가족교회 담임목사

'신학'이라는 단어는 사람들에게, 심지어 그리스도인들에게도 거리감을 주는 단어입니다. 신학이 영적인 삶을 살아가는 데 방해가 된다고 생각하는 그리스도인도 있습니다. 그러나 하나님을 만나고, 하나님을 사랑하는 사람이라면 이미 신학공부를 시작한 것입니다. 왜냐하면 신학이란 단순히 지식을 머릿속에 입력하는 것이 아니라 하나님을 사랑하는 마음이 동기가 되어 하나님에 대해 알아 가는 학문이기 때문입니다. 신학은 하나님을 바르게 사랑하는 방법, 하나님을 향해 나아가는 삶을 배우는 것입니다.

그런 의미에서 열정적으로 바른 신학을 목회 현장에 접목시켜 오신 김남준 목사님의 『신학공부, 나는 이렇게 해왔다』는 독자들에게 하나님을 향한 삶의 길을 인도하는 좋은 길잡이가 되어 줄 것입니다. 이 책을 통하여 많은 독자들이 하나님께서 기뻐하시는 신학도가 되기를 기대합니다.

이영훈 여의도순복음교회 담임목사

참으로 유익한 책이 출판되었습니다. 본인의 소명과 신학적 탐구의 여정을 진솔하고 투명하게 반추하며 성경적 목회자로 형성되어 가는 과정을 신학적으로 정리한 책은 처음 접하기에 매우 놀라운 책으로 다가옵니다. 김남준 목사님의 모든 책들이 학문적 성실성과 성경신학적 정확성에 기초하여 쓰여졌지만 소명과 신학 여정을 분명하게 학문적으로 정리한 이 책은 보기 드문 역작입니다.

김 목사님은 이 책을 통해 모든 설교자는 곧 신학자이어야 한다는 사실을 깨우쳐 주며 나태하고 부정직한 목회 현실을 따끔하게 지적하십니다. 이제 막 신학의 길로 들어선 신입 목회자로부터 연만한 목회의 여정을 다 지난 원로 목회자님들에 이르기까지 모두가 함께 읽어야 할 책임에 틀림없습니다. 수고하신 김 목사님께 감사드리며 이 책이 한국교회의 무너진 성벽을 다시 세우는 데 쓰임받을 줄 믿고 추천합니다.

이재훈 온누리교회 담임목사

저자 서문

신학, 그 구도의 길

열다섯 살 소년이 주일에 교회로 가던 길에 논둑에 엎드려 한없이 울고 말았습니다. 추운 들녘에서 그를 목 놓아 울게 한 질문들은 다음과 같은 것들이었습니다. "나는 누구인가?" "나는 인생을 어떻게 살아야 하는가?" "세계는 나에게 무슨 의미를 갖는가?" "신은 정말 존재하는가?"

한참 울고 난 뒤, 소년은 두 눈에 흐르는 눈물을 훔치며 결심했습니다. 죽는 날까지 철저한 무신론자로 살기로 말입니다.

그 소년이 성장하여 청년이 되었습니다. 그는 자신이 한 질문들의 답을 문학과 사상과 철학에서 얻고자 하였습니다. 그러나 충분한 답을 찾을 수는 없었습니다.

그런데 허무주의, 회의주의, 그리고 염세주의에 빠져 죽음의 문턱을 넘나들던 그에게 놀라운 일이 일어났습니다. 예수 그리스도를 믿고 회심하게 되었던 것입니다. 이후, 그는 신학을 공부하였습니다.

어느 해 추운 겨울, 들녘에서 목 놓아 울던 그 소년이 바로 저입니다. 목회의 소명을 받아 신학교에 들어가고 전도사로 사역하게 되었지만, 저도 처음에는 지성의 스위치를 꺼야만 신앙생활이 가능한 줄 알았습니다. 그러나 신학을 공부하며 다시

한 번 그리스도를 깊이 만나고, 하나님의 영광을 보게 되었습니다. 그것은 실로 하나님의 전적인 은혜였습니다. 그러한 경험으로 말미암아 저는 지성적 탐구의 중요성에 눈뜨게 되었습니다. 그 시절, 저는 칼빈과 영국 청교도에 심취해 있었습니다. 그들의 생애와 저술들을 통해, 저는 목회에 전념하면서 또한 학문의 탐구와 설교에 전념해야 할 필요성을 절실하게 깨달았습니다. 그동안 제가 쓴 책들은 이러한 저의 개인적 노력을 사용하신 하나님의 은혜의 결과였습니다.

저는 30대 후반에 서로 다른 신학의 분과들이 어떻게 유기적으로 결합하여 말씀을 드러내는지를 경험했고, 그로부터 약 10여 년이 흐른 뒤인 40대 끝 무렵에는 세상의 모든 학문들이 어떻게 온 땅과 하늘 위에 가득한 하나님의 영광을 찬란하게 드러내는지를 깨닫게 되었습니다.

저에게 있어서 신학의 길은 구도의 길이었습니다. 제 안에 깊이 밴 죄의 본성을 깨닫고 난 후, 참도(道)이신 그리스도를 추구하며 사는 일에 있어서 최대의 방해물은 언제나 저 자신이었습니다. 구원받은 이후, 잘 살 때도 있었지만 넘어질 때도 있었습니다. 그래도 하나님께서는 쓰러진 그 자리에서 언제나 말씀을 지팡이 삼아 다시 일어서게 하셨습니다. 죄보다 큰 용서, 상처보다 더 큰 은혜를 베풀어 주심으로 이제껏 당신 앞에서 살게 하셨습니다.

그래서 이 책은 참으로 자유롭게 자신의 인생의 진정한 주체로서 살고 싶었던 한 인간으로서의 저의 구도의 고백을 담고 있습니다. 또한 매 주일마다, 인생길에서 그 옛날 열다섯 살 소년일 때의 저 자신처럼 방황하는 교인들에게 설교해야만 하는 한 사람의 목회자로서 신앙에 대해 깨닫게 된 내용을 담고 있습니다.

이 책은 두 권으로 출판될 『신학공부, 나는 이렇게 해왔다』 중 첫 번째 책으로 다음 세 가지 주제를 다루고 있습니다. (1) 누가 신학공부를 하는가? (2) 신학공부는 어떻게 하는가? (3) 목사는 왜 공부를 해야 하는가?입니다. 그리고 가까운 시일 내에 출간될 두 번째 책에서는 (4) 무엇을 공부해야 하는가?를 다룰 것입니다.

신학의 궁극적인 목적은 자신이 하나님을 향하여 잘 사는 것입니다. 그리고 그러한 자신으로 인하여 다른 사람도 행복하게 함으로써 하나님께서 세계와 인간을 창조하신 뜻을 성취하는 것입니다. 성경이 복음을 "하나님의 지혜"(고전 2:7)라고 부르는 이유는 바로 복음을 통해서 우리가 이 위대한 성취를 할 수 있기 때문입니다.

저는 이 책이 신학에 관한 질문들에 대한 최선의 답이라고 생각하지 않습니다. 더욱이 신학에 관한 모든 질문에 대한 충분한 답이라고도 생각하지 않습니다. 다만 이 책은 기독교 신앙에서 행복에 이르는 길을 발견하고 구도의 마음으로 신학을 탐구해 온 한 그리스도인의 신앙적이고 지적인 여정의 산물일 뿐입니다.

이 책이 신학의 길에 들어서려는 이들에게, 신학의 숲에서 길을 잃어버린 이들에게 작은 도움이라도 된다면 이 책을 쓰기 위해 보냈던 지난 4년간의 수고가 헛되지 않을 것입니다.

하나님께 영광을 돌리며
그리스도의 노예 김남준

목 차

교수님들의 추천사 신학공부와 목회 사역의 올바른 방향성을 제시하는 책 | 4
목사님들의 추천사 하나님을 바르게 사랑하며 살아가는 삶을 가르쳐 주는 책 | 12
저자 서문 신학, 그 구도의 길 | 14

제1부 누가 신학을 하는가

제1장 역사와 사람 | 33

I. 들어가는 말 | 34

II. 성경의 역사 | 35

III. 교회의 역사 | 38
　A. 초대교회 시대 | 38
　B. 중세교회 시대 | 40
　C. 종교개혁 시대 | 42
　D. 정통주의 시대 | 44
　E. 근대와 현대 | 47

IV. 맺는 말 | 49

제2장 목회와 소명 1 | 53

I. 들어가는 말 | 54

II. 그리스도와의 만남 | 55
　A. 십자가와 부활 사건 | 56
　B. 그리스도에 대한 믿음 | 59

1. 나의 회심 이야기　| 60
　　　2. 그리스도를 믿음　| 64
　　C. 아가페와 까리따스　| 66
　　D. 하나님의 영광을 위함　| 71

III. 소명 의식과 신학공부　| 73
　　A. 소명 없는 신학공부　| 73
　　B. 신앙으로 하는 학문　| 77

IV. 맺는 말　| 80

제3장 목회와 소명 2　| 85

I. 들어가는 말　| 86

II. 소명 체험의 확실성과 유익　| 87
　　A. 문화적 이신론의 시대　| 88
　　B. 고난에 참여케 하는 소명　| 89
　　C. 나의 소명 체험　| 92

III. 소명 의식의 가변성과 한계　| 94
　　A. 지속적 헌신　| 94
　　B. 지속적 성화　| 96
　　C. 영적인 성장　| 98
　　　1. 사랑의 성장　| 100
　　　2. 지식의 성장　| 105

IV. 맺는 말　| 109

제4장 아름다움과 신학 | 115

I. 들어가는 말 | 116

II. 올바른 신학함 : 지식과 사랑의 결합 | 117
    A. 개혁주의 목회의 전통 | 117
    B. 부흥주의의 어두운 유산 | 122
    C. 하나님의 아름다움 | 125

III. 신학을 열심히 공부함 | 127
    A. 자신의 부족함을 알기에 | 128
    B. 신학이 예쁘기 때문에 | 131

IV. 별이 빛나던 밤에 | 134
    A. 내가 경험한 지성적 개안 | 134
    B. 신학함에 있어서 신앙의 역할 | 136
    C. 하나님의 아름다움을 추구하라 | 138

V. 맺는 말 | 139

제5장 신앙과 신학 | 143

I. 들어가는 말 | 144

II. 신앙의 중심 : 신앙과 이성 | 145
    A. 지식 획득의 두 수단 | 145
    B. 신앙과 이성의 관계 해석사 | 150
        1. 신약성경 시대 | 150
        2. 초대교부 시대 | 151
        3. 아우구스티누스 | 152
        4. 중세시대 | 155
        5. 종교개혁과 정통주의 시대 | 159
        6. 경건주의와 17-18세기 | 162

C. 지성과 의지 | 166
        1. 토마스주의 | 169
        2. 스코투스주의 | 170
        3. 아우구스티누스주의 | 172

III. 좋은 신학함 | 174
    A. 성경의 사람이 됨 | 175
    B. 진리에 부합하는 삶을 삶 | 178
    C. 예수의 흔적을 가짐 | 180
        1. 예수의 흔적 | 181
        2. 신뢰할 수 없는 사역자 | 183
        3. 목회자의 자기 깨어짐 | 185

IV. 맺는 말 | 186

제6장 학업과 사역 | 191

I. 들어가는 말 | 192

II. 신학교와 사역의 현장 | 193
    A. 공부에 몰입하는 위험 | 194
    B. 치열하게 교회를 섬김 | 195
        1. 교회를 섬긴 유익 | 196
        2. 내가 경험한 부흥 | 198
    C. 그리스도의 남은 고난에 참여함 | 201

III. 마음을 쏟아 기도함 | 204
    A. 열렬한 기도로 살아감 | 204
    B. 시월의 어느 푸르른 날에 | 206

IV. 그리스도를 사랑함 | 210
    A. 설교자, 사랑의 사람 | 210
    B. 나를 울린 선생님 | 212

V. 맺는 말 | 214

제2부 어떻게 신학을 하는가

제7장 목회자와 하나님의 형상 | 221

I. 들어가는 말 | 222

II. 아는 것과 사는 것 사이에서 | 223

III. 목회자를 세우신 경륜 | 224
    A. 성육신의 원리 | 225
      1. 성육신하신 이유 | 226
      2. 구도자로서의 목회자 | 227
    B. 지복과 하나님의 형상 | 234
      1. 하나님의 형상 | 235
      2. 영원한 세계에 대한 그리움 | 245
      3. 덕스러운 삶을 추구함 | 248

IV. 그리스도의 형상을 보여주는 목회자 | 251

V. 맺는 말 | 255

제8장 목회자와 성화의 삶 | 259

I. 들어가는 말 | 260

II. 목회자의 실천적 자격 | 261
    A. 독수리의 눈 : 지성 | 261
    B. 사자의 심장 : 담대함 | 263
    C. 여인의 손길 : 기술 | 264

III. 지도자로 산다는 것은 | 267
    A. 리더십과 인격 | 268
    B. 희생하는 리더십 | 273

IV. 사람을 사랑한다는 것은 | 277
    A. 사랑과 하나님의 형상 | 277
    B. 겸손과 예의 바름 | 279
      1. 겸손 | 280
      2. 예의 바름 | 284

V. 정직하게 산다는 것은 | 289
    A. 설교자와 정의 | 289
    B. 불의와 싸울 용기 | 291
    C. 공짜를 미워함 | 295
    D. 선한 양심을 가짐 | 298

VI. 맺는 말 | 303

제9장 목회자의 고난과 자기 죽음 | 307

I. 들어가는 말 | 308

II. 참고 견딘다는 것은 | 309
    A. 모함과 비난을 사랑으로 견딤 | 309
      1. 제네바에서 만난 칼빈 | 310
      2. 목회, 눈물로 걷는 길 | 314
      3. 사랑으로 악을 이김 | 316

B. 인내로 고통을 이김　|　317
　　　　1. 부끄러운 현실　|　318
　　　　2. 조나단 에드워즈의 경험　|　319
　　　　3. 시련의 날에 주께 피함　|　321
　　　C. 나와 다른 사람들을 용납함　|　323
　　　D. 고난을 자기 죽음의 기회로 삼음　|　326
　　　　1. 네크로시스와 아포프토시스, 창조의 기둥　|　327
　　　　2. 교회와 목회자의 죽음　|　329
　　　E. 육체의 혈기를 버림　|　331

Ⅲ. 영적 성숙과 십자가　|　333

Ⅳ. 맺는 말　|　335

제10장 연단과 기도　|　339

Ⅰ. 들어가는 말　|　340

Ⅱ. 고난과 연단　|　341
　　A. 스트라디바리우스　|　341
　　B. 고난 속에 피는 꽃　|　343

Ⅲ. 고난의 두 얼굴 : 성화와 패역　|　345
　　A. 부당하게 대우받을 때　|　346
　　B. 가난으로 연단받을 때　|　349
　　　1. 신학교 섬김의 동기　|　349
　　　2. 고생하던 시절의 추억　|　351
　　　3. 은혜로 곤고한 때를 이김　|　353

Ⅳ. 하나님의 주권과 기도　|　355

Ⅴ. 고난을 기도로 이김　|　361
　　A. 인생의 벼랑 끝에서 드린 기도　|　361

B. 데이비드 브레너드의 생애와 일기 ｜ 365
　　　　1. 기도의 사람 브레너드 ｜ 365
　　　　2. 신학교 선생 시절과 기도 ｜ 368
　　C. 목회와 기도의 불꽃 ｜ 371

VI. 맺는 말 ｜ 372

제3부 왜 공부해야 하는가

제11장 목사란 누구인가 ｜ 379

I. 들어가는 말 ｜ 380

II. 혼란스러운 현실 ｜ 381

III. 목회란 무엇인가 ｜ 383

IV. 목사란 누구인가 ｜ 387
　　A. 목사의 정체성 ｜ 388
　　　　1. 선지자와 사도의 후예 ｜ 388
　　　　2. 어느 불자의 회심 ｜ 389
　　B. 신적 지혜를 아는 사람 ｜ 391
　　C. 도를 따르는 사람 ｜ 394
　　　　1. 실천적 지식의 요청 ｜ 394
　　　　2. 이론 없이 도는 없음 ｜ 396
　　　　3. 진리에 순종하는 삶 ｜ 398

V. 맺는 말 ｜ 400

제12장 신학이란 무엇인가 | 405

I. 들어가는 말 | 406

II. 신학은 학문인가 | 407
   A. 학문일 수 없는 측면 | 408
   B. 학문일 수 있는 측면 | 410
     1. 질서와 체계 | 411
     2. 신학의 독특성 | 413

III. 신학의 목적 : 하나님을 향하여 사는 것 | 417
   A. 하나님을 향한 삶 | 417
     1. 그리스도를 통하여 | 420
     2. 성령 안에서 | 420
     3. 하나님 앞에서 | 421
   B. 거룩한 지혜의 학문 | 422

IV. 삶의 지혜로서의 신학 | 425
   A. 지혜와 신학의 전통 | 425
   B. 지혜의 핵심, 복음 | 428
     1. 신학의 핵심, 십자가 | 428
     2. 하나님의 지혜와 그리스도 | 435

V. 맺는 말 | 439

제13장 신학과 존재의 울림 | 443

I. 들어가는 말 | 444

II. 세상을 향한 기독교의 힘 | 445

III. 기독교 사상의 힘　|　448
　　A. 성경과 교리　|　451
　　　　1. 해석학적 순환 관계　|　451
　　　　2. 성경 읽기와 묵상의 중요성　|　454
　　B. 계몽주의 언어의 사용　|　457
　　　　1. 계몽주의와 신학의 언어　|　458
　　　　2. 르네상스와 인문주의의 교훈　|　460
　　　　3. 철학을 도구로 사용함　|　463
　　　　4. 탈신학화를 경계함　|　469
　　C. 하나님의 지혜와 사상　|　471
　　　　1. 기독교와 사상　|　471
　　　　2. 스님과 목사　|　474

IV. 기독교 윤리의 힘　|　476
　　A. 거룩함과 윤리　|　477
　　B. 은혜가 필요함　|　479

V. 선한 삶을 살게 하는 은혜　|　480
　　A. 아름다움과 끌림　|　481
　　　　1. 아름다움과 표상　|　482
　　　　2. 그릇된 질서와 사랑　|　484
　　B. 중생과 본성의 변화　|　486
　　C. 사상과 윤리를 묶는 은혜　|　488
　　　　1. 은혜와 지성, 의지　|　489
　　　　2. 인간과 선한 삶　|　491
　　　　3. 아우구스티누스와 미학　|　494
　　　　4. 은혜와 양심을 따름　|　496

VI. 교회를 보존하시는 하나님　|　498

VII. 맺는 말　|　507

제14장 변천하는 시대와 목회 | 513

I. 들어가는 말 | 514

II. 거목의 숲을 꿈꾸며 | 515

III. 현대교회와 탈신학화 | 522

IV. 상대주의와 신비주의 | 526
    A. 현대인과 상대주의 | 527
        1. 리만 가설과 불규칙의 규칙성 | 527
        2. 우연적 존재로서의 인간 | 531
        3. 포스트모더니즘과 스피노자 | 532
    B. 현대인과 신비주의 | 536

V. 시대를 분별하는 지성 | 537

VI. 지식의 대상들 | 540
    A. 지식의 세 대상: 하나님, 인간, 세계 | 541
    B. 진리 탐구의 사명 | 543

VII. 맺는 말 | 546

제15장 불변하는 진리와 신학 | 553

I. 들어가는 말 | 554

II. 신학적 설교에 대한 목마름 | 555

III. 역사적 맥락에서 개혁신학을 공부함 | 560
    A. 역사적 문맥과 칼빈 | 561
    B. 『기독교강요』를 넘어서 | 565

IV. 개혁신학의 뿌리를 공부함 | 568

V. 신학과 삶의 고민을 녹여냄 | 578
   A. 위대한 지성의 바다에서 | 579
   B. 신학이 요청하는 진지함 | 582

VI. 목회와 설교로 열매를 맺음 | 586
   1. 목회 사역의 풍성함 | 587
   2. 신학적 판단의 정확함 | 587
   3. 현대인과 현대 사상의 바른 이해 | 589
   4. 설교의 신학적 깊이와 실천적 적실성 | 589

VII. 맺는 말 | 590

부록1 참고 문헌 | 597
부록2 주제별 색인 | 617
부록3 성구 색인 | 627
부록4 인명 색인 | 632

제1부

누가 신학을 하는가
Who Should Study Theology?

신학을 하는 동기는 그리스도의 십자가와 부활 사건을 통한 하나님 사랑의 체험이며, 그 목적 또한 자신이 참인간으로서 하나님과 이웃을 섬기며 하나님 앞에서 살기 위한 것입니다. 이는 신학을 하는 동기가 하나님에 관한 지적 호기심이 아니라 그분을 경배하기 위한 것임을 알려줍니다. 그러므로 신학자는 하나님을 사랑하고 경배하는 자이어야 합니다. 이것이 바로 우리가 신학을 탐구하는 모든 과정이 경배자로서 하나님을 경외하는 과정이 되어야 하는 이유입니다. 이처럼 신학은 경건한 신앙을 바탕으로 이루어지는 것이니, 믿음과 사랑이 없는 신학 활동은 단지 인간의 자기 만족과 자랑을 위한 것에 지나지 않습니다.

누가 신학을 하는가

신학은
하나님께서 사용하려고 작정하신 사람들이
하나님의 뜻을 따라 이 땅 위에 하나님의 역사를 이어 가고자 하는 것입니다.
모든 사람이 역사 속으로 부름받지만 대부분의 사람들은 역사와 함께 흘러갈 뿐입니다.
하나님께서는 하나님께 자신을 드려 준비된 사람들을 부르시어
역사의 산맥을 이어 가게 하십니다.

제1장

역사와 사람

History and People

I. 들어가는 말

사람이 곧 역사(歷史)입니다. 우리의 눈에 가시적으로 나타나는 역사는 인물에서 인물로 이어지며 전개됩니다. 그러나 그렇다고 사람이 역사의 주인인 것은 아닙니다. 이런 가시적인 역사 이면에는 언제나 그 역사의 전개를 통해 '구원사'(救援史)를 이루어 가시는 하나님이 계시기 때문입니다.

기독교의 역사도 마찬가지입니다. 교회의 역사에서 하나님께서 쓰신 인물들을 선으로 이으면 그것이 곧 기독교의 역사입니다. 어떤 사람들은 이제 새로운 시대가 되었으니 목회에 새로운 방법과 제도가 필요하다고 주장합니다. 사실 이러한 주장도 어느 정도는 일리가 있습니다. 그러나 하늘을 열고 부어 주시는 성령의 은혜와 지성을 뚫고 비추는 진리의 광채와 영혼을 거듭나게 하는 성령의 역사는 언제나 사람 위에 부어집니다. 그래서 사람이 중요합니다.

하나님께서 어떻게 사람을 사용하셔서 당신의 역사를 이루어 왔는지를 이해하기 위해서는 성경과 교회의 역사를 알아보아야 합니다.

II. 성경의 역사

먼저 성경의 역사를 살펴보겠습니다. 하나님께서는 당신의 형상과 모양을 따라 아담과 하와를 창조하셨습니다. 그러나 인류 최초의 조상들은 그릇된 욕망 때문에 타락하게 되었습니다. 이로 인해 죄가 물밀듯이 들어오게 되었고 세계는 본래의 아름다움과 복된 상태를 상실하였으며 인간은 죄와 비참에 종속되었습니다.

인간은 타락함으로 인해 하나님을 떠났지만, 하나님께서는 놀라운 지혜와 능력으로 세계를 구원하실 계획을 인간의 역사 안에 펼치기 시작하셨습니다. 하나님의 구원 계획은 인간의 타락과 함께 실행되었습니다. 그것이 인간의 역사 안에서 면면히 이어지다가 하나님의 아브라함 선택 이후부터는 풍부하게 그 모습을 드러내게 됩니다. 아브라함과 그의 가정을 통하여 하나님을 아는 지식이 전수되었고, 당신을 의지하는 신앙이 그 자손들을 통하여 전해지게 하셨습니다.

아브라함 이후 상당한 세월이 흐르고 모세라는 인물이 나타납니다. 그는 구약에서 매우 중요한 인물입니다. 성경과 교회의 역사를 산맥에, 인물들을 산봉우리들에 비유한다면 아브라함이라는 인물의 등장과 함께 구원 역사의 산맥은 본격적으로 시작되었고 한동안 세월이 흐른 후 모세라는 커다란 산봉우리가 등장한 것과 같습니다. 모세는 이스라엘 백성들을 애굽의 압제로부터 구원하여 가나안으로 인도하였는데, 구원의 계시는 애굽에서의 탈출 과정과 광야에서의 생활을 통하여 더욱 풍부하게 주어졌습니다. 하나님께로부터 율법을 수여받은 모세는 영적인 인물이었을 뿐 아니라 세상 학문에도 탁월한 사람으로 구약성경의 맨 앞 다섯 권의 저술자이기도 합니다.

이어서 여호수아라는 작지 않은 산봉우리가 등장합니다. 여호수아는 카리스마와 기적을 행하는 능력에서는 전임자인 모세에 미치지 못하였지만, 구약 백성들에게 믿음의 중요성을 일깨워 준 지도자였습니다. 그는 이스라엘 백성들을 이끌고 가나안 정복에 나서서, 그들로 하여금 하나님께서 약속하신 땅을 유업으로 얻게 하였습니다.

그러나 가나안에 정착하고 평화로운 때가 찾아오자 이스라엘 백성들은 여호와 신앙을 버리고 제 소견에 옳은 대로 살아가게 되었습니다(삿 2:10, 21:25). 바로 이때, 역사의 무대에 나타난 사람이 사무엘입니다. 그는 이스라엘에 직임(職任)적 선지자와 왕의 제도를 도입한 인물입니다. 하나님께서는 그를 사용하셔서 왕국으로서의 이스라엘의 기초를 놓았습니다.

사무엘 선지자 이후에는 다윗이라는 인물이 역사의 무대에 오릅니다. 다윗은 구약 역사 전체를 통틀어 모세와 함께 가장 높은 영적 봉우리였습니다. 그는 위대한 신학자인 동시에 철학자였으며, 무엇보다 하나님을 지극히 사랑한 인물이었습니다. 존 오웬(John Owen, 1616-1683)의 지적과 같이, 그 사람만큼 구약에서 하나님을 사랑한 사람도 없고 하나님께 사랑을 받은 사람도 없습니다.[1]

다윗은 그리스도의 왕국과 우주에 가득 찬 창조주 하나님의 영광을 알았을 뿐만 아니라, 언약 안에 있는 복음을 통하여 인간 내면의 깊은 세계를 통찰하였습니다 (시 51:17, 57:11). 그는 죄를 통해서도 하나님의 거룩한 성품을 경험하였던 사람입니다. 그래서 구(舊)프린스턴의 신학자 벤저민 워필드(Benjamin B. Warfield, 1851-1921) 는 말했습니다. "그는 범죄와 징계를 통해서도 인간 내면의 깊은 죄의 뿌리와 용서하시는 하나님의 은혜를 체험한 사람이었다."[2]

다윗 이후로는 인물의 산맥이 계속 하강하다가 이사야라는 높은 봉우리가 나타납니다. '하나님의 영광의 신학자'라고 불리는 이 사람은 하나님의 계시에 대한 탁월한 통찰로써 이스라엘 백성들이 돌아가야 할 신앙의 자리를 제시하였습니다. 또한 그는 그리스도께서 이 세상에 오심으로써 육적 이스라엘은 파하여지고 영적 이스라엘이 세워짐으로써 나타날 구원과 영광을 미리 보여주었습니다.

---

1) John Owen, *A Practical Exposition upon Psalm 130*, in *The Works of John Owen*, vol. 6, ed. William H. Goold (Edinburgh: The Banner of Truth Trust, 1991), 333.
2) Benjamin B. Warfield, *Faith and Life* (Edinburgh: The Banner of Truth Trust, 1990), 21-22.

바벨론 포로 시대 가까이 와서는 예레미야라는 봉우리가 나타나고, 에스겔도 등장합니다. 다니엘도 그 시대에 높이 솟은 한 봉우리입니다. 그리고 열두 선지자의 시대 끝에서 말라기가 나타나고, 그를 기점으로 정경 선지자의 예언이 역사에서 사라지게 됩니다. 그러고는 산맥 없이 거의 구릉과 같은 수준으로 역사가 전개되면서 구약과 신약의 중간사 시대가 지나갑니다.

그러다가 예수 그리스도께서 오심으로 새로운 시대가 열리게 됩니다. 신약 교회의 시대가 도래한 것입니다. 이후 인물의 산맥은 갑자기 고봉준령(高峯峻嶺)으로 변합니다. 그러나 예수 그리스도께서는 역사 속에 있던 많은 봉우리들 중 하나가 아닙니다. 오히려 그리스도께서는 그 역사적 인물들의 산맥 위에 높이 떠 있는 태양과 같습니다. 그리스도께서는 구약 역사에 나타난 고봉(高峯) 같은 인물들이 바라보아 온 분이셨고, 신약 역사에서 나타날 영봉(靈峯) 같은 인물들이 바라볼 분이셨습니다.

예수 그리스도의 부활 승천 후에 사도들의 시대가 시작됩니다. 그리고 신약 시대 최고의 영적 봉우리가 나타나는데, 바로 사도 바울입니다. 그리스도께서 부활 승천하신 이후에 도래한 사도들의 시대는 높은 산봉우리들로 이루어진 산맥과 같다고 할 수 있습니다. 그러나 모든 사도들이 다 같은 높이의 산봉우리라고는 할 수 없습니다. 다른 사도들이 성육신하신 그리스도를 직접 경험했고 성령을 받았다는 점에서는 아주 탁월하였으나, 받은 바 계시의 분량과 지성의 능력에 있어서 사도 바울의 높이에는 도달하지 못합니다.

사도 바울은 모세와 다윗의 뒤를 잇는, 성경 역사상 가장 높고 웅장한 영적 봉우리입니다. 그는 예수 그리스도를 아는 탁월한 지식의 소유자였으며 신학자인 동시에 선교사였습니다. 또한 목회자인 동시에 위대한 사상가였습니다. 그리하여 그는 신약성경 가운데 절반 분량의 책들을 저술하는 영예를 안게 됩니다.

이후 밧모섬에서 마지막 날에 이루어질 그리스도의 계시를 기록한 사도 요한의 죽음을 끝으로 역사는 교회 시대로 접어들게 됩니다.

III. 교회의 역사

그 다음으로 교회의 역사를 살펴보겠습니다. 사람을 사용하셔서 역사를 이루시는 하나님의 방법은 교회 시대에서도 그대로 나타납니다. 교회의 역사 속에서 사람을 쓰시는 하나님의 역사를 초대교회, 중세, 종교개혁과 정통주의 시대, 근대와 현대의 차례대로 살펴보겠습니다.

A. 초대교회 시대

초대교회는 교부들의 시대입니다. 사도들이 순교하거나 모두 죽은 후에 속(續)사도 교부들의 시대가 이어집니다. 사도 시대처럼 높은 산봉우리는 아니었으나 사도들로부터 직접 가르침을 받았던 인물들이 산맥을 형성하며 교회 역사의 첫 시기를 이어 갑니다. 그러다가 교부들의 시대가 시작됩니다.

그들은 주후 2-3세기에 로마의 사상적 박해 아래 활동했던 변증가들로서 경건한 신앙과 함께 탁월한 지성을 겸비했던 인물들이었습니다. 이러한 교부들에 의해 초기 기독교 신학과 사상의 토대가 구축되었습니다. 이 시기에 활동했던 중요한 인물로는 순교자 유스티누스(Justinus, 100경-165경), 오리게네스(Origenes Adamantius, 185경-254경), 이레나이우스(Irenaeus, 140경-203경), 테르툴리아누스(Quintus Septimius Florens Tertullianus, 160경-220경), 키프리아누스(Thascius Caecilius Cyprianus, 200경-258)와 같은 사람들이 있습니다.

이레나이우스는 세계에 대한 하나님의 경륜을 '그리스도의 다시 머리 되심'(recapitulatio Christi)이라는 웅장한 교리 체계로 완성하였는데, 이것은 세계와 교회, 인류의 운명에 대한 최초의 포괄적인 기독교 철학이라고 할 수 있습니다.

이레나이우스와 함께 테르툴리아누스는 위대한 사상가로서 철저히 계시 중심의 신학을 추구한 사람이었습니다.[3] 그는 순교하기 위해서 안달하는 사람이라고 불러도 좋을 정도로 두려움이 없던 인물로서 탁월한 변증가이기도 하였습니다. 그는 기독교의 가르침이 불합리하다는 로마의 사상가들의 비판에 대하여 불합리가 오히려 신앙의 근거가 된다는 역설적인 주장을 펼친 것으로 유명합니다. 그는 자신의 책 『그리스도의 성육신에 관하여』(De Carne Christi)에서 그것을 다음과 같이 말합니다.

> 하나님의 아들이 (육신을 입고) 태어나셨다는 사실은 수치스러운 일이기 때문에 우리는 그것을 수치스럽게 여기지 않습니다. 하나님의 아들이 죽으셨다는 사실은 어리석은 일이기 때문에 우리가 믿을 만한 것입니다. 무덤에 묻히신 분이 부활하셨다는 사실은 불가능한 일이기 때문에 우리에게 확실한 것입니다(5.4.).[4)]

테르툴리아누스는 어떠한 박해와 위협에도 복종하지 않는 용기 있는 신학자이자 사상가였습니다. 그는 로마의 정치적, 사상적 박해 아래에서 자신이 믿는 신념을 따라서 설교하고 논쟁하였습니다. 비록 정통교회로부터 떨어져 나와 몬타누스주의자로서 마지막 생애를 보냈지만, 아우구스티누스를 비롯하여 이후의 중세 신학자들, 종교개혁자들에게도 적지 않은 영향을 끼친 인물이었습니다.

동방 교부들 중에서는 요한네스 크리소스토무스(Johannes Chrysostomus, 347경-407)와 같은 인물이 영적 봉우리였습니다. '황금의 입'(크리소스토무스)이라고 불릴 만큼

---

3) 라틴 변증가들 중 가장 유명한 테르툴리아누스는 사제가 아닌 평신도로서 신학 전반을 총망라하는 저술을 하였고, 초기 기독교 라틴 문헌의 시조로 평가받을 정도로 후대에 지대한 영향을 미쳤다. 30여 편의 글만이 현존하는데, 분야별로는 윤리서, 변증서, 논박서로 나눌 수 있고, 시기별로는 가톨릭 신앙, 가톨릭 신앙과 몬타누스주의의 중간인 반(半)몬타누스주의 시기로 나눌 수 있다. 그는 플라톤, 아리스토텔레스, 스토아 철학 등 그리스 철학에 밝았으나 "예루살렘이 아테네와 무슨 상관이 있는가?"(Quid Athenae Hierosolymis?)라고 반문하며 그리스 철학을 경멸하였다. 그러면서도 그는 모순을 통한 역설적 설명을 즐겼고 논쟁에 있어서는 날카로운 이성으로 논적들을 논박하였다. Philip Schaff, *Ante-Nicene Christianity A.D. 100-325*, in *History of the Christian Church*, vol. 2 (Grand Rapids: Wm. B. Eerdmans Publishing Company, 1994), 818-833.

4) "*Natus est Dei Filius; non pudet, quia pudendum est: et mortuus est Dei Filius; prorsus credibile est, quia ineptum est: et sepultus, resurrexit; certum est, quia impossibile.*" Tertulliani, *De Carne Christi*, in *Patrologia Latina*, vol. 2, ed. J. P. Migne (Paris: Imprimerie Catholique, 1844), 761.

훌륭한 설교자였던 그는 탁월한 정절과 용기로써 동로마제국 황제 아르카디우스 (Flavius Arcadius Augustus, 377-408)와 그의 황후 유독시아(Aelia Eudoxia, ?-404)를 비롯한 귀족들의 사치스럽고 방탕한 생활을 비판하였습니다. 그는 정치적으로 박해를 받아서 유배지로 가는 도중에 순교하였습니다. 그는 젊은 시절에 건강을 해치기까지 하면서 학문에 몰두하였는데, 그의 학식은 영혼에 대한 뜨거운 사랑과 거룩함으로 인하여 예언자적 설교에 권위를 더하였습니다. 저는 30대 때에 그의 설교에 심취하여 그의 글을 수집하고 읽는 일에 열심을 내었던 적이 있는데, 그의 성경 해석학과 수사학에서 신학적인 유익들을 얻었습니다.

그 후 아우렐리우스 아우구스티누스(Aurelius Augustinus, 354-430)가 등장합니다. 그는 초대교회와 중세교회를 잇는 인물로서 사도 바울 이후 교회 역사 속에 등장하는 가장 높은 영적 봉우리라고 할 수 있습니다. 아우구스티누스는 사도 바울 이후로 광야를 달음질해 온 그 앞에 있는 산맥에 대해서만이 아니라, 그의 뒤로 약 1,600년을 이어 달려갈 기독교 인물들의 산맥의 줄기를 모두 내려다보듯이 우뚝 서 있는 최고의 봉우리입니다. 실로 그는 교회 역사 속에서 에베레스트 산이라고 불릴 만한 인물로서, 그를 생각하지 않고는 기독교의 역사를 말할 수 없을 정도입니다.

▎아우구스티누스. 초대교회 교부 중 최고의 사상가로 칭송받는 인물. 교부 철학과 신플라톤주의를 결합하여 중세 신학은 물론 철학에 있어서도 사상적 토양을 마련하였다.

B. 중세교회 시대

아우구스티누스 이후 두 세기가 흐른 때에, 사실상 동방교회의 마지막 신학자인 다메섹의 요한네스(Johannes Damascenus, 675경-749)라는 영적 봉우리가 등장합니다. 그는 탁월한 경건과 지성을 동시에 소유한 사람이었습니다. 특히 정통 신앙을 계승하면서도 아리스토텔레스를 비롯한 그리스 철학에 능하였으며, 자신의 저작들을 통해 깊이 있는 기독교적 사유를 위한 기초를 튼튼히 세운 인물이었습니다.

이후 중세로 접어들면서 또 다른 산봉우리들이 등장하게 됩니다. 제2차 십자군 원정을 독려하면서 병사들에게 회개를 설교하던 클레르보의 베르나르두스(Bernardus Claraevallensis, 1090-1153)는 탁월한 설교자일 뿐 아니라 뛰어난 신학자이며 개혁자였습니다. 그가 남긴 저술들은 학문적, 영적으로 탁월한 가치가 있습니다.

그 후에 등장한 아시시의 프란체스코(Francesco d'Assisi)는 가난한 이들을 돌보며 복음서의 가르침을 문자적으로 실천하려고 애썼던 수도자였습니다. 또한 그는 인간뿐만 아니라 새들에게도 하나님께 감사와 찬송을 드리라고 시를 낭독하듯이 설교한 탁월한 설교자였습니다.

이 시기에는 페트루스 롬바르두스(Petrus Lombardus, 1100경-1160), 캔터베리의 안셀무스(Anselmus Cantuariensis, 1033경-1109)와 같은 신학자들도 나타나서, 이어져 온 중세 시대의 산줄기에 또 다른 봉우리들을 보태었습니다.

13세기에 이르러 그 높이에서는 아우구스티누스에 미치지 못하지만 산의 크기에서는 그에 못지않은 거대한 산이 나타납니다. 그가 바로 가톨릭 교회뿐만 아니라 개혁파 정통주의 신학자들에게까지 영향을 끼쳤던 토마스 아퀴나스(Thomas Aquinas, 1225경-1274)입니다.

아퀴나스는 아우구스티누스의 사상을 기초로 하여 신학을 수립함으로써 보편교회에 영향을 끼친 인물입니다. 그를 칭송하던 사람들도 있었고 비판하던 신학자들도 있었지만, 누구도 무시할 수 없는 신학적 영향을 가톨릭 교회뿐 아니라 개신교에도 끼쳤습니다. 아우구스티누스가 플라톤(Platon, BC 428경-BC 348경)의 철학으로 기독교를 설명하고자 했다면, 아퀴나스는 아리스토텔레스(Aristoteles, BC 384-BC

▎토마스 아퀴나스. 중세 유럽의 스콜라 철학을 대표하는 이탈리아 출신 신학자로 경험적 방법과 신학적 사변을 양립시켰다.

322)의 철학으로 기독교 사상의 체계화와 상세화를 이루려고 했던 인물입니다. 아퀴나스는 기독교 사상에 대해 기독교 역사상 가장 방대한 집적과 체계화를 이루었으며, 이는 아리스토텔레스가 그리스의 학문에 대하여 그렇게 하였던 것과 유사하였습니다.

아퀴나스가 죽은 후 얼마 되지 않아서 기독교 역사에 큰 영향을 끼친 또 다른 인물들이 독일에서 등장하였는데, 마이스터 에크하르트(Meister Eckhart, 1260경-1327경), 하인리히 주조(Heinrich Suso, 1295경-1366), 요하네스 타울러(Johannes Tauler, 1300경-1361)가 그들입니다. 특히 타울러는 독일 황제와 교황 사이에 깊은 반목이 자리하던 시기에 등장하여, 신비주의적이기는 하지만 강직하고 영적 경험이 풍부한 설교로써 많은 청중들에게 큰 영향을 미쳤습니다.

이 사람들과 함께 종교개혁의 발발을 예고한 영향력 있는 인물이 또 있으니, 존 위클리프(John Wycliffe, 1320경-1384)가 바로 그 사람입니다. '종교개혁을 알린 새벽별'로 불리는 이 사람은 커다란 용기로 가톨릭의 잘못된 교리에 맞서 싸웠을 뿐 아니라, 라틴어 불가타 성경을 번역하여 일반 평신도들이 성경을 직접 읽을 수 있도록 하였습니다.

C. 종교개혁 시대

위클리프 등에게서 예고된 종교개혁 시대는 16세기 초 종교개혁자 마르틴 루터(Martin Luther, 1483-1546)가 등장하며 본격적으로 열리기 시작합니다. 루터는 종교개혁 이전의 개혁가 얀 후스(Jan Hus, 1372-1415)가 예언한 바대로, 후스의 순교 후

약 100년의 세월이 흐른 뒤에 나타나서 세상이 감당할 수 없는 삶을 살았던 인물입니다. 그는 기독교 역사상 매우 높은 영적 봉우리입니다. 그러나 그는 홀로 서 있는 외딴 봉우리가 아니었습니다.

루터는 르네상스와 기독교 인문주의의 영향을 받은 많은 종교개혁자들과 함께 탁월한 용기와 지성, 경건으로써 그리스도의 교회를 가톨릭의 오류와 기만으로부터 구해 내고자 투쟁하였습니다. 울리히 츠빙글리(Ulrich Zwingli, 1484-1531), 필리프 멜란히톤(Philipp Melanchthon, 1497-1560), 요한 하인리히 불링거(Johann Heinrich Bullinger, 1504-1575), 볼프강 무스쿨루스(Wolfgang Musculus, 1497-1563), 안드레아스 휘페리우스(Andreas Hyperius, 1511-1564), 피터 마터 버미글리(Peter Matyr Vermigli, 1500-1562), 기욤 파렐(Guillaume Farel, 1489-1565), 피에르 비레(Pierre Viret, 1511-1571), 존 녹스(John Knox, 1514경-1572) 등의 인물들이 루터와 함께 서 있던 봉우리들입니다.

한 세대가 지난 후에 루터가 이뤄 놓은 종교개혁을 실질적으로 마무리하고 개혁신학의 기초를 놓은 중요한 인물인 존 칼빈(John Calvin, 1509-1564)이 등장합니다. 그는 후일 칼빈주의(Calvinism)라고 불리는 개혁주의의 새로운 사상 체계를 완성하였을 뿐만 아니라, 제네바 아카데미(Geneva Academy)를 설립하여 유럽 각지에서 온 학생들을 종교개혁의 지도자로 양성하여 개혁신학의 국제화를 이루었습니다. 더욱이 칼빈은 기독교 신앙과 신학을 제한된 종교의 영역이 아니라 국가와

| 칼빈. 종교개혁 2세대를 대표하는 인물로 제네바에서 종교개혁을 단행하고 신권 정치를 펼치며 프로테스탄트 교리를 체계화했다.

사회, 개인의 모든 삶의 영역에 적용함으로써 하나님의 주권을 따라 하나님께 영광을 돌려야 할 인간의 의무와 특권을 강조하였습니다.

칼빈의 최대 관심사는 교회가 순수하고 꾸밈이 없는 성경적 경건을 회복하는 것

이었습니다. 그는 신학자이며 목회자로서 그것은 오직 성경의 진리와 이에 대한 올바른 해석, 성령의 역사와 그리스도를 의존하는 믿음에서 나온다는 사실을 강조하며 성경 계시에 입각한 개신교 신학을 수립하고자 분투하였습니다.

제네바의 이 유능한 종교개혁자는 당시 1, 2세대의 종교개혁자들 중에서도 보기 드물게 대중과 소통할 수 있는 탁월한 능력을 가진 인물이었습니다. 신학적 입장과 깊이를 양보하지 않으면서도 대중들의 마음이 움직이도록 쉽게 설교하고 글을 쓸 줄 아는 인물이었습니다. 칼빈은 기독교의 변증에서도 뛰어난 능력을 지녔는데, 그의 더 큰 관심사는 개별적 논쟁에서의 승리가 아니라 기독교회 전체의 개혁이었습니다.

D. 정통주의 시대

종교개혁 시대를 뒤이어 정통주의 시대가 도래합니다. 16세기 후반을 시작으로 개신교의 전성 시대라 할 수 있는 개혁파 정통주의 시대가 열립니다. 이 시대에는 많은 신학자들이 스위스, 독일, 네덜란드, 영국 등지에서 지대한 영향력을 끼치며 산맥을 형성하게 됩니다.

역사적으로 17세기는 개혁파 신학의 황금기였습니다. 소위 '개신교 교부 시대'라고도 불리는 이 시기에는 종교개혁자 1, 2세대의 선배들이 굵은 붓으로 그린 종교개혁의 대의(大義)를, 뛰어난 학문적 재능과 그리스도를 깊이 만난 경건을 소유했던 위대한 인물들이 미세한 붓으로 세밀히 그리면서 많은 신앙적이고 학문적인 유산들을 남겨 놓았습니다.

초기 개혁파 정통주의 시기에는 테오도르 베자(Théodore de Bèze, 1519-1605), 자카리아스 우르시누스(Zacharias Ursinus, 1534-1583), 프란키스쿠스 유니우스(Franciscus Junius, 1545-1602), 윌리엄 퍼킨스(William Perkins, 1558-1602), 바르톨로메우스 케커만(Bartholomäeus Keckermann, 1572경-1608), 아만두스 폴라누스(Amandus Polanus von

Polansdorf, 1561–1610), 윌리엄 에임스(William Ames, 1576–1633), 프란키스쿠스 고마루스(Franciscus Gomarus, 1563–1641), 요한 하인리히 알슈테트(Johann Heinrich Alsted, 1588–1638)와 같은 인물들이 활동하였습니다.

전성기에는 기스베르투스 보에티우스(Gisbertus Voetius, 1589–1676), 페트루스 판 마스트리히트(Petrus van Mastricht, 1630–1706), 프랜시스 튜레틴(Francis Turretin, 1623–1687), 존 오웬(John Owen, 1616–1683), 리처드 백스터(Richard Baxter, 1615–1691), 존 번연(John Bunyan, 1628–1688), 요한 하인리히 하이데거(Johann Heinrich Heidegger, 1633–1698), 빌헬무스 아 브라켈(Wilhelmus à Brakel, 1635–1711), 토머스 리즐리(Thomas Ridgley, 1667경–1734)와 같은 인물들이 주로 활동하였습니다.

이 위대한 신학자들은 종교개혁자들이 세운 개신교의 교리들을 역사적 이단들에 맞서서 형식화함으로써 더욱 정교화하였습니다. 1725년경 이후 역사적으로 개혁파 정통주의가 합리주의에 굴복하기 전까지 개혁파 정통주의 신학자들이 남긴 방대한 신학의 체계와 내용들은 개혁파 교회의 자랑스러운 유산이 되었습니다.

바로 이 시기에 경건과 학문에서 탁월한 본을 보여주었던 청교도 존 오웬은 가톨릭주의를 비롯한 정통 기독교를 위협하는 사상들과 치열하게 싸웠습니다. 그는 당시 대륙의 개혁파 정통주의 신학의 물줄기에 영국 청교도의 독특하고 실천적인 특성들을 보태었던 비범한 신학자이자 목회자이며 설교자였습니다.

▎존 오웬. 17세기 청교도 신학자로, 당대의 거짓된 가르침에 맞서 싸우며 청교도 영성이 무엇인지를 보여주는 심오한 변증적 논문들과 방대한 저작들을 남겼다.

존 오웬과 동시대의 인물로서 영국 청교도의 설교 역사에서 큰 족적을 남긴 이로는 탁월한 신학자였을 뿐 아니라 영향력 있는 설교자였던 리처드 백스터가 있습니다. 그가 남긴 다섯 권으로 된 『기독교 신앙 편람』(*A Christian Directory*)을 포함하는 스물세 권의 『실천신학적 저술들』(The Practical Works of Richard Baxter)은 깊이 있는 신학뿐 아니라 목회 실천을 위한 뛰어난 지침서입니다.[5]

그 시대에 활동했던 존 번연 또한 언급할 필요가 있습니다. 그는 리처드 백스터, 존 오웬과 동시대에 활약했던 인물이었습니다. 지성인들에게 깊이 있는 신학과 설교로써 영향을 끼쳤던 인물이 존 오웬이었다면, 평민들에게 쉬운 설교로 큰 영적 영향을 끼치던 인물이 바로 『천로역정』(The Pilgrim's Progress)을 쓴 존 번연입니다.

또한 바로 이 시기에 대륙에서 이성주의와 치열하게 싸우며 오웬과 같은 일에 헌신하던 신학자로서 프랜시스 튜레틴도 언급할 가치가 있는 인물입니다. 그는 개신교 역사상 가장 뛰어난 변증서 가운데 하나인 『변증신학강요』(Institutio Theologiae Elencticae)를 썼습니다. 이것은 후일 조나단 에드워즈가 이단들과 교리 논쟁할 때 매우 우수한 가치를 지닌 것으로 여겼던 책입니다.[6] 에드워즈는 인간의 상상력에 대한 언급에서 튜레틴의 글을 인용하면서, 그를 '위대한 튜레틴'(The great Turretin)이라고까지 부를 정도였습니다.[7]

스위스에서는 그와 견줄 만한 훌륭한 신학자가 또 등장합니다. 개혁파 정통주의 역사에서 중요한 인물들 중 한 사람인 요한 하인리히 하이데거가 바로 그 사람입니다.

소위 '개신교 교부 시대'라고 불리는 이 시대에는 방대한 신학적 유산들이 남겨졌습니다. 저는 그 엄청난 분량의 개혁파 정통주의의 유산들을 대하며 제가 개혁

---

[5] Richard Baxter, *The Practical Works of Richard Baxter*, 23 vols., ed. William Orme (London: James Duncan, 1830).

[6] Jonathan Edwards, "Six Letters of Jonathan Edwards to Joseph Bellamy," in *The New England Quarterly*, vol. 1, no. 2, ed. Stanley T. Williams (Apr. 1928), 226-242. 에드워즈의 다음과 같은 편지 내용을 기억하라. "만약 내가 봄까지 이곳에 있게 되면 마스트리히트와 튜레틴을 연구할 기회를 갖게 될 것인데, 아르미니우스주의 논쟁 연구에 집중하고 그것에 관한 글을 준비하기 위함입니다. 바라기는 목사님이 이곳에 오실 때 그 책들을 가지고 오시면 좋겠습니다." Jonathan Edwards, "To the Reverend John Erskine," *Letters and Personal Writings*, in *The Works of Jonathan Edwards*, vol. 16, ed. George S. Claghorn (New Haven: Yale University Press, 1998), 265.

[7] Jonathan Edwards, *Religious Affections*, in *The Works of Jonathan Edwards*, vol. 2, ed. John E. Smith (New Haven: Yale University Press, 1990), 289.

파 교회의 교인인 것이 가슴이 벅차도록 자랑스러웠습니다. 그 후 리처드 멀러(Richard A. Muller, 1948-)의 책과 논문들을 읽고 공부하면서 개혁신학의 사상적 유장함과 그 깊이에 자랑스러움을 느끼게 되었습니다.

플라톤을 공부하면서 인간으로 태어난 것에 대하여 감사했다면, 아우구스티누스를 공부하면서는 그리스도인인 것이 자랑스러웠고, 루터와 칼빈을 공부하면서는 개신교도인 것에 대해 자부심을 느꼈으며, 개혁파 정통주의자들의 신학을 공부하면서는 개신교도들 중에서 개혁파 교인인 것에 대하여 긍지를 느꼈습니다. 그 많은 철학과 신학의 작품들은 제가 배우면서 감격하는 것만큼 저의 목회에 비옥한 자양분이 되었습니다.

E. 근대와 현대

근대와 현대의 인물들의 산맥을 살펴보겠습니다. 18세기에 영국에서 부흥 운동이 일어나면서 존 웨슬리(John Wesley, 1703-1791)와 조지 휘트필드(George Whitefield, 1714-1770) 같은 탁월한 설교자들이 등장합니다. 이들은 순수한 열정으로 복음을 위하여 수고하였습니다. 웨슬리는 아르미니우스주의 신학을 따라, 조나단 에드워즈의 경험적 신학을 높이 평가하면서도 그의 신학을 비평적으로 받아들인 열정적인 설교자였습니다. 그는 후일 감리교단의 설립을 위한 초석을 놓았습니다.

존 웨슬리와 거의 같은 시기에 활동했던 전설적인 설교자 조지 휘트필드는 영국뿐 아니라 뉴잉글랜드까지 커다란 영향을 끼친 칼빈주의 설교자로서 순수하고 꾸밈없는 경건과 탁월한 수사학적 재능으로 많은 영혼들을 각성케 한 인물이었습니다.

휘트필드의 설교와 신학의 위대한 스승은 매튜 헨리(Matthew Henry, 1662-1714)였습니다. 휘트필드는 매튜 헨리의 『성경 주석』(*Matthew Henry's Commentary on the Whole Bible*)을 일생의 동반자처럼 곁에 두고 늘 공부하였으며, 대학생들이 읽어야

▌ 조지 휘트필드. 호소력 있는 설교로 영국은 물론 미국의 대각성 운동에까지 큰 영향을 미쳤다.

할 필독서로 추천하였습니다.[8] 그는 일생 동안 『성경주석』 전권을 네 번이나 완독하였는데,[9] 마지막 한 번은 무릎을 꿇고 읽었다고 합니다.

설교 역사에서 휘트필드는 참으로 높은 영적 봉우리입니다. 신학적 깊이에서는 출중했던 지난 시대의 인물들에 견줄 수 없지만, 그는 18세기의 전설적인 설교자였습니다. 저는 30대 중반에 이 사람의 전기를 수집하고 읽으면서 많은 영적 유익을 얻었습니다.

이 전설적인 설교자들이 활동하던 때와 같은 시기에 대서양 건너 미국에서는 위대한 사상가이자 신학자인 조나단 에드워즈(Jonathan Edwards, 1703-1758)가 나타납니다. 철학자이고 역사가이며 신학자인 동시에 탁월한 설교자이자 목회자였던 에드워즈는 신학뿐만 아니라 거의 모든 학문 분야에 걸쳐서 계몽주의의 인본주의적 사조에 맞서 성경 진리와 전통적 기독교 가치관을 파수하고자 헌신하였던 인물입니다. 개신교 역사상 가장 위대한 부흥의 시기들 중 하나인 제1차 대각성 운동을 위한 도구로 쓰임받았던 사람이기도 합니다.

19세기와 20세기에 와서는 아브라함 카이퍼(Abraham Kuyper, 1837-1920), 벤저민 워필드(Benjamin B. Warfield, 1851-1921), 헤르만 바빙크(Herman Bavinck, 1854-1921)와 같은 신학자들도 나타납니다.

이제 위대한 개혁주의 시대는 거의 막을 내리고 작은 산들처럼 이어지는 신학자

---

[8] 아놀드 델리모어, 『George Whitefield: 18세기의 위대한 복음 전도자』, 오현미 역 (서울: 복있는사람, 2015), 97, 1147.
[9] 매튜 헨리, 『매튜 헨리 주석: 창세기』, 원광연 역 (서울: 크리스챤다이제스트, 2008), 뒤표지를 참고하라.

들과 유구한 개혁신학의 전통을 잘 모르는 목회자들이 나즈막한 산맥을 이루고 살아가는 시대가 되었습니다. 우리도 그중 한 구릉과 같은 세대입니다.

세상 역사의 중심은 하나님의 구원의 역사이고, 구원 역사의 핵심은 하나님의 사람들의 역사입니다. 이 위대한 인물들은 하나님의 작품들인 동시에 그렇게 일하시는 하나님의 주권에 대해 믿음으로 반응했던 사람들이었습니다. 그러므로 여러분이 하나님께 쓰임을 받고 싶다면 하나님께서 쓰실 만한 사람이 되도록 자신을 준비해야 합니다. 그때 여러분도 그들처럼 역사 속에서 쓰임받는 하나님의 사람이 될 수 있습니다.

IV. 맺는 말

역사의 주인은 하나님이시지만 그 무대에서 일하는 것은 사람들입니다. 하나님께서는 역사를 주관하시지만 사람을 사용하셔서 그 일을 이루어 가시기 때문입니다. 그러나 하나님께서는 아무나 사용하시지 않습니다.

하나님께서 사람을 불러 당신의 뜻을 이루게 하심에는 분명한 원리가 있습니다. 하나님께서는 당신의 뜻이 하늘에서 이루어진 것처럼 땅에서도 이루어지기를 바라시며, 동일하게 그것을 바라는 사람들을 사용하십니다. 모든 사람이 역사 속으로 부름받지만 많은 사람들은 역사와 함께 흘러갈 뿐입니다. 하나님께서는 아무에게나 역사의 흐름을 주도하게 하지 않으십니다. 하나님께 자신을 드려 준비된 사람들을 부르시어 역사의 산맥을 잇게 하십니다.

지금도 하나님께서는 여러분을 불러서 이제껏 줄기차게 뻗어 오게 하신 기독교 역사의 산맥을 이어 갈 봉우리들이 되게 하려고 하십니다. 지금 이 책의 첫 번째 장을 넘기는 당신이 바로 미래의 한 봉우리입니다.

제1장 역사와 사람

I. 들어가는 말

하나님께서는 사람을 사용하셔서 당신의 역사를 이루신다.

II. 성경의 역사

최초의 인류인 아담과 하와의 타락 이후 하나님의 구원 계획이 역사의 무대 위에 펼쳐지기 시작했다. 아브라함, 모세, 다윗 등은 그 무대에서 활약한 위대한 영적 인물들이다. 이후 예수 그리스도의 오심으로 신약 교회의 시대가 도래하고 사도들의 시대가 열렸는데, 그 시대에 활약한 걸출한 인물이 사도 바울이다. 성경의 역사가 모세, 다윗, 바울 등 위대한 영적 봉우리들이 이어져 내려온 고봉준령이라면, 예수 그리스도께서는 그 산맥 위에 높이 떠 있는 태양과 같다. 그분은 구약 역사에 나타난 높은 산봉우리 같은 인물들이 바라보아 왔고 신약 역사에서 나타날 영봉 같은 인물들이 바라볼 분이셨기 때문이다.

III. 교회의 역사

A. 초대교회 시대 초기 기독교 신학의 사상적 토대가 구축된 시기이다. 이레나이우스와 테르툴리아누스, 크리소스토무스, 아우구스티누스 등이 활약했다. 특히 아우구스티누스는, 그를 생각하지 않고는 기독교의 역사를 말할 수 없을 정도로 중요한 인물이다.

B. 중세교회 시대 기독교적 사유의 기초가 잡히고 기독교 사상의 집적과 체계화가 이루어진 시기로, 대표적인 신학자로는 토마스 아퀴나스를 꼽을 수 있다.

C. 종교개혁 시대 가톨릭의 오류와 기만으로부터 그리스도의 교회를 구해 내고자 투쟁했던 루터를 비롯하여 츠빙글리, 멜란히톤, 버미글리, 녹스 등이 활약했다. 이후 탁월한 변증가 칼빈의 등장으로 종교개혁은 실질적으로 마무리되고 개혁신학의 토대가 놓이게 된다.

D. 정통주의 시대 16세기 후반에서 17세기까지 이어진 개신교의 전성 시대. 베자, 고마루스, 보에티우스, 마스트리히트, 튜레틴, 오웬 등이 활약하며 종교개혁자들이 세운 개신교의 교리들을 정교화해 나갔다.

E. 근대와 현대 웨슬리와 휘트필드 같은 탁월한 설교자들이 등장한 시대. 특히 조나단 에드워즈는 계몽주의와 인본주의에 맞서 성경의 진리와 전통적 기독교의 가치관을 파수하고자 헌신하였다. 이후 카이퍼, 바빙크 등과 같은 신학자들이 나타나 활약했다.

IV. 맺는 말

하나님께서 사람을 불러 당신의 뜻을 이루게 하심에는 분명한 원리가 있다. 바로 하나님의 뜻이 하늘에서 이루어진 것처럼 땅에서도 이루어지기를 바라는 사람들을 사용하신다는 것이다. 지금도 하나님께서는 이제껏 줄기차게 뻗어 온 기독교 역사의 산맥을 이어 갈 봉우리를 찾고 계신다. 이 책을 넘기는 당신이 바로 미래의 한 봉우리이다.

누가 신학을 하는가

신학은
환경에 떠밀려서가 아니라
그리스도와의 만남을 통해 분명하게 누리게 된 소명 때문에 하는 것입니다.
인간은 신학함의 형식적 주체일 뿐, 실제로 신학함을 가능하게 하시는 분은 하나님입니다.
그러므로 목회자로 불러 주신 분명한 소명 체험을 끝내 확인할 수 없다면
신학공부를 그만두어야 합니다.

제 2 장

목회와 소명 1

Ministry and Calling 1

I. 들어가는 말

신학교에서 교수로 있었을 때의 일입니다. 당시 저는 신학대학원 입학 시험에서 신입생들을 면접하고 있었습니다. 수많은 면접생 중 나이가 좀 있어 보이는 지원자에게 이렇게 물었던 기억이 납니다.

"당신은 연세도 많으신 것 같은데 왜 신학교에 들어오려고 하십니까?" 그랬더니 그는 답했습니다. "목회를 하려고 신학교에 입학했습니다." 저는 왜 그런 생각을 하게 되었느냐고 물었습니다. 그는 뜻밖에 이렇게 대답하였습니다. "저에게는 80세가 넘으신 노모가 계십니다. 어머니의 평생 소원이 제가 목사가 되는 것인데 유언과 같은 소원을 들어드리는 것이 효도라고 여겨서 지원하게 되었습니다." 저는 그 지원자에게 말했습니다. "당신은 집으로 돌아가시고 어머니를 신학교에 보내십시오."

목회자는 사람들로 하여금 하나님을 사랑하도록 만드는 사람입니다. 그래서 목회자에게는 세계와 인간이 창조된 목적을 모르기 때문에 자기를 사랑하며 제 소견에 좋은 대로 살아가는 사람들을 복음과 성령으로 돌이켜 하나님을 알고 사랑하게 만들어야겠다는 열망이 있어야 합니다. 그리고 이 열망이 자신 안에서 일어나야 합니다. 다른 사람의 희망이나 어쩔 수 없는 환경에 의해서가 아니라 자신 속에 이웃들을 하나님을 아는 사람들이 되도록 인도해야겠다는 불붙는 열망이 있어야 합니다.

목회자는 이렇게 다른 사람들이 하나님께서 세계와 인간을 창조하신 목적을 따라 참인간으로서 행복을 누리며 살도록 돕는 사람입니다. 그러므로 마땅히 하나님과 그분이 창조하신 세계, 인간에 대하여 올바르고 확고한 견해를 가진 사상가이어야 합니다. 이것이 바로 목회자가 곧 신학자가 되지 않으면 안 되는 이유입니다.[10]

II. 그리스도와의 만남

목회자는 자신의 직무가 아니라 그리스도와 깊이 만남으로써 자신의 소명을 깨닫게 됩니다. 부활하신 그리스도께서는 베드로를 예루살렘 교회의 첫 번째 목회자로 부르셨습니다. 이때 예수 그리스도께서 베드로에게 어떤 질문을 하셨는지 기억해 보십시오. 예수 그리스도께서는 오직 "네가 나를 사랑하느냐"라는 질문만을 세 번 반복하셨습니다(요 21:15-17).

한 사람이 목회자로 부름받은 증거는 목회를 위한 개인의 야망이나 선교 사업에 대한 비전으로 입증되는 것이 아닙니다. 신학 탐구를 통해서 발견되는 것도 아닙니다. 예수 그리스도께서는 베드로에게 다음과 같이 묻지 않으셨습니다. "네가 양떼를 사랑하느냐?", "교회를 사랑하느냐?", "네 소명을 사랑하느냐?" 왜냐하면 이 모든 질문들에 대한 답은 실제적으로 그리스도를 향한 사랑 안에서 모두 수렴되기 때문입니다.

---

[10] 이처럼 목회자가 신학자가 되는 첫걸음은 중생과 회심으로 시작되지만, 그의 신학은 그리스도를 특별히 만나는 소명의 경험을 통하여 분명해지고, 지속적인 경건과 학문의 탐구 및 발견한 진리를 따르는 삶에 의하여 완성을 향해 나아가게 된다.

목회의 소명은 본질적으로 그리스도와의 만남을 통해서 이루어집니다. 신앙의 체험 속에서 초월적 은혜와 함께 의식 안에 주어지는 것입니다. 목회의 소명을 받기 전에 먼저 그리스도를 깊이 만나는 은혜를 체험해야 할 필요성이 여기에 있습니다.

A. 십자가와 부활 사건

목회의 소명은 직무에 대한 사명감에서 출발하는 것이 아닙니다. 그것은 그리스도에 대한 사랑에서 출발해야 합니다(요 21:15-17). 그것이 바로 예수 그리스도의 십자가와 부활 사건에 대한 영적 경험입니다. 이 복음적 경험을 통해 목회의 길을 걸어갈 사람은 인류를 향한 하나님의 경륜과 사랑을 알게 됩니다.

예수 그리스도의 십자가와 부활 사건이 목회의 소명 체험 안에 있는 지식의 핵심입니다. 사도로 부름받았던 바울을 생각해 보십시오. 회심 이전에 그에게는 두 가지 편견이 있었습니다. 첫째는 심리적 편견으로 유대인 선민 사상에서 비롯된 인종차별주의였고, 둘째는 신학적 편견으로 예수는 메시아일 수 없다는 확신이었습니다.[11] 바울은 예수가 만약 메시아라면 저주의 상징인 나무에 달려 죽을 수 없다고 판단했기 때문입니다.

부활하신 예수 그리스도를 만났을 때, 바울은 양립할 수 없는 두 개의 모순된 명제 때문에 혼란스러웠습니다. 예수님께서 십자가에 못 박혀 죽으셨다는 사실과 다시 부활하셨다는 사실이 그것입니다. 예수님께서 십자가에 못 박혀 죽으셨다는 것은 하나님께 저주를 받았다는 의미이며(신 21:23), 다시 부활하셨다는 것은 하나님께서 그분을 인정하셨다는 의미이기 때문입니다(롬 1:4).[12]

---

[11] 김세윤, 『구원이란 무엇인가』 (서울: 두란노, 2003), 132-143.
[12] 김세윤, "바울의 복음의 기원", 『예수와 바울』 (서울: 두란노, 2001), 339; 김세윤, 『복음이란 무엇인가』 (서울: 두란노, 2003), 144-146.

이 모순된 명제에 대해 바울이 충격적으로 깨달은 사실이 있었습니다. 그것은 예수님께서 자신의 죄 때문이 아니라 구원받을 모든 인류의 죄를 짊어지고 대신 죽으셨다는 사실이었습니다. 이것은 바울에게 있어서 지성에 벼락을 맞는 것 같은 충격이었습니다.

바울은 이 사건을 통하여 예수 그리스도의 십자가 죽음이 구약 시대 율법의 모든 제사들이 바라보며 달려온 궁극적 실체였다는 사실과, 그리스도의 부활이 인류를 구원하고자 하시는 하나님의 우주적 계획의 핵심이라는 사실을

아테네 시민들에게 설교하는 사도 바울. 유대교와 구분된 기독교 사상을 확립한 초대교회 지도자이자 복음 전도자. 신약성경의 상당 부분이 그의 저술이다.

깨달았습니다(엡 3:8-10). 사도 바울이 그리스도를 "하나님의 지혜"(θεοῦ σοφίαν)라고 강조한 것은 모두 이러한 사실을 보여줍니다(고전 1:24-25). 사도는 이러한 깨달음을 통해 죄인들을 구원하려는 하나님의 가슴 저미는 사랑을 경험하게 되었고, 이로써 자신을 하나님께 모두 바쳐 복음을 전하지 않으면 안 될 것 같은 불타는 소명감에 사로잡히게 되었습니다.

이처럼 목회의 소명은 무의식 속에서가 아니라 의식 속에서, 환경의 섭리에 의해서만이 아니라 인간 의지의 반응 속에서 이루어지는 것입니다. 바울의 소명은 다메섹 도상에서 예수 그리스도를 만나는 회심의 경험과 함께 주어졌고, 그것은 곧 복음을 전하지 않으면 화가 있을 것 같은 '신적인 강제력'(divine enforcement)의 체험으로 이어졌습니다(고전 9:16).[13] 사도 바울에게 십자가와 부활 사건에 대한 영

---

13) Seyoon Kim, *The Origin of Paul's Gospel* (Tübingen: J. C. B. Mohr, 1981), 2, 65-66.

적 경험은 이후에 전개된 그의 신학과 목회, 선교를 비롯한 모든 섬김의 원인이었고 동기가 되었습니다.

목회의 길을 가고자 하는 사람들은 신학공부를 계속하기 전, 먼저 자신의 회심의 진정성 여부와 함께 소명의 진실성 문제를 진지하게 검토해야 합니다. 여기서 말하는 회심은 일차적으로는 구원에 이르는 일회적인 회심을 의미하지만, 이차적으로는 그리스도의 십자가와 부활 사건이 자신의 마음속에서 현재적으로 살아서 역사하는 회심의 반복을 의미합니다.

만약에 이 책을 읽는 여러분이 이미 신학공부를 시작했는데 회심이 불분명하다면 반드시 그것을 확인해야 합니다. 잠시 공부하기를 멈추고 그것을 확인할 기회를 갖는 것이 좋습니다. 물론 여기에는 말씀의 은혜를 받고 간절히 기도하는 일이 수반되어야 할 것입니다. 이 일을 위하여 때로는 목숨을 건 간절한 기도가 필요하기도 합니다. 그때 가장 먼저 점검되어야 할 사항은 십자가와 부활 사건에 대한 분명한 경험이 있느냐 하는 것입니다.

목회에 대한 분명한 소명 없이 신학공부를 하는 것도 바람직하지 않지만, 그러다가 목회의 길에 들어서게 되면 소명의 유무와 상관없이 성직을 그만두고 싶어도 그럴 수 없게 되는 처지에 놓이게 됩니다. 그것은 매우 불행한 일입니다. 왜냐하면 그 사람 자신과 그를 목회자로 삼고 있는 교회가 입을 손해가 매우 클 것이기 때문입니다.

저는 『자네, 정말 그 길을 가려나』라는 책을 쓴 이후로 약 20년 동안 어림잡아 수백 명의 신학생들로 하여금 신학을 그만두고 자기의 직업을 찾게 하였습니다.[14] 지금도 저는 그 일이 교회를 위해서나 그들 자신을 위해서나 보람된 일이었다고 생각합니다. 18세기의 전설적인 청교도 설교자 조지 휘트필드(George Whitefield, 1714-1770)는 이렇게 말했습니다. "회심하지 않은 목회자는 교회의 독(毒)이다."[15]

---

[14] 이 책은 두란노에서 1997년에 처음 출간되었다가 2008년에 생명의말씀사에서 복간되었다.

뚜렷한 회심의 경험과 분명한 소명 의식이 있다는 이유 하나만으로 모두 선한 목자가 되는 것은 아닙니다. 그러나 분명한 사실은 소명 의식 없이 선한 목자가 되는 경우는 없다는 것입니다.

그러므로 소명의 문제는 목회를 지망하는 사람들 자신의 문제일 뿐 아니라 교회의 문제이기도 합니다. 여러분이 신학공부를 계속하기 전에 우선적으로 소명의 문제를 점검해야 하는 이유가 바로 이 때문입니다.

B. 그리스도에 대한 믿음

목회의 소명을 따라 살기 위해서는 그리스도에 대한 현재적 믿음 안에서 살아가야 합니다. 스스로 충분히 행복함에도 불구하고 예수 그리스도를 전심으로 믿게 되는 사람은 아무도 없습니다. 자신의 힘으로는 해결할 수 없는 인생의 궁극적인 불행의 원인을 발견하고 거기로부터 구출받고자 하는 갈망을 지닌 사람들이 예수 그리스도를 믿게 되는 것입니다.

불신자였던 사람들은 자신이 자기 인생의 주인이라고 생각하며 하나님 없이도 넉넉히 살아갈 수 있다고 믿습니다. 그러다 어느 한순간 예수 그리스도를 믿게 됩니다. 이전에는 자신들이 겪고 있는 불행과 고통의 궁극적인 원인이 무엇인지 모르고 살아왔지만 그리스도 예수의 십자가와 부활 사건을 경험함으로써 그 모든 비참의 궁극적 원인이 죄였다는 사실을 깨닫게 되었기 때문입니다. 그래서 그는 예수님 이외에는 그 누구도 그 무엇도 자신의 죄와 그 죄의 비참한 결과로부터 자기를 구원할 수 없다는 사실을 알게 되고, 자신을 구원에 이르게 한다고 간주하며 추구하던 이전의 모든 길을 포기하게 됩니다.

---

15) "Unconverted ministers are the bane of the Christian Church." George Whitefield, *George Whitefield's Journals* (Edinburgh: The Banner of Truth Trust, 1986), 478.

1. 나의 회심 이야기

저는 스물한 살이 되던 해에 회심하였는데 청소년 시절을 덧없이 방황하며 고통스럽게 보냈습니다. 청소년 시절, 저는 아침마다 두려움 속에서 눈을 떴습니다. 죽는 것이 두려운 것이 아니라 인간으로 살아가기가 두려웠습니다. 날마다 하루를 인간으로 살아가야 한다는 현실에 직면하면서 죽을 것 같은 두려움에 마음은 야위어만 갔습니다.

■ 존 번연. 영국 침례교 목사. 『천로역정』의 작가로 유명하다. 영국 성공회를 제외한 모든 교파를 탄압했던 찰스 2세에 의해 12년간 투옥 생활을 했는데, 이 기간에 쓴 작품이 바로 기독교 고전 걸작 『천로역정』이다.

당시 저는 단 하루도 죽음을 생각하지 않고 산 날이 없을 정도였습니다. 그리하여 길거리에서 자라는 이름 모를 풀 한 포기와 발아래 구르는 돌멩이들을 부러워하였습니다. 존 번연이 회심하기 전, 상당 기간 동안 어두운 시기를 보내며 죄성(罪性)을 가지지 않은 짐승이나 새, 물고기들의 처지를 부러워하였던 것처럼 말입니다.[16]

중학교 2학년 겨울, 어느 주일이었습니다. 저는 교회에 가는 길에 차가운 벌판 논둑 아래 엎드려 한참 동안 목 놓아 울었습니다. 난생 처음으로 인생이 주는 무게감 때문에 펑펑 울었습니다. 제 나이 열다섯 살 되던 해였습니다. 누구에게도 위로받을 길이 없는 슬픔과 두려움은 누구와도 나누어 질 수 없는 인간 존재로서의 무게감이었습니다.

그때 제게서 떠나지 않았던 질문들이 있었습니다. "나는 누구인가?", "세계는 무엇인가?", "신은 존재하는가?", "그러면 나는 이제 어떻게 살아야 하는가?" 그 이후로도 마음의 절박함과 대답을 갖지 못하는 고통의 정도만 달랐을 뿐 이 질문

---

[16] John Bunyan, *Grace Abounding to the Chief of Sinners*, in *The Works of John Bunyan: Experimental, Doctrinal and Practical*, vol. 1, ed. George Offor (Edinburgh: The Banner of Truth Trust, 1991), 16.

들은 한 번도 저를 떠나지 않았습니다. 선생님들이나 지인들에게 가끔은 저의 고민을 이야기해 보기도 하였으나 어느 누구도 저에게 이 고통과 두려움으로부터 벗어나는 길을 가르쳐 주지는 않았습니다.

어린 시절부터 교회는 다녔지만, 교인들이 인생에 대하여 나보다 더 나은 생각을 가지고 있다고 여겨지지는 않았습니다. 아우구스티누스의 고백과 같이 이 사람은 이렇게, 저 사람은 저렇게 믿는 것 같아서 저는 그들 속에서 신뢰할 만한 무엇을 발견할 수 없었습니다.[17]

그날 황량한 들판 논둑에서 통곡하며 울고 난 후, 저는 두 손등으로 눈물을 훔쳤습니다. 뺨에 흐르는 눈물을 닦고 자리에서 일어났을 때, 저는 무신론자가 되기로 결심하였습니다. 그 일이 있고 난 후, 저에게 책 읽기는 구원의 길이었습니다. 그때 읽었던 책들을 통해 배운 허무한 이야기들이 후일 목회자가 되어 세상과 인간을 이해하는 데 이처럼 요긴하게 사용될 줄은 미처 몰랐습니다.

문학 작품들을 비롯하여 많은 책들을 읽으면서 위로를 받는데 그것은 인간으로 사는 무게감 때문에 고민하던 사람이 저 말고도 아주 많이 있다는 사실을 알게 되었기 때문입니다. 그러나 여러 문학 작품들에 등장하는 인물들에게서 동병상련의 정을 느끼기는 하였으나, 결국 그들도 저처럼 아파할 뿐 문제의 해결을 위한 답을 찾지 못하고 방황하기는 마찬가지였다는 사실을 깨닫게 되었습니다.

한동안 그렇게 문학 작품들을 읽은 후에 사상가들의 글을 읽는 일에 몰두하였던 것은 바로 그러한 이유 때문이었습니다. 플라톤, 니체, 쇼펜하우어, 러셀, 칸트, 사르트르와 하이데거, 키에르케고르 등의 여러 철학자들의 글을 읽으면서 저의 질문에 대한 답을 찾고자 노력하였습니다.

---

[17] "저는 그분에게 제 번민을 말하고 싶었습니다. 저처럼 고민하는 사람이 당신의 길을 걸으려면 어떤 방법이 그중 옳은가에 대한 답을 듣고 싶었습니다. 제가 보니 그분의 교회는 사람으로 가득 차 있으나 이 사람은 이렇게 저 사람은 저렇게 가고 있는 까닭이었나이다"(*Vnde mihi ut proferret uolebam conferenti secum aestus meos, quis esset aptus modus sic affecto, ut ego eram, ad ambulandum in uia tua, Videbam enim plenam ecclesiam, et alius sic ibat, alius autem sic*, 8,1,1-2,). Avrelivs Avgvstinvs, *Confessiones*, in *Corpus Christianorvm Series Latina, XXVII: Avrelii Avgvstini Opera* (Tvrnholti: Typographi Brepols Editores Pontificii, 1996), 113.

문학가들이 당시 저에게 인생의 문제가 무엇인지를 알게 해주었다면, 사상가들은 그에 대한 나름의 대답을 주었습니다. 그러나 저는 지적으로 성장하면서 교만한 마음을 갖게 되었던 것 같습니다. 동의하는 사상가들의 글에는 밑줄을 긋기도 하고 칭찬하는 메모를 남기기도 하였지만, 제 생각과 다를 때에는 크게 엑스 표시를 하고 비판을 적어 두기도 하였습니다.

가끔 친구들과 어울려 인생에 대해 토론할 때면 인생이 무엇인지에 대한 깨달음에서 제가 그들보다 훨씬 앞서간 듯이 우쭐거리는 마음도 있었으나, 그렇다고 해서 제가 인생에 대해 스스로 의지하고 살 만한 어떤 확고한 견해에 도달했던 것은 아니었습니다.

저는 인생의 문제에 대한 답을 찾지 못한 괴로움 때문에 극도의 술 취함과 방탕에 빠지지는 않았지만 죽은 자로서 산 자의 삶을 이어 가느라 영혼이 파리해져만 갔습니다. 그것은 제가 저의 영혼의 주인이신 하나님을 떠났기 때문이었습니다.

인간의 사상이나 철학들이 가르쳐 주는 답들 안에도 반짝이는 지혜의 빛이 있어서 저를 기쁘게 하기도 하였지만, 그것들도 사실은 하나님의 지혜의 희미한 반영일 뿐이라는 사실과 그것을 확실히 알기 위해서는 그 모든 지혜의 근원인 성경으로 돌아가 순수한 사랑과 유순한 지성으로써 가르침을 받아야 한다는 사실을 그리스도의 품으로 돌아오고도 상당한 시간이 흐르고 난 뒤에야 알게 되었습니다.

▎ 헤르만 헤세. 이상적 휴머니즘을 지향한 소설가로 성장의 고뇌, 인간의 진정한 자유 등에 대한 통찰이 돋보이는 작품들을 집필했다.

헤르만 헤세(Hermann Hesse, 1877-1962)는 한때 신학을 공부하였으나 기독교 신앙을 버리고 오히려 불교의 가르침에서 마음의 평안을 찾던 사람이었습니다. 그의 소설 중 『수레바퀴 밑에서』(Unterm Rad)가 비인간적인 기독교 교육에 대한 자전적 고발이라면, 『지성과 사랑』(Narziß und Goldmund)

은 자기 안에 있는 두 세계의 갈등과 합일의 과정을 그린 작품입니다. 『데미안』(Demian)은 아브락사스(Abraxas)를 향한 비상을 보여주고, 『싯다르타』(Siddhartha)는 힌두교적 혹은 불교적인 사유로의 귀의를 보여줍니다.

회심 전 스무 살 때 저는 스스로를 이 세상에서 헤르만 헤세를 가장 완벽하게 이해하는 독자라고 믿었을 뿐 아니라, 그가 미처 글로 다 쓰지 못한 것이 무엇인지도 알고 있다고 생각했습니다. 그러나 그의 작품에 감동을 받은 것이 저로 하여금 어떻게 인생을 살아가야 할 것인지에 대하여 답을 가르쳐 주지는 못하였습니다. 그는 인생이 힘들면 자살이라는 비상 탈출구가 있으니 그것을 선택하는 것은 인간의 고유한 권리라고 가르쳐 주었지만, 그것이 저의 인생의 문제에 대한 해결에 도움을 주지는 못했습니다.

그러다가 복음을 듣게 되었습니다. 당시 저는 거의 매일 밤을 새워 공부를 하였는데 새벽녘이면 저 멀리 벌판에서 들려오던 교회의 종소리에 저도 모르게 마음이 끌렸습니다. 이따금 그 종소리를 듣고 들에 나가 보면 자욱한 새벽안개 너머에서 뎅그렁뎅그렁 울리는 종소리가 그렇게 평화롭게 느껴질 수 없었습니다. 그 경험은 저로 하여금 다시 한 번 복음에 귀를 기울이도록 만들어 주었습니다.

결국 저는 예수 그리스도야말로 이 세상을 구원하시기 위한 하나님의 최고의 사랑의 표현이었다는 사실을 깨닫게 되었습니다. 오랫동안 고민해 온 질문들인 "인간은 누구이며 나는 무엇을 위하여 이 세상에 태어났는가?" 그리고 "이 세계는 무엇 때문에 존재하며 나와 무슨 관계가 있는가?"에 대한 답을 드디어 발견하게 되었습니다.

그렇지만 불행하게도 저는 주님을 믿은 즉시 기독교의 위대한 지성들을 찾아 신앙을 배우지는 못했습니다. 그때 당시 저는 그리스도를 진실하게 믿고 의지하기 위해서는 지성의 스위치를 꺼야 하는 줄 알았습니다. 세상에서 배운 모든 지식은 무조건 멀리해야 하는 줄 알았습니다. 그러나 그것은 하나님의 뜻과는 거리가 먼 저만의 잘못된 판단이었습니다.

2. 그리스도를 믿음

저는 복음적 회심을 경험하였습니다. 회심이 죄에 대한 회개와 그리스도에 대한 믿음으로 이루어진다는 신학적 설명을 나중에서야 지식적으로 알았지만, 그것이 무엇인지는 저의 복된 회심의 계절에 체험하였습니다.

저는 회심의 경험을 통해서 무신론자로 살아온 세월 동안에 답할 수 없었던 자신의 불행과 비참의 뿌리를 발견하게 되었는데, 그것은 바로 죄에 대한 깊은 깨달음이었습니다. 그때까지 살아온 모든 날들이 죄의 연속이었고 죄가 내 안에 있다는 사실을 발견하면서 회개의 눈물이 마를 날이 없었습니다. 그러면 그럴수록 의지할 분은 오직 예수 그리스도밖에 없다는 사실이 제 마음에 절박하게 다가왔습니다. 그래서 누군가 기독교 신앙이 허구라는 것을 아무리 유능하게 제게 증명한다고 할지라도 그의 말보다는 십자가에서 우리 대신 죽으시고 다시 사신 그리스도만을 의지하고자 하는 마음이 더 간절하였습니다. 하나님을 향한 절대 의존의 순수한 마음이 되었던 것입니다.

저는 회심한 후 오랫동안 회심하기 전과는 또 다른 의미에서 눈물로 세월을 보냈습니다. 회심 이전에는 인생의 슬픔과 좌절 때문에 울었지만, 회심 후에는 하나님의 은혜와 감사 때문에 울었습니다.

신학을 공부하고 목회자가 되기로 결심한 후에도 이러한 회심의 경험은 수시로 마음속에 새롭게 다가왔고, 신학교와 신학대학원을 다니는 7년 동안 거의 매일 그리스도의 십자가 사랑에 대한 감격 속에서 살았습니다. 회심하기 전에 늘 죽음을 대면하고 살아와서인지 그리스도의 죽으심이 항상 마음에 친숙하게 다가왔으며, 그 죽음의 효과에 대해서도 추호의 의심을 갖지 않았습니다.

그러나 신학교에 입학하기 전까지 지성적으로는 커다란 진보가 없었습니다. 저는 신앙의 길에 들어서면서 이제는 인간과 세계에 대한 모든 지식을 배설물처럼 여겨야 하는 줄 알았습니다. 신학의 길을 들어선 지 상당한 시간이 흐른 후에야 이러한 저의 생각이 잘못된 것이며 오히려 기독교 신앙이야말로 최고의 지성을 요구한다는 사실을 깨닫게 되었습니다.

그때 저는 마치 아우구스티누스가 하나님께 물었던 것처럼, 인간과 세계에 대한 모든 의문들을 기도로 여쭈었습니다. 그리고 마침내 나같이 쓸모없는 인간으로 하여금 당신을 믿게 하시고 관계를 맺게 하시는 부르심 자체가 하나님의 위대한 사랑임을 깨달았습니다. 이러한 고민을 아우구스티누스는 『고백록』(Confessiones)에서 다음과 같이 말하였습니다.

> 저에게 당신은 무엇이시니이까? 저는 당신에게 그 자체로 무엇이기에 저에게 당신을 사랑하라 명령하시고 그렇게 하지 않으면 저에게 진노하시고 끔찍한 비참을 내리실 것처럼 경고하시기까지 하시나이까?(1.5.5.)[18]

이런 구도(求道)의 과정 속에서 저는 인간이란 존재는 하나님과 다른 사람들 그리고 창조된 세계와의 연관 없이는 해명될 수 없는 존재임을 성경을 통해 깨닫게 되었습니다. 이것은 저에게 기독교 신앙이야말로 최고의 휴머니즘(Humanism)이라는 사실을 알게 해주었습니다. 왜냐하면 하나님 앞에 사랑받는 존재로서의 인간을 고려하지 않고서는 인간이 누구인지를 파악할 수 없기 때문입니다.

그때 저는 알게 되었습니다. 하나님께서는 인간이 필요하지 않으셨지만 인간의 행복을 위하여 관계를 맺으시고 그들을 통하여 창조주의 영광을 나타내는 분이시라는 사실을 말입니다. 그것은 저의 소명 의식에 다시 한 번 기름을 부어 불타오르게 하는 계기가 되었습니다. 저는 단지 잃어버린 영혼을 구원하고자 하는 절실한 마음으로 목회자가 되기로 결심했지만, 이러한 신학적인 사실을 발견하고 나서는 이

---

18) "*Quid tibi sum ipse, ut amari te iubeas a me et, nisi faciam, irascaris mihi et mineris ingentes miserias?*" Avrelivs Avgvstinvs, *Confessiones*, in *Corpvs Christianorvm Series Latina, XXVII: Avrelii Avgvstini Opera* (Tvrnholti: Typographi Brepols Editores Pontificii, 1996), 3.

전에 받은 소명이 얼마나 거룩하고 장엄한 것인지를 세계를 향한 하나님의 우주적인 계획과 함께 인식하게 되었기 때문입니다.

저에게 세상을 향한 하나님의 사랑을 경험하게 한 것은 예수 그리스도에 대한 믿음이었습니다. "예수께서 우리를 위하여 죽으셨다"(Jesus died for us). 이것이 복음을 가장 압축한 것입니다.[19] 누구든지 이 복음을 믿음으로써 구원을 얻게 되는데, 이것은 그리스도의 죽음과 부활이라는 객관적 사실에 기초합니다. 제가 신학의 길을 들어서기 전에 먼저 그리스도의 십자가와 부활 사건에 대한 믿음이 필요하다고 말씀드리는 이유가 바로 이 때문입니다.[20]

C. 아가페와 까리따스

▌ 로이드존스. 촉망받는 외과의사였으나 소명에 따라 목회의 길에 들어섰으며, 40세 되던 해부터는 웨스트민스터 교회에서 약 30년에 걸쳐 목회 활동을 하였다.

목회의 소명에 대한 체험은 사람마다 다릅니다. 그러나 그들의 소명의 체험이 무엇이든지 간에 공통점이 있습니다. 그것은 바로 그리스도의 십자가와 부활 사건에 대한 신앙적인 경험을 통해 소명이 주어진다는 것입니다. 다시 말해서 그가 모든 죄의 비참과 궁극적 불행에서 벗어날 수 있는 길을 찾았을 때, 예전의 자신처럼 그 비참한 처지에서 벗어나지 못하고 있는 이웃들의 구원을 위하여 자신이 무엇인가 이바지하지 않으면 안 될 것 같은 영적 다급함을 갖게 된다는 것입니다.

---

19) 김세윤, 『구원이란 무엇인가』 (서울: 두란노, 2003), 67-68.
20) 그 복음적 사실을 믿게 만드는 것은 하나님 때문에 행복하고자 하는 종교적 갈망이다. 이 갈망이 바로 믿음인데, 이는 단지 인간의 의지에 달린 것이 아니라 성령으로 말미암아 생기는 것이다.

목회로 부름받은 사람이 다른 사람들의 구원에 대해서 갖는 이 영적인 부담감은 그의 심령을 압도합니다. 그래서 그는 다른 사람들의 영혼을 구원하는 일 외에는 다른 아무것도 할 수 없는 자신을 발견하게 됩니다. 이것은 마틴 로이드존스(D. Martyn Lloyd-Jones, 1899-1981)의 지적과 같이, 설교자는 단지 그리스도인이 아니고 그 이상의 존재임을 보여줍니다. 이에 대해 그는 자신의 책 『설교와 설교자들』 (Preaching and Preachers)에서 다음과 같이 말합니다.

> 분명히 설교자는 다른 모든 그리스도인처럼 한 사람의 그리스도인입니다. 그것은 기본적인 사실이며 절대적으로 중요합니다. 그러나 설교자는 그 이상의 사람이며 또한 다른 무엇이 필요합니다. 설교자의 소명에 대한 전반적인 문제가 여기에서 부각됩니다. 설교자는 설교하기로 결심한 한 사람의 그리스도인이 아닙니다.[21]

그는 또한 소명을 받은 사람이 다른 사람들의 영혼의 운명에 대하여 관심을 갖는 것이 궁극적으로는 하나님의 사랑에 감화된 마음이며, 이것이 설교자로서의 소명의 중요한 요소임을 분명하게 지적합니다.

> 진정한 소명은 언제나 다른 사람들에 대한 관심과 걱정, 즉 그들의 타락을 가슴 아프게 생각한 나머지 그들을 위하여 무엇인가 해줘야겠다는 열망 내지는 그들에게 어떤 메시지를 말하고 구원의 길을 알려 주어야겠다는 소원을 포함합니다. 이것이 바로 소명의 진수 부분입니다. 그리고 이것은 특별히 우리 자신이 설교자로 부름받았는지를 점검해 보는 방편으로서 중요합니다.[22]

---

21) Martin Lloyd-Jones, *Preaching and Preachers* (London: Hodder & Stoughton, 1998), 103.
22) Martin Lloyd-Jones, *Preaching and Preachers* (London: Hodder & Stoughton, 1998), 104-105.

이것이 바로 비참한 죄인들이 하나님의 아가페(ἀγάπη) 사랑을 경험하는 방식입니다. 이러한 이치를 아우구스티누스가 설명한 방식을 따라서 말하면 다음과 같습니다.

한 사람이 그리스도를 믿어 신자가 되는 것은 그가 하나님 없이 스스로 살 수 없는 존재임을 자각하였기 때문입니다. 그때 그는 하나님의 영광을 위해서 복음을 믿는 것이 아니라 자신의 행복을 위해서 그렇게 하는 것입니다. 제가 열다섯 살의 나이에 무신론자가 되기로 결심한 것도, 스물한 살의 나이에 그리스도를 믿기로 결심한 것도 저의 행복을 위해서였지 하나님께 영광을 돌리거나 인류의 구원을 위해서가 아니었습니다. 그것은 어떤 의미에서 또 다른 방식의 에로스(ἔρως)적 자기 사랑이라고 말할 수 있습니다. 그러나 하나님께서는 그것을 믿음으로 여기시고 아가페(ἀγάπη)의 사랑을 만나게 해주십니다.

이처럼 한 죄인이 하나님의 아가페를 경험하게 될 때 그 사랑에 대한 반응으로서 신자 안에 에로스와는 또 다른 사랑이 생겨나게 되는데, 이것을 까리따스(caritas)의 사랑이라고 부릅니다. 이것은 구원 경험을 통하여 하나님의 아가페를 경험하였기 때문에 신자 안에 새롭게 생겨난 사랑으로 하나님을 사랑하고, 그 사랑 때문에 하나님께서 사랑하시는 이웃들을 사랑하는, 자기의 이익에 집착하는 모든 이기심을 버린 사랑입니다.

어떤 사람들은 '애덕'(愛德)이라고 번역하는 이 까리따스를 저는 '지순애'(至純愛)라고 번역하기를 좋아하는데, 이는 까리따스가 인간으로서는 더 이상 순수해질 수 없는 그런 종류의 순결한 사랑이기 때문입니다. 이 사랑은 하나님의 사랑을 받음으로써 갖게 되는 사랑인데, 이 사랑이 있음으로써 하나님과 이웃을 향한 의무를 순전하게 실천할 수 있습니다. 그리고 이 까리따스는 성령으로 말미암아 신자의 마음에 심겨지고, 또 은혜의 정동(情動)으로써 자라게 됩니다.

이런 까리따스의 사람들은 하나님과 이웃과 세계에 대한 자신의 의무를 고상하게 생각합니다. 그리하여 그것을 전심으로 이행함으로써 하나님을 기쁘시게 하고 이웃의 행복을 증진하여 하나님께서 이 세계를 창조하시고 자기를 지으신 목적에 이바지하며 살기를 간절히 원합니다.[23] 그런 점에서 까리따스는 에로스와 아가페의 지평 융합이라고 말할 수 있습니다. 이 사랑은 자기의 욕망을 구심점으로 삼는 사랑이 아니라 자기의 존재를 넘어서는 사랑입니다.[24]

엄밀한 의미에서 하나님의 아가페 사랑은 하나님만 하실 수 있는 사랑입니다. 그러나 하나님 사랑에 감화를 받은 사람들은 하나님의 사랑의 질서와 일치하도록 사랑하게끔 변화됩니다. 그리하여 믿음으로 말미암아 얻게 된 까리따스의 사랑은 '하나님을 사랑하는 것'(amare Deum)뿐만 아니라 '하나님 때문에 사랑하는 것'(amare Deo)까지 포함합니다.

이 사랑은 궁극적으로 하나님을 향한 사랑이지만, 인류를 향한 사랑이기도 합니다. 이러한 까리따스의 경험은 삼위일체 하나님을 사랑할 뿐 아니라, 하나님 때문에 사랑해야 하는 그리스도의 몸인 교회와 하나님의 형상을 닮은 모든 인류를 사랑하게 만들어 주기 때문입니다.

이 사랑은 그러한 하나님 사랑의 목적을 이루는 모든 거룩한 제도들과 은혜의 수단들, 거기에 자신과 이웃들이 참여하는 것을 즐거워하게 만들어 줍니다. 이제 그는 끊임없이 성령의 은혜 안에 거하며 자신의 죄를 정결케 하시는 성령의 작용

---

[23] 아우구스티누스의 다음의 고백은 에로스적 자기 사랑-아가페-까리따스의 관계를 잘 보여준다. "영원한 진리이신 당신의 말씀은 당신이 만드신 피조물들 위에 높이 계셔서 당신 앞에 경배하는 모든 피조물들을 높이시지만, 낮은 세상 안에서 당신은 비천한 가운데 계시기 위해 우리가 빚어진 흙으로 자신의 몸을 입으셨고, 그 몸을 사용하셔서 당신 앞에 무릎 꿇지 않던 자들이 스스로 낮추어 하나님께로 나아가게 만드셨으며, 하나님 앞에 경배하지 않는 자들 곧 죄인들의 교만한 자아들을 폐하고 그들이 하나님께로 가도록 다리가 되셨습니다. 당신은 죄인들의 부어오른 교만을 고치시고 그들의 사랑을 풍부하게 하셔서 자만심으로 당신으로부터 멀리 떠나 방황하지 않게 하셨으며, 오히려 우리 같은 살을 입어 사람이 되신 겸손하신 하나님을 죄인들이 자신의 발치에서 뵈옵고 겸손하게 하십니다. 지친 그들이 당신에게로 자신을 던져 맡길 때 당신은 일어나셔서 그들을 들어 올리십니다"(7.18.24.). Avrelivs Avgvstinvs, *Confessiones*, in *Corpus Christianorum Series Latina*, XXVII: *Avrelii Avgustini Opera* (Tvrnholti: Typographi Brepols Editores Pontificii, 1996), 108.

[24] '타자성'(他者性)의 철학자 에마뉘엘 레비나스(Emmanuel Lévinas)의 표현을 빌리자면, 이 사랑은 "존재 안에서는 결손이고 시듦이며 어리석음이지만 존재를 넘어서는 탁월함이며 높음"인 사랑이다. 이 사랑은 자기 욕망을 중심점으로 삼는 에로스가 결여된 사랑이며, 자신에게 되갚을 수 없는 대상을 사랑하는 사랑이다. Emmanuel Lévinas, *Dieu, la Mort et le Temps* (Paris: Grasset & Fasquelle, 1993), 252; 강영안, 『어떻게 참된 그리스도인이 될 것인가』 (파주: 한길사, 2012), 106-107에서 재인용.

에 협력함으로써, 하나님 자신으로부터 나와서 모든 창조 세계를 감싸 안고 다시 당신에게로 회귀하는 삼위일체 사랑의 우주적 흐름 안에서 모든 인류를 미래에 그리스도의 몸이 될 지체들로 여기며 사랑하게 됩니다.

이처럼 목회의 소명의 핵심은 그리스도의 십자가와 부활 사건이고 이것의 결과는 지성(知性)과 애성(愛性)에 심오한 영향을 끼치게 됩니다. 그리하여 진정으로 그리스도를 만나고 소명을 받은 사람은 자신이 온 우주의 중심이라고 생각하지 않으며 자신이 모든 가치의 기준이라고도 생각하지 않습니다. 인간은 회심을 통해 하나님께서 온 우주, 모든 존재의 중심이시며 모든 가치 판단의 유일한 기준이 되신다는 사실을 인정하게 되는 것입니다.

죄의 근원은 교만이며, 그 뿌리는 그릇된 자기 사랑(amor sui)입니다. 이전에 행하던 악한 삶의 근본적 원인은 자신의 존재를 온 우주의 중심으로 여기는 지성의 교만과 자신의 행복이 최고의 가치라고 생각하는 자기 사랑이었습니다. 그러나 회심과 은혜를 통하여 자신은 단지 하나님께로부터 나와서 하나님께로 회귀하는 우주적인 사랑 안에 있는 한 존재에 불과할 뿐임을 알게 됩니다.

그리스도인은 자신이 존재와 가치 판단의 중심이 되기보다는 자신은 사라지고 하나님의 사랑만 흘러가게 하는 도구가 됨으로써 자신도 그 안에서 신적 행복에 참여할 뿐이라는 사실을 깨달은 사람들입니다. 그리고 목회의 길을 가려는 사람들은 이러한 깨달음에서 탁월하여야 합니다. 그것은 한 인간의 지성에 떨어지는 벼락과 같은 것이며, 이러한 경험을 통하여 그는 인생관과 가치관에서 죄인들의 그것들과 완전히 결별하게 됩니다.

목회의 소명을 받은 이후에도 인간의 잔존하는 죄와 부패성의 영향으로 지성의 판단이 흐려지는 경우는 있지만, 기본적으로 이러한 사고의 변화는 유지됩니다. 그리고 이렇게 변화된 인생관과 가치관을 많은 사람들에게 심어 주고 가르침으로써 그들도 자신이 발견한 지혜로 돌아오기를 치열하게 갈망하는 것이 목회를 위한 사명감입니다.

D. 하나님의 영광을 위함

목회의 소명을 받은 사람의 표는 하나님의 영광을 위한 열심입니다. 잃어버린 영혼을 구원하고자 하는 열망은 하나님의 영광을 위한 열심을 보여줍니다. 그것은 자신의 섬김을 통해 불신자들이 구원을 얻고 신자들이 더욱 온전한 삶을 살게 됨으로써 하나님께 영광을 돌리기를 바라는 갈망입니다. 그러므로 한 사람의 목회자가 하나님의 영광을 위해 산다고 할 때, 그것은 남이 이루지 못한 어떤 위대한 업적을 성취하거나 괄목할 만한 사업을 수행하는 것이 아닙니다. 그것들은 모두 하위의 목표일 따름입니다.[25]

아우구스티누스는 인간의 자기 중심성에 입각한 사랑을 가리켜서 '사적(私的)인 사랑'(amor privatus)이라고 불렀고, 자기가 깨어짐으로써 하나님 사랑을 중심으로 하는 까리따스를 '사회적 사랑'(amor socialis)이라고 불렀습니다.

그는 『신국론』(De Civitate Dei)에서 하나님의 나라와 세상 나라가 바로 이 두 가지의 서로 다른 질서로 이

『신국론』의 한 장. "인간의 유일한 희망은 교회"뿐이라는 아우구스티누스의 신앙과 사상이 역사 철학의 형태로 개진되어 있다.

---

[25] 조나단 에드워즈가 쓴 논문 "천지창조의 목적에 관하여"(Concerning the End for Which God Created the World)에서 지적하는 바를 따르면, 그것들은 모두 종속적인 목적이 지향하는 '궁극적인 목적'(ultimate end)일 뿐이며 모든 하위의 목적들이 지향하는 '최고의 목적'(chief end)은 아니다. 모든 궁극적인 목적들은 최고의 목적에 이르기 위한 수단이며 과정일 뿐이다. 자신을 우주의 중심이며 가치 판단의 기준이라고 생각하는 인간의 자기 중심성은 지성적으로는 교만으로, 정서적으로는 자기애로, 의지적으로는 완고함으로 나타난다. 에드워즈는 하나님께서 천지를 창조하신 목적을 탐구한 위의 논문에서 목적의 개념에 관해 발생할 수 있는 혼란을 피하고자 궁극적인 목적과 최고의 목적 사이에 의미상 차이를 구분한다. "······ 최고의 목적은 언제나 궁극적인 목적이지만 모든 궁극적인 목적이 언제나 최고의 목적은 아니다. 최고의 목적은 하위의 목적과 반대이지만, 궁극적인 목적은 종속적인 목적과 반대이다"(···and though the chief end be always an ultimate end, yet every ultimate end is not always a chief end. A chief end is opposite to an inferior end; an ultimate end is opposite to a subordinate end). Jonathan Edwards, "Concerning the End for Which God Created the World," *Ethical Writings*, in *The Works of Jonathan Edwards*, vol. 8, ed. Paul Ramsey (New Haven: Yale University Press, 1987), 405.

루어지는 나라임을 장대하게 논증하였습니다. 원래 이 두 사랑, 곧 사적인 사랑과 사회적 사랑의 구분은 『창세기의 문자적 해석』(The Literal Meaning of Genesis)에서 먼저 언급되었습니다.[26)] 그리고 이 개념의 발전이 『신국론』에서 제시되고 있습니다.

사적인 사랑은 자기를 중심으로 하여 이웃과 단절하는 사랑이고, 사회적 사랑은 하나님 안에서 자신을 흘려보내며 이웃과 교통하는 사랑입니다. 그래서 저는 전자를 '단절애'(斷絶愛), 후자를 '교통애'(交通愛)라고 부릅니다.

소명을 받은 사람은 다른 사람들을 하나님의 마음으로 사랑하고 그들이 자기 중심성을 버리고 하나님 사랑으로 돌아오기를 갈망합니다. 그는 바로 그러한 인생의 목적을 위해 자신의 모든 것을 거기에 맞도록 재편하며 살아가는 사람입니다. 그리고 제도 안에서의 첫 번째 실행이 바로 신학교에 입학하여 학문적으로 훈련을 받으며 신앙을 다지는 것입니다.

목회의 소명을 받은 사람의 숨길 수 없는 가장 뚜렷한 증거는, '지식의 사람' 그리고 '사랑의 사람'이 되는 것입니다. 그는 자신이 믿고 알게 된 대로 살아가면서 하나님 앞에서 살아가는 인간 존재의 행복을 그리스도의 십자가와 부활 안에서 경험한 사람입니다.

그는 하나님의 이러한 우주적 사랑 안에서 자신이 목회자로 소명되었으며 지구 한 모퉁이에서 이름 없이 빛도 없이 섬긴다고 할지라도 자신의 이러한 목회 사역을 통하여 세계는 하나님께서 창조하신 목적에 더욱 부합하게 될 것이고 자신은 그 안에서 행복해 하는 사람들을 위해 바쳐져야 한다고 믿습니다. 그래서 자신의 이름은 잊혀져도 하나님은 기억되며, 자신은 낮아져도 주님의 이름은 높아지기를 바라는 거룩한 갈망 속에서 목회의 길을 걸어가는 것입니다. 이것이 바로 목회자의 소명을 따르는 삶입니다.

---

26) "이 두 가지 사랑 중 하나는 거룩하고 다른 하나는 불결합니다. 하나는 사회적인 사랑이고 다른 하나는 사적인 사랑입니다. 전자는 상위에 위치하는 동료애로 인해 공통선을 생각하고 다른 하나는 공통적인 것임에도 잘난 체하는 오만함으로 그것을 자기 것이 되게 해 버립니다." Saint Augustine, *The Literal Meaning of Genesis*, in *The Works of Saint Augustine*, vol. I/13, ed. John E. Rotelle, trans. Edmund Hill (New York: New City Press, 2002), 439.

III. 소명 의식과 신학공부

우리는 가끔 소명감이 없으면서도 신학을 공부하는 사람들을 만납니다. 그들은 목회의 소명은 없지만 단지 지식적으로 궁금하여 신학공부를 시작했노라고 말합니다. 물론 저는 하나님께서 지혜의 섭리로써 사람들을 세심하게 인도하시는 것을 믿기에, 신학공부의 그런 동기까지도 진정한 소명에 이르는 과정으로 사용하신다는 사실을 부인하지는 않습니다. 그러나 그것은 모든 사람에게 권장할 만한 소명의 방식은 아닙니다.

A. 소명 없는 신학공부

어떤 사람들은 일단 신학교에 들어가서 열심히 공부하노라면 소명도 받게 될 것이라고 생각합니다. 그렇게 되는 경우도 있으나 현실적으로는 그렇게 되지 않는 경우가 더 많습니다. 왜냐하면 오늘날 조국교회에서 신학교는 지식적으로는 신학에 대해 알려 줄 수 있을지 몰라도 신학생 개개인의 경건의 실천까지 돌보아 주지는 못하기 때문입니다.

목회의 소명은 주관적으로는 성령으로 말미암는 하나님의 말씀의 능력으로써 개인의 마음 안에서 이루어져야 하고, 객관적으로는 지역교회에 의하여 확인되어야 합니다. 그것은 학문의 차원이 아니라 신앙의 차원에서 이루어지는 과정들입니다. 물론 올바른 신학을 열심히 공부하면서 그 내용을 믿으며 열심히 기도한다면 신앙도 좋아질 것입니다. 그러나 신학교에서 신학을 공부하면서 신앙이 다시 불붙듯 일어나는 사람보다는 오히려 그 반대인 사람들이 훨씬 더 많다는 사실을 기억하여야 합니다. 신학교에 입학할 때는 목사의 믿음으로, 학교 다닐 때는 집사의 믿음으로, 졸업할 때는 평신도의 믿음이 되어 신학교의 문을 나간다는 우리에게 잘 알려진 이런 이야기를 우리는 웃고 넘길 수만은 없습니다.

신학교에 다니면서 신앙의 실패를 경험하는 것은 궁극적으로 목회자로서의 소명 의식을 확실하게 간직하지 못한 채 공부하기 때문입니다. 제가 아는 목회자 중 한 사람은 젊은 시절 교회의 부패상을 바라보며 고민하다가 신학교에 들어와 교회사를 공부하던 중 그 원인을 개혁신학에서 찾게 되었습니다. 그는 현실에 대한 불만을 개혁신학에 대한 미움으로 풀었고, 신학교에서 가르쳐 준 정통신학에 반발하듯이 자유주의 서적들을 숙독하기 시작했습니다. 그 후로 나름의 어떤 계기가 생겨서 다시 성경의 가르침을 따라서 바르게 목회하고자 결심하게 되었지만, 젊은 시절에 주입된 정통 교리에 대한 회의적인 생각들과 성경의 내용을 의심하는 상념들이 수시로 떠올라 그를 괴롭혔고, 결국 그는 그 무엇도 쉽게 믿지 못하는 사람이 되고 말았습니다.

이런 경우는 신학공부를 했기 때문에 오히려 신앙이 방해를 받은 상황으로, 소명 체험이 없는 신학공부의 위험성을 보여주는 단적인 예라고 할 수 있습니다.

단순한 지적 호기심만으로 신학교에 오는 사람들이 있습니다. 저는 그런 사람들에게 다음과 같이 충고합니다. "신학공부를 그만두고 좋은 교회로 돌아가십시오. 그리고 선한 목회자를 만나 그의 설교에 은혜를 받고 성경 말씀을 사랑하고 순종하십시오. 열렬히 기도하고 교회를 뜨겁게 사랑하고 성도의 의무를 다하며 이웃을 사랑하고 섬기십시오. 그러면 여러분은 짧은 시간 안에 하나님을 더 많이 알게 될 것입니다. 그렇게 살아갈 때, 신학교에 다니는 사람들을 부러워하지 않을 거룩한 행복을 느끼게 될 것입니다."

신학을 공부하는 이유는 하나님을 위한 헌신이어야 합니다. 그리고 그러한 마음은 신학교에 입학할 때만이 아니라 공부하는 과정 내내 유지되어야 합니다.

프랜시스 쉐퍼(Francis A. Schaeffer, 1912-1984)는 『위기에 처한 복음주의』(The Great Evangelical Disaster)에서 오늘날 복음주의의 위기를 말하면서, 신학교에 뭔가 좋은 것이 있을 것이라고 기대하고 입학하였다가 자유주의 신학의 영향으로 말미암아 영혼이 피폐하게 된 어느 신학생의 불행한 결말을 예로 들었습니다. 그 이야기의 주인공은 하나님을 알기 위하여 신학교에 갔지만 자유주의 신학에 깊이 물들어 결국은 영매술(Spiritualism)을 시도하기까지 하였던 제임스 파이크(James A. Pike, 1913-1969) 주교였습니다. 그의 고백은 소명 없는 신학공부의 비극을 보여줍니다. "내가 불가지론을 벗어나 먹을 것

프랜시스 쉐퍼. 복음주의 신학자이자 철학자이자 장로교 목사. 그는 신학적 근대주의에 반대하여 보다 전통적인 개신교 신앙과 전제주의적 변증법을 장려하였다.

(bread)을 찾고자 기대하면서 유니온신학교에 들어갔지만 졸업 후에 내게 남은 것은 돌멩이(pebbles) 한 움큼이었다."[27]

그는 신학교에서의 신학공부를 통하여 영혼의 양식을 얻을 수 있을 것이라고 생각하였지만 자유주의 신학을 통해서는 그 어떤 영적 생명도 발견할 수 없었습니다. 그러나 복음 전파를 위한 화급한 부르심, 하나님께로부터 받은 뚜렷하고도 구체적인 헌신의 부르심을 느끼며 신학을 공부하는 사람들은 자유주의 신학의 위험에서 그래도 어느 정도는 안전합니다.

조국교회의 미래를 어둡게 하는 가장 위협적인 요인이 무엇인지 아십니까? 그것은 오늘날 신학교에 광범위하게 번지고 있는 자유주의 신학의 확산입니다. 어느 정도 지적 능력이 있으나 복음에 대한 분명한 체험이 없는 사람들이 교회에 신학적 혼란을 더하고 있습니다. 20여 년 전만 같아도 총회에서 출교 여부를 묻는 재판을 받았어야 할 비성경적이고 그릇된 신학을 주장하는 사람들이 공공연하게 그것을 확산시키고 있습니다. 신학공부도 신적 지식을 다루기 때문에, 그것을 하는

---

[27] Francis A. Schaeffer, *The Great Evangelical Disaster*, in *The Complete Works of Francis A. Schaeffer: A Christian Worldview*, vol. 4 (Westchester: Crossway Books, 1987), 358.

사람이 은혜의 물에 잠기지 않는다면 교만해지기 쉽다는 사실을 기억하여야 합니다(고전 8:1).

파릇파릇한 경건의 싹은 황량한 자유주의의 벌판에서는 자라지 않습니다. 그것은 참된 복음의 못자리 위에서 자라납니다. 신학에서 지식과 경건은 결합되어야 하기 때문에, 신학을 가르치면서 경건도 함께 가르쳐야 합니다. 더욱이 소명이 없는 신학공부에 체계적이지 않는 학습과 함께 스며드는 자유주의 사상은 그 신학생으로 하여금 차라리 신학교에 들어오지 않았더라면 더 좋았을 뻔한 사람이 되게 만듭니다.

특별히 간절한 기도는 치열한 신학의 탐구로 냉담해지기 쉬운 마음과 신앙을 보호하여 신앙을 북돋게 해주는 해독제입니다.

저는 고(故) 박윤선 목사님이 네덜란드로 유학을 간 제자와 주고받은 편지들의 사본을 읽은 적이 있습니다. 편지의 내용 대부분은 당신이 주석을 쓰는 데 필요한 서적을 구하거나 네덜란드에 있는 책들 중 일부를 복사해서 보내 달라는 요청을 담고 있었습니다. 그런데 편지를 쓰실 때마다 제자에게 자주 당부하신 말씀이 있습니다.

> 무엇보다도 기도에 시간을 많이 쓰십시오. 學問만 위주하고 기도하지 않는 神學者들은 自由主義로 떨어질 위험이 있습니다. 그뿐 아니라 그런 자들은 교회에 害를 끼칩니다.[28]

기도는 신학을 공부하는 내내 자신이 목회자로 부름받았다는 소명 의식에 불타도록 만들어 주는 중요한 경건의 요소입니다. 하나님의 말씀과 기도를 통해 성령의 은혜로운 역사를 매일 경험하면서 신학을 탐구하여야 합니다. 그리스도의 십자

---

[28] 정성구, 『박윤선 목사의 신학과 설교 연구』 (서울: 한국칼빈주의연구원, 1991), 63.

가를 통해 나타난 하나님 사랑에 대한 현재적 체험 속에서 목회자로서의 불붙는 소명 의식을 유지하고 있어야 합니다.

B. 신앙으로 하는 학문

모든 학문 중에서 신학만큼 특별한 학문은 없습니다. 다른 학문들은 그것을 탐구하는 인간이 학문 탐구의 대상보다 큰 존재입니다. 인간이 학문의 대상을 모두 알 수 없음에도 불구하고 학문의 대상보다는 주체인 인간이 더 큽니다. 신학이 아닌 다른 학문의 대상은 대부분 인간을 인식하지 못하지만 인간은 그것을 인식합니다. 더욱이 학문의 대상이 인간을 탐구하는 것이 아니라, 인간이 그 대상을 탐구하고 그것의 실체를 드러내고 자신의 목적을 위하여 이용합니다.

그렇기 때문에 인간은 자신이 탐구하는 대상이 아무리 양적으로 크고 수적으로 많아서 끊임없는 이성의 탐구를 요구한다고 할지라도 학문의 대상을 경배하지는 않습니다. 물리학자라고 해서 물리 현상을 숭배하지 않으며, 역사학자라고 해서 역사 속의 사건들을 경배하지 않습니다.

그러나 신학은 다릅니다. 신학에서 학문의 주체는 유한자인 인간이고 학문의 대상은 무한자이신 하나님입니다. 그리고 하나님께서는 탐구의 주체인 인간보다 무한히 크신 분입니다. "유한은 무한을 파악할 수 없다."(*Finitum non possit capere infinitum*)라는 오래된 격언을 생각나게 합니다.

형식적 의미에서 신학의 주체는 인간이지만, 학문을 가능하게 하신 분은 하나님이십니다. 다시 말해서 하나님께서 인간에게 성경과 자연을 통하여 자신에 관한 지식을 계시해 주시는 신학 활동이 먼저 있었기 때문에 인간은 하나님을 탐구하는 것이 가능해집니다.

따라서 신학이라는 학문 활동은 처음부터 하나님의 은총에 의존하는 것입니다. 이것이 인간의 이성만을 학문 탐구의 수단으로 삼는 다른 일반 학문들과 신학을 구별되게 하는 점입니다. 그리고 신학을 하는 데 하나님의 계시와 은총에 대한 의존은 단지 신학의 성립이나 시작에서만이 아니라 신학 탐구의 모든 과정에서 유지되어야 합니다.

신학도 학문이기 때문에 인간의 이성을 수단으로 사용합니다. 그러나 이성은 신학의 원리가 아닙니다. 이성의 활동은 철저히 성경 계시를 믿는 신앙 혹은 성령 아래 있어야 합니다. 만약 우리가 신학을 공부할 때 사용하는 이성에 사랑으로 역사하는 믿음이 없다면, 그 이성은 오히려 신학으로 하나님을 알게 하는 데 방해가 될 뿐입니다. 그 이성은 신앙에 복종하는 이성이어야 하고, 신앙은 그것의 온전함을 위하여 이성의 활동을 요청하는 신앙이어야 합니다.

안셀무스. 스콜라 철학의 아버지. 알기 위해 믿을 것을 주장하였는데, 기독교의 신비를 깊이 이해하는 것이 곧 올바른 신앙이라고 보았다.

이에 대하여 중세 신학자 안셀무스(Anselmus Cantuariensis, 1033경-1109)는 자신의 책 『프로슬로기온』(*Proslogion*)에서 다음과 같은 유명한 말을 남겼습니다.

> 오 주님, 저는 당신의 높으심을 꿰뚫어 알려고 애쓰지 않습니다. 어떤 식으로든 그것을 저의 지성과 비교하지 않는 까닭입니다. 하오나 제 마음이 믿고 사랑하는 당신의 진리를 어느 정도 이해하고 싶습니다. 그래서 저는 믿기 위하여 이해하려는 것이 아니라 이해하기 위해서 믿습니다. 믿지 않으면 이해할 수 없다는 것을 믿기 때문입니다(1.1.).[29]

---

29) "*Non tento, Domine, penetrare altitudinem tuam; quia nullatenus comparo illi intellectum meum, sed desidero aliquatenus intelligere veritatem tuam, quam credit et amat cor meum. Neque enim quaero intelligere, ut credam; sed credo, ut intelligam. Nam et hoc credo quia nisi credidero, non intelligam.*" Anselmus Cantuariensis, *Proslogion*, in *Patrologia Latina*, vol. 158, ed. J. P. Migne (Paris: Imprimerie Catholique, 1864), 227.

신학을 하는 동기는 그리스도의 십자가와 부활 사건을 통한 하나님 사랑의 체험이며, 그 목적 또한 참인간으로서 하나님과 이웃을 섬기며 하나님 앞에서 살기 위한 것입니다. 이는 신학을 하는 동기가 하나님에 관한 지적 호기심이 아니라 그분을 경배하기 위한 것임을 알려 줍니다.

그러므로 신학자는 하나님을 사랑하고 경배하는 자이어야 합니다. 이것이 바로 우리가 신학을 탐구하는 모든 과정이 경배자로서 하나님을 경외하는 과정이 되어야 하는 이유입니다. 이처럼 신학은 경건한 신앙을 바탕으로 이루어지는 것이니, 믿음과 사랑이 없는 신학 활동은 단지 인간의 자기 만족과 자랑을 위한 것에 지나지 않습니다.

요즈음은 처음부터 교수가 될 목적으로 신학을 공부하는 사람들이 있습니다. 그들 중 많은 사람들은 한 교회의 목회자가 되기 위해서는 분명한 소명과 열렬한 신앙이 필요하지만, 신학을 가르치는 교수가 되기 위해서는 꼭 그렇지 않다고 간주합니다. 그러나 그것은 매우 잘못된 생각입니다.

신학자로서의 소명은 목회자로서의 소명보다 더욱 깊은 부르심이 요구되면 요구되었지 그보다 덜하다고 생각해서는 안 됩니다. 우리가 목회의 소명에 미치지 못하는 부르심으로 어찌 목회의 길을 가려는 사명자들을 가르칠 수 있겠습니까? 복음에 대한 탁월한 소명이 없다면, 학문의 재능으로 신학교에서 학생들을 가르치는 것이나 목회의 기술로 교회에서 교인들을 가르치는 것이나 모두 세속화된 직업 활동에 지나지 않을 것입니다.

이처럼 신학은 다른 어떤 학문에서도 찾아볼 수 없는 독특한 특성을 가지고 있는데, 그것은 탐구의 목적이 학문 자체가 아니라 하나님을 향한 경배이기에 신학의 결과물뿐 아니라 그것을 탐구하는 과정 자체가 거룩하신 하나님을 향한 송영(頌榮)이 되어야 한다는 것입니다. 이것이 바로 조나단 에드워즈를 비롯한 성학(聖學, divine)들이 그들의 서재를 성단(聖壇)처럼 여겼던 이유입니다.

신학을 공부하는 동안 한 교회에서 신실한 신자가 되는 법을 목양을 통하여 배워 가십시오. 무엇보다도 하나님의 말씀인 성경을 잘 믿는 진실한 신앙의 열정을 유지하십시오.

신학을 공부하는 과정이 하나님을 사랑하고 교회와 이웃을 위하여 자신을 버리신 그리스도를 본받는 믿음 생활의 과정이 되도록 노력하기 바랍니다.

VI. 맺는 말

신학을 공부할 때 소명은 매우 중요합니다. 그러나 오늘날은 깊은 소명의 체험은 고사하고 중생과 회심의 증거조차 분명하지 않은 사람들이 신학교에서 공부하고 있습니다. 이것은 미래의 조국교회 앞날에 드리운 어두운 그림자입니다.

저는 여러분에게 호소합니다. 아직도 여러분을 목회자로 부르신 소명의 체험이 없다면, 하나님을 만나게 해 달라고 간절히 기도하십시오. 그렇게 비는 기도가 열렬해지는 만큼 범사에 치열하게 우리 주 예수 그리스도를 추구하십시오.

비록 여러분에게 목회의 소명이 주어지지 않아 신학공부를 그만둔다고 할지라도 신앙생활은 계속하여야 하지 않겠습니까? 그러므로 목숨을 걸고 기도하십시오. 그리하여 참으로 자신이 목회자로 부르심을 받았는지 신앙적으로 확인하기를 바랍니다.

만약 여러분이 끝내 목회에 대한 특별한 부르심을 확인할 수 없다면, 신학공부를 그만두고 일반적인 직업으로 돌아가십시오. 그리고 평생을 사랑하며 섬길 교회를 선택하십시오. 그 교회를 돌보도록 부름받은 목회자에게 겸손히 성경을 배우면서 목양을 받고 교회를 섬기고 지체를 사랑하며 그리스도의 형상을 닮아 가십시오.

그렇게 하는 것이 목회의 소명 없이 신학교를 다니는 것보다 여러분을 더욱 큰 보람과 행복으로 인도할 것입니다.

타락한 아담과 하와가 쫓겨난 에덴동산에는 그룹들과 불 칼이 놓였습니다. 그들로 하여금 생명나무의 길에 접근하지 못하게 하시기 위함이었습니다(창 3:24). 주님을 섬길 진지한 결의 없이 그냥 신학을 공부해 보려는 사람들이나 신앙 없이 단지 이성으로써 신학을 공부해 보려는 이들은 결코 신학의 보고를 지키고 있는 "그룹들과 두루 도는 불 칼"을 넘어서 거기에 접근하지 못할 것입니다.

신학공부를 시작하거나 계속하기를 원한다면, 당신은 이 책의 세 번째 장을 읽기 전에 먼저 답해야 합니다.

당신에게 그리스도는 누구십니까?

제2장 목회와 소명 1

I. 들어가는 말

목회자는 환경에 떠밀려서가 아니라 자신 안에서 타오르는 구령의 열망 때문에 그 길을 가는 사람이다. 그러므로 마땅히 하나님과 피조세계, 인간에 대하여 바르고 확고한 견해를 가진 사상가여야 한다.

II. 그리스도와의 만남

목회의 소명은 본질적으로 그리스도와의 만남을 통해서 이루어진다.

A. 십자가와 부활 사건 목회의 소명 체험 안에 있는 지식의 핵심은 십자가와 부활 사건에 대한 분명한 영적 경험이다. 사도 바울에게 다메섹 도상에서의 십자가와 부활 사건에 대한 경험이 이후 그의 모든 섬김의 원인이자 동기가 되었듯, 뚜렷한 회심의 경험은 목회의 길을 가려는 사람에게 분명한 소명 의식을 소유하게 만들어 준다.

B. 그리스도에 대한 믿음 예수 그리스도야말로 이 세상을 향한 하나님의 최고의 사랑의 표현이다. 우리가 고민하는 인생의 수많은 문제와 사상적 질문들의 궁극적인 해답이 예수 그리스도 안에서 발견된다. 처음 신앙의 길에 들어설 때 믿는다는 것은 인간과 세계에 대한 모든 지식을 배설물처럼 여겨야 하는 것인 줄 알았다. 그러나 기독교 신앙은 최고의 지성을 요구하는 것이었다. 예수 그리스도를 믿는 것이야말로 구도의 길의 참된 시작이다.

C. 아가페와 까리따스 한 죄인이 하나님의 아가페를 경험하게 될 때 그 사랑에 대한 반응으로서 신자 안에 까리따스가 생겨난다. 믿음으로 말미암아 얻게 되는 까리따스의 사랑은 '하나님을 사랑하는 것' 뿐 아니라 '하나님 때문에 사랑하는 것' 까지 포함한다.

D. 하나님의 영광을 위함 목회의 소명을 받은 사람의 표는 하나님의 영광을 위한 열심이다. 자신의 이름은 잊혀도 하나님은 기억되며, 자신은 낮아져도 주님의 이름은 높아지기를 바라는 거룩한 갈망이 소명을 따르는 삶을 살아가게 한다.

III. 소명 의식과 신학공부

A. 소명 없는 신학공부 신학을 공부하는 이유는 지적 호기심이 아니라 하나님을 위한 헌신이어야 한다. 은혜의 물에 잠기지 않은 채 신학공부를 하면 교만해지기 쉬운데, 간절한 기도는 치열한 신학 탐구로 냉담해지기 쉬운 마음과 신앙을 보호하여 신앙을 북돋게 해주는 해독제이다.

B. 신앙으로 하는 학문 인간은 신학을 하는 데 있어서 형식적 의미의 주체일 뿐, 실제로 신학함을 가능하게 하시는 분은 하나님 자신이시다. 이렇게 하나님의 은총에 그 학문 활동을 의존한다는 점이 인간의 이성만을 학문 탐구의 수단으로 삼는 일반 학문과의 구별점이다. 또한 신학은 탐구의 목적이 지식의 획득이 아니라 그 지식의 대상이 되시는 하나님을 향한 경배라는 측면에서 독특성을 갖는다.

IV. 맺는 말

조국교회에 드리운 어두운 그림자는 소명 체험은 고사하고 중생과 회심의 증거조차 분명하지 않은 사람들이 신학교에서 공부하고 있다는 사실이다. 끝내 목회의 소명을 확인할 수 없다면, 신학공부를 그만두고 평신도로 겸손히 목회자에게 성경을 배우며 교회를 섬기고 지체를 사랑하며 사는 것이 더욱 큰 보람과 행복으로 인도할 것이다.

누가 신학을 하는가

신학은
과거의 소명 체험 때문이 아니라
지속적인 성화 가운데 현재적인 은혜를 누림으로 말미암아 경험하는
소명의 현재적 효과 때문에 하는 것입니다.
한 사람 안에 주어진 목회의 소명은 하나님께서 주신 것이라는 점에서는 불변적인 것이나
성화의 정도에 따라 그 소명을 자각하는 정도가 다르다는 점에서는 가변적인 것입니다.

제 3장

목회와 소명 2

Ministry and Calling 2

I. 들어가는 말

목회의 소명은 의식할 수 있도록 주어집니다. 하나님께서는 사람의 마음을 감화시키는 방식으로 소명을 주십니다. 복음에 대한 불타는 확신, 거룩함과 복음적 경건에 대한 열망, 잃어버린 영혼들에 대한 가슴 저미는 연민, 그들을 위하여 헌신하지 않으면 화가 있을 것 같은 마음이 바로 목회의 소명의 뚜렷한 증거들입니다.

이러한 소명의 다양한 증거들은 한결같이 까리따스(*caritas*)의 사랑에 뿌리를 내리고 있습니다. 그러므로 목회의 소명은 사랑의 소명이기도 합니다. 이러한 사실은 사도 바울의 고백에서도 명백합니다.

> 내가 그리스도 안에서 참말을 하고 거짓말을 아니하노라 나에게 큰 근심이 있는 것과 마음에 그치지 않는 고통이 있는 것을 내 양심이 성령 안에서 나와 더불어 증언하노니 나의 형제 곧 골육의 친척을 위하여 내 자신이 저주를 받아 그리스도에게서 끊어질지라도 원하는 바로라(롬 9:1-3).

한 사람 안에 주어진 목회의 소명은 하나님께서 주신 것이라는 점에서 불변적입니다. 그러므로 목회자로 부름받은 사람은 그 누구라도 부르심이 없었던 것처럼 살아갈 수 없습니다. 그러나 그 소명을 자각하며 살아가는 것은 그의 성화 생활의 정도에 비례하기 때문에 목회의 소명을 받은 사람임에도 불구하고 목회의 소명과 상관없이 살아가는 경우가 있습니다. 이렇게 그의 성화의 정도에 따라 자각의 정도가 다르다는 점에서 목회의 소명은 가변적이라고도 할 수 있습니다.

하나님의 부르심에는 후회가 없으시기에, 우리는 한 번 주어진 목회의 소명은 불변하는 것이라고 보아야 합니다. 그러나 소명을 따라 살아가는 인간의 순종은 가변적이기에, 실제로 소명대로 살아가는 삶은 가변적일 수밖에 없습니다.

II. 소명 체험의 확실성과 유익

목회의 소명은 지난날에 주어졌다는 점에서 과거적이지만, 그러한 소명의 체험을 지금 유지하며 살아가야 한다는 점에서는 현재적입니다.

먼저 과거적 소명 체험의 유익에 대해서 생각해 봅시다. 사도 바울은 구도자인 동시에 목회자로서의 자신의 소망에 대하여 다음과 같이 고백하였습니다. "형제들아 나는 아직 내가 잡은 줄로 여기지 아니하고 오직 한 일 즉 뒤에 있는 것은 잊어버리고 앞에 있는 것을 잡으려고 푯대를 향하여 그리스도 예수 안에서 하나님이 위에서 부르신 부름의 상을 위하여 달려가노라"(빌 3:13-14). 그가 "뒤에 있는 것은 잊어버리고 앞에 있는 것을 잡으려고 푯대를 향하여" 달려간다고 한 이유는 무엇이었을까요? 그것은 바로 '그리스도를 아는 지식'을 추구하기 위함이었습니다. "또한 모든 것을 해로 여김은 내 주 그리스도 예수를 아는 지식이 가장 고상하기 때문이라"(빌 3:8). 그가 추구했던 것은 그리스도가 누구이신지를 아는 지식이었습니다. 이러한 사실을 이해하기 위해서는 다음 사항들을 숙고하여야 합니다.

A. 문화적 이신론의 시대

최근 신학계에서는 삼위일체라는 주제에 관심이 집중되고 있습니다. 이것은 매우 바람직한 일입니다. 이 세상과 인간 속에서 발생하는 많은 문제들에 대한 해결책을 그동안 여러 방면으로 강구하였지만 궁극적인 답은 하나님 안에 있다는 사실을 신학자들이 새삼 깨닫게 된 것입니다. 세상의 많은 문제들은 이 땅에서 일어나지만 그에 대한 답은 세상이 아니라 하나님께 있습니다.

토드 빌링스(J. Todd Billings)의 지적과 같이, 오늘날의 기독교는 하나님을 인간 편의에 맞게끔 거리를 조정하여 묘사합니다. 이러한 신앙적 시류는 필연적으로 정통적인 신관의 현저한 조정을 가져왔는데, 토드 빌링스는 그 특징을 '도덕주의적 치유적 이신론'(moralistic therapeutic deism)이라고 요약합니다.[30] 오늘날 이신론이 하나님을 세계와 동떨어진 도덕주의의 근거로서만 이해하고 인간 개인의 영적 변화보다는 문화 현상으로서의 기독교에 더 많은 관심을 기울이기 때문입니다.

이런 신관은 데카르트주의와 칸트주의, 초월주의와 이신론, 문화주의의 혼합물이라고 할 수 있는데 인간을 절대적으로 자유로운 존재로 여기며 스스로 선을 행할 수 있는 자로 봅니다. 또한 섭리를 부정함으로써 사실상 하나님께서 이 세상을 당신의 뜻을 따라 다스리시고 간섭하신다는 사상을 거부합니다. 더욱이 세상 나라와 하나님 나라의 구분을 사실상 부인하는 것이기도 합니다. 이러한 것들은 인간을 하나님의 자녀로 삼으시는 성경의 구원관과는 배치되는 것입니다.

오늘날 이러한 신관에 따르면, 하나님께서 세상을 창조하시고 사물들의 질서를 세우시고 인간을 살피시는 것은 사실이지만 특별한 경우가 아니면 인간들의 삶에 개별적으로 개입하지는 않으신다고 합니다. 그리고 하나님께서는 인간들이 이웃들에게 선하고 공평하게 대하기를 원하시며, 인간의 인생 목적은 그저 스스로 행

---

[30] J. Todd Billings, *Union with Christ: Reframing Theology and Ministry for the Church* (Grand Rapids: Baker Academic, 2011), 21-22.

복하게 살고 자신에 대하여 좋게 느끼는 것이라고 합니다.[31]

목회는 하나님에 대하여 무지하기 때문에 그분 밖에서 행복을 찾아보려는 사람들에게 참된 행복의 길을 가르쳐 주고 그 길을 가도록 하나님의 말씀으로 섬기는 것입니다. 하나님께서는 비록 만물을 초월하시는 분이지만, 만물들을 당신 안에서 돌보고 통치하신다는 사실을 알려 주는 것이 목회입니다.

문화적 이신론에서 지지하는 신관은 엄격한 성속(聖俗) 이원론을 주장하는 근본주의와 날카로운 대조를 이룹니다. 그러나 그리스도와의 연합의 교리는 이 둘을 하나로 통합합니다. 그리스도께서는 성육신하심으로써 모든 인류와 인성적(人性的)인 연합을 이루시고, 당신을 통하여 성령 안에서 신자들을 양자로 삼으심으로써 하나님의 거룩한 성품에 참여하게 하십니다. 죄를 용서받았으나 여전히 죄의 본성이 남아 있는 신자들을 하나님께서 그리스도와 함께 죽고 다시 살게 하심으로써 성화되게 하십니다.

목회의 소명에 대한 현재적 체험은 바로 이렇게 그리스도와 함께 죽고 다시 살아나는 신자로서의 영적 생활 안에서 이루어집니다.

B. 고난에 참여케 하는 소명

목회자에게 소명의 체험이 없다면 삶의 목표는 불분명해집니다. 그래서 신학을 공부할지라도 구체적으로 무엇을 위하여 어떻게 살아야 할지에 대해 확신을 갖지 못합니다.

사도 바울을 비롯하여 복음을 위하여 살았던 모든 충성스러운 사역자들은 분명한 소명의 체험이 있었습니다. 그들은 모두 그리스도 안에서 발견한 복음의 가치를 붙들었으며, 온 세상 사람들이 이 하나님의 지혜로 돌아오기를 갈망하며 살았

---

[31] J. Todd Billings, *Union with Christ: Reframing Theology and Ministry for the Church* (Grand Rapids: Baker Academic, 2011), 21-22.

습니다.

이 세상에서 인간이 하나님을 탐구하여 얻은 지식을 '순례자의 신학'(*theologia viatorum*)이라고 합니다. 이는 죄에서 완전히 해방되어 하늘나라에 가서 알게 되는 지식인 '지복자의 신학'(*theologia beatorum*)과 대조를 이룹니다.[32]

순례자의 신학에서, 사도 바울에게 그리스도를 아는 지식의 마지막 단계는 그분의 고난에 참예하는 것이었습니다. 그리스도와 그 부활의 권능과 그 고난에 참여함을 알고자 하는 것, 이것이 바로 사도 바울이 목표로 삼고 달려가던 푯대였습니다(빌 3:10). 그는 그리스도를 앎으로써 그분과 하나가 되고, 물이 바다를 덮음과 같이 그분을 인정하는 것이 세상에 가득하게 되는 것을 바랐습니다(사 11:9, 합 2:14).

존 오웬의 『신론학』. '순례자의 신학'과 '지복자의 신학'의 대조가 수록되어 있다.

개혁주의 경건에 관한 교리들의 심장이라고 불릴 수 있는 '그리스도를 본받음'(*conformatio Christi*)의 교리가 바로 거기에서 나옵니다. 바울의 이 고백은 신자가 고난을 통하여 실제적으로 그리스도와의 연합(*unio cum Christo*)을 이룸으로써 그분의 형상을 닮아 간다는 사실을 보여줍니다. 그것은 하나님의 은혜의 세계를 경험한 자들만의 비밀이며, 언어의 표현을 빌리지 않아도 이해하는 경건의 신비입니다.

이처럼 목회의 소명은 인간 스스로 마음먹은 결심이 아닙니다. 그것은 그리스도와의 관계, 더 정확하게 말하면 그리스도를 통하여 삼위일체 하나님과의 관계 속

---

32) 프란키스쿠스 유니우스(Franciscus Junius)를 비롯하여 존 오웬(John Owen)과 같은 많은 개혁파 정통주의 신학자들은 신학을 하나님 자신에 대한 하나님의 관념인 '원형 신학'(*theologia archetypa*)과 하나님에 대한 지성적 피조물들의 지식인 '모형 신학'(*theologia ectypa*)으로 구분한다. 학자들마다 표현의 차이는 있지만 '모형 신학'은 다시 '중보자의 모형 신학'(*theologia Christi*), '천사들의 모형 신학'(*theologia angelorum*), '인간들의 모형 신학'(*theologia huminum*)으로 나뉘고, '인간들의 모형 신학'은 다시 지상에서의 지식인 '순례자의 신학'(*theologia viatorum*)과 천상에서의 지식인 '지복자의 신학'(*theologia beatorum*) 혹은 '정착자의 신학'(*theologia possessores*)으로 나뉜다. Sebastian Rehnman, *Divine Discourse: The Theological Methodology of John Owen* (Grand Rapids: Baker Academic, 2002), 57-71.

에서 오는 부르심입니다. 그 소명을 유지하면서 사는 것도 결국은 그 사람이 하나님과 어떤 관계를 맺으며 그리스도와의 연합 안에서 어떻게 살아가느냐에 달린 것입니다.

목회의 소명을 받았다고 할지라도 많은 어려움을 겪습니다. 실제로 소명을 성취해 가는 과정에서 수많은 난관들을 만나고 고난을 당합니다. 그 난관과 고난은 하늘로부터가 아니라 세상으로부터 온 것들입니다. 흔들리지 않는 용기와 사랑으로 이것들을 헤쳐 나가기 위해서는 지혜와 능력이 필요한데, 그것은 하나님께로부터 옵니다.

목회자는 완전한 사람들이 아니라 죄인들을 섬깁니다. 죄와 비참으로 말미암아 고통당하는 죄인들을 섬깁니다. 그런 자들을 창조의 목적으로 돌아가 하나님을 사랑하고 그분과의 올바른 관계 속에서 이웃들과 함께 복된 삶을 살도록 하는 것이 목회자의 임무입니다. 그리고 그것은 성령 안에서 하나님의 말씀을 섬김으로써 완수됩니다. 목회에 있어서 불쌍한 영혼들을 향한 진실한 사랑이 요구되는 것도 바로 이 때문입니다.

목회자 자신도 죄인이기에 이런 사랑이 끊임없이 그 안에서 우러나오지 않습니다. 하나님께로부터 부어지는 은혜가 없다면 목회자는 이런 사랑으로 교회와 성도들을 섬길 수 없습니다. 목회자로서의 부르심에 과거적 소명이 분명해야 하는 이유가 바로 여기에 있습니다. 목회의 소명을 체험한 과거의 푯대가 없다면 마음을 다해 달려가야 할 미래의 목표도 없을 것이기 때문입니다.

신학교에서 공부하는 동안에도 어려운 일을 겪을 수 있으나, 그래도 그때는 아직 항구에 안전하게 정박하고 있는 배와 같습니다. 그러나 신학교를 졸업하고 본격적으로 목회 사역을 시작하게 되면, 그때는 마치 커다란 파도가 휘몰아치는 바다 한가운데에서 배를 모는 선장과 같은 처지가 됩니다.

목회 사역이라는 바다에서 잔잔한 물 위를 항해할 때도 있지만, 사나운 폭풍 속에서 거친 파도와 싸워야 하는 때도 있을 것이며, 별빛조차 사라진 밤바다에서 홀로 항주해야 하는 때도 있을 것입니다. 만약 그때에 목회자로 부름을 받은 분명한 소명이 없다면 그 항해는 감당하기 어려울 것입니다.

C. 나의 소명 체험

목회의 소명을 받기 직전이었습니다. 저는 청년의 신분으로 서울 변두리의 작은 교회에서 주일학교 어린이들을 가르치고 있었습니다. 그러던 어느 날 돌보고 있는 영혼들이 너무나 가엾고 불쌍해서 그 어린 영혼들이 주님을 만날 수 있게 해 달라고 금식 기도하기로 작정하였습니다. 그때 저는 직장을 다니고 있었는데, 일과를 모두 수행하면서 금식하는 것이 쉽지는 않았습니다. 그러나 마음을 다해 기도하면서 한 주간을 교회에서 철야하며 보냈습니다.

금식한 지 닷새째 되는 날이었던 것으로 기억합니다. 몸은 힘들었으나 정신은 오히려 더 또렷하여 마음을 집중해 하나님께 기도할 수 있었습니다. 그렇게 교회에서 무릎을 꿇고 기도하던 그날 밤, 하나님께서는 뜨거운 사랑을 부어 주셨습니다. 그리고 오랫동안 목회의 부르심을 피하여 변명하던 저의 태도를 회개하게 하셨습니다. 그때 저는 저 자신을 하나님께 드렸습니다. 어디든지 주님께서 원하시는 길을 갈 것이며 잃어버린 영혼들을 위해 살겠노라고 말입니다.

그날 밤 하나님께서는 초월적인 사랑으로 제 마음에 인(印)을 쳐 주셨고, 잃어버린 영혼을 그리스도께 인도하는 일이야말로 저의 운명이라는 신적인 확신을 갖게 되었습니다. 그리고 그 후로는 단 한 번도 저의 소명을 의심해 본 적이 없습니다.

극심한 가난을 견디며 신학교에 다니던 시절, 갈등과 고통 속에서 온갖 연단을 받으며 교회를 섬기던 교육 전도사 시절, 방황하는 신학생들과 학교의 상황 때문에 많은 시간을 간절히 기도했던 교수 초년생 시절, 교회를 개척하고 목회에 헌신하던 시절에, 제게 맡겨진 목회의 과업이 너무 과중하고 힘들다고 생각될 때마다 저는 자신을 주님께 다 드렸던 그날 밤 소명에 응답하던 기도를 떠올리곤 하였습니다. 그리고 그리스도께서 저를 위하여 어떻게 자신을 희생하셨는지에 대하여 묵상하면서 제가 겪고 있는 일은 그분의 고난에 비하면 아무것도 아니라고 생각하며 마음을 추슬렀습니다.

그런 마음으로 하나님께 나아가면, 신실하신 주님께서는 언제나 은혜를 주셨습니다. 때로는 저의 역경을 순경으로 바꾸어 주시기도 하고, 역경을 바라보는 저의 마음을 바꾸어서 두려움이 변하여 기도가 되게도, 한숨이 변하여 찬송이 되게도 하셨습니다.

오랜 세월을 그렇게 살아오면서 저에게는 예전에 없던 버릇이 하나 생겼습니다. 저는 지금도 목회하다가 견디기 어려운 상황을 만나면 홀로 있는 시간에 조용히 두 눈을 감고 오른손으로 왼쪽 가슴을 토닥거리며 기도하곤 합니다. 그것은 요동치는 마음을 침잠(沈潛)하도록 타이르는 영혼과 나누는 저의 대화이기도 합니다(시 42:5, 43:5). "주님, 제가 목사입니다. 목회의 소명에 응답하는 순간부터 저는 당신의 것이 되었습니다. 제가 이렇게 견디는 것이 그리스도의 몸인 교회에 유익이 된다면 저는 아무래도 괜찮습니다. 괜찮습니다. 괜찮습니다."

한참 동안 그렇게 하고 나면, 교인들은 사랑받기 위해 태어난 사람들이고 저는 교회를 위하여 죽기 위해 태어난 사람이라는 사실이 다시 한 번 마음에 새겨집니다(고전 15:31, 골 1:24). 어리석음과 욕심, 원망과 분노로 출렁거리던 마음은 잠잠해지고, 죽든지 살든지 제가 의지할 분은 오직 하나님 한 분뿐임을 깨닫게 됩니다. 그리고 고단한 목회의 길 끝에 기다리고 있는 하늘나라를 더욱 소망하게 됩니다.

목회의 소명을 받은 우리는 그리스도의 교회의 영적 번영과 하나님의 나라를 위하여 성도들을 사랑하고 교회를 위해 죽기 위하여 태어난 사람들입니다. 우리를 위해 십자가에서 죽으신 그리스도의 죽음에 날마다 참여함으로써 우리는 모든 고난과 시련을 이기고 유혹을 물리치며 살아갈 수 있게 됩니다(고후 1:7, 빌 3:10, 벧전 4:13). 이러한 은혜의 비밀에 대하여 사도 바울은 다음과 같이 말합니다.

우리가 항상 예수의 죽음을 몸에 짊어짐은 예수의 생명이 또한 우리 몸에 나타나게 하려 함이라 우리 살아 있는 자가 항상 예수를 위하여 죽음에 넘겨짐은 예수의 생명이 또한 우리 죽을 육체에 나타나게 하려 함이라 그런즉 사망은 우리 안에서 역사하고 생명은 너희 안에서 역사하느니라(고후 4:10-12).

우리가 날마다 자신은 죽을 자로 여기고 성도들은 사랑받을 그리스도의 소중한 몸으로 여길 수 있는 마음이 어디에서 옵니까? 이런 착한 마음은 오직 그 일을 위하여 자신을 부르셨다는 최초의 소명의 현재적 체험에서 오는 것입니다. 우리가 목회의 소명을 분명히 체험하고 그것에 대해 거룩한 확신을 가지고 이 길을 걸어가지 않으면 안 될 이유가 바로 여기에 있습니다.

III. 소명 의식의 가변성과 한계

이처럼 과거에 체험한 목회의 소명은 그가 나아갈 길을 보여주고 또 목회의 길에서 만나게 되는 많은 어려움과 난관들을 극복하게 하는 근거가 됩니다.

그러나 과거의 소명 체험 하나가 미래의 복음 사역으로 나아가는 여러분의 모든 문제를 해결해 주는 것은 아닙니다. 이것이 바로 소명에 대한 과거의 체험이 가지는 한계입니다. 과거의 소명 체험이 한계를 지닐 수밖에 없는 이유를 이해하기 위해서는 다음 사항들을 숙고하여야 합니다.

A. 지속적 헌신

첫째로, 소명 자체가 지속적인 헌신을 보장해 주지는 않습니다. 우리는 흔히 목회 현장에서 잘못을 하여 많은 사람들의 비난의 표적이 되는 목회자들을 만날 때

마다 생각합니다. '저 사람은 삯꾼 목자야. 아마 원래부터 목회의 소명이 없었을 거야.'

목회자들 중에는 그런 사람도 있을 것입니다. 하지만 대부분의 경우 그러한 일은 과거에는 목회의 소명이 분명하였지만 현재적으로 그 소명감을 유지하지 못하기 때문에 생겨난 것입니다. 오히려 그런 사람들 중에는 여러분과는 비교될 수 없이 치열하게 말씀을 탐구하고 기도에 헌신했던 사람들도 있을 것입니다. 여러분보다 더 진실하게 신앙생활을 했던 사람들도 있을 것입니다.

30여 년 전 신학교에 처음 들어갔을 때 선배 목사님들이 이런 말을 하였습니다. "요즘 신학생들은 경건하지 않아. 우리 때에는 학교로 올라오는 길목 벽에 붙은 극장 포스터를 보고도 예배실에 가서 회개를 하였는데……." 이는 후배들을 비난하며 자신들이 더 순결했다고 자랑하려는 것이 아니라, 달라진 후배들의 모습에서 예전의 순수함과 멀어진 자신들의 모습도 동시에 보았기에 나온 고백이었을 것입니다.

신학대학원에서 교수로서 잠깐 가르치다가 암으로 돌아가신 분이 계셨습니다. 기도에 탁월한 열심이 있었는데, 신학생 시절 겨울이면 한강에 가서 얼음 위에서 무릎을 꿇고 밤새 기도하셨다고 합니다. 추위로 말미암는 고통 속에서 기도함으로써 그리스도의 고난에 동참하기를 원하셨던 것입니다. 또 어느 목회자는 목회 초년생이던 시절, 겨울이 오면 금요일마다 눈 덮인 산에 올라가 웅덩이를 파고 그 속에서 밤이 새도록 기도하곤 하였다고 합니다.

어쩌면 지금 여러분 주위에는 별로 존경스럽게 생각되지 않는 선배 목회자들이 있을지도 모릅니다. 그러나 그런 분들 중 많은 사람들은 신학생 시절에는 여러분과는 비교되지 않는 열정으로 하나님을 간절히 찾고 기도했던 사람들입니다.

목회자로서의 소명 의식은 성화의 수준과 영적 상태에 따라서 흐려지기도 하고 더욱 분명해지기도 합니다. 그래서 한때는 거룩한 소명감에 불타던 사람들도 시간이 흐르면서 안일해지기도 합니다.

예전에 특별한 영적 체험 속에서 뚜렷하게 목회자로 소명을 받았다고 해서, 그것이 이후의 지속적인 헌신을 보장하는 것은 아닙니다. 우리가 과거에 소명을 받았다는 사실은 현재의 헌신을 위한 동기가 되지만, 그 사실 하나가 소명받은 사람이 지속적인 헌신의 삶을 살도록 이끌어 주지는 않습니다. 그 소명의 체험은 일회적이지만, 우리가 그 소명의 현재적 체험 속에서 살아야 할 이유가 여기에 있는 것입니다.

B. 지속적 성화

둘째로, 과거의 소명이 지속적인 성화를 보장하지는 않습니다. 우리는 흔히 목회의 소명을 마치 우주 공간에 발사체를 쏘는 것처럼 생각합니다. 인공위성을 빠른 속도로 쏘아 올리면 대기권을 뚫고 우주 공간으로 날아가 다른 환경의 변화가 없는 한 동일한 속도로 우주 공간으로 계속 날아가거나 지구 중력과 힘의 균형을 이루면서 지구 주위를 계속 돌게 되는 것과 같다고 말입니다.

아직도 많은 사람들은 하나님께서 목회의 소명을 주셨으니 하나님 자신이 우리를 그 소명을 따라 살게 하실 것이라고 믿습니다. 그러나 목회의 소명이 하나님께로부터 주권적으로 주어졌다 할지라도 우리가 그 거룩한 부르심을 따라 매일 경건하게 살아가지 않는다면 실제의 삶은 소명을 따르지 못할 것입니다.

목회에 대한 과거적 소명과 그 소명을 따라 살아가는 현재적 삶의 관계도 마찬가지입니다. 하나님의 사람 다윗을 생각해 보십시오. 그는 이스라엘의 왕이며, 선지자로 소명받은 사람이었습니다. 그러나 그 소명이 그를 범죄로부터 보호해 주지는 못하였습니다. "그 장례를 마치매 다윗이 사람을 보내 그를 왕궁으로 데려오니 그가 그의 아내가 되어 그에게 아들을 낳으니라 다윗이 행한 그 일이 여호와 보시기에 악하였더라"(삼하 11:27).

사도 바울의 경우도 보십시오. 만약 목회의 소명 체험이 자동으로 성화를 보장해 준다면 그는 가장 어리석은 사람일 것입니다. 그는 분명히 복음을 위하여 사도로 소명을 받았는데도 다음과 같이 말했습니다. "형제들아 내가 그리스도 예수 우리 주 안에서 가진 바 너희에 대한 나의 자랑을 두고 단언하노니 나는 날마다 죽노라"(고전 15:31).

그는 또 다른 서신에서 말합니다. "나에게 이르시기를 내 은혜가 네게 족하도다 이는 내 능력이 약한 데서 온전하여짐이라 하신지라 그러므로 도리어 크게 기뻐함으로 나의 여러 약한 것들에 대하여 자랑하리니 이는 그리스도의 능력이 내게 머물게 하려 함이라"(고후 12:9). 심지어 그는 자신의 구원론에 배치되는 발언조차도 서슴지 않습니다. "내가 내 몸을 쳐 복종하게 함은 내가 남에게 전파한 후에 자신이 도리어 버림을 당할까 두려워함이로다"(고전 9:27).

사도 바울이 왜 이런 말을 하는 것일까요? 왜 그는 그의 신학에 배치되는 듯한 말을 하는 것일까요? 혹시 그에게 목회의 소명은커녕 구원의 확신조차 부족한 것이 아니었을까요? 결코 그렇지 않습니다. 오히려 사도 바울의 이러한 고백은 소명을 따라 사는 목회자의 실제적 체험이며 구원에 대한 불타는 확신을 나타냅니다.

우리는 목회의 소명을 따라 살아가면서 날마다 그리스도와 함께 십자가에서 죽는 것을 체험하여야 합니다. 그러한 경험 안에서 2,000년 전에 십자가에 못 박혀 죽으신 그리스도의 죽음이 나의 삶에 침투함으로써 그리스도를 나 대신 죽게 하였던 죄와 정욕이 죽습니다. 이것이 바로 존 오웬(John Owen, 1616-1683)이 말하는 바, '죄 죽임'(mortification of sin)입니다.

이에 대하여 사도 바울은 말합니다. "너희가 육신대로 살면 반드시 죽을 것이로되 영으로써 몸의 행실을 죽이면 살리니 무릇 하나님의 영으로 인도함을 받는 사람은 곧 하나님의 아들이라"(롬 8:13-14).

우리는 바로 거기서 그리스도와 함께 다시 사는 부활을 경험하게 되는데, 이것이 바로 영적인 소생이며, 칼빈이 말하는 바 '은혜 살림'(vivification of grace)입니다. 거기에서 우리는 죄에 대하여 죽고 그리스도와 함께 다시 살아나는 영적 생명을 경험합니다. 이러한 과정의 반복을 통하여 우리는 아주 조금씩 그리스도의 거룩한 형상을 닮아 가는 것입니다. 이에 대하여 사도 바울은 이렇게 말합니다.

> 내가 그리스도와 함께 십자가에 못 박혔나니 그런즉 이제는 내가 사는 것이 아니요 오직 내 안에 그리스도께서 사시는 것이라 이제 내가 육체 가운데 사는 것은 나를 사랑하사 나를 위하여 자기 자신을 버리신 하나님의 아들을 믿는 믿음 안에서 사는 것이라(갈 2:20).

우리말 성경에서 "내가……십자가에 못 박혔나니"라고 번역되어 있는 부분이 헬라어 성경에는 쉰에스타우로마이(συνεσταύρωμαι)로 되어 있습니다.[33] 그것은 현재완료시제로서, 그리스도께서 십자가에 못 박힌 것은 과거에 일어난 사건이지만 지금까지도 바울 자신에게 영향을 미치고 있음을 나타낸 것입니다.

사도 바울의 이와 같은 화법은 예수 그리스도의 부활에 대해서도 똑같이 적용됩니다. 다시 말해서 소명 체험이 과거에 이루어진 그리스도의 십자가 죽음이라면, 소명을 따라 살아가는 실제적인 삶은 십자가 죽음의 현재적 체험이라고 할 수 있습니다.

C. 영적 성장

셋째로, 과거의 소명 체험이 지속적인 영적 성장을 보장하지는 않습니다. 넓은 의미에서 영적 성장은 성화의 범주 안에 들어갑니다. 왜냐하면 그리스도의 성품을

---

[33] 쉰에스타우로마이(συνεσταύρωμαι)는 헬라어로 '함께'라는 의미의 쉰(συν)과 '십자가에 못 박다.'라는 의미의 스타우로오(σταυρόω)의 합성어인데, 현재완료시제로서 '나는 함께 못 박혀 있어 왔다 (I have been crucified with)라는 의미이다. Walter Bauer, *A Greek-English Lexicon of the New Testament and Other Early Christian Literature*, 3rd ed., ed. Frederick W. Danker, W. F. Arndt, F. W. Gingrich (Chicago: University of Chicago Press, 2000), 941.

닮아 거룩해지는 과정 없이는 영적 성장을 말할 수 없기 때문입니다. 그러나 영적 성장은 성화의 적극적 측면을 보여줍니다.

신자의 영적 성장의 핵심은 그리스도의 은혜와 지식의 성장입니다. 다시 말해서 사랑과 지식의 성장입니다. 이러한 영적 성장은 목회자의 내면 세계뿐만 아니라 외적인 생활에까지 전 포괄적으로 영향을 미칩니다.

산에 심은 모든 나무가 거목이 되는 것이 아니듯이, 과거에 목회의 소명을 체험한 모든 사람이 동일한 성화의 길을 가는 것도 아니고 동일한 영적 성장을 이루는 것도 아닙니다. 그것은 소명의 체험과는 구별되는 또 다른 방식의 헌신과 결단과 성령의 은혜가 필요합니다. 그러기에 과거의 소명 체험이 그 사람의 영적 성장을 보장해 주지는 않습니다.

소명을 받은 목회자나 그렇지 않은 신자들이나 모두 동일한 원리를 따라 영적으로 성장합니다. 아무리 소명에 대한 생애적인 체험을 하였다 할지라도 지속적으로 하나님의 말씀을 배우고 기도하며 순종하지 않는다면, 그는 지속적인 영적 성장을 이루지 못할 것입니다.

신학교에 입학하여 해가 거듭할수록, 우리는 과거의 신앙이나 설교를 돌아볼 때 얼굴이 붉어지고 반성할 점이 많아야 합니다. 그것이 바로 우리가 영적으로 성장하고 있다는 증거이기 때문입니다. 그런데 우리가 만일 "그래도 그때가 참 순수했어.", "그때는 참으로 성령 충만했었는데……." 하고 과거를 그리워하기만 한다면 그것은 영적으로 성장하지 못한다는 증거일 수도 있습니다.

한 교회를 담임하고 있는 목회자로서, 저는 교회에 와서 예배를 드리고 은혜를 많이 받은 사람들을 심방할 때마다 빼놓지 않고 이런 질문을 합니다. "은혜받기 전의 자신을 지금 만난다면 무엇이라고 충고해 주고 싶습니까?" 이에 대한 그들의 대답을 들어 보면 그 사람이 영적으로 성장하였는지 그렇지 않은지를 알 수 있습니다.

사도 베드로는 이렇게 말합니다. "오직 우리 주 곧 구주 예수 그리스도의 은혜와 그를 아는 지식에서 자라가라 영광이 이제와 영원한 날까지 그에게 있을지어다"(벧후 3:18).

신자의 영적 성장을 말하면서 은혜의 성장이 지식의 성장보다 먼저 언급되는 것을 유의해 보십시오. 그 둘은 구분되지만 결코 분리되지 않습니다. 지식에서 분리된 사랑도, 사랑에서 분리된 지식도 영적 성장의 열매라고 말할 수 없습니다(빌 1:9, 엡 4:15). 그리스도인의 영적 성장에는 크게 두 가지 요소가 있는데, 사랑의 성장과 지식의 성장입니다.

1. 사랑의 성장

첫째로, 사랑의 성장입니다. 신자 안에 있는 하나님 사랑은 성령으로 말미암은 은혜의 결과입니다. 다시 말해서 죄인에 대한 사랑의 감화가 은혜의 본질입니다. 따라서 인간의 마음에 성령의 은혜로운 작용이 이루어지면 그 결과로 사랑의 정동이 일어나고 이것의 반복적 실행은 사랑의 성향을 만듭니다.

이러한 사랑의 성향이 점점 강해지는 것이 바로 '은혜에서 자라가는 것', 곧 은혜의 성장입니다. 이러한 사실을 이해하기 위해서는 다음의 사실을 숙고하여야 합니다.

a. 두 방식의 사랑 : 힘과 설복

하나님께서 우리에게 당신을 사랑하게 하시는 방식은 두 가지입니다. 힘적인(physical) 방식과 설복적인(persuasive) 방식이 그것입니다.[34] 전자는 중생 시에 새로운 사랑의 성향을 중생한 인간의 영혼 안에 심으시는 것이고, 후자는 신자가 말씀을 깨달음으로 성령의 은혜로 말미암은 사랑으로 채워지도록 하시는 것입니다.

---

[34] Jonathan Edwards, *The Miscellanies* (1153-1360), in *The Works of Jonathan Edwards*, vol. 23, ed. Douglas A. Sweeney (New Haven: Yale University Press, 2004), 71-72.

1) 힘적인 사랑

첫째로는, 힘적인 방식으로 부여되는 사랑입니다. 이것은 하나님께서 인간의 의지와 상관없이 주입하듯이 당신을 사랑하는 성향을 우리 안에 심으시는 것을 말합니다. 이것은 전적으로 하나님의 일방적인 사역입니다. 신자가 중생 시에 부여받은 하나님 사랑의 성향이 바로 그것입니다.

이러한 사랑의 성향은 신령한 것들을 지각하는 '새로운 감각'(new sense)과 마찬가지로 인간에게 없었던 어떤 새로운 정신의 주입이 아니라 이미 있던 영혼의 기능을 쇄신하는 방식으로 주어집니다. 자기를 사랑하던 사랑의 경향성을 하나님을 향한 경향성이 되도록 하는 것입니다. 즉 주입된 힘으로서의 사랑의 성향으로 말미암아 신자는 하나님의 아름다움을 볼 수 있는 새로운 영적 감각이 생기게 됩니다. 이로써 그는 하나님의 아름다움을 인식하고 사랑하게 됩니다.

조나단 에드워즈는 '새로운 감각'을 부여받은 사람은 하나님을 사랑하지 않을 수 없고 어떠한 경우에도 하나님 뜻대로 살고자 하는 주입된 사랑의 의지를 잃어버리지 않는다고 보았습니다.[35] 여기서 에드워즈가 말하는 새로운 감각은 감각적

▎조나단 에드워즈. 미국의 대표적인 칼빈주의 신학자이자 철학자. 미국의 제1차 영적 대각성을 주도한 탁월한 설교자였다.

---

35) 폴 램지(Paul Ramsey)의 해설에 의하면 에드워즈가 내주하시는 성령으로 언급하는 '주입된 은혜'는 '주입된 사랑'이며 '주입된 여러 도덕적인 다양한 성향들'이며 '주입된 미덕들'이다. 그러므로 다양하게 표현된 이 모든 것들의 원천은 성령이시다. Paul Ramsey, "Infused Virtues in Edwardsean and Calvinistic Context," in *The Works of Jonathan Edwards*, vol. 8, ed. Paul Ramsey (New Haven: Yale University Press, 1987), 739. "성령에 의한 (은혜의) 주입을 부인하는 사람들은 필연적으로 성령께서 행하시는 모든 것을 부인해야만 한다. '성령의 주입으로 말미암아'라는 말은 지성으로 이해할 수 없는 표현이기는 하지만 주입이라는 것이 전혀 없다고 말하는 사람들은 자기 모순이 된다. 왜냐하면 그들은 성령께서 영혼 안에서 어떤 일을 행하신다고 하는데, 그것인즉 성령이 아니고서는 존재하지 않았을 어떤 움직임을 혹은 어떤 정동을 혹은 어떤 인식을 성령께서 영혼 안에 존재하도록 일으키신다는 의미이기 때문이다." Jonathan Edwards, *The Miscellanies* (a–z, aa–zz, 1–500), in *The Works of Jonathan Edwards*, vol. 13, ed. Thomas A. Schafer (New Haven: Yale University Press, 1994), 171.

사물들이 아닌 새로운 영역에 관한 정서이며, 육체의 감관이 아니라 지성 안에서 하나님을 보는 것입니다. 이것은 자연인들에게는 생소한 방식의 '봄'(vision)입니다. 그는 자신의 책 『미셀러니』(The Miscellanies)에서 다음과 같이 말합니다.

> 따라서 우리가 꽃으로 덮인 초원과 부드러운 산들바람에 기뻐할 때 우리는 다만 예수 그리스도의 달콤한 박애가 흘러나오는 것을 보는 것이라고 생각할 수 있습니다. 우리는 향기로운 장미와 백합을 볼 때 그분의 사랑과 순전하심을 봅니다. 그뿐만 아니라 푸르른 나무들과 들판, 노래하는 새들은 무한하신 그분의 기쁨과 인자하심이 흘러나오는 것입니다. 수목들이 주는 편안함과 자연스러움은 무한하신 그분의 아름다움과 사랑스러움의 그림자입니다. 수정 같은 강과 졸졸거리는 시내는 달콤하신 그분의 은혜와 부요하심의 발자취입니다. 우리가 밝은 태양빛을 볼 때, 저녁 구름의 황금빛 가장자리 혹은 어여쁜 무지개를 볼 때, 하나님의 영광과 선하심의 희미한 윤곽을 보며 푸른 하늘을 볼 때, 그분의 부드러우심과 온화하심을 봅니다.[36]

에드워즈에게 이 새로운 감각의 핵심은 하나님의 영광이었습니다.

> 새로운 감각으로 바라본 영광 안에 계신 하나님께서는 부분적으로는 새로운 철학의 세계로 형성된 하나님이셨으며……(우주와 세계 안에 충만한) 하나님의 편재하심에 대한 생생한 인식은 당시 뉴턴주의 세계관에 대한 에드워즈의 관심사와는 반하여 발생하였다.[37]

---

36) Jonathan Edwards, *The Miscellanies* (a-z, aa-zz, 1-500), in *The Works of Jonathan Edwards*, vol. 13, ed. Thomas A. Schafer (New Haven: Yale University Press, 1994), 279.
37) David C. Pierce, "Jonathan Edwards and the New Sense of Glory" (Ph.D. diss., Columbia University, 1965), 156.

이러한 연구들을 통하여 에드워즈는 우주가 하나님의 충만한 아름다움을 드러내고 있다는 미학적 결론에 이르게 됩니다.

2) 설복적인 사랑

둘째로는, 설복적인 방식으로 주어지는 사랑입니다. 이것은 인간의 마음 안에서 도덕적 설득의 방식으로 이루어집니다. 하나님의 말씀으로 깨우치며 설득하시는 성령의 역사로 말미암아 그분의 말씀에 이성이 설득됨으로써 은혜를 받아들이고 하나님을 사랑하게 되는 것입니다.

사랑의 힘적인 분여는 지성을 초월하는 것이지만 설복적인 사랑의 분여는 지성을 통하여 이루어집니다. 우리는 이 두 가지 방식 모두를 통하여 하나님의 사랑을 경험합니다. 전자 없이는 후자가 있을 수 없고, 후자 없이 전자만으로는 충분하지 않습니다. 왜냐하면 목회의 소명을 받았다고 할지라도 우리는 끊임없이 하나님을 사랑하는 가운데 영적으로 성장하여야 하기 때문입니다.

설복적인 방식으로 주어지는 사랑의 경험도 두 가지로 구분됩니다. 초월적 방식으로 주어지는 사랑과 내재적 방식으로 주어지는 사랑이 그것입니다. 힘적인 방식이나 설복적인 방식이나 하나님의 사랑이 인간에게 주어지는 것은 언제나 초월적 성격을 가지고 있습니다. 왜냐하면 그것은 인간 안에 역사하는 하나님의 사랑이기 때문입니다.

중생과 함께 힘적인 방식으로 주어지는 하나님의 사랑과는 달리 성화와 함께 설복적인 방식으로 주어지는 하나님의 사랑은 언제나 지성에 대한 설득을 동반합니다. 그런데 그러한 사랑도 때로는 초월적 방식으로 주어지기도 합니다. 제가 사용하는 '초월적 방식으로'라는 표현은 하나님의 사랑이 사랑받는 사람의 지성을 초월하여 무의식 속에서 이루어진다는 의미가 아니라 일상적인 경험을 능가하는 특별한 방식으로 이루어진다는 의미입니다.

b. 사랑과 거룩함에 대한 경험

개혁주의 진영을 대표하는 세계적인 기독교 철학자이며, 미국이 낳은 현대의 가장 탁월한 분석철학자 중 한 사람인 앨빈 플랜팅거(Alvin Plantinga, 1932-)는 대학 시절에 당시 유명했던 기독교 철학자 윌리엄 해리 젤레마(William Harry Jellema, 1893-1982)에게서 수학하였습니다.

앨빈 플랜팅거. 미국의 대표적 유신론적 종교철학자이자 분석철학자이다.

낸시 피어시(Nancy R. Pearcey, 1952-)에 따르면, 앨빈 플랜팅거가 처음 기독교 철학을 시작했을 때 미국 철학계 안에는 그리스도인이 거의 없었다고 합니다. 그러나 30여 년이 흐른 지금에 와서는 미국의 철학자 중 서너 명 가운데 한 사람이 그리스도인인 것으로 통계가 나왔는데, 이러한 성과는 대부분 앨빈 플랜팅거의 헌신에 의한 것이라고 합니다.[38]

등산을 유난히 좋아했던 플랜팅거는 언젠가 높은 산을 오르면서 갑자기 하나님의 임재를 강하게 느끼게 되었다고 간증하였습니다. 하나님의 사랑에 대한 초월적 경험에 대하여 그는 다음과 같이 말합니다.

> 산은 나에게 축복이었다. 몇 해 동안 산에서 하나님에 대한 의식(*sensus divinitatis*)이 강력하게 나에게 작용했던 것 같다. 나는 산에서 길을 잃은 적이 있다고 앞서 여러 번 언급했는데, 몇 차례나 산에서 강하게 하나님의 임재를 느꼈다. 비록 어떤 때는 죄책감과 하나님의 책망을 느낄 때가 있었지만 말이다.[39]

---

[38] Nancy R. Pearcey, *Total Truth: Liberating Christianity from Its Cultural Captivity* (Wheaton: Crossway Books, 2008), 58-59.

[39] Alvin Plantinga, *A Christian Life Partly Lived*, in *Philosophers Who Believe: The Spiritual Journeys of 11 Leading Thinkers*, ed. Kelly James Clark (Downers Grove: InterVarsity Press, 1993), 61.

그것은 하나님의 거룩함에 대한 경험입니다. 그는 이러한 경험을 몇 번이나 하였다고 술회하였는데, 이것이 그의 철학적 활동에 커다란 영향을 끼쳤습니다. 하나님의 사랑과 거룩함에 대한 그 초월적 경험은 하나님의 초월적인 사랑을 경험하는 것과 진리를 아는 것이 얼마나 밀접한 연관이 있는지를 잘 보여줍니다.

여러 해 전에 저는 미국 칼빈신학교 신학부 총장으로 재직하고 있던 코넬리어스 플랜팅거(Cornelius N. Plantinga, Jr., 1946-)를 만날 기회가 있었습니다. 그때 그는 자신의 형 앨빈 플랜팅거에 대하여 이렇게 말해 주었습니다. "우리 형은 하나님의 용사입니다"(My brother is the warrior of God).

저는 앨빈 플랜팅거의 간증을 읽으면서 조나단 에드워즈가 숲 속을 거닐다가 하나님의 위엄과 영광을 체험하고 아르미니우스주의자에서 칼빈주의자가 된 경험을 생각하였습니다. 그것은 신학을 공부함에 있어서 하나님의 거룩하심에 대한 경험이 얼마나 중요한지를 보여줍니다.[40] 하나님의 거룩하심에 대한 초월적 경험들은 언제나 사랑을 동반하기 때문입니다.

하나님께서는 종종 신자들에게 이렇게 초월적 방식으로 당신의 사랑을 주셔서 충만하게 하십니다(롬 5:5-6, 벧전 1:8). 이것은 일상적인 깨우침과 감화를 넘어서는 것으로서, 어느 한순간 하늘을 열고 부어 주시는 초월적 부흥을 통한 그분의 사랑의 부으심입니다. 인간의 죄를 책망하는 강력한 회심의 은혜와 영혼을 다시 살리시는 성령의 역사, 이에 응답하는 신자의 자신을 불사르는 헌신은 이러한 하나님의 초월적 사랑의 부으심을 통해 오는 것입니다.

2. 지식의 성장

둘째로, 지식의 성장입니다. 은혜의 성장이 의지에 관계된 것이라면, 지식의 성

---

40) Jonathan Edwards, "Personal Narrative," *Letters and Personal Writings*, in *The Works of Jonathan Edwards*, vol. 16, ed. Georges S. Claghorn (New Haven: Yale University Press, 1998), 792-793.

장은 지성에 관계된 것입니다. 여기서 말하는 지식의 성장은 단순히 사물에 대한 객관적 지식의 성장이 아닙니다. 그것은 성경을 통해 하나님과 세계와 인간을 앎으로써 인간으로 하여금 올바른 가치 판단을 내리게 하는 지혜의 성장을 포함합니다. 이러한 사실을 이해하기 위해서는 다음 사항들을 숙고하여야 합니다.

a. 믿음과 학문을 통해

지식의 성장은 믿음과 학문을 통해 이루어집니다. 믿음으로써 성경의 계시를 받아들이고, 이성으로써 받아들인 계시의 명제들 사이에 있는 연관성을 탐구함으로써 지식의 성장이 이루어지게 됩니다.

1) 믿음을 통한 성장

첫째로, 믿음을 통한 지식의 성장입니다. 이는 믿음으로써 성경의 진리를 받아들이기 때문입니다. 학문으로서의 신학의 토대는 초월적인 진리입니다. 이것은 하나님의 계시인 성경의 내용을 믿음으로써 획득됩니다.

인간이 무엇을 믿고 어떻게 살아가야 할 것인지에 대한 기본적인 지식들은 오랜 탐구와 장구한 성화의 과정을 통해서가 아니라 예수 그리스도를 믿음으로써 성경을 통해 알게 되는 지식입니다. 이 믿음을 통하여 성경에 계시된 두 가지 지식, 곧 무엇을 믿어야 할지에 대한 지식과 어떻게 살아야 할지에 대한 지식을 얻게 됩니다.

믿는 마음과 사랑하는 마음은 하나입니다. 그러므로 좋은 믿음 생활은 탁월한 신학공부를 위한 가장 중요한 조건이 됩니다. 이런 점에서 신학은 다른 학문들과 구별되는 것입니다. 학생으로서뿐만 아니라 신자로서도 성경을 가까이하고 잘 믿어야 합니다.

성경 계시의 중심은 그리스도이시며 그분을 통해 하나님과 세계와 인간에 관한 모든 지식들이 주어집니다. 따라서 그리스도를 인격적으로 신뢰하고 사랑하는 것이야말로 진리를 깨닫는 가장 중요한 방법입니다. 신학공부에서 성경을 잘 믿는 마음보다 중요한 것은 없습니다.

2) 학문을 통한 성장

둘째로, 학문을 통한 지식의 성장입니다. 여기서 학문은 가장 좁게는 하나님에 관한 교리를 가리키고, 좀 더 넓게는 고유하게 신학 분야에 속하는 학문, 가장 넓게는 지식을 다루는 모든 학문을 가리킵니다.

믿음은 이성만으로는 받아들일 수 없는 초월적인 진리들을 성경을 통해 받아들이게 하지만 그렇게 받아들인 믿음의 명제들은 세 가지 작업을 필요로 합니다. 그것에 대한 해석, 다른 명제들과의 관련지음, 그 명제들을 따라 살아가는 실천이 그것입니다. 학문은 이 가운데 앞의 것 두 가지에는 직접적으로 관여하고 마지막 것에는 간접적으로 관여합니다.

학문의 탐구는 믿음으로 받아들인 성경의 진리들을 올바르고 풍성하게 해석하게 하며, 그렇게 발견한 진리들을 서로 연관지으며 체계화함으로써 인간의 존재와 삶의 근거가 되는 질서를 알게 해줄 뿐 아니라 그것들에 친숙하게 만들어 줍니다. 이로써 신자는 끊임없이 변화하는 삶의 사태들 너머에 있는 항구적인 의미를 따라 그런 지식이 없을 때와는 비교될 수 없는 더 나은 삶을 영위하게 됩니다.

학문으로서의 지식에 대한 탐구는 믿음으로 받아들인 성경의 명제적 진리를 지성적으로 친숙하도록 만들어 주는데, 이것을 제외하고는 신자의 영적 성장을 말할 수 없습니다. 더욱이 모든 학문들을 통해 비추는 지식의 빛은 어떤 식으로든지 진리이신 하나님의 아름다움을 보여줍니다.

신학적 지식의 성장은 이 아름다움을 보는 틀을 제공하는데 이는 그 아름다움의 진수가 성경이기 때문입니다. 다른 모든 학문이 주는 지식의 빛들이 성경 계시와 연관을 맺으며 통합적인 지식의 체계를 구축함으로써, 그 학문을 몰랐더라면 미처 발견하지 못했을 하나님의 아름다움을 발견하게 하고 그분을 사랑하는 것이 인간의 의무임을 알게 합니다. 목회자는 인간으로 하여금 그 일을 하도록 돕는 사람입니다. 그러므로 목회자는 학문인(學問人)이지 않으면 안 됩니다.

b. 지식의 성장을 위한 요소

진술한 바를 종합하여 영적 성장으로서의 지식의 성장을 위한 조건들을 살펴보면 다음과 같습니다. 성경 계시에 대한 순전한 믿음, 신학을 비롯한 다른 학문에 대한 진지한 탐구, 발견한 진리에 대한 숙고, 삶의 모든 방면에서의 치열한 적용이 그것입니다. 이처럼 하나님을 아는 지식 습득 과정은 곧 하나님의 아름다움을 알고 그분을 사랑하며 그분을 향해 살아가는 과정입니다.

하나님께서는 당신을 아는 탁월한 지식을 우리에게 주실 때 금 쟁반에 담아 주시지 않습니다. 오히려 당신의 액체, 곧 피와 땀과 눈물에 젖은 보자기에 싸서 주십니다. 신자로서 하나님을 아는 지식의 성장은 이처럼 자신의 온 인격과 삶을 동반한 진리의 탐구를 통해 이루어지며 학문은 그것을 위한 도구일 뿐입니다. 그리고 그러한 지적 성장의 목적은 하나님께 영광을 돌리는 것입니다.

목회자로서의 부르심은 결코 그리스도인으로서의 부르심을 앞서지 못합니다. 사역자로서의 소명의 특수성은 신자로서의 소명의 일반성과 동떨어질 수 없습니다. 좋은 목회자가 되는 것은 좋은 신자가 되는 것과 병립하여야 합니다.

목회자의 사역의 진정성과 설교의 깊이는 곧 지식의 깊이입니다. 이것은 모든 지식의 통로인 그리스도를 아는 지식의 깊이를 말합니다. 목회자가 끊임없이 그리스도를 아는 지식 속에서 그분을 본받아야 할 이유가 여기에 있습니다(롬 8:29, 고전 11:1, 빌 3:10). 목회의 길을 가려는 사람들은 이러한 사랑과 지식의 성장을 통하여 탁월하리만치 신령한 사람이 되어 가야 합니다.

지난 세기에 개혁주의의 설교가 무엇인지를 보여준 영향력 있는 설교자들 중 한 사람이 마틴 로이드존스(D. Martyn Lloyd-Jones, 1899-1981)입니다. 그에 대하여 여러 권의 평전이 나왔지만, 제가 읽은 책들 중에서는 토니 사전트(Tony Sargent)가 쓴

『위대한 설교자 로이드존스』(*The Sacred Anointing*)가 가장 탁월합니다.[41] 그 책에서 로이드존스는 설교자의 정체성에 관하여 다음과 같이 충고하는데 그것은 우리에게 장중한 부담으로 다가옵니다.

설교자는 비범할 정도로 신령함이 특징이 된 사람이어야 합니다.[42]

로이드존스가 설교자의 자격으로 꼽는 비상한 신령함은 단지 한순간의 영적 체험만을 가리키는 것이 아닙니다. 오히려 설교자의 인격 안에 깃들어야 할 거룩한 인격의 특징으로서의 신령함을 말합니다. 이는 거룩하신 하나님과의 깊고 친밀한 교제로 말미암아 죄와 정욕에 가득 찬 세상과 구별된, 경건으로 고양된 마음과 정신의 상태를 가리킵니다. 이러한 상태는 지속적인 성화와 함께 영적 성장을 통하여 도달됩니다.

IV. 맺는 말

목회의 소명은 그리스도의 십자가와 부활의 신학적 의미를 깨달은 은혜가 준 강제력의 소산입니다. 이러한 한순간의 소명의 체험이 인생을 바꿔 놓기도 합니다. 특별히 목회자로의 부르심을 말할 때 그러한 영적 경험은 결코 무시될 수 없습니다.
이것은 사도 바울의 고백에서도 명백하게 드러납니다.

---

[41] Tony Sargent, *The Sacred Anointing: Preaching and the Spirit's Anointing in the Life and Thought of Martyn Lloyd-Jones* (London: Paternoster Publishing, 2007). 이 책은 우리말로 번역되었다. 『위대한 설교자 로이드존스』, 황영철 역 (서울: IVP, 1996).

[42] "The preacher must be a man who is characterised by spirituality in an unusual degree." Tony Sargent, *The Sacred Anointing: Preaching and the Spirit's Anointing in the Life and Thought of Martyn Lloyd-Jones* (London: Paternoster Publishing, 2007), 90.

왕이여 정오가 되어 길에서 보니 하늘로부터 해보다 더 밝은 빛이 나와 내 동행
들을 둘러 비추는지라 우리가 다 땅에 엎드러지매 내가 소리를 들으니 히브리 말
로 이르되 사울아 사울아 네가 어찌하여 나를 박해하느냐 가시채를 뒷발질하기
가 네게 고생이니라 내가 대답하되 주님 누구시니이까 주께서 이르시되 나는 네
가 박해하는 예수라 일어나 너의 발로 서라 내가 네게 나타난 것은 곧 네가 나를
본 일과 장차 내가 네게 나타날 일에 너로 종과 증인을 삼으려 함이니 이스라엘
과 이방인들에게서 내가 너를 구원하여 그들에게 보내어 그 눈을 뜨게 하여 어둠
에서 빛으로, 사탄의 권세에서 하나님께로 돌아오게 하고 죄 사함과 나를 믿어
거룩하게 된 무리 가운데서 기업을 얻게 하리라 하더이다 아그립바 왕이여 그러
므로 하늘에서 보이신 것을 내가 거스르지 아니하고 먼저 다메섹과 또 예루살렘
에 있는 사람과 유대 온 땅과 이방인에게까지 회개하고 하나님께로 돌아와서 회
개에 합당한 일을 하라 전하므로 유대인들이 성전에서 나를 잡아 죽이고자 하였
으나 하나님의 도우심을 받아 내가 오늘까지 서서 높고 낮은 사람 앞에서 증언하
는 것은 선지자들과 모세가 반드시 되리라고 말한 것밖에 없으니 곧 그리스도가
고난을 받으실 것과 죽은 자 가운데서 먼저 다시 살아나사 이스라엘과 이방인들
에게 빛을 전하시리라 함이니이다 하니라(행 26:13-23).

다른 사람의 영혼을 위한 헌신은 그리스도를 향한 사랑 없이는 불가능합니다. 그러므로 신학을 공부하기로 결심하기 전에 하나님께서 자신을 목회자로 부르시는 분명한 소명의 체험이 있어야 합니다. 이것은 학문이 아니라 신앙의 영역에서 일어나는 일이기 때문에 신학을 공부하기 전 한 사람의 신앙인으로서 거룩하신 하나님을 독대하여 소명을 확인하는 시간이 필요합니다.

하나님의 부르심에 대한 체험과 분명한 확신은 신학을 공부하고 목회 사역을 감당하는 길에서 만나는 모든 고통과 어려움을 극복하고 자신의 사명을 따라 걸어가게 만들지만, 그것은 그 확신이 현재적인 것일 때의 효과입니다. 과거의 체험은 미

래의 헌신과 순전함을 보장하지 못합니다. 그러기에 목회의 길을 가려는 사람에게는 확실한 소명 체험과 함께 지속적으로 충만한 소명 의식 속에서 살아가는 것이 반드시 필요합니다. 그리고 이것은 우리의 전 본성을 죄로부터 순결하게 하시는 성령의 지속적인 성화의 작용 안에서 가능해집니다.

십자가에 대한 현재적인 경험이 목회자로 하여금 지속적으로 순수한 헌신의 삶을 살게 한다면, 그리스도 안에서의 영적 성장은 그의 목회 사역과 설교에 깊이를 더할 것입니다. 목회자가 과거에 소명을 받았음에도 불구하고 날마다 그리스도 안에서 영적으로 성장하여야 하는 것은 바로 이 때문입니다.

자신이 목회의 소명을 받았는지, 지금도 그 소명 의식 속에서 살아가고 있는지를 점검해 보기 바랍니다. 그리고 목회자로서 하나님의 사랑과 그리스도를 아는 지식에서 끊임없이 자라가도록 주님의 은혜를 간절히 구하기를 바랍니다. 이것이 바로 이 책의 다음 장을 읽기 전, 당신이 해야 할 일입니다.

제3장 목회와 소명 2

I. 들어가는 말

소명을 자각하고 그 소명을 따라 살아가는 것은 성화의 정도에 비례하는 것이기에, 목회의 소명을 받았어도 그 소명과 상관없이 살아가기도 한다.

II. 소명 체험의 확실성과 유익

A. 문화적 이신론의 시대 목회는 만물을 초월하여 존재하는 하나님께서 만물을 자신 안에서 돌보고 통치하심을 알려 주는 것이다. 목회의 소명을 받은 것이 과거의 일이라 할지라도, 그것은 그리스도와 함께 죽고 다시 살아나는 신자의 영적 생활 안에서 현재적으로 체험된다.

B. 고난에 참여케 하는 소명 소명을 성취해 가는 과정에서 경험하는 고난을 헤쳐 나가게 하는 지혜와 능력은 하나님께로부터 온다. 목회의 소명을 체험한 과거의 푯대가 분명할 때, 목회 사역의 항해 가운데 만나는 풍랑을 이겨 낼 수 있다.

C. 나의 소명 체험 청년 시절 주일학교를 섬기며 기도하던 중, 잃어버린 영혼을 그리스도께로 인도하는 일이야말로 저의 운명이라는 신적인 확신이 밀려왔다. 그 후로 힘들 때마다 그날의 기도를 떠올렸다. 그리고 예수 그리스도의 희생을 묵상하며 지금 나의 고통은 그분의 고난에 비하면 아무것도 아니라는 생각으로 마음을 추슬렀다.

III. 소명 의식의 가변성과 한계

과거의 소명 체험이 앞으로 그가 나아갈 길을 보여주고, 또한 목회의 길에서 만나는 많은 어려움을 극복하게 하는 근거가 되는 것은 사실이나 과거의 소명 체험에도 다음과 같은 한계가 존재한다.

A. 지속적 헌신 첫째로, 지속적인 헌신을 보장해 주지 않는다. 목회자로서의 소명 의식은 성화의 수준과 영적 상태에 따라 흐려지기도 하고 더욱 분명해지기도 한다. 과거에 소명을 받았다는 사실은 현재의 헌신을 위한 동기일 뿐 지속적인 헌신의 삶을 살도록 저절로 이끌어 주는 것은 아니다.

B. 지속적 성화 둘째로, 지속적인 성화를 보장해 주지 않는다. 하나님께서 주권적으로 목회의 소명을 주셨어도 우리가 그 거룩한 부르심을 따라 매일 경건하게 살아가지 않으면 실제의 삶은 소명을 따르지 못한다.

C. 영적 성장 셋째로, 지속적인 영적 성장을 보장해 주지 않는다. 영적 성장의 핵심은 사랑과 지식의 성장이다. 사랑의 성장은 중생과 힘적인 방식으로 주어지기도 하고, 성화와 같이 설복적인 방식으로 주어지기도 한다. 또한 앨빈 플랜팅거나 조나단 에드워즈의 경험에서 볼 수 있듯, 초월적인 방식으로 하나님의 거룩하심을 경험하며 하나님을 향한 사랑이 성장하기도 한다. 지식의 성장은 믿음과 학문을 통해 이루어진다. 성경 계시에 대한 순전한 믿음, 신학을 비롯한 다른 학문에 대한 진지한 탐구, 발견한 진리에 대한 숙고, 삶의 모든 방면에서의 치열한 적용 등을 통해 목회자는 지식적으로 성장하고 그의 사역의 진정성과 설교가 깊어진다.

IV. 맺는 말

목회의 소명은 십자가와 부활의 신학적 의미를 깨달은 은혜가 준 강제력의 소산이다. 그 은혜가 현재적인 것일 때 그 소명의 효과도 현재적이다.

누가 신학을 하는가

신학은
학문적으로는 물론 신앙적으로
하나님의 완전한 아름다움에 눈뜬 사람들이 하는 것입니다.
최고의 아름다움이신 하나님을 공부해서 자신도 아름다운 사람이 되어 가고,
아름다움을 잃어버린 세상도 아름답게 회복시켜 나가는 것이
신학공부의 목적입니다.

제 4 장

아름다움과 신학

Beauty and Theology

I. 들어가는 말

우리는 종종 목회에 적합하지 않아 보이는 목회자를 만납니다. 초월적 경험 속에서 소명을 받았으면서도 정작 목회에 임하는 태도나 인간성에는 동의할 수 없는 부분이 많은 사람들이 우리 주변에는 있습니다. 그래서 때로는 그가 받았다는 목회의 소명을 의심하기도 합니다.

중요한 것은 과거에 분명한 소명을 체험하는 것뿐 아니라 현재적으로 그 소명의 체험을 유지하고 있느냐 하는 것입니다. 여기서 말하는 소명의 유지는 순간적인 영적 체험이 아니라 지속적인 성화를 의미합니다.

그러면 우리가 어떻게 해야 처음 받은 목회의 소명을 열렬한 성령의 은혜 속에서 유지하면서 신학 훈련을 받고 목회 사역에 헌신하는 지속적인 성화의 삶을 살아갈 수 있을까요? 이것은 신학생들뿐 아니라 이미 목회에 헌신하고 있는 사람들에게도 꼭 필요한 질문입니다.

목회의 소명을 현재적으로 유지하며 하나님 앞에서 살아가기 위해서는 다음 사항들이 고려되어야 합니다.

II. 올바른 신학함 : 지식과 사랑의 결합

목회자가 소명의 체험을 유지하고 그것을 따라 살아가기 위해서는, 신학을 한다는 것은 지식과 사랑을 결합해 가는 과정임을 알아야 합니다. 하나님을 아는 지식은 하나님의 속성(*attributum*)과 그것의 시행 방식(*modus operandi*)에 대한 지식입니다. 그리고 그 지식은 하나님께서 이 세상의 인간들과 맺는 관계를 통하여 알려집니다. 미학적으로 설명하자면, 그것은 하나님의 아름다움에 대한 지식입니다. 왜냐하면 이 세상에 드러나는 하나님의 속성과 그 시행 방식이 아름답기 때문입니다.

신학을 공부하는 사람의 중요한 지성의 자격 중 하나는 하나님의 아름다움을 직관할 수 있는 심미적 능력입니다. 하나님과 그 이름의 아름다움을 알고 찬송하는 것이야말로 신학공부를 위한 가장 중요한 지성적 자격입니다(시 8:1). 이는 신학의 목적인 하나님을 경외하는 삶과 직결됩니다.

하나님을 향한 진실한 경외심은 신자의 마음 안에서 하나님의 아름다움에 대한 지식과 사랑이 결합됨으로써 이루어집니다. 하나님의 성품에 대한 분명한 지식을 토대로 일어나는 '떨리는 두려움과 이끌리는 사랑'이 바로 경건(*pietas*)의 핵심입니다. 그래서 경건은 우리로 하여금 하나님을 향하여 간구하게 하며, 하나님 앞에서 살아가게 하는 원동력입니다.

A. 개혁주의 목회의 전통

지식과 사랑의 조화는 개혁신학의 핵심입니다. 지식에서 분리되지 않는 사랑, 사랑에서 분리되지 않는 지식, 이 둘의 완전한 결합이 경건이기에 종교개혁자들과 개혁파 정통주의 신학자들은 이 둘을 하나로 묶는 일에 열심을 내었습니다. 이는 우리로 하여금 제네바의 개혁자 존 칼빈이 평생 추구하던 이상인 '경건과 학문'(*pietas et scientia*)을 생각나게 합니다.

칼빈은 자신의 신학을 이 두 가지로 집약하여 심장에 담았습니다. 그리고 그것을 제네바 아카데미의 문장으로 삼았습니다. 그 문장 아래에는 이렇게 기록되어 있습니다. "주여, 나의 마음을 당신께 드립니다. 기꺼이 그리고 진심으로"(*Cor meum tibi offero Domine prompte et sincere*).[43]

스위스 제네바대학. 1559년 칼빈이 선교사 양성을 위해 창설한 제네바 아카데미가 바로 제네바대학의 전신이다. 1873년에 종합 대학교가 되었으며 현재 스위스에서 두 번째로 큰 대학이다.

네덜란드 위트레흐트대학의 교수로서 영국 청교도의 영향을 받으며 네덜란드 제2의 종교개혁(Nadere Reformatie)의 기치를 높이 들었던 기스베르투스 보에티우스(Gisbertus Voetius, 1589-1676)는 후일 독일 경건주의의 모태가 될 신학적이고 목회적인 실험들을 실천에 옮겼습니다. 그는 소그룹 경건 모임을 인도하면서 소위 엄격주의(Precisionism)라는 삶의 방식을 도입하였습니다. 이것은 성경의 가르침을 삶 속에 그대로 실천하고자 하는 신앙의 엄정성을 강조한 것입니다.

성경과 학문을 통하여 진리를 탐구하면서도 실제 삶에서는 성경의 교훈을 따라 살아가지 않는다는 것은 참된 신학을 하는 방식이 아닙니다. 보에티우스는 그리스도인의 삶에서의 엄정성에 대하여 다음과 같이 정의합니다.

---

43) 칼빈은 스트라스부르를 떠나 제네바로 돌아가기로 결정한 후 1541년 8월경 친구인 파렐에게 쓴 편지에서 자기 부인과 하나님 앞에서 의지의 절대적인 순종을 표현하였다. "그러나 저 자신이 저의 것이 아님을 기억하게 되었을 때, 저는 이미 주님께 드리는 희생제물로서 바쳐진 저의 마음을 드렸습니다." John Calvin, *John Calvin Tracts and Letters: Letters, Part I (1528-1545)*, vol. 4, ed. Jules Bonnet, trans. David Constable (Edinburgh: The Banner of Truth Trust, 2009), 280-281; John Calvin, *Calvin: Institutes of the Christian Religion*, in *Library of Christian Class*, vol. 20, ed. John T. McNeil (Philadelphia: The Westminster Press, 1975), 540.

(신앙의 실천에 있어서) 우리는 오직 엄정함 곧 엄격함만을 말하는데, 이는 인간의 행동의 정확함 혹은 완전함이다. 하나님의 율법 곧 하나님께로부터 주어지는 교훈에 일치하고 참으로 신실한 자들에 의해 수용되고 열망되고 감화되는 엄정함이다.[44]

이러한 신앙의 엄정성은 그것을 명령하는 분이 하나님이시라는 사실과 하나님의 말씀을 기준으로 삼는 우리의 이성적인 종교성 안에서 그 근거를 찾을 수 있다고 주장하였습니다. 보에티우스는 신앙의 엄정성을 요구하는 근거를 다음과 같이 두 가지로 제시합니다.

첫째로, 하나님께서는 엄정성의 근거이고 유효인이시다. 그분은 또한 거룩함이시며, 완전함이시며, 정확함과 순결함을 좋아하시고, 당신의 자녀들 또한 그러하기를 바라신다.[45]

둘째로, 하나님의 말씀은 단일하고 유일한 엄정함의 기준이다. 거기로부터 그분의 양식 혹은 형상이 이루어진다. 율법과의 합치와 일치 안에서 조화를 이루게 한다. 만약 이러한 일치의 매듭을 건너뛴다면 종교에 있어서 지지되어야 할 것들은 검증되지 못한 채 의심이 남을 것이다.[46]

---

[44] "*Præcisitatem* παχυλῶς *describimus, quod sit exacta seu perfecta actionum humanarum cum lege Dei convenientia à Deo praescripta, et à vere fidelibus acceptate, intenta, affectata.*" Gisbertii Voetii, *De Praecisitate ad Illustrationem*, in *Selectarum Disputationum Theologicarum*, Pars Tertia (Ultrajecti: apud Johannis à Waesberge, 1659), 61.

[45] "*Fundamentum & causa efficiens prima est Deus, qui cum sit ipsa puritas, sanctitas, & perfectio, amat* ἀχρίβειαν, *puritatem, & vult etiam tales esse filios sunos, I Ioh. 3.33., I Petr. 1.15., 16., Mattew. 5.48.*" Gisbertii Voetii, *De Praecisitate ad Illustrationem*, in *Selectarum Disputationum Theologicarum*, Pars Tertia (Ultrajecti: apud Johannis à Waesberge, 1659), 62.

[46] "…*Secunda, est verbum Dei, quod unica & sola norma præcisitatis. Unde formale seu forma ejus consisitit in* εὐαρμοστος *& convenientia cum lege: illas lineas si transiliat, jam non magis probanda est quam superstitio, quae religioni substituitur, vide pslm 119,1.,2.,6., & per totum, coll. cum psal 19., v. 8.,9.*" 또한

성경의 가르침을 그대로 따르고자 하였던 보에티우스의 엄격주의는 역사적으로 18세기 영국에서 일어났던 메서디스트 운동과 맥을 같이합니다. 흔히 '감리교도'라고 번역되는 '메서디스트'(Methodist)라는 말은 당시의 맥락에서는 '삶의 방법'(method of living)을 지칭하는 것이었습니다. 그들의 삶의 방식이 엄격하게 성경의 가르침을 따름으로써 다른 사람들의 삶과 구별되었음을 의미합니다.

| 옥스퍼드 링컨칼리지 벽에 있는 존 웨슬리 기념물. 이곳에서 홀리 클럽이 모임을 가졌다는 내용이 새겨져 있다.

역사적으로 18세기에 조지 휘트필드, 존 웨슬리를 비롯한 옥스퍼드의 홀리 클럽(Holy Club) 멤버들이 추구하던 운동들이 바로 영국 청교도 신앙에 영향을 받아 나타난 보에티우스의 엄격주의와 맥을 같이하는 것입니다.

지식과 사랑의 결합을 중시했던 개혁주의 목회의 전통은 학문적 지성을 갖추었을 뿐 아니라 목회를 감당할 수 있는 능력을 가진 설교자들에 의하여 계승되어 왔습니다. 어떤 사람들은 신학자가 되려는 사람은 공부만 하고, 공부하기 싫거나 재능이 없는 사람은 목회자가 되어야 한다고 생각합니다. 그러나 이런 생각들은 결코 성경적이지도 않고 전통적이지도 않습니다. 물론 신학 교육을 위하여 일정 부분을 깊이 연구하는 전공제도의 필요성을 부인하는 것은 아닙니다.

사람들마다 하나님께서 주신 은사가 다르기 때문에 목회의 실천보다는 신학의 탐구에 더 뛰어난 재능을 가진 사람들이 있다는 사실을 부인할 수 없습니다. 그러

그는 이러한 엄정성을 구성하는 조건으로서 다음 네 가지를 제시한다. (1) 영적인 숙고(*Consideratio Spiritualis*), (2) 양심에 정확히 들어맞는지 자주 살핌(*Examen conscientiae exactum & frequens*), (3) 상기함(*Recordatio*), (4) 묵상(*Meditatio*). Gisbertii Voetii, *De Praecisitate ad Illustrationem*, in *Selectarum Disputationum Theologicarum*, Pars Tertia (Ultrajecti: apud Johannis à Waesberge, 1659), 62–63.

나 목회를 실천할 수 없는 사람이 신학을 가르치고, 신학을 탐구할 수 없는 사람이 목회를 하는 것은 교회나 신학교 모두에 바람직한 일이 아닙니다.

지난 세기 초반, 구(舊) 프린스턴 시절만 하더라도 결출한 신학자들의 명단과 설교자들의 명단은 일치하였습니다. 그러나 오늘날은 우리나라는 물론 미국도 그렇지 않습니다. 왜냐하면 설교 자체가 신학을 버렸기 때문입니다. 신학은 신학대로 따로 있고 설교는 설교대로 따로 추구해야 하는 것처럼 가르쳐지고 있기 때문입니다. 그리하여 그것은 지식일 뿐이지 체계로서의 신학이 되지는 못합니다.

오늘날 설교가 신학적으로 문제가 되는 예는 이단들의 설교단에서나 발견됩니다. 무엇 때문입니까? 오늘날의 설교가 탁월하게 성경적이고 개혁신학을 따르고 있기 때문에 그런 것이 아닙니다. 대부분의 설교자들이 자신의 설교 속에 신학을 반영하고 있지 않기 때문입니다.

신학을 많이 공부한 사람들은 어떻게 신학을 설교에 반영하는지 그 방법을 잘 모르기 때문에, 신학을 제대로 공부하지 못한 사람들은 설교에 반영할 신학 자체가 별로 없기 때문에 신학 없이 설교하는 것입니다. 그리하여 오늘날 복음주의 교회 안에서도 설교가 신학적으로 문제가 있어서 비판의 대상이 되는 경우는 거의 없습니다.

대부분의 설교자들이 "착하게 삽시다. 기도 많이 합시다. 가난한 사람들을 힘껏 도와줍시다. 이웃에게 욕먹지 맙시다. 모두 사랑합시다."라고 설교하는데, 거기에서 무슨 흠을 잡을 수 있겠습니까? 그러나 엄밀하게 말하면 그러한 설교는 진정한 의미의 설교가 아닙니다. 왜냐하면 설교는 단지 윤리적 가르침이 아니라 기독교 사상을 전하는 것이기 때문입니다.

하나님을 아는 지식과 경건의 결합이 깊은 학문과 목회의 능력을 겸비했던 성학들의 전통입니다. 즉 탁월한 경건과 학문을 아울러 소유한 사람이 목회도 겸하는 전통을 가리킵니다.

B. 부흥주의의 어두운 유산

오늘날 복음주의는 두 개의 뿌리를 가지고 있는데, 하나는 종교개혁자들의 신학으로부터 이어지는 개혁주의이고, 또 하나는 18세기 미국의 부흥 운동입니다.

18세기 이후 개혁주의의 특성 안에 부흥주의(Revivalism)의 전통이 추가되었는데, 이것은 오늘날 미국 복음주의의 또 하나의 뿌리입니다. 그런데 복음주의의 뿌리로서 개혁주의 외에 부흥주의의 전통이 편입된 것은 긍정적인 면과 부정적인 면을 함께 내포합니다. 그 부정적인 면의 대표적인 것이 바로 목회자의 지성에 대한 무시 혹은 목회자직에 대한 반지성주의적 견해의 유포입니다.

물론 미국에서의 부흥 운동은 영국에서와 마찬가지로 신앙에 대한 새로운 갈망을 불러일으켰으며, 근대 선교 운동에 이바지하였습니다. 그리고 사회개혁에도 크게 공헌하였습니다. 그러나 18세기의 부흥주의 전통이 기독교 신앙에서 지성적 전통을 허물어 버리는 요인을 제공한 것 역시 사실입니다.

조나단 에드워즈 자신은 탁월한 개혁주의의 지성과 부흥 운동의 열정을 결합하는 데 어느 정도 성공하였지만, 그의 계승자들은 그에게서 이 두 가지를 함께 물려받지 못했습니다. 더욱이 부흥주의는 특별히 교육받지 않은 사람도 얼마든지 설교할 수 있다는 생각을 널리 유포하였습니다.

이러한 신학적 오류들은 18세기 말에 있었던 켄터키 지방에서의 부흥 운동에서도 나타났습니다. 당시 이러한 부흥에 참여하였던 사람들은 극단적 성령 체험과 이로 말미암는 '놀라운 자유'(wonderful freedom)를 주장하면서 성직의 질서에 도전합니다. 이에 대하여 이안 머리(Iain H. Murray, 1931-)는 다음과 같이 말합니다.

> 더 나아가 새로운 기적의 시대가 이르렀다고 믿었던 이들은 설교하기 위하여 정기적으로 설교자를 따로 구별해 두는 일은 더 이상 필요 없다고 생각하기에 이르렀다.[47]

이안 머리는 1830년대의 찰스 피니(Charles G. Finney, 1792-1875)의 부흥 운동 이후에도 이러한 신학적 오류와 무질서가 나타났다고 주장하면서, 이로 말미암아 그리스도인들은 목회자와 전도자들에 대해 다른 생각을 가지게 되었다고 지적합니다.

> 그러나 어느 누구도 지역교회의 목회자들이 하나님께로부터 교사와 복음 전도자로 임명받았는가에 대해 진지하게 묻지 않았다. 이제 서광이 비치는 민주주의라는 새로운 시대에 전통적인 직위와 직무들은 성경을 단순하게 설교하기를 주장하고 기독교 목회 사역을 공격하는, 제대로 된 교육은 받지 못했지만 말이 유창한 사람들로 대표되었고 그들은 발언할 기회를 훨씬 더 많이 얻게 되었다.48)

그 폐해는 19세기 중엽 이후 드와이트 무디(Dwight L. Moody, 1837-1899)의 부흥 운동, 20세기의 오순절 운동에서도 심각하게 드러납니다. 오늘날 미국뿐 아니라 남미와 중국 등에서 널리 유포되고 있는 신사도 운동은 이러한 역사적 문제들이 초래한 결과라고 할 수 있습니다.

이러한 문제들은 이미 18세기의 전설적인 설교자 조지 휘트필드(George Whitefield, 1714-1770)와 같은 탁월한 청교도들에게서도 나타납니다. 그는 사심 없이 신실하게 하나님의 말씀을 전달한 설교자였으며, 구령의 열정에 불타는 전도자였습니다. 그러나 뉴잉글랜드의 부흥 사역에서 그는 신학적으로 몇 가지 문제점들을 노출하였습니다.

휘트필드는 신학적 교육을 받지 못한 사람도 복음 전하는 사역자로 부르심을 받을 수 있다는

▎ 드와이트 무디. 미국의 제2차 대각성 운동을 주도한 뛰어난 전도자이나 이성보다는 감정을, 학문보다는 열정을 중시하는 반지성주의 경향으로 나아갔다.

---

47) Iain H. Murray, *Revival & Revivalism* (Edinburgh: The Banner of Truth Trust, 1996), 169.
48) Iain H. Murray, *Revival & Revivalism* (Edinburgh: The Banner of Truth Trust, 1996), 281.

가능성을 폭넓게 열어 놓았습니다. 그리하여 그러한 사람들이 길거리에서 설교하는 일이 유행하게 하였습니다. 그러나 조나단 에드워즈는 '주관적인 충동'(subjective impulse)에 있어서 조지 휘트필드와 그 견해를 달리하였습니다.

에드워즈는 주관적인 충동이 종종 하나님께로부터 오는 것이 아니라 상상의 결과라고 생각한 반면, 휘트필드는 하나님의 뜻을 판단하는 일에 있어서 주관적인 충동을 상당히 의존하였습니다. 이에 대하여 조지 마스던(George M. Marsden, 1939-)은 다음과 같이 지적합니다.

> 휘트필드가 영적인 '충동'을 따르는 것에 대해 에드워즈가 정직하게 꾸짖었을 때, 그 순회 설교자는 그것이 잘못이라는 것을 전혀 확신하지 못한 채 오히려 냉정하게 그 주제를 무시했던 것 같다. ……그 두 복음 전도자는 굳건한 협력자로 남았지만 가까이에서 함께 사역을 하기에는 그 방식이 너무 달랐다.[49]

역사적으로 이러한 사례들은 목회자로서의 자격에 대한 인식을 크게 바꾸어 놓았습니다. 특히 설교자가 되기 위한 지성적인 준비들을 소홀히 여기거나 무시하여 전도자와 목회자 사이의 구분을 모호하게 하는 결과를 가져오기도 했습니다. 이러한 잘못된 부흥주의의 오류들 중 많은 부분들은 오늘날까지도 답습되고 있습니다.

제2차 대각성 운동의 지도자였던 찰스 피니의 시대에 이르렀을 때, 부흥주의는 이러한 문제점들을 더욱 심각하게 노출하였습니다.[50] 그리고 이러한 오류들을 후일 은사주의 운동을 따르는 교회들이 계승하여 오늘날까지도 그리스도의 교회에 혼란을 더하고 있습니다.

---

[49] George M. Marsden, *Jonathan Edwards: A Life* (New Haven: Yale University Press, 2003), 212; Sereno E. Dwight, "*Memoirs of Jonathan Edwards*," in *The Works of Jonathan Edwards*, vol. 1, revised and corrected by Edward Hickman (Edinburgh: The Banner of Truth Trust, 1987), lii.

[50] Mark A. Noll, *The Scandal of the Evangelical Mind* (Grand Rapids: Wm. B. Eerdmans Publishing Company, 1994), 60-67.

원래 개혁주의 전통 안에서는 교육을 제대로 받지 않은 사람은 목회의 소명을 받을 수 없었습니다. 마치 오늘날 자신이 아무리 의료 선교의 소명을 받았다 할지라도 지적인 준비를 하지 않고는 의대에 들어갈 수 없는 것처럼 말입니다.

몇 해 전, 미국의 한 신학교 교수가 제가 목회하는 교회에 와서 수요예배 때 설교를 했습니다. 그는 개혁주의 신학자이며, 특별히 칼빈의 언약 사상 연구의 권위자였습니다. 오랜 세월 목회와 고단한 신학의 탐구로 흰머리가 된 노(老)신학자의 설교가 울려 퍼질 때, 그 설교가 통역으로 전달되었음에도 불구하고 교인들은 여기저기서 손수건을 꺼내 눈물을 닦았습니다.

그의 설교는 처음부터 끝까지 하나님의 말씀을 유능하게 해석함으로써 지성을 일깨우는 설교였으며, 성령의 감화가 있는 삶에서 녹아져 나온 선포였습니다. 이것이 바로 개혁주의 신학의 설교와 목회의 전통입니다.

C. 하나님의 아름다움

인간이 하나님을 안다는 것은 성경을 안다는 것이고, 성경을 안다는 것은 하나님의 구속 사역의 아름다움을 안다는 것입니다. 성경은 하나님의 아름다움에 관한 책입니다. 그중에서도 복음은 하나님의 아름다움의 정수입니다. 그 신적 아름다움은 타락한 세상을 구원하시는 하나님의 구속 행동을 통하여 우리 인간에게 가장 찬란하게 나타났습니다. 그리고 이것을 인식하는 인간의 복됨은 천사들도 부러워하는 바입니다(벧전 1:12).

그리스도의 구속 사역에서 우리는 무지개 빛깔처럼 빛나는 하나님의 성품의 찬란한 아름다움을 봅니다. 이는 마치 프리즘을 통과한 햇빛이 일곱 빛깔로 아름답게 분광하는 것과 같습니다. 하나님은 보이지 않지만 그분의 성품은 구속 사역을 통하여 인간이 인식할 수 있도록 찬란하게 드러납니다.

목회의 본질은 바로 하나님의 이러한 아름다움을 보여주는 것입니다. 목회자의 언어와 인격과 삶으로써, 하나님의 아름다움의 진수를 담고 있는 성경의 진리를 직접 가르침으로써 말입니다.

저는 몇 해 전, 조나단 에드워즈 연구에 있어서 최고의 학자 중 한 사람인 조지 마스던 교수를 만나 대화를 나눌 기회가 있었습니다. 우리는 강가에 있는 한 식당에서 두 시간이 넘도록 대화를 하였습니다. 그는 노(老)학자로서 이미 대학 교수직에서 은퇴하셨음에도 불구하고 끊임없이 에드워즈를 연구하고 계셨습니다.

▎조지 마스던(左)과 함께 조나단 에드워즈 연구에 있어 세계적인 권위자로 평가받는 마스던 교수와 만나 나누었던 대화들은 지금까지 나의 목회에 큰 도움이 되고 있다.

제가 에드워즈의 의지 결정론적 성격 유무에 대하여 한 시간이 넘도록 집요하게 질문하여 괴롭혀 드렸는데도 노교수는 관대한 마음으로 경청하면서 성의껏 답변을 해주셨고, 그것은 저에게 큰 도움이 되었습니다. 저는 조나단 에드워즈의 신학과 사상에 관한 설명을 경청하다가 에드워즈의 사상을 빌려 목회의 본질이 하나님의 아름다움을 사람들에게 보여주어 그분을 사랑하게 하는 것이지 않느냐고 여쭈었습니다. 그러자 매우 기뻐하며 동의해 주셨습니다. 그리고 오늘날 기독교의 가볍기 짝이 없는 피상성에 대하여 언급하면서 목회자들이 에드워즈의 설교와 사역 방식으로 돌아가야 한다고 말씀하셨습니다.

마틴 로이드존스(D. Martyn Lloyd-Jones, 1899–1981)는 설교를 가리켜 '불붙는 논리'(logic on fire), '감동시키는 추론'(eloquent reason)이라고 하였습니다.[51] 간단히 말해

---

51) "What is preaching? Logic on fire! Eloquent reason! Are these contradictions? Of course they are not." Martyn Lloyd-Jones, *Preaching and Preachers* (London: Hodder & Stoughton, 1998), 97.

서 설교는 신학을 설교하는 것입니다.

신학 없이 성경을 설교하는 것은 성경을 이용하여 자기의 생각을 전파하는 것이지, 진정한 의미에서 하나님의 말씀을 설교하는 것이 아닙니다. 조국교회에 신학 없이 성경을 해석하는 설교자들이 나타나는 것은 목회자들이 신학교 시절부터 지식과 사랑의 결합으로서의 진정한 신학하는 것이 무엇인지를 배우지 못하고 있기 때문입니다.

다시 한 번 강조되어야 하는 것은 이것입니다. 하나님께서 주신 목회의 소명은 일회적이며 반복될 수 없는 사건이지만, 현재적으로 매일매일 반복되어 우리의 마음을 거룩한 의무에 지속적으로 묶어 줄 수 있어야 합니다. 목회의 소명을 현재적으로 유지하며 살아갈 때, 목회자는 꾸준한 진보 속에서 진리의 사람, 사랑의 사람이 되어 갈 수 있습니다. 기독교 신앙에서 진리와 사랑은 경건의 두 얼굴로, 이 두 가지는 은혜 안에서 한 몸을 이룹니다.

우리는 하나님의 말씀을 진지하게 탐구하고 거기에 자신을 비추어 살피고 자신의 삶에 적용할 때, 하나님을 뜨겁게 사랑하게 되며 영혼들을 위하여 자신의 유익을 버리고 온전히 헌신할 수 있게 됩니다. 왜냐하면 성경 진리에 대한 진지한 탐구와 깨달음은 하나님을 향한 사랑과 이웃에 대한 사랑을 불러일으키기 때문입니다.

하나님의 설복적인 사랑은 정동(情動)의 방식으로 이루어집니다. 다시 말해서 신자가 하나님의 아름다움을 인식할 때 사랑의 감정이 일어나는 것입니다. 이러한 정동 경험이 반복됨으로써 마음 안에서 사랑의 성향을 갖게 됩니다.

III. 신학을 열심히 공부함

저는 목회자로 살아오면서 많은 시간을 하나님의 아름다움을 생각하는 데 보냈습니다. 제게 있어서 하나님의 아름다움은 곧 그분의 거룩하심이었습니다. 그리고 그분의 거룩하심은 모든 피조물 위에 뛰어나신 하나님의 무한한 위대하심과 모든 인간들 위에 뛰어난 무한한 완전하심이었습니다.

저의 주변에 있는 동료와 후배들은 종종 묻습니다. "작지 않은 교회를 이끌어 가려면 늘 바쁠 텐데 어떻게 공부를 하십니까?" 제가 이제껏 신학을 공부하는 일에 게으르지 않을 수 있었던 것은 다음과 같은 두 가지 이유 때문이었습니다.

A. 자신의 부족함을 알기에

첫째로, 제가 저의 부족을 잘 알고 있었기 때문입니다. 이렇게 오랜 세월 동안 목회하고 공부도 했으니 이제는 어떤 신학적 판단을 내려야 하거나 성경을 설교할 때에 자신감이 생길 법도 한데, 저는 결코 그렇지 않습니다. 저에게 목회는 언제나 원치 않는 가슴앓이이며, 설교 또한 언제나 이국의 언어입니다.[52]

사람 자체가 아직 사랑의 사람이 되지 않았는데 자기를 죽여야 사람들을 살릴 수 있는 목회가 어찌 완전한 행복이 되겠으며, 아직 진리의 사람이 되지 않았는데 거짓을 버려서 참된 것을 보여주는 설교가 어찌 온전히 저 자신이 말하는 것처럼 여겨질 수 있겠습니까?

설교자들 중 누가 자신이 선포하는 바를 이미 온전히 살아 내었고 지금도 충분히 살고 있다고 말할 수 있겠습니까? 진실한 설교자 중 누가 설교와 삶의 불일치를 당연한 것으로 받아들이겠습니까? 성경 말씀을 읽거나 신학을 공부하거나 설교를 준비할 때는 물론, 그것을 열정적으로 가르치고 선포하고 난 후에도 스스로 자신의 부족을 인식하며 하나님의 긍휼을 구할 뿐입니다.

어떤 사람들은 자신이 읽고 있는 책에 대하여 날카롭게 비판도 잘하는데, 저는 제가 읽는 대부분의 책들의 저자가 저보다는 훨씬 낫다는 생각이 들어서 비판은

---

[52] 김남준, 『자기 깨어짐』 (서울: 생명의말씀사, 2011), 16.

고사하고 스스로 부끄러워질 때가 더 많습니다.

　탁월한 지적 능력을 지닌 사람들이 놀라운 속도로 지식을 습득하는 것과 놀라운 이해력을 가진 사람들이 적은 분량의 지식으로도 확신 있는 판단을 내리는 것을 보면서, 저는 언제나 능력에 있어서 그들에게 미치지 못하는 자신을 봅니다. 그런데 책을 읽으면서 쉽게 비평하지 못하는 것은 그 내용을 소화하고 판단하는 저의 능력이 부족하기 때문일 때도 있지만, 창작이 얼마나 탁월한 정신의 힘을 요구하는지를 알기 때문이기도 합니다.[53] 저는 종종 신학을 제대로 배우지도 못했으면서도, 메마른 학자들에게서 신학의 내용보다는 교만한 정신을 먼저 배운 젊은 신학생이나 목회자를 만날 때가 있습니다. 누군가의 강의나 논문을 한 편 읽고 거기서 애써 어떤 문제점들을 찾아내어 그것은 개혁주의 입장이 아니라고 비평하는 사람들에게 묻고 싶습니다. "개혁주의의 입장이라니? 그것은 무슨 의미의 개혁주의인가? 넓은 의미인가 좁은 의미인가? 아니면 칼빈 한 사람의 견해인가?"

　가끔은 직접 그런 사람들을 만나 물어볼 기회가 생기기도 합니다. "그 신학적 문제는 신학에서 이러이러한 논제에 속하는 것인데, 그것에 대한 그대의 종합적인 생각은 무엇입니까?" 그러면 대부분의 사람들은 제 질문에 답하지 못합니다. 왜냐하면 남의 견해에 대한 비판만 있지 그 논제에 대한 자기의 종합적인 견해는 없기 때문입니다.

　목회를 위해서 진정으로 필요한 지식은 누군가의 주장 중 일부를 비판할 수 있는 단편적인 지식이 아니라 종합적이고 체계적인 지식입니다. 거기에서 삶의 지혜와 세계와 인생에 대한 통일성 있는 판단이 가능하기 때문입니다. 그러므로 우리는 신학을 공부하면서 교만보다는 겸손을 먼저 배워야 합니다. 진리에 대해서는

---

[53] 음악 연주, 연극 공연이나 문학 창작에 대한 비평은 비평하는 대상에 대한 사랑을 최소화하여야지만 제대로 된 비평이 가능하다. 그리고 비평을 위해 그것들을 모두 이해할 필요는 없고 더욱이 그 비평에 대한 대안을 제시해야 할 의무도 없으며, 또한 대안을 제시한다고 해도 그것이 효과적일 것이라는 사실을 입증하여야 하는 부담이 비평하는 사람에게는 없다. 그러나 예술이든, 문학이든 혹은 학문이든지 간에 창작자에게는 비평하는 사람은 결코 알 수 없는 산고의 고통이 있다. 비평자들은 무에서 유를 창조하는 그들의 고뇌와 자신의 정신과 그것의 표현인 작품 사이의 불일치, 그 간격을 메울 수 없는 자신의 한계로 인한 살을 에는 고뇌, 그 둘 사이의 일치에 도달했다고 느낄 때 경험하는 환희에 대해서도 거의 알지 못한다.

단호하지만 자신의 어떤 지식도 객관적인 성경의 진리만큼의 권위를 가져서는 안 됩니다.

저는 늘 생각합니다. 비록 저의 신학적 견해와는 조금 다른 입장의 글이라고 할지라도, 저의 학문적 부족함을 채워 주는 부분이 있다면 그 글로부터 배워야 함을 잊지 말자고 말입니다. 그리고 학문적 능력에서 저보다 앞서는 그들을 뛰어넘기 위해서는 더욱더 많은 시간을 할애하여 책을 읽고, 사색하고, 기도하여야 한다고 자신을 타이릅니다. '나는 천재도 아니고 남다른 탁월한 지적 능력도 없으니, 그들과 나 사이의 능력의 격차에 마음 상하여 감사를 잊어버리는 죄를 짓지 말고 그저 꾸준하여 게으르지 말자.'

자신의 무능함 때문에 스스로에게 분을 내거나 천재 같은 사람들과 자신을 비교하면서 낙심하지 않을 수 있는 비결은 자신을 우둔자로 알고 성실하게 노력하는 것뿐입니다. 저 스스로 학문적 능력이 현저히 부족하다고 느낄 때마다 수시로 마음에 새기는 글이 있습니다. 『순자』(荀子)의 '권학편'(勸學篇)에 나오는 유명한 구절입니다.

> 천리마가 한 번 크게 뛴다고 하더라도 열 걸음을 나아갈 수 없고 노둔한 말일지라도 열흘을 달리면 역시 거기에 미칠 수가 있다. 일의 성과는 멈추지 않고 계속하는 데 있다(騏驥一躍 不能十步 駑馬十駕 則亦及之 功在不舍).[54]

오래전에 아우구스티누스의 작품들을 읽고 그의 천재성에 감탄하여 그 지성의 크기 앞에 마음으로 경의를 표하던 때였습니다.

저는 손에 그의 『고백록』(Confessiones)을 들고 한참을 울면서 하나님께 아뢰었습니다. "주님, 아우구스티누스는 누구이고 저는 누구이기에, 그에게는 이런 천재성

---

[54] 순자, 『순자(荀子) 1』, 이운구 역 (파주: 한길사, 2006), 38-39.

을 주시고 저는 이렇게 평범한 사람으로 만드셨습니까! 그는 제가 알지도 못하는 세계를 보았고 그것을 이성의 언어로 말하고 있으며, 저는 애를 아주 많이 써야지만 겨우겨우 그의 말을 알아들을 뿐이지 않습니까!'

저의 영혼의 초라함에 서러운 눈물이 흘렀습니다. 얼마나 시간이 흘렀을까! 제 마음에 마치 하나님께서 이렇게 말씀하시는 것 같았습니다. "애야, 아우구스티누스는 너와는 비교할 수 없는 삶을 살았던 나의 종이란다."

저는 그의 탁월한 지성의 능력을 부러워하였으나, 하나님께서는 그가 정신의 크기에 있어서만이 아니라 삶의 순결에 있어서도 저와 비교할 수 없는 인물이었다는 사실을 깨닫게 해주셨습니다. 마치 그의 천재적인 지성을 부러워할 시간에 하나님 한 분을 향해 헌신된 그의 사랑을 닮고자 노력하라고 꾸짖으시는 것 같았습니다. 그래서 저는 그런 기도를 그칠 수밖에 없었습니다.

주일에 다섯 번을 설교하고 밤새 몸살을 심하게 앓은 어느 월요일, 새벽에 가방을 메고 교회 연구실로 가려고 현관문을 나서는 저에게 아내가 안타까운 표정으로 말했습니다. "제발 오늘은 집에서 쉬세요. 그만큼 공부했으면 이미 알고 있는 것만으로도 목회하고 설교할 수 있으니 제발 쉬세요."

그때 제가 말했습니다. "여보, 나는 아무것도 가진 것이 없는 사람이라오. 나는 매일 들통을 지고 탄광 막장으로 내려가서 그날 쓸 땔감을 캐다가 그날 하루 가족들을 위해 불을 피워 살게 하는 광부와 같을 뿐이라오. 나도 내가 이미 무엇을 많이 가진 사람이면 좋겠소." 그때 아내는 현관을 나서는 제 눈에 고인 눈물까지는 보지 못했을 것입니다.

B. 신학이 예쁘기 때문에

둘째로, 신학이 예쁘기 때문입니다. 신학은 거룩한 진리를 다루는데, 진리가 아름다우니 그것을 전해 주는 신학이라는 학문도 아름답지 않겠습니까? 목회자로 살면서 저의 신학의 가장 큰 주제는 하나님의 아름다움이었습니다. 하나님의 아름다움에 대한 묵상이 깊어질수록 제가 깨닫는 바는 이것이었습니다. '신학은 참 예쁘다.' 하나님께서 아름다우시기에 신학은 예쁘고, 그 예쁜 신학을 공부하기에 우리는 행복합니다.

저의 서재에는 많은 책들이 있습니다. 그중에는 이미 수십 년 전에 들어와서 서가에 자리를 잡은 책들도 있고, 잉크 냄새를 강하게 풍기며 들어온 책들도 있습니다. 그리고 이 세상에 나온 지 수백 년이 되어, 흐로샤이데(Frederik Willem Grosheide, 1881-1972) 같은 유명한 신학자들의 서가에서 오랜 세월 지내다가 저의 서재로 이사 온 책들도 있습니다.

제가 서재에 들어설라치면, 서가에 있는 수많은 책들이 제게 말을 걸어옵니다. "목사님, 저도 사랑해 주세요. 제 얼굴도 좀 보아 주세요." "목사님, 저도요. 저도 좀 읽어 주세요." 저는 한 번도 서가에서 들려오는 이런 속삭임을 소란스럽다

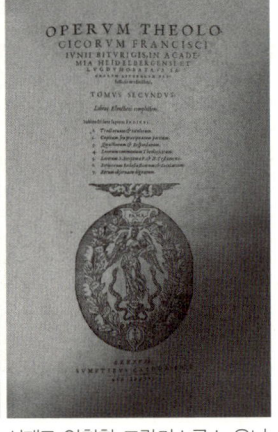

▎흐로샤이데 서재에 있다가 나의 서재로 안착한 프란키스쿠스 유니우스의 책. 왼쪽이 서가 인장이고, 오른쪽이 책 표지이다.

거나 귀찮게 느낀 적이 없습니다. 그들 모두를 진정으로 꼬옥 안아 주지 못하는 것이 미안할 따름입니다.

오늘날 그리스도인들의 참을 수 없는 사상의 가벼움은 대부분 목회자들로부터 배운 것입니다. 목회자는 영혼을 지키는 자이기에 앞서 기독교 사상의 거룩한 아름다움을 찾는 심미자(審美者)가 되어야 합니다. 다른 사람의 영혼을 돌보는 목회자들이 먼저 하나님의 아름다움을 알고 기뻐할 수 있어야 합니다.

누구든지 하나님의 아름다움과 영원에 대한 감각을 잃어버릴 때 그는 추루하게

세상과 자기의 육체만을 사랑하게 되는데, 그 사랑으로는 다른 사람의 영혼을 위해 올바르게 봉사할 수 없습니다. 목회자들의 마음에 거룩한 사랑이 결핍될 때, 교회의 가르침은 세속적이 되고 진리를 향한 관심은 사라지게 됩니다. 이것이 바로 오늘날 교회가 세속화된 이유입니다.

현대인들에게 기독교 신앙의 필요성은 점점 증대되지만, 교회에 다녀야 할 필요성은 점점 감소하고 있는 이유도 바로 이 때문입니다. 그러므로 목회자가 되려는 사람은 진정한 아름다움이신 하나님을 향하여 거룩한 탐미(耽美)의 신학자가 되지 않으면 안 됩니다. 하나님을 꾸밈없이 순수한 마음으로 사랑하는 것이야말로 목회자가 되기 위한 가장 중요한 조건입니다. 거룩한 탐미의 정신은 그리스도 안에 계시된 삼위일체 하나님의 아름다움을 탐구하는 구도의 정신이니, 그분의 아름다움을 발견하는 자마다 자신의 추루함을 깨닫게 될 것이며 그 진리에 끊임없이 자신을 합치시킴으로써 하나님께 더 많이 사랑받을 것입니다(요 14:21).

우리 인간은 선한 일을 위하여 창조되었으며, 이는 곧 하나님의 아름다움을 위하여 창조된 것입니다(엡 2:10). 인간 세계는 하나님의 아름다움을 반영함으로써 참으로 아름답게 되고 최고의 심미자이신 하나님께 더욱 사랑받습니다. 바로 이러한 사랑 안에서 성도들 간의 연합은 찬란한 그리스도의 아름다움을 드러냅니다.

성령 안에서 성도들 각 사람의 영혼의 아름다움은 성례전적 봉헌을 통하여 교회의 머리이신 그리스도께 봉헌됩니다. 그리고 이것이 바로 그리스도의 교회가 이 세상에서 하나님께 영광을 돌리는 방식입니다. 그러기에 목회를 지망하는 사람들은 거룩한 아름다움을 추구하기에 목마른 사람들이 되어야 합니다.

성경은 하나님의 아름다움의 진수입니다. 또한 하나님께서 창조하신 세계와 인간에 대한 지식에서 성장하는 그 아름다움을 확장하는 길입니다. 인간의 죄와 타락으로 말미암아 추루하게 된 것과 본래의 창조주께서 부여하신 아름다움을 구별하여 세상 사람들에게 보여줌으로써 그들도 하나님을 사랑하게 하는 것이 목회입니다.

IV. 별이 빛나던 밤에

저에게는 두 번의 지성적 개안(開眼)이 있었습니다. 그것은 모두 하나님의 특별한 은혜였습니다. 첫 번째는 30대 중반에 신학의 모든 분과들이 어떻게 아름다운 통합을 이루어 하나님을 보여주는지를 경험한 것이고, 두 번째는 40대 후반이 훨씬 지나고 나서야 이 세상의 모든 학문들이 어떻게 상호 연관을 이루며 창조 세계 안에서 하나님의 아름다움을 드러내는지를 알게 된 것입니다.

이러한 두 가지 경험은 저에게 영적 경험이자 우주를 향해 눈을 뜨는 정신적 개안이었습니다.

A. 내가 경험한 지성적 개안

어느 해인가 한동안 하나님께 간절히 기도하던 시간이 있었습니다. 저 자신이 얼마나 비천하고 더러운 존재인지를 깨달으면서, 진리에 대하여 더 이상 아무것도 할 수 없다는 좌절감 속에서 눈물로 하나님의 은혜를 구하지 않을 수 없던 때였습니다.

그때 저는 다시 한 번 하나님을 깊이 만나게 해주시든지 생명을 거두어 가시든지 해 달라고 빌었습니다. 나 같은 존재가 이 세상에 태어나서 당신이 창조하신 세상을 티끌만큼이라도 아름답게 하기는커녕 더욱 더럽히고 있다는 마음 때문이었습니다.

속세와의 접촉을 끊고 아무도 없는 곳에서 몇 달 동안 오직 기도에 매달리고 싶었지만, 이미 한 교회를 담임하고 있어서 제 마음대로 어디론가 떠나 버릴 수도 없는 형편이었습니다.

그래서 마음에 눈물이 가득 고일 때면 예배당을 찾았습니다. 거기에서 고인 눈물을 주님께 쏟아냈습니다. 그때 저는 교회 안 사택에 살고 있었습니다. 밤이나 낮이나 수시로 예배당에 나가 마음을 다하여 하나님께 은혜와 긍휼을 구했습니다.

깊은 밤 잠자리에서 눈을 감을 때면 '내일이 와도 이대로 눈을 뜨지 않았으면 좋겠다.' 라는 생각만 간절했지만, 잠시 후엔 어김없이 아침이 찾아왔습니다. 살아가야 하는 현실과 사라지고 싶은 바람 사이에서 절망 가운데 영혼이 야위어 가던 그 때, 저는 첫 회심의 때를 자주 회고하였습니다.

그리스도인이 되던 처음 사랑의 때와 인생의 벼랑 끝에서 저를 만나 주셨던 초월적 은혜의 때를 생각하며 하늘 아버지의 자비를 구하였습니다. 그리고 50세가 넘기 전에 다시 한 번 만나 주시기를 마음을 다하여 빌고 또 빌었습니다.

그때 제게는 만나고 싶은 사람도, 가고 싶은 곳도, 먹고 싶은 것도 없었습니다. 바쁘고 고단한 목회 사역 중에 틈틈이 아우구스티누스의 저작들을 힘써 읽으며 그와 함께 대화를 나누는 것이 저의 유일한 위로였습니다.

그러던 어느 날 하나님께서 쓸모없고 비천한 인간을 깊이 만나 주셨습니다. 그리고 저는 우주에 가득 찬 하나님의 영광을 보았습니다. 단지 어두운 하늘로만 여겨지던 우주가 그토록 찬란한 영광의 빛으로 가득 찬 곳인 줄 예전에는 미처 몰랐습니다. 저의 지성에서 무지의 구름이 걷히자, 어두운 밤하늘 위에 금방이라도 쏟아져 내릴 듯한 별 떨기 같은 빛 덩어리들이 영롱하게 드러났습니다.

밤하늘 가장 작은 별도 더 이상 혼자가 아니었고, 발아래 구르는 돌멩이 하나와 길가에서 자라는 풀 한 포기도 다른 것들과 상관없이 존재하는 것은 아무것도 없었습니다. 그것들은 모두 서로 의지하며 하나님의 아름다움을 드러내고 있었습니다.

이는 하나님을 의존하며 함께 있는 만물의 아름다움, 예전부터 있는 아름다움이었으나 이전에는 제가 미처 보지 못하던 새로운 아름다움이었습니다.

그 이후로 저는 예배를 드리거나 성경을 읽어야만 겨우 하나님이 느껴지는 신앙에서 벗어나, 온 땅과 만물 안에서 하나님을 즐거워할 수 있었습니다(시 57:5, 148:4).

▎경기도 광주에 소재한 한 기도원의 산책로. 한때는 거의 매주 금요일마다 이곳에 가서 설교 준비를 하고 자연 속에 아로새겨진 하나님의 아름다움을 묵상하곤 하였다.

지금도 기억하지만 그때 계절은 가을이었습니다. 그렇게 하나님의 아름다움에 대한 탁월한 인식이 저의 마음과 영혼에 주어지고 나서 저는 이듬해 봄까지 거의 한 주도 빠짐없이 금요일마다 기도원에 올라갔습니다.

설교 준비와 기도가 끝나면 숲 속에서 밤늦도록 별들을 보며 하나님의 아름다움과 그리스도의 탁월하심을 홀로 묵상하였습니다. 그러고는 억누를 수 없는 사랑의 감동으로 기도원 숲길을 걷곤 하였습니다.

그러던 어느 날 밤이었습니다. 하늘에는 유난히도 많은 별들이 찬란하게 빛나고 있었습니다. 숲을 거닐며 생각했습니다. '하나님께서 저 별 너머에 계시다면 홀로 저 별 너머까지 일평생 밤하늘을 걸어서라도 가고 싶다.'

B. 신학함에 있어서 신앙의 역할

철학은 진리를 찾지만, 그 진리를 제대로 보여주는 것은 신학입니다. 그러나 신학도 진리를 보여주기만 할 수 있을 뿐, 그것을 제대로 누리게 하는 것은 신앙입니다. 그런 점에서 보면 아무리 올바른 신학이라도 그것은 단지 하나님의 아름다움을 보여줄 뿐입니다. 오직 신앙만이 우리로 하여금 하나님의 아름다움을 누리게 하고, 우리의 삶을 거기에 부합하게 만들어 줍니다.

이 책을 읽고 있는 여러분은 거룩하고 위대하신 하나님의 아름다움을 얼마나 많이 아시는지요? 오늘날 목회의 길을 가려는 신학생들 중에 이러한 하나님의 아름다움에 대하여 조금밖에 알지 못하는 사람들이 많다는 것은 얼마나 안타까운 일인지요?

목회자가 하나님의 아름다움을 알지 못하는데 어찌 그분을 사랑할 수 있겠으며, 자신이 사랑하지 않는 그분을 어찌 다른 사람들에게 사랑하도록 전파할 수 있겠습니까? 그러므로 저는 여러분에게 복음과 성경 진리에 마음을 쏟기를 당부합니다. 그것들이야말로 하나님의 아름다움의 진수이기 때문입니다. 신학을 공부하다가 하나님을 사랑하게 된다면 그것은 여러분이 배운 신학적인 책 때문이 아니라 그 안에 담겨 있는 성경 진리 때문입니다. 그러므로 믿음에 의존하여 하나님 알기를 갈망하는 구도자로 서는 것이야말로 신학함의 요체입니다. 그리고 그 일에 수종을 들도록 이성을 사용하는 것입니다.

여러분이 성경과 신학뿐만 아니라 인문학과 자연과학, 음악과 예술 등의 분야도 틈나는 대로 공부하여야 할 이유가 여기에 있습니다. 모든 사물들은 아는 것만큼만 보입니다. 여러분은 성경과 신학, 역사뿐만 아니라 창조 세계 안에 있는 아름다운 신적 질서들을 인식하고, 그 안에서 파편들처럼 흩어진 하나님의 아름다움을 발견하고 그것들을 다시 연관지을 수 있어야 합니다. 왜냐하면 우리의 경건은 성경과 교회 안에 묶인 경건이 아니라, 거기에 굳게 뿌리를 내리고 그 바깥으로까지 뻗어 나가야 하기 때문입니다.

제가 신학교 다니던 시절도 그랬고 지금 여러분이 다니고 있는 시대도 그러할 것입니다. 신학공부는 남을 위해서 하는 것이 아니라 자신을 위해서 하는 것입니다. 읽지도 않은 책을 앞에 놓고 리포트를 작성하는 것이나 단지 학점을 취득하기 위해서 치르는 기말 시험 공부 같은 것들을 통해서 하나님을 더 많이 알게 될 가능성은 거의 없습니다. 오히려 그런 불성실하고 어리석은 행동들을 통하여 삶은 하나님의 진리로부터 멀어지고 마음은 신령한 감각을 잃어버리게 될 뿐입니다.

C. 하나님의 아름다움을 추구하라

존 칼빈의 지적과 같이 모든 지식의 근원은 오직 하나님 한 분이십니다. 세상 모든 만물 중 그분 없이 창조된 것은 없습니다(요 1:3). 모든 지식은 하나님께로부터 나와 그리스도를 통해 우리에게 주어지고, 모든 지식은 그리스도를 통하여 하나님을 알게 합니다.

모든 지식이 거룩할 수도 있고 모든 지식이 세속적일 수도 있으니, 이는 성속(聖俗)의 여부가 지식 자체가 아니라 이 지식을 통하여 하나님을 아는 것에 달려 있기 때문입니다. 온 세계에 가득 찬 하나님의 아름다움을 아는 사람들은 온 세계가 그분을 위하여 거룩하게 되어야 함도 알게 될 것입니다. 그리고 세상이 그렇게 변화되는 일에 거룩한 소명을 느낄 것입니다.

이 세상에서 하나님의 나라가 이루어지는 것은 목회의 소명을 받은 모든 사람의 궁극적인 삶의 목표이며, 이를 위하여 그리스도의 교회는 영적으로 번영하여야 합니다. 그러므로 신학교 다니는 시절에 전심으로 하나님 알기를 힘쓰십시오. 호세아 선지자는 말합니다.

> 그러므로 우리가 여호와를 알자 힘써 여호와를 알자 그의 나타나심은 새벽빛같이 어김없나니 비와 같이, 땅을 적시는 늦은 비와 같이 우리에게 임하시리라 하니라(호 6:3).

날마다 하나님의 아름다움을 아는 지식에서 자라가십시오. 아침마다 새롭고 늘 새로운 하나님의 인자하심을 경험하며 사랑의 사람이 되십시오. 이것이 바로 과거의 소명을 현재적으로 유지하며 사는 길입니다.

V. 맺는 말

신학은 정말 사랑스러운 학문입니다. 왜냐하면 신학의 대상이신 하나님께서 참으로 아름다우시기 때문입니다. 그러기에 하나님께서는 신학을 공부하는 사람도 아름다운 사람이 되기를 기대하십니다.

신학을 공부하는 사람은 역사 속에 계시된 하나님의 아름다운 성품과 시공을 초월하시기에 아름다운 하나님의 존재에 눈뜬 사람이어야 합니다. 이러한 눈뜸은 먼저 학문이 아니라 신앙을 통해서 이루어집니다. 최고의 아름다움이신 하나님을 공부해서 자신도 아름다운 사람이 되어 가고, 아름다움을 잃어버린 세상도 아름답게 회복시켜 나가는 것이 신학공부의 목적입니다. 그러므로 신학을 공부하는 사람은 먼저 하나님의 아름다우심에 눈뜬 사람이어야 합니다.

제4장 아름다움과 신학

I. 들어가는 말

신학 훈련을 받고 목회 사역에 헌신하며 살아가는 가운데, 처음 받은 목회의 소명을 열렬한 성령의 은혜 속에서 유지하려면 어떻게 해야 할까?

II. 올바른 신학함 : 지식과 사랑의 결합

신학을 한다는 것은 하나님의 아름다움에 대한 지식과 그 지식을 토대로 일어나는 '떨리는 두려움과 이끌리는 사랑'을 결합해 가는 과정이다.

A. 개혁주의 목회의 전통 지식과 사랑의 조화는 개혁신학의 핵심으로 탁월한 경건과 깊은 학문을 아울러 소유한 사람이 목회를 하는 것이 개혁주의의 전통이다.

B. 부흥주의의 어두운 유산 18세기 이후 개혁주의 특성 안에서 부흥주의의 전통이 추가되었는데, 부흥주의는 특별히 교육받지 않은 사람도 얼마든지 설교할 수 있다는 생각을 널리 유포시켰다.

C. 하나님의 아름다움 인간이 하나님을 안다는 것은 성경을 안다는 것이고, 성경을 안다는 것은 하나님의 구속 사역의 아름다움을 안다는 것이다. 신학은 이 아름다움에 대한 학문이고, 설교는 신학을 풀어 설명하는 것이다. 그러므로 신학없이 성경을 설교하는 것은 성경을 이용하여 자기 생각을 전파하는 것이다. 진리를 아는 것과 사랑을 경험하는 것은 경건의 두 측면으로, 이 둘은 은혜 안에서 한 몸을 이룬다.

III. 신학을 열심히 공부함

이제껏 신학을 공부하며 게으르지 않을 수 있었던 것은 다음의 두 가지 이유 때문이다. 첫째로, 자신의 부족함을 알기 때문이다. 자신의 무능함 때문에 스스로에게 분을 내거나 천재 같은 사람들과 자신을 비교하며 낙심하지 않는 비결은 자신을 우둔자로 알고 성실하게 노력하는 것뿐이다. 둘째로, 신학이 예쁘기 때문이다. 목회자가 되려는 사람은 거룩한 탐미의 신학자가 되지 않으면 안 된다.

IV. 별이 빛나던 밤에

하나님의 특별한 은혜 속에 두 번의 지적 개안을 경험했다. 첫 번째 개안이 신학의 모든 분과들이 어떻게 통합을 이루어 하나님을 보여주는지에 대한 경험이었다면, 두 번째 개안은 세상의 모든 학문들이 어떻게 상호 연관을 이루며 하나님의 아름다움을 드러내는지에 대한 경험이었다. 하지만 그러한 경험은 진리를 보여주기만 할 뿐, 참으로 그 진리를 누리게 하는 것은 신앙이다. 오직 신앙만이 우리로 하여금 하나님의 아름다움을 누리게 하고 우리의 삶을 거기에 부합하게 한다. 그러므로 우리는 하나님을 알고자 힘쓰되, 또한 그 앎을 날마다 새롭게 경험하며 살아가고자 노력해야 한다.

V. 맺는 말

신학을 공부하는 사람은 하나님의 아름다움에 눈뜬 사람이어야 한다. 이 눈뜸은 먼저 학문이 아니라 신앙을 통해서 이루어진다.

누가 신학을 하는가

신학은
열렬히 하나님을 사랑하는 사람들이
신앙과 이성을 조화롭게 사용하며 하나님을 더 깊이 사랑함으로써 하는 것입니다.
그러므로 신자에게는 그의 살아가는 삶 전체가 신학함의 과정입니다.
마음과 뜻을 다해 신학의 내용을 탐구하고, 믿음으로써 그것을 우리의 삶에 적용하고,
그 신학의 궁극적 내용이신 삼위일체 하나님을 인격적으로 닮아 갈 때
비로소 우리는 신학을 하고 있다고 말할 수 있습니다.

제 5 장

신앙과 신학

Faith and Theology

I. 들어가는 말

　신앙이 질료라면 신학은 형상입니다. 질료에 형상이 부여됨으로써 비로소 형체가 있는 개별 사물이 되는 것처럼, 신앙의 경험들은 신학을 통하여 구체적인 지식이 됩니다. 우리가 살펴보고자 하는 신앙과 신학의 관계를 비유로 설명하자면 다음과 같습니다.
　제빵사가 밀가루를 반죽하여 커다란 덩어리를 만들었습니다. 그 덩어리는 형태와 모양이 각각 다른 많은 빵들로 빚어질 가능성을 가지고 있습니다. 이것이 바로 신앙이라는 질료입니다. 마침내 제빵사는 그 반죽으로 여러 가지 형태의 빵을 만들기로 결정합니다. 그는 마음속에 있는 생각을 따라 꽈배기도 만들고 구멍 뚫린 도넛도 빚습니다. 여기서 제빵사의 마음속에 있는 빵의 형태가 형상입니다. 그의 제빵 기술은 바로 이 마음에 있는 형상을 반죽인 질료에 부여하여, 다양한 종류의 빵을 실제로 구현하게 만듭니다. 제빵사에게 빵에 대한 아이디어가 아무리 많이 있다 할지라도, 실제로 그 앞에 반죽 덩어리가 없다면 그는 어떠한 빵도 만들 수 없을 것입니다. 또한 아무리 커다란 반죽 덩어리가 그의 앞에 놓였다 할지라도, 그의 마음속에 빵에 대한 관념이 아무것도 없다면 역시 그 어떤 빵도 생산해 내지 못할 것입니다.

신학은 이처럼 불분명하고 구체성 없이 막연한 인간의 종교적 경험에 부여되는 형상입니다. 설명하기 어려운 종교적 체험들은 이러한 형상의 부여, 즉 신학의 개입을 통하여 명료한 형태를 갖고 논리 안에 담기는 은혜로운 내용들이 됩니다.

신학을 아무리 열심히 공부한다 할지라도 신학의 아름다움은 신학 지식 자체에 있는 것이 아니라 그것들이 질료인 경건한 체험과 만날 때 비로소 그 형상의 탁월함과 아름다움이 나타납니다. 그래서 열렬한 신앙생활이야말로 치열한 신학공부를 필요로 하고, 치열한 신학공부야말로 열렬한 신앙 체험을 필요로 합니다. 그러므로 신학공부는 신앙의 바탕 위에서 성화의 생활과 함께 이루어져야 합니다.

II. 신앙의 중심 : 신앙과 이성

하나님께서는 인간에게 지식을 획득하는 두 가지 수단을 주셨습니다. 신앙과 이성이 그것입니다. 이 둘의 관계에 대한 논쟁은 서구 지성사에서 가장 중요한 주제였기 때문에 신학공부를 하기 전 반드시 정리하여야 합니다.

A. 지식 획득의 두 수단

인간은 이성과 신앙으로써 지식을 획득합니다. 최초의 인류인 아담과 하와는 타락하기 전까지 지식을 습득하는 데 온전하였습니다. 이는 그들이 이성과 신앙을 모두 탁월하게 사용하였다는 의미입니다. 그들은 감각으로 알 수 있는 세계의 사물과 사실들에 대해서는 이성과 직관과 경험으로 파악하였고, 감각을 초월하는 세계의 사실과 사물들에 대해서는 계시를 믿는 신앙으로 파악하였습니다(창 1:19,

3:2-3). 그러나 그들에게도 이성과 신앙 사이에 갈등의 가능성은 있었으니, 이것이 타락과 함께 현실화되어 나타났고 이후 본격화되기 시작하였습니다. 타락한 이후로 인간의 이성도 완전성을 잃었고, 신앙도 참됨을 상실했기 때문입니다.

하나님을 떠난 인간들은 신앙보다는 자신의 이성의 능력을 신뢰하지만 지식을 습득하는 수단으로서의 신앙의 필요성은 어떤 분야에서도 완전히 사라지지 않았습니다.

삶의 실제적인 많은 부분들은 이성의 추론에 의해서만이 아니라 이미 주어진 사실을 받아들이는 믿음을 토대로 이루어집니다. 자신의 출생의 기원이나 이미 받아들여진 학문적 결과를 자신이 직접 검증하지 않고서도 수납하는 것, 의사에게 수술을 받는 것이나 번지점프 시설을 의심 없이 이용하는 것 등이 그것입니다. 그것들은 사람이나 사물의 작용에 대한 믿음을 반영합니다. 물론 신학에서 말하는 구원을 얻는 조건으로서의 믿음과는 구별되는 확률에 대한 믿음이지만, 여전히 지식을 얻는 수단으로서 믿음이 현실적으로 작용하고 있음을 보여줍니다.[55]

이러한 사실은 철학에서도 어느 정도 발견됩니다. 고대 그리스 철학에서 신화를 의미하는 **뮈토스**(μῦθος)와 이성을 뜻하는 **로고스**(λόγος)에 대해 논의한 것이 그것입니다.

당시 철학자들은 결코 **뮈토스**를 **로고스**보다 완전하게 보지 않았고, 신화적 사유에 이성적 사유보다 높은 지위를 부여하지 않았습니다. 그러나 믿음으로 받아들여지는 **뮈토스**에 대한 지식은 **로고스**에 의한 지식이 관여하는 것보다 더 깊고 근원적인 사실, 예를 들어 세계의 존재 기원이나 작용 원리, 선악의 기원, 도덕의 근거와 영원한 운명에 대한 통찰을 얻는 수단임[56]을 부인하지 않았습니다. 그것들이 엄중한 이성의 검증을 받는 것이 불가능한 때에도 인류의 도덕 생활에 영향을 끼쳤다는 사실은 암시하는 바가 큽니다.

---

55) 김남준, 『영원 안에서 나를 찾다』 (서울: 포이에마, 2015), 181-182.
56) 김남준, 『인간과 잘 사는 것』 (서울: 생명의말씀사, 2015), 100-101.

사실 이성적 사유를 기반으로 하는 철학조차도 믿음을 완전히 배제하지는 못합니다. 예를 들어 파르메니데스나 플라톤 철학에서의 '일자'(一者), 스토아 철학에서 말하는 자연의 '본성'(本性), 동북아 철학에서의 '도'(道), 기 철학에서 말하는 '기'(氣), 영지주의에서 말하는 선과 악의 융합으로서의 '아브락사스'(Abraxas), 헤겔의 '세계 정신'(Weltgeist)의 개념들은 기독교의 삼위일체나 사후 세계처럼 이성에 의한 입증의 한계를 넘어서는 것들입니다. 그것들은 엄격한 이성의 추론에서 보자면 모두 신화와 같은 영역에 속한 것인데, 어떤 사람들은 그것들 중 어떤 것을 받아들임으로써 자신들의 이론의 근거를 삼습니다.

이성과 신앙에 관한 견해는 다음 두 가지 입장으로 대변됩니다.

첫째로, 합리주의(Rationalism)입니다. 이성주의라고도 불리는 이 입장은 인간 이성의 합리성을 진리 판단의 최종적인 근거로 삼는 것입니다. 이러한 입장은 근대에 와서 새로 생긴 것이 아닙니다. 그리스 시대에 이미 루크레티우스(Titus Lucretius Carus, BC 99경-BC 55경)는 자신의 책 『사물의 본성에 관하여』(De Rerum Natura)에서 세계가 엄격한 규칙과 질서를 따라 예측할 수 있는 인과관계 속에서 생성되고 현존하고 소멸한다는 합리주의에 입각한 주장을 중요하게 받아들였습니다.[57]

합리주의는 설명할 수 없는 사물과 사실에 대한 지식, 이성의 한계 때문에 아직 알 수 없는 지식에 대해서는 앞으로 알려지게 될 때까지 판단을 유보합니다. 이성이 아닌 다른 수단으로 얻은 지식에 대해서는 거절하거나 아주 낮은 가치를 부여합니다. 그러나 그 낮은 가치 역시 이성이 그것을 판단할 수 있는 때가 오기까지 잠정적으로 부여된 것일 뿐입니다.

합리성(rationality)은 인과관계의 합법칙성을 의미하는데, 이것은 학문의 분야에 따라 조금씩 다른 의미를 갖습니다. 물리적 법칙을 다루는 자연과학에서의 합리성의 개념과 사회적 법칙을 다루는 사회과학에서의 합리성의 개념은 차이가 날 수밖

---

[57] 김남준, 『인간과 잘 사는 것』 (서울: 생명의말씀사, 2015), 102.

에 없는 것입니다. 그러므로 자연과학에서의 합리성의 척도로 신학의 합리성을 추론할 수는 없습니다. 신학에서의 합리성은 이성의 추론 범위 안에 있는 인과관계의 증거뿐 아니라 그 이상의 것들까지 근거로 합니다. 예를 들면 이러한 경우입니다. 어떠한 자유신학자도 신의 존재를 부인하지 않습니다. 만약 그가 신의 존재를 부인한다면 그 사람은 고유한 의미에서 신학자가 아닙니다. 누구도 이성만으로 신의 존재를 입증하지는 못하지만, 신의 존재를 주장하는 것은 신학에서 결코 비이성적인 일이 아닙니다. 이러한 입장에서 이성과 신앙 사이의 조화의 가능성을 확신했던 대표적인 신학자가 바로 토마스 아퀴나스입니다.

그러나 계몽주의 이후에 나타난 극단적인 합리주의는 이성에 의한 입증이 불가능한 사물의 존재와 사실, 성경 계시 등을 받아들이기 거부하는 비평주의를 태동시켰습니다. 합리주의는 성경 계시에 대한 합리주의적 이해를 성경 계시에 대한 신앙에 의한 수납보다 우위에 두는 것이 그 특징입니다. 원리적으로 합리주의는 이성을 학문의 원리로 삼으며, 그것으로써 진리를 발견하고 증명할 수 있다고 주장합니다.

둘째로, 신앙주의(Fideism)입니다. 신앙주의는 신앙의 진리는 이성으로써가 아니라 계시에 대한 믿음으로써 파악할 수 있다고 보는 입장입니다.

자연적인 사물이나 사실들은 실험과 관찰, 인과관계에 의하여 파악될 수 있으나 초월적인 사물이나 사실에 대한 파악과 도덕의 근거는 신앙에 의해서 알 수 있다는 것입니다. 신앙은 합리적 근거가 있기 때문에 믿는 것이 아니라 그것을 계시해 준 주체인 하나님에 대한 신뢰, 곧 믿음으로써 계시를 사실로 받아들이는 것입니다. 이성이 추론을 통해 지식을 획득하는 것이 계단을 오르는 것이라면, 신앙이 직관을 통해 지식을 획득하는 것은 그 계단을 뛰어넘어 이동하는 것과 같습니다. 신앙을 합리성을 뛰어넘는 것으로 보는 것은 "불합리하기 때문에 믿는다."라고 고백한 테르툴리아누스(Quintus Septimius Florens Tertullianus, 160경-220경)의 말과 같은 맥락입니다.

신앙과 이성이 절대적인 상호 배척 관계에 있다고 보는 입장에서는 신앙이 곧 비합리성을 의미하는 것이지만, 신앙과 이성이 절대적인 상호 일치 관계에 있다고 보는 입장에서는 신앙이 곧 이성의 설득을 의미하는 것입니다. 그러나 둘 다 옳다고 할 수는 없습니다. 이에 대한 올바른 관점은 이것입니다.

이성을 통해서는 신앙의 필요를 알게 될 뿐만 아니라 신앙을 통해 명제로 받아들인 계시들을 체계화하며, 신앙을 통해서는 이성을 통해 파악할 수 없는 믿음의 규칙과 생활의 교훈에 관한 신적 명제들을 받아들이게 됩니다. 따라서 신앙의 필요를 인식하지 못하게 하는 이성은 오만함이고, 이성의 필요를 인식하지 못하는 신앙은 게으름입니다.

기독교 신학에서 신앙과 이성의 관계에 대한 올바른 이해는 아무리 강조해도 지나치지 않으리만치 중요합니다. 이 논의는 기독교 신앙에서 지성과 감성, 객관적인 지식과 주관적인 경험에 대한 논의를 불러오기 때문입니다.

루터가 신학보다 신앙을 강조한 것은 기독교를 스콜라주의의 사변으로부터 해방시켜 교회에 영적 생명을 부여하기 위함이었지만, 그 계승자들에 와서는 복음에 대한 역동적 신앙 대신 종교 경험의 주관주의로 흘러 버리고 말았습니다.

이러한 사실은 18세기 후반의 경건주의나, 종교의 본질을 객관적 사실인 지식이 아니라 주관적인 종교 경험으로 본 것이나, 복음의 역사적 사실을 신앙 안에서 맞닥뜨리는 개인적 사건으로 본 칼 바르트(Karl Barth, 1886-1968)의 실존주의적 주관주의에서 잘 나타납니다. 교회의 역사가 기독교 신앙의 중심에 대한 견해에서 객관적 지식과 주관적 감정 사이의 진자 운동을 계속해 온 것은 그 균형을 잡는 것이 얼마나 어려운 일인지를 보여줍니다.[58]

그래도 사도 바울과 아우구스티누스, 종교개혁 시대와 대륙의 정통주의, 영국의 청교도 시대에는 대체로 양자 사이의 균형을 이루었습니다. 그러나 아우구스티누

---

58) 김남준, 『자네, 정말 그 길을 가려나』 (서울: 생명의말씀사, 2015), 166-168.

스의 시대에도, 종교개혁자들이나 정통주의 신학자들의 시대에도, 청교도 시대에도 지나치게 지식에 치우치거나 정서에 치우친 분파들은 늘 존재하였습니다.

B. 신앙과 이성의 관계 해석사

기독교 지성사는 신앙과 이성의 갈등의 역사입니다. 좁게는 사도 바울로부터 개신교 정통주의 시대까지, 넓게는 그리스 시대로부터 현대에 이르기까지, 신앙과 이성의 관계에 대한 해석의 역사는 '신앙의 순수성'을 주장하는 신앙주의와 '이성의 충족성'을 주장하는 합리주의 사이의 갈등의 역사입니다. 그러나 정통 기독교의 관점을 따른다면 신학에서 신앙과 이성은 구별되나 분리되지 않으며 양자가 참된 것이라면 서로를 배척하지 않습니다. 신앙과 이성의 관계에 대한 해석사를 간략히 요약하면 다음과 같습니다.

1. 신약성경 시대

첫째로, 신약성경의 시대입니다. 성령 강림 이후 신약성경의 교회 시대는 신앙과 이성 곧 은혜와 지식 사이의 균형을 이룬 시기로 평가됩니다. 따라서 이 시대에는 율법과 복음에 대한 지식, 거룩함과 은혜에 대한 경험이 균형 있게 강조되었습니다(요 1:17, 벧후 3:18).

하나님의 속성과 그 다양한 속성들이 세계 안에서 시행되는 방식에 대한 지식은 신앙과 이성이 균형을 이룬 가운데 가르쳐졌고, 그리스도를 통한 하나님의 구속 사역을 통해 인간들에게 계시되었습니다. 때문에 '하나님에 대한 지식'은 '그리스도를 아는 지식'으로도 불렸습니다. 예수 그리스도의 구속 사역에 대한 반응으로서의 경건은 지식과 사랑의 결합을 이룬 것이었고, 이 경건은 하나님과 이웃을 향한 사랑으로 나타났습니다.

2. 초대교부 시대

둘째로, 아우구스티누스 이전까지의 교부 시대입니다. 이 시기는 학문으로서의 신학이 형성되는 때였는데 교부들은 당시 플라톤의 철학을 사용하여 신학의 틀을 세웠습니다. 그러나 대체로 신앙 우위론적인 입장을 견지한 가운데 신앙과 이성의 조화를 꾀하였습니다. 교부들의 이러한 신학적 경향은 선교적으로 큰 유익이 있었는데 그것은 바로 다양한 철학 사상에 익숙한 이방인들이 기독교가 또 다른 독특한 사상 체계라고 받아들인 것이었습니다.

교부들의 철학에 대한 적극적인 사용은 2세기에 있었던 로마의 사상적 박해와 이단들의 출현에 맞선 기독교 신앙의 변증가들의 활동과 깊은 관련이 있습니다. 이러한 탁월한 기독교 지성인들의 사상적 탐구와 헌신으로 기독교 신학은 구체화, 정교화의 길을 걸었습니다.

특히 이단들의 출현과 정통 신앙에 대한 공격은 이미 받아들여진 신학적 사실들을 더욱 분석하고 종합하는 일에 커다란 진보를 가져왔고, 이 과정에서 그리스 철학을 기독교 신앙의 그림자이고 기독교 신학이 그 탁월한 철학의 궁극적인 완성의 상태라고 여기게 되었습니다. 순교자 유스티누스(Justinus, 100경-165경)를 비롯해서 많은 교부들이 그러한 주장을 펼쳤습니다.

이 시기의 교부들의 철학에 대한 강조는 어느 정도 치우친 면이 없지 않았으니, 그것은 알렉산드리아의 클레멘스(Titus Flavius Clemens, 150경-215경)가 헬라인들에게 주어진 철학과 관련해서 유대인에게 주어진 율법의 우위성을 주장하고 유대인들의 율법과 관련해서 그리스도인에게 주어진 복음의 우위성을 주장하면서도 신학을 세움에 있어 철학을 과도히 의존한 것에서도 나타납니다.

교부 오리게네스(Origenes Adamantius, 185경-254경)의 플라톤 철학에 대한 의존은 다른 교부들보다 더욱 심했는데 이러한 사상들이 그의 대표작인 『원리에 관하여』 (De Principiis)에 잘 나타나 있습니다. 심지어 불합리한 것들에 대한 신앙의 정당성

오리게네스. 신학의 조직적 체계를 세운 인물로 이단에 맞서 기독교 사상을 변증하였으나, 기독교와 철학의 접목을 시도하는 가운데 플라톤의 사상을 지나치게 많이 채택하였다.

을 열렬히 변호했던 테르툴리아누스조차 기독교 신앙의 용어 정립에서 끊임없이 철학을 의존했던 것을 볼 수 있습니다.

교부들의 이러한 태도는 그 시대의 맥락에서 이해되어야 하는데, 당시 플라톤 사상은 로마제국 아래 있는 모든 사상들과 소통하는 도구이며 접촉점이었습니다.

역사적으로 영지주의(Gnosticism)나 마르키온주의(Marcionism)는 극단적 합리주의를 따름으로써 신학이 철학화의 길을 걸어간 예이고, 테르툴리아누스가 몸담았던 몬타누스주의(Montanism)는 당시의 신학에 있어서 철학을 의존하는 합리주의적 경향에 반기를 들고 신학적 균형을 잃어버린 채 열광주의로 가 버린 예입니다. 후자는 극단적 초월주의와 금욕적 윤리주의, 광신적 순교지상주의의 길을 갔습니다.

3. 아우구스티누스

셋째로, 중세로 들어가는 문의 역할을 한 아우구스티누스(Aurelius Augustinus, 354-430)입니다. 그의 사상은 좁게는 기독교권에 이슬람 철학자들의 저작들을 통해 아리스토텔레스의 사상이 들어오기 전까지 약 800년 동안 서방교회 사상의 골격이 되었고, 넓게는 오늘날 세계를 지배하는 서양 사상의 토대를 놓았습니다.

그는 자신의 작품 『참된 종교에 관하여』(De Vera Religione)에서 신앙과 이성의 관계를 권위(auctoritas)와 이성(ratio)의 관계라는 논리로 설명합니다. 그는 이 둘 모두를 타락한 인간 본성의 회복과 지성의 조명(照明)을 위해 제시된 것으로 여깁니다. 여기서 권위는 합리적 사색으로는 이해할 수 없는 초월적 진리를 그것을 제시하신 하나님의 선하심과 신실하심에 대한 신뢰로써 받아들이도록 요청하는 근거로, 이 권위는 계시로 나타납니다. 그러기에 하나님의 계시는 은총이며, 은총에 대한 인간의 반응이 신앙입니다.

아우구스티누스에 따르면, 이러한 신앙의 요청은 '일시적인 처방'으로서 인간의 이성의 활용을 준비시키고 훈련시키는 도구입니다. 그가 계시에 대한 신앙을 '하나님의 교수법'(*paedagogia divina*)이라고 본 것도 바로 이 때문입니다. 따라서 신앙은 이성을 배척하는 것이 아니라 이성을 도와 하나님께 나아가게 하는 것이었습니다.[59] 아우구스티누스는 『참된 종교에 관하여』에서 다음과 같이 말합니다.

> 왜냐하면 (영혼에 대한 치료는) 권위와 이성으로 나누어져 있기 때문이다. 권위는 신앙을 요구하고 그것은 인간으로 하여금 이성을 향하여 준비되게 한다. 이성은 인간으로 하여금 이해하고 인식하도록 이끈다. 이성은 전적으로 권위를 배제하지 않으며, 특히 믿어야 할 대상과 관련해 생각하자면 권위는 더욱더 배제되지 않는다. 그리고 (이성에게) 이미 명백하게 알려진 진리 그 자체는 최고의 권위를 지님이 분명하다(24.45.).[60]

아우구스티누스에게 믿음을 요구하는 하나님의 권위는 성경을 중심으로 나타납니다. 성경의 내용은 뛰어난 권위를 가지고 있으며, 인간이 복된 삶을 살기 위해 꼭 필요한 지식입니다. 그러나 이성의 능력으로는 파악할 수 없는 것들입니다.[61] 하나님과 세계와 인간, 자신에 대한 올바른 지식은 먼저 믿음으로써 우리에게 받

---

[59] Avgvstinvs, Avrelivs. *De Vera Religione*, in *Corpvs Christianorvm Series Latina*, XXXII: *Avrelii Avgvstini Opera*, Pars IV, 1 (Tvrnholti: Typographi Brepols Editores Pontificii, 1962), 215–218.

[60] "Tribuitur enim in auctoritatem atque rationem. Auctoritas fidem flagitat et rationi praeparat hominem. Ratio ad intellectum cognotionemque perducit, quamquam neque auctoritatem ratio penitus deserit, cum consideratur cui credendum sit, et certe summa est ipsius iam cognitae atque perspicuae ueritatis auctoritas." Avgvstinvs, Avrelivs. *De Vera Religione*, in *Corpvs Christianorvm Series Latina*, XXXII: *Avrelii Avgvstini Opera*, Pars IV, 1 (Tvrnholti: Typographi Brepols Editores Pontificii, 1962), 215.

아들여집니다. 이성은 이렇게 믿음으로 받아들인 지식을 올바른 체계로 세우는 데 도움을 줍니다.

인간의 지식과 관련하여 우열을 제시하자면 다음과 같습니다. 첫째로, 가장 열등한 것은 이성으로 믿음의 대상을 깨닫지도 못하고 믿음으로 받아들이지도 않는 것입니다. 둘째로, 그보다 조금 나은 것은 이성으로 깨닫지는 못해도 믿음으로 받아들이는 것입니다. 셋째로, 가장 좋은 것은 잠시 믿음으로 받아들인 것을 이성으로 모두 이해하는 것입니다. 물론 이것은 우리가 아무리 노력한다 해도 현세에서는 완전하게 이루어질 수 없는 일입니다.

아우구스티누스에게 신앙은 이성으로써 도달할 수 없는 사실들에 대한 지식을 얻는 수단이며, 지적 능력에서 불완전한 인간에 대한 하나님의 배려이고, 사랑과 신뢰를 끌어오는 힘이었습니다.[62]

물론 그의 시대에도 신앙과 이성의 관계에서 조화를 유지하지 못한 채 양쪽 극단에 치우친 집단들이 있었습니다. 수도원 운동은 이성보다는 주관적 신앙을 따라 금욕주의와 은둔주의, 불건전한 신비주의를 조장한 반면, 위(僞) 디오니시우스(Pseudo-Dionysius, 500경 활동), 삼위일체론에 있어서 양태론자인 사벨리우스(Sabellius, 220경 활동)나 성자의 신성을 부인한 아리우스(Arius, 250경-336), 인간론에 있어서 원죄를 부인하고 의지의 절대적 자유를 주장한 펠라기우스(Pelagius, 354경-418경)와 같은 이들은 신앙보다는 이성을 신뢰하여 철학으로 성경을 덮은 경우입니다.

---

[61] "우리가 몰라서는 아니되고 스스로는 알 수도 없는 모든 것들에 있어서 우리가 승복하는 정경이라 불리고 최고의 권위를 가진 성경을 그분이 주시었다"(…*locutus etiam scripturam condidit, quae canonica nominatur, eminentissimae auctoritatis, cui fidem habemus de his rebus, quas ignorare non expedit nec per nos ipsos nosse idonei sumus.* 11.3.). Avrelivs Avgvstinvs, *De Civitate Dei*, in *Corpus Christianorvm Series Latina, XLVIII: Avrelii Avgvstini Opera*, Pars XIV, 2 (Tvrnholti: Typographi Brepols Editores Pontificii, 1955), 323.

[62] 이처럼 신학에 있어서 신앙과 이성의 관계에 대한 그의 구도는 명확하다. 신앙 없이는 이성에 의한 이해가 불가능하고, 이성에 의해 탐구되지 않는 신앙의 명제들은 참된 지식으로 충분하지 않다는 것이다. 그는 인간의 이성으로는 추론할 수 없는 진리를 하나님께서 권위로써 주시고 그것을 믿음으로 알게 하신 것은 지극히 합리적이라고 보았다. 그에게 이성의 사용은 믿음의 필요를 대치하는 것이 아니라 믿음의 필요를 인식하게 하고 믿음으로 받아들인 내용을 지성에 친숙하게 하는 수단이었다.

4. 중세 시대

넷째로, 중세 시대입니다. 이 시기는 기독교 신학이 철학을 흡수하여 학문적으로 발전을 이룬 시대입니다. 아우구스티누스 이전의 교부들의 시대가 플라톤 철학의 도움을 받아 기독교 신앙의 내용을 학문적으로 구체화한 시대였다면, 중세 시대는 플라톤뿐만 아니라 아리스토텔레스의 도움을 받으면서 신학의 상세화와 체계화를 이룬 시대입니다.

중세 신학자들은 교부들이 남긴 신학적 유산을 존중하는 가운데 이성과 신앙, 철학과 신학의 조화를 이룬 신학을 구축하고자 하였습니다. 십자군 전쟁 이후 이슬람 사상들을 통해 아리스토텔레스의 철학이 소개됨으로써 신학은 상세화와 체계화를 이루었습니다. 신학적으로 중세 시대는 크게 세 시기로 나눕니다.

a. 첫 번째 시기

첫 번째 시기는 캔터베리의 안셀무스(Anselmus Cantuariensis, 1033경-1109), 아벨라르두스(Petrus Abaelardus, 1079-1142)와 같은 지성과 논증을 중시하는 신학자들과 클레르보의 베르나르두스(Bernardus Claraevallensis, 1090-1153)와 생빅토르의 위고(Hugo de Sancto Victore, 1096경-1141)와 같이 감성과 체험을 중시하는 신학자들이 활동하였습니다. 중세 신학자들은 공통적으로 교부들의 신학적 유산을 종합, 분석하고 새로운 해석을 시도했습니다. 학문적으로 탐구해야 할 주제들을 찾아 신학의 내용을 심화하기도 하였습니다.

신학은 대학과 수도원을 중심으로 보존되고 발전하였는데, 수도원은 교리와 사상의 탐구보다는 예배와 금욕적 실천을 강조하는 신비주의의 본거지가 되었습니다. 수도원은 기독교 신앙을 현실에서 도피한 탈(脫)역사적 주관주의로 이끌었다는 비판을 받지만, 그랬기 때문에 전통적인 신학의 내용을 잘 보존하기도 하였습니다. 베르나르두스나 생빅토르의 위고 같은 신학자들은 지성을 무시한 신비주의자들이 아니라 오히려 교부들의 신학과 철학을 잘 이해하여 보다 깊이 있는 신학을 전개한 사람들이었습니다. 이러한 신학자들의 영향으로 수도원에서도 신학의 보존과 발전이 이루어졌습니다.

b. 두 번째 시기

두 번째 시기는 스콜라주의 신학의 전성기로서 롬바르두스(Petrus Lombardus, 1100경-1160), 헤일즈의 알렉산더(Alexander of Hales, 1185경-1245), 알베르투스 마그누스(Albertus Magnus, 1193경-1280), 토마스 아퀴나스(Thomas Aquinas, 1225경-1274), 보나벤투라(Bonaventura, 1221경-1274), 둔스 스코투스(John Duns Scotus, 1266경-1308) 등이 활동한 시기입니다.

이 시기에는 신앙과 이성의 완벽한 조화를 목표로 삼아 하나님과 세계와 인간에 대한 체계적인 사상을 신학 안에 담아내려는 활동들이 왕성했습니다. 초월적인 진리들이 이성에 의해 파악될 수 있는 것처럼 주장하는 스콜라주의적 신학 방법론은 이미 안셀무스에 의해 제시된 명제인 '지해(知解)를 추구하는 신앙'(*fides quaerens intellectum*)에서 그 성격을 드러냈습니다. 중세 시대에는 권위로써 요청된 신앙의 내용을 이성의 이해를 통해 학문적인 내용으로 만들어 사상의 체계 안에 담으려 하였는데 이 시기는 이러한 노력의 절정을 이루었습니다.

아퀴나스는 아리스토텔레스가 헬레니즘 아래에서 모든 학문의 지식들에 대해 시도했던 바를 기독교 신학 안에서 이루고자 하였습니다. 그의 『신학대전』(*Summa Theologiae*)이나 『이교도대전』(*Summa contra Gentiles*)은 이러한 노력을 보여줍니다.

유대 철학자 마이모니데스(Moses Maimonides, 1135-1204)에게서도 이러한 조화의 시도가 나타납니다. "모세나 솔로몬에게로 거슬러 올라가는 원시 히브리인의 지혜에 대한 믿음은 헬레니즘 시대의 우세한 생각이었다. ……그리스의 철학과 학문이 고대 히브리 사람들로부터 유래되었다는 믿음이 이슬람과 유대주의 안에서 학문의 규범이 되었다."는 그의 주장은 이성과 신앙의 일치에 대한 유대주의의 신앙주의를 잘 보여줍니다.[63] 이러한 그의 사상은 이미 필론(Philon Judaeus, BC 20경-AD 50경)이 주장한 바 있습니다. 필론은 플라톤과 같은 그리스 철학자들이 모세의 가르침을 통해 지혜를 배웠다고 주장합니다.

이성과 신앙 사이의 일치와 조화를 목표로 한 그들의 생각은 두 가지 모두 하나님의 관념을 전달하는 수단이며 모두 하나님께로부터 유래된 것이기에 둘은 서로 모순될 수 없으며, 이러한 이치는 자연 본성과 은혜와의 관계에도 적용된다는 것이었습니다. 이성만으로는 초월적인 진리들을 파악하여 구원에 이를 수 없기에 신앙을 필요로 하고, 은혜는 창조 시에 주어진 자연 본성을 완성하는 것이지 배척하거나 폐지하는 것이 아니라고 보았습니다.

중세 첫 번째 시기의 신학자들과 마찬가지로 이 시기의 신학자들은 두 가지 이유 때문에 신학적 상세화와 체계화를 위해 헌신했습니다. 하나는 기독교 신학 안에서 다양한 학문에 담긴 지식이 주는 신적 지혜를 해석하고자 한 통합적 신학에 대한 추구 때문이었고, 또 하나는 이단과 이교적 사상에 대한 논쟁 때문이었습니다. 기독교권 안에서 생겨난 다양한 이단에 대한 논쟁들은 이미 초대교회 시대로부터 신학의 발전에 기여하였는데 이 시기에도 그러했습니다.

이슬람의 철학 사상이 소개된 이후에는 그들의 사상에 대한 비판적 논쟁을 통해서 기독교 신학과 철학은 더욱 상세화와 체계화를 이룩하게 되었습니다. 그러나 이러한 지성주의를 따르는 경향이 더욱 심화되면서 성경의 계시에 대한 신앙보다 이성의 추론에 대한 철학적 논증에 보다 높은 가치를 둠으로써 균형은 깨지고 말았습니다.

둔스 스코투스에 의한 실재론 비판과 중세 스콜라주의 비판은 이러한 중세 신학의 신학적 궤도 이탈에 대한 반성이었습니다. 그는 지나친 지성주의의 한계 문제를 다시 제기하여 신학에서 신앙의 위치와 필요성을 재정립하였습니다. 또한 엄격한

---

63) Joel L. Kraemer, *Maimonides: The Life and World of One of Civilization's Greatest Minds* (New York: Doubleday, 2008), 68.

실재론에 기초한 중세 철학을 비판적으로 종합하고 유명론(唯名論)을 도입함으로써 창조적 해체의 길을 가게 될 중세 신학과 새로운 시대의 출현을 예고하였습니다.

c. 세 번째 시기

세 번째 시기는 중세 스콜라주의 신학의 붕괴가 일어난 중세 후기입니다. 보통 오컴으로 불리는 오컴의 윌리엄(William of Ockham, 1285경-1349)과 쿠자의 니콜라우스(Nicolaus Cusanus, 1401-1464)가 가장 중요한 인물이고, 생푸르생의 두란두스(Durandus de Sancto Porciano, 1270경-1334), 캔터베리 대주교 브래드워딘(Thomas Bradwardine, 1290경-1349) 등이 활동했던 시기입니다. 이들 중 오컴은 중세 실재론의 해체와 함께 가장 주목받아야 할 중세 말기의 철학자입니다.

오컴은 역사적으로 유명한 보편 논쟁에 있어서 둔스 스코투스보다 더욱 과격한 유명론을 따랐습니다. 그는 '보편자'(普遍者, universals)의 실재 자체를 부인하였고 그것을 단지 인간의 상상 속에서 만들어 낸 개념이라고 보았습니다.

이런 사유의 기반 위에서는 이성과 계시가 뚜렷이 구별되어 서로 조화를 이룰 수 없고, 이성은 신앙으로 극복하여야 할 대상에 불과하였습니다. 오컴은 하나님의 존재를 이성으로 증명할 수 있다는 오래된 '존재의 유비'(*analogia entis*)를 거절하였는데, 이는 이성과 신앙의 갈등의 증폭을 의도한 것이라기보다는 극단적으로 치우진 신앙에 대한 이성의 폭압으로부터 신앙의 지위를 회복시키고자 한 것이었습니다. 이러한 그의 사상은 부분적으로 종교개혁자들로 하여금 종교개혁의 기치를 들게 하는 데 이바지하였습니다.

오컴과 함께 주목할 또 한 명의 사상가는 쿠자의 니콜라우스입니다. 오컴이 이성과 신앙 사이의 중세적 결합에 결별을 고하였다면, 쿠자의 니콜라우스는 이러한 유명론적 사상을 신플라톤주의나 신비 사상과 결합하고자 한 철학자였습니다. 그는 근대 과학에 대한 선구적 통찰을 가지고, 엄격한 절대주의적 중세 신학에 유연한 상대주의를 도입한 사람입니다. 그의 인식론과 사회개혁론은 계몽주의적 관점과 급진적 에큐메니즘적인 종교다원주의를 담고 있는데, 이는 신앙의 폭정에 굴복하는 이성을 거부하지만 자유로운 이성의 능력과 가치는 신뢰하는 이중성을 보여줍니다.

5. 종교개혁과 정통주의 시대

다섯째로, 종교개혁부터 정통주의 시대입니다. 루터(Martin Luther, 1483-1546)와 츠빙글리(Ulrich Zwingli, 1484-1531), 버미글리(Peter Matyr Vermigli, 1500-1562), 멜란히톤(Philipp Melanchthon, 1497-1560), 칼빈(John Calvin, 1509-1564), 베자(Théodore de Bèze, 1519-1605), 튜레틴(Francis Turretin, 1623-1687)을 비롯한 17세기 정통주의 신학자들에 의해 신학이 주도된 이 시기에는 중세 중기는 물론 중세 후기 신학자들과도 다른 독특한 입장으로 이성과 신학의 관계를 다루었습니다. 정통주의 신학자들은 중세 후기 신학자들로부터 종교개혁을 위한 철학적이고 신학적인 사유의 단초들을 얻기는 했지만, 근본적으로 자신의 신학함의 전범을 교부들에게서 찾았습니다.

루터나 칼빈의 종교개혁은 신학에서 계시로서의 성경의 가치를 발견하고 거기로 돌아간 것이지만, 정확하게 말하면 교부들을 통하여 성경으로 돌아간 것입니다. 특히 종교개혁자들의 신학은 아우구스티누스에 대한 재발견을 제외하고는 생각할 수 없습니다. 이 시기에도 약간의 구분이 필요합니다.

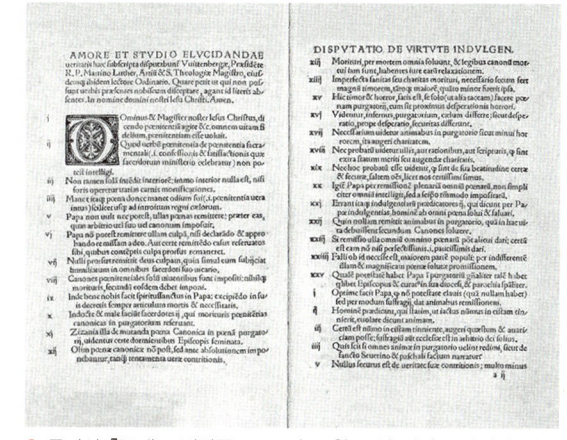

┃ 루터의 『95개조 반박문』. 1517년 10월 31일 면죄부 판매에 대한 항의로 비텐베르크 성 교회 문에 게시된 후로 큰 반향을 일으키며 종교개혁 운동의 기폭제가 되었다.

a. 첫 번째 시기

첫 번째 시기는 종교개혁 시대입니다. 이 시기의 신학자들은 중세 신학자들의 스콜라주의 신학의 위험성을 깊이 인식하고 있었으며 또 신학의 사변을 경계하였습니다. 그들이 철학 특히 아리스토텔레스의 철학을 완전히 배척한 것으로 알려졌으나 그것은 사실이 아닙니다.

종교개혁자들이 우려했던 것은 철학에 의해 압도된 신학이 갖고 있는 성경과 분리된 학문의 위험성이었습니다. 그들은 아우구스티누스를 비롯한 교부들의 신학을 탐구하였지만, 교부들이 폭넓게 받아들였던 철학적 사변들을 신학에 도입하는 것까지 찬동하지는 않았습니다. 오히려 그들은 교부들의 신학을 통해 성경으로 돌아감으로써 사도들의 신앙의 본질을 찾고자 하였습니다.

종교개혁자들에게 이성과 신앙은 따로 추구하여 조화시켜야 할 관계가 아니라, 이성은 신앙 아래 복종하여 학문으로서의 신학의 탐구를 보조해야 할 도구였습니다. 그들의 화두는 이성과 신앙의 조화라기보다는 지식과 경건의 결합이었습니다.

b. 두 번째 시기

두 번째 시기는 16세기 말부터 17세기 전체를 포괄하는 정통주의 시대입니다. 이때는 중세 신학과 견해를 달리한 종교개혁자들의 선 굵은 신학적 입장들이 형식화와 상세화, 체계화의 과정을 겪었던 시기입니다.

정통주의 신학자들은 이러한 신학적 상세화를 위하여 초기 종교개혁자들이 꺼리던 아리스토텔레스의 철학적 개념의 차용, 형이상학적 논의의 발전 등을 시도하였는데 이는 철학과 일반 학문에 대해 훨씬 개방적인 자세를 취하게 했습니다. 그러나 그들의 이러한 신학 방법론이 종교개혁자들의 신학을 왜곡해 이성주의를 도입했다는 비난은 대체로 사실이 아닙니다.

그들은 중세에 추구했던 방식을 따라 이성과 신앙의 조화를 도모하고자 했던 것이 아니라, 가톨릭을 비롯한 이단들에 대해 종교개혁의 신학적 대의를 변증하고 아직 정리되지 않은 채 남은 종교개혁자들의 신학을 구체화하여 독자적인 개신교 신학의 내용과 체계를 완성해야 할 시대적 요청을 따라 철학적 논의를 도입했던 것입니다.

버미글리 같은 신학자에게 철학과 신학은 모두 진리를 탐구하는 것이었습니다. 다만 이성을 사유의 원리로 삼는 철학은 발견된 지식을 다루고, 신앙을 사유의 원리로 삼는 신학은 계시된 지식을 다룬다는 차이가 있을 뿐이었습니다.[64]

인간의 부패한 지성으로 인해 이 둘이 자연적 상태에서 일치를 이루거나 이성이 신앙을 대신할 가능성은 부인되었습니다. 튜레틴 같은 신학자는 이성과 신앙은 진리를 깨닫는 지위가 다르다고 보았습니다. 리처드 멀러는 튜레틴의 견해를 다음과 같이 정리합니다. "감각의 진리들은 이성의 진리들 아래(infra rationem) 있고, 지성의 진리들은 이성의 진리들과 직접적으로 연관되어(juxta rationem) 있고, 신앙의 진리들은 이성의 진리들 위에(supra rationem) 있다."[65]

튜레틴은 사물을 인식하는 인간의 능력을 세 범주로 나누었습니다. 감각(sensum), 이성(rationem), 신앙(fidem)이 그것인데, 감각은 '감각적인 사물들'(res sensibiles), 이성은 '지성적인 사물들'(res intelligibiles), 믿음은 '영적이고 초자연적인 것들'(spirituales & supernaturales)과 관계된다고 보았습니다.[66]

비록 신앙이 강조되기는 했지만 그렇다고 이 시기의 신학자들이 학문에서 이성의 가치를 낮게 평가했던 것은 아니었습니다. 오히려 이 시기는 신앙에 복종하는 이성, 지식과 사랑의 결합의 열매인 경건이 강조된 시대였습니다.

---

64) Peter Martyr Vermigli, *Philosophical Works: On the Relation of Philosophy to Theology*, in *Sixteenth Century Essays & Studies*, vol. 39, ed. & trans. Joseph C. McLelland (Kirksville: The Thomas Jefferson University Press and Sixteenth Century Journal Publishers, 1996), 6.
65) Richard A. Muller, *Post-Reformation Reformed Dogmatics: The Rise and Development of Reformed Orthodoxy, ca. 1520 to ca. 1725*, vol. 1 (Grand Rapids: Baker Academic, 2003), 387.
66) Francisco Turrettino, *Institutio Theologiae Elencticae*, vol. 1 (Edinburgh: John D. Lowe, 1847), 32.

6. 경건주의와 17-18세기

여섯째로, 경건주의와 17-18세기 시대입니다. 특히 이 시대의 이단과 분파들은 이성과 신앙에 대한 잘못된 이해를 주장하였습니다. 경건주의 운동은 독일에서 시작된 루터교 내의 새로운 운동뿐 아니라 네덜란드의 제2의 종교개혁 운동, 프랑스의 얀세니우스주의 운동과 18세기 영국의 부흥 운동 등 많은 지류들을 포함합니다. 이 운동에서는 정통주의 시대까지 견지해 왔던 이성과 신앙 사이의 균형을 잡는 엄격한 견해들이 양보되고 교리보다는 생활, 체계적인 신학보다는 경험이 강조되었습니다. 그러나 결국 이 운동은 계몽주의와 자유주의에 대해 적절히 대응하지 못하고 역사 속에 함몰되어 버렸습니다.

이 시기에는 합리주의를 따르는 이단과 분파들도 등장했는데, 신학에서 이성과 신앙 사이의 균형추를 이성으로 옮겨 간 소키누스주의(Socinianism)가 대표적입니다. 소키누스(Faustus Socinus, 1539-1604)는 이성에 부합하지 않는 성경의 가르침들을 모두 합리주의로 재해석함으로써 19세기 자유주의자들의 선구적 역할을 하였습니다.

반면 이성과 신앙의 균형추를 이성에서 신앙으로 옮겼다고 평가할 수 있는 운동들도 나타났습니다. '얀센주의'로 알려진 얀세니우스주의(Jansenism)는 코르넬리우스 얀세니우스(Cornelius Jansenius, 1585-1638)가 주창한 사상으로, 신학적으로 아우구스티누스주의를 표방하며 인간의 원죄와 하나님 은총의 절대적 필요성과 엄격한 금욕을 강조하였습니다. 얀세니우스주의자들은 신비가들을 높이 평가하였으며, 특히 하나님과의 연합에 대한 갈망과 끊임없는 자아 죽임(self mortification)의 실천을 중시하였습니다.

장 드 라바디(Jean de Labadie, 1610-1674)가 주창한 경건주의는 그 신학적 배경에 있어서 앞선 얀세니우스주의와 조금 다릅니다. 네덜란드 개혁파 경건주의 운동에서 중요한 역할을 하였던 라바디의 경건주의는 개혁주의적 요소를 풍부하게 지니고 있습니다. 그는 원래 예수회의 사제였으나 칼빈의 『기독교강요』(*Institutio Christianae Religionis*)를 읽고 신학적 회심을 경험하였습니다. 이후 그는 개신교로 개종하였고, 개혁신학을 가르치던 몽토방 아카데미(Montauban Academy)에서 학생들을 지도하기도 하였습니다.[67]

라바디는 경건에서 회개와 믿음을 강조하였는데, 이는 그가 집중적으로 설교하던 두 가지 주제 곧 신생(new birth)과 거룩한 생활(holy life)이 회개와 믿음에서 시작되기 때문이었습니다. 그는 신자는 자신의 신생의 진실성을 매일의 거룩한 생활로써 끊임없이 입증하며 살아가야 한다고 보았습니다.[68] 그러나 라바디는 제도권 교회로부터의 이탈과 신비주의적인 경향 때문에 개혁신학자들에게 논박을 당하기도 하였습니다.

라바디의 경건주의를 "포르루아얄(Port Royal)의 기독교와 개혁파 경건주의의 혼합이다."[69]라고 평가하는 것도 이러한 이유 때문입니다. 포르루아얄은 프랑스 얀세니우스주의의 중심지 역할을 한 시토 수도회 대수녀원입니다.[70] 후일 이 수도원의 이름을 빌려 프랑스의 문학사가이자 비평가인 생트뵈브(Charles-Augustin Sainte-Beuve, 1804–1869)가 『포르루아얄』(*Port Royal*)이라는 유명한 책을 쓰기도 하였습니다. 그는 이 책에서 포르루아얄에 퍼졌던 얀세니우스주의를 다양한 학문에 대한 탁월한 식견으로 해석해 보여주었습니다.[71]

독일 경건주의 창시자 중 한 사람으로 여겨지는 필리프 야코프 슈페너(Philipp

---

67) F. Ernest Stoeffler, *The Rise of Evangelical Pietism* (Leiden: E. J. Brill, 1971), 163.
68) F. Ernest Stoeffler, *The Rise of Evangelical Pietism* (Leiden: E. J. Brill, 1971), 164.
69) F. Ernest Stoeffler, *The Rise of Evangelical Pietism* (Leiden: E. J. Brill, 1971), 164.
70) 1204년에 세워진 포르루아얄 대수녀원은 17세기 얀세니우스주의의 역사에 있어서 중요한 역할을 한 곳이다. 17세기 당시 포르루아얄에는 그곳에 은둔하면서 금욕적인 삶을 사는 독거자들이 있었다. 이들은 프랑스 남자들이었고 이들 가운데는 귀족 출신과 부르주아 출신들이 있었다. 1653년 전후로 프랑스에서는 얀세니우스의 논쟁이 시작되었는데 이 수도원에 은둔하고 있던 독거자들, 특히 신학자이자 철학자인 앙투안 아르노(Antoine Arnauld)는 포르루아얄 수도원 부속학교 교수였던 젊은 신학자 피에르 니콜(Pierre Nicole)의 도움을 받아 얀세니우스를 열정적으로 옹호하며 얀세니우스주의의 대가이자 영적 지도자로서 활약하였다. L. Cognet, J. M. Gres-Gayer, "Port-Royal," in *New Catholic Encyclopedia*, vol. 11 (Detroit: Thomson Gale, 2003), 523–525.

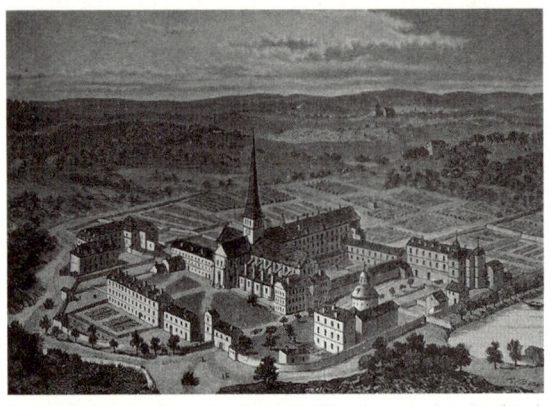
▎포르루아얄 수도원. 파리 근교에 위치한 시토 수도회 소속 대수녀원으로 얀세니우스주의의 본산으로 알려져 있다. 루이 14세의 박해로 1710년에 폐쇄되었다.

Jakob Spener, 1635-1705)가 제네바에서 공부할 당시, 라바디는 제네바의 유명한 설교자였습니다. 슈페너가 라바디의 설교를 자주 들었다는 것은 그로부터 받았을 영향을 가늠하게 하는 의미 심장한 사실입니다.[72)] 라바디가 개신교에 끼친 영향은 너무 과장되어서도 안 되겠지만, 경건주의 운동과 특히 신학 훈련을 위한 프로그램들을 제시하여 유럽과 아메리카의 개신교 발전에 이바지한 공로는 마땅히 인정하여야 할 것입니다.[73)]

경건주의는 개혁신학을 따르는 분파로부터 신비주의를 따르는 분파까지 다양한 분파가 존재하였지만, 대체로 교리와 신학보다는 종교적 경험과 삶의 실천을 강조하여 신앙의 균형추를 이성에서 신앙으로 옮겼다고 평가할 수 있습니다.

한편 내적 광명을 극단적인 방식으로 주장하던 재세례파는 또 다른 방식으로 이성과 신앙의 균형추를 신앙으로 옮겼는데, 그들이 말하는 신앙은 객관적인 계시를 믿는 신앙이 아니라 주관적인 체험과 내적 광명을 가리키는 것이었습니다.

데카르트의 철학과 함께 본격적으로 등장한 계몽주의는 중세 신학자들이 했던 것과는 다른 방식으로 이성과 신앙의 관계에서 균형추를 이성 쪽으로 옮김으로써

---

71) Andrew George Lehmann, "Saint-Beuve, Charles-Augustin," *The New Encyclopaedia Britannica: Micropaedia, Knowledge in Depth*, vol. 16, 15th ed. (Chicago: Encyclopaedia Britannica, Inc., 1977), 169-170. 자료에 의하면 이 책은 본래 세 권으로 출판되었는데, 어떤 자료에서는 다섯 권이라고도 언급된다. 이는 후대에 판본이 바뀌면서 분책(分冊)되었기 때문인 것으로 보인다. 필자가 가진 1867년 제3판에서는 일곱 권으로 구성되어 있다. Charles-Augustin Sainte-Beuve, *Port Royal*, 7 vols., 3rd ed. (Paris: Librairie de L. Hachette et Cie, 1867).
72) F. Ernest Stoeffler, *The Rise of Evangelical Pietism* (Leiden: E. J. Brill, 1971), 229.
73) F. Ernest Stoeffler, *The Rise of Evangelical Pietism* (Leiden: E. J. Brill, 1971), 169.

신학을 위협하였습니다. 하지만 계몽주의가 발생 초기부터 기독교에 반대하는 사상으로 구축되었던 것은 아닙니다. 적어도 17세기 중반까지는 계몽주의도 믿음, 전통, 권위에서 기독교의 핵심 가치들을 공유하는 가운데 발전하였습니다. 그러나 그 이후부터는 매우 근본적이고 깊은 뿌리를 가지고 있는 것들까지 철학적 이성의 빛 아래서 의심되었고, 새로운 철학 사상에서 발견된 개념들로 대치되었습니다.[74]

초기 계몽주의자들이 제기하였던 원죄의 교리나 신정론에 관한 새로운 사상들은 그들의 고안물은 아니었습니다. 이미 중세 말기와 르네상스 이후 시대에 기독교 신학 안에 존재하고 있던 사상들이었습니다.[75] 그러나 데카르트(René Descartes, 1596-1650)나 로크(John Locke, 1632-1704)와 같은 철학자들은 정통 기독교의 중요한 교리들을 이성을 통해 검증하는 철학적 작업을 도입하였고, 이러한 시도 속에서 신앙에 대한 강조는 고리타분하고 비합리적인 것으로 간주되었습니다.

카시러(Ernst Cassirer, 1874-1945)가 지적하는 바와 같이 계몽주의가 반대한 것이 '종교의 해체'가 아니라 '종교의 초월적인 근거와 정당성'에 관한 것이었다고 할지라도,[76] 계몽주의자들의 방식으로 이성과 신앙이 조화를 이룰 때 나타나는 기독교는 정통적 기독교가 아니었습니다.

계몽주의자들이 이성과 신앙 사이의 조화를 시도하고자 했던 중요한 이유는 윤리적 사회의 실현을 위한 도덕의 근거를 정당화하기 위해서였습니다.[77] 이것은 종교적 이상을 신학이 아니라 순수 이성으로 도달하는 도덕 가치에서 찾아야 한다는 임마누엘 칸트(Immanuel Kant, 1724-1804)의 주장을 생각나게 합니다.[78] 칸트는

---

74) Jonathan I. Israel, *Radical Enlightenment: Philosophy and the Making of Modernity 1650-1750* (Oxford: Oxford University Press, 2002), 3-4.
75) Ernst Cassirer, *The Philosophy of the Enlightenment*, trans. Fritz C. A. Kollen, James P. Pettergrove (Princeton: Princeton University Press, 1979), 137.
76) Ernst Cassirer, *The Philosophy of the Enlightenment*, trans. Fritz C. A. Kollen, James P. Pettergrove (Princeton: Princeton University Press, 1979), 135-136.
77) Alasdair C. MacIntyre, *After Virtue: A Study in Moral Theory* (Notre Dame: University of Notre Dame Press, 2007), 36-50.

임마누엘 칸트. 근대 계몽주의를 대표하는 독일의 철학자. 경험주의와 합리주의를 통합하는 입장에서 비판 철학을 확립하였다.

종교적 대상으로서의 그리스도에 대한 비신화화(demythologization)를 하고 그의 윤리적 모본을 따르게 하기 위하여 그를 '완전한 인간성의 원형'으로 제시하는 재신화화(remythologization) 작업을 하였습니다.[79]

이 시기의 신학은 이미 총체성과 통합성을 추구하는 힘을 상실하고 있었고, 새로운 합리주의 사상을 감당할 수 없었습니다. 이는 이미 중세의 실재론적 철학 사상이 중세 말기 사상가들에 의해 붕괴될 때 예고되었던 바입니다.

이 시기 이후로 서구의 철학의 역사는 기독교 신학의 영향권에서 벗어나게 되고, 신학에서 이성과 신앙의 관계에 관한 논쟁은 이성과 감정이라는 주제가 되어 사상사 속에서 진자 운동을 하게 됩니다. 그리고 기독교 신학은 출렁거리는 세속 철학과 사상의 변두리에서 시간적인 간격을 두고 영향을 받고 또 거기에 반응하는 처지가 되고 말았습니다.

C. 지성과 의지

이성과 신앙의 관계에 대한 해석사의 이해는 다음의 논의와 밀접하게 연관됩니다. 바로 객관적 지식과 주관적 사랑의 결합으로서의 경건이라는 열매에 대한 논의입니다.

이 문제를 다루기 위해서 신학자들은 이성과 신앙의 관계 안에서 의지의 지위에

---

78) Immanuel Kant, *Religion within the Limits of Reason Alone*, trans. Theodore M. Greene, Hoyt H. Hudson (New York: HarperOne, 2008), 54.
79) Cornelius Van Til, *The Reformed Pastor and Modern Thought* (Phillipsburg: Presbyterian and Reformed Publishing co., 1980), 123.

대하여 고민하였습니다. 왜냐하면 개별적 인간 존재에서 의지의 독립성은 그의 주체성을 위하여 꼭 강조되어야 했지만, 선악을 행함에 있어서 하나님과 무슨 관계가 있는지에 대해서도 설명할 수 있어야 했기 때문입니다. 지식과 사랑의 결합으로서의 경건이라는 삶의 열매는 항상 하나님의 은혜와 함께 수없이 많은 인간의 결단과 의지 행사를 요구하기에 이러한 설명이 필요하였습니다.

청교도인 헨리 스쿠걸(Henry Scougal, 1650-1678)은 자신의 책에서 신앙에 있어서 지성을 중시하는 주지주의(主知主義), 감성을 중시하는 주정주의(主情主義), 의지를 중요시하는 주의주의(主意主義)를 설명한 다음, 참된 신앙의 자리는 인간의 마음이며 신앙의 본질은 그리스도와의 연합에 있다는 것을 강조하였습니다. 그는 자신의 책 『인간의 영혼 안에 있는 하나님의 생명』(The Life of God in the Soul of Man)에서 이렇게 말합니다.

▎헨리 스쿠걸. 영국의 청교도 신학자. 비록 28세의 나이로 세상을 떠났지만 조지 휫필드를 비롯하여 존 웨슬리, 제임스 패커 등에게 지대한 신학적 영향을 미쳤다. 대표작 『인간의 영혼 안에 있는 하나님의 생명』은 한 친구를 믿음으로 인도하기 위해 쓴 편지가 기초가 되어 출간된 것이다.

신앙에 대해 말할 때마다 참으로 서글픈 사실은 신앙이 있는 체하는 자들 가운데서도 그 의미가 무엇인지를 아는 자가 거의 없다는 것이다. 어떤 사람들은 신앙을 (교파에 따른) 정통의 개념과 견해에 대한 이해로 보는데, 그들이 신앙에 대해 줄 수 있는 모든 설명은 자신들이 이런 저런 신념을 가지고 있다는 것과 불행히도 분리된 수많은 기독교 교파들 가운데 하나에 속했다고 하는 것이다. 또 다른 이들은 신앙을 외적인 의무들을 실천하는 지속적인 과정, 의무들을 수행하는 모델과 같이 인간의 외적인 면에 둔다. ……또 어떤 이들은 모든 신앙을 열광적인 뜨거움과 기쁨이 넘치는 헌신과 같이 정동에 둔다. ……그러나 참된 신앙은 이런 것들과는 전혀 다른 것이다. ……참된 신앙이란 하나님과 영혼의 연합이며, 영혼에 새겨진 하나님의 형상, 곧 그분의 성품에 실제로 참여하는 것이다. 사도 바울은 이를 "너희 안에 계신 그리스도"라고 말하였다. 요컨대 나는 신앙의 본질을 하나님의 생명이라고 부르는 것 말고 어떻게 더 온전하게 표현할 수 있는지 모르겠다.[80]

전통적으로 인격의 세 요소라고 불리던 지성, 감정, 의지의 관계에 대해 조나단 에드워즈는 정서는 지성과는 구별되지만 의지 안에 속하는 것이라고 설명합니다.

하나님께서는 영혼에 두 가지의 기능을 부여하셨다. 하나는 인식할 수 있고 사유할 수 있는 기능, 즉 사물들을 분별하고 고찰하고 판단하는 기능으로 지성이라 불린다. 다른 하나는 사물들을 인식하고 고찰할 뿐만 아니라 살펴보거나 생각하는 사물들과 관련하여 내켜 하든지 혹은 꺼려 하여 반감을 갖든지 어떤 식으로든 경향을 갖는 기능으로, 영혼은 이 기능으로 인해 마음에 아무런 영향을 받지 않는 중립적인 구경꾼이 되지 않고 좋아하거나 싫어하거나 기뻐하거나 불쾌해 하거나 인정하거나 거절한다. 이 기능은 여러 가지 이름이 있는데, 때로는 성향이라 불리고 때로는 행동을 결정하고 지배하는 면을 갖기 때문에 의지라 불리며 정신이 이 기능의 행사와 관련될 때는 마음이라 불린다. ……영혼의 의지와 정서는 서로 다른 두 개의 기능이 아니다. 정서는 본질적으로 의지와 구별되지 않으며 영혼의 의지와 성향의 단순한 행위들과도 다르지 않지만 단 그것의 행사에서 얼마나 생기가 있는지 얼마나 감각할 수 있는지에 한에서만 차이가 있을 뿐이다.[81]

---

80) Henry Scougal, *The Life of God in the Soul of Man* (Harrisonburg: Sprinkle Publications, 1986), 32-34.
81) Jonathan Edwards, *Religious Affections*, in *The Works of Jonathan Edwards*, vol. 2, ed. John E. Smith (New Haven: Yale University Press, 1959), 97-98.

엄밀한 의미에서 보면 인간의 감정은 의지에 속합니다. 왜냐하면 무엇에 대하여 좋고 나쁨의 감정을 갖는다는 것 자체가 이미 의지가 움직인 것을 의미하기 때문입니다.

지성과 의지의 관계는 인간의 합리성과 자유의 문제를 고찰하는 일에서도 필수적인 과제입니다. 이 문제를 이해하기 위해서는 상당한 분량의 공부가 필요합니다. 하나님의 의지와 인간의 자유 의지, 영원 안에서의 작정과 시간 안에서의 신적 의지의 자유, 인간의 의지의 신적 의존성과 독립의 문제 등 철학적 사유의 도움을 요하는 내용들이 있기 때문입니다. 그럼에도 불구하고 이러한 공부를 어느 정도 습득하여 설교와 목회 실천의 이론적 기반들을 든든히 해야 말씀 사역에 힘을 실을 수 있을 것입니다. 역사적으로 인간의 지성과 의지의 관계에 대한 이론은 크게 다음 세 가지 견해로 나뉩니다.[82]

1. 토마스주의

첫 번째는, 토마스주의적 주지주의(主知主義, intellectualism)입니다. 이 사상은 인간의 의지 행사가 전적으로 지성에 의존한다는 견해입니다. 곧 선악을 판단하는 것은 지성이고, 의지 자체는 인식 기능이나 판단 기능이 없는 인간의 이성성(理性性, rationality)의 능동적 측면이라는 주장입니다. 토마스주의적 주지주의자들에 의하면, 의지는 지성이 보여주는 바들을 자유롭게 갈망하는 인간의 성향을 말하는 것이었습니다. 따라서 의지 자체는 도덕적 오류를 저지르지 않는다고 생각했는데, 의지의 도덕적 오류는 언제나 선악에 대한 지성의 판단 오류라고 여겼기 때문입니다.[83]

---

[82] Norman Fiering, *Jonathan Edwards's Moral Thought and Its British Context* (Eugene: Wipf & Stock Publishers, 2006), 262-271.

[83] Norman Fiering, *Jonathan Edwards's Moral Thought and Its British Context* (Eugene: Wipf & Stock Publishers, 2006), 264-265.

이러한 견해는 결과적으로 인간의 의지가 지성에 필연적으로 속박된 것으로 보는 것으로, 인간을 자유로운 의지를 가진 존재로 보지 않는다는 비판에 직면하게 됩니다. 그러나 토마스주의적 주지주의자들은 인간의 자유는 '외부의 강제가 없는 내적 합리성 혹은 이성성'을 의미하기 때문에 비록 의지가 지성에 대하여 전적으로 수동적이라고 할지라도 인간의 정신은 여전히 자유롭다고 말할 수 있다고 답변합니다.[84]

2. 스코투스주의

두 번째는, 스코투스적 주의주의(主意主義, voluntarism)입니다. 주의주의는 중세의 철학자 둔스 스코투스의 견해에 뿌리를 두고 있는데, 지성에 대한 의지의 독자적 우위성을 주장하는 견해로서 의지는 지성의 판단에 매이지 않는 '자기 결정 능력'

▎ 둔스 스코투스. 스코틀랜드 출신의 스콜라 철학자. 아퀴나스에 비해 영적 깊이는 부족했으나 정교함에 있어서는 선배 사상가들을 능가했다. 아퀴나스에 대한 가장 신랄한 비평가였던 그는 중세의 보편 논쟁에서 유명론의 입장에 섰다.

이라는 주장입니다. 스코투스적 주의주의자들은 인간의 진정한 자유는 어떤 가능성만을 제시하는 지성에 있는 것이 아니라 자유롭게 선택할 수 있는 의지의 자유에 있다고 보았습니다. 인간의 자유의 본질이 영혼의 성향에 대해서도 반하여 결정할 수 있는 의지의 자유라는 것입니다. 뿐만 아니라 가장 심오한 수준의 인간의 의지는 하나님 안에서 행복을 찾고자 하는 본성을 가지고 있다고 믿었기 때문에, 하나님보다 못한 모든 피조물에 대해서 의지는 궁극적으로 중립적일 수밖에 없다고 주장합니다. 그러므로 인간의 의지는 무

---

[84] Norman Fiering, *Jonathan Edwards's Moral Thought and Its British Context* (Eugene: Wipf & Stock Publishers, 2006), 265.

엇에도 필연적으로 속박되지 않는다는 것입니다.[85]

이러한 의지의 중도 개념은 16세기 예수회의 신학자들에 의하여 주창되었는데, 특별히 프란시스코 수아레스(Francisco Suárez, 1548-1617)가 1579년에 출판한 『형이상학 논쟁』(*Disputationes Metaphysicae*)은 그 다음 세기 기독교 신학에 지대한 영향을 끼쳤습니다. 의지에 대한 이러한 견해는 새로운 주의주의의 형태로서 종종 지지되었으며, 17세기 뉴잉글랜드 하버드대학에서도 다른 견해들과 함께 가르쳐졌습니다.[86]

이러한 견해는 후일 인간이 무엇을 선택할지는 자유에 맡겨졌으나 하나님께서는 그 모든 선택지와 그 선택의 결과를 알고 계시다는 '중간 지식 이론'(theory of middle knowledge)을 주장한 루이스 데 몰리나(Luis de Molina, 1535-1600)에 의하여 이른바 몰리나주의(Molinism)로 구체화됩니다.[87]

스코투스적 주의주의자들은 진정한 의미에서 인간의 자유는 무엇을 행하거나 하지 않는 실행의 자유와 무엇을 선택하거나 하지 않는 선택의 자유를 포함하는 것이기 때문에 의지 안에는 판단의 기능이 포함된다고 보았습니다. 이것이 인간의 존엄과 도덕적 책임성의 근거가 된다고 여겼습니다. 인간의 의지와 자유에 대한 이러한 철학적 견해들은 근대주의로 나아가는 사상의 포문을 열었습니다.

---

[85] Norman Fiering, *Jonathan Edwards's Moral Thought and Its British Context* (Eugene: Wipf & Stock Publishers, 2006), 267.

[86] Norman Fiering, *Jonathan Edwards's Moral Thought and Its British Context* (Eugene: Wipf & Stock Publishers, 2006), 266-268.

[87] 몰리나는 1595년에 한 편의 논문 『주어진 은혜, 하나님의 예지, 섭리, 예정, 유기 및 자유 의지와의 조화』(*Concordia liber arbitrii cum gratiae donis, divinae praescientia, providentia, praedestinatione et reprobatione*)를 썼는데, 이것은 로마 가톨릭 안에서 은혜와 자유 의지에 대한 토마스주의자들의 문제에 대한 해답을 놓고 예수회와 도미니쿠스 수도회 수도사들 사이에 벌어진 논쟁에 대한 것이었다. Richard A. Muller, "Arminius and Scholastic Tradition," in *Calvin Theological Journal*, vol. 24, no. 2 (Nov 1989), 272. 몰리나는 하나님께 중간 지식(*scientia media*)이 있다는 이론, 곧 어떤 일에 대한 선택은 인간에게 모두 맡기셨으나 인간이 무엇을 선택하든지 그 모든 선택지에 대한 지식이 하나님 안에 있다는 가설을 이론화하여 인간의 의지와 하나님의 작정 사이의 조화를 이성적으로 설명하고자 하였다. 하나님의 작정의 결정성과 인간의 의지 행사의 비결정성 사이에 논리적 모순이 있다고 보고 이것을 이성적으로 해결해 보려 한 몰리나의 이러한 사상은 후일 아르미니우스주의자들을 비롯한 많은 이성주의 신학자들에게 폭넓게 받아들여졌다.

3. 아우구스티누스주의

세 번째는, 아우구스티누스적 주의주의(主意主義, voluntarism)입니다. 아우구스티누스에 의해 토대가 놓인 이 사상은 토마스 아퀴나스가 주장한 지성에 대한 의지의 전적인 의존은 거부하고, 인간의 악한 죄성이나 하나님의 강력한 은혜의 성향에 대한 의지의 복종은 인정하는 견해입니다.

이 견해에 따르면 자유는 지성만의 자유도 아니고, 의지만의 자유도 아닙니다. 오히려 진정한 자유는 하나님의 의지와의 일치에서 오는 전인의 자유입니다. 그리고 인간의 하나님의 의지에 대한 완전한 일치는 하나님에 대한 온전한 사랑으로 가능하게 된다는 것입니다.[88]

그러므로 하나님을 향한 사랑과 의지의 자유는 하나인데, 바로 인간의 거룩함입니다. 이 견해는 철학적 정밀성은 떨어지지만 하나님에 대한 인간의 의존의 필요성을 강조하는 신학적 장점을 가지고 있습니다.

제가 말씀드리고자 하는 요점은 이것입니다. 신앙의 자리는 지성이나 감정 혹은 의지 중 어느 하나가 아니라 인간의 마음에 있으며, 거기서 지성과 감성과 의지가 모두 함께 만나 작용합니다. 다만 우리는 하나님의 은혜 없이는 지성도 진리를 알 수 없고, 감정도 올바른 정서를 가질 수 없으며, 더욱이 의지는 하나님의 율법의 요구를 결코 감당할 수 없다는 것을 알 뿐입니다. 선을 행하는 데는 하나님의 은혜를 의존하여야 하나 악을 행하는 데는 스스로의 능력으로 그것을 행할 수 있는 것이 인간입니다.

신학의 빈곤은 신앙의 빈곤에 있고, 신앙의 유치함은 신학의 빈곤에 있습니다. 한 사람이 날마다 그리스도를 만나고 아침마다 새로운 주님의 성실하심을 체험하게 될 때에 신학 작업이 이루어지기를 기다리는 커다란 질료가 형성됩니다(애

---

[88] Norman Fiering, *Jonathan Edwards's Moral Thought and Its British Context* (Eugene: Wipf & Stock Publishers, 2006), 268–271.

3:22-23). 그가 그것을 따라 확신 가운데 살아갈 때, 그것이 바로 그 사람의 존재의 울림이 됩니다. 그리고 세상은 그런 울림을 통하여 자신의 신앙의 오류와 부족을 알게 됩니다.

우리의 경건한 신앙의 경험들이 좋은 신학으로 구체적인 가르침의 형태로 빚어질 때, 수많은 사람을 먹일 수 있는 풍부한 양식이 됩니다. 그러므로 치열하게 신학을 공부하여 형상을 부여할 능력을 기르는 한편, 날마다 그리스도를 추구하고 열렬히 삶으로써 신앙의 질료를 풍부하게 하여야 합니다. 그렇지 않으면 우리의 신학공부는 단지 빈 도마를 요란하게 두드리는 칼질이 될 것입니다.

17세기 개혁파 정통주의 신학 연구에서 세계적 권위자이며 칼빈신학교 교수였던 리처드 멀러는 언젠가 제게 이런 이야기를 들려주었습니다. "오늘날 미국 교회의 예배는 예배가 아니라 한 편의 쇼입니다. 하나님의 말씀도 없고 사람들을 즐겁게 하는 쇼와 같습니다."

오늘날 복음주의를 지향하는 교회조차 설교 시간이 마치 텔레비전에 나오는 아침마당이나 오프라 윈프리 쇼와 같이 진행되고 있습니다. 우리나라에서도 어느 교회들에서는 예배 시간에 아예 설교단을 치워 버리고 강단 위에 탁자를 놓고 몇 사람이 마주 앉아 대담하는 것으로 설교를 대신하고 있다고 합니다.

목회자는 목회의 성공을 꿈꾸기 전에 가슴속에 외치지 않을 수 없는 진리를 가진 사람이어야 합니다. 만약 목회자에게 외쳐야 할 진리가 없다면, 그 목회는 무엇을 위한 목회일까요? 여러분은 하나님의 말씀을 대언한다는 이유 때문에 시위대의 뜰에 갇혔던 예레미야를 기억할 것입니다. 그는 말하였습니다.

> 내가 다시는 여호와를 선포하지 아니하며 그의 이름으로 말하지 아니하리라 하면 나의 마음이 불붙는 것 같아서 골수에 사무치니 답답하여 견딜 수 없나이다 (렘 20:9). [89]

이것은 단지 차가운 지성으로 알게 된 신학에 대한 정보가 아닙니다. 이것은 설교자가 외쳐야 할 내용과 외치지 않을 수 없는 내면의 세계 사이의 관계를 보여줍니다. 다시 말해서 설교자가 외쳐야 할 내용에 대한 형태는 신학이 제공하지만, 설교자로 하여금 그것을 외치지 않고는 견딜 수 없게 하는 것은 신앙입니다. 그러기에 생명이 있는 신학을 공부하려는 모든 사람들이 경건하고 열렬한 신앙생활을 해야 할 이유가 여기에 있습니다.

III. 좋은 신학함

신학을 하는 방식이 유용성을 결정합니다. 사람들은 신학의 내용에만 관심을 갖지 신학을 어떤 방식으로 공부해야 하는지에 대해서 별로 관심을 기울이지 않습니다. 그러나 신학공부의 목적은 신학의 내용을 올바른 방식으로 습득함으로써 완성됩니다. 이것이 바로 '신학함'(doing theology)입니다.

신학함은 세속 학문을 탐구하는 것과는 차원을 달리합니다. 예를 들자면, 물리학을 연구하는 '물리학함'(doing physics)은 "마음을 다하고 뜻을 다하여" 하나님과 이웃을 사랑하도록 요구하지 않습니다(마 22:37). 그 학문은 종교를 동반하지 않기 때문입니다. 그러나 신학은 어떤 의미에서 분명히 학문이지만 그 학문을 하는 동기는 학문이 아니라 신앙이며, 신학의 내용을 학습한다는 것은 단지 한 신자가 신앙을 실현해 가는 과정에 불과합니다. 오히려 신자의 살아가는 삶 전체가 넓은 의미에서 신학함의 과정입니다. '좋은' 신학함도 있고 '나쁜' 신학함도 있습니다.

---

[89] 이 구절의 히브리어 원문은 "웨아마르티 로 에즈케렌누 웨로 아답베르 오드 비쉐모 웨하야 베립비 케에쉬 보에레트 아추르 베아츠모타이 웨닐에티 칼켈 웨로 우칼"(וְאָמַרְתִּי לֹא־אֶזְכְּרֶנּוּ וְלֹא־אֲדַבֵּר עוֹד בִּשְׁמוֹ וְהָיָה בְלִבִּי כְּאֵשׁ בֹּעֶרֶת עָצֻר בְּעַצְמֹתָי וְנִלְאֵיתִי כַּלְכֵל וְלֹא אוּכָל׃)이다. 이를 직역하면 다음과 같다. "내가 여호와를 기억하지 아니하리라 하며 또한 더 이상 그의 이름으로 말하지 아니하리라 하고 말하면, 그때 그것이 내 마음속에서 타오르는 불같이 있어서 나의 뼈들 안에 갇혀 버리니 내가 그것을 견디기에 애를 쓰는데, 그러나 나는 할 수 없습니다." John Bright, *Jeremiah*, in *The Anchor Bible*, vol. 21 (Garden City: Doubleday & Company, Inc., 1986), 129.

그러면 목회의 소명을 받은 우리에게 좋은 신학함은 어떤 것일까요? 저는 이 주제를 다음과 같은 세 가지로 나누어 설명드리고자 합니다.

A. 성경의 사람이 됨

첫째로, 목회자는 성경의 사람이어야 합니다. 목회의 소명을 받은 사람으로서 좋은 신학함은 모든 신학 탐구의 과정에서 '성경의 사람'이 되는 것입니다.

신학생 시절에 많은 학문을 탐구해야 한다는 것은 아무리 강조해도 지나치지 않습니다. 특히 오늘날과 같이 개혁신학을 하겠다고 하면서도 신학공부를 열심히 하지 않는 신학생들이 많은 시대에는 더욱 그렇습니다.

한때 개혁주의 신학을 표방하던 신학교들 중 상당수가 이제는 복음주의를 지향합니다. 하지만 오늘날 조국교회의 복음주의는 맛 잃은 소금이며 불 꺼진 등불과 같습니다. 이러한 신학교의 영향으로 많은 교회들이 세속주의나 부흥주의 혹은 죽은 정통주의로 흐르고 있습니다.

오늘날 조국교회가 필요로 하는 것은 거룩한 신념을 가지고 확신에 불타는 사역을 하는 것입니다. 자신이 전하고자 하는 성경의 진리가 무엇인지를 정확하게 알 뿐만 아니라, 그것을 체험함으로써 확신에 불타는 강인함을 가져야 합니다. 우리들이 하늘로부터 오는 진정한 부흥을 간구하여야 할 이유가 여기에 있습니다.

오늘날 교회는 세속주의와 기독교 신앙 사이에 어정쩡하게 서서 무엇인가 하나님께도 만족을 드리고 인간에게도 만족을 줄 수 있는 제3의 길을 찾아보려고 하는 것 같습니다. 그러나 이것은 용기를 잃은 기독교의 모습입니다.

우리는 진리가 아닌 것에 대해서는 한없는 관용을 보이면서 사랑을 추구하여야 하지만, 진리에 관련된 사항에 대하여는 철저한 확신과 용기를 따라 행동할 수 있어야 합니다. 호레이셔스 보나(Horatius Bonar, 1808-1889)는 18세기의 청교도 목회자들을 회고하며 다음과 같이 말합니다.

적들이 시비를 걸며 반대하고 소심한 친구들은 주저할지라도 그들은 앞으로 돌진하였으며 난관과 반대를 결코 두려워하지 않았다. 소심함이 유익한 많은 문을 닫으며 고귀한 기회들을 잃어버리게 한다. 어떤 벗도 설득할 수 없으며 오히려 적을 강화시킨다. 담대함으로는 잃는 것이 전혀 없지만 두려움으로는 얻는 것이 전혀 없다. 심지어 본성적 용기와 결단도 많은 것을 이룰진대, 하물며 믿음과 기도에 의하여 생겨나고 유지되는 용기는 얼마나 많은 것을 이룰 것인가? 가령 우리가 사는 큰 도시들에 있는 불경건하고 방탕하게 살아가는 그 밀집한 대중들에 대해, 그 대열이 너무 무섭고 우리가 성공할 가능성이 너무 희박하다는 이유로 소심하게 움츠러들거나 태만하게 팔짱을 끼고 있다면 과연 무엇을 해낼 수 있겠는가?[90]

개혁신학을 공부하고도 개혁주의 목회를 하지 않는 것은 두 가지 이유입니다. 하나는 제대로 된 개혁신학을 배우지 못했기 때문일 것이며, 또 하나는 개혁신학을 지식으로만 배웠기에 자신의 사상이 되지 못하였기 때문입니다. 사상은 낱개의 지식이 아닙니다. 오히려 사상은 개별적인 지식들이 연결되어 거대한 체계를 이룬 것입니다. 무엇을 보든지, 어떤 생각을 하든지, 무엇을 먹든지 마시든지, 그 사상의 영향 아래서 그 사상을 따라 생각하고 살고 죽는 것이 사상가의 삶입니다.

호레이셔스 보나. 스코틀랜드의 저명한 장로교 복음 전도자. 신학적 진리가 담긴 찬송시를 많이 남겼다.

개혁주의 목회자들은 마땅히 개혁신학을 따르는 사상가들이어야 합니다. 그리고 그 일을 위하여 여러분은 치열하게 많은 학문의 분야를 공부

---

90) Horatius Bonar, *Editor's Preface*, in *Historical Collections of Account of Revival*, ed. John Gillies (Edinburgh: The Banner of Truth Trust, 1981), ix.

하지 않으면 안 됩니다. 그러나 여러분이 공부하고 독서하는 모든 지식들은 한 책을 향하여 모아져야 합니다. 많은 책을 독서하는 것은 많은 책의 사람이 되기 위한 것이 아니라, 한 책의 사람이 되기 위한 것입니다. 그것이 바로 성경입니다.

저는 신학대학원에서 훌륭한 선생님들을 만났습니다. 그중 한 분이 몇 해 전에 하늘나라로 가신 고(故) 김희보(金熙寶, 1919-2002) 교수님이었습니다. 그분은 연세가 많이 드셨어도 항상 공부하는 자세를 늦추지 않으셨습니다. 노년에도 부지런히 연구하셨습니다. 그리하여 우리에게 늘 말씀하셨습니다. "천 권의 책을 읽어야 한 권의 책을 쓸 수 있습니다."

그러나 그 교수님의 궁극적인 관심은 신학책이 아니라 성경이었습니다. 그분이 저에게 가르쳐 준 것은 무슨 책을 읽든지 그 내용이 성경 해석에 어떤 도움이 되는지를 생각하라는 것이었습니다. 실제로 그분이 즐겨 보시던 다 낡은 성경 구석구석에는 신학책을 읽으며 발견하신 성경 해석에 도움이 되는 내용들이 깨알과 같이 기록되어 있었습니다. 그래서 그분은 언제나 성경과 친숙한 선생님이셨습니다. 그분은 설교하실 때마다 늘 원고 없이 낡은 성경 한 권을 두 손으로 겸손히 받쳐 들고 강단에 서곤 하셨습니다. 신학교 채플 시간에 그분은 언제나 나지막한 목소리로 조용히 설교하셨지만, 설교가 끝난 후에는 눈물로 기도하며 자리를 뜨지 못하는 학우들이 항상 있었습니다. 그분은 제가 신학교 채플 시간에 만난 최고의 설교자셨습니다.

많은 책에 대한 공부는 여러분을 한 책의 사람으로 만들어 가기 위한 것입니다. 신학공부를 열심히 하기 때문에 오히려 마음과 생각이 성경으로부터 멀어지는 것은 좋은 신학함이 아닙니다. 오히려 치열한 신학 탐구가 여러분을 성경과 더욱 친숙하게 만들어 주어야 합니다.

우리가 성경을 통독하는 것이 성경 전체에 흐르는 일관된 신학을 이해하게 한다면, 특정한 성경 본문을 정독하며 묵상하는 것은 믿음과 생활에 실천적인 유익을 줍니다. 성경을 읽는 데 있어서 우리말로 번역된 성경뿐만 아니라 원어 성경과 친숙해지도록 노력하시기 바랍니다. 그리고 그 속에서 여러분 자신의 영혼을 위한 생명의 양식을 풍부히 공급받으시기 바랍니다.

B. 진리에 부합하는 삶을 삶

둘째로, 목회의 소명을 받은 사람의 좋은 신학함은 모든 삶의 과정 가운데 나타나는 실천적 신앙생활입니다.

어느 젊은 목사님이 제게 물었습니다. "어떻게 하면 훌륭한 목회자가 될 수 있겠습니까?" 그때 저는 그에게 이렇게 반문하였습니다. "전도하십니까?" 저의 질문에 의아해 하던 그는 잠시 망설이다가 최근에 직접 전도에 나서 본 적은 없다고 대답하였습니다. 그래서 제가 말했습니다. "훌륭한 목회자가 되고 싶다면, 자신이 목양할 교인들이 앞으로 살아 주었으면 하는 삶을 먼저 살아가는 사람이 되어야 합니다."

오늘날 소위 개혁신학을 공부한다는 사람들은 이런 점에서 많은 약점들을 가지고 있습니다. 전도하여야 한다고 촉구 받으면 유명한 전도자를 초청하여 간증을 듣는 것으로써 대리 만족을 느끼려고 합니다. 기도하라고 촉구 받으면 위대한 기도의 사람들의 전기를 읽는 것만으로 만족합니다. 또한 훌륭하게 설교하도록 촉구 받으면 그런 설교자가 되도록 치열하게 훈련하는 대신, 지난 세기의 위대한 설교자들의 이야기를 무용담처럼 듣고 감격하는 것입니다. 이것은 남의 신앙생활에 대한 감탄이지 자신이 신앙생활 하고 있는 것이 아닙니다.

목회의 소명은 구원받지 못한 자들에게 복음을 전하여 구원에 이르게 하고, 이미 구원받은 자들은 구원에 합당한 삶을 살게 하는 것입니다(딤후 3:17). 이를 위하여 목회자는 신자들에게 경건한 모본을 보이며 성경을 가르쳐 세상에서 창조 목적을 따라 빛 된 삶을 살아가야 합니다. 이것이 바로 목회의 소명을 받은 사람들의 신앙생활입니다.

신학생들의 신앙생활은 신학교를 마치고 집으로 돌아가는 길에도 잃어버린 영혼들에게 복음을 전하려고 애를 쓰고, 교회에 와서는 회심하지 못한 영혼들에게 설교를 하다가 그들이 불쌍해서 눈물로 기도하는 생활입니다.

　모든 성도들이 집으로 돌아간 주일, 밤늦게 사역을 마치고 차마 집에 돌아가지 못하고 텅 빈 예배당 어두운 한구석에서 자신의 목양으로 변화되지 않는 돌덩이 같은 영혼들을 끌어안고 자신의 영혼이 그러한 것처럼 눈물로 기도하는 것이 바로 목회자의 신앙생활이 아니고 무엇이겠습니까? 이렇게 하나님을 섬기고 영혼들을 위하여 헌신하며 살아가는 목회자들이나 신학생들은 결코 자신의 목회의 소명을 의심하지 않습니다. 왜냐하면 소명의 체험은 과거의 사건이었으나, 신앙의 실천 가운데 현재까지 유효한 영향력을 미치고 있기 때문입니다.

　목회의 길을 가려는 사람들이 마음을 다해 소명의 의무를 따라 사는 마음은 소명 의식이 깃들기에 가장 좋은 환경입니다. 잃어버린 영혼을 위하여, 무지한 사람들을 위하여 안타까움의 눈물로 그들을 섬기고자 애쓰는 실천적 신앙생활에서 목회의 소명은 유지되고 더욱 불타오르는 것입니다.

　저는 목회에 필요한 기본적인 내용들을 평신도 시절에 터득하였습니다. 그때 저는 교역자도 아니고 주일학교 교사일 뿐이었으나 마음을 쏟아서 영혼들을 돌보는 가운데 목회의 기본적인 정신과 원리들을 터득하였습니다. 그때에는 불과 여남은 명의 코흘리개 아이들을 가르쳤고 지금은 많은 수의 성도들을 목양하고 있지만 그것은 규모의 차이일 뿐 목양의 정신과 원리는 동일합니다.

　제가 수많은 지체들을 교회의 사역자로 임명하면서 발견한 사실이 있습니다. 때로는 거의 기대하지 않았지만 훌륭하게 목회하는 사람도 있고, 많이 기대하였으나 별 성과를 남기지 못하는 사역자도 있었습니다. 그러나 훌륭한 교사였던 평신도가 그렇지 못한 전도사가 되는 법이 없었고, 훌륭한 전도사가 거짓된 목사가 되는 법도 없었습니다.

　한 사람이 교사가 되고, 교사가 전도사가 되고, 전도사가 목사가 되는 것은 모두 외적인 변화일 뿐입니다. 한 사람이 이런저런 직분과 지위를 갖는 것은 교회의 제도적 질서에 속한 것이기 때문입니다. 그가 맡은 직분이 무엇이든지 더 중요한 것은 그의 마음속에 흐르고 있는 철저한 신앙입니다. 하나님을 향한 순수한 신앙에서 나오는 사랑이 바로 우리의 목회의 생명이며 과거의 목회 소명을 현재적으로 유지하게 하는 비결입니다.

한 사람이 일을 사랑하면 그는 단지 그 일을 하게 될 것입니다. 그러나 그가 하나님을 사랑하면 무슨 일을 하든지 하나님을 섬기는 것입니다.

C. 예수의 흔적을 가짐

셋째로, 목회의 소명을 받은 사람의 좋은 신학함은 자신의 전 존재로서 예수 그리스도를 닮아 가는 것입니다.

신자는 자신이 깨달은 성경 진리에 자신을 합치시키려는 간절한 몸부림을 통하여 예수 그리스도의 형상을 닮아 갑니다. 인간은 타락한 이후로 하나님께서 부여하신 고유한 형상을 거의 상실하였습니다. 그래서 그의 영혼의 기능 중 어느 한 부분도 죄의 영향을 벗어날 수 없게 되었습니다.

아담 안에서 잃어버린 하나님의 완전한 형상은 성육신하신 그리스도 안에서 다시 나타났습니다. 그리하여 성육신하신 예수 그리스도께서는 참하나님이실 뿐 아니라, 참으로 하나님께서 의도하셨던 인간이 어떤 존재가 되어야 하며 어떤 사람으로 살아가야 하는지에 대한 모범이 되셨습니다. 그리고 모든 신자들은 중생과 회심을 통하여 그분을 닮아 가도록 부름받았습니다.

구원받은 어떤 신자도 그가 아무리 진실한 신앙으로 살아간다고 할지라도 그리스도를 온전히 닮을 수 없을 것이기에 성육신하신 그리스도께서는 모든 신자들이 바라보고 거기에 이르기까지 성숙하게 되어야 할 이상(理想)으로서 제시되었습니다.

1. 예수의 흔적

신자는 오직 그리스도를 닮아 가는 본받음의 과정 안에서만, 아우구스티누스가 말한 '탈 없고 완전한 행복'을 누릴 수 있습니다.

물론 우리가 이 세상을 떠나는 날까지 우리를 거룩하게 하는 성령의 작용에 협력하여 아무리 힘쓰고 애쓴다고 할지라도 그리스도를 온전히 닮을 수는 없을 것입니다. 그러나 우리의 성화는 하나님의 주권적인 역사를 통하여 완성되어, 마침내 우리는 '흠도 티도 없는' 정결한 성도로서 그 나라에서 지복을 누리게 될 것입니다. 그때까지 우리는 온 마음을 다하여 그리스도를 닮아 가야 합니다.

사도 바울은 자신의 이러한 경험에 대하여 다음과 같이 말하였습니다. "이 후로는 누구든지 나를 괴롭게 말라 내가 내 몸에 예수의 흔적을 지니고 있노라"(갈 6:17). 여기서 "예수의 흔적"이라고 번역된 부분은 헬라어로 타 스티그마타 투 예수(τὰ τίγματα τοῦ Ἰησοῦ)인데, 이는 '예수의 스티그마(στίγμα)들' 이라는 뜻입니다.

로마 시대의 스티그마란 가축이나 노예의 몸에 주인의 소유라는 것을 나타내 보이도록 찍은 화인(火印)이나 문신 등의 표지(標識)를 가리킵니다.[91] 그러므로 사도가 말하는 타 스티그마타 투 예수는 예수님이 자신의 주인이며 자신은 그분의 노예라는 사실을 가리키는 표입니다. 이것은 그의 육체가 아닌 마음과 영혼에 새겨진 지울 수 없는 표지였습니다.

갈라디아서의 문맥에서 보더라도 육체에 새긴 할례의 표를 자랑하는 유대인들을 비판했던 사도가 자신은 몸의 다른 부분에 할례의 표와 비슷한 또 다른 상처의 흔적을 가졌다고 자랑하였을 리가 없습니다. 그것은 오히려 육체적인 상처가 아니라 정신적인 의미에서의 형상으로 해석되어야 합니다. 다시 말해서 '예수의 흔적'

---

91) 스티그마는 주인이 자신의 노예에게 찍은 낙인 표시를 뜻할 뿐만 아니라 고대에 특출한 역할을 했던 종교적 문신의 표를 의미한다. Walter Bauer, *A Greek-English Lexicon of the New Testament and Other Early Christian Literature*, 3rd ed., ed. Frederick W. Danker, W. F. Arndt, F. W. Gingrich (Chicago: University of Chicago Press, 2000), 945.

(the marks of Jesus)이라는 표현은 '그리스도의 노예'(the slave of Christ)라는 말의 또 다른 표현일 뿐입니다.[92]

신약성경에 의하면 '그리스도인' 이라는 호칭은 안디옥에서 처음 나타납니다(행 11:26). 헬라어로 크리스티아노스(Χριστιανός)라고 하는 이 단어는 '기름부음 받은 자', 곧 히브리어로 '메시야'를 의미하는 크리스토스(Χριστός)에 소유의 의미를 가진 접미사 이아노스(ιανος)가 붙은 것입니다. 이는 '그리스도께 속한 자', '그리스도의 소유', '그리스도의 노예' 라는 의미였습니다.[93] 우리말 성경에서 "그리스도의 종"(롬 1:1)이라고 번역된 헬라어 둘로스 크리스투(δοῦλος Χριστοῦ)는 원래 '그리스도의 종'이 아니라 '그리스도의 노예'를 의미하는 것이었습니다.

로마 사회에서 종과 노예는 대우나 신분이 현저히 달랐습니다. 당시 '종' 이라는 표현은 신분보다는 주로 그가 하는 일과 관련된 것이었습니다. 왜냐하면 종들 중에는 급료를 받고 일하는 사람들이 있었기 때문입니다. 그러나 노예는 존재 자체가 주인에게 속한 자로서 자녀를 낳아도 주인의 소유가 됩니다. 다시 말해서 종과 노예는 그의 의무에서 어느 정도 겹치는 것이 사실이지만 신분에는 핵심적인 차이가 있다는 것입니다. '종'(servant)이 고용된 존재라면, '노예'(slave)는 소유된 존재였습니다.[94]

둘로스의 뜻은 '노예' 라는 것이 틀림없는데 영어 성경에서 '노예'(slave)라고 번역되지 않고 '종'(servant)으로 번역된 것에 대해 존 맥아더(John MacArthur, 1939-)는 두 가지 배경을 제시합니다.[95] 첫째는, 영어 역본 번역자들이 당시 '대영제국의 노예제도와 맞물린 불명예스러운 상황'을 피하고자 했다는 것입니다. 둘째는, 중세

---

[92] 김남준, 『성화의 맥락에서 본 갈라디아서 6장 17절의 예수의 흔적』 (안양: 열린교회출판부, 2007), 10-15.
[93] F. F. Bruce, *The New International Commentary on the New Testament: The Book of the Acts* (Grand Rapids: Wm. B. Eerdmans Publishing Company, 1988), 228.
[94] 존 맥아더, "다시 찾아야 할 단어", 『크리스채너티 투데이』, 2014년 7/8월호, 29-30.
[95] John MacArthur, *Slave: The Hidden Truth About Your Identity in Christ* (New York: Gale Cengage Learning, 2010), 30-31.

후기에는 라틴어 성경에서 헬라어 **둘로스**를 라틴어 **세르부스**(*servus*)로 번역하는 것이 일반적이었기 때문에 그 영향으로 나타난 현상이라는 것입니다. 게다가 16세기 영국 상황에서 '노예'라는 용어는 그리스나 로마의 노예 개념과는 다르게 사슬에 묶여 있거나 감옥에 갇혀 있는 사람을 묘사하는 것이었기에, 『제네바 성경』(*The Geneva Bible*)과 『킹 제임스 성경』(*The King James Version*)이 둘로스에 대한 번역으로 '종'이라는 단어를 선택했다는 것입니다.

2. 신뢰할 수 없는 사역자

그리스도를 닮아 가는 목회자가 되어야 합니다. 날마다 그리스도의 형상을 닮아 가는 목회자는 결코 자신의 목회의 소명을 망각하지 않습니다. 다시 말씀드리거니와 목회의 소명은 신학공부 안에서 간직되는 것이 아니라 신앙생활 안에서 자라납니다.

목회의 길에 들어선 모든 사람이 불타는 소명감을 가지고 시작했다가 그것이 희미해지는 가운데 생애를 마치는 것은 아닙니다. 오히려 신학교에 들어올 때는 소명이 분명하지 않았지만 이후에 복음 사역을 위하여 힘쓰면서 소명감에 불타오를 수도 있습니다.

세월이 흐르면서 인간은 모두 변해 갑니다. 마치 시간 안에 있는 모든 사물들이 공간 속에서 나타났다가 사라질 때까지 소멸을 향하여 변화하는 것처럼 말입니다. 목회의 소명을 받은 사람들도 마찬가지입니다. 그들의 소명은 한 번에 주어지지만 주어진 소명에 대한 의식은 끊임없이 변천합니다. 그것은 강렬해지는 때도 있고, 희미해지는 때도 있으며, 가끔은 거의 망각되는 때도 있습니다.

목회의 소명은 십자가와 부활의 체험 속에서 한 번에 주어지지만 그것이 그 사람의 성품을 모두 바꾸어 놓는 것은 아닙니다.

신학교에 입학하면 같은 반 학우들끼리 몇 주 동안은 서로 인사를 나누며 자신을 소개하는 시간을 갖습니다. 한 사람씩 앞에 나와서 자기를 소개할 때마다 우리는 그 사람에 대하여 어떤 인상을 갖게 됩니다. 어떤 학생에 대해서는 좀 경박하다는 인상을 받게 되고, 또 어떤 학생에 대해서는 진실하다는 인상을 갖게 됩니다. 그런가 하면 어떤 학생에 대해서는 정치적이라는 인상을 갖게 되고, 또 어떤 학생에 대해서는 똑똑하다는 인상을 갖게 됩니다.

그런데 그 후로 신학교를 졸업하고 30년의 세월이 흘러도, 그 첫 만남에서 받은 인상과 현저하게 다른 삶을 살아가는 학우들을 만나기란 쉽지 않습니다. 이것은 한 인간의 삶이 그의 성품과 얼마나 밀접한 관계가 있는지를 보여주는 것입니다. 또한 목회의 소명을 받아도 그 사람의 본성이 바뀌기는 얼마나 어려운지를 보여주는 대목이기도 합니다. 물론 목회의 길을 가고 난 이후에 주님을 깊이 만나 완전히 변화된 사람들도 있습니다. 그러나 그런 사람들은 매우 소수입니다.

우리가 신뢰할 수 없는 사역자들이 있습니다. 그들은 진정한 예배자였던 적이 없는 예배 인도자, 진지한 설교의 청취자였던 적이 없는 열렬한 설교자, 간절한 기도자였던 적이 없는 뜨거운 기도 인도자, 열심 있는 전도자였던 적이 없는 파송 선교사, 교회의 치리에 복종해 본 적이 없는 당회장 같은 사람들입니다.

그런 사람들은 신뢰할 수 없습니다. 왜냐하면 예배 인도, 말씀 설교, 기도 인도, 선교 사역 등이 자신의 신앙에서 우러나온 것이 아니라 자신의 위치가 그것을 해야 하는 자리에 있기 때문에 수행한 것이기 때문입니다. 그것은 신앙이 시킨 것이 아니라 사역이 시킨 것입니다.

그런 사람들은 신뢰할 수 없는 사람들입니다. 목회자는 과업의 의무에서 태어나는 것이 아니라 은혜의 요람에서 태어납니다. 한 교회를 목회하기 때문에 자기의 교회를 사랑하거나, 자신이 설교를 하기 때문에 예배 시간을 중요하게 생각하거나, 자신이 선교하기 때문에 선교를 중요하게 생각하는 태도는 진정으로 소명을 따른 삶이라고 말할 수 없습니다.

3. 목회자의 자기 깨어짐

소명을 따르는 삶은 자기 깨어짐으로 입증됩니다. 목회자로서의 소명은 그가 끊임없이 그리스도를 본받아 닮아 가려는 몸부림 속에서 현재적으로 유지됩니다. 우리는 종종 널리 알려졌고 누구보다도 열심히 사역을 하고 있지만 예수의 흔적을 느끼기 어려운 목회자들을 만납니다. 그것은 본인에게나 그리스도의 교회에게나 커다란 손해가 아닐 수 없습니다.

신자의 인격 안에서 나타나는 그리스도의 형상은 남들이 보기에 아름답고 덕스러운 것이지만, 그것은 자기 깨어짐의 과정을 통하여 성령 안에서 더욱 온전해져 갑니다. 그리고 때때로 잔인하리만치 가혹한 자기 깨어짐을 동반합니다. 그것은 자기의 욕심대로 살려는 옛사람의 성품에 대해서는 죽음의 가혹함이며, 성령의 소욕대로 살려는 새사람의 성품에 대해서는 생명의 충만함입니다.

이러한 사실들에 대한 경험을 저는 『자기 깨어짐』에서 다음과 같이 썼습니다.

열린교회 앞뜰에 단풍이 곱게 물들던 가을날이었습니다. 마당에 홀로 앉아 성경을 묵상하고 있을 때, 예고 없이 후배 목회자가 찾아왔습니다. 그는 저에게 물었습니다. "생명력 있는 목회의 비결이 무엇입니까?" 저는 짤막하게 대답하였습니다. "죽음." 이해할 수 없다는 듯 그는 맑은 눈망울로 저를 바라보았고, 저는 다시 그에게 말했습니다. "목회자의 자기 죽음입니다."

목회가 즐겁고 행복하다는 선배 목사님들의 고백 앞에 서면, 저는 늘 한없이 작고 초라해집니다. 영혼을 돌보는 섬김에 어찌 은밀한 기쁨이 없겠습니까? 그렇지만 목회는 제게 아직도 당하기 원치 않는 가슴앓이고, 설교는 영원한 이국의 언어입니다.

……목회자인 저에게 몇 천 명의 교인을 목회하는 일보다 더 힘든 일은 한 사람을 목회하는 일입니다. 그 한 사람은 여러분 중 가장 완고한 교인보다 더욱 고집

스럽고 악합니다. 아직도 저의 목양의 손길에 들어오지 않는 한 사람은 바로 제 자신입니다.

어느 날 주님의 음성이 제 마음에 들렸습니다. '애야, 네 몸에 나 예수의 흔적이 있니?' 처음에는 작은 소리를 내며 흐르는 개울물 같던 그 음성은 점점 시간이 흐를수록 계곡을 휘돌아 흐르다 떨어지는 폭포수처럼 들려왔습니다. 그래서 불 꺼진 교회당 한구석에서 울고 또 울었습니다. 길을 걸어갈 때에도, 찬물에 만 아침밥을 뜰 때에도, 깊은 밤 홀로 들판을 산책할 때에도, 서재에서 책을 읽을 때에도 그 음성이 생각이 나서 울고 또 울었습니다.

그렇게 아픈 여러 달을 지나면서 제게는 소박한 소원이 하나 생겨났습니다. 제가 언제 이 고단한 목회 사역의 날개를 접게 되든지 그날이 살아온 날들 중에는 가장 많이 주님을 닮은 날이 되고, 앞으로 살아 있을 날에 대하여는 그날이 가장 주님을 덜 닮은 날이 되는 것이었습니다.[96]

IV. 맺는 말

설교자는 사람에 의해 만들어지지 않습니다. 강의실에서 태어나 실습실에서 성장함으로써 태어나는 것도 아닙니다. 그는 은혜의 요람에서 태어나 광야에서 자람으로써 비로소 한 사람의 설교자가 됩니다.

마찬가지로 참된 신학함 역시 단지 우리의 이성에만 국한된 활동이 아닙니다. 우리가 마음과 뜻과 성품과 목숨을 모두 바쳐 신학의 내용을 탐구하고, 믿음으로써 그것을 우리의 삶에 적용하고, 그 신학의 궁극적인 내용이신 삼위일체 하나님을 인격적으로 닮아 갈 때, 비로소 우리는 신학을 하고 있다고 말할 수 있습니다.

---

[96] 김남준, 『자기 깨어짐』 (서울: 생명의말씀사, 2006), 16-17.

그러므로 신학을 공부하는 가장 중요한 자격은 그리스도를 사랑하는 것입니다 (요 21:17).

신앙 속에서 깨닫게 된 성경의 진리가 신학에 더 깊이 탐구해야 할 명제를 제공하고, 신학공부 속에서 깨닫게 된 성경의 진리가 신앙생활에 은혜의 풍성함을 더해 주는 순환 관계가 이루어져야 합니다.

그리하여 신학을 공부할수록 그리스도를 더욱 사랑하고 싶어지고, 하나님을 믿을수록 하나님이 누구신지 더 많이 알고 싶어져야 합니다. 그런 거룩한 순환 속에서 날마다 조금씩 그리스도의 거룩한 형상을 닮아 가며 주님 안에서 행복한 사람이 되어 가는 것, 이것이 바로 신앙 안에서 신학을 하는 것입니다.

제5장 신앙과 신학

I. 들어가는 말

우리의 신앙적 경험들은 신학을 통하여 구체적인 지식이 된다. 그래서 열렬한 신앙생활은 치열한 신학공부를 필요로 하고, 치열한 신학공부는 열렬한 신앙 체험을 필요로 한다.

II. 신앙의 중심 : 신앙과 이성

A. 지식 획득의 두 수단 이성과 신앙이 상호 배척 관계에 있다고 보는 입장도 상호 일치 관계에 있다고 보는 입장도 모두 옳지 않다. 이에 대한 올바른 관점은 이성을 통해서는 신앙의 필요를 인식하고 신앙을 통해 명제로 받아들인 계시를 체계화하고, 신앙을 통해서는 이성으로 파악할 수 없는 신적 명제들을 받아들인다고 보는 것이다. 신앙의 필요를 인식하지 못하는 이성은 오만함이고, 이성의 필요를 인식하지 못하는 신앙은 게으름이다.

B. 신앙과 이성의 관계 해석사

1. 신약성경 시대 신앙과 이성, 즉 은혜와 지식 사이에 균형을 이룬 시기.
2. 초대교부 시대 신앙 우위론적 입장을 견지한 가운데 신앙과 이성의 조화를 꾀하였으나, 철학에 대한 의존이 심하였던 특징이 나타나는 시기.
3. 아우구스티누스 신앙은 이성을 배척하는 것이 아니라 이성을 도와 하나님께 나아가게 하는 것이라고 본 시기. 그는 신앙을 이성으로써 도달할 수 없는 사실들에 대한 지식을 얻는 수단이며, 불완전한 지적 능력을 가진 인간에 대한 하나님의 배려이자 사랑과 신뢰를 끌어오는 힘이라 설명하였다.
4. 중세 시대 이성과 신앙, 철학과 신학의 조화를 도모한 시기. 플라톤뿐 아니라 아리스토텔레스의 사상에 도움을 받으며 교부들의 신학적 유산을 존중하는 가운데 신학의 상세화와 체계화가 이루어졌다.
5. 종교개혁과 정통주의 시대 종교개혁자들에게 이성은 신앙 아래 복종하여 학문으로서의

신학의 탐구를 보조해야 할 도구였다. 그들의 화두는 이성과 신앙의 조화라기보다는 지식과 경건의 결합이었다. 이후 나타난 정통주의 신학자들은 가톨릭을 비롯한 이단들에 대해 종교개혁의 신학적 대의를 변증하고 미처 정리되지 못한 종교개혁자들의 신학을 구체화하고자 철학적 논의를 도입하였다.

6. 경건주의와 17-18세기 경건주의 시대에 들어서면서 이성과 신앙 사이의 균형을 잡는 엄격한 견해들이 양보되고 교리와 체계적인 신학보다는 경험이 강조되었다. 즉 균형추가 이성에서 신앙으로 옮겨졌다고 평가할 수 있다. 계몽주의가 등장하며 균형추가 다시 이성 쪽으로 옮겨지는 듯했으나, 이후 신학에서 이성과 신앙의 관계에 대한 논쟁은 이성과 감정이라는 주제가 되어 사상사 속에서 진자 운동을 거듭하게 된다.

C. 지성과 의지 인간의 지성과 의지의 관계에 대한 이론은 크게 세 가지 견해로 나뉜다. 인간의 의지 행사가 전적으로 지성에 의존한다는 토마스주의적 주지주의, 지성에 대한 의지의 독자적 우위성을 주장하는 스코투스적 주의주의, 인간의 모든 의지가 아니라 오직 하나님을 의존하는 의지만이 인간의 정신생활을 주도하는 힘이라고 인정하는 아우구스티누스적 주의주의가 그것이다.

III. 좋은 신학함

신자의 삶 전체가 신학함의 과정이다. 우리의 삶이 좋은 신학함이 되기 위해서는 첫째로 성경의 사람이 되어야 하고, 둘째로 진리에 대한 깨달음이 삶의 실천으로 드러나야 하고, 셋째로 자기 깨어짐 가운데 우리의 인격 안에서 그리스도의 형상이 나타나야 한다.

IV. 맺는 말

신학은 이성에 국한된 활동이 아니라 하나님을 사랑하는 신앙에서 이루어진다.

누가 신학을 하는가

신학은
신학교에서 열심히 공부하는 것은 물론
마음을 쏟는 기도와 그리스도를 닮은 인격으로
치열하게 그분의 몸된 교회를 섬기는 사람들이 하는 것입니다.
작은 언덕과 같은 목회자는 목회의 성공을 꿈꾸는 사람들 중에서 나오지만
큰 산과 같은 목회자는 승리한 신앙을 꿈꾸는 사람들에게서 나옵니다.
목회에 필요한 모든 정신과 기술들은 신앙 속에서 단련되고 구체화되기에
목회의 소명을 받는 사람들은 목회에 대해 생각하기 전
신앙에 대해 더 많은 고민을 해야 합니다.

제6장

학업과 사역

Study and Ministry

I. 들어가는 말

　신학교 교육 과정은 목회 사역을 위해 마련된 것입니다. 따라서 엄밀히 말하자면, 신학생 시절에는 열심히 공부하고 정해진 신학 교육 과정을 마친 후에 목회 사역에 종사하는 것이 바람직할 것입니다.
　그러나 조국교회의 현실은 여러 가지 이유로 학생들이 신학교를 다니면서 목회 사역에 봉사하지 않을 수 없게 만들고 있습니다. 우리의 이러한 현실은 분명히 부정적인 측면도 있습니다. 지식적으로 충분히 준비되지 않은 상태에서 영혼들을 돌보는 것의 문제와 학문의 탐구에 몰두하여야 할 시기에 목회 사역에 헌신하는 데서 오는 학업 양의 절대적 부족 때문입니다. 하지만 영혼을 사랑하는 목회자의 마음을 더 일찍 배우고 경건에 힘쓰게 된다는 긍정적인 측면도 가지고 있음을 부인할 수 없습니다.
　신학교에 다닐 때 저를 항상 고통스럽게 했던 질문은 '어떻게 하면 학업과 사역에 균형을 이룰 수 있을까?' 하는 것이었습니다. 학교에 오면 마땅히 감당해야 할 공부에 대한 부담과 열망 그리고 그렇게 할 수 없는 현실 때문에 가슴이 아팠고,

교회에 가면 변화되지 못한 영혼들을 위해 자신을 온전히 목회에 쏟아부을 수 없는 현실 때문에 눈물이 났습니다.

직장을 다니면서 야간 신학교를 다닐 때는 직장만 그만두면 훨훨 날아다니는 새처럼 자유롭게 공부할 수 있을 것 같았지만, 막상 직장을 그만두고 나니 저를 기다리고 있던 것은 충분한 시간이 아니라 극도의 가난과 고단한 사역이었습니다.

저는 신학교에 다니는 일곱 해 동안 정말 최선을 다해 살았습니다. 하나님께서 그 시간으로 되돌아가서 다시 한 번 살 기회를 주셔도 그 전보다 더 잘 살아 낼 자신이 없습니다. 그렇게 열심히 살았음에도 불구하고 학업과 목회 사이에서 느끼는 심장이 찢어지는 것 같은 긴장과 고통은 한순간도 저를 떠나지 않았습니다.

돌이켜 보면 저는 그런 거룩한 긴장이 주는 고통을 체험했기에 진정으로 신학을 한다는 것이 무엇인지 배울 수 있었습니다. 모든 것이 하나님의 은혜였습니다. 이러한 경험을 토대로 저는 여러분에게 신학교에서의 학업과 교회에서의 사역을 어떻게 병행하며 학문과 경건에서 자라갈지에 대해 이야기해 보려고 합니다.

목회자로서의 불타는 소명 의식은 열심히 공부할 뿐만 아니라 치열하게 교회를 섬기고 열렬히 기도함으로써 유지될 수 있습니다.

II. 신학교와 사역의 현장

신학교에 입학하고도 자신의 소명 여부를 확인하지 못하여 방황하는 사람들의 공통적인 특징이 있습니다. 그것은 어느 교회를 다니든지 거기서 열심히 주님을 섬기지 않는다는 것입니다. 때로는 신학공부에 전념한다는 명분 때문에, 때로는 목회 사역이 주는 영적인 부담감 때문에 교회를 열심히 섬기지 않습니다. 그러나 신학교 다니는 시절에 좋은 신학을 제대로 배우는 가장 중요한 비결은 복음적인 교회에서 목양을 받으며 힘껏 섬기는 것입니다.

A. 공부에 몰입하는 위험

신학교 시절에 마음을 다하여 학문을 탐구하여야 한다는 점에서는 이론의 여지가 없습니다. 하지만 반드시 명심하여야 할 사실이 있습니다. 목회자가 되려는 사람들에게 학문을 위한 근육과 목회를 위한 근육이 발달하는 시기가 거의 일치한다는 것입니다. 한창 발육하는 어린아이 때에 적절한 영양을 공급받지 못하면 다 자란 후에 아무리 잘 먹인다 할지라도 신체 조건이 변화되지 않는 것과 같이, 학문과 목회의 근육을 발달시켜야 할 시기에 그것을 못하면 이후에는 더더욱 어려워집니다.

신학교를 졸업하고 나면 누구나 목회를 시작하지만 모든 사람의 사역이 곧바로 열매를 맺는 것은 아닙니다. 이는 마치 어떤 훈련도 받지 않은 사람이 올림픽에 나가 국가의 명예를 위하여 죽을 각오로 역기를 든다고 해서 메달을 획득할 수 없는 것과 같습니다.

그러므로 신학교 시절을 포함하여 담임목회를 하기 전까지 오랜 기간에 걸쳐 열심히 교회를 섬김으로써 목회의 근육을 길러야 합니다. 그 근육은 한 번에 발달하는 것이 아닙니다. 꾸준한 운동으로 균형 잡힌 몸매와 근육을 갖게 되는 것처럼, 목회의 근육을 갖기 위해서는 절대적인 훈련의 기간이 필요합니다. 저는 그 기간을 짧게 잡아도 7년, 길게 잡으면 10년 이상으로 봅니다. 그리고 그 시기는 20대 후반에서 30대 후반까지라고 봅니다.

한 교회에서 그가 맡은 직분이 교육 전도사인지, 평신도 교사나 구역장인지는 문제가 되지 않습니다. 목양을 위한 근육 훈련은 영혼을 사랑하고 그들을 위하여 자신을 내어 주는 고난과 인내를 통하여 이루어지는 것이지, 맡은 바 직분의 높고 낮음을 통하여 이루어지는 것이 아니기 때문입니다.

존 오웬(John Owen, 1616-1683)은 자신의 책 『복음적 교회의 본질』(*The True Nature of a Gospel Church*)에서 목회자들의 특별한 의무에 대해 다음과 같이 언급합니다.

목회자의 첫 번째 주요한 의무는 부지런한 말씀 선포로 양 무리들을 먹이는 것이다. ……양 무리에 대한 목회자의 두 번째 의무는 그들을 위해 지속적으로 그리고 열렬하게 기도하는 것이다. ……영혼들이 하나님께로 회심하도록 부지런히 애쓰는 것이 그들의 임무요 직무이다.97)

신학생들에게 사역의 시기를 조절하고 공부에 전념할 시기를 확보하라고 말하지만, 그것은 교회 섬김보다 공부가 더 중요해서가 아닙니다. 신학교 시절이 아니면 공부에 몰입할 시간과 기회를 갖기가 어렵다는 것을 알기에 특별히 더 치열하게 공부하라고 권면하는 것이지, 영혼을 향한 섬김을 배제한 채 공부에만 몰입해야 한다는 의미가 아닙니다.

학문으로서의 신학의 근육이 형성되는 시기와 실천으로서의 목회의 근육이 형성되는 시기가 동일하기 때문에, 우리는 이 둘을 모두 잘하도록 조화롭게 노력하지 않으면 안 됩니다.

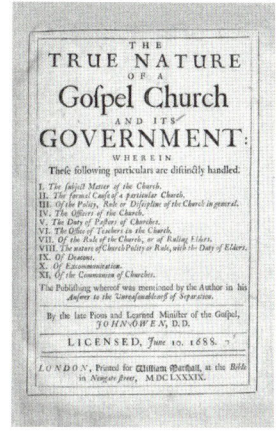
영국 런던에서 출간된 『복음적 교회의 본질』 1689년 판본.

B. 치열하게 교회를 섬김

신학교를 다니며 교육 전도사로 교회를 섬기던 시절, 사역과 공부를 병행하느라 잠잘 시간도 없던 그때 항상 마음에는 이런 생각이 있었습니다. '아침부터 밤까지 마음껏 책을 보고 공부할 수 있다면 얼마나 좋을까?' 그러한 고민은 정규 교육 과정을 떠나 목회를 하는 지금까지도 계속되고 있습니다.

---

97) John Owen, *The True Nature of a Gospel Church*, in *The Works of John Owen*, vol. 16, ed. William H. Goold (Edinburgh: The Banner of Truth Trust, 1988), 74, 77, 83.

물론 지금은 세월이 흘러 나이도 들고, 공부에 대한 의욕도 예전과 같지 않고, 그것을 감당할 체력의 한계도 느끼고 있어 그런 고민이 많이 약화되었습니다. 그리고 보잘것없지만 어느 정도 성숙해져 목회와 학문 양쪽에서 주어지는 의무를 모두 어느 정도 감사함으로 받아들일 수 있는 마음이 생겼습니다.

그러나 젊은 시절에 저는 교회에서 영혼들을 섬겨야 하는 부담과 학교에서 공부하여야 한다는 부담 사이에서 온 마음이 찢어지는 것 같은 고통을 늘 느끼며 눈물로 살았습니다.

1. 교회를 섬긴 유익

교회와 학교 혹은 교회와 직장 사이에서 늘 긴장을 늦추지 못하고 살아야 했지만, 신학을 공부하는 기간 내내 교회를 섬긴 것이 제게 준 신앙적 유익은 이루 말할 수 없습니다. 그런 긴장이 있었기에 기도하지 않을 수 없었고, 어린아이처럼 하나님을 의지하지 않을 수 없었기 때문입니다.

특히 직장을 다니면서 야간 신학교에 다니던 시절에는 마음껏 공부하지 못하는 제 처지 때문에 가슴을 쥐어뜯는 것 같은 슬픔 속에서 신학교가 있는 언덕을 오르는 밤이 많았습니다. 그러나 하나님께서는 그러한 정신적인 압박을 통하여 제게 시간을 아끼는 마음뿐만 아니라 효율적으로 사용하는 습관들이 몸에 배도록 만들어 주셨습니다.

당시 저는 할 수 있는 한 직장에서도 저의 의무를 다하여 그리스도인으로서 비난을 받지 않고자 최선을 다하였습니다. 교회에서는 학교 공부와 직장 생활 때문에 누를 끼치지 않고자 애썼으며, 직장과 학교에서는 교회 때문에 공백이 생기지 않도록 노력하였습니다.

모든 사람에게 공평하게 주어진 하루 24시간이니 덜 자고, 덜 먹고, 덜 쉬는 것밖에는 다른 방법이 없었습니다. 학교에서나, 직장에서나, 교회에서나 항상 저의 부족함을 마주할 수밖에 없었기에 그때마다 상한 마음으로 하나님께 기도로 매달리게 되었습니다.

제가 신학대학원을 졸업하고 서울에 있는 한 중형교회에서 청소년부 교육 전도사로 섬기고 있을 때의 일입니다. 그 당시 저는 신학대학교에서 학생들을 가르치는 일도 하고 있었습니다. 저만 성실히 산다면 주 중에는 신학교에서 학생들을 잘 가르치고 주말에는 교회에서 하나님께서 맡겨 주신 양떼들을 만나 마음을 다해 목양을 하는 생활이 가능할 것 같았습니다.

그런데 막상 교회의 교육 전도사로 부임하여 보니 부서의 청소년들은 대부분 회심하지 않은 상태였고 교사들 중에도 여러 사람이 아직 기독교 신앙의 본질이 무엇인지조차 모르고 있었습니다.

아무리 목회를 잘해 보려고 애를 써도 청소년들의 마음은 돌덩이 같아서 저의 설교는 그들의 마음에 스며들지 않았습니다. 그들은 거의 기도하지 않고 있었습니다. 저 나름대로 심방도 하고 전도도 하였지만 공동체의 영적 상황은 변화되지 않았고 예배에 출석하는 청소년들의 숫자는 점점 줄어만 갔습니다.

신학교에서 연구할 때에는 자신감도 생기고 학생들을 가르칠 때에는 마음이 높아지기도 했는데, 주일에 교회만 오면 저의 마음이 진흙탕 바닥을 뒹구는 것처럼 비참해졌습니다.

저는 그 어린 영혼들의 변화를 위하여 아무런 도움도 주지 못하고 있다는 자책감 때문에 괴로웠습니다. 그래서 한 주에도 몇 번씩 이 목회 사역을 계속해야 하는가 하는 갈등을 느꼈습니다.

그때는 저의 건강마저 악화되어 화장실에 앉으면 피를 한 컵씩 쏟았고, 마치 뇌를 예리한 칼로 도려내는 것 같은 날카로운 편두통이 하루에도 몇 차례나 찾아왔습니다. 때로는 머리를 끈으로 단단히 묶지 않으면 통증이 멈추지 않을 정도로 심하였습니다.

2. 내가 경험한 부흥

당시 섬기던 신학교에서는 제게 주당 20시간 이상의 강의를 할당하였는데, 몸도 마음도 지쳐 학교 일과 교회 일 두 가지를 모두 감당할 여력이 없었습니다. 그래서 결국 교회를 사임할 마음을 가지고 간절히 기도하기 시작하였습니다. 하지만 기도할 때마다 하나님께서는 인내하라고 타이르셨습니다.

달리 생각해 보니, 그 회심치 못하여 핏기 잃은 영혼들을 버려두고 여기서 힘들다고 물러난다는 것이 목회자의 양심으로 용납되지 않았습니다. 그렇게 시간을 보내는 가운데 사임할 마음은 흐려지고, 공동체의 영적 상황이 제 마음에 짓눌리는 부담으로 다가왔습니다. 그리하여 저는 중대한 결심을 하게 되었습니다.

저는 매주 토요일 밤마다 교회에 나가서 제게 맡겨진 불쌍한 어린 영혼들을 위하여 밤새워 기도하기로 마음을 먹었습니다. 토요일이면 밤 9시쯤 교회에 도착하여 혼자서 부서 예배실을 청소하였습니다. 빗자루로 쓸고, 대걸레로 바닥을 닦고, 손걸레로 장의자를 닦고 비닐 방석을 뒤집으면서 깨끗이 걸레질을 하였습니다. 마지막으로 깨끗한 물걸레로 강대상을 닦으며 하나님께 간절히 기도하였습니다. "내일 이 강대상에서 제가 하나님의 말씀을 전할 때 어린 영혼들이 마음을 열고 은혜를 받게 도와주소서."

약 한 시간 반 동안의 청소가 끝나면 저의 온 몸은 땀으로 흠뻑 젖었습니다. 그러면 화장실에 가서 세수를 하고 편한 옷차림으로 갈아입고는 강대에 엎드려 기도를 시작했습니다. 어떤 때는 두어 시간, 어떤 때는 새벽에 동이 훤히 틀 때까지 간절히 기도하였습니다. 그러한 생활이 약 두 해 반 동안 이어졌습니다. 그 기간 동안 매 주일 교회에서 아침을 맞았습니다. 그러자 조금씩 어린 영혼들이 변화되는 기미가 보였고, 저 역시 그들과 함께 울고 웃고 아파하면서 목회가 무엇인지 어렴풋이 알아 가게 되었습니다.

그러던 어느 날이었습니다. 토요일 깊은 밤, 저는 강대에 홀로 엎드려 간절한 기도를 드리고 있었습니다. 거기서 저는 이 책에 모두 표현해 낼 수 없는 깊은 영혼의 투쟁을 경험하였고, 이길 힘을 주시는 하나님의 능력도 맛보았습니다. 그렇게 간절히 기도하던 중 여름수련회를 가게 되었고, 사흘 동안 저녁 예배 때마다 하나님의 말씀을 전하게 되었습니다. 그리고 그 수련회는 저에게 거룩한 하나님의 영광을 깊이 체험하는 계기가 되었습니다.

신학대학원 졸업반 때 휴교 중이던 캠퍼스 예배실에서 경험한 초월적인 은혜가 기도의 부흥이었다면, 그 후로부터 약 2년의 세월이 흐른 뒤에 경험한 은혜는 설교의 부흥에 대한 체험이었습니다. 저는 이때의 경험을 『설교자는 불꽃처럼 타올라야 한다』에서 다음과 같이 간증하였습니다.

어느 해 여름밤에 하나님께서 말씀을 전하도록 기회를 주셨습니다. 그날 설교단에 오르는 순간 저의 마음과 전신이 하나님의 손에 붙잡혀 있으며, 하나님께서는 일찍이 경험하지 못한 어떤 일을 이 한 편의 설교를 통하여 하실 것이라는 신적인 확신이 저를 사로잡았습니다. 그리고 저는 설교가 행해지는 예배 장소 바깥에서 배회하는 모든 사람들을 전부 들어오도록 강권하였습니다.

그리고 예배 순서를 따라 설교하기 시작했습니다. 설교할 본문은 예루살렘의 멸망을 예고하며 우시던 예수 그리스도의 모습이 기록된 누가복음 19장 41-44절까지의 본문이었습니다. 설교는 한 시간 남짓 계속되었고 설교가 계속되는 동안 무엇인가 손을 대면 곧 터질 것 같은 경건한 슬픔이 교회당을 크게 엄습하였습니다. 설교가 계속되는 동안에 여기저기서 억제된 흐느낌이, 약간은 어두운 시골의 교회당을 가득 메웠습니다. 그들은 마치 한 말씀이라도 더 듣기 위하여 복받치는 설움을 참고 있는 것 같았습니다.

교회는 깊은 산중에 자리했고 때는 어두운 밤이었습니다. 밖에는 폭우와 번개를 동반한 세찬 비바람이 휘몰아치고 있었습니다. 죄의 심각성과 하나님의 진노하심에 대하여 설교할 때, 순간순간 하늘이 찢어지는 것 같은 굉음이 들렸고 먼 산기슭에 벼락 떨어지는 소리가 들렸습니다. 기이한 빛이 교회당 안에 번뜩이면서 설교는 절정을 향하여 치달았습니다. 저는 오랜 세월이 흐른 지금도 성령께서 설교를 듣는 회중들의 마음을 움직이는 데 그러한 자연 환경을 사용하셨다고 생각합니다. 설교가 끝나자마자 마치 총에 맞은 짐승들의 울부짖음 같은 비통한 부르짖음이 온 교회당 안에 가득하였고, 그 부르짖음이 어찌나 극도에 달했는지 집회하는 예배당의 천장이 찢어지는 것 같은 느낌을 받았습니다. 그들의 울부짖음은 고요한 밤하늘에 이따금 울려 퍼지는 천둥소리를 타고 골골이 휘돌아 나갔습니다.

사람들은 설교 중에 극심한 충격으로 정신을 잃고 쓰러지기도 하였습니다. 영적으로 눌린 자들을 드러내시고, 경련과 비명 속에 귀신들이 나갔습니다. 설교를 듣던 사람들은 밑도 끝도 없는 깊은 죄의식에 사로잡혀서, 자신을 가리켜 '죄악덩어리'라고 고백하였습니다. 자신에 대한 이러한 패배감은 예수 그리스도에 대한 시므온의 예언을 생각나게 하였습니다(눅 2:33-35). 이 복된 패배감은 그리스도에 대한 갈망으로 이어졌습니다.

저녁 7시 30분경에 시작된 예배는 이튿날 새벽 1시 반이 되었는데도 끝나지 않았습니다. 어떤 사람들은 일어선 채 벽을 붙들고, 앉는 것도 잊어버린 상태에서 두 시간이 넘도록 폭포수 같은 눈물로 회개하였습니다. 성령께서는 집회의 인도자를 밀치고 스스로 예배를 주관하셨습니다. 성령께서 임하셨고 죄인들의 마음을 녹이셨으며 회개가 끝나자 성령의 각양 은사들은 회중을 뒤덮었습니다. 그것은 분명히 은혜 체험 이상의 사건이었습니다.

회중 가운데 괄목할 만한 변화는 그 이후에 일어났습니다. 이전까지만 해도 하나님의 말씀을 전할 때, 설교자로서 그들 앞에서 느끼는 저의 느낌은 목석 앞에서 설교하고 있다는 느낌이었습니다. 단지 귀를 기울일 뿐 아무런 느낌도 설교를 통하여 기대하지 아니하였습니다. 후일 그들은 저의 말씀 증거를 설교가 아니라 단지 소리로 느꼈다고 술회하며 말씀에 대한 자신들의 태도를 후회하였습니다.

그런 놀라운 일이 있고 난 후에 제일 먼저 달라진 것은 예배였습니다. 대다수의 사람들이 하나님의 말씀을 듣고 하나님을 찬양하고 기도하는 것 외에 주일날에 아무것도 기대하지 않는 것처럼 보였습니다. 그들은 짧으면 한 시간 반, 길면 약 세 시간 가까이 계속되는 설교를 마음을 다하여 경청하였습니다. 설교를 듣는 회중들의 모습은 마치 석고상을 깎아 놓은 것 같았습니다. 회중석에서는, 설교가 시작되어서 끝날 때까지 추호의 미동(微動)도 없었습니다. ……그 후 헤아릴 수 없는 날 동안 설교했지만, 이런 일이 똑같이 일어남을 보지 못하였습니다. 후일에야 그것이 참된 영적 부흥이었다는 것을 알았습니다. 끝없는 고통과 대적이 둘러싸고 있었으나 제 인생 어느 때도 그렇게 행복한 시간은 없었습니다.[98]

이러한 체험은 개인적인 부흥이 아니라, 설교를 통하여 많은 회중이 동시에 하나님의 말씀의 부흥이 무엇인지를 보았던 경험이었습니다.

저는 그날 밤 거룩하신 하나님의 위엄과 영광과 자비를 깊이 체험하면서, 위대한 신학자들이 자신의 신학적 진술을 통하여 말하고자 한 것이 무엇인지를 직접 경험하였습니다. 그날이 하나님께서 저를 설교자로 부르신 날이었습니다.

그 일이 있고 난 후에 저는 신학이 하나님의 영광을 진술하는 데 얼마나 유한한지, 인간의 언어는 하나님을 묘사하는 데 얼마나 무능한지 절실하게 느끼게 되었습니다. 저는 그 설교의 부흥을 경험하면서 한 신학자에게 있어서 참된 신학은 하나님의 거룩하심을 경험하는 것과 함께 시작된다는 사실을 알게 되었습니다.

C. 그리스도의 남은 고난에 참여함

그리스도의 탁월성과 하나님의 영광에 대한 이 초월적 은혜의 경험은 온 마음을 다하여 교회를 섬기는 가운데 제게 주어진 것이었습니다.

---

[98] 김남준, 『설교자는 불꽃처럼 타올라야 한다』(서울: 생명의말씀사, 2009), 226-228.

그리스도의 고난은 다 이루신 고난과 아직 남겨 두신 고난으로 구분됩니다(요 19:30, 골 1:24). 전자는 그리스도께서 홀로 당하신 당신의 고난이고, 후자는 우리를 참여하게 하시는 당신의 고난입니다.[99]

르네상스 회화의 거장 피에로 델라 프란체스카의 작품에서 묘사된 구주되신 예수 그리스도의 부활.

부활하신 그리스도께서는 교회의 머리가 되셨고, 교회는 그분의 영적 몸이 되었습니다. 그리스도인은 누구든지 거듭나는 순간 그리스도의 영적인 몸인 교회에 접붙여져 지체로서 다시 태어납니다. 그리고 그 이후로 그는 영원히 교회와 운명을 함께합니다.

하나님께서 아들에게 주신 사랑은 그분과 연합한 신부인 교회에 의하여 누려지고, 성도는 이 영적인 하나의 몸에 접붙여짐으로써 그 신적 생명에 참여합니다. 그리하여 그리스도인은 구원받은 이후로 인류의 구원이 완성되는 그날까지는 물론이고 그 이후 영원무궁에 이르기까지 운명을 함께하는 것입니다.

칼빈이 말하는 그리스도인의 삶이란 바로 이러한 신학 사상 속에서 '삶의 선한 질서'(le bien ordonner de vie)를 갖는 것입니다.[100] 이러한 삶은 '온전함'(rondeur)과 '순전함'(intégrité)을 요구하는데,[101] 그리스도의 몸에 접붙여진 신자들의 특성이 바로 이러하며, 이것들의 총합이 바로 지상교회의 온전함과 순전함입니다.[102]

---

[99] 김남준, 『교회와 그리스도의 남은 고난』 (서울: 생명의말씀사, 2015), 122.
[100] Jean Calvin, *Institution de la Religion Chrestienne* (Paris: Librairie de Ch. Meyrueis et Compagnie, 1859), 92.
[101] Ioannis Calvini, *Ioannis Calvini Opera Quae Supersunt Omnia*, vol. 28, in *Corpus Reformatorum*, vol 56, ed. G. Baum, E. Cunitz, E. Reuss (Brunsvigae: Schwetschke, 1885), 33, 111, 213. '온전함' (rondeur)과 '순전함' (intégrité)에 대한 설명은 다음을 참고하라. Ronald S. Wallace, *Calvin's Doctrine of the Christian Life* (Eugene: Wipf & Stock Publishers, 1997), 30-31.

이처럼 신자는 구원받는 즉시 그리스도의 몸의 일부로서 다시 태어납니다. 그리고 그의 개인적인 모든 섬김은 성례전적으로 그리스도의 몸으로서 하나님을 향한 경배로 봉헌됩니다.

그래서 그리스도인이 누리는 하나님의 생명은 그리스도를 통하여 교회와 함께 주어진 생명입니다. 정확히 말해서 우리 개개인의 구원은 하나님께서 영원 전에 작정하신 당신의 몸인 교회를 현실 속에서 이루어 가시는 과정 안에 있습니다. 그러므로 우리의 구원은 처음부터 교회론적인 구원이고, 그리스도의 한 몸으로서의 구원입니다.

신학은 그리스도의 몸을 위한 신학입니다. 왜냐하면 신자는 그리스도의 몸의 일부로서 하나님과 교회와 세상을 섬기기 때문입니다. 그런 점에서 신학은 그리스도의 몸을 향한 아픔과 기쁨, 탄식과 환희 속에서 교회를 위한 섬김(διακονία)과 교제(κοινωνία)를 통하여 습득되어 갈 때 진정으로 신학의 목적에 합당한 기능을 하게 되는 것입니다. 그러므로 누구든지 그리스도의 몸인 교회를 위하여 죽음에 이르도록 아파 보지 아니하고는 참으로 그리스도를 알 수 없습니다. 저 역시 교회를 위하여, 영혼을 위하여 아파하던 날에 주님을 깊이 만날 수 있었습니다.[103]

설교에 있어서 이러한 영적 부흥의 경험은 저로 하여금 설교 사역의 중요성에 대하여 눈을 뜨게 하였습니다. 아마도 기독교 사상에 대한 저의 본격적인 학문적 탐구도 이때부터 시작되었다고 말할 수 있을 것입니다. 이 사건을 계기로 저는 청교도들과 부흥에 관한 기록들을 읽기 시작했고, 청교도 역사 속에서 설교의 거장들을 만나게 되었습니다.

---

102) 김남준, 『교회와 그리스도의 남은 고난』 (서울: 생명의말씀사, 2015), 16-17, 138-139.
103) 그리스도를 아는 지식에서 자라가는 것이 곧 신학적 지식의 진보이다(벧후 3:18). 만약 그 신학이 참된 성경의 진리로 인도하는 신학이라면, 신학적 지식이 깊이를 더할수록 그리스도를 더욱 깊이 만나고 싶을 것이며, 또한 그리스도를 깊이 만날수록 그 신학이 더욱 아름답게 느껴질 것이다. 그렇지 않다면 신학을 공부하는 사람이 그리스도를 추구하지 않는 사람이거나, 그가 공부하는 신학이 그리스도를 가르치는 신학이 아니다.

III. 마음을 쏟아 기도함

비록 목회의 소명을 받은 사람이라고 할지라도, 그리스도를 변함없이 사랑하는 마음은 단지 그렇게 하고자 하는 자신의 의지적 결심 하나로만 되지 않습니다. 하나님의 끊임없는 은혜로만 이 사랑은 유지됩니다. 목회의 소명을 받고도 소명 의식이 흐려지는 가장 큰 이유 중 하나는 열렬히 기도하지 않는 것입니다.

A. 열렬한 기도로 살아감

기도에서 가장 중요한 요소는 열렬함과 지속성입니다.[104] 사람의 마음에는 수없는 유혹이 스쳐 가고, 의지는 적절한 기회만 있으면 그것을 따르려고 합니다. 하나님의 은혜로 조율된 마음은 수시로 변하려 하기에 아름다운 가락을 올곧게 내지 못하게 됩니다.

신자에게 마음을 쏟는 기도만큼 하나님에 대한 최고의 경외심을 표현하는 수단은 없습니다. 설교자에게 가장 큰 어려움은 설교하는 것이 아니라 열렬한 기도의 영 안에서 살아가는 것입니다. 그래서 로이드존스(D. Martyn Lloyd-Jones, 1899-1981)는 이렇게 말했습니다. "어떤 설교자이든 설교하는 것이 기도하는 것보다 더 쉽다고 고백할 것입니다."[105]

한 신자가 늘 간직하던 탁월한 신학 지식이 어느 날 모두 잊혀서 무지한 사람이 되는 경우는 없지만, 어제까지 열렬히 기도하던 사람이 오늘 한 마디도 기도할 수

---

[104] 존 오웬은 믿음의 기도는 정신의 열렬함으로 행해지며 이것은 두 가지의 열매를 수반한다고 하였는데, 첫째는 끈질김(importunity)이고 둘째는 지속적임(constancy)이라고 하였다. John Owen, *A Practical Exposition upon Psalm 130*, in *The Works of John Owen*, vol. 6, ed. William H. Goold (Edinburgh: The Banner of Truth Trust, 1991), 357.

[105] "Any preacher will tell you that it is easier to preach than it is to pray." Martin Lloyd-Jones, *Authentic Christianity: Sermons on the Acts of the Apostles*, vol. 1 (Edinburgh: The Banner of Truth Trust, 1999), 173.

없게 되는 일은 얼마든지 일어날 수 있습니다. 왜냐하면 기도는 마음을 통한 영혼의 울림이기 때문입니다. 지식은 종종 지성의 창고에 드러누운 채로도 자신의 존재를 알리지만, 살아 있는 기도의 영은 마음을 울리는 영혼의 외침 속에서만 자신이 살아 있음을 나타내 보여줍니다.

한때 목회의 소명을 받았음에도 불구하고 신학교에 와서 소명에 대해서 방황하는 사람들이 있는 것은 과거의 소명이 불분명하기 때문이기도 하지만, 더 많은 경우에는 열렬한 기도 생활을 잃어버렸기 때문입니다.

신학교에 있다 보면 탁월한 재능이 있어 공부를 잘하는 학생들을 종종 만납니다. 그러나 공부도 잘하면서 열렬한 기도의 은혜를 간직한 사람들은 만나기 어려운데, 이는 열렬한 기도를 치열한 신학공부와 함께 병행하는 것이 얼마나 어려운지를 보여주는 대목입니다.

이처럼 열렬한 기도 생활은 열심 있는 학문의 탐구보다 어려울 때가 많습니다. 학문의 탐구는 우리의 지성과 의지의 활동이 활발하면 가능하지만, 열렬한 기도는 지성과 의지의 활동과 함께 정결한 마음의 갈망까지 필요하기 때문입니다. 진정한 신학함이 단지 상아탑의 서재에서만 이루어질 수 없고, 하나님의 영광을 위한 치열한 갈망을 통해서만 가능한 것도 바로 이러한 이유 때문입니다.

목회의 소명을 받은 사람들은 신학을 공부하면서 열렬한 기도의 은혜를 유지하여야 합니다. 그처럼 열렬한 기도 속에서 이성에 길들여진 우리의 정신은 교만의 기운을 버리고 진리에 굴복하는 유순한 지성이 되기 때문입니다. 그러한 지성의 작용 안에서 경건은 자라게 되는 것입니다. 이에 대하여 아우구스티누스(Aurelius Augustinus, 354–430)는 자신의 책 『기독교 교양론』(*De Doctrina Christiana*)에서 다음과 같이 말합니다.

> 마음이 온유하고 겸손한 그 사람들 말고 지식으로 인해 교만해지지 않고 사랑으로 덕을 세우는 이들이 누구겠는가? 그러므로 그들은 장차 올 것들의 그림자요

표상이었던 유월절을 당대 사람들이 어떻게 기렸는지를 기억해야 할 것이다. 그들은 어린 양의 피로써 문설주에 표를 하되 우슬초로 표를 하라고 명을 받았다. 이 풀은 온유하고 겸손한 풀이지만 그 뿌리보다 더 강력하고 침투력이 센 것은 없다. 우리는 그 사랑에 뿌리를 내리고 그 위에 세워져서 온 성도와 함께, 그 사랑의 너비와 길이와 높이와 깊이이신 주님의 십자가를 이해할 수 있다.[106)]

B. 시월의 어느 푸르른 날에

제가 신학대학원을 다니던 시절의 이야기입니다. 지금은 낡은 건물이 되어 버린 붉은 벽돌로 지어진 교사(校舍)가 당시에는 유일한 학교 건물이었는데, 그 건물 한 동이 산속에 덩그러니 서 있었습니다.

아침 7시에 서울 청량리에서 출발한 스쿨버스가 8시쯤 경기도 용인 근처에 있는 신학대학원 캠퍼스에 도착하면 수업이 시작될 때까지 약 30분간 여유가 생겼습니다. 거의 매일 저의 마음은 갈등을 느꼈습니다. 특히 가을이면 그 갈등이 더욱 심해졌습니다. 푸르른 하늘이 높은 시월이면, 학교 뒷산에는 단풍이 곱게 물들곤 하였습니다. 그때마다 저는 두 마음 사이에서 고민하였습니다. '한 잔의 커피를 마시며 아름다운 학교 주변의 숲 속을 산책할까, 예배실에 들어가 기도를 할까?' 그때 대부분의 경우 후자의 마음이 전자를 이겼습니다.

제가 그렇게 할 수 있었던 것은 신앙이 뛰어났기 때문이라기보다는, 하나님께서 기도하지 않으면 안 되는 상황으로 저를 이끄시던 때였기 때문입니다. 신학교에 오

---

106) "…quibus, nisi mitibus et humilibus corde, quos non inflat scientia, sed caritas aedificat? Meminerint ergo eorum, qui pascha illo tempore per umbrarum imaginaria celebrabant, cum signari postes sanguine agni iuberentur, ysopo fuisse signatos—herba haec humilis et mitis est et nihil fortius et penetrabilius eius radicibus—ut in caritate radicati et fundati possimus comprehendere cum omnibus sanctis, quae sit latitudo et longitudo et altitudo et profundum, id est crucem domini." Avrelivs Avgvstinvs, *De Doctrina Christiana*, in *Corpvs Christianorvm Series Latina*, XXXII: *Avrelii Avgustini Opera*, Pars IV, 1 (Tvrnholti: Typographi Brepols Editores Pontificii, 1996), 75.

면 공부에 전념하지 못하는 자신의 처지가 생각이 나서 괴로웠고, 교회에 가면 변화되지 않는 돌덩이 같은 영혼들이 저의 심령을 짓눌렀습니다. 그리고 아침마다 성경을 읽을 때면 진리가 저의 조잡한 인격을 꾸짖는 것 같아서 마음의 고통을 받았습니다.

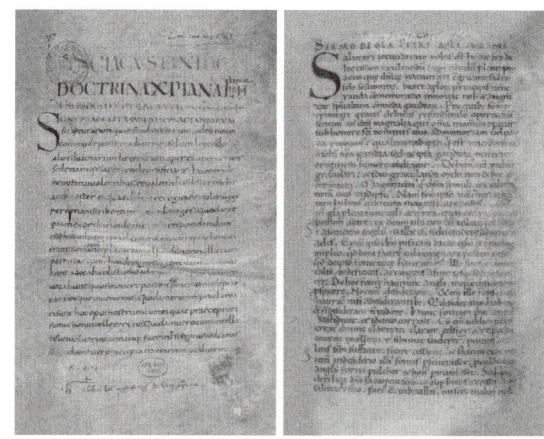

아우구스티누스가 말년에 저술한 『기독교 교양론』의 16세기 필사본. 교양 있는 그리스도인이 세속 문학 및 문화에 대해 취해야 할 태도를 논하고 있다.

이 모든 상황에서 저를 도울 수 있는 사람은 주위에 아무도 없었습니다. 하나님만이 저의 유일한 피난처였고 구원자셨습니다. 숲 속을 산책하고 싶은 마음을 접고 예배실에 들어가 앉으면 마음은 물처럼 녹아내렸습니다. 가슴은 다 토설하지 못한 탄원의 말들로 가득 찼고, 입술에서는 기도가 쏟아져 나왔습니다.

이 세상에 어떤 가엾은 사람도 나만큼 하나님의 도움이 필요한 사람은 없는 것 같았습니다. 저는 하나님께서 도와주시지 않으면 아무것도 할 수 없는 처지를 생각하며 간구하였습니다. 아무것도 의지할 곳 없었던 날에 하나님께 올리는 기도의 시간은 저의 영혼이 모든 얽매임에서 놓임받은 자유의 시간이었습니다.

신학대학원에 다니던 시절도 그러했지만, 특히 야간 신학교를 다니던 시절의 극심한 가난은 저로 하여금 더 많이 기도하게 하는 은혜의 수단이었습니다. 당시 교회에서 주는 생활비는 한 푼도 쓰지 않고 여섯 달을 모아도 한 학기 등록금에 미치지 못하였습니다. 하나님께서는 저로 하여금 당신만 의지하게 하시려는 뜻이었는지, 별다른 경제적인 도움을 받지 못하게 하셨습니다. 하지만 저는 그러한 상황을 하나님의 섭리라고 믿으며 감사함으로 받아들였습니다.

가정 생활의 고통과 목회 사역에서 오는 괴로움은 저의 마음을 눌렀고 그 유일한 피난처는 하나님의 보좌밖에 없었습니다. 때로는 설움에 겨워서, 때로는 하나님에 대한 소망 때문에 울었습니다.

그때 저는 기도가 극도로 열렬해지면 기도하는 사람의 마음속에서 마치 심장의 피가 펌프질하여 온 몸으로 퍼져 나가는 것처럼 영혼의 외침이 솟구쳐 나오게 된다는 사실도 경험했고, 그런 상태로 오래 기도하면 소변에 피가 섞여 나오기도 한다는 사실을 깨달았습니다. 그렇게 간절히 부르짖는 비참한 탄원의 기도를 마치고 예배실 통로를 걸어 나오면서 제가 한동안 목메게 부르던 찬송가가 있습니다.

주님여, 이 손을 꼭 잡고 가소서.
지치고 고단한 이 몸을.
외치는 이 소리 귀기울이시사
손잡고 날 인도하소서.

제가 신학교 다니던 시절에는 열심히 기도하는 학우들이 꽤 있었습니다. 스스로 무슨 원칙을 세운 것은 아니었지만, 언제나 한 학기가 끝나면 강원도에 있는 기도원으로 금식 기도를 떠났습니다. 어떤 때는 몇몇 학우들과 함께 기도원에 동행하기도 했습니다. 대부분의 학기에는 저 혼자 조용히 그런 시간을 가졌습니다. 저는 거기서 한 학기 동안 영혼에 묻은 때들을 벗기는 시간을 갖고는 하였습니다.

여름방학 때가 오면 여름 성경학교를 앞두고, 겨울방학 때는 한 해 목회 사역을 앞에 두고 기도하였습니다. 어느 해인가 한번은 두 명의 신학교 학우들과 함께 강원도의 기도원을 올라 금식하기도 하였습니다. 그때 금식 기도를 마치고 학우들과 함께 기도원을 내려오며 서로 보따리를 대신 짊어 주며 말했습니다. "우리, 정말 진실하게 살고 충성스럽게 섬기는 종들이 되자."

그렇게 함께 기도하던 사람들 중에는 지금 큰 교회를 담임하는 사람도 있고 작은 교회에서 열심히 목회하는 사람도 있습니다. 그러나 저는 확신합니다. 그들이 어디에 있든지 신학교에서 흘린 눈물은 어떤 식으로든지 그들의 목회를 비옥하게 하였을 것이라고 말입니다.

지금 여러분에게도 남들이 모르는 십자가가 있을 것입니다. 생활에 대한 염려, 자신의 소명을 이해하지 못하는 가족들의 핍박과 무관심, 교회에서의 부당한 대우, 사역과 공부 사이에서 오는 갈등과 고통이 어찌 없겠습니까? 그러나 잊지 마십시오. 하나님께서 훌륭하게 쓰신 종들은 모두 그런 고통스러운 길을 걸었습니다.

우리에게 중요한 것은 이론이 아니라 기도의 실천입니다. 아무리 혹독한 십자가를 지는 환경에 처하여도 온 마음을 다하여 하나님 앞에 매달리지 않으면, 우리는 연단되고 있는 것이 아니라 생고생하고 있는 것일 뿐입니다.

하나님께 특별히 쓰임받는 사람들은 결코 평범한 길을 걸어가지 않습니다. 왜냐하면 하나님께서 특별히 쓰실 사람들에게는 특별한 준비가 필요하기 때문입니다.

신학교에 다니거나 목회 수업을 받는 동안 방황하는 대신 마음을 하나님께 쏟아부어 간절히 기도하십시오. 오늘 하루가 우리 인생의 마지막 날인 것처럼 그렇게 마음을 다하여 기도하며 살아가야 합니다. 왜냐하면 우리들이 헛되이 살아가는 오늘은 어제 죽어 간 사람들이 그렇게 살고 싶어했던 내일이기 때문입니다.

목회자는 열렬한 기도의 실천 안에서 자신이 받은 목회의 소명이 현재적으로 더욱 불타오르는 것을 경험하게 됩니다. 온 힘을 다하여 치열하게 그리스도와 교회를 섬기고, 온 마음을 다하여 열렬하게 기도하십시오. 찰스 스펄전(Charles H. Spurgeon, 1834-1892)은 목회자 후보생들에게 다음과 같이 충고하였습니다. "내 형제들이여, 간청하노니 기도의 사람이 되십시오. 여러분에게 대단한 재능이 없어도 부요한 기도의 세계가 있다면 그런 재능 없이도 사역을 잘 감당해 낼 수 있을 것입니다."[107]

---

[107] Charles H. Spurgeon, *Lectures to My Students* (Pasadena: Pilgrim Publications, 1990), 45.

IV. 그리스도를 사랑함

목회자로서의 소명의 출발이 예수 그리스도를 향한 사랑이라는 사실은 이미 앞에서 살펴보았습니다. 그리스도를 사랑하는 착한 인격이야말로 모든 목회의 소명의 근원입니다.

물론 그리스도를 사랑하는 것은 모든 그리스도인의 존재의 기초입니다. 오히려 목회를 하지 않는 사람들 중에 그리스도를 더 많이 사랑하는 사람들이 있을 수도 있습니다. 그러나 목회하도록 소명받은 사람들에게 그리스도를 향한 사랑은 그의 사역을 가능케 하는 원동력이기에, 목회의 소명을 받은 사람은 예외 없이 그리스도와의 만남을 통하여 십자가와 부활의 의미를 깨닫고 그분을 아주 특별히 사랑하게 된 사람이어야 합니다.

A. 설교자, 사랑의 사람

설교자, 그는 매우 특별하게 하나님을 알고 사랑하게 된 사람입니다. 그리고 그리스도의 십자가와 부활에 대한 특별한 경험 때문에 자기 인생의 존재 목적을 하나님의 부르심에 합치시킨 사람입니다.

한 사람의 마음에서 목회의 소명 의식이 흐려진다는 것은 곧 그리스도를 향한 사랑이 흐려진다는 말과 같습니다. 한 사람 안에 있는 소명 의식이 가장 좋아하는 풍취는 그리스도를 사랑하는 마음입니다. 그러한 풍취 안에서 소명은 더욱 강해지고 구체적으로 성장하게 되기 때문입니다. 또한 그 사랑 안에서 소명을 따라 살도록 자신의 모든 지성과 의지를 복종시킬 준비가 이루어집니다.

이처럼 신적 사랑에 감화되어 그리스도의 십자가에 대한 현재적 경험 속에서 살아가는 사람들은 소명을 의심하거나 거부하지 않습니다. 오히려 날이 갈수록 주님을 더 사랑함으로써 소명도 더욱 분명해집니다. 그러므로 목회자로 부름을 받은 사람의 대치할 수 없는 최고의 의무는 이전보다 예수 그리스도를 더욱 사랑하는 것입니다.

목회자가 된 후에도 가난이나 시련과 핍박을 경험하지만, 목회자가 되기 위해 준비하는 과정에서 만나는 고난과 연단도 결코 만만하지 않습니다. 때로는 이러한 난관들이 우리의 마음에 상처를 남기기도 합니다. 마치 숲 속을 진군하는 병사들에게는 가시에 찔려 상처를 입게 되는 일이 늘 있는 것처럼 말입니다.

목회를 하거나 그 길을 준비하는 과정에서 입게 되는 마음의 상처들은 매 순간 적절한 치료제를 필요로 합니다. 그리스도를 향한 진실한 사랑이야말로 이 모든 상처를 위한 최고의 치료제일 뿐 아니라 그 모든 상처를 영광으로, 고통을 기쁨으로 변화시키는 영약(靈藥)입니다.

신학의 결국은 신앙이고, 신앙의 결국은 그리스도를 사랑하는 것입니다. 한때 노예 상인이었다가 회개하고 목사가 된 존 뉴턴(John Newton, 1725-1807)을 생각해 보십시오. 그가 일평생 자랑한 것은 그리스도의 은혜와 사랑이었습니다.

뉴턴의 나이 80세가 되었을 때, 시력과 청력은 물론 기억력까지 상당 부분 잃어 가자 주위 사람들이 그를 많이 염려했습니다. 그러나 존 뉴턴 목사는 이렇게 말했습니다. "저의 기억이 거의 사라져 가더라도 저는 이 두 가지 사실은 결코 잊지 않을 것입니다. 제가 참으로 죄인이라는 것과 그리스도께서 이런 저를 구원하셨다는 사실입니다."[108]

| 존 뉴턴. 영국 성공회 목회자이자 찬송가 작가. 한때 노예선 선장이었으나 1748년 회심하고 1755년 목회의 길에 들어섰다. 그가 지은 찬송가들 중 대표작으로는 '나같은 죄인 살리신' (Amazing Grace)이 있다.

---

108) "Although my memory is nearly gone, but I remember two things: that I am a great sinner and that Christ is a great Savior." Jonathan Aitken, *John Newton: from disgrace to amazing grace* (Wheaton: Crossway Books, 2007), 347.

B. 나를 울린 선생님

여러 해 전에 집회를 인도하기 위하여 로스앤젤레스를 방문한 적이 있습니다. 모든 집회 일정이 끝난 후 관광을 시켜 주겠다는 교회 측의 제안을 정중히 사양하면서, 소문으로 그 도시에 살고 계시다고 들은 노(老)은사 한 분을 찾아 달라고 부탁했습니다.

제 신학대학원 시절에 조직신학을 가르쳐 주셨던 고(故) 이상근(李相根, 1911-2011) 교수님이셨습니다. 저는 그분이 은퇴하실 때까지 그분의 조교로 일하였습니다. 참으로 자애로우시고 경건하신 분이었습니다.

그분은 웨스트민스터신학교에서 존 머리(John Murray, 1898-1975)로부터 조직신학을 배우셨고, 후에 고려신학교와 총신신대원에서 후학들을 가르치셨습니다. 그분은 지주의 아들로 태어나서 물려받은 유산도 많았는데, 그 많던 유산을 대부분 기부하고 일평생 청빈하고 소박한 삶을 사셨습니다. 비록 지금은 하늘나라로 떠나시고 안 계시지만, 언제나 그분을 떠올리면 고고한 선비 같은 인품에 고개가 숙여집니다.

가까스로 연락이 닿아 교수님이 거주하시는 곳을 찾아갔을 때, 사모님은 이미 7년 전에 돌아가시고 당시 연세가 아흔넷이나 되었던 교수님만이 홀로 작은 아파트에 살고 계셨습니다. 거동이 불편하신 교수님은 보호 장구를 의존해야 움직일 수 있으셨는데, 제가 찾아가 큰절을 올렸더니 너무나 반가워하셨습니다. 저는 준비해 간 꽃다발과 과일 바구니, 제가 쓴 『구원과 하나님의 계획』을 드렸습니다. 그랬더니 교수님은 "김 목사가 조직신학 책을 한 권 썼구나." 하시며 기뻐하셨습니다.

노(老)은사께서는 20여 년 만에 찾아온 제자를 그렇게 반겨 주셨습니다. 저는 교수님이 불편한 몸으로 홀로 사시는 것이 마음 쓰여 조심스레 여쭈었습니다. "교수님 혼자서 지내시려면 외롭지 않으세요?" 그랬더니 그분은 어린아이처럼 미소를 지으며 이렇게 대답하셨습니다. "아니야. 외롭긴 뭐가 외로워. 내가 뭐 혼자 있나? 우리 주님이 나와 항상 함께 계시는데……."

작별 인사를 드리고 돌아오는 길에 노교수님의 마지막 말씀이 생각이 나서 가슴이 먹먹했습니다. 비록 사랑하는 아내마저 먼저 떠나보내고 불편한 노구를 이끌고 외롭게 살아가고 있지만, 그분은 날마다 더 예수님을 깊이 사랑하고 계셨습니다.

저는 신학대학원 시절, 그분이 은퇴하시기 전까지 두 해 동안 조교로 섬겼습니다. 정말 가난하던 시절에 따뜻한 격려와 함께 생활에 보태 쓰도록 봉투를 슬며시 건네기도 하시던 교수님이셨습니다. 교수님의 그런 섬김을 통해서 저도 어떻게 동역자들을 긍휼히 여기고 은밀히 섬겨야 하는지 배울 수 있었습니다. 그런 아름다운 본을 보여주신 분이었기에 홀로 여생을 보내고 계신 모습은 제 마음을 더욱 미어지게 하였습니다. 하지만 정작 그분은 외롭지도 쓸쓸하지도 않으셨습니다. 홀로 있는 시간에 누워서 책도 읽고 기도도 하며 지내신다는 교수님, 불편한 노구를 이끌고 혼자 사셔도 언제나 주님과 함께 계셔서 외롭지 않으시다는 교수님을 뵙고 돌아오며 저는 혼잣말로 되뇌었습니다. "저렇게 사는 것이 신앙과 신학의 결국이구나!"

교수님 댁 방문을 마치고 돌아온 후, 제 자신에 대하여 많은 생각을 하게 되었습니다. '먼 훗날 내가 평생 섬기던 사랑하는 교회로부터 떠나고, 자녀들도 모두 자기들의 인생을 찾아서 내 곁을 떠나 버리고, 아내도 먼저 하늘나라로 가고 아무도 없이 홀로 남겨진다면, 그때 나도 교수님처럼 그렇게 고백할 수 있을까?' 하고 말입니다.

내 평생에 힘쓸 그 큰 의무는
주 예수의 덕을 늘 기리다가
숨질 때에라도 내 할 말씀이
이전보다 더욱 사랑합니다.

가장 이상적인 신앙생활은 그리스도와 열애에 빠진 지성입니다. 지식이 뛰어난 사람들은 그리스도를 사랑함에 있어서 지식에 미치지 못하고, 그리스도를 사랑하는 사람들은 그리스도를 앎에 있어서 사랑에 미치지 못합니다. 이는 모두 사랑과 지식의 목표가 따로 떨어져 있기 때문입니다.

모든 만물이 그리스도 안에서 창조되고 그리스도를 통하여 하나님께로 돌아가는 것처럼 또한 모든 만물은 그때까지 그리스도 안에 있습니다. 그리하여 그리스도를 아는 것은 곧 하나님께서 창조하신 모든 만물의 계획을 아는 것입니다.

그리스도를 사랑하는 사람은 하나님을 사랑하게 될 것이며 하나님을 사랑하는 사람은 누구든지 하나님이 어떤 분이신지를 알기를 힘쓸 것입니다. 그는 창조주 하나님께서 그리스도를 통해 이 세상 모든 만물과 맺으신 관계를 알아 갈수록 그리스도를 사랑하게 될 것입니다. 목회자는 이렇게 그리스도와 열애에 빠진 지성이 되어야 합니다.

V. 맺는 말

한 사람이 목회의 소명을 받고 그 일에 헌신하며 일평생을 사는 것은 쉬운 일이 아닙니다. 눈에 띄게 훌륭하게 목회하는 사람이 있는가 하면, 그렇지 못한 사람도 있을 것입니다. 그러나 어떤 경우든지 간에 하나님께서는 준비된 만큼만 그를 사용하십니다.

목회는 다른 사람들로 하여금 하나님을 알고 사랑하고 순종하게 하는 거룩한 섬김입니다. 목회에 필요한 모든 정신과 기술들은 신앙 속에서 단련되고 구체화됩니다. 따라서 목회의 소명을 받은 사람들은 목회에 대해 생각하기 전, 신앙에 대해 더 많은 고민을 해야 합니다.

작은 언덕과 같은 목회자는 목회의 성공을 꿈꾸는 사람들 중에서 나오지만, 큰 산과 같은 목회자는 승리한 신앙을 꿈꾸는 사람들에게서 나옵니다. 이 세상의 역사를 움직였던 훌륭한 목회자들은 이 세상의 신학교뿐 아니라 또 다른 신학교를 졸업한 사람들입니다. 그것은 바로 광야의 신학교입니다. 그들은 광야의 신학교에서 그리스도를 깊이 만나 하나님의 성품을 배우고 그분의 영광을 위한 치열한 열망을 품기까지 자신을 준비했던 사람입니다.

그리스도의 십자가와 부활 사건을 통하여 하나님의 사랑을 알고 그 사랑에 보답하기 위하여 살아가는 은혜의 사람들은 결코 소명 없이 신학공부를 계속하지 않습니다. 그는 어찌하든지 자신의 소명을 하나님 앞에서 확인받고자 할 것입니다. 목회의 길을 준비하는 동안, 이 소명이 한순간도 흐려지지 않고 가슴속에 뚜렷이 새겨져 모든 열정의 원천이 되게 하십시오. 이 일을 위해서는 여러분이 전심으로 믿음으로 살아가지 않으면 안 됩니다.

제6장 학업과 사역

I. 들어가는 말

목회자로서의 불타는 소명 의식은 열심히 공부함으로써만이 아니라 치열하게 교회를 섬김으로써도 유지될 수 있다.

II. 신학교와 사역의 현장

A. 공부에 몰입하는 위험 학문으로서의 신학의 근육이 형성되는 시기와 실천으로서의 목회의 근육이 형성되는 시기는 동일하므로, 신학교 시절 이 둘을 모두 잘하도록 조화롭게 노력해야 한다.

B. 치열하게 교회를 섬김 신학을 공부하는 기간 내내 교회를 섬긴 것이 나에게 준 가장 큰 유익은 그래서 더 기도하며 하나님을 의지할 수밖에 없었다는 것이다. 학교 일과 교회 일을 모두 감당할 수는 없다는 판단 아래 사임을 위한 기도를 시작했는데, 기도하는 가운데 오히려 맡겨진 영혼들을 더 치열하게 섬길 마음을 갖게 되었다. 그리고 그때 설교의 부흥이 무엇인지 경험하게 되었다.

C. 그리스도의 남은 고난에 참여함 온 맘을 다해 교회를 섬기는 가운데 초월적인 은혜의 경험이 주어지는 것은 우리가 교회에 접붙여진, 교회와 영원히 운명을 함께하는 존재이기 때문이다. 신학은 그리스도의 몸을 향한 아픔과 기쁨 속에서, 교회를 위한 섬김과 교제를 통하여 습득되어 갈 때 진정으로 그 목적에 합당한 기능을 하게 된다.

III. 마음을 쏟아 기도함

목회의 소명을 받았음에도 불구하고 학업과 사역에 대한 열심이 흐릿해지는 가장 큰 이유 중 하나는 열렬히 기도하지 않기 때문이다. 열렬한 기도 생활은 때로는 열심 있는 학문의 탐구보다 어렵다. 그러나 우리가 신학을 공부하며 교만을 버리고 진리에 굴복하기 위해서는 반드시 열렬한 기도가 필요하다. 더욱이 목회의 소명은 열렬한 기도의 실천 안에서 현재적으로 불타오르기에 우리는 온 힘을 다하여 기도하여야 한다.

IV. 그리스도를 사랑함

그리스도를 사랑하는 착한 인격이야말로 모든 목회의 소명의 근원이다. 신학의 결국은 신앙이고, 신앙의 결국은 그리스도를 사랑하는 것이기에, 목회자의 가장 이상적인 모습은 그리스도와 열애에 빠진 지성이다.

V. 맺는 말

하나님께서는 사람을 사용하실 때, 준비된 만큼 사용하신다. 신학교 시절, 지적으로나 실천적으로나 모든 부분에 있어서 목회에 필요한 정신과 기술들이 신앙 속에서 단련되고 구체화되어야 할 이유가 여기에 있다.

제2부

어떻게 신학을 하는가
How Should We Study Theology?

우리 자신과 모든 성도들이 하나님 때문에 행복하고 하나님께서는 그런 우리들 때문에 영광을 받으시게 되는 것이 우리가 신학을 하며 꿈꾸는 바입니다. 신학공부의 기쁨은 지식의 증진에서 오는 자부심의 향상이 아니라 인격적으로 하나님의 형상을 닮아 가는 것입니다. 왜냐하면 우리가 그 형상을 더 많이 본받으면 본받을수록 하나님을 사랑하게 될 뿐 아니라 그분의 사랑을 받을 것이기 때문입니다. 그러므로 제아무리 위대한 신학이라도 그것은 단지 우리 주님을 더 사랑하기 위해 밟고 올라가는 하나의 사닥다리일 뿐입니다.

어떻게 신학을 하는가

신학을 한다는 것은
하나님의 말씀 가운데 자기 깨어짐을 경험하고
자신의 삶과 인격으로 하나님의 형상을 닮아 가는 것입니다.
목회자가 삶과 인격으로 성도들에게 하나님의 사랑을 알게 하는 것은
그리스도의 형상을 닮는 일로 구체화됩니다.
우리가 신학을 공부하는 것은 먼저 우리가 그분의 형상을 본받고
우리의 이웃들도 구원에 이르게 하여 그분의 형상을 회복하게 하기 위함입니다.

제 7 장

목회자와 하나님의 형상

Pastors and the Image of God

I. 들어가는 말

목회자가 되는 길은 고난의 길입니다. 목회를 하는 것뿐 아니라 목회자가 되기까지 준비하는 길은 즐겁게 대접을 받으며 가는 길이 아닙니다. 잃어버린 영혼들을 위해 사는 것은 주님께서 이 땅에 사셨을 때 그러하셨던 것처럼 끊임없는 시련과 고단한 노역의 길입니다. 목회자와 신학생들이 이 길이 힘들다고 말하는 것은 단지 가난의 불편함과 섬김의 고단함 때문만은 아닐 것입니다.

제가 주일학교 학생이던 시절, 우리나라는 너무나 가난했습니다. 어디를 가든지 거지들이 많았고, 서울 시민들 중 대부분이 쓰러져 가는 판잣집에서 살았습니다. 그때 제 주위 사람들 중에는 하루 세 끼니를 꼬박꼬박 챙겨 먹는 사람이 그리 많지 않았습니다. 일반 서민들의 생활이 그러하였으니, 목회의 길을 가려는 신학생들의 형편은 오죽하였겠습니까?

당시에 목회자가 된다는 것은 곧 가난하게 산다는 것을 의미했습니다. 뿐만 아니라 믿지 않는 이웃들과 가족들로부터 쏟아지는 박해도 심했기에, 목회자가 된다는 것은 가난뿐 아니라 외로움까지 견뎌 내야 하는 일이었습니다. 그러나 저는 그때보다 지금이 목회자로 살아가기 훨씬 더 어렵다고 생각합니다. 지금도 많은 목회자들이 경제적으로 어렵게 생활하고 있지만, 그렇다고 연명할 끼니조차 없이 살고 있는 것은 아닙니다. 목회자들의 경제적인 형편은 과거와 비교할 때 전반적으로 나아졌습니다. 그렇다고 해서 목회적 상황이 좋아졌다고 말할 수는 없습니다. 오히려 영적이고 정신적인 부분에 있어서는 과거 그 어느 때와도 비교할 수 없는 심각한 국면을 맞고 있기 때문입니다.

예전이나 지금이나 목회자의 의무는 동일합니다. 그는 하나님의 말씀을 설교할 뿐 아니라 그 말씀대로 살아갈 때 어떤 사람이 되는지를 보여줄 수 있어야 합니다. 그러나 이것은 남에게 보여주기 위한 과시적 삶이 아니라 스스로 진실한 신자가 되는 종교적 삶의 요청입니다. 설교와 자신의 생활 사이에 추호의 괴리도 느끼지 않는 목회자가 어디 있겠습니까? 그러나 그러한 사실을 깊이 고민하며 아파하지 않는다면 그는 진정한 목회자가 아닙니다.

II. 아는 것과 사는 것 사이에서

외적인 삶보다 중요한 것이 내적인 삶입니다. 목회자가 능숙한 설교와 익숙한 사역으로 잠시 자신의 인격과 삶을 사실 이상으로 과대 포장할 수는 있습니다. 그런데 그것은 한순간일 뿐입니다. 비록 신앙이 어린 신자들이라고 할지라도 그의 설교가 단지 생각으로부터 왔는지 혹은 진리와 씨름하는 고뇌로부터 왔는지를 분간하기까지는 그리 오랜 시간이 걸리지 않습니다. 전자의 경우라면 아무리 설교가 능란했어도 겨우 청중의 머리에까지만 다다를 뿐입니다. 후자의 경우라면 비록 어눌했어도 청중의 마음에까지 다다를 수 있습니다.

우리는 목회 사역을 감당함에 있어 단순한 지식의 축적이나 기술의 습득보다는 말씀 사역에 거룩한 향기가 깃들도록 힘써야 합니다(고후 2:16). 목회자가 진리를 발견하고 거기에 자신을 합치시키는 구도의 삶을 사는 것보다 높은 지위와 좋은 평판을 얻는 것에 마음을 쓴다면, 그는 소명으로부터 멀어진 사람입니다.

설교하는 목회자는 사람이지만 성경의 진리를 설교하는 한, 그의 설교는 하나님의 음성입니다. 마찬가지로 목회하는 것은 사람이지만 그의 향취는 목회하는 사람이 아니라 그를 부르신 그리스도의 향기여야 합니다(고후 2:15).

소명을 받았지만 여전히 용서받은 죄인들 중 한 사람에 불과한 목회자가 거룩한 향취가 깃든 말씀 사역을 한다는 것은 쉬운 일이 아닙니다. 그러므로 한 편의 설교로부터 아주 희미하게나마 천국의 향취를 느꼈다면, 그것은 설교자가 가혹하리만치 긴 세월 동안 자신을 그 말씀 앞에 쳐서 복종시키며 살아온 것의 열매입니다.

목회자의 인격과 삶이 고난과 아픔을 통해 다듬어지지 아니하고는 설교에 천국의 향취가 깃들지 않습니다. 목회에 있어서 인격과 성품의 준비가 중요한 이유가 이 때문입니다.

어떤 의미에서 설교자가 되는 길은 잔인한 길입니다. 설교자로서 갖추어야 할 거룩함은 죄의 본성에 적합하지 않은 것이기 때문입니다. 그러나 하나님의 은혜가 그를 거룩하게 합니다. 한 설교자에게 말씀의 새로운 지평이 열리는 것은 단지 책을 읽고 공부함으로써 되는 것이 아닙니다. 하나님께서는 때로는 말씀의 칼로 설교자의 심장을 도려내심으로 진리의 광채를 그의 영혼에 비추십니다. 설교자가 자기 깨어짐을 통해 말씀의 새로운 지평에 눈을 뜨게 된다는 사실은 아무리 강조해도 지나치지 않습니다.

III. 목회자를 세우신 경륜

하나님께서는 목회자를 사용하여 일하십니다. 그러면 하나님께서 그리스도의 교회를 세워 가심에 있어서 목회자를 세우시기를 기뻐하신 이유는 무엇 때문일까요? 하나님 자신이나 부활하신 그리스도 혹은 거룩한 천사가 아니라 연약하기 짝이 없는 사람들을 부르셔서 영혼을 돌보고 교회를 세우게 하신 이유는 무엇일까요? 목회자를 세우신 하나님의 경륜을 이해하기 위해서는 다음 사항을 숙고하여야 합니다.

A. 성육신의 원리

첫째로, 목회자를 세우심은 인간의 구원이 성육신의 원리를 따른 것임을 보여주시기 위함입니다(행 5:31, 엡 4:11). 그리스도께서 성육신을 통하여 하나님의 누구이심과 사람의 어떠해야 함을 보여주신 것처럼, 목회자도 자신을 통해 복음이 무엇이며 그리스도인의 삶이 어떠해야 하는지를 이 세상에 보여줄 수 있어야 합니다. 즉, 목회자는 진리를 가르치되 단지 말로써만이 아니라 자신의 삶으로써, 자신 안에서 육화(肉化)된 진리로써 그렇게 하여야 합니다.

하나님께서는 당신의 말씀을 두 가지 방식으로 사람들에게 알리십니다. 하나는 들리는 방식이고, 또 하나는 보이는 방식입니다. 교리와 성경의 내용들은 들리는 방식으로 전파되지만, 인격과 생활은 보이는 방식으로 전파됩니다. 그리스도인의 삶에 있어서 이 둘이 합치되어야만 그 사람도 아름다워지고 그가 전하는 진리도 선명해질 수 있습니다.

목양은 성육신의 원리를 따라야 합니다. 그리스도께서 하나님이심에도 불구하고 사람들과 같이 되셨던 것처럼, 목회자도 그리스도의 사람이지만 그의 목양을 받는 양떼들 속으로 내려가서 그들과 함께 살며 하나님의 말씀을 가르쳐야 합니다. 그것은 목회자가 그들과 획일적으로 동일화된다는 의미가 아닙니다. 자신이 살아온 문화를 뛰어넘어서 그들의 문화 속으로 완벽하게 동화된다거나 그들과 동일한 생활을 한다는 의미가 아닙니다. 그것은 가능하지도 않고 성경이 우리에게 요구하는 바도 아닙니다(고전 7:18). 오히려 한 사람을 목회자로 세우심은 성도로서의 모본을 보여주시기 위함입니다. 그의 목회 사역을 통해서 성도들의 인격과 삶에 이루어지기를 바라는 바를 보여주게 하시기 위함입니다. 그로 하여금 설교로써 가르치는 내용의 육화를 보여주게 하시기 위함입니다. 이러한 교리적 사실은 다음과 같이 상세히 설명될 수 있습니다.

1. 성육신하신 이유

말씀이신 그리스도께서 육신이 되어 이 세상에 오셨습니다(요 1:14). 하나님이신 그분이 사람의 몸을 입고 이 세상에 오심은 다음 세 가지 이유 때문이었습니다. 인간을 속죄함, 하나님을 보여줌, 참사람을 보여줌이 바로 그것입니다.

첫째로는, 우리를 위해 대신 죽으시기 위하여 성육신하셨습니다. 영원한 생명이신 성자께서 육신을 입지 아니하셨다면 죽으실 수 없었을 것이고 그렇다면 우리의 구원도 없었을 것입니다. 그래서 하나님께서는 그리스도를 화목제물로 이 세상에 보내셨습니다(롬 3:25). 그리고 그분의 죽으심으로 말미암아 우리는 하나님과 화목하게 되었습니다(롬 5:10).

둘째로는, 우리에게 하나님의 사랑을 보여주시기 위하여 성육신하셨습니다(요일 4:10). 하나님께서는 죄로 말미암아 당신의 생명으로부터 멀어진 인간을 구원하시는 당신의 사랑을 보여주시려고 그리스도를 이 세상에 보내 주셨습니다(요 3:16). 구약에서 희미하게 나타난 하나님 사랑과 자비가 성육신하신 그리스도 안에서 눈부시게 나타났습니다. 그분이 십자가에서 죽으신 것은 곧 우리를 향한 하나님 사랑을 증명해 보이신 것이었습니다(롬 5:8).

셋째로는, 우리가 하나님을 어떻게 믿고 섬겨야 할지를 가르쳐 주시기 위하여 성육신하셨습니다(벧전 2:21). 성육신 안에서 주님께서 행하신 모든 일들이 한편으로는 하나님의 성품을 우리에게 나타내 보여주시는 것이었고, 또 한편으로는 우리가 하나님을 향하여 어떤 사람이 되고 어떻게 섬겨야 할지를 보여주기 위한 것이었습니다(롬 15:5-6).

이러한 성육신의 원리는 목회의 길을 가는 사람들에게도 적용되어야 합니다. 우리가 예수 그리스도와 같은 의미의 죽음을 반복할 수는 없지만, 살아가는 목적은 그리스도께서 세상에서 사시며 섬기셨던 목표를 계승해야 하고 우리의 죽음도 그러해야 합니다.

사도 바울은 목회자로서 성도들에게 말합니다. "내가 그리스도를 본받는 자가 된 것같이 너희는 나를 본받는 자가 되라"(고전 11:1). 그러나 이것은 원숭이가 사람의 행동을 흉내 내는 방식으로 그리스도를 따라 행동하라는 의미가 아닙니다. 더욱이 성육신의 원리는 우리가 선교를 하거나 목회를 하면서 섬기는 대상과 절대적인 의미에서 하나가 되는 것을 의미하는 것도 아닙니다. 다만 목회자와 성도들 모두 하나의 양 무리로서 동일하게 그리스도를 본받아야 함을 가리키는 것입니다.

2. 구도자로서의 목회자

목회자는 구도자(求道者)이어야 합니다. 왜냐하면 목회의 길이 곧 구도의 길이기 때문입니다. 목회는 자신의 야망을 종교의 이름으로 실행하는 직업이 아닙니다. 목회자는 마땅히 하나님의 나라를 위한 꿈을 가진 사람이어야 합니다. 그러나 그것도 그저 진리를 위한 봉사의 수단일 뿐입니다. 하나님을 배향(背向, *aversio*)하던 죄인들이 하나님 사랑에로 전향(轉向, *conversio*)하게 하고, 전향한 그들이 하나님을 향하여 정향(定向, *rectitudo*)의 삶을 살도록 도와야 합니다. 그리고 그 모든 일을 진리와 사랑으로써 행하는 것이 목회입니다.

a. 구도의 길을 가르침

목회자는 구도의 길을 가르치는 사람입니다. 예수 그리스도께서는 자신의 정체성을 진리로 제시하셨습니다. 그것은 당신을 통해 하나님의 생명을 누리게 하시기 위함이었습니다. "예수께서 이르시되 내가 곧 길이요 진리요 생명이니 나로 말미암지 않고는 아버지께로 올 자가 없느니라"(요 14:6).

'그 길'은 예수 그리스도이시니, 곧 '진리'이시고 '생명'이십니다. 목회자는 예수 그리스도를 '도'(道) 삼아 따라가는 구도자들이고 다른 이들을 그런 사람들이 되게 하는 자들입니다.

세속화(secularization)는 모든 가치와 사고의 중심을 하나님으로부터 사람에게로 옮기는 것입니다. 목회의 소명을 받은 체험이 어떠

크리소스토무스. '황금의 입'이라는 별명에서도 알 수 있듯이 교회 역사 가운데 가장 위대한 설교자로 꼽히고 있다.

하든지 간에 그가 진리에 관심이 없다면 그는 소명을 따라 살 수 없습니다. 그 진리로써 하나님과 사람들과의 관계를 매고 풀 수 있는 권세를 가진 이들이 바로 목회자입니다(마 16:19, 18:18). 목회자는 진리, 곧 하나님의 말씀으로 그 일을 하도록 부름받았습니다. 이에 대하여 크리소스토무스(Johannes Chrysostomus, 347경-407)는 자신의 책 『성직론』(De Sacerdotio)에서 다음과 같이 말합니다.

> 목회자들은 이 땅에 거하면서도 하늘의 일들을 행하며 살라고 위임받은 자들이며, 천사나 천사장에게도 부여하지 않은 권위를 하나님께 받은 자들이다. "무엇이든지 너희가 땅에서 매면 하늘에서도 매일 것이요 무엇이든지 땅에서 풀면 하늘에서도 풀리라"는 말씀은 천사들에게 주신 것이 아니다. 이 땅을 통치하는 자들은 실제로 맬 수 있는 권세를 소유하지만 그것은 육을 맬 수 있는 권세일 뿐이다. 그러나 목회자는 인간의 영혼을 맬 수 있는 권세를 지녔으며 그것은 하늘을 관통한다(3.5.).[109]

존 칼빈(John Calvin, 1509-1564)은 하나님께서 당신 자신이 직접 양떼들을 돌보시거나 사람보다 완전한 천사들을 사용하여 목회하지 않으시고 연약하고 불완전한 인간을 목회자로 부르시어 그 직무를 담당하게 하시는 경륜에 대하여 그의 『기독교강요』(Institutio Christianae Religionis)에서 다음과 같이 말합니다.

> 하나님께서는 이러한 관점에서 어떤 도움이나 도구 없이도 행하실 수 있으며, 혹은 천사들을 통해 그 일들을 이루실 수 있다. 그러나 하나님께서 오히려 사람을 사용하기를 선택하셨던 몇 가지 이유가 있다. 첫째로, 이러한 방법으로 그분은 당신의 겸손(condescension)을 우리에게 보이신다. 사람을 사용하시어 당신의 비밀한 뜻의 해설자가 되도록, 즉 당신 자신을 나타내도록 세상에서 전권대사의 역할을 행하게 하신다. ……둘째로, 그분이 우리에게 자신과 비슷한 사람들 혹은 열등할 것 같은 사람들이 설교한 당신의 말씀에 순종하는 습관을 지니게 하실 때, 그것이 목회자들에게는 겸손을 교육하는 아주 탁월하고도 유용한 훈련이 된다(4.3.1.).[110]

이 세상에 누가 완전한 사람일 수 있겠습니까? 비록 초월적인 체험으로 주님을 만나 목회의 소명을 받았다고 할지라도, 즉시 완성된 인격으로 목회를 시작하는 사람이 어디에 있겠습니까? 목회자로 목양의 자리에 서면 늘 마주하게 되는 사실은 목양을 하는 사람이나 목양을 받는 사람이나 모두 불완전한 존재들이라는 것입니다. 우리 같은 죄인들이 그리스도를 닮는다는 것 자체가 불가능한 일처럼 보이지 않습니까?

---

109) St. John Chrysostom, *Treatise Concerning the Christian Priesthood*, in *A Select Library of the Nicene and Post-Nicene Fathers of the Christian Church*, vol. 9, ed. Philip Schaff, trans. W. R. W. Stephens (Grand Rapids: Wm. B. Eerdmans Publishing Company, 1983), 47.

110) John Calvin, *Institutes of the Christian Religion*, vol. 2, trans. Henry Beveridge (Grand Rapids: Wm. B. Eerdmans Publishing Company, 1981), 316.

사실 그것은 가능성이 없는 일입니다. 우리는 본성적으로 죄인들이고 그리스도께서는 완전하신 하나님이시기 때문입니다. 따라서 그리스도를 본받는다는 것은 그리스도와 똑같이 된다는 것이 아니라 우리의 인격과 생활의 지향점을 그분에게 둔다는 것을 의미합니다.

목회자라 할지라도 진리를 가르치는 것은 좋아도 그것을 자신에게 적용하는 것은 기쁘지 않을 때가 있습니다. 이는 곧 진리의 말씀으로 다른 사람들은 고치면서도 정작 자신은 고치지 않으려는 데서도 나타납니다. 그러나 진리에 대한 이런 이중적인 태도는 얼마 가지 못해서 목회자로 하여금 진리 자체에 대한 관심과 사랑을 잃어버리게 합니다.

신농. '신농대제'라는 존칭으로도 불린다. 고대 중국에 의료와 농경의 기술을 전수하였다는 신.

목회자는 목회를 해야 하기 때문에 구도의 길을 가는 사람이 아니라, 그리스도를 사랑하기 때문에 구도의 길을 가는 사람이어야 합니다. 그리고 목회는 바로 그러한 구도의 정(情)에서 나오는 섬김이어야 합니다. 그러므로 진리는 목회자의 입술이 아니라 마음에서 먼저 사랑받아야 하며, 남이 아니라 자신을 먼저 고칠 수 있어야 합니다.

신농(神農)의 전설은 목회가 무엇인지를 생각나게 합니다. 그는 전설 속의 인물로서, 중국 의학의 아버지로 추앙을 받습니다. 그는 환자들의 몸에 맞는 약초를 찾아내기 위하여, 자신의 몸에 상처를 낸 후 치료하는 자기 임상을 통하여 치료법들을 찾았다고 합니다.[111]

---

111) 신농은 중국 신화의 두 번째 제왕으로서, 황소의 머리와 사람의 몸을 가졌고 B.C. 28세기에 태어났다고 한다. 수레와 쟁기를 발명하고 황소를 길들이고 말에 멍에를 씌우고 사람들에게 화전(火田)을 가르침으로써 중국을 안정적인 농업사회로 만들었다고 전해진다. 그가 작성했다고 하는 365종의 약초 목록은 훗날 약용 식물 연구의 토대가 되었다. Britannica Academic, ed., "Shen Nung," in *The New Encyclopaedia Britannica: Micropaedia, Ready Reference and Index*, vol. 9, 15th ed. (Chicago: Encyclopaedia Britannica, Inc., 1977), 133.

목회자의 관심이 하나님의 진리가 아니라면 그의 목회 사역은 그릇된 지점에서 출발하는 것입니다. 목회자는 사람들에게 진리를 알게 하고 그 진리를 따라 살아가게 하는 일에 헌신된 사람이어야 합니다. 또한 그 일을 위해서라면 어떠한 희생도 치를 수 있는 사람이어야 합니다.

목회의 길이 외롭고 고단한 것은 단지 육체의 고난 때문이 아닙니다. 오히려 우리가 전하는 진리를 싫어하는 사람들의 병든 태도 때문입니다. 눈부시도록 찬란한 태양빛은 건강에 좋은 것이지만, 안질(眼疾)에 걸린 사람들에게는 그 빛을 쬐는 것이 눈에 고통이 아닐 수 없습니다. 맛있는 음식의 달콤한 맛이 나쁠 리가 없지만, 입안에 상처가 난 사람들에게는 그 달콤한 음식을 씹는 것이 고문을 당하는 것과 비슷할 것입니다.[112]

오늘날 이 시대가 진리를 버리는 시대이기에 진리를 전하는 일은 어쩔 수 없이 어느 정도의 반발을 수반합니다. 그래서 목회자는 더욱 선명한 진리를 선포하여야 합니다. 진리로부터 멀어진 사람들을 돌이키기 위해서는 그것이 필요하기 때문입니다.

오늘날 많은 교회들은 진리를 양보함으로써 교회와 세상이 같다는 것을 보여주고 싶어합니다. 안타깝게도 그렇게 함으로써 세상의 환심을 사려는 것입니다. 그러나 그런 방법으로는 세상을 고칠 수 없습니다.

우리는 그리스도의 성품과 인격뿐만 아니라 진리를 선포하기 위하여 그분이 살아가신 고난의 생애까지 본받아야 합니다. 물론 우리가 그리스도를 닮아 가고자 힘쓴다고 해서 완벽하게 그분을 닮을 수는 없을 것입니다. 우리가 연필로 원(圓)을 그릴 때 비록 그대로 그리지는 못할지라도 머릿속으로는 완전한 원을 생각

---

[112] "제 자신의 경험에서 추론할 때, 건강할 때는 즐겁던 빵도 입천장이 상했을 때는 고통스러운 것이며 맑은 눈에는 즐거운 빛도 병든 눈에는 싫은 것이라는 사실은 전혀 이상한 일이 아니었사옵나이다. 이와 같이 악한 자들은 당신의 정의를 싫어하나이다"(*Et sensi expertus non esse mirum, quod palato non sano poena est et panis, qui sano suauis est, et oculis aegris odiosa lux, quae puris amabilis, Et iustitia tua displicet iniquis*⋯. 7.16.22.). Avrelius Avgvstinvs, *Confessiones*, in *Corpus Christianorvm Series Latina, XXVII: Avrelii Avgvstini Opera* (Tvrnholti: Typographi Brepols Editores Pontificii, 1996), 106; 김남준, 『영원 안에서 나를 찾다』 (서울: 포이에마, 2015), 228.

해야 하는 것과 마찬가지로, 목회자는 성육신의 원리를 따라 구도의 길을 걸어가야 합니다.

b. 도열과 도애의 삶

목회자는 '도열'(道悅)과 '도애'(道哀)의 삶을 살아야 합니다. 목회자는 진리의 사람이어야 합니다. 그는 진리와 함께 기뻐하고 진리 때문에 아파하는 사람이어야 합니다(시 119:136, 고전 13:6). 그는 자신 안에 있는 하나님의 형상이 새로워지는 은혜 안에서 진리를 사랑하며, 진리와 함께 살아가는 신령한 생활의 희열을 아는 행복한 사람이어야 합니다. 그러한 인격과 삶은 그리스도를 본받으려고 하는 모든 성도들에게 훌륭한 본보기가 될 것입니다.

성도들과 목회자는 서로 다르며, 교회 안에 있는 많은 지체들도 자연적 성품과 도덕적 성품에 있어서 서로 같지 않습니다. 그런데 그들 모두 진리이신 그리스도를 추구하는 공통의 목표를 가지고 있기 때문에 그 다양성 속에서 통일성을 갖게 되는 것입니다.

따라서 '교회의 일치'(concordia ecclesiae)는 교회의 획일화가 아닙니다. 그것은 오히려 서로 다른 요소들이 하나의 통일된 지향점을 가짐으로써 조화 속에서 일치를 이루는 것입니다. 마치 교향악에서 다양한 종류의 악기들을 함께 연주함으로써 서로 다른 많은 소리들이 아름다운 화음을 이루듯이 말입니다.

모든 사람을 사로잡아 하나 되게 하는 것은 성공을 위한 공통의 비전이나 행복에 대한 공감대가 아닙니다. 목회는 성공의 비전을 품은 야망의 사람들이 아니라 그리스도의 고상함을 발견하고 오히려 자기 비전을 버린 소명의 사람들이 걸어가는 길입니다(빌 3:8). 진리 때문에 세상에서의 성공과 번영의 비전을 버린 사람들이 가는 길입니다. 그 진리 안에서 모든 사람이 하나 되어 살기를 바라는 마음 때문입니다.

이러한 사실에 대해 예수 그리스도께서 말씀하셨습니다. "아버지여, 아버지께서 내 안에, 내가 아버지 안에 있는 것같이 그들도 다 하나가 되어 우리 안에 있게 하사 세상으로 아버지께서 나를 보내신 것을 믿게 하옵소서"(요 17:21).

목회자는 진리의 아름다움을 안 사람입니다. 진리이신 그리스도가 얼마나 탁월하고 아름다우신지를 발견하였기 때문에 그 진리에 사로잡힌 사람들이 하는 일이 바로 목회입니다. 자신처럼 모든 사람들을 그 진리로 말미암아 행복하게 하기 위하여 그리스도의 십자가와 부활을 전하고 영혼들을 돌보는 일에 자신을 바친 사람이 바로 목회자입니다(고전 2:2, 고후 12:15).

목회의 이러한 성격 때문에 진리이신 그리스도, 곧 '도'(道)에 관심이 없는 목회자는 목회에 헌신할 근거를 갖지 못한 사람입니다. 그 진리를 먼저 누리고 즐거워하는 '도열'(道悅)의 삶과 그 진리에 합치되지 못하거나 그 진리를 모르는 사람들을 대할 때 애통의 마음을 느끼는 '도애'(道哀)의 삶이 목회의 실제적 동기가 되어야 합니다.

목회자는 진리 때문에 행복해 하는 사람이어야 합니다. 진리 때문에 사람들을 사랑하는 사람이어야 합니다. 동시에 진리 때문에 아파하는 사람이어야 합니다. 성령 안에서 그리스도 때문에 기뻐하는 '도열'과 '도애'의 삶을 사는 사람은 고단한 목회의 과정을 통하여 겉사람은 후패해 갈지라도 그의 인격은 그리스도를 닮아갈 것입니다(고후 4:16). 왜냐하면 그가 성육신하신 그리스도를 자신의 삶의 모본으로 여기며 살아가기 때문입니다.

우리로 하여금 목회 사역을 하게 하는 동기는 하나님의 사랑입니다. 모든 사람을 끝까지 용서하고 무한히 자신을 포기하며 살아야 하는 것이 목회자의 삶인데, 그렇게 살 수 있는 힘은 결코 죄인인 자신의 본성 안에서 나오는 것이 아닙니다. 오직 그리스도의 십자가 고난에 대한 사랑의 감화로부터 옵니다. 사랑은 그리스도인의 삶에 있어서 구비되어야 할 많은 덕목들 중 하나가 아닙니다. 하나님을 향한 참된 사랑은 그리스도인의 경건의 핵심이며, 그 사랑 안에서만 사람들을 참되게 사랑할 수 있습니다.

목회란 사람들로 하여금 사랑의 삶을 살게 하는 것입니다. 사람들을 하나님 사랑으로 돌아오게 하고, 하나님을 변함없이 사랑하게 하고, 그 사랑 안에서 이웃을 사랑하며 살게 하는 섬김입니다. 그리고 전도는 하나님 아닌 것들을 사랑하던 사람들을 설득하여 하나님을 사랑하게 하는 것입니다.

이처럼 목회자로서의 가장 중요한 자격은 하나님을 사랑하는 것입니다. 그 사랑 안에서 진리가 발견되고 정의가 나타나기 때문입니다. 그리하여 아우구스티누스(Aurelius Augustinus, 354-430)는 다음과 같이 말하였습니다. "진정한 철학자는 하나님을 사랑하는 사람이다"(Verus philosophus est amator Dei, 8,1,).[113]

B. 지복과 하나님의 형상

둘째로, 목회자를 세우심은 인간의 지복(至福, beatitudo)이 무엇인지 알리시기 위함입니다. 하나님께서 목회자를 세우신 것은 인간의 행복이 하나님 안에 있으며, 오직 그분을 알아 감으로써만 지복에 이를 수 있음을 사람들에게 보여주시기 위함입니다. 인간의 지복의 핵심은 성육신하신 그리스도 안에 나타난 하나님의 형상을 본받는 것인데, 목회자를 통하여 그 형상을 본받는 것이 무엇인지를 배우게 하는 것이 하나님의 뜻입니다(롬 8:29, 딤후 1:13).[114]

사람은 하나님의 형상을 따라 창조되었습니다. 성경에는 아담의 창조를 다음과 같이 보도합니다. "하나님이 이르시되 우리의 형상을 따라 우리의 모양대로 우리가 사람을 만들고 그들로 바다의 물고기와 하늘의 새와 가축과 온 땅과 땅에 기는 모든 것을 다스리게 하자 하시고"(창 1:26).

---

113) Avrelivs Avgvstinvs, *De Civitate Dei*, in *Corpus Christianorvm Series Latina, XLVII: Avrelii Avgvstini Opera*, Pars XIV, 1 (Tvrnholti: Typographi Brepols Editores Pontificii, 1955), 216.

114) 인생의 고통의 궁극적 원인은 하나님을 알지 못하기 때문이다(렘 2:19). 하나님을 아는 대신 이 세상의 사물들로부터 만족을 얻으려고 하기 때문에 인간은 자신의 소원과는 상관없이 불행해지는 것이다. 이러한 인간의 불행은 결국 그의 사람됨으로부터 말미암는데, 사람됨의 본질은 창조 시에 하나님께서 그에게 부여하신 하나님의 형상에 있다(창 1:27, 롬 8:29, 골 1:15, 3:10).

그러나 인간의 불순종으로 말미암아 세상에 죄가 들어오고 타락하면서 그들 안에 있는 하나님의 형상은 파괴되었습니다. 넓은 의미에서는 여전히 모든 인간이 하나님의 형상을 지닌 사람들이라고 말할 수 있지만, 고유한 의미에서의 그 형상은 파괴되었습니다.

그리하여 인간이 하나님을 알기 위해서는 외부로부터 오는 도움이 아니면 불가능하게 되었습니다. 그는 자신의 힘으로는 하나님의 창조 목적을 따라 살 수 없는 존재가 되었습니다. 하나님께서 그리스도를 통해 우리를 구원하신 것은 바로 죄 때문에 상실한 그 형상을 회복시켜 주시기 위함입니다.

1. 하나님의 형상

창세기에 나오는 히브리어 단어 첼렘(צלם)과 데무트(דמות)는 때에 따라 '형상'으로 번역되기도 하고 '모양'으로 번역되기도 합니다. 이 두 단어를 많은 학자들이 동의어적 반복이라고 간주합니다. 실제로 성경에서는 이 두 단어가 같은 의미를 가지고 교차적으로 사용되고 있는데 모두 하나님을 닮은 인간의 특성들을 가리킵니다(창 1:26-27, 5:1-3, 9:6, 고전 11:7, 골 3:10, 약 3:9).[115]

a. 교부들의 견해

초대교회의 교부들의 형상(形狀)에 대한 생각은 이러했습니다. 그들은 대체로 인간 안에 있는 하나님의 형상(*imago Dei*)이 인간의 합리성, 도덕성, 거룩성 등으로 이루어져 있다고 믿었습니다.[116]

이레나이우스(Irenaeus, 140경-203경)와 같은 교부는 하나님의 형상과 모양을 나누어 생각하였습니다. 전자는 주로 인간의 합리성을 말하는 것으로 타락 후에도 상

---

115) Louis Berkhof, *Systematic Theology* (Grand Rapids: Wm. B. Eerdmans Publishing Company, 1996), 203-204.
116) Louis Berkhof, *Systematic Theology* (Grand Rapids: Wm. B. Eerdmans Publishing Company, 1996), 202.

실되지 않은 이성적이며 자유로운 존재로서의 인간 본성을 의미한다고 보았고, 후자는 성령께서 아담에게 주신 '거룩함의 옷'(robe of sanctity)을 가리키는 것으로 성령을 통해 진리를 알고 감화를 받는 인간의 영혼이라고 보았습니다.[117] 그는 인간이 타락 후에 이 모양을 상실했지만 구속 과정에서 회복하게 된다고 여겼습니다.

이레나이우스. 초대교회의 교부로 사도 요한의 제자인 폴리카르포스에게 수학한 것으로 알려져 있다. 초기 기독교 신학 발전에 공헌한 기독교 변증가로 평가받고 있다.

그러나 클레멘스(Titus Flavius Clemens, 150경-215경)와 오리게네스(Origenes Adamantius, 185경-254경), 아타나시우스(Athanasius, 293경-373), 힐라리우스(Hilarius, 315경-367경), 암브로시우스(Ambrosius, 340경-397), 아우구스티누스(Aurelius Augustinus, 354-430), 다메섹의 요한네스(Johannes Damascenus, 675경-749) 등은 하나님의 형상을 설명함에 있어서 신체적 유비 개념을 거부하고 영혼 혹은 이성에 속한 것으로 해석하였는데, 이들도 형상과 모양을 구별하여 "형상은 인간에게 주어진 인간으로서의 특성이고 모양은 인간에게 본질적인 것은 아니지만 계발되기도 하고 상실되기도 하는 자질"이라고 생각했습니다.[118]

중세 스콜라주의자들은 형상과 모양에 대한 새로운 설명을 시도하였습니다. 중세 신학자들은 형상을 "이성과 자유와 같은 지성적 능력을 포함하는 것"으로, 모양을 "원의(原義, original righteousness)를 구성하는 것"으로 구별하였고, 여기에 덧붙여 전자에 '자연적 은사'(natural gift)라는 개념을, 후자에 '초자연적 은사'(supernatural gift)라는 개념을 도입하였습니다.[119] 이러한 구분은 하나님의 형상에 관한 펠라기

---

117) Anthony A. Hoekema, *Created in God's Image* (Grand Rapids: Wm. B. Eerdmans Publishing Company, 1994), 34-35.
118) Louis Berkhof, *Systematic Theology* (Grand Rapids: Wm. B. Eerdmans Publishing Company, 1996), 202.
119) Louis Berkhof, *Systematic Theology* (Grand Rapids: Wm. B. Eerdmans Publishing Company, 1996), 202.

우스주의의 자연주의적 견해와 대립하여 초자연주의적 견해를 따른 것으로 보입니다.[120]

형상과 모양의 구별에 큰 의미를 두지 않았던 토마스 아퀴나스(Thomas Aquinas, 1225경-1274)는 하나님의 형상을 지성 혹은 이성에서 먼저 찾으려고 했습니다.

토마스 아퀴나스의 대표작인 『신학대전』의 판본들. 왼쪽은 1475년 판본, 오른쪽은 1596년 판본.

『신학대전』(Summa Theologiae)에서 그는 인간 안에 있는 하나님의 형상이 세 단계로 존재한다고 기술합니다.

> 첫 번째 단계는 하나님을 알고 사랑하는 인간의 본성적인 자질로서, 모든 인간이 공통적으로 가지는 인간 정신의 본질 속에 있다. 두 번째 단계는 실제적으로 혹은 성향적으로 하나님을 알고 사랑하는 단계이지만 여전히 불완전하여 은혜에 순응할 때에만 그 형상을 소유하게 된다. 세 번째 단계는 실제적이며 완전하게 하나님을 알고 사랑하는 단계로 영화된 형상이다(1,93,4.).[121]

이처럼 형상에 대한 견해에 있어 사람들마다 정도의 차이가 있습니다. 그러나 모든 인간이 하나님의 형상을 지니고 있다고 본 아퀴나스의 견해는 주목할 만합니다. 아퀴나스는 이러한 견해에 소위 '초자연적 은혜의 선물'(supernaturalis donum gratiae)

---

120) Herman Bavinck, *God and Creation*, in *Reformed Dogmatics*, vol. 2, ed. John Bolt, trans. John Vriend (Grand Rapids: Baker Academic, 2004), 534-542.
121) Thomas Aquinas, *Man Made to God's Image*, in *St. Thomas Aquinas Summa Theologiae*, vol. 13, trans. Edmund Hill (Cambridge: Cambridge University Press, 2006), 60-61.

로서 '덧붙여진 은사'(*donum superadditum*)라는 개념을 더합니다. 그의 설명에 따르면, 창조 시 인간의 고등한 이성의 능력과 열등한 정신의 능력(*inferiores vires*) 사이에 다툼이 생겨 이성이 열등한 정신을 제어하기 위해서는 초자연적 은혜의 선물이 덧붙여질 필요가 있었다고 주장합니다. 타락한 인간은 이 덧붙여진 초자연적 은혜의 선물을 상실하였습니다. 그래서 이성과 열등한 정신 사이의 다툼을 해소하고 초자연적인 미덕을 성취함으로써 선에 도달하기 위해서는 초자연적 은사가 회복되어야 한다고 하였습니다.[122]

b. 종교개혁자들의 견해

종교개혁자들은 그 형상을 인간의 영혼 안에서 찾고자 했습니다. 인간이 지닌 지성적 능력과 도덕적 실천 의지에서 하나님의 형상을 찾으려고 했던 교부들과는 달리 종교개혁자들은 하나님의 탁월함을 온전히 드러내는 인간 영혼 속에서 그 형상을 찾으려고 했습니다.

루터파는 인간 안에 있는 하나님의 형상을 지식과 거룩함과 의와 같은 영적 자질들 곧 '원의'로 한정지었으며, 덧붙여진 은사가 아니라 본래부터 주어진 것이고 타락과 함께 완전히 상실했지만 구속을 통해서 회복된다고 보았습니다.[123] 그러나 이 견해는 타락한 후에도 인간이 어떻게 동물과는 구별되는 인간의 삶을 영위할 수 있는지에 대해서 충분히 설명해 주지 못합니다.[124]

칼빈은 형상과 모양을 구별하지 않았으며 덧붙여진 은사와 같은 개념도 논하지

---

122) 후케마(Anthony A. Hoekema)는 이 견해에 대해 몇 가지 비판을 가하였다. 창조 시부터 인간은 고등한 이성과 하등한 정신 작용 사이에 갈등이 있는 불완전한 존재이기에 초자연적 은사가 덧붙여져야 한다는 아퀴나스의 주장은 하나님의 창조의 선함을 결함 있는 것으로 만들고 있으며, 타락 후 인간의 본성은 그대로인데 덧붙여진 초자연적 은사만을 상실하였다는 주장은 인간 타락의 심각성과 파괴성을 간과한 발언이라는 것이다. Anthony A. Hoekema, *Created in God's Image* (Grand Rapids: Wm. B. Eerdmans Publishing Company, 1994), 38-41.
123) 서철원, 『인간, 하나님의 형상』(서울: 총신대학교출판부, 2007), 62-63; Herman Bavinck, *God and Creation*, in *Reformed Dogmatics*, vol. 2, ed. John Bolt, trans. John Vriend (Grand Rapids: Baker Academic, 2004), 548.
124) Louis Berkhof, *Systematic Theology* (Grand Rapids: Wm. B. Eerdmans Publishing Company, 1996), 207-208.

않았습니다. 그는 인간 안에 있는 하나님의 형상을 일차적으로는 영혼 속에서 찾아야 하며 그것은 창조 시에 하나님께서 부여하신 인간으로서의 순전함(*integritas*)을 의미한다고 주장했지만, 육신을 결코 배제하지 않으면서 전인적인 영역에까지 확장하여 폭넓게 다루었습니다.[125]

또한 인간으로서의 이 순전함은 그리스도로 말미암는 타락한 본성의 회복과 그리스도를 닮아 가는 과정을 통해 가장 잘 확인할 수 있다고 제시하면서 지식과 의와 거룩함을 언급하였습니다.[126]

칼빈은 하나님의 형상이 인간의 타락으로 말미암아 상실되었지만 완전히 파괴되지 않고 그 흔적은 남아 있다고 보았는데, 선과 악을 구별하는 이성, 사람 안에 심겨진 종교의 원리, 깨어지지 않고 보존되는 인간 상호 간의 교제, 죄책감으로 인한 인간의 수치심, 정부의 법에 의한 통제 등이 그 증거들이라고 말합니다.[127]

여기서 잔존하는 하나님의 형상의 본질을 존재론적인 특성으로 볼 것인가 혹은 인격적이고 관계적인 특성으로 볼 것인가 하는 문제가 제기됩니다.

이에 대하여 헬무트 틸리케(Helmut Thielicke, 1908-1986)는 루터파 신학의 입장을 대변합니다. 그는 중세 스콜라주의가 하나님의 형상 개념에 있어서 존재론적 특성을 강조하였다면, 루터는 이러한 접근을 깨고 하나님의 형상을 관계로서 이해하였다고 주장합니다.

그러나 이러한 논리를 따른다면, 타락으로 말미암아 하나님과의 관계가 끊어진 상태에서는 인간이 하나님의 형상을 가지고 있다고 말하기 어렵다는 결론에

---

[125] John Calvin, *Institutes of the Christian Religion*, vol. 1, trans. Henry Beveridge (Grand Rapids: Wm. B. Eerdmans Publishing Company, 1981), 164.
[126] John Calvin, *Institutes of the Christian Religion*, vol. 1, trans. Henry Beveridge (Grand Rapids: Wm. B. Eerdmans Publishing Company, 1981), 164.
[127] John Calvin, *Commentary on The Book of Psalms*, in *Calvin's Commentaries*, vol. 4, trans. James Anderson (Grand Rapids: Baker Book House, 1979), 102. 후케마는 이에 대해서 정리하기를, 형식적이고 구조적인 측면 곧 넓은 의미에서는 인간 안에 있는 하나님의 형상이 완전히 상실된 것이 아니라 심히 부패하고 왜곡되었지만, 내용적이고 기능적인 측면 곧 좁은 의미에서는 전적으로 상실되었다고 보았다. Anthony A. Hoekema, *Created in God's Image* (Grand Rapids: Wm. B. Eerdmans Publishing Company, 1994), 68-73.

튜레틴. 제네바의 개혁신학자. 당대의 거짓된 가르침을 신랄하게 공격하고 시대의 부도덕함을 질타하는 일을 존 오웬이 영국에서 했다면 튜레틴은 유럽 대륙에서 감당했다.

도달하게 됩니다. 그렇게 되면 구원받지 못한 불신자들이나 이교도들의 인간으로서의 존엄성과 가치에 대한 근거를 설명하기 어렵게 됩니다. 따라서 이 문제에 대한 바람직한 결론은 하나님의 형상의 본질을 이해함에 있어 존재론적인 접근과 관계론적인 접근이 모두 필요하다는 사실입니다.[128)]

우리는 튜레틴(Francis Turretin, 1623-1687)의 견해를 가지고 개혁신학에서 주장하는 하나님의 형상을 다음과 같이 잘 요약할 수 있습니다.[129)]

하나님의 형상은 하나님의 본질에 참여하는 것이 아니며 그 형상의 고유한 자리는 인간의 영혼이다. 하나님의 형상은 본질적으로는 지성과 의지의 기능 모두를 포함하는 불멸하는 영적인 영혼에, 형상적으로는 영혼의 올곧음과 순전함 혹은 원의에, 결과적으로는 타락한 이후 약화되긴 하였지만 피조물들의 수장으로서 인간에게 부여된 만물에 대한 통치권과 죄를 짓지 않았더라면 주어졌을 인간의 불멸성이라는 복에 있다.

인간 안에 있는 하나님의 형상 중 가장 고귀한 기능 가운데 하나가 지적 능력(mens), 곧 지성(知性)입니다. 고전 철학에서 지성은 사물들의 전건(前件)과 후건(後件)의 관계로써 원인과 결과를 아는 라티오(ratio) 즉 이성(理性)과, 직관을 통해 모든 사

---

128) 김남준, 『구원과 하나님의 계획』 (서울: 부흥과개혁사, 2011), 137; G. C. Berkouwer, *Studies in Dogmatics: Man, The Image of God*, trans. Dirk W. Jellema (Grand Rapids: Wm. B. Eerdmans Publishing Company, 1972), 137, 139.
129) 창조 시 주어진 원의는 불변하게 가질 수 있는 것이 아니었으나 그리스도를 통해 회복된 의는 불변하며 소멸할 수 없다. Francis Turretin, *Institutes of Elenctic Theology*, vol. 1, trans. George Musgrave Giger (Phillipsburg: P&R Publishing, 1992), 466-470.

물들을 논리를 초월해서 인식할 수 있는 인텔레겐티아(*intellegentia*) 곧 오성(悟性)으로 나뉩니다. 여기서 이성은 추론 기능(*ratiocinatio*)을 담당하고, 오성은 변증 기능(*dialectica*)을 담당합니다.[130] 그러나 칸트 이후의 근대 철학에서는 오성이라는 개념이 감각적인 것들에 대한 지각(知覺)을 가리키는 것으로 의미가 바뀌게 됩니다.

지성은 영혼의 가장 고귀한 기능이며 하나님의 형상의 핵심입니다. 앞서 살펴본 바와 같이 신학자 토마스 아퀴나스도 이것을 지지하였는데, 페트루스 롬바르두스(Petrus Lombardus, 1100경-1160)의 『명제집 주해』(*Scriptum super Libros Sententiarum*)를 해설하는 가운데 인간이 마땅히 누려야 할 행복도 지성(*intellectus*)을 통한 것임을 주장하였습니다.

> 인간의 누림은 인간의 최상의 활동에 있는데, 그 즐거움이 인간의 궁극적인 행복이기 때문이다. 철학자들에 따르면 행복은 성향(*habitus*)에 있지 않고 활동(*operatio*)에 있다고 한다. 그러나 인간의 최상의 활동은 그의 가장 높은 수준의 능력, 말하자면 가장 고귀한 대상이신 하나님과 관계하는 지성의 활동에 있다(d.1.q.1.a.1.).[131]

c. 형상과 선한 삶

인간 안에 있는 하나님의 형상은 삶의 도덕성과 밀접한 관계가 있습니다. 하나님의 형상은 인간이 덕스러운 삶을 사는 근거입니다. 인간은 그 형상을 회복함으로써 하나님께서 창조하신 목적과 의도대로 살아갈 수 있습니다. 또한 이웃들을 참된 행복 안에서 살게 하는 데 이바지할 수 있습니다.

회복된 형상 안에 있는 올바른 영혼의 힘은 저급한 욕망을 억제하고 덕스러운 삶을 살게 합니다. '덕'(德, *virtus*)은 본질적으로 '영혼의 힘'으로서, 타인들과 올바른

---

130) 김남준, 『자기 깨어짐』 (서울: 생명의말씀사, 2006), 140-141.
131) Thomas Aquinas, *On Love and Charity: Reading from the Commentary on the Sentences of Peter Lombard*, trans. Peter A. Kwasniewski, Thomas Bolin, Joseph Bolin (Washington: The Catholic University of America Press, 2008), 5.

관계를 맺으며 살아가게 하는 힘입니다. 로마의 철학자 키케로(Marcus Tullius Cicero, BC 106-BC 43)는 자신의 『의무에 관하여』(De Officiis)라는 책 속에서 기술과 덕에 대하여 다음과 같이 말하였습니다.

> 인간이 인간에게 가장 커다란 도움과 가장 커다란 해를 끼치는 원천이 된다는 점은 의심할 여지가 없다. 따라서 나는 누구나 이러한 상태에서 사람의 마음을 얻어 그를 우리 자신에게 유용하도록 연결 짓게 하는 것이 바로 덕의 독특한 기능이라고 규정한다. 그러나 생명이 없는 사물이나 동물들을 이용하여 인간의 삶에서 얻는 유익은 기술로 인한 것이다(2.17.).[132]

여기에서 말하는 '덕'을 기독교 신학의 입장에서 설명하면, 곧 '하나님에 대한 사랑'이라고 할 수 있습니다. 인간은 언제나 자신의 만족을 위하여 행동하지만, 원초적 본성을 따르는 행동들은 그 자체 안에 있는 선으로 말미암아 추구되는 것이 아닙니다. 인간의 도덕적 행동들은 더 높은 차원의 질서에 부합하는 성질과 가치를 따름으로써 이루어집니다. 그리스도인의 삶에 있어서 참된 덕은 절대자이시고 선 자체이신 하나님의 의지에 부합하는 마음의 성향과 정신의 능력입니다.

오늘날 과학 기술의 발전은 부요한 물질 문명을 이루게 하였고, 이것은 사람의 사상까지 지배하여 물질 만능주의 시대, 과학 제일주의 시대를 열었습니다. 사물을 사용하여 인간을 이롭게 하는 기술은 인간이 덕스럽게 살아가는 데 필요한 것입니다. 사물을 사용하여 즐거움을 얻는 것은 나쁜 것이 아니지만, 인간이 그것을 최종적인 가치로 여길 때 불행하게 됩니다. 왜냐하면 그것은 인간을 창조하시고 사물을 주신

---

[132] "Cum igitur hic locus nihil habeat dubitationis, quin homines plurimum hominibus et prosint et obsint, proprium hoc statuo esse virtutis, conciliare animos hominum et ad usus suos adiungere. Itaque, quae in rebus inanimis quaeque in usu et tractatione beluarum fiunt utiliter ad hominum vitam, artibus ea tribuuntur operosis…" Cicero, De Officiis(On Duties), in The Loeb Classical Library, vol. 30, trans. Walter Miller (Cambridge: Harvard University Press, 2005), 184-185.

하나님의 뜻에 어긋나기 때문입니다.

인간의 모든 불행은 사랑하여야 할 하나님을 사용하려고 하고, 사용하여야 할 사물들을 사랑하려는 데서 비롯됩니다. 사람을 이롭게 하는 물질에 대한 기술은 그것을 사용하는 사람이 덕스러운 삶을 살아갈 때에만 가치가 있습니다. 그러나 오늘날 많은 사람들은 덕에는 아무 관심이 없고 기술에만 마음이 쏠려 있습니다. 덕은 자신을 사용하여 남을 이롭게 하는 것이며, 기술은 물질을 사용하여 인간의 육체를 이롭게 하는 것입니다.

키케로. B.C. 1세기 로마의 걸출한 정치가이자 철학자. 고대 그리스 철학의 영향을 깊이 받았으며, 고전 라틴어의 틀을 세운 문장가이기도 하다.

그러므로 기술은 인간을 행복하게 하는 데 한계를 가지고 있습니다. 오히려 기술에 대한 지나친 집착과 신뢰는 인간의 정신을 위태롭게 할 수 있습니다.

교회는 이러한 현대 정신의 실체를 파헤치고 인간들에게 경고의 나팔을 불어야 합니다. 하지만 오늘날 교회가 현대 정신과 함께 시대의 물살에 떠내려가고 있는 것 같아서 염려가 됩니다. 오늘날 교회가 많은 그리스도인들 사이에 현세적 복(福)에 대한 비성경적인 개념을 널리 유포시키는 것도 바로 이 때문입니다.

인간의 참된 행복은 기술에 있지 않고 덕에 있으며, 지복의 나라는 물질의 왕국이 아니라 사랑의 나라입니다. 그러면 덕스러운 삶의 기준은 도대체 무엇입니까? 선악의 판단 기준에 대해 우리보다 먼저 고민하였던 키케로는 자신의 책 『선과 악의 궁극적 목적에 관하여』(De Finibus)에서 다음과 같이 말합니다.

> 사람을 원초적으로 끌어당기는 것은 본성을 따르는 것들이다. 그러나 이해력 혹은 스토아 철학자들의 용법으로 엔노이아(ἔννοια) 즉 인식이라고 부르는 개념을 가지자마자, 또 행동을 주관하는 조화로움(concordia)이라 할 수 있는 질서를 보자마자 사람은 그가 처음으로 사랑했던 모든 것들보다 이 조화로움에 더 많은 가

제7장 목회자와 하나님의 형상 | 243

치를 부여한다. 그리고 인식과 이성의 작용으로써 바로 여기에 마땅히 기릴 만하고 추구할 만한 인간의 최고 선이 있다는 결론을 내리게 된다. 스토아 철학자들이 **호몰로기아**(ὁμολογία)라고 부르는 것, 이렇게 말해도 괜찮다면 우리가 일치(convenientia)라고 부르는 것이 여기에 있기 때문이다. 이처럼 선은 목적이고 다른 모든 것들은 수단이며, 이후에 드러난다고 할지라도 도덕적인 행위와 선한 것으로 인정되는 도덕적인 가치는 그 자체의 효능과 가치로 인해 추구되는 것이다. 그러나 본성의 그 어떤 일차적인 대상들도 그 자체로 인해 추구되는 것이 아니다(3.21.).[133]

키케로는 본성을 능가하는 질서가 선악의 근거라고 보았습니다. 물론 그것도 인간의 본성 안에 있는 것입니다. 그는 인간의 만족이 자신의 본성을 따르는 데 있지만 그것을 능가하는 질서인 화합 혹은 일치(concordia)를 발견하자마자 그것에 더 많은 가치를 부여하는데, 이것이 선악의 기준이라고 보았습니다. 이는 일종의 도덕에 대한 공통 감각 같은 것입니다. 그는 인간에 의하여 인식되는 선악의 기준은 과녁과 같은 것이라고 생각했고, 그에 합치하고자 하는 인간의 도덕적 노력을 실제로 활을 쏘는 행위에 비유하였습니다(3.22.).[134] 성경은 인간 자신이 도덕의 기준이 될 수 없을 뿐만 아니라 그것을 스스로 찾아갈 수 없다고 말합니다(롬 3:11). 더

---

[133] "Prima est enim conciliatio hominis ad ea quae sunt secundum naturam; simul autem cepit intellegentiam vel notionem potius, quam appellant (ἔννοιαν) illi, viditque rerum agenarum ordinem et ut ita-dicam concordiam, multo eam pluris aestimavit quam omnia illa quae prima dilexerat, atque ita cognitione et ratione collegit ut statueret in eo collocatum summum illud hominis per se laudandum et expetendum bonum; quad cum positum sit in eo quod (ὁμολογίαν) Stoici, nos appellemus convenientiam, si placet,-cum igitur in eo sit id bonum quo omnia referenda sunt, honeste facta ipsumque honestum, quod solum in bonis ducitur, quamquam post oritur, tamen id solum vi sua et dignitate expetendum est, eorum autem quae sunt prima naturae propter se nihil est expetendum." Cicero, *De Finibus Bonorum et Malorum*(On Ends of Goods and Evils), in *The Loeb Classical Library*, vol. 40, trans. H. Rackham (Cambridge: Harvard University Press, 2006), 238-241.

[134] Cicero, *De Finibus Bonorum et Malorum*(On Ends of Goods and Evils), in *The Loeb Classical Library*, vol. 40, trans. H. Rackham (Cambridge: Harvard University Press, 2006), 240-241.

욱이 그것을 행할 수 있는 능력은 존재하지 않습니다(롬 7:18). 인간에게 하나님의 구원이 필요한 것도 이 때문입니다.

타락으로 말미암아 죄가 들어오면서부터 인간은 자신 안에 있는 하나님의 형상이 파괴된 채로 태어나고 살아갈 수밖에 없게 되었습니다. 인간 불행의 궁극적인 원인은 바로 거기에 있습니다. 이렇게 파괴된 하나님의 형상은 영혼의 모든 기능에 죄의 영향력을 행사하게 됩니다.

영혼의 어떤 기능도 죄로부터의 영향을 벗어나는 부분이 없습니다. 그래서 칼빈주의에서는 인간의 본성에 관하여 '전적 타락'(total depravity)을 말합니다. 이 말은 인간의 본성 전체가 오직 죄밖에 없다는 품질에 관한 것이 아니라, 인간의 본성의 어떠한 기능도 죄의 영향력을 벗어날 수 없다는 범위에 관한 것입니다. 다시 말해서 인간은 본성상 전적으로 타락하여 영혼과 육체 중 어느 한 부분도 죄의 영향을 벗어난 곳이 없고, 자신의 힘으로 하나님의 선(善)을 향하여 살기에 전적으로 무능한 사람이 되었다는 의미입니다.

2. 영원한 세계에 대한 그리움

하나님의 형상을 가졌기에, 인간에게는 영원한 세계에 대한 그리움이 있습니다. 신학함은 이 그리움의 발로입니다. 신학은 인간이 죄로 말미암아 잃어버린 하나님의 형상을 회복하기 위하여 필요한 것입니다. 타락으로 인류는 하나님의 형상을 대부분 상실했지만 일부는 인간 안에 남아 있습니다. 타락에도 불구하고 영혼의 모든 기능이 완전히 파괴되지는 않은 것입니다.

비록 죄의 영향력에서는 벗어날 수 없게 되었지만 넓은 의미에서는 여전히 인간은 하나님의 형상을 가지고 있기에, 그 안에 하나님을 아는 '종교의 씨'(semen religionis)를 간직하게 되었습니다. 이것은 곧 '하나님에 대한 의식' 혹은 '신성(神性)에 대한 감각'(sensus divinitatis)인데, 하나님 자신에 의하여 우리에게 심겨진 계시로서 모든 인류에게 있는 보편적인 지식입니다.

인간에게 심겨진 신(神) 의식은 인간이 하나님의 형상을 가진 존재인 한 그 안에 함께 있는 것으로서 결코 오류일 수 없는 지식입니다. 이에 대하여 스콧 올리핀트(K. Scott Oliphint)는 다음과 같이 말합니다.

> 그러므로 신 인식은 배워야 할 하나의 교리이거나 가르침이 아니라 모태로부터 우리 안에 존재하는 것이다. 말한 바와 같이 이 지식을 습득하는 것은 우리에게 달려 있지 않다. 이 지식은 하나님께서 주시는 것이기 때문이다. 따라서 우리는 신 인식을 가지고 있다. 우리가 하나님의 형상이기 때문이며, 하나님께서 형상으로써 우리 각자 안에 하나님 자신에 대한 지식을 심으셨기 때문이다. 그리고 이 지식은 그러한 사실 때문에 보편적이며 오류가 있을 수 없다. 하나님께서는 이 지식을 모든 인간에게 주셨고, 하나님께서 주신 것은 진리이다.[135]

그러나 이 지식은 구원받기에 충분하지 않습니다. 그것만으로는 거룩하신 하나님을 찾아갈 수 없습니다. 그렇지만 창조주 하나님이 존재하신다는 사실과 율법을 범한 자신의 죄는 변명할 수 없으리만치 충분한 지식이기도 합니다. 인간의 문화 속에서 표현되는 영원을 향한 인간의 목마름은 바로 이러한 신 의식 혹은 신 인식을 반영하는 것입니다.

인간은 이 세상에서 먹고 마시는 것만으로 마음의 만족을 누릴 수 없습니다. 인간 안에 있는 목마름은 하나님과 영원한 세계에 대한 그리움으로 표출됩니다. 인간의 영원을 향한 이러한 갈망이 진리의 말씀으로 올바르게 빛을 받지 못할 때, 거기서 수많은 종교들이 생겨나게 됩니다. 또한 쾌락에 대한 탐닉과 찬미가 생겨납니다. 예를 들어 오늘날 유행하는 극단적인 쾌락주의는 문화 현상이라기보다는 종

---

[135] K. Scott Oliphint, "Using Reason By Faith," in *Westminster Theological Journal*, vol. 73, no. 1 (spring 2011), 108.

교 현상에 가까운데, 이는 영원한 진리가 아니면 채워질 수 없는 인간 정신과 영혼의 갈망의 또 다른 분출이기 때문입니다.

하나님께서는 처음 창조하신 인간들에게 사물을 인식할 수 있는 두 개의 능력을 주셨습니다. 이성(理性)과 신앙(信仰)이 그것입니다. 타락한 후에도 이성은 어느 정도 남아 있지만 신앙은 하나님을 알아볼 수 없게끔 망가졌습니다.

우리가 기독교 신앙을 가지게 된 것이 얼마나 놀라운 일인지 생각해 보십시오. 하나님을 믿지 않는 수많은 사람들 중에서 우리를 선택하여 복음을 듣게 하셨습니다. 어두운 밤바다와 같은 우리의 영혼에 진리의 밝은 빛이 들어와 신앙을 갖게 하셨습니다. 우리로 하여금 예수 그리스도의 십자가가 바로 구원의 방편임을 깨닫게 하셨고, 잃어버렸던 하나님의 형상을 다시 회복하게 하셨습니다.

목회자는 하나님을 떠난 죄인들이 하나님 형상을 회복하도록 섬기는 도구로 부름받은 사람입니다. 죄와 그 결과인 악과 비참으로 고통당하는 세상에 대한 근본적인 해결책은 인간이 그 형상을 회복하는 것입니다.

모든 진리가 언제나 모든 사람의 것일 수는 없습니다. 진리는 모든 사람을 위한 것이긴 하지만 그것을 모든 사람들이 받아들이는 것은 아니기 때문입니다. 그래서 우리는 말씀을 전하면서 실망하지 말아야 합니다. 하나님의 말씀을 진리답게 전하는 과정이 그것을 전한 결과보다 중요하기 때문입니다.

설교자는 설교의 결과가 아니라 그 설교를 진리답게 선포하기까지 요구되는 모든 과정을 통하여 하나님께 칭찬을 받습니다. 목회자는 이 사실을 굳게 붙들고 섬겨야 합니다. 우리가 진리를 주님의 마음으로 선포한다면 누군가는 그 칠흑 같은 어둠 속에서 파리한 손을 내밀어 그 진리를 붙잡을 것임을 믿어야 합니다.

개척교회를 하고 얼마 되지 않았을 때의 일입니다. 매주 토요일마다 지체들이 열심히 동네 골목을 누비며 복음을 전하였습니다. 눈물을 쏟으며 인근 지역에 있는 잃어버린 영혼들을 위하여 기도한 후 손에 전도지를 들고 이 골목 저 골목을 누볐습니다. 때로는 거친 욕설과 냉대가 돌아왔지만 지체들은 주님의 마음으로 그 일을 계속하였습니다. 집집마다 초인종을 눌러 가며 전도를 하던 중 지체 한 사람이 고꾸라질 듯 경사가 급한 지하실 계단을 발견했습니다. 그 지체는 사람이 살 수 있는 곳으로 보이지 않아 그냥 돌아가려 했으나 왠지 발길이 무거워서 조심스럽게 내려가 보았답니다.

그런데 아무도 살지 않을 것 같았던 그곳에 한 부인이 살고 있었습니다. 그날 이후 그 지체는 꾸준히 지하실을 방문하여 사랑으로 복음을 전했고 결국 그녀의 마음을 열었습니다. 그녀는 설교 테이프를 들으며 회심했고, 오래지 않아 교회에도 나오게 되었습니다.

그녀는 일평생 단 한 번도 교회당에 발을 들여놓은 적이 없었고, 가난과 질병과 많은 부채로 심한 고통을 받으며 살아가고 있었습니다. 인간적으로 보면 예수님을 믿을 것 같지 않은 불신자였고, 종교에 관심을 가질 만한 생활의 여유가 전혀 없는 사람이었습니다. 그래도 그녀의 마음 깊은 곳에서는 하나님의 사랑에 대한 갈망이 있었습니다. 그녀는 복음을 받아들였고 그 어둠 속에서 헤어 나올 수 있었습니다.

그녀가 가족들과 함께 교회에 등록한 후, 제가 처음으로 그녀의 집에 심방을 가던 날이 아직도 생생하게 기억납니다. 그 캄캄한 골방에 들어서며 저는 목이 메도록 감격하였습니다. 이 어두운 지하실 골방에도 영원하신 하나님의 사랑에 목말라 하는 사람이 있다는 사실 때문에, 그 사람을 우리의 손에 붙여 주셔서 진리의 빛으로 나오게 하시는 하나님의 은혜 때문에 울었습니다.

3. 덕스러운 삶을 추구함

인간은 하나님의 형상을 온전히 회복함으로써 덕스러운 삶을 살 수 있습니다. 그리고 그러한 삶을 살아감으로써 행복해질 수 있습니다. 따라서 인간이 행복해지는 것은 그 안에 있는 하나님의 형상을 회복하는 것에 달려 있습니다.

우리가 살아가는 세계는 많은 문제들에 둘러싸여 있고 이것들을 해결하기 위해서는 인간의 헌신과 노력이 요구됩니다. 인류를 위한 자원의 공평한 분배, 올바른 정치제도의 수립, 민주적인 교육, 각종 질병의 퇴치, 미신의 타파, 문맹의 척결, 환경의 개선과 같은 것들은 인류의 복지를 위하여 꼭 필요한 일들입니다. 그리스도인들뿐 아니라 모든 사람들이 이 일에 참여함으로써 자신과 이웃의 행복에 이바지하여야 합니다. 그러한 현실적인 노력과 함께 강조되어야 할 것이 있습니다. 그것은 이 일을 위한 근본적인 처방을 따르는 것입니다.

목회자는 이 모든 현상적인 비참과 불행의 궁극적인 뿌리를 제거하는 길에 대해서 절실하게 고민하여야 합니다. 그리고 인간 고통의 원인에 대하여 본질적인 해결책을 제시할 수 있어야 합니다. 그것은 바로 인간들을 복음 진리로써 구원하여 하나님의 형상을 회복하는 것입니다. 그리하여 인간을 둘러싸고 있는 환경만을 고치는 것이 아니라 그 사람의 영혼을 고쳐 진정한 행복에 이르게 하여야 합니다.

아우구스티누스가 말한 것처럼 하나님께서는 인간의 지성에 말을 건네십니다. 그는 회심한 직후 쓴 작품에서, 이성(理性)과의 대화를 통해 그가 유일하게 알고자 했던 하나님과 영혼을 아는 지식에 대해 논하였습니다. 그는 무엇을 믿어야 할지가 아니라 무엇을 알아야 할지를 탐구함으로써 자신이 믿는 바를 이해력을 통해 규명해 내고자 하였던 것입니다. 우리가 믿는 모든 것을 안다고 말할 수는 없기 때문입니다.

그의 논지를 따르면 하나님을 아는 지식은 육신의 감관이 아닌 영혼의 감각으로 알게 되는데, 그것은 바로 믿음과 소망과 사랑으로 치유받은 영혼의 응시 곧 올바르고 완전한 이성으로 발견하게 되는 것이라고 보았습니다. 이에 대해 그는 자신의 책 『독백록』(*Soliloquia*)에서 다음과 같이 말합니다.

> (믿음, 소망, 사랑으로 치료를 받은) 영혼의 응시는 비로소 이 응시함의 최종적 목적이 되시는 하나님의 바로 그 봄을 따르게 된다. 이는 더 이상의 응시가 존재하지 않기 때문이 아니라 응시해야 할 더 이상의 것이 없기 때문이다. 이것은 참

으로 완전한 덕이며, 이성이 그 목적에 도달한 후에야 복된 삶이 따르게 된다. 그러나 이러한 봄 자체는 영혼 안에 있는 총명이며, 이해하는 것과 이해된 것에 의해 성장하게 된다(1.6.13.).[136]

이처럼 목회의 소명을 받은 사람들은 하나님을 바라보는 사람이 되어야 합니다. 그는 마땅히 하나님과의 관계에서 자신이 먼저 행복한 사람이 되어야 합니다. 그는 회복된 그 형상 안에서 하나님 때문에 기뻐하며 덕스러운 삶을 살아가는 사람이어야 합니다.

이 세상의 물질과 기술로 어느 정도 극복할 수 있는 인간 사회의 비참과 개인의 불행이 분명히 존재합니다. 그러나 사람이 사랑이라는 덕을 갖추지 못한다면, 이 세상의 자원들을 하나님께서 세상을 창조하시고 인간을 지으신

▌『독백론』의 1541년 판본. 왼쪽이 표지, 오른쪽이 첫 장이다. 이 책은 아우구스티누스가 이성과 대화를 나누는 형식으로 저술되었다.

목적대로 사용하지 못합니다. 지상 자원은 기술을 통해 생산되지만 그 자원을 어떤 용도로 사용할 것인가는 기술이 아니라 인간의 덕으로 결정되기 때문입니다.

목회자는 먼저 하나님 안에서 행복한 사람이어야 합니다. 그리고 인간의 지성은 이 모든 신령한 지복이 들어오는 통로입니다. 모든 지식은 인간으로 하여금 그리

---

136) "Jam aspectum sequitur ipsa visio Dei, qui est finis aspectus; non quod jam non sit, sed quod nihil amplius habeat quo se intendat : et hæc est vere perfecta virtus, ratio perveniens ad finem suum, quam beata vita consequitur. Ipsa autem visio, intellectus est ille qui in anima est, qui conficitur ex intelligente et eo quod intelligitur." Aurelii Augustini, *Soliloquia*, in *Patrologia Latina, Curcus Completus*, vol. 32, ed. J. P. Migne (Paris: Imprimerie Catholique, 1845), 876.

스도를 통하여 하나님을 알도록 이바지하고, 그렇게 획득된 지식은 하나님의 형상을 회복하고 창조 목적을 따라 살게 하는 수단이 되어야 합니다. 이 거룩한 형상이 우리 안에서 온전해지는 것은 하나님과의 교제를 통해서입니다. 진리이신 하나님의 말씀과 성령의 은혜로써 이 일이 이루어집니다.

목회의 길을 가려는 신학생들이 말씀의 사람, 기도의 사람이 되지 않으면 안 되는 이유가 바로 여기에 있습니다. 하나님께서는 한 줌의 음식물을 말씀과 기도로 거룩하게 하실 수 있는 분이십니다(딤전 4:4-5). 그렇다면 많은 영혼들을 하나님께로 인도하여야 할 귀한 사명을 맡은 목회자들이 어찌 말씀과 기도로 거룩하게 되기를 기뻐하지 않으시겠습니까?

IV. 그리스도의 형상을 보여주는 목회자

목회를 한다는 것은 예수 그리스도의 형상을 빼놓고는 말할 수 없는 일입니다. 목회자를 세우시는 경륜과 그리스도의 형상(*imago Christi*)의 관계는 다음과 같이 설명됩니다.

앞서 언급한 바와 같이 좁은 의미의 형상은 타락하기 전에 아담과 하와 안에 온전히 있었으나 타락한 후에는 완전히 상실하였습니다. 타락 이후로는 어떤 인간도 하나님의 형상을 온전히 지닌 인간이 어떤 존재인지를 다른 사람에게 보여줄 수 없었습니다. 모두 죄인으로 태어났기 때문입니다. 그리하여 하나님께서는 예수 그리스도를 사람의 몸을 입혀 이 세상에 보내심으로써 하나님의 형상을 온전히 가진 사람이 어떠한지를 보여주셨습니다.

지상 생애를 통해 나타난 예수 그리스도의 인격과 자비와 긍휼이 넘치는 섬김은 완전한 하나님의 형상을 보여주기에 충분했습니다. 성육신하신 그리스도께서는 완전한 사람이셨고 또 완전한 하나님이셨습니다. 성육신하신 그리스도께서는 우리에게 참사람으로서 완전하신 하나님을 보여주셨고, 참하나님으로서 완전한 사람을 보여주셨습니다.

'하나님을 아는 지식'은 경외하는 삶의 원천입니다. 이 지식으로 이스라엘 백성들은 하나님을 경외하며 율법을 따라 살 수 있었습니다. 그래서 호세아 선지자는 하나님을 아는 지식을 버린 것이 곧 하나님을 버린 것이라고 규정하였습니다(호 4:6). 구약성경에서 하나님을 아는 지식은 하나님을 향한 경외의 핵심이었습니다. 시인들의 노래도, 선지자의 불타는 예언도 모두 하나님을 아는 지식을 향한 것이었습니다(시 34:8, 46:10, 사 11:9, 렘 31:34, 호 2:20). 구약에서 하나님을 아는 지식은 신약성경에 와서 기독론적 전환을 통하여 그리스도를 아는 지식으로 환치됩니다. 이러한 신학적 사실에 대하여 사도 바울은 다음과 같이 말합니다.

> 또한 모든 것을 해로 여김은 내 주 그리스도 예수를 아는 지식이 가장 고상하기 때문이라 내가 그를 위하여 모든 것을 잃어버리고 배설물로 여김은 그리스도를 얻고 그 안에서 발견되려 함이니 내가 가진 의는 율법에서 난 것이 아니요 오직 그리스도를 믿음으로 말미암은 것이니 곧 믿음으로 하나님께로부터 난 의라(빌 3:8-9).

사도 바울의 이 고백은 다음 사실을 의미하는 것입니다. 하나님께서는 성육신하신 그리스도를 통하여 인간이 하나님에 대하여 알 수 있도록 경륜하셨다는 것입니다. 그것은 구약의 모든 성도들이 부러워할 만한 탁월한 은총이었고, 천사들도 알고 싶어하는 비밀스러운 경륜이었습니다(벧전 1:12).

성육신하신 예수 그리스도께서는 바로 이 비밀스러운 하나님의 경륜의 창고를 여는 열쇠와 같습니다. 이 일은 하나님께서 만세 전에 정하신 하나님의 지혜로 된 것이었습니다(고전 2:7). 보이는 그리스도를 통하여 보이지 않는 하나님을 알게 하시려고 자기 아들을 성육신하게 하셨으니, 이는 하나님께서 사람의 눈높이까지 낮아지셔서 자신을 계시하신 것입니다.

칼빈은 인간이 하나님을 앎에 있어서 '창조주 하나님에 대한 지식'(cognitio Dei creatoris)이 시간적으로는 먼저이지만 '구속주 하나님에 대한 지식'(cognitio Dei redemptoris) 없이는 이 지식을 가질 수 없다고 보았습니다.[137] 이것을 가리켜 우리는 '하나님에 관한 이중 지식'(duplex cognitio Dei)이라고 부릅니다.

우리는 그리스도를 통하여 하나님이 어떤 분이신지를 가장 정확하고 풍부하게 알 수 있습니다. 그리고 구속주이신 그리스도를 앎으로써, 창조주에 대해 가졌던 모호한 지식들은 구체적인 지식이 됩니다. 그러므로 하나님에 관한 가장 이상적인 지식 습득의 과정은 다음과 같습니다.

우리는 창조주에 대한 희미한 지식을 통해서가 아니라 구속주에 대한 지식을 통해서 창조주를 올바로 알고, 그 관점에서 다시 그리스도와 이 세상의 모든 사물들에 대한 지식을 갖는 것입니다. 우리는 성육신하신 그리스도를 통해 하나님이 어떤 분이신지를 알 뿐 아니라 동시에 참인간이 누구인지를 배우게 됩니다.

이는 타락하기 전 아담과 하와 안에 있었으나 타락한 후에는 인간들에게서 사라져 버린 하나님의 형상을 성육신하신 그리스도께서 온전히 가지고 계셨기 때문입니다. 그러기에 신약에서는 그리스도인들에게 하나님의 형상을 닮으라고 권하기보다는 예수 그리스도의 형상을 닮아 가도록 성숙하라고 요구하고 있습니다(롬 8:29, 고전 11:1).

로버트 머리 맥체인(Robert Murray M'Cheyne, 1813-1843)의 지적과 같이, 인간에게 가장 큰 복은 예수 그리스도를 많이 닮는 것입니다. 그는 29세라는 꽃다운 나이에 하나님께로 갔지만 살아 있을

맥체인. 스코틀랜드의 목사. 29세의 나이에 발진티푸스 병으로 요절하였으나 그리스도를 닮은 인생길로 '작은 예수'라 불리며 수많은 그리스도인들에게 영향을 끼치고 존경받는 부흥 운동 지도자이다.

---

137) John Calvin, *Institutes of the Christian Religion*, vol. 1, trans. Henry Beveridge (Grand Rapids: Wm. B. Eerdmans Publishing Company, 1981), 40.

동안 사람들에게 자신 안에 계신 그리스도의 형상을 탁월하게 보여준 목회자였습니다.[138]

그는 자신이 설교한 대로 살았던 사람입니다. 설교하기 전 기도실에서 나오는 그의 얼굴에는 눈부신 광채가 빛났으며, 설교를 시작하기도 전에 성도들은 흐느끼기 시작했다고 합니다. 하나님을 대면하고 온 목회자의 얼굴이 저렇게 밝게 빛난다면 그를 대면해 주셨던 하나님께서는 얼마나 거룩하신 분일까 하고 생각하는 청중들의 인식 때문이었습니다. 다시 말해서 목회자의 인격에서 하나님의 거룩하심을 느끼면서 자신들이 얼마나 죄인인지를 알았기 때문입니다.[139]

내 생애 가장 귀한 것 주 앎이라.
주님을 알기를 간절히 원하네.
내 생애 가장 귀한 것 주 앎이라.

저에게는 소박한 꿈이 있습니다. 저에게도 언젠가는 고단한 목회 사역을 뒤로 할 때가 올 것입니다. 그날, 제가 목회하던 교회의 성도들에게 마지막으로 설교하는 날은 제가 바라는 간절한 소원 두 가지가 이루어지는 날이기를 소망합니다. 한 가지 소원은 그 마지막 예배 때에 제가 설교할 터인데, 수없이 제 설교를 들어온 성도들이 마지막 설교의 성경 본문이 낭독될 때 그 본문으로 어떤 내용의 설교가 선포될지 예상하지 못할 정도로 말씀의 깊이가 깊은 설교자가 되는 것입니다. 그리고 다른 한 가지 소원은 교회를 떠나게 되는 그날이 그때까지 제가 살아온 날들 중에서 예수 그리스도를 가장 많이 닮은 날이 되고, 앞으로 살아갈 날들 중에서는 예수 그리스도를 가장 적게 닮은 날이 되는 것입니다.

---

[138] 김남준, 『자네, 정말 그 길을 가려나』 (서울: 생명의말씀사, 2008), 49.
[139] 로이드존스는 자신의 책에서 참된 설교의 요소 중 하나인 진지함(seriousness)의 실례로서 로버트 머리 맥체인을 언급하고 있다. Martyn Lloyd-Jones, *Preaching and Preachers* (London: Hodder & Stoughton, 1998), 86.

목회자가 삶과 인격으로 성도들에게 하나님의 사랑을 알게 하는 것은 그리스도의 형상을 닮는 일로 구체화됩니다. 목회자가 예수 그리스도를 많이 닮으면 닮을수록, 성도들은 그가 전하는 하나님의 말씀의 진실성을 확신하게 될 것이며 이 세상에서의 번영과 물질적인 성공보다 더 값진 것이 그리스도를 많이 닮는 것임을 알게 될 것입니다.

저는 특별히 목회자가 되기 위해 훈련받고 있는 이들이 이러한 갈망으로 가득 찬 삶을 살아가길 바랍니다. 왜냐하면 큰 나무의 모양은 묘목일 때부터 결정되기 때문입니다.

V. 맺는 말

신학의 목적은 자신 안에 하나님의 형상을 이루는 것입니다. 우리가 신학을 공부하는 것은 먼저 그리스도 안에 있는 하나님의 형상을 본받을 뿐 아니라 우리의 이웃들을 구원에 이르게 하여 그분의 형상을 본받게 하기 위함입니다. 이로써 우리 자신과 모든 성도들이 하나님 때문에 행복하고 하나님께서는 그런 우리들 때문에 영광을 받으시게 되는 것이 우리가 신학을 하며 꿈꾸는 바입니다. 신학공부의 기쁨은 지식의 증진에서 오는 자부심의 향상이 아니라 인격적으로 하나님의 형상을 닮아 가는 것입니다. 왜냐하면 우리가 그 형상을 더 많이 본받으면 본받을수록 하나님을 사랑하게 될 뿐 아니라 그분의 사랑을 받을 것이기 때문입니다. 신학이라는 학문은 단지 우리 주님을 더 사랑하기 위해 밟고 올라가는 하나의 사닥다리일 뿐입니다.

제7장 목회자와 하나님의 형상

I. 들어가는 말

목회자의 의무는 하나님의 말씀을 설교할 뿐 아니라 그 말씀대로 살아갈 때 어떤 사람이 되는지를 보여주는 것이다. 이것은 남에게 보여주기 위한 과시적 삶을 살라는 것이 아니라 스스로 진실한 신자가 되라는 요청이다.

II. 아는 것과 사는 것 사이에서

천국의 거룩한 향취가 깃든 설교는 가혹하리만치 긴 세월을 그 말씀 앞에 자신을 쳐서 복종시키며 살아온 설교자에게서 나온다. 그러므로 한 설교자에게 말씀의 새로운 지평이 열리는 것은 단지 책을 읽고 공부함으로써가 아니라, 하나님의 말씀의 칼이 심장을 도려내는 것 같은 자기 깨어짐을 경험함으로써이다.

III. 목회자를 세우신 경륜

A. 성육신의 원리 하나님께서 목회자를 세워 교회를 이끌어 가게 하신 것은 인간의 구원이 성육신의 원리를 따른 것임을 보여주기 위함이다. 따라서 목회자는 설교로써 가르치는 내용의 육화를 삶으로써 보여주어야 한다. 예수 그리스도께서 성육신하신 이유는 인간의 대속, 하나님의 사랑을 보임, 참사람의 모습을 보임 등으로 요약될 수 있다. 목회자는 예수 그리스도를 사랑하기 때문에 구도의 길을 가는 사람으로, 예수 그리스도께서 보여주신 성육신의 원리를 따라 진리를 열망하고 하나님을 사랑하며 그 길을 가야 한다.

B. 지복과 하나님의 형상 하나님께서 목회자를 세우신 것은 또한 인간의 지복(至福)이 무엇인지 알리기 위함이다. 인간의 지복의 핵심은 하나님의 형상을 본받는 것으로, 만약 인간이 덕스러운 삶을 살아간다면 그것은 그가 하나님의 형상을 회복하였기 때문이다. 목회의 소명을 따라 살아가기 위해서는 먼저 자신이 하나님 안에서 행복한 사람이 되어야 한다. 하나님과의 친밀한 교제야말로 하나님의 거룩한 형상이 우리 안에서 온전해지게 하는 비결이기 때문이다.

IV. 그리스도의 형상을 보여주는 목회자

예수 그리스도의 성육신은 곧 사람의 눈높이로까지 스스로를 낮추신 하나님의 자기 계시이다. 우리는 성육신하신 그리스도를 통하여 하나님이 어떤 분이시며 사람은 어떤 존재인지 배우게 된다. 따라서 인간의 가장 큰 복은 예수 그리스도를 많이 닮는 것이다. 목회자의 섬김, 다시 말해 목회자가 삶과 인격으로 성도들에게 하나님의 사랑을 알게 하는 것 역시 그리스도의 형상을 닮는 일로 구체화된다.

V. 맺는 말

신학은 하나님의 형상을 자신 안에 이루는 것이다. 그리고 하나님의 형상을 본받는 것은 하나님을 더 사랑하고 하나님께 더 사랑을 받는 것이다. 그러므로 제아무리 위대한 신학이라 할지라도 그것은 주님을 더 사랑하기 위해 밟고 올라가는 사닥다리일 뿐이다.

어떻게 신학을 하는가

신학을 한다는 것은
지속적인 성화의 삶 가운데 착한 인격과 희생의 리더십으로
사랑과 정직이 무엇인지 이 세상에 보여주는 삶을 살아가는 것입니다.
비록 모든 면에 있어서 완전해질 수는 없다고 할지라도
조금이라도 더 온전해지기 위해 매일 몸부림쳐야 합니다.
진리를 따라 산다는 것은 매일 자기 깨어짐 속에서
옛 사람을 버리고 예수 그리스도를 닮아 가는 것이기 때문입니다.

제8장

목회자와 성화의 삶

Pastors and the Life of Sanctification

I. 들어가는 말

목회는 자신과의 대면입니다. 목회자가 직면하는 가장 큰 어려움은 외부에서 오는 것이 아니라 자기 자신으로부터 시작됩니다. 과중한 목회 사역이 주는 중압감보다 더 큰 어려움은 목회자 자신의 성품에서 비롯됩니다.

목회자의 사역은 크게 두 가지로 요약됩니다. 하나는 불신자들을 구원받게 하는 일이고, 또 하나는 신자들로 하여금 성화의 삶을 살게 하는 일입니다. 다시 말해서 비회심자는 회심에 이르게 하고, 회심자는 그 은혜를 보존하게 하는 것이 목회 사역의 핵심입니다.

목회자가 실제 사역의 현장에서 이러한 일들을 효과적으로 수행해 나가기 위해서 해야 할 일들은 너무나 많습니다. 오늘날 조국교회의 현실은 목회자에게 말씀과 기도만이 아니라 고도의 기술과 무한한 헌신을 요구하기 때문입니다. 목회자는 이런 상황에서 끝없이 자신을 쏟아 헌신하는 동시에, 스스로 은혜 안에서 거룩해져서 한 사람의 신자로서 더 높은 경건의 성숙을 이루어 가야 합니다. 왜냐하면 그렇게 함으로써 그가 선포하는 말씀이 살아 있는 능력의 말씀임이 입증되고, 그가 살아가는 목회자로서의 삶이 존재의 울림이 있는 삶이 되기 때문입니다.

우리가 이제 살펴볼 것은 목회자가 갖추어야 할 자질과 품성입니다. 우리는 이미 앞에서 목회자가 누구이고 그의 소명이 어떤 것인지에 대해 상세히 살펴보았습니다. 여기서는 목회라는 직무를 감당하기 위하여 실천적으로 갖추어야 할 자격은 무엇이고, 또 존재의 울림이 있는 목회자가 되기 위하여 구체적으로 소유하여야 할 성품은 무엇인지 살펴보겠습니다.

II. 목회자의 실천적 자격

10여 년 전, 『나는 외과의사다』라는 책을 읽은 적이 있습니다.[140] 저자는 외과의사가 될 수 있는 자격을 다음과 같이 세 가지로 지적하였습니다. '독수리의 눈', '사자의 심장', '여인의 손길'이 바로 그것입니다. 저는 이 세 가지가 목회자의 실천적인 자격을 설명하는 데도 매우 유용하다고 생각합니다.

A. 독수리의 눈 : 지성

첫째로, 목회자는 독수리의 눈과 같은 지성(知性)을 가지고 있어야 합니다. 독수리는 가시거리가 무려 10km에 이르는 뛰어난 시력을 가지고 있는 동물로 유명합니다. 목회자 역시 이러한 독수리의 뛰어난 시력에 비견될 만한 뛰어난 지성을 소유하고 있어야 합니다. 외과의사가 사람들을 수술할 수 있는 것도 인체에 관한 지식을 갖고 있기 때문입니다. 의사는 인체의 외과적 구조뿐만 아니라 내과적 작용에 대한 지식까지 두루 갖추어야 환자를 치료할 수 있습니다. 외과의사들이 수술

---
[140] 강구정, 『나는 외과의사다』, (서울: 사이언스북스, 2003), 40.

하기 전에 환자의 상태를 두고 내과의사들과 자주 상의하여 도움을 받는 것도 바로 이 때문입니다.

푸줏간 주인도 칼을 쥐고 살을 가른다는 점에서는 의사와 유사합니다. 그러나 푸줏간 주인은 살코기를 얻기 위해 살을 가르고 뼈를 바르는 반면, 의사는 그 사람의 목숨을 살리기 위해 그 일을 합니다. 그러므로 의사는 푸줏간 주인이 고기를 다루듯이 인체를 다루어서는 안 됩니다. 푸줏간 주인은 식용으로 쓸 고기의 종류와 품질을 구별할 정도의 지식만 갖추어도 자기 일을 수행할 수 있지만, 의사는 겨우 그 정도 지식만으로 칼을 들어서는 절대로 안 됩니다.

의사라면 마땅히 인체에 대한 해부학적 지식과 분자생물학적 지식, 순환계와 소화계, 신경계 등 몸의 모든 계통에 대한 지식을 가지고 있어야 합니다. 그렇지 않으면 환자의 몸을 이롭게 하기 위한 의료 행위가 오히려 환자의 몸을 해롭게 할 수도 있습니다. 의과대학에 입학한 학생들이 긴 세월 동안 그렇게 치열하게 공부하는 이유가 바로 여기에 있습니다.

만약 외과의사가 용기 있게 사람의 배를 열었는데 장기의 위치조차 제대로 파악하지 못한다면 그가 어찌 사람의 생명을 살리는 의사일 수 있겠습니까? 지식이 없는 의사의 용기는 무모함에 지나지 않을 것입니다.

목회자는 인간의 육체보다 더 오묘한 인간의 영혼을 다루는 의사입니다. 성경은 목회자가 다른 사람들의 영혼을 마치 자기의 영혼처럼 사랑하며 봉사하는 자들임을 분명히 가르치고 있습니다. "너희를 인도하는 자들에게 순종하고 복종하라 그들은 너희 영혼을 위하여 경성하기를 자신들이 청산할 자인 것같이 하느니라 그들로 하여금 즐거움으로 이것을 하게 하고 근심으로 하게 하지 말라 그렇지 않으면 너희에게 유익이 없느니라"(히 13:17).

사도 바울 역시 목회자가 신령한 직무를 수행하는 사람이며, 그 수단이 하나님의 말씀임을 다음과 같이 강조합니다. "우리는 수많은 사람들처럼 하나님의 말씀을 혼잡하게 하지 아니하고 곧 순전함으로 하나님께 받은 것같이 하나님 앞에서와 그리스도 안에서 말하노라"(고후 2:17). "이에 숨은 부끄러움의 일을 버리고 속임으로 행하지 아니하며 하나님의 말씀을 혼잡하게 하지 아니하고 오직 진리를 나타냄으로 하나님 앞에서 각 사람의 양심에 대하여 스스로 추천하노라"(고후 4:2).

물질 세계에 속한 인간의 육체를 다루는 의료 행위를 위해서도 방대한 지식이 요구되는데, 영적 세계에 속한 인간의 영혼을 돌보기 위해서는 얼마나 더 많은 지식이 필요하겠습니까?

그러므로 목회자는 땅의 일뿐 아니라 하늘의 일까지 아는 사람이어야 합니다. 그는 인간의 영혼과 마음, 지성과 의지, 자연적 본성과 도덕적 본성, 욕망의 충동과 내적인 성향 등 인간의 영혼과 정신 안에서 발생하는 작용들은 물론 하나님의 주권과 은혜에 대한 지혜도 갖추고 있어야 합니다. 목회자는 고도의 지성과 함께 신령한 일에 대한 지혜까지 겸비한 사람이어야 하는 것입니다.

B. 사자의 심장 : 담대함

둘째로, 목회자는 사자의 심장과 같은 담대한 용기를 가지고 있어야 합니다. 왜냐하면 그가 진리로써 하나님과 교회, 세상을 섬기고자 할 때 그 일을 대적하고 방해하는 세력들이 만만치 않을 것이기 때문입니다.

어느 병원 복도에서 간호사의 목소리가 들렸습니다. "선생님, 너무 걱정하지 마세요. 요즘 맹장수술은 수술도 아니에요. 2cm만 가르면 돼요. 수술 후에는 실로 꿰매지 않아도 저절로 나아요. 너무 걱정하지 마세요." 알고 보니 간호사가 환자에게 하는 말이 아니라 수술용 메스를 들고 덜덜 떨고 있는 초보 의사에게 하는 말이었습니다. 비록 우스갯소리지만 수술대 앞에 선 의사에게 담대한 마음이 얼마나 중요한지를 잘 보여주는 이야기입니다.

배에 심각한 종양이 있는 것이 분명한데, 사람의 배를 가를 용기가 없어 망설이는 의사라면 어찌 사람의 생명을 살릴 수 있겠습니까? 뇌에서 악성 종양이 발견되었다면 담대하게 뇌에 수술 도구를 들이댈 수 있어야 합니다. 이러한 담력은 목회자에게 있어서는 영력에 비할 수 있습니다. 그리고 영력은 그가 복음을 위하여 부름받은 능력의 사람임을 입증하는 중요한 표입니다.

사울의 회심을 믿지 못하는 예루살렘 교회의 지도자들에게 바나바가 어떻게 그의 회심의 진실성을 입증하였습니까? 바로 복음을 전파함에 있어서 사울이 보여준 담대함이었습니다. "바나바가 데리고 사도들에게 가서 그가 길에서 어떻게 주를 보았는지와 주께서 그에게 말씀하신 일과 다메섹에서 그가 어떻게 예수의 이름으로 담대히 말하였는지를 전하니라"(행 9:27).

이것은 오늘날 우리에게도 그대로 적용됩니다. 진리를 선포하도록 요청받을 때에 너무 많은 점들을 고려하면 그 진리를 담대하게 선포할 수 없습니다. 진리 때문에 상처받을 교인들에 대한 염려, 그로 말미암아 자신들이 당하게 될 어려움, 좋은 것이 좋은 것이라는 안일한 생각 등에 사로잡힌 설교자에게서는 담대한 진리의 선포를 기대할 수 없습니다.

목회자는 남다른 지식을 가졌다는 이유만으로 오만방자해서는 안 되지만, 필요할 때에는 진리와 정의를 위하여 담대하게 나설 수 있는 거룩한 강인함이 필요합니다. "그러므로 우리가 담대히 말하되 주는 나를 돕는 이시니 내가 무서워하지 아니하겠노라 사람이 내게 어찌하리요 하노라"(히 13:6).

C. 여인의 손길 : 기술

셋째로, 목회자는 여인의 손길과 같은 섬세한 목회의 기술을 가지고 있어야 합니다. 외과의사는 주로 수술을 하기 때문에 손재주가 좋은 사람들이 유리하다고 합니다. 손재주가 좋아서 만두를 잘 빚거나 뜨개질 혹은 바느질을 잘하거나 무언가를 만드는 일에 재주가 있는 사람들이 수술도 잘한다는 것입니다. 이것은 목회자에게도 마찬가지입니다. 목회는 사람의 영혼을 다루는 일이기에 세심하고 주의 깊은 전문적 기술이 필요합니다.

그러나 사람들은 목회에서 전문적 기술을 얕잡아 보는 경향이 있습니다. 심지어 개혁신학을 따라 목회를 한다는 사람들 중에도 특별한 목회의 기술이 없는 것이 오히려 신본주의적인 목회인 양 생각하는 사람들이 있습니다. 목회의 기술에 무관심하거나 그것을 가지지 못한 것을 오직 성경에만 충실한 증거라고 생각하는 것입니다. 그래서 어떤 사람들은 목회에 있어서 기술적인 면을 강조하는 가르침을 접하게 되면 주저없이 신랄한 비판을 가하는데, 이것은 어리석음 위에 교만한 고집까지 덧붙이는 태도입니다.

성경에서 '충성'이라는 미덕과 짝을 이루며 등장하는 덕목이 있습니다. 그것은 바로 하나님의 일을 함에 있어서 필요한 '지혜'입니다(마 24:45). 목회의 기술은 영혼을 돌보는 일에 대한 지혜의 나타남입니다. 그러한 지혜를 가진 사람들이 충성스럽게 하나님의 일을 수행해 내는 것은 하나님 앞에 '잘하는' 종들로 인정받게 합니다(마 25:21).

설교의 내용은 좋은 신학을 따르고 있을지 모르지만 목회의 기술이 없기 때문에 하나님께서 교회에 부어 주시는 많은 자원들이 낭비되는 경우를 보는 것은 매우 안타까운 일이 아닐 수 없습니다. 영혼들을 세심하게 돌보고 있지 못한 목회자들의 대부분은 영혼들을 세심하게 돌보는 법을 배우려는 노력조차 하지 않습니다. 그들은 목회의 기술이라는 개념 자체를 세속적이라고 생각하고 그것을 배우려는 노력을 세속주의의 물결에 휩쓸리는 것으로 치부합니다.

하지만 목회는 전문적인 기술을 필요로 하는 일입니다. 동서양을 막론하고 역사적으로 교회가 도제 교육의 방식으로 목회자들을 길러 낸 전통을 갖고 있는 것은 바로 이러한 이유 때문입니다.

목회자가 되기 위해 훈련받는 시절에 대가(大家)와 같은 목회자를 만나 그의 목양 아래서 신앙을 배우며 목회의 소명을 확인하고 목회의 기술까지 익혀 간다면, 앞으로 목회자로서 살아가는 데 있어서 더없는 축복일 것입니다. 그러나 현실에서는 그런 상황이 열리지 않는 경우가 훨씬 많습니다.

그래서 스스로 부지런히 배우고 실천하여 목회의 기술을 익혀야만 하는데, 이때 반드시 잊지 말아야 할 것이 있습니다. 그것은 영혼을 보다 잘 돌보기 위한 목회의 기술은 그 방법과 동기 심지어 마지막 결과까지 성경의 진리와 부합하여야 한다는 사실입니다.

더불어 목회 기술이 꼭 필요한 것은 사실이지만 아무리 탁월한 목회의 기술을 습득하였다 할지라도 그것이 진리와 성령의 역사를 대신할 수 있을 것이라고 생각해서는 안 된다는 사실도 기억해야 합니다. 이런 생각을 굳건히 가지고 있을 때, 목회의 기술을 열심히 익히는 것은 하나님께 칭찬받을 만한 목회자의 삶의 방식이 됩니다(마 25:21).

지금까지 살펴본 목회자의 실천적 자격들은 지성(*intellectus*), 영력(*spiritualitas*), 성품(*qualitas*)과 기술(*ars*)로 요약될 수 있습니다. 이것들은 하루아침에 획득되는 것이 아니라 서서히 형성되어 가는 것입니다. 따라서 자신을 깎고 부수는 열심으로 이 세 가지 방면에서 괄목할 만한 진보가 있도록 날마다 꾸준히 기도하며 헌신하여야 합니다.

그런데 이러한 세 가지 준비가 모두 갖추어져 있다고 할지라도, 그것이 곧 좋은 목회자가 된다는 것을 보증하는 것은 아닙니다. 왜냐하면 탁월한 지식이나 담대함, 기술이 그 자체로서 아무리 완전함에 가까이 이르도록 구비되었다고 할지라도 그것이 곧 그것들의 덕스러운 사용까지 보장하는 것은 아니기 때문입니다.

목회자의 가장 중요한 자격은 그리스도를 사랑하는 착한 인격입니다(요 21:17). 착하지 않은 목회자가 지닌 탁월한 지식이나 담대함, 기술은 오히려 교회에 잠재적인 위협이 될 수 있습니다. 따라서 우리는 목회자가 되기 위한 또 다른 준비를 생각하지 않을 수 없습니다.

III. 지도자로 산다는 것은

오늘날과 같은 시대에 목회자로 산다는 것은 쉬운 일이 아닙니다. 세상 사람들이 진리를 좋아하지 않고 심지어 교회의 성도들의 관심사도 진리의 말씀이 아니기 때문입니다. 오늘날의 시대 정신은 윤리에 있어서 상대주의(Relativism)의 입장을 취하는데, 이것이 진리에 대한 견해에 적용될 때 다원주의(Pluralism)가 됩니다. 또한 현대 사상의 중요한 근간이 되는 실용주의(Pragmatism)는 결과를 중시하여 진리 또한 결과에 의해서 그 여부가 결정된다고 주장합니다.

오늘날 많은 종교들이 이러한 실용주의 정신에 입각하여 인간에게 유용한 것은 모두 선한 것이고 불편한 것은 악한 것이라고 믿으며, 스스로 자신의 고유성을 버리고 다원주의화되어 가고 있습니다. 그러나 성경은 말합니다. "예수 그리스도는 어제나 오늘이나 영원토록 동일하시니라"(히 13:8).

만약 변하는 것이라면 진리일 수 없고, 변하지 않는 것이 진리라면 이 세상 사람들이 싫어할 터이니 오늘날과 같은 시대에 진리를 전하는 목회자로 산다는 것은 얼마나 어려운 일입니까? 더욱이 그 진리가 인간에게 하나님 앞에서 살아야 할 의무와 책임을 요구하는 것이라면 인간은 그 진리를 더욱 싫어할 수밖에 없습니다.

이러한 세상의 정신이 이미 교회 안에도 깊이 스며들어 있기 때문에 목회자가 진리를 붙들고 바르게 목회하는 것은 결코 쉬운 일이 아닙니다. 그러면 오늘날과 같은 시대에 목회의 소명을 아름답게 감당하기 위해서 필요한 준비는 무엇일까요? 이 문제를 숙고하기 위해서는 먼저 목회자가 어떠한 삶으로 부름받았는지 살펴보는 일이 필요합니다.

목회자는 지도자로 부름받은 사람입니다. 그래서 목회는 신앙이나 지식 중 어느 하나만 탁월하다고 해서 잘할 수 있는 일이 아닙니다. 목회가 영력으로만 충분한 일이라면 치열한 신앙이면 충분할 것이고, 지식이 전부라면 열심히 공부하는 것으로 족할 것입니다. 하지만 목회는 그것만으로 충분하지 않습니다. 진리를 믿고 진리를 따라 살아가도록 성도들에게 성경의 진리를 가르치는 일이 목회에 있어서 가장 중요한 활동이라는 사실은 아무리 강조해도 지나침이 없지만, 진리에 대한 지식도 그들이 알아야 할 전부는 아닙니다. 한 번의 설교를 통하여 성도들에게 깊은 감화를 끼치고 죄를 회개하게 하는 일이 목회에 있어서 면류관과 같음도 부인할 수 없습니다. 그러나 그것도 목회의 전부는 아닙니다.

긴 안목에서 볼 때, 목회는 삶의 전수(傳授)입니다. 그리고 삶의 전수는 단지 영력과 지식만으로 이루어지는 것이 아닙니다. 목회자는 자신의 인격 안에서 육화(肉化)된 진리가 어떻게 삶으로 드러나는지를 보여주는 탁월한 교재가 되어야 합니다.

강의실에서 만난 강사와 수강생의 관계는 지식의 전달이 목표이고, 공연장에서 만난 연예인과 관중의 관계는 재능을 보여주는 것이 목표입니다. 그렇지만 교회에서 만나는 목회자와 성도의 관계는 삶의 전수가 목표입니다. 다시 말해서 목회는 인간이 그리스도를 통하여 성령 안에서 하나님을 향하여 사는 삶의 방식(*modus vivendi*)을 전수해 주는 것입니다. 그러기에 목회에 있어서 모든 지식과 은혜는 이 일을 잘 수행하는 데 이바지하여야 합니다.

목회자는 진리를 가르치고 신앙을 전수할 뿐 아니라 오히려 더 많은 시간을 성도들에게 바른 삶의 모본을 보여주는 지도자로서 살아야 합니다. 이렇게 성도들을 지식과 신앙 안에서 살아가도록 이끄는 일이 바로 목양(牧羊)입니다. 목회자는 지도자로서의 삶을 살아가야 한다는 사실을 이해하기 위해서는 다음 사항들을 숙고하여야 합니다.

A. 리더십과 인격

첫째로, 목회자가 지녀야 할 지도력의 핵심은 인격에 깊이 뿌리내린 리더십입니다. 오늘날 지도력에 대한 논의가 화두를 이루는 것은 시대 정신과 맥락을 같이합니다. 극단적인 민주주의적 사고방식은 권위를 무시하는 풍조를 양산했고, 개인의 자율을 극단적으로 추구한 나머지 무정부주의적인 사상들이 광범위하게 확산되게 만들었습니다. 이제 질서와 권위에 복종하는 것은 의식이 없는 소시민들의 비민주적인 태도로 치부되고 있습니다. 권위와 질서에 도전하는 것이 의식이 있는 표로 받아들여지고 있는 것입니다.

이러한 시대에 지도자가 된다는 것은 매우 특별하고 어려운 일입니다. 우리가 지도력을 말함에 있어서 사상보다는 감성을 강조하는 것도 바로 이러한 이유 때문입니다. 자기의 사상을 강요하여 사람들을 불편하게 하지 않으면서도 공동체의 이익을 위하여 일할 수 있는 지도자를 이 시대가 요구하기 때문입니다.

교회 역시 이러한 시대 정신의 영향을 받고 있기에 목회자가 지도자로서 교회를 이끄는 일은 매우 어려운 일이 아닐 수 없습니다. 더욱이 목회자는 단순히 조직의 리더가 아니라 영적인 지도자입니다. 그러므로 영적인 지도력을 소유하지 않으면 아무리 세속적 이론에 의한 리더십을 배우고 익혔다 할지라도 목회와 선교 사역을 감당하기에 충분하지 않습니다. 또한 오늘날과 같이 선교 환경이 복잡한 시대에는 목회자가 다양한 문제들에 직면하지 않을 수 없기에, 목회자는 강력한 지도력과 함께 확신 있는 결단력을 갖추어야 합니다. 이러한 모든 것들이 목회자로서 소명을 받은 사람들에게 요구되는 지도자의 자질인데, 이것은 결코 하루아침에 생겨나는 것이 아닙니다.

그러면 어떻게 해야 목회자가 지도자로서의 자질을 차근차근 갖추어 나갈 수 있을까요? 먼저 성경을 통하여 하나님께서 쓰시는 지도자들이 어떻게 자신을 헌신하며 하나님의 백성들을 이끌었는지를 탐구하는 것이 필요합니다. 이러한 작업은 목회자로서의 지도력을 배양하는 데 매우 유용합니다. 왜냐하면 목회자로서 갖추어야 할 지도력의 구체적 면모를 발견하게 해줄 뿐 아니라, 지도력은 그 지도자의 인격적인 특성과 밀접한 관련이 있음을 확인해 주기 때문입니다.

역사학자 에드워드 카(Edward Hallett Carr, 1892-1982)는 『역사란 무엇인가?』(*What Is History?*)에서 헤겔(Georg Wilhelm Friedrich Hegel, 1770-1831)의 말을 이렇게 인용합니다.

한 시대의 위인이란 자신의 시대의 의지를 표현할 수 있고, 그 의지가 무엇인지를 그 시대에 말해 줄 수 있으며, 그것을 성취할 수 있는 자이다. 그의 행위는 그 시대의 중심이자 본질이며, 그는 그의 시대를 실현한다.

그리고 나서 카는 이렇게 자신의 견해를 덧붙입니다. "위인은 역사적 과정의 산물인 동시에 행위자이며, 세계의 형세와 사람의 생각을 변화시키는 사회적 힘을 대표하며 동시에 창조하는 뛰어난 개인이다."[141] 그의 이러한 언급은 역사가 빚어 낸 지도자의 위치를 설명해 주는 것이기도 하지만 한 시대를 책임지는 지도자의 모습과 그의 인격이 역사에 미칠 지대한 영향력을 동시에 보여주는 것이기도 합니다.

E. H. 카. 영국의 정치학자이자 역사학자. 특히 러시아 혁명사의 권위자로 평가받는다. 그의 유명 저작 『역사란 무엇인가』는 1961년에 캠브리지대학교에서 한 강의를 엮어 만든 역사 철학서로, 이 책으로 인해 그는 세계적인 역사학자로 발돋움하게 되었다.

제2차 세계 대전의 역사를 생각해 보십시오. 이 전쟁은 1939년부터 1945년까지 독일, 이탈리아, 일본을 중심으로 한 추축국(樞軸國)과 영국, 프랑스, 미국, 소련 등을 중심으로 한 연합국 사이에 벌어진 인류 역사상 가장 큰 규모의 전쟁이었습니다. 당시 소련의 피해가 무척 컸는데 2,900만 명에 이르는 소련 주민이 사망하였습니다. 그러나 소련을 공격한 독일의 피해도 적지 않았습니다. 히틀러는 330만 명의 병력과 3,300대의 전차 등 엄청난 군사력을 기반으로 소련을 공격하였으나 수많은 독일 젊은이들의 피만 동토에 뿌리고 결국 패전하고 말았습니다.[142]

---

141) Edward H. Carr, *What is History?* (New York: Random House, 1961), 68.
142) Sir Max Hastings, "Foreword," in *The Second World War: A World in Flames*, ed. Alexander Stilwell (Oxford: Osprey Publishing, 2004), 7, 301–302.

이러한 뼈아픈 역사는 반드시 그러한 사건이 일어나야만 했던 어떤 법칙이 존재했기 때문이 아닙니다. 이 불행은 히틀러라는 한 인간의 광기 때문에 일어났다고 해도 과언이 아닙니다. 이처럼 역사는 지도자의 리더십과 관련이 있고, 그 리더십은 곧 그 사람의 인격과 밀접한 관계가 있습니다. 그러므로 목회의 소명을 받은 여러분은 좋은 지도자로 여러분의 인격이 빚어질 수 있도록 섬기는 모든 과정들 가운데 자신의 성품을 깎고 다듬어야 합니다.

어떤 지도자들은 자기와 함께 일하는 사람들을 자기의 추종자로 만들지 않고는 배기지 못합니다. 심지어 자신을 추종하며 꼭두각시처럼 자기 말에 복종하지 않는 모든 사람들을 잠재적인 적으로 간주합니다. 이러한 태도는 대부분 그 지도자의 열등감에서 기인합니다. 이런 지도자들은 자신을 따르는 사람들을 그리스도 안에서 한 피를 받은 지체들로 생각하지 않습니다. 그래서 자신을 따르는 사람들이 아무리 신실한 신앙으로 주님을 섬긴다고 할지라도 만족하지 않습니다. 오히려 그 사람들이 자신을 추종함에 있어서 어느 정도는 판단력이 없는 사람들이 되기를 원합니다. 이런 지도자는 외로울 수밖에 없습니다. 스스로 현재의 아첨꾼들 아니면 미래의 배신자들만 가까이하고 있기 때문입니다.

역사를 뒤돌아보면, 큰 제국이 급격히 쇠퇴 일로에 접어드는 비극의 이면에는 항상 제왕들이 자기와 다른 견해를 가진 신하들을 숙청해 버리는 일들이 있었습니다. 만약 교회에서 목회자가 이런 지도력을 발휘한다면 그리스도의 몸은 아플 수밖에 없습니다.

그리스도의 교회는 지도자에게 성자와 같은 지도력을 요구합니다. 목회자 역시 지도자라는 점에서는 세상의 리더와 다르지 않습니다. 그러나 그는 하늘의 지위와 영광을 버리고 이 땅에 오셔서 온갖 고초를 당하신 예수 그리스도의 성육신의 원리를 따르는 가운데, 스스로 하나님 앞에 종이 되기를 자처하여 교회의 지도자의 자리에 서게 된 사람입니다. 교회에서 사람들이 아무리 목회자를 중심으로 모일지라도, 목회자는 그 무리들이 목회자인 자신이 아니라 진리이신 예수 그리스도를 중심으로 삼게 만들어야 합니다.

그러므로 목회자는 자기를 따르는 모든 무리를 통솔할 수 있는 지도력을 소유하되, 그 지도력이 진리의 기반 위에서 진리를 추구하는 방향으로 발휘되도록 날마다 자신을 살펴야 합니다. 그리고 목회의 길을 가려는 사람들은 신학교 생활과 교회 생활을 통해 경건한 지도력을 배양하고 발휘하는 연습을 해 나가야 합니다.

모든 목회자는 하나님께서 맡겨 주신 양떼를 성숙한 사람으로 세워 그들을 구원해 주신 목적에 합당하게 살아가도록 돌볼 사명이 있습니다. 그것은 목회자에게 고된 인내와 헌신을 요구합니다. 이러한 목회의 특성을 고려할 때 목회자는 비록 섬기는 자세로 살아간다 할지라도, 한순간도 지도자가 아닌 적이 없습니다.

교회의 지도자가 세속의 보스와 다른 점은 하나님을 경외하는 마음으로 성도들에게 걸어가게 하고 싶은 인생의 길을 먼저 걸어감으로써 그 리더십을 발휘한다는 것입니다.[143] 그리고 성도들은 배우는 진리와 함께 보이는 지도자의 삶을 본받으며 그 진리의 내용들을 이해하고 따르게 됩니다.

여러분은 지략과 용맹을 두루 갖춘 장수에 의해 영도되는 평범한 천 명의 군사들과 제대로 된 지도력을 갖추지 못한 장수에 의해 영도되는 탁월한 천 명의 군사들이 전투를 하면 어느 무리가 승리할 것 같습니까? 두말할 나위 없이 전자가 승리할 확률이 높습니다. 우리는 탁월한 지도자 한 사람에 의해 영도되는 탁월하지 못한 성도들이 오히려 그 반대의 경우보다 훨씬 더 강력한 공동체가 될 수 있음을 기억해야 합니다. 그만큼 목회자의 리더십이 중요한 것입니다. 그러나 목회자가 교회에서 탁월한 지도력을 발휘하는 것은 사실 상상할 수 없으리만치 어려운 일입니다. 왜냐하면 이 세상의 지도자는 모두 자기 나름대로의 권력을 가지고 있고 그것을 바탕으로 지도력을 행사하지만, 목회자에게는 애초부터 그런 권력이 없기 때문입니다.

---

[143] 김남준, 『자네, 정말 그 길을 가려나』 (서울: 생명의말씀사, 2012), 112.

목회자에게서 그의 지도력을 뒷받침할 권력이라 할 만한 것을 굳이 찾자면, 그것은 물리적인 부분이 아니라 영적인 부분에서 찾아야 할 것입니다. 사실 진리에 기반을 둔 영적인 권세는 진리를 사랑하고 하나님을 두려워하는 사람에게는 물리적인 권력보다 훨씬 더 커다란 강제력을 가집니다. 그러나 성도들이 진리를 사랑하지 않고 하나님을 두려워하지 않는다면 목회자의 영적 지도력이라는 것은 그들에게 아무것도 아닐 것입니다.

B. 희생하는 리더십

둘째로, 목회자가 지녀야 할 지도력의 핵심은 희생하는 리더십입니다. 언젠가 국내 서점가를 휩쓸었던 『섀클턴의 위대한 항해』(*Endurance: Shackleton's Incredible Voyage*)라는 책이 있습니다.144) 남극 대륙의 횡단을 꿈꾸었던 어니스트 섀클턴(Ernest Shackleton, 1874-1922)이라는 영국 탐험가의 세 번째 원정 실화를 담고 있는 이 책은 지도자의 리더십과 인격이 얼마나 중요한지를 보여줍니다.

섀클턴은 27명의 대원들과 함께 남극 탐험을 하던 중 예기치 못한 조난을 당하였고, 구조를 요청하지 않으면 모두 죽을 위험에 빠졌습니다.145) 부빙(浮氷)에 갇혀 난파된 배를 버리고 497일 만에 도착한 섬도 안전한 지대가 아니었기에 대원들 중 일부가 작은 보트를 타고 1,400km가 넘게 떨어진 사우스조지아 섬으로 구조를 요청하러 가야 했던 것입니다.

섀클턴은 자신이 그 위험한 구조대를 인솔할 것을 자청하였고, 다루기 힘들고 말을 잘 듣지 않는 사람과 섬에 남겨진 사람들과 갈등을 일으킬 만한 사람을 뽑아서 데리고 떠납니다. 섬에 남은 대원들을 보호하고자 자신이 모든 위험을 감당하

---

144) 알프레드 랜싱, 『섀클턴의 위대한 항해』, 유혜경 역 (서울: 뜨인돌, 2012).
145) Alfred Lansing, *Endurance: Shackleton's Incredible Voyage* (Carol Stream: Tyndale House Publishers, 1999), 3-8.

새클턴과 27명의 대원. 새클턴은 남극 횡단이라는 목표에는 실패했으나 27명의 대원을 인솔하는 데 있어서는 빛나는 리더십을 보여주었다.

고자 했던 것입니다. 실제로 한 달여간의 여정에서 함께 떠난 대원들로 인해 위기도 만나기도 했지만, 그가 이끄는 구조대는 사우스조지아 섬에 도착하여 구조를 요청할 수 있었습니다. 그리고 마침내 단 한 명의 희생자도 없이 대원 모두는 구조되었습니다.

표류하던 497일의 시간도, 구조 요청을 위해 떠났던 한 달여의 시간도 이 지도자의 탁월한 리더십과 희생이 없었다면 아마도 견뎌 내지 못했을 것입니다.[146]

지도자인 목회자들은 그리스도께서 자신들을 위해 종처럼 낮아지신 사실을 한순간도 잊지 말아야 합니다. 그리하여 목회 사역에 있어서 괴로움과 고통은 자신이 짊어지고 편안하고 좋은 것은 지체들에게 돌리려는 마음을 갖는 것이 목회자가 지녀야 할 지도력의 진정한 핵심입니다.

자신은 잊혀져도 지체들의 마음속에 그리스도가 아로새겨지면 그것으로 충분히 만족하는 사람, 자신은 사선을 넘나들어도 그러한 희생 때문에 성도들이 하나님의 사랑을 알아 갈 수 있다면 그것으로 충분한 사람이 되어야 합니다. 이러한 목회의 이치에 대해 사도 바울은 다음과 같이 말합니다. "그런즉 사망은 우리 안에서 역사하고 생명은 너희 안에서 역사하느니라"(고후 4:12).

사실 목회자도 인간입니다. 자신을 낮추고 희생하는 일이 어찌 쉽게 되겠습니까? 그래서 목회자의 희생하는 리더십은 어느 한순간에 획득되는 덕목이 아닙니다.

---

[146] Alfred Lansing, *Endurance: Shackleton's Incredible Voyage* (Carol Stream: Tyndale House Publishers, 1999).

신학교 다니는 시절 혹은 부교역자 시절에 회의만 하면 혈기를 부리고 자신과 조금이라도 의견을 달리하는 사람을 용납하지 못하던 사람들은 담임목회자가 된 이후에도 그러한 성향을 쉽게 버리지 못합니다.

다른 사람을 위해 자신을 희생하거나 양보할 줄 모르는 목회자의 이기적인 성향이 어느 날 교회의 지도자가 되자 갑자기 생겨난 것이 아니라 그의 생애 내내 꾸준히 형성된 것이듯, 희생적인 리더십도 어느 날 저절로 생겨나는 것이 아니라 꾸준한 노력으로 형성됩니다. 매 순간 하나님의 은혜를 경험하고 그리스도의 고난을 묵상함으로써 자기에게 베풀어 주신 그분의 은혜를 부채(負債)로 여기며 그 부채를 사랑하는 지체들에게 갚는다는 마음으로 지도력을 행사하는 삶 가운데 희생적인 리더십이 함양되는 것입니다. 용기와 결단, 거룩한 신념, 확고한 믿음 같은 것들은 사랑으로 자기를 버리는 희생 속에서 섬기는 지도자의 인격 안에 있을 때 가장 찬란하게 빛납니다.

그런데 목회자가 지도자로서 교회를 이끌어 가기 위해서는 영적인 권위뿐 아니라 실제적 권한이 필요합니다. 교회의 지체들은 그것을 마땅히 존중해야 하며, 목회자는 그것을 철저하게 지체들을 말씀으로 섬기고 그리스도의 몸된 교회를 세우는 데 사용해야 합니다. 한 교회의 목회자가 된다는 것은 단지 어떤 사회 집단의 우두머리가 되는 것이 아니라 그리스도의 몸에 접붙여진 한 몸의 일부로서 다른 지체들과 함께 자신을 그리스도께 드리는 것이기 때문입니다.

그러므로 목회자로서 갖는 그 어떤 열정이나 포부도 그리스도의 십자가 앞에서 자신이 다만 용서받은 죄인일 뿐이라는 자각 속에서 두려움과 떨림으로 자신의 구원을 이루어 가는 것보다 앞서서는 안 됩니다. 그러할 때 목회자는 자신에게 주어진 거룩한 목회의 권한을 떨리는 마음으로 겸손히 사용할 수 있습니다.

비록 권한을 소유했으나 그것을 행사하는 힘이 권력화되는 것은 옳지 않습니다. 단지 자신이 교회를 위하여 희생적으로 살고 있다거나 사명감으로 불탄다는 이유로 목회의 지도력을 권력처럼 휘두르는 것은 거룩한 교회를 향한 폭력입니다. 더욱이 자신의 명예와 이익 때문이라면 그것은 사악한 것입니다.

오늘날 조국교회 안에서 일어나고 있는 분쟁들을 생각해 보십시오. 대부분의 분쟁이 진리 때문이 아니라 눈앞의 이익과 영원에 대한 무관심 때문에 발생하고 있습니다. 끝을 알 수도 없는 미움과 증오가 분쟁하는 교회 안에 불타고 있습니다. 하지만 그것들 중 대부분은 공의의 판결을 기다리는 것이기도 하지만, 또한 목회자가 좀 더 자기를 버리고 희생하면 꺼지게 될 불길입니다.

목회자가 결정적인 순간에 보편교회의 유익을 위해 자신을 꺾을 수 있으려면, 사실 신앙 안에서 가혹하리만치 긴 세월 동안 그리스도를 향하여 죽고 다시 태어나는 자기 죽음과 부활의 삶을 살아왔어야 합니다.

하나님께서는 목회자가 그러한 자기 죽음과 희생을 통하여 그리스도를 아는 지식에서 자라게 하십니다. 하나님께서는 당신을 많이 사랑하는 자들에게 이 거룩한 지식을 주십니다. 그런데 하나님과 예수 그리스도를 아는 이 거룩한 지식은 금 접시와 은쟁반에 담겨 주어지지 않습니다. 언제나 이 거룩한 지식은 땀과 눈물과 피가 밴 베 보자기에 싸여 값없는 은혜로 주어집니다. 그래서 거룩하신 하나님을 아는 지식의 사람들은 모두 거룩한 슬픔의 사람들이었습니다. 그리스도와 교회를 위한 희생의 사람들이었던 것입니다.

이 희생은 그리스도의 고난에 참여하는 자기 희생입니다(골 1:24). 성경은 그리스도의 고난을 교회와의 관계에서 두 가지로 구분합니다. 첫째로는, 그리스도께서 메시아로서 인류의 구속을 위해 당하신 고난입니다. 이 고난은 누구도 함께 참여할 수 없는 그분만의 고난입니다(마 20:22, 28). 둘째로는, 그리스도께서 교회의 머리로서 교회를 온전하게 하기 위해 당하시는 고난으로서 당신의 몸인 교회의 성도들로 하여금 참여케 하신 고난입니다(고후 1:7, 빌 3:10, 벧전 4:13).[147] 이것은 그분의 몸인 교회를 이루는 지체들이 그분과 영적으로 연합 안에 있음을 입증하는 것이기도 합니다.

---

[147] 김남준, 『교회와 그리스도의 남은 고난』 (서울: 생명의말씀사, 2015), 113-131.

교회를 위한 목회자의 희생은 끊임없이 이기심을 버리고 그리스도와 함께 교회와 성도들을 온전하게 하는 데 따르는 희생입니다. 사도 바울이 고백하였던 바와 같이 목회자는 그러한 희생의 고난을 자신의 육체에 채움으로써, 옛 자아를 향해서는 죽고 그리스도를 향해서는 다시 삶으로써 그리스도의 교회의 거룩함에 성례전적으로 참여하게 됩니다.[148] 이것이 바로 그리스도께 자신을 모두 드린 목회자가 살아가야 할 희생의 삶입니다.

IV. 사람을 사랑한다는 것은

목회자는 사람을 사랑하도록 부름받은 사람입니다. 목회를 한다는 것은 사실 예수 그리스도와 그분의 몸된 교회를 자신의 전 존재를 바쳐 사랑하는 것입니다. 그러므로 교회의 지도자로 부름받은 목회자의 지도력은 사랑의 지도력입니다. 여기서 말하는 사랑은 단지 애매모호한 선호(選好)의 감정이 아닙니다. 진실하고 일관된 애호(愛好)의 성향입니다.

탁월한 소명, 불붙는 헌신이라고 하는 특별 가치는 언제나 사랑이라는 보편 가치의 토대 위에 세워집니다. 사랑은 숨길 수 없는 것이기에 언제나 구체적인 삶으로 나타납니다.

A. 사랑과 하나님의 형상

사랑은 본질적으로 애호하는 성향입니다. 그것은 다른 사람과 관계를 맺고자 하는 경향성으로 나타납니다. 사랑의 대상은 하나님과 인간을 아우릅니다. 죄인이

---

[148] 김남준, 『교회와 그리스도의 남은 고난』 (서울: 생명의말씀사, 2015), 141–149.

아가페(ἀγάπη)의 사랑을 경험하고 그에 대한 반응으로서 까리따스(caritas)의 사랑을 갖게 될 때, 이 사랑은 하나님을 향한 사랑이며 동시에 하나님 때문에 사랑해야 하는 모든 사람을 향한 사랑입니다.

하나님의 사랑을 받은 사람은 모든 사람들 안에서 하나님을 닮은 형상을 발견하며 그 형상 때문에 하나님을 사랑하게 됩니다. 이 사랑이 충만할 때 아주 희미한 형상도 그에게는 사랑의 대상이 됩니다. 그리하여 하나님의 형상을 거의 잃어버린 불신자들조차도 사랑하게 되는 것입니다.

존 칼빈(John Calvin, 1509-1564)은 『기독교강요』(Institutio Christianae Religionis)에서 "이웃에 대한 사랑은 사람들의 태도에 달려 있지 않고 하나님을 바라보는 것에 달려 있다."라고 말합니다. 사람의 악의를 생각하지 않고 모든 사람 안에 있는 하나님의 형상을 바라보아야 이웃을 사랑할 수 있다는 의미입니다. 인간은 바로 그 하나님의 형상 때문에 하나님께로부터 모든 영광과 사랑을 받습니다. 그리하여 칼빈은 "인간 안에 있는 하나님의 형상은 그들의 죄를 가리고 제거하며 그것의 아름다움과 위엄으로 말미암아 그들을 사랑하고 껴안게 만든다."라고 하였습니다.[149]

하나님을 사랑하는 사람들은 하나님 안에서 사람들과 관계를 맺길 원합니다. 보이지 않는 하나님을 향한 사랑을 보이는 지체들과의 관계를 통하여 구체적으로 나타내기 원하기 때문입니다. 물론 우리가 관계를 맺는 사람들 가운데에는 좋은 신앙을 가진 사람들만 있는 것이 아닙니다. 신앙이 거의 없는 사람들도 있고, 때로는 기독교에 대해 반감을 품은 사람들도 있습니다. 그런 사람들을 끝까지 사랑하는 것은 결코 쉬운 일이 아닙니다. 그러나 목회자인 우리가 그들이 우리에게서 하나님의 형상을 발견하도록 거룩하고 경건한 삶을 살고, 비록 그들이 우리를 대적한다 할지라도 그들 안에 있는 하나님의 형상을 발견함으로써 진심으로 사랑한다면, 그들은 우리를 통해 하나님과 예수 그리스도가 어떤 분이신지 알아 갈 것입니다.

---

149) John Calvin, *Institutes of the Christian Religion*, vol. 2, trans. Henry Beveridge (Grand Rapids: Wm. B. Eerdmans Publishing Company, 1981), 11-12.

만약 그리하지 않는다면, 그들은 우리를 보면서 우리가 믿는 신학과 교리에는 그들이 공유하고 싶은 부분이 없다고 판단할 것입니다.

B. 겸손과 예의 바름

목회자가 사랑의 삶을 살아야 함을 이야기할 때, 겸손과 예의를 빠트릴 수 없습니다. 겸손과 예의 바름은 모든 지도자에게 중요한 덕목이지만 특히 목회의 길을 가려는 사람들에게는 더욱 그러합니다.

오늘 우리가 만나는 사람들은 다시는 안 볼 사람들이기도 하지만 어쩌면 내일 더없이 중요한 자리에서 대면할 수도 있는 사람들입니다. 우리가 그들을 어디서 어떻게 다시 만날지는 아무도 알 수 없습니다. 따라서 오늘 우리가 만나는 모든 사람들에게 겸손과 예절로 대하는 것은 미래의 대적들을 없애고 친구들을 만드는 지혜입니다. 이것은 단지 우리의 이익을 위한 것이 아니라 그리스도의 복음의 평판을 위한 것입니다.

그래서 사도 바울은 말했습니다. "할 수 있거든 너희로서는 모든 사람과 더불어 화목하라"(롬 12:18). 이러한 충고는 신앙의 본질을 양보하는 비굴한 화평을 가리키는 것이 아닙니다. 이는 우리가 거룩함을 좇는 데서 비롯되는 화평입니다. 히브리서 기자는 우리가 화평함과 거룩함을 통하여 이 세상에 하나님을 보여줄 수 있다고 말합니다(히 12:14). 저 역시 모든 사람과 화평하게 지내는 것은 그렇게 하는 사람의 거룩함을 엿볼 수 있는 표지이기도 하다고 생각합니다. 왜냐하면 거룩함 없이는 한두 사람이 아닌 모든 사람과 화평을 이룰 수 없을 것이기 때문입니다.

저는 동역하는 교역자들에게 항상 교훈합니다. 실력 있는 목사, 은혜로운 설교자, 능력 많은 지도자이기 전에 먼저 겸손과 예의가 몸에 밴 신사(紳士)가 되라고 말입니다. 목회자는 고상하고 품위 있는 예절이 겸손한 인격과 함께 몸에 배어, 지위 고하를 막론하고 누구하고나 인격적으로 소통할 수 있어야 합니다.

겸손과 예의 바름은 신학적인 입장이 어떠하든지에 상관없이 모든 세대 모든 사람과 소통할 수 있게 해주는 도구입니다.

1. 겸손

겸손은 목회자에게 요구되는 가장 중요한 덕목입니다. 사도 바울은 어쩌면 순교의 길이 될지도 모르는 길을 떠나며 에베소의 장로들을 불러 아시아에서의 자신의 목회 사역을 회고하며 말했습니다. "……지금까지 내가 항상 여러분 가운데서 어떻게 행하였는지를 여러분도 아는 바니 곧 모든 겸손과 눈물이며 유대인의 간계로 말미암아 당한 시험을 참고 주를 섬긴 것과"(행 20:18-19).

아시아에서의 사역 기간 동안 하나님께서는 사도 바울에게 놀라운 능력을 행하게 하셨습니다. 바울의 몸에 닿았던 손수건이나 앞치마만 가져다가 병든 자에게 얹어도 그 병이 낫고 악귀가 떠났습니다(행 19:11-12). 심지어 죽은 사람이 살아나는 기적까지 그를 통해 일어났습니다(행 20:9-12). 그런데 그런 놀라운 일들의 주역인 사도 바울이 아시아에서의 3년간의 사역을 회고하며 겸손과 눈물과 참음을 거론합니다.

우리는 여기서 겸손과 눈물과 참음의 목회야말로 수많은 이적을 행한 것보다 혹은 수많은 사람을 회심에 이르게 한 것보다 더 자랑스런 목회자의 면류관임을 깨닫게 됩니다. 목회자는 지금 어떤 명성을 얻었는지와 얼마나 큰일에 쓰임받고 있는지에 상관없이 소명을 받을 때 하나님 앞에서 가졌던 그 마음, 즉 자신이 얼마나 비천한 존재인지를 알았던 그 마음을 평생 품고 살아야 하는 사람입니다.

그러나 목회자도 사람인지라 그러한 사실을 잊은 채 자신도 모르는 사이에 오만하거나 불손하게 행동할 수 있습니다. 더구나 목회자는 자신의 그런 모습을 스스로 전혀 인지하지 못할 위험이 매우 많은 사람입니다. 목회자의 예의 없음을 비난을 무릅쓰고 지적하여 고쳐 주려고 하는 용기 있는 사람들은 거의 없으며, 설령 있다고 해도 악의를 가지고 목회자를 비난하려는 사람일 경우가 많기 때문입니다. 그러므로 지적을 받는다 할지라도, 그 악의적 비난 속에서 우리의 인격의 부족함에 대한 어떤 사실을 겸허하게 받아들이기가 쉽지 않습니다. 이러한 모든 문제와 상황을 종합적으로 검토해 볼 때, 목회자에게 겸손한 인격을 갖추는 일은 일평생 스스로 긴장하며 힘써야 할 과업임을 알 수 있습니다.

앤드루 머리. 기도와 성령 체험, 선교의 의무 등을 강조한 목회자로 남아프리카 공화국에서 사역하였다.

앤드루 머리(Andrew Murray, 1828-1917)는 자신의 책 『겸손』(Humility)에서 그리스도인의 겸손의 원천을 다음과 같이 지적하였습니다.

> ……이러한 은혜(겸손)는 참으로 하나님께서 모든 것 되심에 대한 인간의 단순한 동의이다. 이것으로 인해 인간은 하나님께서 홀로 일하심에 자기 자신을 순복시킨다.[150]

또한 그는 우리가 자신의 인격적 상태에 대하여 얼마나 스스로 속기 쉬운지를 말하면서, 참된 겸손이란 우리의 성품이 거룩하여짐으로써 사람 앞에 나타나야 한다는 사실을 다음과 같이 지적하였습니다.

> 우리는 스스로 하나님 앞에서 겸손하다고 생각하기 쉽다. 하지만 사람들을 향한 겸손은 하나님 앞에서의 우리의 겸손이 진실이라는 유일하고도 충분한 증거가

---

150) "…this grace is, in truth, nothing but man's simple consent to let God be all, in virtue of which he surrenders himself to His working alone." Andrew Murray, *Humility* (New Kensington: Whitaker House, 1982), 21.

될 것이다. 그것은 겸손이 우리 안에 있고 우리의 본성이 되었다는 유일한 증거가 될 것이다. 그것은 우리가 그리스도와 같이 실제로 명성을 얻으려고 하지 않는 것이다.[151]

이 세상에 의인은 없습니다. 모두 죄인일 뿐입니다. 어떤 사람은 이미 용서받은 죄인이고 또 어떤 사람은 아직 용서받지 못한 죄인일 뿐입니다. 그리스도인의 겸손은 단지 의지적으로 다른 사람 앞에서 자기를 낮추는 것이 아닙니다. 근거 없는 겸손은 비굴에 지나지 않습니다.

우리가 사람들에게 칭찬을 받는 것은 우리를 그렇게 대하는 사람들의 영혼에는 나쁠 것이 없지만 우리에게는 위험한 것입니다. 그러한 평판에 익숙해지는 것은 우리의 영혼에 더 깊은 해를 입힙니다. 그래서 성경은 말합니다. "너희는 사람 앞에서 스스로 옳다 하는 자들이나 너희 마음을 하나님께서 아시나니 사람 중에 높임을 받는 그것은 하나님 앞에 미움을 받는 것이니라"(눅 16:15).

죄인에 불과한 우리지만 하나님께서 주신 어떤 장점 때문에 사람들의 칭찬을 받을 수 있습니다. 그것은 하나님을 높이는 데 사용되어야 합니다. 마치 그 장점들이 고유하게 우리 자신에게 속한 것처럼 생각하며 그 칭찬을 스스로 높아지는 데 사용하는 것은 역겨운 일입니다.

목회자는 사람들의 칭찬과 평판을 즐거워하지 말아야 합니다. 만약 그것들을 은근히 즐기는 일에 익숙해져 가고 있다면, 그는 영적으로 위험한 상태에 처한 것입니다. 하나님 이외에 다른 것으로 즐거워하는 영혼은 이미 안전하지 않습니다. 목회자는 유명해지는 것도 사람들에게 인정받는 것도 두려워할 줄 알아야 합니다. 더욱이 하나님의 영광을 가릴 정도로 높임을 받는 것을 혐오해야 합니다. 사람들에게 높임을 받는 것은 하나님께서 우리에게 그 좋은 장점들을 주신 궁극적인 의도가 아

---

151) Andrew Murray, *Humility* (New Kensington: Whitaker House, 1982), 43.

닙니다. 그것은 모두 육신과 안목의 정욕이며, 이생의 자랑에서 비롯되는 것입니다(요일 2:16-17). 이것들은 목회자인 우리로 하여금 영원한 하늘 가치를 따라 살지 못하도록 방해하는 대적들일 뿐입니다. 아아, 목회자로 부름을 받은 우리들이 이런 쓰레기 같은 세상 영광을 위해 사는 것이 어찌 어리석은 일이 아니겠습니까!

우리는 모든 영광을 하나님께 돌려야 합니다. 우리 자신에게서나 다른 사람들에게서 참되고, 착하고, 아름다운 어떤 것을 발견하게 된다면, 우리는 그것들의 원저자이신 하나님의 진실하심, 선하심, 거룩하심은 얼마나 무한할지 생각해야 합니다. 그리하여 우리의 시선을 단지 하나님께서 주신 사람들 안에 있는 장점들에서 돌려 하나님을 높이 우러를 수 있어야 합니다.

그리스도인의 겸손은 하나님 앞에서 자기가 누구인지를 아는 데서 비롯됩니다. 우리는 단지 용서받은 죄인일 뿐입니다. 하나님께서 우리를 의인이라고, 왕 같은 제사장이라고 불러 주실지라도 그것은 우리를 용서하시고 새로운 신분을 주신 하나님을 높이는 동기가 되어야 하지, 하나님을 덜 의지하고 자신을 높이는 동기가 되어서는 안 됩니다(벧전 2:9).

우리는 그리스도의 십자가를 생각함으로써 겸손을 배우게 됩니다. 우리는 우리가 죄인이라고 지목하는 사람들과 동일한 죄인이었으며, 악하다고 판단하는 사람들의 모든 악에 참여하였던 사람들이었습니다. 우리는 그리스도께서 십자가의 보혈로 용서해 주신 죄인에 불과합니다. 그래서 진정한 그리스도인은 언제나 자신을 죄인들 중의 괴수로 여깁니다(딤전 1:15).

우리는 하나님의 아들이면서도 죄인들의 발을 씻기시던 그리스도를 닮아야 합니다. 악인들의 헌데를 만져 주심으로써 고쳐 주셨던 그리스도로부터 종의 도를 배우는 겸손한 마음을 가져야 합니다.

겸손은 사람들의 마음을 열어 관계를 형성하게 해주는 다리입니다. 심지어 진리로부터 아주 멀리 있는 사람의 마음도 열어 주는 역할을 합니다. 그러므로 겸손은 목회의 길을 가려는 사람이라면 반드시 갖추어야 할 덕목입니다.

신학의 도상에서 우리가 배워야 할 것은 너무나 많지만 그것들이 제대로 빛을 발하기 위해서는 겸손이 꼭 필요합니다. 만약 지금 신학교에 다니고 있다면 겸손을 배우십시오. 신학생이 겸손할 이유는 너무나 많습니다. 목회 수업에 있어서는 수련 중이고, 목회자가 됨에 있어서는 아직 과정을 밟는 사람입니다. 설교도 인격도 본격적으로 목회를 하기에는 아직 충분히 영글지 않아 가을에 따가운 햇볕을 기다려야 하는 곡식과 같습니다. 이때를 겸손한 마음으로 보내는 것은 일평생 목회의 길을 겸손한 마음으로 걸어갈 수 있게 하는 준비입니다.

2. 예의 바름

우리는 흔히 예의를 태도에 국한하여 생각합니다. 그러나 예의는 자세나 행동의 연속에서 나타나는 것이 아니라 타인을 배려할 줄 아는 사랑에서 비롯됩니다. 남을 존중하는 마음이 우리의 행동을 품위 있고 예의 바르게 만드는 것입니다. 더구나 예의 바른 태도는 악의적 비난에 대항하는 가장 훌륭한 무기입니다. 그러므로 목회자에게 예절은 필수적으로 갖춰야 할 덕목이라 아니할 수 없습니다.

조나단 에드워즈(Jonathan Edwards, 1703-1758)는 자신의 결심문에서 이렇게 말하였습니다.

> 이성적이지 않은 사람들에게는 아주 사소한 화라도 결코 내지 말자.[152]

> 어느 곳에서나 또한 누구에게든지 말에서나 행동에서 상냥한 태도를 유지하도록 노력하자. 단 의무상 그렇지 않아야 할 때를 제외하고.[153]

---

[152] "…never to suffer the least motions of anger to irrational beings." Jonathan Edwards, "Resolutions," *Letters and Personal Writings*, in *The Works of Jonathan Edwards*, vol. 16, ed. George S. Claghorn (New Haven: Yale University Press, 1998), 754.

예의 바른 사람을 싫어하는 사람은 없습니다. 그것이 우리의 진심에서 우러나온 것이라면 너무나 예의 바르게 행동하기 때문에 다른 사람들에게 불쾌감을 주는 경우는 없습니다. 종종 과공(過恭)의 예절 때문에 잠시 사람들을 어색하게 할 수는 있습니다. 그런 태도도 시종일관 반복되면 사람들은 그 예절을 진심으로 받아들이고 그의 겸손한 인격에 머리를 숙이게 될 것입니다.

교인들을 목양하고 이웃에게 전도하는 것도 사람들 간의 관계 안에서 이루어집니다. 사람들과 관계를 맺고 살아가는 데 있어서 우리는 크게 두 가지의 태도를 취할 수 있습니다. 수단으로서의 인간관계와 목적으로서의 인간관계가 그것입니다.

자기가 이웃을 필요로 할 때가 되어서야 그들과 관계를 맺으려 하는 것은 인격적 사랑에서 비롯된 목적으로서의 인간관계가 아니라, 실제적 필요에서 비롯된 수단으로서의 인간관계입니다. 수단으로서의 인간관계는 진통제와 같습니다. 진통제는 사람들이 통증을 느끼기 전까지는 찾지 않습니다. 이것은 인간관계조차 자신의 이기심을 채우는 수단으로 삼는 태도입니다.

반면 목적으로서의 인간관계는 박애(benevolence)로서의 사랑에 기초합니다. 상대를 소중히 여기고 존중하는 마음에서 출발하여 그 관계 자체를 누리고 즐거워하는 인간관계가 목적으로서의 인간관계입니다.

인간관계를 수단으로 바라보는 사람은 예의 바름을 관계의 기술쯤으로 여기지만, 인간관계를 목적으로 바라보는 사람은 상대를 존중하고 사랑하는 자신의 마음이 표현되는 것이 예의 바름이라고 생각합니다.

여러분은 어떤 사람입니까? 자신에게 예의 바르지 못한 태도가 있다면 <u>스스로 반성할 줄 알아야 합니다</u>. 기도하고 성경을 읽는 경건의 시간만이 아니라 일상생활에서 늘 우리의 행동거지를 반성할 줄 알아야 합니다. 또한 어른들에게 가르침을 받

---

153) "…that I will endeavor always to keep a benign aspect, and air of acting and speaking in all places, and in all companies, except it should so happen that duty requires otherwise." Jonathan Edwards, "Resolutions," *Letters and Personal Writings*, in *The Works of Jonathan Edwards*, vol. 16, ed. George S. Claghorn (New Haven: Yale University Press, 1998), 758-759.

나 책 등의 매체를 통해 예절에 관해 배울 기회가 생기면 기쁘게 배워야 합니다.

저는 목회자들이 성도들의 가정을 방문할 때 어떤 복장, 어떤 언어, 어떤 태도를 갖추어야 하는지 체계적으로 배워야 한다고 생각합니다. 이것은 단지 이미지를 개선하여 사람들로부터 환심을 사기 위함이 아닙니다. 목회자에게는 거룩하신 그리스도의 형상을 본받아 변화된 성품이 있어야 하는데, 그것은 내적 성품뿐 아니라 외적 태도에까지 나타나는 것이라 보기 때문입니다.

성도들은 목회자의 행동을 보면서 닮습니다. 목회자가 자신의 성공에 취해서 오만해지면, 성도들도 이웃을 향해 방자해집니다. 목회자가 허풍스러우면 성도들도 진실함과는 거리가 멀어지고, 목회자가 우울하고 비관적인 사람이면 성도들의 신앙의 태도도 그렇게 됩니다. 반대로 목회자가 진지하고 탐구적이면 성도들의 신앙생활 자세도 그렇게 됩니다. 그러므로 목회자의 겸손하고 예절 바른 태도는 그 자체로 성도들의 신앙을 위한 훌륭한 교재입니다. 오늘날과 같이 가정에서 자녀들에게 예절을 제대로 가르치지 않는 시대에는 이러한 필요가 더욱 절실합니다.

어느 교회에서 실제로 있었던 일입니다. 담임목사는 한 여전도사 때문에 깊은 고민에 빠져 있었습니다. 그 담임목사의 고민은 이것이었습니다. 담임목사와 심방을 가면 전도사는 담임목사를 보필하여 심방 받는 사람과 담임목사 사이에 목양적인 대화가 잘 이루어지도록 겸손하게 도움을 주어야 마땅한데, 그 여전도사는 오히려 자기가 심방을 주도하고 담임목사는 참관인처럼 대우하였습니다.

그래도 거기까지는 의욕적으로 영혼들을 돌보는 것이라 여기고 담임목사도 참고 넘어갈 수 있었다고 합니다. 정말 곤혹스러운 문제는 심방을 마친 후에 일어났습니다. 대부분의 가정이 오랜만에 방문해 준 목자를 위해 심방 후 식사를 대접합니다. 그런데 그런 자리에서 그녀는 장로님이나 담임목사 중 그 누구도 수저를 들지 않은 상태에서 아랑곳하지 않고 가장 먼저 젓가락을 들고 요리를 헤집었습니다. 형형색색의 고명을 얹은 생선 요리를 가장 두툼한 살을 떼어 내기 위해 순식간에 음식의 모양을 망쳐 버리거나, 귀한 식재료라 한 사람이 하나씩 먹을 수 있도록 준비한 요리를 홀로 거의 다 먹어 치우거나, 정성껏 만들어 예쁘게 담은 요리를 마구 뒤적여 자신이 좋아하는 것만 쏙쏙 골라먹었습니다.

그런 일이 어쩌다 한 번 일어나는 것이 아니라 매번 심방 때마다 반복되니 나중에는 담임목사가 성도들 보기가 부끄러워 함께 밥을 먹기에 불편한 지경이 되었습니다. 이러한 예의 없는 행동들에 관해 당사자를 앉혀 놓고 직접적으로 이야기하기는 어려운 점이 없지 않았으나, 몰라서 그런 것이니 가르쳐야겠다고 생각하고 담임목사는 그녀를 불러 충고를 하였습니다. 그러나 그 여전도사의 무례함은 그 후에도 달라지지 않았습니다. 결국 교회는 그녀를 해임하고 말았습니다.

성경은 사랑에 대해 설명하며 "무례히 행하지 아니하며"(고전 13:5)라고 말합니다. 참된 사랑은 사랑 때문에 방자해지지 않습니다. 오히려 사랑 때문에 하나님과 사람, 사람과 사람 사이에 있는 선한 질서를 존중합니다. 그리고 그 사랑으로써 모든 사람들에게 덕을 끼치는 행동을 합니다.

그러므로 목회자가 참으로 하나님을 사랑하고 자신의 지체들을 사랑한다면 그들을 예의 바르게 대하여야 합니다. 그 예절은 목회자의 마음 안에 있는 지체들을 향한 사랑과 존중의 마음을 보여주는 것이지, 결코 목회자의 권위나 결단이나 용기나 불타는 신념을 무력화시키는 것이 아닙니다. 오히려 목회자의 예의 바름은 결단과 용기라는 비단 위에 수놓은 아름다운 꽃과 같습니다.

언젠가 지방에 있는 신학생들로부터 이메일을 받았습니다. 그들은 제가 가르친 학생들도 아니고 같은 교회에서 섬겼던 교역자들도 아니었습니다. 단지 저의 독자들이었고, 제가 시무하는 교회의 홈페이지에 자주 들어와 설교를 듣는 신학생들이었습니다. 그들은 신학교를 졸업하기 전 꼭 한 번 저를 만나 목회에 관하여 가르침을 받고 싶다고 간곡히 요청하였습니다. 왠지 절실함이 느껴져 저는 바쁜 일정을 미루고 시간을 내었고, 먼 길을 달려온 10여 명의 신학생들을 만났습니다.

저 나름대로는 신경을 써서 그들을 맞이했고, 값비싼 음식은 아니지만 조용하고 경치가 좋은 식당을 골라 점심을 대접하였습니다. 그렇게 그들과 시간을 보내며 이런저런 대화를 나누고 헤어졌는데, 이상하게 마음이 즐겁지 않았습니다. 그날 제가 신경이 쓰였던 것은 그중 한 학생의 복장 때문이었습니다. 그는 늘어진 추리닝복 차림으로 저를 만나러 왔습니다. 사실 그가 그런 모습으로 제 앞에 나타났을 때부터 저는 이런 생각을 했습니다. '나는 도대체 저 전도사에게 누구인가? 내 책을 읽고 감명을 받고 존경한다는 사람이, 나에게서 목회에 대해 가르침을 받기 원한다는 사람이 어떻게 저런 차림으로 이 모임에 나왔을까?'

여러 해 전, 저는 『개념없음』이라는 책을 출판하였습니다.[154] 그 책을 읽고 많은 사람들이 이렇게 말했습니다. "목사님, 이 책을 읽다 보면 선물하고 싶은 사람들이 많이 생각납니다. 제 주위에는 개념 없는 사람들이 얼마나 많은지……." 저는 마음속으로 웃음이 나옵니다. 그 책은 본인이 읽으면서 각자가 자신의 개념 없음을 깨달으라는 것이지 개념 없는 동료나 이웃을 찾아내라고 쓴 것이 아니기 때문입니다. 우리가 하나님을 찬양할 때 "나 같은 죄인 살리신 주 은혜 놀라워."라고 노래해야지 "너 같은 죄인 살리신 주 은혜 놀라워."라고 찬송해서 되겠습니까?

모든 예절은 나 자신을 돌아보는 데에서 시작합니다. 나의 말이나 몸짓이나 복장이나 태도나 눈빛이 다른 사람을 불편하게 하지 않는지 헤아릴 줄 모르는 사람은 예절을 배울 수 없습니다. 덕을 세우는 신자의 삶은 자신 때문에 다른 사람들에게 피해를 주지 않으려는 배려에서 시작됩니다.

그리스도인은 사회적으로 자신보다 못하거나 연배나 식견에 있어서 자신보다 한참 어린 사람이라 할지라도 그를 존중하는 마음을 가지고 예의 바르게 대해야 합니다. 이것은 자신이 그 사람으로부터 흉을 잡히거나 세상으로부터 욕을 먹지 않기 위해서가 아닙니다. 상대를 하나님께서 창조하신 존귀한 피조물로 바라보며 예수 그리스도 안에서 진심으로 사랑하는 마음을 가졌기에 우러나오는 태도입니다.

---

154) 김남준, 『개념없음』 (서울: 생명의말씀사, 2011).

한 목회자 안에 있는 사랑은 겸손과 예의 바름을 통해 모든 지체들과 이웃들에게 나타납니다. 그러므로 목회의 길을 가려는 사람들은 교회의 지도자가 되기 전에 먼저 겸손과 예의를 성품에 깊숙이 아로새기고 몸에 철저히 익혀야 합니다.

좋은 목회자로서 준비되어야 할 성품과 인격적인 생활이 어디 겸손과 예의 바름뿐이겠습니까? 이 두 가지는 단지 목회자에게 요구되는 많은 성품들 중 일부일 뿐입니다. 따라서 우리는 성경의 교훈을 통해서, 목회의 경험을 통해서 우리에게 요구되는 덕들이 무엇인지 깨닫고 은혜와 선한 의지로써 스스로 더욱 성품과 인격에 있어서 온전해지도록 노력하여야 할 것입니다.

V. 정직하게 산다는 것은

또한 목회자는 정직한 삶을 보여주는 존재로 부름받은 사람입니다. 사랑은 정의가 무엇인지를 아는 곳에서만 생겨날 수 있습니다. 올바름이 없는 사랑은 무엇이든지 삼키는 정염일 뿐이고, 사랑함이 없는 올바름은 아무것이나 자르는 칼날일 뿐이기 때문입니다. 진정한 사랑이라면 정의 또한 사랑받을 것이며, 진정한 정의라면 사랑 또한 정의 실현에 이바지할 것입니다. 그래서 성경은 말합니다. "인애와 진리가 같이 만나고 의와 화평이 서로 입맞추었으며"(시 85:10).

A. 설교자와 정의

하나님의 정의를 아는 것이 곧 하나님의 사랑을 아는 길입니다. 우리가 만약 불의한 인간의 죄를 심판하시는 하나님의 정의에 대하여 알지 못했더라면 십자가에서 대신 죽으신 그리스도의 사랑이 어찌 우리를 감동시킬 수 있었겠습니까?

정의는 모든 덕목 중 가장 탁월한 덕목입니다. 성경은 말합니다. "너희는 악을 미워하고 선을 사랑하며 성문에서 정의를 세울지어다 만군의 하나님 여호와께서 혹시 요셉의 남은 자를 불쌍히 여기시리라"(암 5:15). 아모스 선지자는 이스라엘의 종교적, 사회적 부패를 책망하면서 이스라엘의 이상적인 상태를 정의와 연관 짓습니다. "오직 정의를 물같이, 공의를 마르지 않는 강같이 흐르게 할지어다"(암 5:24). 그리고 설교자는 바로 그러한 정의를 사랑으로 교회 안에 이 세상 안에 실현하도록 부름받은 사람입니다.

개인과 공동체의 삶에 있어서 정의에 대한 강조는 지극히 일반적인 것입니다. 일반 은총의 빛 아래 있는 사람들에게도 정의는 공감되었습니다. 로마의 철학자 키케로는 자신의 책 『의무에 관하여』(De Officiis)에서 인간에게 있어야 할 네 가지 덕을 꼽았습니다. 바로 지혜, 정의, 용기, 인내였습니다.[155] 그는 이 네 가지 덕 중 정의야말로 최고의 덕이라고 하였습니다. 왜냐하면 사랑도 인내도 용기도 정의에 기초하지 않으면 그것은 아름다운 것이 아니기 때문입니다.

키케로의 『의무에 관하여』 1574년 판본의 표지.

그래서 국가의 가장 중요한 의무 중 하나는 정의를 가르치는 것입니다. 하지만 오늘날의 국가는 이익을 정의보다 높은 가치로 생각하는 것 같습니다. 그러므로 정의를 가르치는 역할을 이제는 교회가 더 많이 떠맡지 않으면 안 되게 되었습니다. 교회가 보여주어야 할 사랑이 빛나는 보석이라면, 정의는 그 보석의 영롱함을 더욱 잘 보이게 해주는 검은 벨벳과 같습니다. 찬란하게 비치는 진리의 빛 아래서 정의의 토대 위에 사랑이 놓이는 것을 상상해 보십시오. 교회가 세상에 보여주어야 할 장면이 바로 이것 아닐까요?

사랑은 정의라는 터 위에 세워진 집입니다. 정의가 없거나 부실하면 사랑의 집

---

155) Cicero, *De Officiis*(*On Duties*), in *The Loeb Classical Library*, vol. 30, trans. Walter Miller (Cambridge: Harvard University Press, 2005), 17.

은 쉽게 허물어집니다. 정의가 있다 할지라도 사랑으로 집을 세우지 않는다면 그것이 무슨 소용이 있겠습니까? 그런 점에서 정의는 사랑으로 완성되고, 사랑은 정의에 기초합니다.

설교자는 정의를 가르쳐야 할 마지막 사람입니다. 설교자조차도 사랑이라는 미명 아래 죄를 지적하지 않고 정의를 말하지 않는다면, 이것은 하나님의 사랑을 현저히 욕보이는 것입니다.

오늘날 조국교회의 상황을 보면 과연 교회가 그리스도인들에게 정의를 가르쳐 줄 사명을 인식하고 있는지 염려하지 않을 수 없습니다. 오늘날 사람들이 기독교의 가르침에 감동받지 못하는 것은 사랑이 부족하기 때문이기도 하지만 그 사랑이 정의와 입 맞추지 못하는 사랑인 탓이 더 큽니다. 그리스도인들이 윤리적 삶의 부재로 비난받고 있는 것도 대부분 정의와 정직의 문제 때문입니다. 선교적으로도 교회가 의로운 공동체가 되는 것은 봉사하는 공동체가 되는 것보다 더욱 핵심적 가치입니다.

B. 불의와 싸울 용기

제가 신학교 다닐 때의 일입니다. 어느 해, 히브리어 기말고사 시간이었습니다. 교수님은 우리를 믿는다고 말씀하시더니 시험지를 나눠 주고 밖으로 나가셨습니다. 그러자 여기저기서 책을 꺼내 보거나 남의 답안지를 보고 쓰는 학생들이 나타나기 시작하였습니다.

그때 한 학우가 소리쳤습니다. "우리 부정행위 하지 맙시다. 하나님 앞에서 바르게 합시다." 그러자 저 뒤편에서 더 우렁찬 목소리로 누군가가 외쳤습니다. "그런 말 하지 맙시다." 모든 학우들은 웃음으로 응답했고 그것은 마치 이제부터는 보고 써도 좋다는 합의처럼 여겨졌습니다.

얼마나 수치스럽고 부끄러운 일입니까? 칼날 같은 양심을 가지고 추호의 거짓도 없이 수정처럼 맑게 살아야 할 신학교 시절에 이미 이렇게 불의와 타협하니, 목회자가 되었을 때는 어떻게 되겠습니까?

아직도 조국교회의 신학교에서 일부 학생들은 시험 중 부정행위를 서슴지 않는다고 하니 이 어찌 가슴 아픈 일이 아니겠습니까? 이러한 부정직의 문제는 비단 시험에만 해당되는 것이 아닙니다. 교수님들이 과제로 내준 리포트를 작성하면서 읽지 않은 책을 읽은 것처럼 보고서를 쓰는 것 역시 그리스도인의 정의에 부합하는 일이 아닙니다. 다른 사람의 과제물을 베껴서 자기가 한 과제물로 제출하거나 여기저기서 짜깁기를 하여 만든 것을 제출하면서도 양심의 가책을 느끼지 못하는 것은 참으로 부끄러운 일입니다. 현재 신학교의 부정직한 상황은 미래 조국교회의 부도덕한 상황의 예고편이기 때문입니다.

몇 해 전 미국에 있는 한 신학교를 방문하였을 때, 이미 수여한 학위를 몇 년 후에 취소한 사례를 들었습니다. 어느 학생이 제출한 학위 논문 중 한 문장이 다른 사람의 논문과 완전히 일치한다는 사실이 발견되었기 때문이었습니다. 이에 대한 본인의 해명이 만족스럽지 않자 학교는 이미 수여한 박사학위를 몇 해가 지났음에도 불구하고 취소하였습니다.

지금은 별것 아니라고 생각하며 저지른 일들이 그 순간은 무사히 넘어갔을지 몰라도 한참 시간이 지난 후에 문제가 되어 여러분을 힘들게 할 수도 있습니다. 그러므로 정도(正道)를 걸어가야 합니다. 스스로 하나님 앞에서 그렇게 살 뿐 아니라 그렇게 살지 않으려는 사람들에게도 기회가 닿을 때마다 바르게 살도록 충고해야 합니다. 이것은 용기가 필요한 일입니다. 그렇게 함으로써 친한 사람들과의 관계가 깨어질 수도 있기 때문입니다. 그러나 하나님 앞에서 그릇 행하는 것보다는 차라리 친구를 잃어버리는 것이 낫습니다.

그리스도인이라면 반드시 정직해야 하는데, 정직해지기 위해서는 두 가지가 절실하게 필요합니다.

첫째로는, 진리에 부합하는 삶을 살려는 노력입니다. 예전에는 목회자의 가장 중요한 덕목이 진실이었는데, 요즘은 성공으로 바뀐 것 같습니다. 그러나 목회자에게 있어 진실함은 성공 같은 객관적 결과나 보람이나 성취감 같은 주관적 만족들보다 더욱 영구한 가치를 가진 것입니다. 유능하지만 진실하지 않은 목회자보다는 실패한 것처럼 보이는 진실한 목회자가 더욱 하나님의 마음에 가까이 있습니다.

'진실'(verum)이라는 덕목은 그 사람의 마음이 '진리'(veritas)에 부합하여 인격과 생활로 나타난 상태를 가리킵니다. 목회자가 소유해야 할 탁월함은 진리의 기준으로 비추어 볼 때의 완전함이지 세속적인 성공이 아닙니다. 세상의 영광은 꼭 하나님께로부터만 오는 것은 아닙니다. 예수님께서 광야에서 마귀에게 시험을 받으시던 장면을 떠올려 보십시오. 성경은 이렇게 기록하고 있습니다. "마귀가 또 그를 데리고 지극히 높은 산으로 가서 천하 만국과 그 영광을 보여 이르되 만일 내게 엎드려 경배하면 이 모든 것을 네게 주리라"(마 4:8-9).

우리가 명심하여야 할 사실이 있습니다. 유능한 목회자보다는 진실한 목회자가 되기를 사모해야 하고, 성공한 목회자보다는 훌륭한 목회자가 되고자 노력해야 한다는 것입니다. 유능하고 성공했다고 하는 목회자가 하나님과 동행하지 않을 수는 있지만, 진실하고 훌륭한 목회자가 그렇지 않은 법은 결코 없기 때문입니다.

둘째로는, 용기입니다. 정직해지는 것을 싫어하는 사람은 아무도 없을 것입니다. 그러나 정직해지기 위해서 지불해야 할 희생을 싫어하는 사람은 많습니다. 아니 더 정확히 말하자면 정직해지기 위해 필요한 희생이 두렵기에 정직해지지 못하는 것입니다. 그래서 우리에게는 용기가 필요합니다. 작은 이익을 버리지 못해 주저하는 것은 앞으로 있을 크고 위대한 사역에서 커다란 결함이 됩니다.

목회자가 되려는 사람이 아무리 많은 신학 지식을 습득하고 고도의 목회 기술을 지니고 있어 사역에 혁혁한 성공을 이룬다 할지라도 용기가 없다면 그가 바르게 사역할 가능성은 줄어듭니다. 왜냐하면 우리의 목회 사역은 진공에서 혼자 하는 일이 아니라 죄 많은 세상에서 타락한 인간들과 부대끼며 하는 섬김이기 때문입니다.

세상은 우리 밖에만 있는 것이 아니라 우리 안에도 남아서 기회 있는 대로 이 둘은 서로 손잡으려고 합니다. 그러므로 목회자가 되려는 사람들은 신학교 시절부터 그 용기를 적절히 사용할 수 있는 절제를 함께 배워야 합니다. 이것은 어느 한순간에 터득되는 것이 아니라 진리인 하나님의 말씀에 대한 확신을 가지고 그것을 은혜 안에서 자신의 삶에 철저히 적용하는 모든 과정을 통하여 습득됩니다. 이처럼 용기와 절제는 그 가치와 중요성을 안다고 자신의 것이 되는 것이 아니라 꾸준한 실천을 통해 성품에 자연스럽게 밸 때 자신의 것이 되는 것입니다.

호레이셔스 보나(Horatius Bonar, 1808-1889)는 청교도들의 용기와 결단을 회고하면서 다음과 같이 말합니다.

> 우리가 사는 오늘날의 시대에는 사람들에 대한 두려움을 중화시키기 위해서라도 도덕적인 담대함이 훨씬 더 요구되고 있다. ……이 고통과 비난과 불경의 시대에 충성된 사람 곧 다수의 비난과 찬사에 대해 추호도 동요하지 않는 사람이 되기 위하여, 의를 위해서는 당당한 외톨이가 되고 믿음의 싸움을 위해서라면 단신으로 나서는 것도 불사하는 자들이 되기 위하여 우리에게는 위로부터 오는 능력이 필요하다. 냉소와 조롱, 오만한 경멸의 비웃음과 차가운 지지, 충정에서 나온 반대와 소심한 우정, 노골적인 적대감 등 사적으로 그리고 공적으로 동료들이나 이웃들이나 시민들의 입술에서 (때로는 신앙에 대한 경외라는 미명 아래) 나오는 모든 것들이 보통 담력을 갖고 있는 사람들의 기를 죽이기에는 안성맞춤이기 때문에, 이런 것들에 대항하기 위해서는 하나님의 은혜가 정말 필요하다. 악이 지금보다 더 대담한 태도와 자세를 취했던 시대는 없었다. 그로 인하여 그리스도인들에게 지금보다 더 큰 용기가 요구되었던 시대는 없었다.[156]

---

156) Horatius Bonar, "Editor's Preface," in *Historical Collections of Accounts of Revival*, ed. John Gillies (Edinburgh: The Banner of Truth Trust, 1981), ix.

이 세상의 불신앙의 요새가 강하면 강할수록 더 큰 용기와 결단이 필요합니다. 그러나 진정한 용기는 자기 자신을 향하여 발휘됨으로써 다른 모든 외부의 사람들이나 환경들에 대해 그 가치를 드러내게 됩니다.

진정한 용기는 한순간 분출하는 화염과 같은 분노가 아닙니다. 그것은 하나님의 의를 이루지 못합니다(약 1:20). 진정한 용기는 진리를 굳게 붙들고 그 진리와 함께 넘어지고 일어서려는 마음의 꿋꿋한 성향입니다. 자신에게 필요한 많은 것을 잃어버리고 혹은 사랑하는 사람들조차 떠나보내야 한다고 할지라도, 그 모든 것들을 얻고 진리로부터 멀어지기보다는 차라리 그 모든 것을 잃어버릴지라도 진리와 함께 있는 것을 가장 큰 행복으로 아는 것이 진정한 용기입니다.

모든 것이 있어도 진리이신 그리스도께서 함께하지 않으신다면 아무것도 없는 것이요, 모든 것을 잃어버린다고 할지라도 그리스도께서 함께하신다면 모든 것을 가진 것이기 때문입니다.

C. 공짜를 미워함

목회자가 살아야 할 정직한 삶을 논의하면서 반드시 짚고 넘어가야 하는 또 한 가지 문제가 있습니다. 바로 공짜에 대한 경계입니다. 목회자는 공짜를 바라지 말아야 합니다.

목회자들은 대부분 오랜 세월 동안 가난한 삶을 경험하는 가운데 기회 있을 때마다 성도들의 섬김을 받으며 거기까지 온 사람들입니다. 가난한 목회자이던 시절에는 불쌍하기 때문에, 유능한 목회자가 된 이후에는 존경스럽기 때문에 성도들은 그를 섬깁니다. 그런데 이런 일들이 반복되면 목회자는 감사할 줄 모르는 마음을 갖기 쉬우며, 남의 도움을 대가 없이 받는 일에 익숙해지게 됩니다.

저는 실제로 목회와 선교 사역에 종사하는 사람들에게서 이런 경우를 종종 봅니다. 상당한 도움을 주었음에도 불구하고 고맙다는 인사 한 번 제대로 하지 않는 사람들이 아주 많습니다. 물론 까리따스의 사랑은 베풂에 대한 보상은 물론 감사의 표현까지도 바라지 않습니다. 하지만 그것은 베푸는 사람의 입장에서 하는 말이지 베풂을 받는 입장에서는 그렇게 생각하면 안 됩니다. 이것은 자기 자신을 위해서이기도 한데, 남이 베풀어 주는 호의에 익숙해지는 것은 여러 가지 측면에서 그 자신에게 치명적인 위험이 될 수 있기 때문입니다.

지금으로부터 약 30년 전에 한국 교계에서 있었던 실화입니다. 어느 날 한 교회의 담임목사실로 고운 목소리의 중년 여성이 전화를 걸어왔습니다. "목사님, 저는 ○○교회에 다니는 ○○○집사입니다." 생전 처음 듣는 이름이었기에 담임목사는 "네, 그런데 무슨 일이십니까?"라고 되물었습니다. 그러자 그 여성이 말을 이어갔습니다. "저는 매주 목사님의 설교를 듣고 있습니다. 목사님의 설교를 들으며 얼마나 은혜를 받고 있는지 모릅니다. 정말 감사합니다." 그 목사님은 자신의 설교에 은혜를 받고 있다는 말에 모든 경계심이 풀렸습니다. "감사합니다. 그런데 무슨 일로 전화를 하셨죠?"

그제야 여성은 용건을 말하기 시작했습니다. "목사님, 제가 여행사를 하고 있는데 하나님께서 복을 많이 주셔서 큰 회사가 되었습니다. 얼마 전 기도하는 중에 성령께서 제게 말씀하셨습니다. 하나님의 축복을 받아 돈을 많이 벌었으니, 이제는 훌륭하신 목사님들을 성지순례로 섬겨 드리라고 말입니다. 그래서 저희 회사에서 목사님 서른 분을 모셔서 무료로 성지순례를 보내 드리려고 하는데, 목사님은 평소 제가 존경하는 분이신지라 제일 먼저 전화를 드렸습니다."

그 목사님은 기분 좋게 여성의 제의를 수락하였습니다. 그리고 몇 주 후 여행 가방을 싸서 공항에 도착하니 정말 30명 정도의 목회자들이 모여 있었습니다. 그렇게 열흘 정도 일정의 성지순례가 시작되었는데, 일반적인 수준의 여행이 아니었습니다.

스스로 사장이라고 소개한 그 여성이 일정 내내 직접 따라다니며 깍듯하게 시중을 들었고, 최고급 호텔에 묵으며 진귀한 음식들로 대접을 받았습니다. 모든 목회자들이 흡족하게 여겼고, 시간이 있을 때마다 입에 침이 마르도록 자신들에게 공짜 해외여행을 시켜 준 그 여성을 칭찬하며 축복기도를 아끼지 않았습니다. 그런데 이상한 것은 정말로 그 여성이 출석하고 있는 교회의 목사는 그 일행 중 없었다는 것이었습니다.

어느덧 여행의 마지막 날 밤이 되었고, 다음날 아침이 밝으면 한국으로 돌아오는 비행기를 타게 되어 있었습니다. 저녁 식사까지 마치고 숙소에 들어가 쉬고 있는데, 주최 측으로부터 급한 연락이 왔습니다. 특별한 모임을 마련하였으니 호텔 회의실로 모여 달라는 것이었습니다.

여행을 함께한 목사들이 모두 회의실에 모였습니다. 그곳에서 목사들은 깜짝 놀랐습니다. 그들이 들어간 회의실 앞 벽면에는 당시 한국교회가 치열하게 투쟁하던 이단의 현수막이 매달려 있었기 때문입니다. 당황해 하는 목사들에게 그렇게 친절하던 여성도 야멸차게 말하였습니다. "목사님들, 그동안 수고 많으셨습니다. 여러분은 이제까지 우리 교주님이 대주시는 돈으로 여행을 하셨습니다. 사진도 있고 증거도 남겼습니다. 이제 선택하십시오. 앞으로 우리 일에 협조를 하시겠습니까? 아니면 한국에 돌아가서 교계에 폭로를 당하시겠습니까?"

그 목회자들이 한국에 돌아와서 당하게 된 일은 여러분들의 상상에 맡기겠습니다. 이것이 바로 공짜를 좋아하는 목회자들이 빠진 하나의 함정입니다. 이와 같은 불행한 일이 우리에게 일어나지 말라는 법이 없습니다. 이 모든 위험에 대한 가장 훌륭한 대처는 대가 없이 받는 모든 물질적인 이익이나 정신적인 혜택을 부당하거나 부자연스럽게 생각하는 것입니다. 정도에 지나친 선물은 거절하십시오. 더욱이 그에 대한 어떤 대가를 지불해야 하는 것이면 선물이 아니라 뇌물입니다.

목회자들은 합리적인 이유 없이 경제적인 도움을 받는 것을 싫어해야 합니다. 할 수 있는 한 다른 사람들로부터 경제적인 도움을 받지 않으려 하는 경건한 독립심이 있어야 합니다.

저의 생애 첫 교회는 유아였을 때 고모님의 등에 업혀서 다닌 변두리의 가난한 개척교회였습니다. 공동묘지 근처에 교회를 개척하신 그 목사님은 끼니를 제대로 잇지 못할 정도로 극도의 가난한 삶을 사셨습니다. 그런데 더 놀라운 것은 목회자의 그런 가난한 사정을 그 교회 교인들은 7년 동안이나 아무도 몰랐다는 것입니다. 키가 크고 바짝 마른 체구의 목사님은 언제나 말끔한 양복에 기름 바른 머리로 노방 전도와 심방을 다니셨고, 그러한 그분의 처신에 찢어질 듯 가난한 생활을 아무도 눈치채지 못하였습니다. 가난한 교인들에게 도움이 될지언정 짐이나 부담이 되지 않으려 한 대쪽 같은 선비 정신으로 목회를 하였기 때문입니다.

D. 선한 양심을 가짐

정직한 삶은 언제나 선한 양심과 관련됩니다. 그러므로 목회자로서 정직한 삶을 살고자 한다면 선한 양심을 가져야 합니다.

신학을 공부하는 길에 물질의 결핍으로 고통받는 것이 얼마나 힘든 일입니까? 학업과 목회 훈련에 쏟아야 될 마음이 물질에 대한 염려로 나뉘는 것이 얼마나 안타까운 일입니까? 그러나 미래의 궁핍에 대한 염려가 지나친 나머지 마음이 탐욕으로 흐르는 것은 경계해야 합니다. 선한 양심을 잃는 가장 큰 원인이 거기에 있기 때문입니다.

성경은 말합니다. "선한 양심을 가지라 이는 그리스도 안에 있는 너희의 선행을 욕하는 자들로 그 비방하는 일에 부끄러움을 당하게 하려 함이라"(벧전 3:16).

외국에서 유학하는 어느 후배에게서 들은 이야기입니다. 많은 학생들이 한 군데에서도 장학금을 받지 못해 생계의 위협을 느끼며 공부하는데, 어떤 학생들은 사교성이 좋고 인맥이 넓어서 서너 군데에서 장학 후원을 받아 생활비로 쓰고도 남는 상당액의 돈을 미래를 위해 저축하고 있다는 것입니다.

물론 이것은 극히 드문 경우일 것입니다. 그리고 나쁘다고 비난할 수도 없는 일입니다. 그러나 덕스러운 행동이 아니라는 것 역시 사실입니다. 오히려 주변에 있는 자신보다 어려운 형편의 지체들을 생각하며 그들에게 후원자를 연결해 주는 것이 선한 양심이라 할 수 있지 않을까요?

제가 신학교에 다닐 때 있었던 일입니다. 어느 해인가 학생회의 예산 사용이 불분명하고 회계 정리가 투명하지 않다는 소문이 돌면서 학생들이 대의원회의 특별감사를 요구하는 일이 벌어졌습니다. 그리고 특별감사의 결과가 보고되던 날, 학생들은 경악하였습니다. 학생회비 수입 중 절반 이상의 금액이 임원들의 회의비와 행사할 때 수고한 학우들의 식사비로 지출되었기 때문입니다. 그리하여 한동안 학교에서 "고급 갈비집에서 임원회가 웬 말이냐!"라는 구호가 심심치 않게 들렸습니다. 더 웃기는 사실은 그러한 비리를 조사하는 데 지출된 적지 않은 감사비용의 대부분도 대의원들의 밥값이었다는 것입니다.

필요한 책을 정식으로 구입하지 않고 불법으로 복사해 사용하는 것도 문제입니다. 많은 신학생들이 궁핍한 처지 때문에 어쩔 수 없다고 합리화하며 무단 복제된 도서를 봅니다. 하나님의 학문을 한다는 사람들조차 헐값으로 책을 얻을 수 있다면 작은 불의 따위는 대수롭지 않다고 여기니 이 얼마나 통탄할 노릇입니까! 거룩한 지식이 불법으로 복사된 책을 통해 학습되는 현실은 우리가 선한 양심을 따르는 삶에서 얼마나 멀어졌는지를 보여주는 것이라 할 수 있습니다.

언젠가 제 서재에 복사본을 취급하는 업자가 찾아왔습니다. 저는 이미 저작권 시효가 끝난 기독교 저작들을 몇 질 구입하기 위해 그를 만났습니다. 그런데 그가 가지고 온 도서 목록을 보니 최근에 유럽에서 출판된 책들까지 취급하고 있었습니다. 물론 저자의 허락을 받지 않은 불법 복사판이었습니다. 그중 낯익은 원서명이 있어서 보았더니, 가격의 부담 때문에 제가 1년 넘게 망설이다 구입한 영국의 어느 출판사에서 나온 철학 사전이었습니다. 그때는 제가 그 철학 사전을 구입한 지 3년 정도 지난 시점이었는데, 가격을 보니 제가 구입한 비용의 1/4도 안 되는 금액이었습니다.

제가 그 사람에게 물었습니다. "교회에 다니신다고 했는데, 직분은 있으십니까?" 그는 자랑스레 자신을 장로라고 소개하였습니다. 그래서 제가 그를 나무랐습니다. "그리스도인이라고 하시면서, 더욱이 장로라는 직분까지 받으신 분이 이런 비양심적인 일을 하시면 되겠습니까? 저는 저작권 시효가 끝나지 않은 책은 결코 구입하지 않습니다. 이런 일은 하나님 앞에 죄를 짓는 일입니다."

작은 유혹을 이기는 사람이 큰 유혹을 뿌리치지 못하는 적은 있습니다. 그러나 작은 유혹에 쉽게 굴복하던 사람이 큰 유혹에 저항하는 일은 거의 없습니다. 그러므로 우리는 선한 양심을 따라 살아갈 수 있도록 작은 부분에서부터 자신을 훈련시켜야 합니다.

이 시대의 정신은 작은 부정직을 행하더라도 자신의 이익을 도모할 수 있다면 그렇게 하는 것이 지혜로운 것이라고 생각합니다. 그러나 목회자가 되려는 신학생들까지 이러한 시대 정신을 따른다면 조국교회의 미래는 어두울 수밖에 없습니다. 그러기에 가난한 신학생 시절부터 공짜를 좋아하는 모든 습관을 버리고 자립심을 가지고 살아가는 마음을 가져야 합니다. 남의 도움을 받으며 넉넉하게 사는 것보다 스스로의 힘으로 가난하게 사는 것을 기뻐할 수 있는 용기를 가져야 합니다.

여러 해 전, 어느 후배 목사님이 제게 물었습니다. "목사님, 만약 목사님의 말씀 사역으로 큰 은혜를 받은 성도 중 부자가 있어서 거금을 내놓는다면 무슨 일에 제일 먼저 사용하시겠습니까?" 저는 대답하였습니다. "나는 실제로 그런 일이 일어날 것이라 믿지 않기에 그 돈을 어디 써야 할지도 생각해 본 적이 없습니다. 비록 그런 사람을 만나지는 못했지만, 그래서 하나님을 더 의지하고 또 기도하게 되니 오히려 그런 사람이 없는 것이 주님의 은혜입니다."

뇌물과 부정은 국력을 낭비하는 중요한 원인이 됩니다. 과거보다는 많이 나아졌다고 하나 지금도 이런 일들은 여전히 계속되고 있고 오히려 오고 가는 금품의 규모는 더 커졌다고 하니 이 얼마나 부끄러운 일입니까?

문제는 이러한 시대 정신이 교회에까지 깊숙이 침투해 들어오고 있다는 것입니다. 이 세상의 회사에는 소위 기밀비라는 것이 있습니다. 용도를 객관적으로 확인시켜 주기에 부적절하기에 은밀하게 사용되는, 있어서는 안 되지만 없으면 회사가 돌아가지 않는 그러한 필요악과 같은 지출을 위한 비용입니다. 이와 같은 지출의 관행이 교회에서도 이루어지고 있습니다. 도대체 그리스도의 교회에서 객관적으로 지출 항목을 밝힐 수 없는 돈의 용처가 왜 필요하겠습니까? 지출할 수 있다면 밝힐 수 있는 것이고, 밝힐 수 있다면 법이 정한 지출의 근거를 남겨야 할 것입니다. 이것은 모두 세상을 개혁하고 고쳐야 할 교회가 오히려 이 세상의 정신을 따라가고 있는 것이 아니겠습니까!

어느 해인가 교회에서 방송 장비를 구입할 일이 있었습니다. 견적을 받고 구매 계약을 체결하였고, 얼마 후 장비들이 들어오고 그것들을 설치하는 작업도 끝났습니다. 일을 끝내고 떠나면서 납품업자는 교회의 직원에게 두툼한 봉투를 하나 내밀었습니다. 현금이 들어 있는 봉투였습니다.

우리 교회 직원이 그게 무엇이냐고 질문을 하자 납품업자는 구입가의 5퍼센트에 해당하는 리베이트라고 하였습니다. 그리고 앞으로도 잘 부탁한다는 것이었습니다. 그런 것을 교회의 직원으로서 받을 수 없다고 하자, 서울에 소재하는 큰 교회와 기독교 기관의 이름을 줄줄이 꿰기 시작하였습니다. "다 저희 거래처들입니다. 다들 이렇게 합니다. 심지어 어떤 신학대학교 직원은 업자로 선정해 주면 리베이트를 몇 퍼센트 주겠느냐고 문의해 왔습니다."

진리를 말하는 것은 입술에 침만 바르면 되지만 그 진리를 따라 사는 것은 피를 흘리지 않으면 안 됩니다. 우리는 목회 사역으로 부름받은 거룩한 하나님의 종들입니다. 하나님 나라의 윤리에 충실하다면 어찌 이 세상의 윤리에 미치지 못한다고 비난을 받을 수 있겠습니까? 모든 불의한 이익을 거부하고 이에 항거하며 살아가야 합니다. 그렇게 살기 위하여 불편해지고 고통스러워지는 것을 기쁘게 감당할 수 있어야 합니다. 작은 일에 불의한 자는 큰일에도 불의하다고 예수 그리스도께서 말씀하셨습니다(눅 16:10). 그러므로 신학생 시절부터 수정같이 맑은 양심과 강철 같은 정직으로 살기를 힘써야 합니다.

언젠가 목회자들의 소득에 과세를 하는 문제가 논란이 된 적이 있습니다. 그런데 제가 목회하는 교회에서는 그런 논란이 있기 여러 해 전부터 이미 직원들은 물론 목회자들의 생활비에서 소득세를 비롯한 세금을 원천징수하여 자진 납부해 오고 있습니다. 이는 교회의 재정을 투명하게 하려는 방침과도 관련이 있지만 그렇게 하게 된 결정적인 계기는 따로 있습니다.

당시에는 영유아 무상보육이 실시되기 전이라 소득에 따라 보육비가 차등 지원되고 있었습니다. 어느 날 저는 부목사들과의 대화 중에 그들의 자녀들이 어린이집에서 거의 무상으로 교육받고 있는데 그것은 세금을 낸 기록이 없기 때문임을 알게 되었습니다. 부목사의 급여 신고가 이루어지지 않았기에 세금도 징수되지 않았고, 이에 정부는 그들을 소득이 없는 무직 상태로 파악하고 있었던 것입니다. 이 때문에 그들은 임대주택에 들어가는 것이라든지, 영세민에게 혜택을 주는 대출이라든지 하는 것에서 편익을 누리고 있었습니다. 곰곰이 생각해 보니 이는 매우 잘못된 것이었습니다.

그래서 저는 고민하다가 부목사들에게 상의했습니다. "비록 넉넉하지는 않지만 교회에서 생활비를 받고 있습니다. 그런데 여러분이 왜 영세민들이 받는 혜택을 누려야 합니까? 여러분의 자녀 한 사람이 그런 혜택을 받음으로써 여러분보다 더 어려운 집의 아이 하나가 그 혜택을 받지 못할 수도 있지 않겠습니까? 이것은 공정하지 않다고 생각합니다." 감사하게도 그분들도 동의해 주었고, 그 해부터 관할 세무서와 협의해서 정확하게 세금을 납부해 오고 있습니다.

그 후로 여러 가지 현실적인 어려움들이 생겼습니다. 임대주택 입주 순위가 뒤로 밀렸고, 아이들 교육비 부담도 늘어났습니다. 다들 힘들어 하던 때에 제가 말했습니다. "우리가 그리스도의 제자로서 살기 위해 지불해야 하는 적은 비용이라고 생각합시다."

용기 없는 정의는 허세이고, 용기 없는 사랑은 감상입니다. 하나님께서 진리와 성령으로써 그리스도의 교회에 끊임없이 은혜를 부어 주시는 것은 우리로 하여금 용기를 내서 정의와 사랑의 삶을 살게 하시기 위함입니다. 그렇기 때문에 우리는 일평생 약자 앞에서 칼을 든 정의가 아니라 밀알처럼 스스로 썩어 죽는 정의를 추구하며 살아야 합니다.

VI. 맺는 말

목회자에게 진리를 따라 산다는 것은 자신이 선포하는 내용대로 살아가는 것을 의미합니다. 비록 모든 면에 있어서 완전해질 수는 없다고 할지라도 조금이라도 더 온전해지기 위해 매일 몸부림쳐야 합니다.

교회의 부흥 못지않게 중요한 것이 그리스도인으로서의 존재의 부흥입니다. 이를 위해서 목회자는 세상을 뒤흔드는 위대한 일꾼이기 이전에 먼저 하나님의 조용한 음성 앞에 흔들리는 사람이어야 합니다. 매일 자기 깨어짐 속에서 옛사람을 버리고 예수 그리스도를 닮아 가는 신자이어야 합니다. 왜냐하면 설교하는 것은 예수 그리스도를 닮아 가는 성화의 삶을 살아가지 않는 사람도 할 수 있는 일이지만, 그 설교대로 사는 것은 예수 그리스도를 닮아 가는 성화의 삶을 살아가지 않는 사람은 결코 할 수 없는 일이기 때문입니다.

제8장 목회자와 성화의 삶

I. 들어가는 말

비회심자는 회심에 이르게, 회심자는 회심의 은혜를 보존하게 하는 것이 목회 사역의 핵심이다. 그런데 실제 사역의 현장에서 이 일을 효과적으로 수행해 나가려면 말씀과 기도뿐 아니라 고도의 기술과 무한한 헌신이 필요하다. 여기서는 목회자가 갖추어야 할 자질과 품성에 대해 살펴보고자 한다.

II. 목회자의 실천적 자격

첫째로, 독수리의 눈(지성)으로 고도의 지성과 함께 신령한 일에 대한 지혜까지 겸비해야 한다. 둘째로, 사자의 심장(담대함)으로 진리와 정의를 위해서 담대하게 나설 수 있는 거룩한 강인함이 있어야 한다. 셋째로, 여인의 손길(기술)로 영혼을 돌보는 일에 있어서 세심하고 주의 깊은 전문적 기술이 있어야 한다.

III. 지도자로 산다는 것은

목회자와 성도의 관계는 삶의 전수가 목표이다. 따라서 목회자에게는 전수할 만한 모범적인 삶이 있어야 한다. 이렇게 바른 삶의 모본을 앞서 보여주는 존재라는 측면에서 목회자는 지도력을 발휘하며 살아야 한다. 목회자가 지녀야 할 지도력의 핵심은 잘 빚어진 인격과 거룩한 영성이 바탕이 된 리더십과 예수 그리스도의 낮아지심을 기억하며 나쁜 것은 자신이 짊어지고 좋은 것은 지체들에게 돌리려는 희생의 마음이 바탕이 된 리더십이다.

IV. 사람을 사랑한다는 것은

목회자의 지도력은 곧 사랑의 지도력이다. 탁월한 소명, 불붙는 헌신 등의 특별 가치는 언제나 사랑이라는 보편 가치의 토대 위에 세워진다.

하나님을 사랑하는 사람들은 하나님 안에서 사람들과 관계를 맺고자 한다. 하나님을 향한 사랑을 지체들과의 관계를 통해 구체적으로 나타내기 원하기 때문이다.

목회자가 모든 사람들을 겸손과 예절로 대해야 하는 것은 자신의 이익을 위해서가 아니라 복음의 평판을 위해서이다. 더구나 이것은 상대를 하나님의 존귀한 피조물로 바라보며, 예수 그리스도 안에서 진심으로 사랑하는 마음을 가졌다면 자연스럽게 우러나오는 태도이다.

V. 정직하게 산다는 것은

목회자는 정직한 삶을 보여주어야 할 존재이다. 사랑은 정의라는 터 위에 세워진 집이다. 설교자는 정의를 가르쳐야 할 사람으로, 사랑이라는 미명 아래 정의를 말하지 않는 것은 하나님의 사랑을 욕보이는 일이다.

정직해지기 위해서 필요한 두 가지는 진실함과 용기이다. 모든 것을 잃어버린다고 할지라도 진리와 함께 있는 것을 가장 큰 행복으로 아는 것이 진정한 용기이다.

공짜를 좋아하고, 타인의 호의에 익숙해지는 것은 목회자에게 치명적인 위험이다. 작은 유혹을 뿌리치는 사람이 큰 유혹에 흔들리지 않는다. 시대 정신을 따르는 대신 밀알처럼 스스로 썩어 죽는 정의를 추구하여 살아야 한다.

VI. 맺는 말

목회자가 진리를 따라 산다는 것은 자신이 선포하는 내용대로 산다는 것이다. 설교대로 사는 것은 예수 그리스도를 닮아 가는 성화의 삶 없이는 불가능하기에, 목회자는 매일 자기 깨어짐 속에서 예수 그리스도를 닮아 가야 한다.

어떻게 신학을 하는가

신학을 한다는 것은

진리를 위해 사랑과 인내로 고난을 이겨내며

십자가를 묵상하는 가운데 도리어 고난을 자기 죽음의 기회로 삼아

영적 성숙을 이루어 가는 것입니다.

고난을 당할 때 그것을 사랑으로 인내하지 않으면 그 고난이 사람을 패역하게 만듭니다.

그러나 오래 참고 신앙으로 극복하면 오히려 아름다운 인격을 갖추게 됩니다.

제 9 장

목회자의 고난과 자기 죽음

Pastors' Suffering and Self-Crucifixion

I. 들어가는 말

역사상 예수 그리스도의 진리가 보편화되고 복음이 대중에게 환영을 받던 때는 없었습니다. 그래서 참목자는 고난의 사람입니다. 위대한 종교개혁자 마르틴 루터 (Martin Luther, 1483-1546)도 고난과 시련이 자신을 좋은 신학자로 만들어 주었다고 고백하였습니다.[157] 지금도 그러하지만 종교개혁 시대에는 복음대로 살고 그것을 전하려는 일에 있어서 고난은 불가피한 것이었습니다.

이것은 단지 가난이나 핍박 같은 외적 고난만을 의미하는 것이 아닙니다. 그것은 또한 목회자의 내적 고난을 의미하기도 합니다. 온전한 신자가 되어 목회에 헌

---

[157] 마르틴 루터는 신학을 공부하는 세 가지 방법으로 기도(*Oratio*)와 묵상(*Meditatio*)과 시련(*Tentatio*)을 소개한다. 이 중 시련에 대해서는 다음과 같이 언급한다. "이것은 하나님의 말씀을 알고 이해하도록 가르쳐 줄 뿐만 아니라 그 지혜가 얼마나 참되고 달콤하고 사랑스럽고 능력 있고 위로가 되는지를 경험하도록 해주는 시금석입니다." 이어서 루터는 자신을 좋은 신학자로 만들어 준 것은 교황주의자들의 공격으로 인한 시련이었다고 말한다. "(만약 여러분이 쥐똥과 같이 보잘것없는 제가 후추 같은 고급 향신료에 빗댈 만한 신학자들과 함께 있도록 허락해 주신다면) 저 자신은 교황주의자들의 덕분이라고 말하겠습니다. 그들은 악마의 분노로 저를 공격하고 탄압하고 괴롭혔습니다. 말하자면 저들은 저를 꽤 좋은 신학자로 만들어 주었습니다. 그렇지 않았다면 저는 그렇게 되지 못했을 텐데 말입니다." Martin Luther, "Preface to the Wittenberg Edition of Luther's German Writings, 1539," *Career of the Reformer IV*, in *Luther's Works*, vol. 34, ed. Lewis W. Spitz (Philadelphia: Muhlenberg Press, 1960), 286-287.

신하고자 하는 목회자는 끊임없이 내적 고통을 겪습니다. 외적 고통이나 시련들을 하나님의 섭리를 믿는 신앙으로 해석하며 인내하면서도, 모든 사람들을 순전한 마음으로 사랑하며 말씀 앞에서 끊임없는 자기 깨어짐을 경험하여야 하기 때문입니다. 따라서 목회자를 사용하시는 하나님의 역사는 목회자 자신이 온전한 신자가 되어 가는 과정과 완벽하게 일치합니다.

II. 참고 견딘다는 것은

목회자는 고통을 겪습니다. 이는 그가 부족하기 때문만은 아닙니다. 아무리 목회자로서 잘 준비되었다고 하더라도 그것이 평탄한 목회 사역의 보증이 되지는 않습니다. 하나님의 능력도 마찬가지입니다. 사람들은 흔히 큰 능력을 받으면 주님의 일을 쉽게 할 수 있을 것이라고 생각합니다. 그러나 성경은 그렇게 말하지 않습니다. "그러므로 너는 내가 우리 주를 증언함과 또는 주를 위하여 갇힌 자 된 나를 부끄러워하지 말고 오직 하나님의 능력을 따라 복음과 함께 고난을 받으라"(딤후 1:8).

목회자에게 고난은 그가 진리를 따라 살아가는 삶을 포기하지 않는 한 숙명과도 같은 것입니다. 그리고 그 숙명적인 고난을 대하는 가장 지혜로운 방법은 참고 견디는 것입니다. 여기서 참고 견딘다는 것은 초인적인 인내로 억지로 자신을 억누르는 것을 말하지 않습니다. 목회자에게 요구되는 참음과 견딤은 다음의 다섯 가지 사항을 내포합니다.

A. 모함과 비난을 사랑으로 견딤

첫째로, 악의적인 모함과 비난을 사랑으로 견디는 것입니다. 목회의 길은 고난의 길입니다. 목회자가 아무리 학문적으로 인격적으로 잘 준비되고 소명 의식에 불타는 신앙을 가지고 있다 할지라도 그것이 목회의 길을 걸어가는 그의 앞날에 고난을 사라지게 하는 것은 아닙니다. 목회의 길은 십자가의 길이기에 그가 어떤 준비를 어떻게 하든지 고난과 시련은 피할 수 없습니다.

1. 제네바에서 만난 칼빈

몇 해 전 종교개혁자들 중 루터(Martin Luther, 1483-1546)와 칼빈(John Calvin, 1509-1564)의 유적지를 돌아볼 기회가 있었습니다. 종교개혁의 선봉에 서서 전사와 같은 삶을 살았던 루터의 유적지를 돌아볼 때에는 그의 인물됨의 위대함과 영웅적인 삶에 깊은 감명을 받았지만 눈물까지는 나지 않았습니다. 아마도 루터의 생애가 저에게 가까이하기에는 너무 먼 것이었기 때문이었는지 모르겠습니다.

제네바의 생피에르 예배당. 칼빈이 시무했던 교회로 그는 이곳에서 교회의 제도뿐 아니라 정치와 시민 의식까지 개혁하는 목회를 펼쳤다.

하지만 제네바에 도착하여 생피에르 예배당에서 기도할 때에는 마음이 떨리면서 걷잡을 수 없는 눈물이 쏟아졌습니다. 약 460년 전 이 예배당에서 칼빈이 목회하였습니다. 그는 학문과 지성에서는 저와 비교될 수 없는 큰 인물입니다. 하지만 병약한 몸을 이끌고 숱한 모함과 시련을 견디면서 목회하였던 목회자로서의 삶은 저로 하여금 동병상련의 정을 느끼게 하기에 충분하였습니다.

제네바의 개혁자 칼빈은 목회자로서 잘 준비된 사람이었습니다. 특별히 제네바에서 추방되어 스트라스부르에 약 4년간 머무르면서(1538-1542), 영적으로 아버지와 같은 종교개혁자 마르틴 부처(Martin Bucer, 1491-1551)에게 목회 수업을 받은 기간은 그를 한층 더 성숙시켰습니다. 우여곡절 끝에 다시 제네바의 목회자로 돌아오게 된 칼빈은 설교자이자 목회자로서는 물론이거니와 제네바 교회를 위한 교회법과 교리 교육, 예식서 등을 작성하고 정비하는 일들을 하면서도 많은 시험과 핍박을 감당해야 했습니다.

그에게는 늘 많은 대적들이 있었습니다. 칼빈이 한낱 피카르디 출신에 불과하고 거짓 교리를 선포하는 불량한 목회자라는 근거 없는 비난을 거침없이 쏟아 놓았던 제네바 시의원 피에르 아모(Pierre Ameaux), 칼빈의 예정론에 반대하면서 그를 비방하는 악의에 찬

칼빈이 시무했던 생피에르 예배당의 내부 모습. 내부 벽의 장식들을 지우고 조각이나 성상 같은 것들도 없앴다. 거대한 설교단을 강조한 구조이다.

전기를 기록하였던 이단적 궤변가 제롬에르메스 볼섹(Jérôme-Hermès Bolsec, ?-1584경), 『기독교강요』에서 제시된 칼빈의 예정 교리는 '하나님을 죄의 저자로 만드는 잘못된 가르침'이라고 집요하게 그를 괴롭혔던 장 트롤리에(Jean Trolliet, ?-?) 등이 있었고, 교회의 권위 자체에 도전하는 사람들의 집단적인 시위도 끊이지 않았습니다.[158] 또한 세바스티앵 카스텔리옹(Sébastien Castellion, 1515-1563)은 목회자들과 평신도들의 모임에서 칼빈이 성경을 강해하고 있을 때 불쑥 나타나서 칼빈과 목회자들을 공개적으로 비난하였습니다.[159]

그 유명한 볼섹과의 논쟁을 기억하십니까? 칼빈이 제네바에서 목회하던 시절에 있었던 볼섹과의 논쟁 사건을 통해서, 우리는 한 인간이 그리스도의 교회와 목회

---

158) Willem van 't Spijker, *Calvin: A Brief Guide to His Life and Thought*, trans. Lyle D. Bierma (Louisville: Westminster John Knox Press, 2009), 84-94.
159) Thea B. Van Halsema, *This Was John Calvin* (Grand Rapids: Baker Book House, 1981), 172-173.

자에 대하여 얼마나 악해질 수 있는지를 봅니다. 볼섹은 카르멜 수도회 수사로 제네바 근교에서 의사로 활동하던 인물인데, 제네바 교회의 지도자였던 칼빈과 신학적인 입장 차이로 대립하다 칼빈을 향해 인신공격까지 서슴지 않고 퍼부었습니다.

그 역시 트롤리에와 마찬가지로 칼빈의 이중예정론을 반대하다가 칼빈이 하나님을 죄의 창조자로 만들어 버렸다고 비난하였습니다. 결국 볼섹은 제네바에서 추방당하게 됩니다. 그러나 그 후에 그는 칼빈에 대한 중상모략을 담은 전기를 책으로 출판하였습니다. 이에 대하여 알리스터 맥그래스(Alister E. McGrath, 1953-)는 자신의 책 『칼빈의 생애』(*A Life of John Calvin*)에서 다음과 같이 말합니다.

> 칼빈은 1551년 볼섹과 더불어 일대 논쟁을 벌였다. 이 사건에 불만을 품은 볼섹은 1577년 리옹에서 『칼빈의 생애』를 출판하였다. 볼섹에 따르면 칼빈은 구제불능의 짜증나고 사악하고 피에 굶주린, 불만족으로 가득 찬 사람이었다. 그는 자신의 말을 마치 하나님의 말씀인 것처럼 나타내고 자신을 신처럼 경배하도록 하였다는 것이다. 게다가 동성애적인 기질에 번번이 사로잡혔을 뿐 아니라 걸어가서 닿을 만한 거리 안에 있는 여자라면 누구든 성적으로 탐닉하는 경향을 가졌다고 주장한다. 볼섹은 칼빈이 누아용에서 봉사하였던 성직에서 사임한 것도 그의 동성애가 공개적으로 드러나게 되었기 때문이라고 하였다.[160]

많은 학자들은 볼섹의 이러한 비난을 사실에 근거한 것이 아니라고 생각합니다. 그러나 진위 여부에 상관없이 이러한 비난은 프랑스어권 국가에서 수세기 동안 칼빈의 이미지를 부정적으로 만들었습니다.

저는 지금까지 칼빈이 쓴 많은 글들을 읽어 왔지만, 이처럼 자신의 명성에 치명적인 오점을 남긴 악의적인 비난에 대해서도 변명을 단 한마디도 찾지 못했습니

---

[160] Alister E. McGrath, *A Life of John Calvin* (Oxford: Blackwell Publishers, 2001), 16-17.

다. 저는 칼빈의 이러한 신앙적인 태도가 하나님의 주권적인 섭리에 대한 믿음에서 비롯된 것이라고 생각합니다.

이레나 배커스(Irena Backus, 1950-)라는 신학자는 베자(Théodore de Bèze, 1519-1605)가 쓴 칼빈에 대한 두 편의 전기와 니콜라 콜라동(Nicolas Colladon, 1530경-1586)이 칼빈에 대해 쓴 전기, 볼섹이 칼빈에 대해 쓴 전기를 객관적으로 비교한 논문을 발표하였습니다.[161]

테오도르 베자. 칼빈을 직접 옹호하여 '칼빈주의'를 개혁교회의 정통으로 정립한 최초의 신학자. 프랑스 출신이나 칼빈의 후계자로서 일생의 대부분을 스위스에서 보냈다.

이 논문에서 배커스는 베자와 콜라동의 친(親)칼빈적 묘사와 볼섹의 반(反)칼빈적 묘사를 비교하며 볼섹이 진심으로 적으로 삼은 사람은 칼빈이 아니라 베자였다고 거듭 밝히고 있습니다. 배커스는 볼섹의 악의에 찬 비난은 베자가 자신의 영적인 멘토로 삼은 칼빈을 사도들이나 중세 신학자들보다도 더 순결한 삶을 산 인물로 추앙하며 성인으로까지 찬양한 것에 대한 반발이었으며, 베자의 『강론』(Discours)을 반박하기 위한 것이었다고 말하고 있습니다. 또한 칼빈을 성적 타락자라고 비난한 것은 소문에 근거한 것이라는 사실을 볼섹 자신도 공개적으로 인정하기는 하였지만, 이런 주장이 실린 볼섹의 전기로 인해 종교개혁자였던 칼빈의 이미지가 부정적으로 형성된 것 역시 사실이라고 밝혔습니다.[162]

---

161) Irena Backus, "Calvin, Saint, Hero, or the Worst of All Possible Christians?," in *Calvinus sacrarum literarum interpres: Papers of the International Congress on Calvin Research*, ed. Herman J. Selderhuis (Göttingen: Vandenhoeck & Ruprecht, 2008), 223–243.

162) 테오도르 베자의 『강론』(Discours)의 원제목은 『칼빈 선생의 유언과 유지(遺志)와 함께 그의 생애와 죽음에 관한 간단한 기록을 담고 있는 테오도르 베자의 강론, 그리고 그가 남긴 도서목록』(*Discours de M. Théodore de Bèsze, contenant en bref l' histoire de la vie et mort de Maistre Jean Calvin avec le Testament et dernière volonté dudit Calvin. Et le catalogue des livres par luy composez*)이다. 칼빈과 볼섹에 관한 내용은 다음 논문을 참고하라. Irena Backus, "Calvin, Saint, Hero, or the Worst of All Possible Christians?," in *Calvinus sacrarum literarum*

2. 목회, 눈물로 걷는 길

사도 바울은 뛰어난 사람이었습니다. 그는 탁월한 지성과 경건을 소유한 사람으로 지금도 인류의 가슴을 울리는 위대한 사랑의 서사시, 고린도전서 13장을 기록한 사람입니다. 또한 성령의 능력을 힘입어 놀라운 이적을 행한 사람이기도 합니다. 그러나 아시아에서 목회했던 자신의 사역에 대해서 그는 다음과 같이 회고하였습니다.

> 곧 모든 겸손과 눈물이며 유대인의 간계로 말미암아 당한 시험을 참고 주를 섬긴 것과 유익한 것은 무엇이든지 공중 앞에서나 각 집에서나 거리낌이 없이 여러분에게 전하여 가르치고 유대인과 헬라인들에게 하나님께 대한 회개와 우리 주 예수 그리스도께 대한 믿음을 증언한 것이라(행 20:19-21).

이것이 바로 우리가 종사하는 목회의 현실입니다. 사도 바울의 생애는 그의 위대한 학문이나 영적 능력과는 아무런 상관없이 언제나 고난과 시련에 에워싸여 있었습니다. 특히 동족인 유대인들로부터 당하는 간교한 시험들은 그를 겸손하게 하였고 눈물 흘리게 하였습니다.

목회를 하면서 가장 견디기 어려운 것은 아마도 모함받는 일일 것입니다. 일단 성도들의 마음이 하나님의 은혜로부터 멀어져서 진리에 대해 반감을 품게 되면 목회자는 그들에게 무관심한 존재가 됩니다. 더 나아가 목회자가 교인들을 사랑하는 마음으로 진리를 선포하고 그들의 죄와 불순종을 꾸짖는데도 그를 향하여 적대감을 품기도 합니다.

---

interpres: Papers of the International Congress on Calvin Research, ed. Herman J. Selderhuis (Göttingen: Vandenhoeck & Ruprecht, 2008), 236-243; 셀더하위스는 볼섹의 사건으로 말미암아 칼빈에 대한 부정적인 이미지가 수세기 동안이나 계속되었다고 주장하였다. Herman J. Selderhuis, *John Calvin: A Pilgrim's Life* (Downers Grove: InterVarsity Press, 2009), 191-192.

이것은 성도는 본래부터 성도가 아니라 원래 죄인이었기 때문입니다. 그러기에 은혜에서 멀어지면 옛 모습으로 돌아가게 됩니다. 그것은 목회자도 마찬가지입니다. 어느 한의원의 현관에 이렇게 쓰인 액자가 있었습니다. "인간의 육체는 자연으로부터 멀어질 때 질병에 가깝다." 그 격언을 그리스도인의 영적 생활에 적용하면 다음과 같습니다. "인간의 영혼은 은혜로부터 멀어질 때 죄악에 가깝다."

사람들 안에 있는 악의는 모든 사건과 사물들에 대한 해석을 굽게 만들어 목회자의 평판을 깎아내리는 일에 사용되기도 합니다. 어떤 사람들은 목회자를 악의적으로 모함합니다. 때로는 그 악 위에 오해가 쌓이거나 목회자의 실수나 부덕함이 더해져 평정심을 잃은 사람들은 더욱 호전적인 태도로 목회자를 비난하고 모함하기도 합니다.

목회자를 세상 법정에 고소한 어느 교회의 평신도 지도자 한 사람은 이렇게 말했습니다. "우리 교회 목사를 감옥에 보낼 수만 있다면 나는 무엇이든지 하겠습니다." 저는 그 목회자와 교인 사이에 어떤 어려움이 있었기에 서로의 관계가 그렇게까지 깨어졌는지 그 사연을 다 알지는 못합니다. 그러나 이러한 일은 너무나 가슴 아픈 일이 아닐 수 없습니다. 그리고 그보다 더 가슴 아픈 사실은 이러한 일이 교회에서 언제나 일어난다는 것입니다.

목회자가 잘못을 저질렀기 때문에 그러한 비난을 받게 되었다면 그는 통렬한 회개의 시간을 가져야 할 것입니다. 하지만 때로 목회자는 정당한 근거 없이 맹목적인 비난이나 악의적인 모함을 받기도 합니다. 이런 경우에 자신의 결백을 밝히려는 목회자의 노력은 대부분 실패합니다. 왜냐하면 악의에 찬 교인들은 이미 목회자를 헐뜯기로 뜻을 세운 사람들이고, 이러한 상황에서 목회자가 자신의 결백을 입증하려면 그들의 악의를 꺾는 것은 물론이고 사실은 그들이 나쁜 사람들이라는 사실을 설득하여야 하기 때문입니다. 이런 상황에 대하여 성경은 말합니다. "너희가 피차 고발함으로 너희 가운데 이미 뚜렷한 허물이 있나니 차라리 불의를 당하는 것이 낫지 아니하며 차라리 속는 것이 낫지 아니하냐"(고전 6:7).

자신의 결백을 밝히려는 목회자의 시도가 성공하였다고 할지라도 교회는 많은 상처를 입게 됩니다. 목회자가 그렇게 자신의 결백을 입증하였다고 할지라도 그것을 안 사람들이 반드시 다시 목회자의 편에 서는 것은 아닙니다.

더구나 악을 만나 그것을 대적하는 동안, 특별한 하나님의 은혜에 사로잡히지 않는다면 자신도 점점 더 악한 사람이 되어 간다는 것은 부인할 수 없는 사실입니다. 그러므로 교회를 섬기면서 만나는 사람들의 악한 행동과 태도에 휘둘리지 않고 인내하면서 주님께서 맡기신 목양의 길을 가는 것이 가장 지혜로운 태도입니다.

목회자에게 가장 좋은 목회 상황은 모든 성도들에게 사랑과 존경을 받으면서 목회하는 것입니다. 그러나 우리의 불완전함 때문에, 때로는 다른 사람들의 악함 때문에 그렇지 못할 때가 있습니다. 혹시 자신에 대한 비난이 정당하고 근거가 있는 것이라면 깊이 반성하고 하나님 앞에 회개하고 고쳐야 할 것입니다.

그러나 그것이 단지 악의에 찬 비난이라면 그 사람들의 목소리를 너무 크게 생각하여 낙심해서는 안 됩니다. 그것 때문에 목회의 사명 자체를 감당하지 못할 정도로 흔들려서는 안 된다는 말입니다. 그렇게 흔들리는 것은 하나님의 사람의 태도가 아닙니다. 모든 일을 통하여 끊임없이 자신을 성찰하되, 가끔은 자신에게 담대하게 말할 수 있어야 합니다. "그들의 존경과 사랑이 나의 목회에 꼭 필요한 것은 아니다."

3. 사랑으로 악을 이김

사도 바울은 사랑의 사람이었습니다. 그가 그리스도를 통하여 배운 하나님의 가장 위대한 성품은 사랑이었습니다. 이른바 '사랑의 장(章)'이라고 불리는 고린도전서 13장에서 진술되는 사랑의 속성은 사도 바울 자신의 개인적이고 인격적인 특성에서 온 주관적인 깨달음이 아니었습니다. 사도 바울은 이것을 그리스도께 배웠습니다. 예수 그리스도를 통하여 알게 된 하나님의 사랑이었습니다.

거기서 사도 바울이 언급한 사랑의 속성은 모두 열다섯 가지인데, 참음 혹은 인내와 관련된 속성이 세 가지나 나옵니다. '오래 참다.'(μακροθυμέω), '덮어 주다.'(στέγω),[163] '견디다.'(ὑπομένω)가 그것들입니다(고전 13:4-7).

사랑은 다른 존재와 관계를 맺거나 그것을 심화하여 하나가 되고자 하는 마음의 성향으로, 오래 참음과 자비와 긍휼은 사랑의 세 가지 국면을 나타냅니다. 여기에서 오래 참음은 다른 존재와 관계를 지속하고자 하는 마음과 정신의 경향성의 크기를 나타내기 때문에 사랑의 크기라고도 할 수 있습니다. 보이지 않는 내적 사랑의 가장 중요한 표지는 관계에 있어서 오래 참음입니다.

고린도 교회는 바울의 사도직을 의심하였습니다. 어떤 사람들이 사도 바울의 복음적 가르침을 회피하기 위해 그의 사도직의 신적 기원을 의심하였을 때, 그는 하나님께서 자신을 사도로 부르신 증거가 네 가지 있다고 말하면서 자신을 변호하였습니다. "사도의 표가 된 것은 내가 너희 가운데서 모든 참음과 표적과 기사와 능력을 행한 것이라"(고후 12:12).

사도 바울은 자신이 사도인 증거로 '모든 참음과 표적과 기사와 능력'을 제시하였습니다. 그 네 가지 중 가장 앞세운 것이 '참음', 그것도 '모든 참음'이었습니다. 다시 말해서 사도는 자신이 사도인 것을 자신의 인격 안에 있는 그리스도의 사랑이 증거하고 있다고 말하는 것입니다.

B. 인내로 고통을 이김

둘째로, 인내로 고통을 이기는 것입니다. 목회자도 비난을 받으면 아프고 억울합니다. 악의적인 모함까지는 아니더라도 종종 근거 없거나 합당하지 않은 비판을

---

[163] 고린도전서 13장 7절의 이 단어는 4절에서와 같이 우리말 개역개정판에서 '참다.'로 번역되었으나, 원래는 '덮어 주다.'(cover)이다. 이 단어는 마가복음 2장 4절에서는 '지붕'(roof)이라는 의미로 사용되었다. Walter Bauer, *A Greek-English Lexicon of the New Testament and Other Early Christian Literature*, 3rd ed., ed. Frederick W. Danker, W. F. Arndt, F. W. Gingrich (Chicago: University of Chicago Press, 2000), 942.

받을 때가 있는데, 비난을 당하는 것이 아무렇지도 않은 사람은 없습니다. 진정 목회자는 그런 시련이 올 때 하나님의 은혜로 인내하며 그 고통의 시간을 이겨 낼 수 있어야 합니다.

1. 부끄러운 현실

요즘은 교회 내의 문제들을 가지고 아무렇지도 않게 세상 법정으로 갑니다. 그것은 매우 부끄러운 일입니다. 이런 현상은 신자가 은혜의 감격을 잃어버리고 십자가 정신을 떠났을 때 일어납니다.

그래서 사도 바울은 고린도 교회 교인들을 엄히 꾸짖으면서 다음과 같이 말하였습니다. "너희 중에 누가 다른 이와 더불어 다툼이 있는데 구태여 불의한 자들 앞에서 고발하고 성도 앞에서 하지 아니하느냐 성도가 세상을 판단할 것을 너희가 알지 못하느냐 세상도 너희에게 판단을 받겠거든 지극히 작은 일 판단하기를 감당하지 못하겠느냐"(고전 6:1-2).

제가 중국에 갔을 때 그곳 사역자에게서 들은 이야기입니다. 어느 삼자교회에서 있었던 일입니다. 교인들과 목회자가 심하게 분쟁하고 있는 교회였습니다. 급기야 목회자는 교인들에게 알리지도 않은 채 잠시 교회를 비웠고 이로 인해 수요예배에 설교할 사람이 없게 되었습니다.

그때 마침 중국 종교국에서 공무원 한 사람이 그 교회를 방문하여 분쟁의 상황을 파악하고 있었습니다. 그리고 자신이 수요예배 설교를 하겠다고 자청하였습니다. 물론 그는 공산당원으로 무신론을 신봉하는 불신자였습니다. 수요예배 시간 설교단에 오른 그는 "서로 사랑하라"는 성경 말씀 한 절을 읽고 설교하던 중 이렇게 말하였습니다. "보십시오. 예수님도 서로 사랑하라고 했는데 당신들은 어찌해서 허구한 날 싸웁니까? 당신들이 섬기는 예수님이 그것을 좋아하겠습니까? 당신들은 예수님 보기가 부끄럽지도 않습니까?"

온 교인이 그 설교를 듣고 마음이 찔려 회개를 하였다고 하니 이 얼마나 부끄러운 얘기입니까? 이러한 일은 그리스도의 교회에 현저한 불명예를 끼치는 것입니다. 더욱이 커다란 문제도 아닌 사소한 문제를 가지고 세상 법정에 호소하는 것은 잘못입니다.

2. 조나단 에드워즈의 경험

조나단 에드워즈(Jonathan Edwards, 1703-1758)는 쉽지 않은 목회 사역을 감당하였습니다. 그는 전임자인 솔로몬 스토다드(Solomon Stoddard, 1643-1729)의 가르침을 따라 '반쪽 언약'(half-way covenant)의 교리를 지지하던 교인들에 맞서서 참된 회심의 징표가 없는 신자를 성찬에 참여시킬 수 없다는 신학적인 입장을 고수하였습니다. '반쪽 언약 교리'라는 명칭은 후일에 붙인 이름이고, 이 교리는 다음과 같은 역사적 배경을 가지고 있습니다.

1662년 매사추세츠 주의회는 회의를 소집하였는데 안건은 "누가 세례의 주체들인가?"였습니다. 모인 사람들은 만장일치로 다음과 같이 결론을 내렸습니다. "(그것은) 가견적 교회의 일원들……개별교회의 가시적인 신자들 모두이며 그들의 유아들이다."

이 종교회의가 결정한 사항들의 핵심은 세례 대상자를 확대한 것에 있습니다. 즉 믿음의 교리를 이해하고 대중 앞에서 신앙을 고백하며 삶의 추문이 없고 자신과 자녀를 주님께 드림으로 엄숙하게 언약을 소유하여 그리스도의 통치를 따르는 교회 일원들의 자녀는 중생을 경험하지 않았어도 세례를 받을 수 있도록 한 것입니다. 단지 이들은 중생을 인정받기 전까지는 투표권을 행사할 수 없었고 성찬에도 참여할 수 없었습니다.

그러나 이후 반쪽 언약의 개념은 확대되어 확실한 중생의 경험이 없어도 정숙한 삶을 산다면 교회의 일원으로 성찬식에 참여할 수 있게 되었습니다. 하지만 조나

■ 노샘프턴 교회 입구에 세워져 있는 교회 소개. 하단에 조나단 에드워즈의 사역 연도가 기록되어 있다.

단 에드워즈는 후일 신학적으로 이 문제를 정리하면서 그것이 옳지 않다는 결론에 이르게 되었고, 중생의 표가 없는 신자들의 성찬 참여를 반대하였습니다.[164]

에드워즈는 이 문제에 대한 교인들과의 신학적 입장 차이로 말미암아 오랫동안 섬기던 노샘프턴 교회를 사임하지 않을 수 없게 되었습니다. 그때 에드워즈는 교인들의 비난 속에서 사역지를 떠나는 당시의 심경을 존 어스킨(John Erskine, 1721-1803)에게 다음과 같이 토로하였습니다.

> 그러나 말하자면 이제 나는 세상의 넓은 바다에 내던져졌기에 나와 내가 부양해야 할 많은 가족들이 어떻게 될지 모릅니다. 게다가 좀 더 손에 잡힐 만한 것을 위해 열리도록 제가 의지할 만한 어떠한 특별한 문도 저에게는 보이지 않습니다.[165]

그는 이러한 현실적인 고통 속에서도 교회를 분열시키거나 교인들과 더 다투는 대신 오래도록 목회하였던 교회를 말없이 떠나기로 결심합니다. 그가 떠나면서 남긴 말씀이 바로 "심판 날 다시 만날, 분쟁하는 목사와 교인들"[166]이라는 설교였습

---

164) '반쪽 언약' 교리와 당시 역사적인 상황에 대해서는 다음을 참고하라. Robert G. Pope, *The Half-Way Covenant: Church Membership in Puritan New England* (Eugene: Wipf & Stock Publishers, 2002), 3-12.

165) Jonathan Edwards, "Jonathan Edwards to Erskine, July 5, 1750," in *Works of President Edwards*, vol. 1 (Ann Arbor: University of Michigan Library, 1851), 411-412; Kenneth Pieter Minkema, "The Edwardses: A Ministerial Family in Eighteenth-Century New England" (Ph.D. diss., The University of Connecticut, 1988), 344에서 재인용.

니다. 이 말씀은 대적자들에 대한 비난이나 저주가 아니라 하나님의 말씀에 입각하여 매우 침착하게 논제를 다루고 있는 설교입니다. 그는 사랑으로 분쟁의 고통을 극복하고자 했던 신앙의 사람이었습니다.

3. 시련의 날에 주께 피함

사랑은 허다한 죄를 덮습니다(벧전 4:8). 사랑이 있는 사람들의 사랑은 우리의 허물을 덮어 줍니다. 그런데 사랑 없는 사람들의 비난이 종종 우리에 관한 엄격한 사실을 보여줄 때가 있습니다. 그래서 하나님께서는 목회자가 잘못이 있을 때나 그렇지 않은 때조차도 교인들의 비난을 받도록 섭리 가운데 허락하심으로써 목회자가 자신을 성찰할 기회를 갖도록 하십니다.

우리가 참을 수 있을 때까지만 참는다면 그것이 어떻게 인내라고 할 수 있겠습니까? 때로는 정도에 지나친 비난까지도 견디면서 묵묵히 목회의 길을 걸어가야 합니다. 그것은 현실에 대한 두려움 때문이 아니라 미래에 대한 소망 때문입니다. 이 시련의 골짜기를 지나고 나면 하나님께서 섭리 속에서 예비하신 아름다운 목적이 드러날 것임을 바라보며, 이 세상 사람들은 악하지만 주님의 선하심을 굳게 의뢰하는 믿음입니다.

목회자는 비난을 견뎌야 합니다. 그는 다른 사람들의 비난에 맞서 싸우려고 해서는 안 됩니다. 그가 비난을 받으면서도 묵묵히 견디며 온유한 태도를 잃지 않는다면 그를 비난했던 악한 사람들이 다시 신앙으로 돌아올 수 있는 여지를 남겨 두는 것입니다. 만약 비난에 대하여 또 다른 비난으로 맞설 경우, 비록 그를 향한 사람들의 비난이 부당한 것이었음이 입증된다고 하더라도 그것은 다른 사람들을 다

---

166) 조나단 에드워즈, 『심판 날 다시 만날, 분쟁하는 목사와 교인들』, 백금산 역 (서울: 부흥과개혁사, 2005); Jonathan Edwards, "A Farewell Sermon Preached at the First Precinct in Northampton, after the People's Public Rejection of Their Minister," *Sermons and Discourses 1743–1758*, in *The Works of Jonathan Edwards*, vol. 25, ed. Wilson H. Kimnach (New Haven: Yale University Press, 2006), 462–494.

시 목양의 품으로 돌아올 수 있는 길을 끊어 버리는 것이 됩니다. 더욱이 자신을 변호하는 가운데 다른 지체들의 허물을 밝히거나 나쁜 사람으로 만드는 것은 신자로서 더더욱 해서는 안 될 일입니다. 차라리 불의를 당하거나 속는 편이 낫습니다(고전 6:7).

목회자는 오래 참아야 합니다. 그는 목회 사역에서 만나는 대부분의 부당한 대우와 시련을 일체의 오래 참음으로 견디지 않으면 안 됩니다. 정당한 고난을 감당하는 것보다는 부당한 비난을 인내하는 것이 누구에게나 더 고통스러운 일입니다. 그러한 고통은 하나님의 은혜를 체험하는 계기가 됩니다. 하나님께서는 종종 이러한 위기 속에서 목회자로 하여금 자신과 하나님의 관계를 돌아보게 하시고 그런 일이 일어나지 않았더라면 맛볼 수 없었을 하나님의 선하신 은총을 체험하게 하십니다. 이러한 경험에 대하여 시인은 다음과 같이 말합니다.

> 주를 두려워하는 자를 위하여 쌓아 두신 은혜 곧 주께 피하는 자를 위하여 인생 앞에 베푸신 은혜가 어찌 그리 큰지요 주께서 그들을 주의 은밀한 곳에 숨기사 사람의 꾀에서 벗어나게 하시고 비밀히 장막에 감추사 말 다툼에서 면하게 하시리이다(시 31:19-20).

우리는 이 모든 어려움을 견딜 줄 알아야 합니다. 참는 일이 힘들 때마다 그것이 자신의 한계라고 생각하며 더욱 큰 은혜를 구해야 합니다. 하나님께서는 다양한 방법으로 목회자의 마음을 돌이켜 당신을 향하게 하시는데, 때로는 가슴 저미는 고통과 생살을 찢는 듯한 아픔을 통해서라도 목회자를 하나님 앞에 서게 하십니다. 은혜 없이 이런 비난을 견디고 참으면 마음에 씻을 수 없는 상처가 남습니다. 그러나 은혜로 이 모든 일을 견디고 나면 그의 심령은 한결 더 강해집니다.

사랑은 언제나 오래 참습니다. 그러므로 목회자는 자신을 비난하는 사람들의 무례함과 죄악이 큰 것이 아니라 자신의 사랑이 작다는 사실을 알고 하나님께 은혜를 구하지 않으면 안 됩니다.

그리하여 우리는 진리의 빛을 통해 오는 끊임없는 은혜로써 하나님 사랑의 감화를 받아야 합니다. 이때 목회자의 마음에 있는 상처는 오히려 은혜의 도구가 되고 마음의 쓴 뿌리는 자신에게 그렇게 악을 행할 수밖에 없는 지체들을 위한 기도가 솟아나게 하는 수단이 됩니다.

더욱이 교역자들끼리 서로 시기하고 비난을 하는 경우도 있습니다. 제가 아는 어느 교회에서는 교역자들끼리 서로 싸워서 팔의 뼈가 부러졌다고 하니 혈기를 이기지 못할 때 어떠한 지경에까지 이르게 되는지를 알 수 있습니다.

그리스도의 사랑으로 하나가 되고 다른 지체들의 연약함을 마치 자신의 것처럼 끌어안고 서로를 온전케 해야 할 그리스도의 교회에서 이런 일이 일어나는 것은 얼마나 마음 아픈 일입니까? 교회에 분란이 있고 목회자가 비난받을 때에 목회자 자신이 죽으려고 한다면 갈등이 그치고 싸움이 멎는 경우가 많습니다. 그러니 목회자는 모든 것을 참기 위해 이 세상에 태어난 사람임을 기억하여야 합니다.

C. 나와 다른 사람들을 용납함

셋째로, 나와 다른 사람들을 용납하는 것입니다. 한 사람의 목회의 실제적인 크기는 그 목회자의 마음과 정신의 크기입니다. 하나님께서는 당신의 진리와 사랑을 우리에게 주셔서 우리의 마음과 정신이 확장되게 하십니다. 하나님의 진리와 사랑이 주어지면 자기밖에 모르던 이기적인 사람들이 변하여 더 많은 사람들을 사랑하고 나아가서 인류를 사랑하게 됩니다. 그러나 그 사랑의 시작은 언제나 그리스도를 통하여 하나님께로부터 시작됩니다. 다시 말해서 하나님을 향한 진실한 사랑이 이 모든 확장된 사랑의 구심점이 된다는 것입니다.

하나님께서는 이 세상의 모든 인간들을 똑같이 만들지 않으시고 서로 다르게 만드셨습니다. 외모나 성격, 자연적인 특징은 물론이거니와 그들의 덕의 정도에 있어서도 서로 다르게 하셨습니다. 하나님께서 창조하신 세계 안에는 똑같은 것, 동시적인 것이 단 하나도 없습니다. 이것이 바로 만물의 '다름' 입니다. 그리고 그 다름이 바로 하나님께서 계획하신 아름다움의 원인입니다.

목회자는 그리스도의 몸인 교회를 온전하게 하기 위하여 부름받은 하나님의 일꾼입니다. 그런데 우리가 몸담은 현실 교회는 자연적인 성격과 은혜의 정도가 서로 다른 수많은 사람들로 이루어져 있습니다. 목회자 자신도 그 많은 사람들 중 어떤 부류에 속하는 사람입니다. 목회자는 자신과 같은 기질과 신앙, 뛰어난 재능을 가진 사람들과만 교회를 섬기도록 부름받은 것이 아니라 그렇지 않은 모든 사람들과도 함께 그리스도의 몸을 통하여 하나님을, 세상을 섬기도록 부름받은 사람입니다.

그래서 목회자는 훈련된 사람이어야 합니다. 그는 자신과 다른 사람들을 용납하고 포용하며 함께 관계를 맺음으로써 하나님을 섬기는 일에 있어서 잘 훈련된 사람이어야 합니다. 그러나 이런 일들은 언제나 목회자의 자연적 본성을 거스르는 일입니다. 그렇기 때문에 위로부터 부어 주시는 하나님의 사랑과 은혜가 없다면 자기와 다른 사람들을 오래 참고 사랑하며 그 '다름들'(differences)을 인정하고 심지어 그 '다름들'을 사용하여 그리스도의 교회를 유익하게 할 수 없습니다.

하나님께서는 교회에 서로 다른 사람들을 마치 짝이 맞지 않는 퍼즐처럼 아무런 일치 없이 모아 두심으로써 당신의 뜻을 이루지는 않으십니다. 하나님께서는 서로 다른 사람들을 진리로 하나 되게 하시고 사랑 안에서 한 몸을 이루게 하십니다. 따라서 한 교회의 영적인 성숙도는 지체들의 진리를 아는 지식과 사랑으로 하나 됨에 비례합니다. 진리와 사랑으로 하나가 되기만 한다면 서로 다름은 그리스도의 몸인 교회를 아름답게 세우는 데 크게 이바지하게 될 것입니다.

목회자의 고난은 여기에 있습니다. 이렇게 서로 다른 사람들이 아직 충분히 진리와 사랑으로 하나 되지 못하여 미성숙한 상태의 현장에서 자신을 희생하며 섬겨야 합니다. 서로 다름에서 오는 이해의 부족, 많은 갈등과 심지어는 다툼까지도 모두 끌어안고 참으며 한 몸을 이루어 가도록 부름받은 사람이 바로 목회자입니다.

그는 그 일을 위해 교회 안에서 영원히 한 알의 밀알이 되지 않으면 안 됩니다.

이 글을 쓰면서 저는 지나온 목회 사역들을 회고하며 부끄러움을 느낍니다. 다른 사람들을 향하여 오래 참음으로 기다려 주는 것이 사랑이라는 사실을 터득하기까지는 참으로 많은 시간이 필요했습니다. 저는 목회자가 자신의 직무에 애착과 열정을 갖는 것이 당연한 일이라고 생각했습니다. 그래서 목회 사역에 저와 같은 애착과 열정으로 뛰어들지 못하는 사람들에 대해 신앙적으로나 성격적으로 결함이 있다고 평가하였습니다.

저는 병들고 연약한 동역자들을 잘 이해하지 못했습니다. 그때 저는 목회자가 아픈 것은 모두 정신의 해이함에서 오는 것이라고 믿었습니다. 당시 저는 주일이면 네 번에 걸쳐 약 일곱 시간 가량을 설교하여야 했습니다. 심지어 어느 주일에는 그렇게 하루 종일 설교하고, 밤에는 다른 교회에 가서 늦게까지 집회를 하고 돌아와 밤새도록 책상 앞에 앉아서 글을 쓰기도 했습니다. 그리고 이튿날 교회로 가서 새벽기도를 인도하고 돌아와 두 시간쯤 취침을 하고 나서 평소와 다름없이 하루 일과를 시작하였습니다.

그 시절 저는 모든 동역자들에게 저처럼 살아줄 것을 기대하였습니다. 그렇지 못한 동역자들을 대할 때면 마음이 상했습니다. 그러나 저도 나이가 들며 건강이 약화되고 몇 차례의 입원과 두 번의 수술을 겪게 되면서 인간이 얼마나 연약한 존재인지를 깨닫게 되었습니다. 또한 저와는 다른 처지에 있었던 동역자들과 성도들을 이해하는 마음이 생겼습니다. 그런 사람들의 아픔을 몸소 자신의 아픔처럼 느끼지 못한 것은 바로 저의 사랑이 부족하였기 때문이라는 사실도 알게 되었습니다. 그 사랑이 부족하였기에 오래 참으며 기다려 주지 못하였던 것입니다. 지금도 지체들이나 동역자들로 인해 힘들면 그때의 부끄러운 저의 모습을 기억하면서 더 많이 참게 해 달라고 기도하곤 합니다.

한 목회자의 정신의 크기는 단지 그의 지식의 크기만이 아닙니다. 지식이 구원의 은사 다음으로 소중한 것이기는 하지만, 그가 다른 사람들과 사랑으로 연합하여 그리스도의 몸을 이루어 가는 일에 있어서 현저히 무능하다면 그는 제대로 된 목회 사역을 할 수 없을 것입니다. 많은 사람들이 그 목회자 곁에서 오래도록 머물며 함께 하나님의 나라를 위해 일할 수 없을 것입니다.

그러므로 목회자는 자신과 다른 사람들 사이에, 또 사람들과 사람들 사이에 존재하는 서로 다름이 신앙의 본질에 관련된 진리의 문제인지 그렇지 않은 문제인지 명확한 판단을 내릴 수 있어야 합니다. 그리고 어떻게 그 모든 다름을 사용하여 같음이 능가할 수 없는 목회적 결실을 맺게 할 수 있는지에 대하여 알아야 합니다. 마치 지휘자 앞에 있는 수많은 악기들이 오히려 서로 다르기 때문에 아름다운 화음을 이루며 청중에게 감동을 주듯이 말입니다.

이러한 능력은 하루아침에 배양되는 것이 아닙니다. 본질적으로는 끊임없이 진리의 빛 안에서 은혜를 받는 영적 생활이 있어야 합니다. 그뿐만 아니라 교회를 섬기는 목회 사역의 시작부터 사람들의 서로 다름을 기쁘게 받아들이고 그것들을 서로 어울리게 만드는 일에 헌신하는 훈련을 받아야 합니다. 그 과정에서 수없는 자기 부인과 자기 깨어짐, 자신에 대한 불신과 하나님의 은혜에 대한 의존의 마음들을 단련해야 합니다. 실로 아주 오랜 세월의 연단을 통하여 그런 조화의 능력을 조금씩 소유하게 되는 것입니다.

모든 사람들에게 그러한 일은 어렵습니다. 더욱이 어떤 사람들에게 이 길은 마치 뼈를 깎고 살을 에는 것처럼 고통스러울 수도 있습니다. 그래서 하나님의 은혜를 구하여야 합니다.

D. 고난을 자기 죽음의 기회로 삼음

넷째로, 고난을 자기 죽음의 기회로 삼는 것입니다. 신학공부에 도움이 될 것이라 여기며 생물학을 공부하는 데 매진하던 때가 있었습니다. 어느 날 세포의 구조와 생성, 화학 에너지의 발생에 대해 공부하고 있었습니다. 그때 저는 세포의 죽음에 대해 살펴보면서 매우 놀라운 사실 하나를 깨달았습니다. 현미경을 통해 세포의 모습을 보다가 천문학에서 배웠던 별들이 탄생하는 원리가 머릿속을 스쳐 지나갔기 때문입니다. 이내 드넓은 우주에서 일어나는 커다란 별들의 소멸과 생성의 원리가 이 작은 세포의 죽음과 생성의 원리로 이어졌습니다. 그리고 그것은 그리스도의 교회 안에서도 적용되었습니다.

우주의 시공을 가르고 내려오는 강한 빛이 제 머리를 관통하였고, 그 빛은 성경 지식을 통해 저의 영혼을 가르고 지나갔습니다. 저는 하나의 진리가 무한한 크기의 우주를 지나 작은 세포를 거쳐 그리스도의 교회와 인간의 영혼을 꿰뚫고 지나가는 것을 보았습니다.

그 후로 여러 달을 저는 눈물로 보냈습니다. 발아래 나부끼는 풀잎 하나에도 흐느꼈고, 어두운 밤하늘에 소리 없이 반짝이는 별 하나에도 울었으며, 제 안에 있는 작은 본성 하나에도 울었습니다. 무엇보다도 저를 한없이 울린 것은 교회를 위한 그리스도의 죽으심이었습니다.[167]

1. 네크로시스와 아포프토시스, 창조의 기둥

우리의 몸은 약 60조 개의 세포로 이루어져 있습니다. 세포의 종류에 따라 그 수명이 다르겠지만 짧게는 이틀, 길게는 몇 십 년이 지나면 이전의 세포들은 죽고 새로운 세포들로 다시 태어나 우리의 몸을 이룹니다. 이처럼 우리의 몸은 세포가 죽고 다시 태어나는 과정을 통하여 살아 있는 인간의 몸으로 유지됩니다.

세포의 죽음에는 두 가지가 있는데 타의적인 죽음인 **네크로시스**($νέκρωσις$)와 자의적인 죽음인 **아포프토시스**($ἀπόπτωσις$)가 그것입니다. 전자는 화상이나 타박상 또는 유해 물질 등의 자극으로 인해 세포가 팽창하여 괴사하는 죽음을 말합니다. 이에

---

[167] 이때의 깨달음이 토대가 되어 쓴 책은 다음과 같다. 김남준, 『교회와 그리스도의 남은 고난』 (서울: 생명의말씀사, 2015).

비해 후자는 기능을 다한 노화된 세포나 생체에 유해한 세포를 제거하기 위해 유전자의 프로그램에 따라 세포 스스로가 죽는 것을 말합니다.168)

아포토시스는 단기간 동안 질서정연하게 진행됩니다. 세포들이 작은 조각으로 분리되고 파편화되면 살아 있는 세포들은 그렇게 죽은 세포의 잔여물들을 식세포 작용으로 삼키고 리소좀(lysosome)에서 소화를 시킵니다. 여기서 얻은 생산물들은 살아 있는 세포에 또다시 활용됩니다.169) 세포의 자기 소거로 전체 개체의 생명을 유지하게 하는 놀라운 질서와 조화 속에서 우리의 몸은 생명을 유지하는 것이니, 생명은 죽음을 통해 유지된다는 아이러니를 발견하게 됩니다.

우리의 몸에서 어떤 세포가 정상적인 세포와는 다르게 그 수명을 넘어 무제한으로 증식하려는 경우가 있는데, 이를 암세포라고 합니다. 암세포는 끊임없는 분열을 위해 많은 양분을 필요로 하며 주위 조직으로 증식을 계속하면서 침윤을 발생시키게 되고, 혈관이나 림프관을 통해 다른 조직으로 전이됨으로써 비정상적인 성장을 거듭합니다. 결국 세포의 자살이 실패하였다는 말인데, 곧 죽지 않는 왕성한 생명 때문에 몸 전체를 죽음으로 데려간다는 것입니다. 이것이 바로 **아포토시스**와 관련한 암에 대한 의학적 설명입니다.170)

1995년 4월 1일 허블망원경은 독수리 성운(Eagle Nebula, M16, NGC 6611)의 일부분을 촬영했습니다. 이는 '창조의 기둥'(Pillars of Creation)으로 불리는데, 지구에서 약 7,000광년 떨어진 곳에 위치한 고밀도의 수소와 먼지 덩어리입니다.171)

빛이 쉽게 통과하지 못해 어둡게 보이는 이 성운은 크게 기반과 서너 개의 기둥으로 이루어져 있습니다. 기둥들 중 가장 큰 것은 길이가 약 4광년이라고 합니다.

---

168) David M. Hillis, David E. Sadava, H. Craig Heller, Mary V. Price, *Principles of life* (Sunderland: W. H. Freeman & Co. Ltd., 2012), 140-141.
169) David M. Hillis, David E. Sadava, H. Craig Heller, Mary V. Price, *Principles of life* (Sunderland: W. H. Freeman & Co. Ltd., 2012), 141.
170) George Plopper, David Sharp, Eric Sikorski ed., *Lewin's Cells*, 3rd ed. (Burlington: Jones & Bartlett Learning, 2013), 771-774.
171) 김강수, 『현대과학이 보는 우주』 (서울: 아카데미서적, 2012), 122.

그런데 이 먼지는 별들이 수명을 다해 폭발하면서 생긴 별 먼지입니다. 더 정확히 말하면 이것은 은하에서 가장 무거운 물질로 이루어진 구름으로서 거대한 분자운(分子雲)입니다.[172)]

바로 이 먼지의 기둥에서 수많은 별들이 탄생합니다. 성운 안에 있는 가스와 먼지가 중력에 의해 서로 끌어당기며 융합하게 되고 그렇게 커지면서 상승한 내부의 온도로 수소가 헬륨으로 변하는 핵반응이 일어나면서 별은 태양처럼 뜨거운 열과 빛을 내뿜습니다.

NASA에서 공개한 '창조의 기둥.' 1995년 4월 1일 천문학자 제프 헤스터와 폴 스코웬에 의해 허블 우주망원경으로 촬영되었다.

놀랍지 않습니까? 폭발과 함께 사라지는 별들의 죽음이 새로운 별들의 탄생을 가져옵니다. 별들의 죽음 없이는 별들의 탄생도 없는 것입니다.

2. 교회와 목회자의 죽음

이러한 원리는 신앙의 세계에서도 그대로 적용됩니다. 그리스도의 영적 몸인 교회에서도 누군가는 죽어야 지체들이 충만한 생명을 누릴 수 있습니다.

만약 교회 안에서 아무도 죽지 않으려고 한다면 보이는 교회는 암 덩어리 같은 문제들을 갖게 됩니다. 우리가 그리스도의 몸 안에 있는 유해하고 노쇠한 요소들을 위하여 고통받을 때 그것은 바로 지상교회에 남겨 두신 그리스도의 고난이며, 목회자는 그 일을 위하여 죽기까지 헌신하도록 부름받은 사람입니다. 목회자의 이러한 경험에 대하여 사도 바울은 다음과 같이 고백합니다.

---

172) Andrew Fraknoi, David Morrison, Sidney Woff, 『우주로의 여행』, 윤홍식 외 역 (서울: 청범출판사, 1998), 398.

> 나의 간절한 기대와 소망을 따라 아무 일에든지 부끄러워하지 아니하고 지금도 전과 같이 온전히 담대하여 살든지 죽든지 내 몸에서 그리스도가 존귀하게 되게 하려 하나니 이는 내게 사는 것이 그리스도니 죽는 것도 유익함이라(빌 1:20-21).

예수 그리스도께서는 이러한 생명과 죽음의 원리를 공동체적 지평에서 더 분명하게 말씀하셨습니다.

> 내가 진실로 진실로 너희에게 이르노니 한 알의 밀이 땅에 떨어져 죽지 아니하면 한 알 그대로 있고 죽으면 많은 열매를 맺느니라(요 12:24).

목회자는 사랑받기 위해 태어난 사람이 아니라 죽기 위해 태어난 사람입니다. 그는 그리스도께로부터 받을 완전한 사랑을 위해 그리스도의 몸인 교회를 섬기다가 죽기 위해 태어난 사람입니다.

죄인들이 함께 모여 공동체를 이루어 가는 교회에 어찌 시련과 고난이 없겠습니까? 그럴 때마다 가슴에 손을 얹고 묵상하여야 합니다. 그리고 기도하여야 합니다. "하나님, 성도들은 사랑받기 위해 태어난 사람들이고, 저는 죽기 위하여 태어난 사람입니다." 이렇게 여러 번 반복하고 나면 마음은 평정을 되찾습니다.

목회자는 이처럼 비난을 견디는 것이 일회적인 용기의 발휘가 아니라 마음의 성향이 되도록 하여야 합니다. 이를 위해서는 목회의 길에 들어설 때뿐만 아니라 목회의 길을 준비하는 지금도 이러한 신앙을 실천해야 합니다. 왜냐하면 하나님의 말씀에 순종하는 사랑의 행동은 성령께서 여러분을 거룩하게 만드시기 위한 가장 좋은 여건이기 때문입니다.

목회의 소명을 받은 우리는 그 모든 욕된 비난을 견디기 위하여 태어난 사람입니다. 또한 하나님께서는 당신을 위해 참고 견디는 종들을 내버려두지 않으십니다. 그러므로 오래도록 견디는 사람들이 되십시오.

E. 육체의 혈기를 버림

다섯째로, 육체의 혈기를 버리는 것입니다. 목회자가 되려는 사람은 육체의 혈기를 버려야 합니다. 어떠한 상황에서도 혈기를 버리는 것이 성령의 열매인 인내의 진수입니다. 마음의 악의는 순간적인 혈기로 나타나고 대부분 회개해야 할 악으로 우리를 데려갑니다. 그러므로 매 순간 혈기를 누르는 습관을 가져야 합니다.

아주 오래전 어느 교회에서 있었던 일입니다. 주일에 재정부로 지출청구서가 올라왔는데 사모님이 적어 낸 것이었습니다. 사택의 전기 요금이며 수도 요금 등이었는데 의외의 항목이 하나 더 추가되어 있었습니다. '개줄 300원.'

이에 대해 교회 재정부에서는 사택에 있는 강아지 목줄까지 교회 돈으로 지출하는 것은 이치에 맞지 않는 것 같다고 청구서를 되돌려 보냈습니다. 이 소식을 들은 목회자는 발끈하여 사표를 내겠다고 하였습니다. 그리고 그날 저녁 당회는 소집되었고 목사님의 사표는 수리되었습니다.

순간의 혈기가 목회 사역을 망쳐 버린 것입니다. 혈기를 부리는 것이 하나님 나라의 의를 이루는 데 도움이 되는 경우는 거의 없습니다. 불의에 대해서는 노하지 않으면서도 이익에 대해서는 혈기로 반응하는 것이 자기 사랑의 현저한 증거입니다. 여러분은 어떻게 생각하십니까? 어떤 사람이 하나님의 계명을 어기는 행동을 할 때와 여러분의 인생관에 거스르는 행동을 할 때, 언제 더 참지 못하는 혈기가 일어납니까? 후자의 경우에 더 그렇다면 그야말로 그 혈기가 자기 사랑에서 비롯되는 감정임을 알 수 있습니다.

목회자는 혈기와 결별한 사람이어야 합니다. 하지만 어느 목회자도 이 점에서 이미 온전해졌다고 말할 수는 없을 것입니다. 목회자의 인격이 혈기로부터 멀어지고 있다면 이는 아무에게도 보이지 않는 그의 내면의 세계에서 끊임없는 자기 깨어짐으로 자기 사랑을 버리고 있다는 의미입니다. 그가 하나님의 사랑으로 돌아가고 있음을 보여줍니다.

직장 생활을 할 때 가까운 동료로부터 들은 이야기입니다. 어느 회사에 매우 까탈스러운 상사가 있었습니다. 그는 어느 날 업무적으로 실수한 부하 직원을 나무라게 되었는데, 자신의 혈기를 주체하지 못하고 장시간에 걸쳐 불같은 호령을 이어 갔습니다. 상사의 책상 앞에서 야단을 맞던 그 직원은 잠깐 동안 반성하는 모습이었으나 책망이 지나쳐 모욕적인 언사를 서슴지 않자 발길로 상사의 의자를 걷어찼습니다. 그 발길질에 의자는 박살이 나 버렸고 이제는 그 직원이 큰소리로 화를 내기 시작하였습니다. "이 놈의 직장 그만두면 될 거 아니야, 당신이 상사면 다야!"

상황이 이렇게 되자 이제 오히려 상사가 쩔쩔매며 당하고만 있었습니다. 그 큰 사무실에 있던 수십 명의 직원이 모두 그 광경을 지켜보았고, 상사의 리더십은 회복할 수 없을 만큼 상처를 입었습니다.

목회자는 비록 자신이 올바른 경우라고 할지라도 혈기로 부르르 떠는 것은 금물입니다. 권위주의는 자신의 권위를 위협적으로 강요하는 것이지만, 진정한 권위는 인격과 덕성을 통하여 사람들에게 인정을 받는 것입니다. 더욱이 목회자의 권위는 세속적인 권위가 아니라 영적인 권위이고, 이는 그가 전하는 진리와 그 진리에 합치하는 인격과 실천에서 오는 감화력의 소산입니다.

진리를 알고 진리에 승복함으로써 하나님을 아는 사람들에게 목회자는 세상의 권력자보다도 더 큰 권위를 가진 사람입니다. 그러나 그렇지 않은 사람들에게 목회자는 아무것도 아닙니다. 자신들이 고용한 종교 서비스의 제공자일 뿐이라고 생각합니다. 목회자는 전자의 사람들보다는 후자의 사람들에게 더 많이 에워싸여 살아갑니다.

따라서 목회자에게는 자신의 권위에 대한 의식보다는 자신이 그리스도의 노예일 뿐이라는 생각이 더욱 앞서야 합니다. 권위를 행사하기보다는 자신과 다른 견해를 가진 사람들까지도 예의 바르게 대하여야 합니다. 그것이 양보할 수 없는 진리에 관한 사항이 아니라면, 자신의 권위를 비웃는 사람들조차도 사랑하고 긍휼히 여기는 마음을 가져야 합니다.

그러므로 목회자는 비록 그것이 하나님의 말씀에 대한 열심 때문이라고 할지라도 다른 사람을 책망할 때에도 온유함으로 하여야 합니다. 그리고 그들의 죄와 허물이 마치 자신의 것인 것처럼 아파할 수 있어야 합니다. 그래서 사도 바울은 말합니다. "너희 관용을 모든 사람에게 알게 하라 주께서 가까우시니라"(빌 4:5).

III. 영적 성숙과 십자가

하나님 편에서의 거룩함은 초월성과 완전성이라고 할 수 있습니다. 존재에 있어서 모든 피조물 위에 뛰어난 위대하심이 초월성이며, 도덕에 있어서 모든 지성적 피조물의 미덕을 초월하는 것이 완전성입니다. 인간 편에서의 거룩함은 하나님의 초월적 위대하심과 도덕적 완전성에 대한 합당한 반응이며, 이는 곧 하나님을 향한 일체의 이기심이 없는 사랑을 동반한 공경입니다.

클레르보의 베르나르두스(Bernardus Claraevallensis, 1090-1153)와 칼빈은 하나님께서 바로 이렇게 일체의 이기심이 없이 당신을 사랑하는 인간의 사랑 안에서 자신에게 가장 합당한 사랑을 받으신다고 본 점에 있어서 일치하였습니다.[173]

하나님을 향한 일체의 이기심이 없는 이 지순한 사랑은 최소한 다음 두 가지를 포함합니다. 그 사랑 때문에 하나님의 엄위하심을 가볍게 여기지 않는 경외심과 하나님의 성품에 대한 올바른 지식이 그것입니다.

하나님께서는 우리가 그리스도의 거룩하심을 본받기를 원하십니다. 우리를 거룩함에 이르게 하기 위하여, 하나님께서는 우리로 하여금 평탄하고 안일한 길로만 가게 하지 않으십니다. 때로는 고난과 시련의 길을 걷게 하십니다. 그러기에 신자는 하나님의 주권적 섭리 아래서 자신이 당하는 고통과 시련을 사용하여 거룩함에

---

173) Dennis E. Tamburello, *Union with Christ: John Calvin and the Mysticism of St. Bernard* (Louisville: Westminster John Knox Press, 1994), 105.

이르도록 힘써야 합니다. 칼빈이 그리스도인의 십자가를, 하나님께서 당신의 자녀들을 거룩함에 이르도록 성숙시키는 이 세상의 모든 시련과 고난들을 의미한다고 말한 것도 이 때문입니다.[174)]

우리는 인생길에서 주어지는 자신의 십자가를 지는 것이 하나님을 기쁘시게 하는 것이며 자기를 부인하고 십자가를 짐으로써 그리스도를 닮게 된다는 사실을 기억하여야 합니다. 우리가 당하는 고난을 그리스도께 투사하여, 그것을 그리스도의 남은 고난으로서 교회를 위하여 우리를 그리스도와의 연합 속에서 참여하게 하신 십자가로 여겨야 합니다(골 1:24).

고난을 통해 자신을 돌아보는 것이 신앙입니다. 이때 고난은 교회를 통해서 혹은 자신의 결점을 통하여 왔을지라도 결국 그리스도와 영적인 연합을 이루게 하는 동기가 됩니다.

목회자가 애타는 마음으로 하나님 앞에 자신의 사정을 아뢰며 은혜를 구할 때, 그리스도의 죽음은 2,000년의 간격을 뛰어넘어 그의 마음 안에서 효력을 발휘하기 시작합니다. 거기에서 죄와 추루(醜陋)한 욕망이 죽임을 당하고 그리스도와 함께 사는 영적인 부활을 경험하게 됩니다. 그때 영혼의 활기와 생명력이 솟아나게 되고 그리스도와 부활의 능력과 고난에 참여하는 것이 무엇인지를 아는 지식이 생겨나는 것입니다(빌 3:10).

고난을 당할 때 그것을 사랑으로 인내하지 않으면 그 고난이 사람을 패역하게 만들지만, 오래 참고 신앙으로 극복하면 오히려 아름다운 인격을 갖추게 합니다. 이때 거룩한 성향을 갖는 마음으로 변화되고 더 큰 고난도 이기며 하나님을 향해 살 수 있는 능력을 받게 됩니다. 모든 고난을 이겨 내는 커다란 힘은 하나님의 말씀을 깨닫는 것이며, 마음을 쏟아부어 성령 안에서 간절히 기도하는 것입니다. 이때 우리는 하나님의 은혜를 체험하게 됩니다.

---

174) John Calvin, *Institutes of the Christian Religion*, vol. 2, trans. Henry Beveridge (Grand Rapids: Wm. B. Eerdmans Publishing Company, 1981), 16-17.

Ⅳ. 맺는 말

목회자의 아름다운 삶은 그 안에 있는 인격으로 입증됩니다. 아무리 역사에 길이 남을 만한 커다란 업적을 남겼다고 하더라도 목회자 자신 안에 그리스도를 닮은 인격과 성품이 없다면, 단지 일생 동안 자기가 하고 싶은 일을 하며 산 것일 뿐입니다.

한 사람의 목회자가 짤막한 몇 마디의 연설로 회중들에게 깊은 감화를 끼치기 위해서는 가혹하리만치 긴 세월 동안 말씀을 붙들고 피 흘리며 살아온 삶이 있어야 합니다. 그 과정에서 그는 예수 그리스도를 닮은 사람으로 변해 갑니다.

하나님께서는 다양한 방법으로 한 사람의 목회자를 당신 닮은 자녀로 만들어 가십니다. 우리가 목회 사역 중에 직면하게 되는 많은 환난과 고난, 시련과 고통은 그리스도를 닮게 하는 탁월한 도구가 됩니다. 그것들을 통해서 목회자는 하나님의 뜻을 깨닫고 자기 깨어짐을 경험하기 때문입니다. 목회자는 거기서 그리스도와 함께 죽고 다시 사는 것을 경험하며 자기를 부인하고 그리스도를 좇는 것을 성향으로 형성해 나갑니다.

하나님을 위한 최고의 섬김은 그리스도를 많이 닮는 것입니다. 그렇게 할 때 우리의 삶은 하나님을 위한 존재의 울림이 됩니다. 그리고 그리스도를 닮아 가는 것은 진실한 신앙으로 고난을 견디는 자기 죽음의 과정을 통해서만 가능합니다. 그러므로 여러분이 당하는 모든 고난과 환난, 고통과 수고를 하나님의 사랑으로 참고 견디어 더욱 그리스도를 닮은 사람이 되어 가십시오. 그때 여러분의 삶은 하늘의 별과 같이 빛날 것입니다.

제9장 목회자의 고난과 자기 죽음

I. 들어가는 말

온전한 신자가 되어 목회에 헌신하고자 하는 목회자에게는 끊임없이 내적, 외적 고통이 따른다.

II. 참고 견딘다는 것은

목회자가 진리를 따라 살아가는 삶을 포기하지 않는 한 고난은 숙명과도 같다. 그 숙명적인 고난에 대처하는 가장 지혜로운 방법은 참고 견디는 것이다.

A. 모함과 비난을 사랑으로 견딤 목회의 길은 십자가의 길이요, 눈물의 길이다. 목회자는 그 길을 사랑, 특히 오래 참음으로 걸어가야 한다.

B. 인내로 고통을 이김 목회자는 모든 것을 참기 위해 이 세상에 태어난 사람이라 여기며, 비난을 오히려 자기 성찰의 기회로 삼으며 인내로 그 시간을 지나야 한다.

C. 나와 다른 사람들을 용납함 하나님으로부터 부어지는 은혜와 사랑은 '다름들'을 인정하고, 그 '다름들'을 교회를 유익하게 하는 데 사용하게 한다.

D. 고난을 자기 죽음의 기회로 삼음 별의 소멸과 생성의 이치와 마찬가지로 그리스도의 영적 몸인 교회 안에서도 누군가가 죽어야 지체들이 충만한 생명을 누린다(빌 1:20-21, 요 12:24).

제10장

연단과 기도

Sufferings and Prayer

I. 들어가는 말

하나님께서는 목회자로 하여금 고난을 받게 하십니다. 그 고난을 통해서 그를 더 좋은 사람으로 연단하시기 위해서입니다. 그래서 하나님께서는 모든 것이 당신의 것이고 모든 일을 하실 수 있음에도 불구하고 때로는 목회의 소명을 받은 우리가 고통을 받도록 내버려두시기도 합니다. 이는 우리가 하나님께 미운 존재가 되었기 때문이 아닙니다. 고난을 통해 우리를 더 쓸모 있는 사람으로 빚으시기 위함입니다.

한 사람의 목회자가 얼마나 정결한 신앙을 가지고 있는가, 얼마나 순수하게 하나님을 사랑하고 있는가 하는 것은 고난의 학교를 통과해야만 알 수 있습니다. 그래서 하나님께서 사용하시는 믿음의 사람들 가운데 이 고난의 학교를 통과하지 않은 사람은 아무도 없습니다.

그리고 그 고통의 때에 하나님만 바라보며 기도하게 하십니다. 그 과정을 통해 우리를 연단하십니다. 우리가 비록 목회의 소명을 받았다고 할지라도 간절히 기도하여야 할 기도의 제목이 없다면 열렬한 기도 생활을 유지하지 못할 것입니다.

II. 고난과 연단

기도의 높은 경지는 하나님을 즐거워하는 것입니다. 기도할 때 하나님의 아름다움을 지성으로 인식하며 하나님과의 사귐을 즐거워하는 것입니다. 그때 그는 기도를 통해서 달콤한 은혜를 맛보며 그 사랑에 감격하게 됩니다. 거기에서 하나님과 대면하는 즐거움을 알게 됩니다.

하지만 모든 사람들이 그처럼 높은 수준의 기도의 경지에서 사는 것은 아닙니다. 목회의 소명을 받은 신학생들도 항상 그런 기도의 생활을 이어 가는 것은 아닙니다. 하나님께서는 종종 가혹하리만치 긴 기간 동안 우리를 고통 가운데서 연단받게 하십니다. 그때에 기도함으로써 하나님만 의지하게 하십니다.

A. 스트라디바리우스

안토니오 스트라디바리(Antonio Stradivari, 1644경-1737)라는 사람이 있었습니다. 그는 현악기를 제조하는 이탈리아 사람이었습니다. 그의 라틴어식 이름을 따서 붙인 스트라디바리우스 바이올린의 제작자로 널리 알려져 있지만 실제로 그는 바이올린뿐만 아니라 첼로, 비올라, 기타, 만돌린 등도 만들었습니다.[175]

그가 만든 약 1,100점의 악기 중 바이올린은 약 540점이 남아 있으며 실제 연주에 사용되는 것은 50점 정도라고 합니다. 저도 그가 만든 바이올린을 본 적이 있는데 제가 본 것은 시가로 약 45억 원 정도였습니다.

그가 만든 바이올린은 긴 세월이 흘러도 변함없이 아름다운 소리를 내는 것으로 유명합니다. 어떻게 그런 일이 가능할까요? 최근까지도 스트라디바리가 만든 바이올린의 비밀을 알아내기 위한 연구들이 진행되고 있는데, 그가 만든 바이올린이

---

[175] Britannica Academic, ed., "Stradivari, Antonio," *The New Encyclopaedia Britannica: Micropaedia, Ready Reference and Index*, vol. 9, 15th ed. (Chicago: Encyclopaedia Britannica, Inc., 1977), 597.

▎안토니오 스트라디바리. 이탈리아의 현악기 장인으로 현대의 표준형 바이올린을 처음 만들어 낸 사람으로 알려져 있다.

그토록 훌륭한 것은 그 악기를 제조한 장인의 탁월한 솜씨 외에 여러 가지 복합적인 이유가 있기 때문이라고 합니다. 그 복합적인 이유 가운데 중요한 것 하나가 재료입니다.

사람들은 그가 악기를 만들 때 차갑고 매서운 겨울바람을 견뎌 내느라 아주 오랫동안 조금밖에 자라지 못한 차지고 옹골진 나무를 재료로 사용했을 것이라고 추측합니다. 재료가 악기의 품질을 결정한 것입니다. 혹독한 겨울바람이 나무에게는 나쁜 것이었으나 그것이 있었기에 그 나무는 명품 악기를 만드는 재료가 된 것입니다.

하나님께서는 당신이 사랑하는 사람을 고통 가운데 두심으로써 그의 마음을 연단하십니다. 그 연단을 통하여 고난이 가득한 목회의 길에서 귀하게 쓰임받는 사람이 되게 하십니다. 그래서 때로는 당신이 사랑하는 종인데도 불구하고 모진 고통을 받도록 허락하십니다. 이는 지금 당하는 고통을 통하여 더 좋은 지도자로 만들기 위해서입니다. 하나님께서는 특별히 쓸 사람들을 특별하게 준비시킵니다.

목회자가 살아가면서 당하는 모든 어려움은 복음과 그리스도의 교회가 당하는 어려움과 같습니다. 그러므로 한 목회자가 자신에게 부여된 거룩한 소명을 따라 흔들리지 않는 삶을 살아가기 위해서는 얼마나 강인한 훈련과 준비가 필요하겠습니까?

스트라디바리가 만든 바이올린과 같은 명품 목회자가 되고 싶지 않으십니까? 그렇게 되기 위해서는 먼저 최고의 신자, 가장 좋은 사람이 되어야 합니다. 믿음과 사랑 안에서 말입니다.

B. 고난 속에 피는 꽃

성경과 역사 속에서 하나님께서 위대하게 쓰신 인물들 중 아무런 준비 없이 살다가 불꽃같은 삶을 살게 된 사람은 아무도 없습니다. 모세를 기억해 보십시오. 사람들은 그가 홍해를 가른 일이나 아말렉과의 싸움 가운데 손을 들면 이스라엘이 이기고 손을 내리면 이스라엘이 졌던 장면만 기억합니다. 그러나 모세가 하나님의 종으로 쓰임받기 전에 40년 동안 광야에서 어떻게 연단받았는지를 생각해 보십시오(출 2:15-25).

고난의 사람 다윗을 살펴보십시오. 그는 저 하늘 위 궁창에까지 미친 하나님의 영광을 찬송하던 사람이었습니다(시 57:10, 108:4). 그는 하나님을 사랑한 최고의 철학자이며 사상가였습니다. 그러나 하나님께서 그를 그렇게 높이시기 전까지는 치열한 연단 속에서 훈련받아야 했습니다. 그의 생애는 고난의 연속이었습니다. 하지만 그는 사망의 음침한 골짜기를 지나는 것 같은 외로움 속에서도 오직 하나님만 바라보았습니다. 그리하여 이 세상 나라보다 더 완전하고 영원한 하나님의 나라를 소망하는 사람이 되었습니다.

그는 살인도 저지르고 간음도 저질렀지만 모든 성경의 인물들 중 하나님의 거룩하심을 가장 탁월하게 보여주는 사람이 되었습니다. 그는 범죄를 저지른 사람이었지만 우리는 그의 회개에 더욱 주목합니다(시 6:6). 그는 하나님의 진노하심을 겪었으나 회개와 기도로써 용서를 경험하였으며, 그 전에는 알지 못했던 더 깊은 하나님의 은혜의 세계를 몸소 체험했습니다(시 6:8-9). 그의 범죄는 실로 악한 것이었지만 그로 말미암아 하나님의 거룩하신 성품들을 배울 수 있었습니다.

사도 바울의 연단도 우리가 성경을 통하여 늘 듣고 아는 바입니다. 그는 치열하게 계속되는 고난과 연단으로 말미암아 자신이 "만물의 찌꺼기같이"(고전 4:13) 되고 살 소망까지 끊어졌다고 말합니다. 사도 바울은 고백하였습니다.

> 너희를 위한 우리의 소망이 견고함은 너희가 고난에 참여하는 자가 된 것같이 위로에도 그러할 줄을 앎이라 형제들아 우리가 아시아에서 당한 환난을 너희가 모르기를 원하지 아니하노니 힘에 겹도록 심한 고난을 당하여 살 소망까지 끊어지고 우리는 우리 자신이 사형 선고를 받은 줄 알았으니 이는 우리로 자기를 의지하지 말고 오직 죽은 자를 다시 살리시는 하나님만 의지하게 하심이라 그가 이같이 큰 사망에서 우리를 건지셨고 또 건지실 것이며 이 후에도 건지시기를 그에게 바라노라(고후 1:7-10).

이렇게 고난 가운데 놓인 사람이 하나님만을 의지할 때 나오는 것이 바로 기도입니다. 이러한 상황에서의 기도는 그 사람의 성품을 변화시키는 훌륭한 도구입니다. 고난의 불길에서 녹아내리는 마음을 기도의 망치로 두드려 하나님께서 원하시는 마음으로 빚을 수 있기 때문입니다. 이러한 연단의 경험을 사도 바울은 다음과 같은 의미로 해석하였습니다. "우리로 자기를 의지하지 말고 오직 죽은 자를 다시 살리시는 하나님만 의지하게 하심이라"(고후 1:9).

이러한 인생의 이치는 일반 계시의 빛 아래서도 명백하게 나타납니다. 그래서 선조들도 인간이 고난을 통해서 받는 유익을 이렇게 말하였습니다.

> 좋은 쇠는 화로에서 백 번 단련된 후에 나오며(精金百鍊出紅爐)
> 매화는 춥고 혹독한 계절을 지난 후에 맑은 향기를 발한다(梅經寒苦發淸香).
> 사람은 시련과 고통으로 향기를 발하고 어려움을 겪어야 기개가 나타난다(寒苦淸香艱難顯氣).

신자도 고난을 당합니다. 그러나 하나님께서는 당신의 자녀들이 결코 이유 없이 고난을 당하게 하지 않으십니다. 더욱이 하나님을 사랑하여 목회 사역에 자신의 전부를 드린 종들의 고난을 대수롭지 않게 여기실 리가 없습니다. 모든 것을 하실 수 있는 하나님께서 목회의 길을 가는 우리에게 북풍한설과 같은 시련을 주신 것은 우리를 연단하여 거룩한 성품으로 다시 태어나게 하시기 위함입니다. 그리고 이 일을 위해서는 시련을 견디며 드리는 간절한 기도 속에서 자기 죽음이 일어나야 합니다. 모든 시련과 고난들을 도구로 삼아 성숙한 인격을 가진 목회자가 되기까지 우리를 순결하고 강하게 하시는 하나님을 의지하며 살아야 합니다.

▌조선의 화가 전기(田琦, 1825-1854)가 그린 '매화초옥도.' 매화는 추운 늦겨울 시린 눈발을 견디고 꽃을 피워 낸다. 매화는 굴곡지고 거친 줄기로 인해 고생을 많이 한 사람에 비유되기도 한다.

우리는 인생사에서 일어나는 모든 일을 하나님의 뜻의 성취라고 믿으며 살아가야 합니다. 때로는 악이 승리하는 것 같고 선이 지는 것 같지만, 누군가의 말처럼 패배한 선이 승리한 악보다 낫습니다. 패배한 선은 악의 일시적인 힘을 드러낼 뿐이기 때문입니다. 악은 승리를 통해서 그 정당성을 입증하지 못합니다.

III. 고난의 두 얼굴 : 성화와 패역

고난에는 두 얼굴이 있습니다. 그것이 바로 성화와 패역입니다. 모든 고난이 모든 사람에게 이롭기만 한 것은 아닙니다. 하나님께서 우리를 정결케 하고 강하게 하시려고 고난을 허락하신다 해도 고난을 당하는 모든 사람이 하나님께서 의도하신 좋은 결과를 맞이하는 것은 아닙니다. 오직 믿음으로 고난을 감당하는 사람들에게만 유익이 됩니다.

고난 그 자체는 중립적입니다. 그래서 고난 안에 사람을 정결하게 하거나 불결하게 할 수 있는 어떤 요소는 없습니다. 단지 고난을 당할 때 우리가 어떻게 반응하느냐에 따라 그 고난을 통해 정금과 같은 사람이 될 수도 있고 고난받기 전보다 더 악해질 수도 있습니다.

A. 부당하게 대우받을 때

목회자가 되기 위한 길은 고난의 길입니다. 우리는 목회를 위한 소명을 받고 신학의 길을 가는 동안 많은 고통을 당하게 됩니다.

과중한 사역과 최저 생계비에도 미치지 못하는 교회의 보수 등은 우리를 연단하는 도구가 됩니다. 게다가 신학생 자신이 말씀을 전하는 일이나 목회 활동에 능력이 부족하여 교인들에게 만족을 주지 못한다면 사람들에게 냉대받기 일쑤입니다. 때로는 냉정한 무관심을 넘어서서 가혹한 대우를 받을 때도 있습니다. 큰 잘못이 없음에도 불구하고 통보도 제대로 못 받고 교회에서 쫓겨나기도 합니다.

언젠가 신학대학원 연구원 과정 학생들이 교육 전도사로 섬기던 교회에서 쫓겨나는 일이 있었습니다. 단지 학위 과정에 속해 있지 않다는 이유로 혹은 교회에 정확한 과정명을 밝히지 않았다는 이유로 해고를 당한 것입니다. 또한 목회자가 되는 것을 반대하는 가족들의 핍박 때문에 눈물로 신학교를 다니는 사람들도 많습니다.

일일이 예로 들 수 없는 많은 고난이 신학공부의 도상에 복병처럼 도사리고 있습니다. 그 모든 과정은 가시밭길을 지나는 것처럼 괴롭습니다. 그렇다고 해서 그 고난을 피해서는 안 됩니다. 더욱이 불신앙적인 방식으로 고난을 회피하려 한다면 연단받을 수 있는 좋은 기회를 날려 버리는 것이 됩니다.

하나님의 인도하심을 받고 간 교회에서 여러 해 동안 인정을 받으며 섬기는 신학생들도 있지만, 좀 더 나은 대우를 받고자 1년이나 2년에 한 번씩 이 교회 저 교회에 이력서를 내며 메뚜기처럼 교회를 옮겨 다니는 신학생들도 있습니다. 그들은 말합니다. "신학생 시절 여러 교회에서 목회의 다양한 경험을 쌓아야 한다." 그러나 신학생 시절에 교회를 옮기는 것을 가볍게 생각하는 사람들은 목회자가 된 후에도 그러한 성향을 버리지 못합니다.

사역하는 교회를 옮길 때에는 정말 많이 기도하여야 합니다. 분명한 하나님의 인도하심을 받아야 합니다. 만약 하나님께서 그 교회에서 목회 사역을 돕도록 부르셨다면, 모든 어려움을 감수하여야 합니다. 일체의 오래 참음으로 견디면서 자신에게 주어진 사명을 감당하여야 합니다.

목회의 길을 가려는 사람들은 교회로부터 받는 박한 처우나 비인격적인 대우 심지어 교인들의 무관심까지 하나님을 앙망하며 견뎌 내야 합니다. 부당한 대우를 받는다고 해서 좀 더 좋은 대우를 받고자 섬기는 교회를 쉽게 옮겨서는 안 된다는 것입니다. 그것은 믿음으로 사는 것이 아닙니다. 고난의 길을 갈 때에 하나님의 섭리에 대해 믿음으로 순종하면서 복음 사역을 감당한다면 하나님께서는 그 모든 고난을 통하여 우리에게 더 좋은 것을 주실 것입니다.

때로는 목회의 능력이나 학문, 심지어 경건에 있어서 본받을 만하지 못한 담임목사나 장로를 모시게 될 수도 있습니다. 그렇다고 할지라도 일체의 겸손과 사랑으로 교회의 질서를 존중해야 합니다. 그분들의 명예나 지도력에 흠집을 내어 그리스도의 교회에 상처를 주는 일은 하지 않아야 합니다.

신학교 졸업반 때 있었던 일입니다. 따뜻한 봄날 몇몇 학우들이 캠퍼스 잔디밭에 앉아 차를 마시며 이야기꽃을 피우고 있었습니다. 그중 한 학우가 자신이 섬기는 교회의 담임목사의 험담을 한참 동안 하면서 이렇게 말했습니다. "우리 교회 담임목사는 정말 한심해. 어떻게 그런 설교를 하고 밥을 먹고 사는지……. 진심으로 존경할 만한 목사님 밑에서 봉사하고 싶다. 그런 목사님 밑에 있다면 사례금을 받기는커녕 오히려 돈을 내고서라도 일하고 싶을 것 같아." 그때 누군가 그에게 말했습니다. "그런 훌륭한 목사님이 왜 너 같은 사람을 전도사로 불러 주시겠니?"

사람들은 좋은 것을 통해서만 좋은 것을 받기를 기대하지만, 하나님께서는 나빠 보이는 것을 통해서도 좋은 것을 주시는 분입니다. 만약 고난을 당할 때 자신의 처지를 비관하고 더 나아가 교회에 앙심을 품는다면 그것은 영혼의 커다란 미끄러짐을 불러올 것입니다.

저는 이런 과정을 통하여 침륜에 빠지는 목회자들을 아주 많이 보았습니다. 신학생 시절뿐만 아니라 목회자가 된 후에도 자신이 섬기는 교회에 대한 자조적인 언사, 교회의 장로들에 대한 노골적인 비난, 자기보다 나은 형편에서 목회하는 동료들을 은근히 시기하는 마음은 어느 것 하나도 하나님께서 기뻐하실 만한 것이 아닙니다. 그러한 불순종의 끝은 패역이며 이것은 어떤 식으로든지 교회에 상처를 주기 마련입니다.

목회자가 그리스도의 몸인 교회를 아프게 하는 것은 도끼로 자신의 발등을 찍는 것과 같습니다. 결국 그 아픔은 자신에게로 돌아옵니다. 왜냐하면 자신도 그리스도의 몸의 일부이기 때문입니다. 자신이 아프지 않기 위하여 교회를 아프게 하는 행동은 잠잠히 고난을 당할 때 받는 고통보다 더 큰 고통을 상급 없이 당하게 만듭니다. 그러므로 목회자의 길을 가려는 사람들은 애매히 고난이 올지라도 그리스도를 생각하며 묵묵히 견뎌야 합니다.

어느 시골 교회에서 오래도록 목회하시던 목사님이 심방을 가시던 중 길가에 있는 커다란 고목나무를 보았습니다. 얼마나 오래되었는지 나무 둥치 한가운데가 썩어서 굉장히 큰 구멍이 나 있었습니다. 심방을 가던 길을 잠시 멈추어 서신 목사님은 그 고목나무를 어루만지며 이렇게 말을 건넸습니다. "나무야, 나무야, 너는 목회도 안 했는데 왜 이렇게 커다란 구멍이 가슴에 났니?"

목회의 길은 자기 죽음의 길입니다. 목회자가 죽는 곳에서는 신자들이 살고, 목회자가 사는 곳에서는 신자들이 죽습니다. 우리가 끊임없이 자기 죽음의 길을 가야 하는 이유는 목회자의 임무가 다른 사람들에게 생명을 주는 것이기 때문입니다. 이것이 바로 사도 바울이 "사망은 우리 안에서 역사하고 생명은 너희 안에서 역사하느니라"(고후 4:12)라고 고백한 의미입니다.

B. 가난으로 연단받을 때

신학생들에게는 경제적인 어려움도 있습니다. 이것은 목회의 길에 들어선 사람들에게 가장 일반적인 어려움입니다. 가난이 시인들에게는 친구가 될지 모르지만 현실을 살아가는 생활인들에게는 마음을 찌르는 칼과 같습니다.

가난하기 때문에 부모에 대한 자식의 도리를 다하지 못하고 형으로서 베풀어야 할 것을 동생들에게 베풀지 못할 때 마음이 얼마나 아픈지는 경험해 본 사람이 아니면 누구도 모릅니다. 그때마다 우리는 다 그만두고 돈을 벌고 싶은 욕구를 느낍니다. 그러나 그것도 혈기인 경우가 대부분입니다. 우리는 목회 사역을 위해 구별되도록 부름받은 하나님의 종들임을 기억해야 합니다.

1. 신학교 섬김의 동기

제가 담임하는 교회에서는 오래전부터 신학교를 섬기는 일을 해오고 있습니다. 저는 국내외의 신학교들을 찾아 신학생들을 만나 말씀을 전하고, 교회는 그들에게 점심 한 끼니와 책 한 권과 장학금을 후원하고 있습니다.

제가 이 일을 시작하게 된 계기가 있습니다. 신학대학원 2학년 무렵 점심을 먹으려고 학교 식당에 갔습니다. 500원을 내고 식권을 샀는데, 식당 아주머니가 먹음직스러운 돼지 불고기와 상추쌈을 식판 위에 넉넉히 얹어 주었습니다. 저는 고마운 마음에 왜 이런 특별한 반찬을 주느냐고 물어보았더니, 졸업한 지 만 20년이 된 선배들이 학교를 방문하여 장학금과 함께 특별식을 제공하였다는 것입니다. 저는 그 점심 한 끼를 먹으면서 얼마나 큰 위로를 받았는지 모릅니다. 그리하여 마음속으로 다음과 같이 결심하였습니다. '나도 다음에 여유가 생기면 이렇게 후배들을 섬기고 싶다.'

10여 년 전 모교를 방문하였을 때, 점심 시간이면 식권 살 돈이 없어서 다수의 신학생들이 산으로 기도하러 올라간다는 이야기를 들었습니다. 며칠 동안 가슴이 얼마나 아팠는지 모릅니다.

열린교회는 십수 년째 국내외 신학교의 신학생들을 찾아가 말씀 선포와 도서 증정, 식사 대접 등으로 섬기는 '신학교 섬김의 날' 행사를 진행해 오고 있다.

기도하던 중 하나님께서 마음에 감동을 주셨습니다. 신학교에 연락하여 한 해 동안 결식하는 학생들의 수가 얼마나 되느냐고 물었더니 하루 평균 약 100명 정도라고 했습니다. 저 자신도 배고파 봤기 때문에 그 서러움이 얼마나 큰 것인 줄 잘 압니다. 그래서 그 학생들이 모두 점심을 먹을 수 있게끔 식권을 구입하여 보내 주었습니다. 그러나 실제로 그 학생들의 대다수가 밥을 먹지 못하면서도 거저 주는 식권을 받아 가지 않았다고 합니다.

이러한 어려움을 믿음으로 견디며 신학공부를 계속하여야 하는 것이 신학생들의 본분이라면, 그들의 형편을 잘 살펴서 사랑으로 섬기는 것은 교회와 성도들의 도리입니다. 왜냐하면 그것이 다음 세대 교회의 영적 유익을 위하는 일일 뿐 아니라 교회가 존재하는 의미를 많은 사람들에게 깨닫게 해주는 섬김이기도 하기 때문입니다.

하나님께서는 많이 사랑하는 자들에게는 은혜를 주시고 적게 사랑하는 자들에게는 물질을 주십니다. 우리는 이러한 말을 들을 때 때로는 적게 사랑받고 싶은 마음이 들기도 합니다. 이것은 물질의 결핍이 주는 고통이 얼마나 쓰라린지 알기 때문입니다.

2. 고생하던 시절의 추억

목회의 길을 가려는 사람들은 목회의 길을 가는 자신 때문에 사랑하는 가족들이 가난으로 고통받는 것을 지켜보아야 합니다. 진정 견디기 힘든 쓰라린 십자가이지만 목회의 길을 가기 위해서는 그것까지도 참고 견뎌야 합니다.

또한 목회의 길을 가려는 사람들은 다른 사람들의 도움으로 쉽게 결핍의 문제를 해결하려는 의존의 마음도 버려야 합니다. 목회자들 중에 공짜를 좋아하는 사람들이 많은 것은 사실이지만, 이것도 긍휼히 여기는 마음으로 살펴보면 대부분 가슴 아픈 삶의 배경들이 있음을 알 수 있습니다.

물질의 결핍으로 인해 지나친 고통을 받은 사람들에게는 항상 자신을 보호하려는 본능이 있습니다. 그리하여 기회가 오기만 하면 사람들로부터 도움을 받아 불안한 미래를 대비하려는 것입니다. 그것이 발전하면 물질을 사랑하는 마음으로 이어집니다.

이러한 자연스러운 욕망의 발전 과정에 하나님의 은혜가 개입하지 않는다면, 우리가 목회자로 부름받았다 할지라도 처음에 열렬했던 소명 의식은 사라지고 물질의 유혹에 굴복하는 것은 너무나 쉬운 일이 됩니다.

제가 교육 전도사로 처음 봉사하던 교회에서 겪은 일입니다. 교회가 새로운 건물을 구입하여 이전하였으나 아직 관리 집사를 구하지 못하고 있었습니다. 담임목사님은 저에게 관리 집사를 구할 때까지만 아내와 함께 교회에 들어와 생활하면서 교회 시설을 돌봐 줄 것을 요청하셨습니다. 2-3개월만 교회에서 생활해 주면 그 안에 관리 집사를 구하겠노라고 하셨습니다. 그래서 신혼이던 우리 부부는 교회당 건물 바로 옆에 붙은 낡은 가건물 단칸방에서 지내야 했습니다.

3개월 안에 관리 집사를 구해서 우리를 내보내 주시겠다는 약속은 3년이 다 되도록 이루어지지 않았습니다. 당시 우리 부부가 기거하던 방은 직사각형인 교회 마당을 바라보고 있었는데, 낡은 나무 문살에 붙인 창호지 한 장만이 우리 신혼 부부의 방과 바깥 세계를 구분해 주는 유일한 경계였습니다. 여름이면 찌는 듯이 더웠고 겨울이면 살을 에는 것처럼 추웠습니다. 아스팔트를 깔 때 사용하는 기름을 바른 종이를 지붕 자재로 삼았으니 그럴 만도 하였을 것입니다.

어느 해 겨울이었습니다. 그때 저는 신장이 좋지 않아서 밤중이면 자주 조갈이 났습니다. 그래서 항상 머리맡에 냉수 한 사발을 떠 놓고 잤습니다. 밤중에라도 목이 말라 잠이 깨면 손을 뻗어 물을 마셔야 했기 때문입니다.

어느 날 밤 심한 목마름으로 잠이 깨어 캄캄한 어둠 속에서 손을 뻗어 물 사발을 잡았습니다. 그리고 일어나 앉아 물을 마시려고 하는데 아무리 사발을 기울여도 물이 입 안으로 들어오지 않았습니다. 이게 무슨 일인가 하여 일어나 불을 켜고 보니 사발의 물이 꽁꽁 얼어 있었습니다. 온 방은 몸이 덜덜 떨릴 정도로 추웠고, 이불을 목까지 끌어 올리고 잠든 아내의 코는 새빨갛게 되어 있었습니다. 그리고 숨을 쉴 때마다 하얀 콧김이 나오고 있었습니다. 저로 인해 아내가 모진 고생을 하는 듯해 밤새 마음이 아팠습니다.

또 이런 일도 있었습니다. 저는 여름이 되기 전부터 이 낡은 거처가 앞으로 닥칠 장마철에 쏟아질 폭우를 어떻게 감당할 수 있을까를 염려하였습니다. 그러나 교회에서는 신경을 써 주지 않았고, 결국 장맛비가 몹시도 내리던 여름에 우리 부부가 사는 단칸방에 비가 새기 시작하였습니다. 비 떨어지는 곳에 여러 개의 바가지들을 갖다 놓고 비가 새지 않는 곳으로 요와 홑이불을 끌고 다니며 잠자리를 마련하여야 했습니다.

예루살렘 비아 돌로로사에 있는 한 조각 작품. 예수 그리스도께서 십자가를 지고 골고다로 오르시다 처음 쓰러지신 지점이라 알려진 곳에 세워진 작은 교회 입구에 새겨져 있는 부조이다.

수도 있습니다. 그러나 그 어떤 경우에도 인간의 의무는 그 모든 것을 직면하여 감당하는 것이라고 칼빈은 보았습니다. 그는 또 이렇게 언급합니다.

> 신실한 자가 죽음이 희미하게 나타나는 위험을 봤다면 그는 잠잠히 하나님의 뜻에 주목해야 할 것입니다. 또한 그 시련이 지속되는 동안 (그 십자가를) 지는 것이 옳습니다. 왜냐하면 그가 영혼을 기꺼이 하나님께 되돌려 드리고 있다는 유일한 증거는 그의 순종이기 때문입니다. 반면에 불신자들은 즉시 극심한 공포와 절망에 빠져서는, 신실한 자들이 창조주 하나님께로부터 받았기에 그분께 되돌려 드리려고 하는 삶을 끝내려고 합니다. ……그러므로 만약 하나님께서 저의 죄 때문에 벌하고자 하신다면 제가 어떤 오물 가운데 빠지고 수많은 모욕에 던져진다 하더라도 그것들을 인내로써 감당하며 하나님의 심판을 기다릴 것입니다. ……따라서 혹시라도 사울과 같은 곤경과 어려움에 빠질지라도 우리는 마땅히 해야 할 바를 하나님께 의뢰하고 그분께 배워야 합니다. 우리는 그분이 우리에게 나갈 길을 알려 주시길 간절히 원해야 합니다. 동시에 하나님의 엄위 앞에 겸손히 엎드립시다. 그분이 우리에게 어떠한 죽음을 허용하시든 간에 기꺼이 그것을 겪을 수 있도록 말입니다.[178]

어떤 학자들은 인간의 고난에 대한 칼빈의 이러한 견해가 스토아 철학의 영향 때문이라고 해석합니다.

물론 칼빈이 신학자가 되기 전에 쓴 최초의 작품 『세네카의 관용론 주석』(*Senecae Libri de Clementia cum Commentario*)에서 본성(nature), 운명(fate), 필연성(necessity) 등과 같은 스토아적 개념을 엿볼 수 있긴 합니다. 그러나 그것은 어디까지나 하나님

---

[178] John Calvin, *Ioannis Calvini Opera Quae Supersunt Omnia*, vol. 30, in *Corpus Reformatorum*, vol 58, ed. G. Baum, E. Cunitz, E. Reuss (Brunsvigae: Schwetschke, 1886), 719, 721; Jeffrey R. Watt, "Calvin on Suicide," in *Church History: Studies in Christianity and Culture*, vol. 66, no. 3 (Sep. 1997), 466-467에서 재인용.

칼빈이 올라가 설교했던 제네바 생피에르 예배당의 설교단.

의 존재와 온 우주를 향한 그분의 주권, 인간이 가지고 있는 이성성과 사회성에 대한 견해에서 닮은 모습일 뿐입니다. 이것은 오히려 그들의 사상에 동화되지 않으면서도 그것들을 자유로이 활용하는 기독교 인문주의자로서의 면모를 보여준 것이라 할 수 있습니다.[179)]

칼빈은 생애 후기에 쓴 『기독교강요』 개정판에서 오히려 섭리 교리를 왜곡시키는 스토아 철학의 숙명론을 강하게 비판하고 있으며, 그리스도인이 인내해야 하는 분명한 이유와 유익을 제시하면서 무정념(無情念) 혹은 비피동성(非被動性)을 의미하는 스토아 철학의 아파테이아(ἀπάθεια)의 개념과도 거리를 유지하였습니다.

이처럼 인간의 고난에 대한 칼빈의 해석은 무한히 높고 위대하신 하나님의 지혜와 사랑, 거기서 비롯되는 하나님의 주권에 대한 인간의 완전한 신뢰와 복종의 필요성을 보여주는 것입니다. 신자들에게 일어나는 고난과 시련의 원인과 결과를 항상 그들이 이해할 수 있는 것은 아닙니다. 그럼에도 불구하고 하나님을 신뢰하고 복종하여야 할 인간의 본분은 언제나 강조되어야 합니다.

---

179) 많은 학자들이 칼빈의 사상과 스토아 철학의 유사점들을 지적하지만 동시에 그의 사상은 성경과 기독교적 신앙에 뿌리를 두고 있기에 이교 철학과는 근본적인 차이가 있음을 분명히 밝히고 있다. François Wendel, *Calvin: Origins and Development of His Religious Thought*, trans. Philip Mairet (Grand Rapids: Baker Books, 2002), 27-37; Charles Partee, *Calvin and Classical Philosophy* (Louisville: Westminster John Knox Press, 2005), 116-125; Peter J. Leithart, "Stoic Elements in Calvin's Doctrine of the Christian Life, Part I: Original Corruption, Natural Law, and the Order of the Soul," in *Westminster Theological Journal*, vol. 55, no.1 (spring 1993); Peter J. Leithart, "Stoic Elements in Calvin's Doctrine of the Christian Life, Part II: Mortification," in *Westminster Theological Journal*, vol. 55, no. 2 (fall 1993); Peter J. Leithart, "Stoic Elements in Calvin's Doctrine of the Christian Life, Part III: Christian Moderation," in *Westminster Theological Journal*, vol. 56, no. 1 (spring 1994).

위대하신 하나님에 비하면 인간은 존재론적으로 하찮고, 도덕적으로 더러울 뿐입니다. 그러한 인간이 만나는 고난과 시련에서 한결같이 하나님을 신뢰하고 의지하는 것은 가장 중요한 경건의 표지입니다. 이에 대하여 칼빈은 『욥기 강해』(Sermons from Job)에서 다음과 같이 말합니다.

> 이것이 바로 하나님께서 우리에게 어떤 고통을 주실 때에 우리를 향한 긍휼을 멈추지 않으시는 방식입니다. 이는 우리 속에 무엇이 있는지를 면밀히 살펴보고 우리의 상태를 인식하게 하시려는 것입니다. ……우리가 하나님을 소망하고 그분께 구한다는 것은 우리 속에 그 어떤 갈등도 없어야만 한다는 말이 아닙니다. 오히려 믿음이 우리를 주장하게 해야 하며, 사도 바울이 말했던 바와 같이 하나님의 평강이 승리하도록 하여야 합니다. ……육체의 격동과 우리를 뒤흔드는 정동들로 인해 요동할 때에 하나님께서 더 이상 도우시지 않을 것이라는 절망이나 상상을 하지 않아야 함을 명심합시다. 오히려 하나님께 소망을 두어야 한다고 충고합시다. 하나님께서 요구하신 대로 완전하게 소망을 두지 못한다고 할지라도 그분은 우리가 당신을 기다리는 것이 헛된 일이 아님을 느끼게 해주실 것임을 확신합시다. 하나님께서는 믿음 안에서 우리를 끊임없이 그리고 점점 더 강하게 만드실 것이며 세상과 이생의 삶의 모든 시험을 이겨 나가게 하실 것입니다. 그러니 우리 하나님의 얼굴 앞에 겸손한 경외심으로 머리를 숙입시다.[180]

신앙은 바랄 수 없는 중에 하나님을 바라는 것이며, 보이지 않는 것들의 증거입니다(히 11:1). 신앙은 자기가 바라는 바를 하나님께 아뢰고 기대하는 마음이지만, 그리 아니하실지라도 그분을 신뢰하는 마음에서 흔들리지 않는 것입니다(단 3:18). 칼빈의 이러한 하나님의 주권 사상은 그가 무시로 기도하던 사람이었음을 보여줌

---

[180] John Calvin, *Sermons from Job*, trans. Leroy Nixon (Grand Rapids: Baker Book House, 1980), 21, 74.

니다. 이와 같은 칼빈의 면모를 묵상하는 것이 저의 목회 사역에 커다란 위로가 되었고 고통 가운데 하나님께 더 가까이 가도록 기도하게 하였습니다.

아무에게도 도움을 받지 못하여 극도로 외로울 때, 근거 없는 비난을 받아야 할 때, 교회를 아프게 하지 않기 위하여 자신이 고통당할 수밖에 없을 때, 모든 사람들에게 버림받은 것 같은 영적 소외감을 느낄 때마다 하나님께서 저를 아시며 저의 인생이 그분의 주권 안에 있다는 사실은 제게 용기와 위로를 주었습니다. 그리고 더욱 간절히 기도하게 만들어 주었습니다.

> 하나님이 미리 아신 자들을 또한 그 아들의 형상을 본받게 하기 위하여 미리 정하셨으니 이는 그로 많은 형제 중에서 맏아들이 되게 하려 하심이니라 또 미리 정하신 그들을 또한 부르시고 부르신 그들을 또한 의롭다 하시고 의롭다 하신 그들을 또한 영화롭게 하셨느니라(롬 8:29-30).

어느 날 설교 준비를 하다가 신학대학원 시절에 읽었던 구약 교과서를 참고할 일이 있었습니다. 서재에 있는 한 서가 앞에서 그 책을 찾아 펼쳤습니다. 그런데 여러 페이지에 걸쳐 윗부분 여백마다 똑같은 히브리어 문장이 쓰여 있었습니다. "하나님께서는 나를 알고 계시다"(ידע אלהים אתי).

제가 신학대학원 1학년 시절에 가난의 고통과, 마음껏 공부하고 싶으나 그렇게 하지 못하게 하는 과중한 교회 사역의 중압감, 목회자로서 충분히 준비되지 않았다는 자책감 등으로 괴로워하던 날에 하나님을 생각하며 쓴 메모였습니다.

당시에 수업 시간마다 독백처럼 되뇌었던 "하나님께서 나를 부르셨고, 그분은 나를 아신다."라는 말은 마음 깊은 곳에서 올리던 간절한 기도였고, 저 자신에 대한 위로였습니다. 그것은 곧 하나님을 위하여 살고 싶어하는 영혼 깊은 곳에서의 울림이었고, 제 속에 있는 모든 것들의 아우성이었습니다.

하나님의 부르심에는 후회가 없습니다(롬 11:29). 우리가 하나님을 잊는 때는 있어도 하나님께서는 한시도 우리를 잊지 않으십니다. 그러므로 우리를 목회자로 불러 주신 하나님의 주권을 신뢰합시다. 힘들고, 어렵고, 외로울 때마다 그 부르심에 응답하며 자신을 하나님께 모두 드렸던 때를 기억하면서 이 고난을 이길 힘을 얻기를 바랍니다.

V. 고난을 기도로 이김

훌륭한 목회자들은 모두 고난의 사람들이었습니다. 다시 말해서 고난을 통해 연단받지 않고는 누구도 고귀한 하나님의 종이 될 수 없습니다.

그러므로 목회의 길을 가려는 우리들에게 끊임없이 고난이 오는 것은 전혀 이상한 일이 아닙니다. 때로는 우리의 죄와 부족함 때문에, 때로는 교회와 이 세상의 불완전함 때문에 우리는 고난을 받습니다. 그런 상황에서 우리가 할 수 있는 최선의 대응은 간절히 기도하는 것입니다. 기도 없이는 그 누구도 고난을 이길 수 없습니다.

A. 인생의 벼랑 끝에서 드린 기도

1980년대 후반 민주화의 열기가 한창이던 때였습니다. 당시 신학교는 불안한 정치적 상황 때문에 다른 대학교들과 함께 휴교에 들어간 상태였습니다. 그리고 저는 인생 가운데 가장 쓰라린 고난을 맞이하고 있었습니다.

신학대학원 졸업반이던 해 봄날, 처음 교역자가 되어 8년 동안 섬기던 교회를 사임하고 학교 근처로 이사를 왔습니다. 이미 오래전부터 하나님께서는 저에게 신학교에서 가르치게 될 것이라고 말씀해 주셨기에, 당분간 공부에 전념하는 시간을 가지기로 작정하고 학교 근처로 이사를 온 것입니다.

그때 고난이 꼬리에 꼬리를 물고 몰려오기 시작했습니다. 제가 너무나 사랑하던 할머니는 암으로 투병 생활을 하시게 되었고, 직장 생활에서 얻은 퇴직금으로 구한 전셋집은 집주인에게 사기를 당하여 한 푼도 받을 수 없는 처지가 되었습니다. 제가 살던 집을 경매로 낙찰받은 부동산 업자는 매일 건장한 사람들을 보내 집을 비우라고 협박하며 이사를 재촉하였습니다. 그때 첫돌도 되지 않았던 아들은 낡은 주택의 허술한 창문 틈새로 새어 들어온 최루탄 가스를 마셔 급성 폐렴으로 입원하였는데, 의료보험 혜택도 받지 못하던 때라 얼마 남지도 않은 생활비 전체를 치료비로 써야 했습니다. 살고 있는 집을 당장 비워 주어야 했는데 수중에 모아 놓은 돈은 한 푼도 없었고 도와줄 친척이나 기댈 가족도 없었습니다.

그런 어두운 고난의 시기를 지나면서도 하루에 15시간 이상씩 공부하였습니다. 한여름의 찜통더위 속에 저는 아무도 없는 교수 연구실의 조교 책상에서 학업에 몰두하였습니다. 공부를 마치고 책상에서 일어나다가 심한 어지럼증으로 그 자리에 주저앉은 적이 한두 번이 아니었습니다. 그것은 영양실조 때문이었습니다.

공부하는 동안에는 마음이 맑아지고 기쁨이 있었지만 책을 덮고 연구실을 나오면 혹독한 현실이 기다리고 있었습니다. 다른 사람들은 면식도 없는 성도들로부터 물질적 도움을 받는다는데 저에게는 그런 일도 일어나지 않았습니다.

학교가 휴교 상태였기에 교정은 늘 조용했습니다. 이따금 한가한 시간을 보내기 위해 학교에 나와 배드민턴을 치거나 족구를 하는 학생, 풀밭에 둘러앉아 담소를 나누는 학생들이 있었을 뿐입니다. 저는 그들을 바라볼 때면 '저들은 무엇이 저리 즐거울까?' 하는 생각이 들면서 그들의 처지가 몹시 부러웠습니다.

그 여름 매일 오후 4-5시쯤이면 공부를 마치고 밖으로 나왔는데 그 순간을 경계로 하여 현실의 문제들이 파도처럼 다시금 떠오르며 제 마음은 금방 슬픔으로 차오르곤 하였습니다. 그때마다 저는 그 슬픔을 이기지 못하고 대학부 신관 5층에 있는 예배실로 올라가 마음을 쏟으며 기도했습니다. 저는 원래 소리 지르며 기도하는 것을 싫어하였지만 인생의 벼랑 끝에 서니, 저도 모르게 울부짖는 기도가 터져 나왔습니다.

고난과 시련 속에서 처음에는 '하나님께서 왜 나를 이런 시련을 당하도록 내버려두실까?' 하며 주님을 향해 섭섭한 마음이 들었지만, 기도의 울부짖음이 깊어질수록 하나님의 선하심과 대조되는 저의 악함이 명백하게 보였습니다. 지난날 하나님 앞에서 지은 많은 죄와 불결, 추루함을 보게 되자 하나님 앞에 이것밖에 되지 않는 저 자신이 너무나 부끄럽고 죄송했습니다. 그리하여 하나님 앞에서 바르게 살지 못한 저를 돌아보면서 깊이 회개하게 되었습니다.

치열하게 부르짖어 탈진하게 될 때까지 매달리는 날이면 제 안의 나태함과 불결함이 쏟아져 나오는 것 같았습니다. 이제껏 그리스도의 십자가의 정신과 거리가 멀게 살아온 사역의 시간들을 후회하게 되었습니다. 짧으면 한 시간 반, 길면 세 시간 이상을 매일 기도하였습니다. 더운 여름철에 그렇게 마음을 물같이 쏟으며 기도를 하고 나면 속옷도 티셔츠도 바지도 모두 땀으로 범벅이 되었습니다.

그렇게 간절히 눈물로 기도하였으나 저를 둘러싼 상황은 좀처럼 나아지지 않았습니다. 아무런 희망도 보이지 않았습니다. 하지만 기도를 하고 나면 살 것 같았습니다. 기도를 마치고 계단을 내려오면서 나지막이 주님의 이름을 불렀습니다. 그러다 은혜가 마음에 복받치면 다시 계단에 주저앉아 이 벌레만도 못한 인간을 구원해 주신 하나님의 은혜를 생각하며 기도하였습니다. 주님을 의지하지 않고 살아온 날들을 회개하면서 한편으로는 현실적인 고통 때문에 울고, 또 한편으로는 베풀어 주시는 은혜 때문에 울었습니다. 당시 계단을 걸어 내려오면서 자주 부르던 찬송이 있었습니다.

마음 괴롭고 아파서 낙심될 때 내게 소망을 주셨으며
내가 영광의 주님을 바라보니 앞길 환하게 보이도다.
나의 놀라운 꿈 정녕 나 믿기는 장차 큰 은혜 받을 표니
나의 놀라운 꿈 정녕 이루어져 주님 얼굴을 뵈오리라.

가혹한 그 계절을 보내고 가을이 다가오던 어느 날이었습니다. 저는 기도 시간에 일평생 주님과 저만의 소중한 비밀로 간직하고 싶은 초월적인 은혜를 경험하였습니다. 하나님께서는 당신의 위엄과 영광, 초월적 사랑을 제게 보여주셨습니다. 그리고 신적인 위로를 베풀어 주셨습니다. 마치 하늘에 계시던 하나님께서 제 마음속에 들어와 계시는 것 같았습니다.

그날의 기도 속에서 만난 하나님의 영광에 대한 경험은 초월적인 것이었습니다. 그것은 하나님에 대한 저의 생각에 커다란 변화를 가져왔습니다. 하나님의 성품에 대한 이전의 이해가 흑백사진이었다면, 그 후에는 총천연색 영화와 같아졌습니다. 그리스도의 은혜와 하나님의 자비로우신 성품에 대한 탁월한 이해를 갖게 해준 경험이었습니다. 이렇게 하나님께서는 고난을 우리에게 기도의 훈련을 시키는 기회로 삼으십니다. 우리가 무엇인가 필요한 것이 있어서 하나님 앞에 나아갈 때만큼 하나님께서 우리를 잘 훈련시키실 수 있는 때는 없기 때문입니다.

저는 개인적인 고난 때문에 간절히 기도하기 시작했지만, 하나님께서는 그 기도를 통해서 초월적인 은혜를 베풀어 주셨습니다. 그리고 그 경험은 저의 관심을 하나님의 영광을 향하게 하였습니다.

그날 이후 저의 기도 제목이 바뀌었습니다. 일평생을 고난의 벼랑 끝에서 먼지처럼 살다 죽을지라도 하나님의 이름을 찬송할 수만 있다면, 입을 열어 그리스도의 구속의 아름다움을 증언할 수만 있다면, 제가 이 땅에 살아 있는 것이 하나님께서 창조하신 세계를 아름답게 하는 데 티끌만큼이라도 이바지할 수만 있다면, 더 이상 바랄 것이 없겠다는 열망이 밀려왔습니다.

저는 그리스도를 생각하며 그분께만 마음을 쏟는 것이 무엇인지를 그 광야와 같은 시절에 배웠습니다. 그처럼 가혹한 계절에 배운 하나님 앞에 눈물로 마음을 쏟아 놓는 기도의 경험들은 이후 목회의 길에서 저의 기도 생활의 표준이 되었습니다. 그리하여 그 어떤 경우에도 저 자신이 많이 기도하고 있다고 자만하지 않게 되었습니다.

B. 데이비드 브레이너드의 생애와 일기

목회자는 기도의 비밀을 아는 사람이어야 합니다. 그가 기도를 하는 것은 단지 원하는 것을 얻기 위해서가 아닙니다. 목회자의 기도의 정신은 온갖 유혹과 악을 이기게 하는 마음의 힘입니다.

제가 걸어온 인생길이 저의 동역자들의 그것보다 결코 쉽지는 않았습니다. 그러나 그 많은 고난과 시련은 언제나 제게 기도를 가르쳐 주는 도구가 되었습니다. 신학이 기도를 형성한 것이 아니라, 거기서 만난 하나님에 대한 경험들이 기도를 형성해 주었습니다. 그리고 신학함에 있어서 기도의 비밀을 알게 되었습니다.

1. 기도의 사람 브레이너드

여러분은 혹시 기도의 사람 데이비드 브레이너드(David Brainerd, 1718-1747)를 아십니까? 그리고 『데이비드 브레이너드의 생애와 일기』(The Life and Diary of David Brainerd)를 읽어 보셨습니까?

저는 그 책을 한글판만 무려 여섯 권을 구입하였습니다. 그리고 영어로 된 원서는 두 권 구입하여 한 권은 제가 읽고 다른 한 권은 외국인에게 선물하였습니다. 제가 선물로 받은 판본까지 포함하면 훨씬 더 많은 권수를 소장하고 있는데, 『데이비드 브레이너드의 생애와 일기』를 이토록 많이 갖고 있는 것은 그 책을 사랑하기 때문입니다. 저는 지금까지 그 책을 모두 여섯 번 읽었으며, 지금도 매년 한 번씩 읽으려고 노력합니다.

인디언에게 전도하는 데이비드 브레이너드. 불과 30년도 안 되는 짧은 생을 살았으나 그의 구령의 열정과 기도의 삶은 지금까지 귀감이 되고 있다.

브레이너드는 18세기에 아메리카 인디언들에게 선교하던 젊은이였습니다. 스물한 살에 회심하고 스물네 살에 선교사로 헌신하여 스물아홉 살이라는 꽃다운 나이에 폐결핵으로 이 세상을 떠났습니다. 그는 수십만 명을 전도한 위대한 선교사가 아니었습니다. 오히려 그는 소수의 인디언들에게 복음을 전하기 위해 이 숲 속 저 동리를 전전하며 섬기다가 이름도 없이 빛도 없이 죽어 간 사람이었습니다.

저는 그의 생애를 읽을 때마다 마음이 많이 아팠습니다. 그 사람이나 저나 구원받은 하나님의 자녀인데, 나는 이렇게 짐승처럼 살고 있는데 그는 거룩한 하나님의 종답게 살았으니 말입니다.

죽음을 눈앞에 둔 순간까지도 그는 자신의 일기를 출판하는 것을 허락하지 않았습니다. 그러나 조나단 에드워즈의 끈질긴 설득으로 하나님께만 영광을 돌리는 한도 안에서 출판하도록 허락하였고,

▌ 상단 좌측부터 시계 방향으로 윌리엄 캐리, 헨리 마틴, 로버트 모리슨, 사무엘 존 밀스이다. 이들은 모두 브레이너드의 영향을 받아 선교에 헌신하게 된 것으로 알려져 있다.

그가 죽은 후에 영국에서 출판되었습니다.

그의 진솔한 자기 고백이 담긴 일기책은 수많은 영국 젊은이들을 깨웠습니다. 불꽃처럼 타올랐던 브레이너드의 생애는 젊은이들의 가슴에 불을 질러 그리스도를 위해 그들의 젊음을 바치고자 선교지로 향하게 하였습니다.[181]

---

[181] 노먼 페팃(Norman Pettit)은 이 밖에도 브레이너드의 영향을 받은 로버트 맥체인(Robert McCheyne), 아프리카 선교사 데이비드 리빙스턴(David Livingstone), 서부 인도 선교사 존 윌슨(John Wilson), 남아프리카 선교사 앤드루 머리

침례교파의 윌리엄 캐리 (William Carey, 1761-1834)와 영국 성공회의 헨리 마틴(Henry Martyn, 1781-1812), 중국 선교사 로버트 모리슨(Robert Morrison, 1782-1834), 미국의 학생 선교 운동을 주도하고 미국 최초의 해외선교부가 만들어지게 한

크리스티안 프리드리히 슈바르츠(左)와 데이비드 리빙스턴(右). 브레이너드의 영향을 받은 것으로 알려진 선교사들로 각각 인도와 아프리카에서 선교 사역에 헌신하였다.

사무엘 존 밀스(Samuel John Mills, 1783-1818), 인도 선교사였던 독일의 크리스티안 프리드리히 슈바르츠(Christian Friedrich Schwartz, 1726-1798)가 그들입니다.

말년의 데이비드 브레이너드는 폐결핵의 몸을 이끌고도 기도하러 동산에 올랐습니다. 그는 눈 덮인 언덕에 엎드려 잃어버린 인디언들의 영혼을 위해 몸부림치며 기도했고, 그가 기도하고 일어난 언덕에는 각혈이 남긴 붉은 선혈이 하얀 눈 위에 가득하곤 하였다고 합니다. 『데이비드 브레이너드의 생애와 일기』에 실린 그의 고백이 아직도 기억이 납니다.

4월 20일 수요일, 금식과 기도를 위해 오늘을 떼어 두었다. 하나님 앞에 엎드려 하나님의 은혜 부어 주시기를, 특별히 나의 모든 영적인 고통과 마음의 괴로움을 통해 내 영혼을 거룩하게 해주시기를 기도하였다. 오늘이 내 생일이기에 지난 한 해 나를 향한 하나님의 선하심을 기억하고자 애썼다. 하나님의 도우심을 입은 나였기에 지금까지 살았고 이제 스물다섯 살의 나이가 되었다. 내 영혼의 헐벗음과 죽어 있음에, 내가 조금도 영원하신 하나님의 영광을 위하여 살지 못하였음에 무

(Andrew Murry), 알래스카 선교사 셀던 잭슨(Sheldon Jackson)을 언급하였고, 20세기에 들어서도 여전히 식지 않은 브레이너드의 영향력을 입증하고자 남아메리카 선교사 짐 엘리엇(Jim Elliot)을 그 예로 들고 있다. Norman Pettit, *Editor's Introduction*, in *The Works of Jonathan Edwards*, vol. 7, ed. Norman Pettit (New Haven: Yale University Press, 1985), 3-4.

척이나 괴로웠다. 나는 숲 속에서 홀로 이 하루를 보냈으며, 하나님께 나의 고통을 쏟아 놓았다. 오, 하나님이시여, 이제부터 제가 하나님의 영광을 위해 살 수 있게 하소서![182]

신학대학원을 졸업한 이듬해에 저는 그 책을 처음 읽었습니다. 그리고 며칠을 울었는지 모릅니다. 마치 자신의 몸이 번제물인 것처럼 하나님을 위해 모두 태워 바친 그의 삶을 보면서, 저의 미지근한 신앙과 안일한 사역의 태도가 역겨워 견딜 수 없었습니다. 그리고 그렇게 살아가는 것을 두둔하고 있는 자신이 참으로 미웠습니다.

저는 한동안 그를 본받아 매일 새벽, 학교 뒷산으로 올라가서 기도하였습니다. 새벽 미명에 산에 올라가 얇은 골판지를 놓고 그 위에 엎드렸습니다. 등에는 두터운 코트를 걸쳤지만 차가운 땅에서 올라오는 냉기는 30분도 되지 않아서 몸 전체를 얼어붙게 만들었습니다. 그러나 그 아름다운 영혼을 가졌던 사람을 생각하면 저 자신은 추위를 느낄 자격도 없는 것 같아서 울지 않을 수 없었습니다.

우리 모두 브레이너드처럼 예수 그리스도의 십자가 사랑에 가슴이 찔려 그분을 위하여 죽기까지 섬기고 싶어서 소명에 응답하지 않았습니까? 그때 우리에게는 편안한 환경이나 안정된 생활이 보장되지 않아도 아무런 상관이 없었습니다. 그런데 시간이 흐르고 마음은 그 순수한 소명에서 멀어졌기 때문에 세상의 부귀, 안일함과 세상 명예를 십자가보다 더욱 사랑하고 있지는 않습니까?

2. 신학교 선생 시절과 기도

제 나이 만 서른둘이던 해에 신학교에서 전임강사로 가르치게 되었습니다. 그 학교는 제가 부임한 지 한두 해 후에 정식 대학으로 인가를 받았습니다. 그때 저는

---

182) Jonathan Edwards, *The Life of David Brainerd*, in *The Works of Jonathan Edwards*, vol. 7, ed. Norman Pettit (New Haven: Yale University Press, 1985), 205.

C. 목회와 기도의 불꽃

신학의 길을 걷는 여러분은 치열한 기도의 사람이 되어야 합니다. 기도의 불꽃은 그리스도의 고난을 묵상하는 마음 안에서 가장 잘 타오릅니다. 그리스도를 생각하는 마음은 열렬한 기도가 가장 좋아하는 환경이기 때문입니다.

누군가가 저에게 한 시대를 풍미하는 유명한 설교자가 되고 싶은지 아니면 기도의 사람이 되고 싶은지를 묻는다면 저는 망설임 없이 후자를 선택할 것입니다. 설교자는 기껏해야 사람의 마음을 움직일 수 있지만 기도의 사람은 하나님의 마음을 움직일 수 있기 때문입니다.

교회의 역사는 걸출한 설교자들의 이름을 기억하고 선교의 역사는 큰일을 하였던 전도자들을 기억하지만 하나님의 나라에서는 주님의 보좌를 움직였던 기도의 사람들이 기억될 것입니다. 왜냐하면 설교자들은 종종 사람들에게 사랑을 받기도 하지만 보이지 않는 골방에서 마음을 쏟으며 기도했던 사람들은 주님의 품 안에서만 위로를 받았기 때문입니다.

더욱이 신학교 시절에 이처럼 자신을 기도에 바치는 것은 모든 신학공부의 토대가 됩니다. 신학은 하나님의 영광에 대해 가르쳐 주지만 기도는 그 영광을 경험하게 합니다. 신학은 우리에게 하나님의 성품이 무엇인지 알게 해주지만 기도는 그 성품을 체험하게 해줍니다.

성경을 탐구하는 이성의 논리는 하나님의 마음을 가르쳐 주지만, 깊은 기도는 그분의 품에 기대어 박동하는 심장 소리를 듣게 하고 거룩하신 그리스도의 체온을 느끼게 합니다. 왜 그리스도의 품이 이 세상에서 가장 완전한 안식처인지를 경험하게 만들어 줍니다. 그러기에 신학생 시절 열렬한 기도는 교만해지기 쉬운 학문의 해독제가 됩니다.

목회자도 사람이기 때문에 어느 때는 기도의 영에 불타오를 때가 있고 비교적 힘들게 기도의 맥을 이어 가는 때도 있습니다. 하지만 신학교 시절 열렬한 기도에 자신을 바쳤던 사람들은 그렇게 기도하지 못하는 목회의 길에서 자신의 기도가 부족하다는 것을 깨닫는 표준을 가진 사람입니다.

일반적인 경험으로 미루어 보면 신학교 시절에 경험했던 열렬한 기도 생활에 미치지 못하는 목회자들은 많이 볼 수 있지만 그 경험을 능가하는 기도의 영 안에서 목회의 길을 걷는 사람들은 흔치 않다는 것을 알 수 있습니다.

여러분은 브레이너드처럼 수시로 간절한 기도 속에서 마음을 하나님께 쏟으며 신학의 도상에서 만나는 모든 고난과 시련, 고통과 괴로움을 능히 이길 수 있는 은혜를 받도록 주님의 보좌 앞으로 나아가야 합니다.

VI. 맺는 말

제국으로서의 로마를 위대하게 만든 힘은 군인들에게 있었습니다. 유대 역사가 플라비우스 요세푸스(Flavius Josephus, 37경-100경)는 『유대 전쟁사』(*The Wars of the Jews*)를 기록하면서 이런 말을 남겼습니다. "로마 군인들에게 훈련은 피 흘리지 않는 전투이며 전투는 피 흘리는 훈련이라고 말해도 잘못된 것이 아닐 것이다."[183]

인간이 만든 세상 나라의 군사도 이렇게 헌신하는데, 영원한 하나님 나라를 위해 목회자로 부름받은 우리가 어찌 나태할 수 있겠습니까? 우리의 인생은 속히 지나가는 바람과 같습니다. 세상의 영광은 풀의 꽃과 같고 우리의 삶은 풀잎 끝에 달린 이슬에 지나지 않습니다. 우리에게는 두 번도 아니고 꼭 한 번만 주님을 위해 살 수 있는 인생이 주어졌습니다. 그러므로 우리 모두 치열하게 우리에게 맡겨진 신학의 길을 걸어가야 합니다.

---

[183] "nor would he be mistaken that should call those their exercises unbloody battles, and their battles bloody exercises." Flavius Josephus, *The Wars of the Jews*, in *The Works of Flavius Josephus*, vol. 1, trans. William Whiston (Grand Rapids: Baker Books House, 1995), 230.

그와 같이 신학의 길을 걸어가려고 할 때 우리는 무수히 많은 고난을 만납니다. 그 고난의 때에 자신의 마음을 하나님 앞에 쏟아 놓는 기도가 없다면 우리는 자신의 사명을 온전히 이루지 못할 것입니다.

그러나 이 신학의 길에서 만나는 연단을 온전히 감당한다면 하나님께서는 반드시 우리를 정금과 같이 나오게 하실 것입니다. 이 사실을 굳게 믿으며 신학의 길이 아무리 험난하다고 할지라도 기쁨으로 하나님만을 추구하며 걸어가는 신학생이 되어야 합니다.

사냥꾼의 수많은 총알을 피하여 하늘 높이 날아오르는 새처럼, 자신의 몸을 돌멩이에 부딪치면서도 물살을 거슬러 모천(母川)으로 회귀하는 연어처럼 약동하는 생명으로 하나님을 추구하는 사람들이 되십시오. 이 세상의 그 어떤 야망보다도 그리스도를 더 많이 닮고자 하는 열망을 품고 어린아이처럼 주님께 매달리는 기도의 사람이 되십시오. 그때에야 당신은 예수 그리스도를 닮은 거룩한 사람으로 변화될 것입니다.

제10장 연단과 기도

I. 들어가는 말

하나님께서 우리를 고난 속에 내버려두시기도 하는 것은 우리를 더 쓸모 있는 존재로 빚으시기 위함이며, 우리를 더 기도하게 하시기 위함이다.

II. 고난과 연단

기도 속에서 은혜를 맛보며 하나님을 대면하는 즐거움을 알게 되는 것이 사실이지만, 모든 사람들이 그처럼 높은 수준의 기도의 경지에서 사는 것은 아니다. 오히려 고난 가운데 하나님밖에는 의지할 곳이 없어 기도로 나아가는 경우도 많다. 시련을 견디며 드리는 간절한 기도 속에서 자기 죽음을 경험하며 우리는 성숙한 인격을 가진 목회자가 되어 간다.

III. 고난의 두 얼굴 : 성화와 패역

고난을 당할 때 어떻게 반응하느냐에 따라 그 고난을 통해 정금과 같이 될 수도 있고, 고난받기 전보다 더 악해질 수도 있다.

A. 부당하게 대우를 받을 때 불신앙적인 방법으로 고난을 회피하는 것은 연단과 성숙의 기회를 날려 버리는 것이다. 때로는 그리스도의 몸인 교회를 위해 부당한 대우, 이유 없는 고난을 견뎌 내야 할 때도 온다. 그때 그리스도를 생각하며 묵묵히 견뎌야 하는 것은 목회자가 사는 곳에 신자들이 죽고, 목회자가 죽는 곳에서 신자들이 살기 때문이다(고후 4:12).

B. 가난으로 연단받을 때 가난은 목회의 길을 걷는 사람들의 가장 일반적인 어려움이다. 궁핍하고 열악한 환경에서 생활하는 것은 괴로운 일이지만, 맡겨진 사역과 학업에 몰두하며 매일매일 하나님의 은혜와 사랑에 감격하며 사는 사람이라면 그것을 고생이라고 느낄 겨를이 없다. 하나님의 은혜로 곤고한 때를 이기며, 물질에 대한 탐욕과 결별한 목회자가

되어야 한다. 목회자는 물질의 결핍에 대해서는 그것을 능히 견딜 수 있는 맑고 단단한 마음을 가져야 한다.

IV. 하나님의 주권과 기도

하나님의 주권에 복종하는 삶은 기도하는 사람의 특징이다. 신앙은 자기가 바라는 바를 하나님께 아뢰고 기도하는 마음이지만, 그리 아니하실지라도 그분을 신뢰하는 마음에서 흔들리지 않는 것이다. 우리의 인생이 하나님의 주권 안에 있다는 인식은 우리에게 용기와 위로를 줄 뿐 아니라 더욱 기도하게 만들어 준다.

V. 고난을 기도로 이김

고난을 거치지 않고 훌륭한 목회자가 된 사람은 없다. 그러므로 목회의 길을 가는 사람에게 끊임없이 고난이 오는 것은 전혀 이상한 일이 아니다. 고난이 올 때 우리가 할 수 있는 최선의 대응은 기도하는 것이다. 꼭 하나만을 택해야 한다면, 나는 위대한 설교자보다는 기도의 사람이 되고 싶다. 설교자는 기껏해야 사람의 마음을 움직이지만, 기도자는 하나님의 마음을 움직이기 때문이다. 기도는 신학공부의 토대이다. 신학이 하나님의 영광을 가르쳐 준다면, 기도는 그 영광을 경험하게 한다. 또한 기도는 학문이 주는 교만함의 해독제가 된다. 그러므로 우리는 기도의 영 안에서 목회의 길을 걸어야 한다.

VI. 맺는 말

신학의 길에서 만나는 연단을 온전히 감당하고, 자신에게 맡겨진 사명을 온전히 이루는 비결은 하나님 앞에 마음을 쏟아 놓는 기도이다.

제3부

왜 신학공부를 하는가
Why Should We Study Theology?

인간은 자신의 영혼의 고향이신 하나님을 떠나서는 행복할 수 없습니다. 그들이 번영과 쾌락 그리고 끊임없는 자아 실현의 욕구를 따라서 피곤한 삶을 살아가고 있는 것은 자신의 영혼의 채워지지 않는 영원을 향한 갈망을 왜곡하여 분출하는 것입니다. 그런 처지에 있는 현대인들을 끌어안고 율법의 칼로 수술하고 복음으로 약을 발라 치료해 주어야 할 사람이 바로 목회자입니다. 그렇다면 목회의 길을 가려는 여러분은 얼마나 많은 공부를 해야 할까요? 환자의 몸을 알지 못하는 의사가 어찌 정확한 처방을 내릴 수 있겠으며 또 처방을 내린다 한들 어찌 환자가 건강을 회복할 수 있겠습니까?

왜 신학공부를 하는가

신학공부는
성경의 진리로부터 도출된 사상과 윤리를 분명하게 이해하고
그것을 삶으로써 보여주어야 할 존재인 목사로서
주어진 영혼들을 잘 돌보기 위해 해야 하는 것입니다.
목사는 선지자의 후손이며 사도들의 자손입니다.
그는 무지한 인간들에게 하나님의 지혜를 언어로 선포하고
학문으로 가르치고 생활로 보여주어야 하는 사람입니다.

제11장

목사란 누구인가

What Is a Pastor?

I. 들어가는 말

언젠가 교리를 배우기 위하여 모인 성도들에게 제가 질문을 던졌습니다. "여러분은 목사가 누구라고 생각하십니까?" 사람들은 저마다 다른 대답을 하였습니다. 어떤 사람은 '교인들의 인도자'라고 했고, 또 어떤 사람은 '교회 행정의 책임자'라고 했습니다. 그리고 또 어떤 사람은 '교회를 대표하는 어른'이라고 답했습니다.

그들의 대답을 들으며 저는 흥미로운 사실을 하나 발견했습니다. 바로 그들 중에서 목사를 진리와 연관시키는 사람이 아무도 없었다는 것입니다.

사실 '목사'라는 호칭은 애매하기 그지없는 표현입니다. 물론 성경에 '목자'(ποιμήν)라는 말이 나오지만(요 10:2, 엡 4:11), 그것은 목사의 정체성을 규정하는 말이라기보다는 그의 사역의 한 면을 보여주고 있을 뿐입니다. 즉 목자가 양떼를 돌보듯이 성도들을 돌보는 것이 목사의 소임 중 하나임을 보여주는 것입니다.

우리가 '목사'라는 용어를 사용함에 있어서 꼭 기억하여야 할 사실이 있습니다. 먼저 '목(牧)'이라는 표현 속에는 영혼들을 돌보되 어떤 질서를 따라 그들을 인도

한다는 의미가 담겨 있습니다. 목사의 직무는 목회 즉 '무리'(會)를 '치는 것'(牧)인데 여기서 '치다.'라는 것은 방목(放牧)이 아니라 어떤 질서를 따라 가르치고 살게 하는 것이기 때문입니다. 다음으로 '사'(師)라는 표현 속에는 전문적인 기술을 가진 사람, 본받아 배울 만한 대상, 스승 등의 의미가 담겨 있습니다. 목사가 사람들에게 가르쳐야 하는 것은 바람직한 삶의 질서로, 그것은 성경의 진리로 조직된 사상을 말합니다.

다시 말해 목사는 성경의 진리로부터 도출된 삶의 의미와 도리와 윤리를 가르치는 전문가이자 또한 그것을 직접 삶으로 살아 냄으로써 자신이 가르치는 바에 대해 성도들의 모범이 되어야 하는 존재입니다.

II. 혼란스러운 현실

우리는 목회자로서 자신의 정체성을 분명하게 알아야 합니다. 왜냐하면 그렇게 함으로써 어떻게 자신을 준비해야 할지를 알 수 있기 때문입니다. 그런데 오늘날 많은 목회자들과 신학생들이 '목사란 누구인가?'라는 본질적 질문에 대하여 분명한 답을 갖고 있지 못합니다. 그리고 자신의 정체성에 대한 이러한 불분명한 인식은 목회를 행함에 있어서 모호한 태도로 나타납니다.

오늘날 신학생들은 자신을 미래의 복음 사역자로서 어떻게 준비하여야 할지를 모른 채 방황하고 있습니다. 이 방황은 다음의 문제에 대한 무지와 맞닿아 있습니다. '내가 목사가 된다는 것이 무엇을 의미하는가?'

어떤 사람은 신학생 시절에 성경을 최소한 백독(百讀)은 하여야 한다고 주장합니다. 성경을 열심히 읽습니다. 수업 시간에도 공부는 하지 않고 성경만 읽습니다.

그런가 하면 또 어떤 신학생은 전도하지 않는 목회자들을 비난하면서 전철이나 버스에서 열심히 전도하고, 심지어 자신이 타고 다니는 교회의 승합차에도 커다란 전도 구호를 붙이고 다닙니다.

그런가 하면 또 다른 학생은 기도야말로 성공적인 목회를 위한 필수 조건이라면서 기도원에서 통학을 하기도 합니다. 실제로 제가 만난 어떤 목회자는 자신이 하루에 10시간씩 기도하고 있다는 것을 매우 자랑스럽게 말하기도 하였습니다. 심방도 안하고 성경 연구도 안하고 아침에 교회에 나와서 저녁때까지 하루 종일 기도만 한다는 것입니다. 그러면 하나님께서 모두 도와주신다는 것입니다.

그뿐 아닙니다. 어떤 학생들은 신학교에서 가르치는 공부보다는 목회의 방법을 가르치는 세미나를 따라다니는 일에 더 큰 열심을 보입니다. 아마 그는 목회의 성공이 사역의 기술에 달렸다고 생각하고 있는 것 같습니다.

신학생에게 불타는 소명 의식 못지않게 중요한 것은 소명의 내용에 대한 인식입니다. 아무리 열심히 신학을 공부하고 있다고 할지라도 목사가 누구이고 목회가 무엇인지에 대한 올바른 지식이 없다면 그것은 목적지 없이 열심히 노를 젓는 사공과 같습니다. 마치 엄청난 힘과 속도로 달려가는 자동차에 목적지와 경로에 대한 정보가 입력되지 않는 것과 같습니다. 그러면 과연 우리는 어떻게 해야 목사의 정체성에 대한 바른 지식을 가질 수 있을까요?

제가 '목사란 누구인가?'라는 질문에 분명한 답을 갖고 있어야 함을 절실하게 느낀 것은 신학교에서 학생들에게 강의하면서가 아니었습니다. 설교단을 오르면서였습니다. 매주 목자 없는 양떼와 같이 방황하며 살다가 온 교인들에게 하나님의 말씀을 설교하면서부터였습니다. 저의 마음속에서 끊임없이 떠오르는 질문들이 있었습니다.

'어떻게 나의 설교가 하나님의 말씀이 될 수 있을까?', '그리스도의 지체들 중 지극히 연약한 한 지체일 뿐인 내가 어떻게 성경과 일치하는 설교를 할 수 있을까?', '나의 설교를 듣는 회중들은 무슨 생각을 가지고 이 세상을 살아가고 있을까?', '성경을 설교하면서도 어떻게 그들이 알아들을 수 있는 언어로 현실 문제에 대한 답을 줄 수 있을까?'

저는 설교단에 오르면서 이러한 문제에 대해 깊이 고민하기 시작했습니다. 이러한 저의 고민들은 사변적인 것들이 아니라 실제적인 것들입니다. 성도들의 신앙과 인생살이에 직접적으로 관계되어 있는 질문들입니다. 그런데 이렇게 현실적인 질문들에 대한 답은 현실 상황(context)에 있지 않았습니다. 오히려 성경 본문(text)에 있었습니다.

그때부터 저는 목회자와 성경 진리와의 관계에 대해 깊이 고민하기 시작했습니다. 목회자는 성경 속에서 현실적인 질문들에 대한 올바른 답을 찾아 성도들에게 가르쳐 주어, 그들이 그 현실적인 문제들을 극복하여 하나님의 사람으로 온전하게 되도록 돕는 존재임을 깨닫기 시작했던 것입니다.

III. 목회란 무엇인가

국내외 신학교로부터 초청을 받아 설교할 때마다 빼놓지 않고 하는 충고가 있습니다. 그것은 치열하게 공부하라는 것입니다. 그러면 신학생들은 종종 제게 묻습니다. 자신들이 좋은 목회자가 되기 위하여 얼마나 많이 공부하여야 하는지 말입니다.

그때마다 저는 다음과 같이 충고합니다. "목회자의 삶 자체가 끊임없는 탐구의 생활이어야 합니다. 그러나 신학교에 입학한 때부터 담임목회를 하기 전까지 집중적으로 신학공부에 몰입하는 시기가 필요합니다. 그 기간은 최소 5년에서 10년 정도 되어야 합니다. 건강에 위협을 느낄 정도로까지 성경과 학문의 탐구에 정진해야 합니다."

목회자가 공부하여야 하는 때는 신학교 시절만이 아닙니다. 신학공부는 목회를 하면서도 일평생 계속하여야 합니다. 목회자는 일평생 하나님 말씀 연구하기를 게을리하지 말아야 한다는 것입니다. 마치 이스라엘 포로 귀환 시대의 지도자였던

| 어느 신학대학원 교정. 신학공부는 일평생 하는 것이지만, 신학생 시절만큼 특별히 더 신학공부에 열중할 수 있는 시기는 없기에 지금 신학교에 다니고 있다면 더 치열하게 공부해야 한다.

에스라가 하나님의 말씀을 스스로 준행하고 이스라엘 백성들에게 가르쳤을 뿐만 아니라 스스로 배우기를 게을리하지 않았던 것처럼 말입니다(스 7:10). 그러나 신학교 시절에는 더욱 집중적으로 신학공부에 몰입하여야 합니다.

만약 이러한 저의 충고가 신학교 선생님들로부터 주어진 것이라면 여러분은 그리 도전받지 않았을 것입니다. 마음속으로 이렇게 생각할 것입니다. '선생님들은 늘 학생들에게 공부하라고 하니까 또 우리에게 정신을 차리고 공부하라는 잔소리이겠지.'

지금 저는 신학교 선생으로서가 아니라 한 교회를 개척하여 스물세 해가 넘도록 한 교회에서 목회하는 어느 지역교회의 목회자로서, 매주일 한 교회에서 설교해 온 설교자로서 여러분에게 충고하고 있습니다.

한 사람의 목회자가 남의 설교를 베끼지 않고 매주일 독자적으로 설교하기 위해서는 충분한 학문적 준비가 필요합니다. 하나님의 말씀을 가르침에 있어서 무지한 목회자가 정직해지는 것은 낙타가 바늘귀를 통과하는 것만큼 어렵습니다. 물론 학문적 지식에 능한 모든 사람이 진실한 목회자가 되는 것은 아니지만 말입니다.

제가 이렇게 목회자의 지성적 준비를 강조하면 사람들은 이렇게 묻습니다. "그러면 목사님, 우리가 읽고 공부해야 할 책들은 무엇입니까? 혹시 공부해야 할 도서의 목록을 알려 주실 수 있습니까? 그런 내용을 요약한 자료를 복사해 주실 수 있습니까?"

이러한 질문이나 요청에 대한 답을 듣기 전에 해야 할 일이 있습니다. 그것은 바로 '목회'가 '교인들을 돌보는 것'이라면 '돌보다.'라는 말이 무엇을 의미하는지에 대해 생각하는 것입니다. 목회적 돌봄이란 단지 교인들로 하여금 세상 행복을 누리도록 돕는 것이 아닙니다. 목회가 그런 돌봄을 포함하는 것은 사실이지만 목회에 있어서의 돌봄은 그 이상입니다.

인류 역사가 시작된 이래로 계속되어 온 고민이 있습니다. 그것은 어떻게 사는 것이 행복하게 사는 것인지에 대한 물음입니다.

인간은 누구나 다양한 삶의 사태를 겪으며 자신의 삶을 살아갑니다. 그러다가 자신들과는 다른 상황에 처한 사람들 혹은 문화와 가치관이 다른 사람들과의 만남을 통해 자신들의 가치관이나 인생관이 우연적이며 상대적인 것임을 깨닫게 됩니다.

그래서 인류는 현실적으로 경험하는 상대적인 현실 너머에 있는 불변하는 관점을 갖고 싶어했습니다. 자신의 삶뿐만 아니라 다른 방식으로 살아가는 타인들의 삶의 의미들까지도 함께 설명해 줄 수 있는 관점을 찾고자 했던 것입니다. 그런 관점을 가질 때 끊임없이 변화하는 삶에 대한 일관된 해석을 내릴 수 있고, 자신의 존재와 삶에 대한 올바른 가치 판단을 내릴 수 있기 때문입니다.

따라서 자신들이 현실적으로 경험하는 삶의 우연성과 상대성 너머에 있는 공통적인 실재를 탐구하지 않으면 안 되었습니다. 이것이 바로 철학의 시작입니다.

기독교에서 말하는 목회적 돌봄이란 무엇일까요? 그것은 우선적으로 현실 세계 너머에 있는 불변하는 관점이 무엇인지를 알게 하는 것입니다. 즉, 교인들이 성경을 통하여 삶에 대한 올바른 관점을 갖게 하고, 그것을 따라 하나님 앞에서 바르게 살게 하는 것을 말합니다. 그러므로 목회는 교인들의 인생의 본질적 문제를 해결하는 일을 돕는 것입니다. 목회자가 기독교 사상가가 되지 않으면 안 되는 이유가 여기에 있습니다.

인류가 예로부터 어떻게 사는 것이 행복하게 사는 것인지에 대해 탐구한 것은 모든 사람들의 공통된 희망이 행복하게 사는 것이기 때문입니다. 모든 사람들은 행복해지기를 바랍니다. 그런데 행복해지기 위해서는 불행의 원인을 제거하지 않으면 안 됩니다. 사람들은 인간의 불행의 원인을 가난이나 질병, 무지 또는 인간관계의 파괴 등에서 찾고 그것을 극복해 낼 방법을 연구했습니다. 그러나 성경은 그것들이 인간의 불행과 비참의 궁극적 원인이라고 가르치지 않습니다(사 59:2). 그것은 단지 인간이 불행한 상태에 있는 징후일 뿐입니다.

성경은 인간의 불행의 궁극적 원인이 하나님과의 관계에 있다고 가르칩니다(렘 5:25). 그리고 인간이 하나님과 바른 관계를 맺지 못하는 원인을 '죄'(罪, sin)에서 찾습니다(롬 3:23). 인간은 죄라는 질병에 걸려서 그러한 불행의 징후들을 실제적인 삶에서 경험하며 살아가고 있는데, 그것이 바로 영적 죽음입니다(롬 6:23). 이 영적 죽음으로 말미암아 무지와 가난, 질병과 인간관계의 파괴 등을 경험하며 살아가는 것입니다.

기독교는 인간의 불행의 문제를 근본적으로 해결하는 종교입니다. 그러므로 목회자는 인생의 불행에 대해 피상적이고 임시적인 해결책이 아니라 근원적인 처방을 제시할 수 있어야 합니다. 인간의 불행에 대한 궁극적 해결은 그들이 하나님 앞에서 자신이 죄인임을 알고 하나님의 사랑으로 돌아오는 것입니다. 그리고 그것은 그리스도의 구원을 통하여 이루어집니다. 목회자는 그들에게 복음을 선포하여 그들이 그리스도를 믿음으로써 하나님 앞에서 살 수 있도록 돕는 사람입니다.

아우구스티누스가 말한 바와 같이 인간의 육체의 생명은 영혼이며 그 영혼의 생명은 하나님 자신입니다.[184] 육체는 질병을 위해서는 의약품이 필요하고 주림을 위해서는 양식이 필요합니다. 마찬가지로 영혼의 질병을 위해서는 '약'(*medicina*)

---

[184] "Sed nec anima es, quae uita est corporum – ideo melior uita corporum certiorque quam corpora – sed tu uita es animarum, uita uitarum, uiuens te ipsa et non mutaris, uita animae meae" (3.6.10.). Avrelivs Avgvstinvs, *Confessiones*, in *Corpus Christianorvm Series Latina, XXVII: Avrelii Avgvstini Opera* (Tvrnholti: Typographi Brepols Editores Pontificii, 1996), 32.

이신 그리스도가 필요하고 배부름을 위해서는 진리의 말씀이 필요합니다(눅 11:3, 요 6:55).[185]

목회자는 영혼을 돌보는 일을 유능하게 감당해야 합니다. 그렇게 하기 위해서는 진리, 곧 하나님의 말씀이 필요합니다. 목회에 있어서 다른 모든 사역들은 그들이 돌보는 영혼에게 진리를 알게 하기 위한 도구에 지나지 않습니다. 하나님께서는 목회자가 전하는 진리로써 양떼들로 하여금 하나님의 속성(屬性)과 그 속성이 시행되는 방식을 알게 하시고, 당신의 뜻에 순종하게 하십니다. 이처럼 진리를 통하여 그들을 죄로부터 자유롭게 하고, 하나님의 생명을 누리게 하는 것이 목회입니다(요 8:32, 20:31).

IV. 목사란 누구인가

목회는 영혼들에게 진리를 베푸는 사역입니다. 목회는 불신자를 구원으로 인도하고, 구원받은 신자를 그리스도의 형상을 이루기까지 온전한 사람이 되게 하는 것입니다(딤후 3:15-17, 갈 4:19). 그리고 그 일은 하나님의 말씀을 통하여 이루어집니다.

그러므로 목회자가 말씀의 사람이 아니면 그는 아무것도 아닙니다. 그의 권위는 단지 종교적 허세에 불과하며, 매주일 설교단에 입고 올라가는 검은 가운은 직업인의 복장에 불과할 것입니다.

---

185) "*Sicut etiam ille, qui medetur uulneri corporis, adhibet quaedam contraria sicut frigidum calido, uel humido siccum uel si quid aliud huiusmodi, adhibet etiam quaedam similia sicut linteolum uel rotundo uulneri rotundum, uel oblongum oblongo ligaturamque ipsam non eandem membris omnibus, sed similem similibus coaptat, sic sapientia dei hominem curans, se ipsam exhibuit ad sanandum, ipsa medicus, ipsa medicina*" (1.14.13.). Avrelivs Avgvstinvs, *De Doctrina Christiana*, in *Corpvs Christianorvm Series Latina, XXXII: Avrelii Avgustini Opera*, Pars IV, 1 (Tvrnholti: Typographi Brepols Editores Pontificii, 1996), 13-14; 이에 대한 해석은 다음을 참고하라. 김남준, 『영원 안에서 나를 찾다』 (서울: 포이에마, 2015), 86.

A. 목사의 정체성

'목사의 역할'이라는 표현에는 많은 그림이 들어 있습니다. 예배를 인도하고, 성례를 집행하며, 교인들을 심방하고, 가난한 자를 돕고, 선교 사역을 감당하는 그림들이 그것입니다. 그러한 직무들 중 어느 것도 목사의 사명이 아닌 것이 없지만, 어느 것도 목사의 정체성을 결정적으로 드러내 주지는 않습니다.

1. 선지자와 사도의 후예

목사가 누구인지에 대한 다음의 진술은 성경의 가르침은 물론 종교개혁자들과 청교도들의 입장에 부합한다고 생각합니다. "목사는 구약 시대에 하나님의 영광을 위하여 죽어 간 선지자들의 후예이며, 신약 시대에 땅 끝까지 이르러 그리스도의 복음을 전하다가 순교한 사도들의 자손이다"(요 1:7-8, 고전 4:1, 행 20:24).

이러한 사실을 알면 목사가 우선적으로 어떻게 준비되어야 하는지는 분명해집니다. 그는 진리의 사람이어야 합니다. 그는 외치지 않으면 안 될 진리를 마음에 지닌 사람이어야 하고, 성경 진리를 따라 살고 죽을 수 있기까지 하여야 합니다.

한 사람의 목회자가 되기 위하여 공부한다는 것은 단지 학문적 지식을 축적하는 것이 아닙니다. 그가 교인들을 돌보는 것은 바로 이러한 진리를 그들이 받아들이게 하고 그것을 따라 살아가게 하려는 것입니다. 이 진리로써 불신자들은 구원에 이르게 하고 신자들은 더욱 거룩한 사람들로 하나님 앞에서 행복하게 살아가게 하는 것이 그의 임무입니다. 그러기에 신학을 비롯한 모든 공부는 이 일을 하기에 적합하도록 만들어 주는 것이어야 합니다.

목회자는 세상에서 진리를 가르치지만, 그는 이 세상으로부터 온 사람이 아닙니다. 그는 하나님께로부터 온 사람입니다. 성경은 그리스도의 증인으로 살았던 세례 요한에 대하여 말합니다.

하나님께로부터 보내심을 받은 사람이 있으니 그의 이름은 요한이라 그가 증언하러 왔으니 곧 빛에 대하여 증언하고 모든 사람이 자기로 말미암아 믿게 하려 함이라 그는 이 빛이 아니요 이 빛에 대하여 증언하러 온 자라(요 1:6-8).

목회자가 가르쳐야 할 것은 하나님의 지혜입니다. 그 지혜는 인간으로 하여금 세계를 창조하시고 인간을 지으신 목적을 따라서 살게 하는 삶의 지혜(the wisdom of life)입니다. 성경은 철학이 발견한 지혜와는 다른 하나님의 지혜가 십자가에서 나타났다고 말합니다.

오직 은밀한 가운데 있는 하나님의 지혜를 말하는 것으로서 곧 감추어졌던 것인데 하나님이 우리의 영광을 위하여 만세 전에 미리 정하신 것이라 이 지혜는 이 세대의 통치자들이 한 사람도 알지 못하였나니 만일 알았더라면 영광의 주를 십자가에 못 박지 아니하였으리라 기록된 바 하나님이 자기를 사랑하는 자들을 위하여 예비하신 모든 것은 눈으로 보지 못하고 귀로 듣지 못하고 사람의 마음으로 생각하지도 못하였다 함과 같으니라(고전 2:7-9).

그리스도의 십자가는 하나님의 사랑을 보여줍니다. 그 사랑을 맛본 목회자는 자기 자신을 사랑하던 사람들을 설득하여 하나님을 사랑하게 만듭니다. 그는 그리스도의 십자가의 죽음과 부활의 신학적 의미에 숙명적으로 매인 사람이기 때문입니다(행 20:22, 고전 9:16).

2. 어느 불자의 회심

목회자는 진리를 가르치는 사람입니다. 그는 인간으로 하여금 자신과 세상을 지으신 하나님의 창조 목적을 따라 살게 함으로써 하나님을 영화롭게 하고 자신과 이웃도 하나님 안에서 행복하도록 진리를 가르치는 사람입니다. 이 일을 위한 구체적 도구는 하나님의 말씀인 성경이고 그 수단은 자신의 인격과 전도, 목양 사역 등입니다.

진리가 모든 사람에게 환영받는 것은 아닙니다. 목회자가 진리를 올바르게 전한다고 할지라도 모든 사람들이 그것을 다 받아들이는 것은 아닙니다. 그런 점에서 예수 그리스도의 말씀 사역은 우리에게 진정 위로가 됩니다. 왜냐하면 그분도 자신의 설교를 들은 모든 사람들을 다 믿게 하지는 않으셨기 때문입니다. 그러나 우리는 완전하신 그리스도와 다릅니다. 우리에게 주어진 결과의 부족은 설교자 자신의 온전하지 못한 성품과 전달하고자 하는 내용의 미흡한 준비에 그 원인이 있기 때문입니다.

여러 해 전의 일이었습니다. 예배 시간마다 하나님의 말씀에 깊이 은혜를 받는 형제가 있었습니다. 사실 그는 뜻밖에도 승려가 되려고 절에 머무른 적이 있는 청년이었습니다.

지난날 그는 많은 우여곡절을 거치면서 결국 세상의 허무함을 인식하고 절로 들어갔습니다. 그래서 승려가 되는 절차에 따라 여러 가지 봉사를 하며 불교를 학습하고 있었습니다. 그러던 어느 날 그는 호통을 치는 선배 스님들에 이끌려 주지스님 앞에 불려 갔습니다. 그를 끌고 온 스님 중 한 사람이 말했습니다. "주지스님, 우리 절에 별 미친놈이 다 있습니다. 이놈이 밤마다 법당에서 어느 목사의 설교를 듣고 있다가 발각되었지 뭡니까?"

이에 주지스님은 끌려온 그에게 점잖게 자초지종을 물었습니다. 그 일의 시작은 이러했습니다.

어느 날 주지스님이 그에게 메모지 한 장을 건네며 읍내에 나가 책을 몇 권 사오라고 지시하였습니다. 그는 서점에 가서 주지스님이 부탁한 책을 구입하다가 서가 한구석에서 『불붙는 하나님의 사랑을 알자』라는 제목의 저의 오디오북 하나를 발견하였습니다. 그는 그것도 함께 구입하여 절로 돌아왔습니다. 그리고 낮에는 절에서 봉사하고 밤이면 그 오디오북을 들으면서 복음의 진리를 접하게 되었던 것입니다.

모든 사실이 밝혀지자 그는 주지스님에게 이렇게 고백했습니다. "저는 아무래도 기독교로 귀의해야 할 것 같습니다." 그러자 주지스님이 이렇게 말했답니다. "그래, 나도 불교에 귀의하기 전에는 주일학교 교사였다. 그 길이 진리라고 생각되면 교회로 가거라."

진리는 모든 사람들의 것이 아닙니다. 그러나 진실하게 그 진리를 전하면 어둠 속에서 그 진리를 기다렸다는 듯이 간절히 붙드는 영혼들이 있습니다. 그러므로 우리는 온 마음을 다해 진리를 진리답게 전하기를 힘써야 합니다. 목회자의 사명은 모든 사람들을 진리의 빛 안에서 행복한 삶을 영위하게 하는 것입니다. 우리가 힘들고 고단한 신학공부의 길을 가는 이유도 바로 이 때문입니다.

목회자는 진리를 사랑하고 진리를 따르는 사람이 되어야 합니다. 왜냐하면 그러한 모범을 예수 그리스도께서 보여주셨기 때문입니다. 그 일이 너무나 고귀하고 가치 있는 일이기에 때로 목회자는 이 일의 성공적인 수행을 위하여 자신의 목숨을 내놓을 수도 있도록 부름받은 사람입니다(요 10:15).

B. 신적 지혜를 아는 사람

목회자는 진리의 사람입니다. 사람들은 그가 전하는 진리를 통하여 믿음을 갖습니다. 그러니 그는 진리로써 인간의 영원한 운명을 좌우하는 사람이라고 할 수 있습니다.

이 세상의 그 어떤 직업도 목회자만큼 인간의 영원한 운명에 대하여 결정적인 역할을 하지 못합니다. 이처럼 목회자의 직무는 숭고하기 그지없습니다.

신학은 하나님의 지혜의 체계입니다. 이 지혜를 모르는 사람들에게는 그것을 알게 하고, 선을 행하기에 부족한 사람들에게는 온전하게 되도록 돕는 것이 바로 목

목회자의 서재. 목회자의 지성적 준비에 있어서 독서의 중요성은 아무리 강조해도 지나침이 없다.

사가 하는 일입니다(엡 4:12, 딤후 3:17).

그러므로 목회자는 성경을 통해 하나님의 지혜를 발견하고 설교하여야 합니다. 이를 위해서는 성경을 올바로 해석하고 그것을 시대에 맞게 잘 적용하여 사람들에게 가르쳐야 하는데, 그렇게 할 수 있으려면 성경뿐만 아니라 신학과 다른 학문들의 도움도 필요합니다. 그는 하나님뿐만 아니라 세상과 인간에 대해서도 충분한 지식을 가지고 있어야 하는 것입니다.

그러나 그는 단지 메마른 학문을 탐구하는 사람이 아닙니다. 그에게 학문은 하나님의 지혜를 더 잘 알기 위한 도구들입니다.

19세기 중반까지만 해도 미국에서 목회자의 정체성에 대한 사람들의 이해는 분명하였습니다. 그는 진리에 관계된 일을 하는 사람이었습니다. 진리를 설교하고 모든 사람들에게 진리를 가르치며 그 진리를 따라 살도록 봉사하는 사람이 바로 목회자였습니다.[186]

그들에게 진리는 세상 사람들과는 다른 방식의 삶을 살게 하는 하나님의 지혜였습니다. 당시에 교인들이 쉽게 이 교회 저 교회로 옮겨 다니지 않았던 이유도 어느 교회에 가든지 기본적으로 기독교의 진리에 대하여 들을 수 있었기 때문입니다. 그때에도 하나님의 말씀을 전하는 일에 유능한 목회자와 그렇지 않은 사람들이 있었겠지만 말입니다.

---

186) David F. Wells, *No Place for Truth: or Whatever happened to Evangelical Theology?* (Grand Rapids: Wm. B. Eerdmans Publishing Company, 1993), 218-257.

아직 학문적으로나 인격적으로나 중요한 일을 감당하기에 부족한 점이 많았습니다. 그러나 저의 영혼은 은혜 안에 있었고, 교수로 임명된 다음 해에는 특별한 성령의 은혜 안에서 주님과 동행하고 있었습니다.

그 시절 신학교에 온 학생들 중 절반 정도는 소명과는 아무 상관없이 입학한 학생들이었습니다. 수도권의 대학에 진학하는 것이 쉽지 않았고 대학은 가야 했기에 할 수 없이 신학과에 들어온 학생들도 있었습니다. 그러나 어떤 학생들은 아주 신실하고 좋은 목회자가 되어야겠다는 결심이 투철하여 학교 생활뿐 아니라 기도 생활에도 남다른 열정이 있었습니다. 당시는 민주화의 열기가 뜨겁던 때였고, 정치적인 이슈들로 대학생들의 시위가 잦았습니다. 해마다 5월이 되면 대학생들의 소위 '춘투'(春鬪)가 시작되었고, 그로 인해 입학할 때는 조용히 공부하고 기도하던 학생들도 은혜에서 멀어져 마음과 행동이 모두 거칠어지곤 하였습니다.

그 어린 학생들에게는 신학교가 아니라 교회가 필요하였으며, 신학공부보다는 따뜻한 목회적 돌봄이 필요했습니다. 그래서 저는 한동안 매주 화요일마다 학생들과 지하실에서 기도회를 갖곤 하였습니다. 또한 토요일이면 학생들을 데리고 나가 지하철역이나 시내에서 전도 실천을 하기도 하였습니다.

제게는 그들이 소명감에 불타는 신학생들이 아니라 방황하는 젊은이들로 보였습니다. 강의가 끝나고 나면 매번 그렇게 마음이 아플 수가 없었습니다. 한편으로는 우리나라의 암울한 정치 현실 때문에, 또 한편으로는 방황하는 학생들 때문에 그러했습니다. 그때 강의를 마치고 학교 건물 뒤뜰로 나가 저 멀리 언덕 아래 시내를 바라다보면서 상한 마음으로 부르던 찬송가가 있었습니다.

눈을 들어 하늘 보라. 어두워진 세상 중에
외치는 자 많건마는 생명수는 말랐어라.
죄를 대속하신 주님 선한 일꾼 찾으시나
대답할 이 어디 있나. 믿는 자여, 어이 할꼬.

때로는 북받치는 안타까움과 설움에 학교 담장 아래 쪼그리고 앉았습니다. 그러고는 신학교와 조국을 위하여 눈물로 기도하곤 하였습니다. 학생들의 신앙 회복을 위하여 기도하던 중에 지혜로운 생각이 떠올랐습니다. 그것은 학생들에게 『데이비드 브레이너드의 생애와 일기』를 읽게 하는 것이었습니다.

바로 그 계획을 실천에 옮겼을 때에 성령의 역사가 나타났습니다. 봄철 시위와 수업 거부로 마음이 황폐해져 있던 학생들이 그 책을 읽으면서 은혜를 받고 기도하기 시작하였던 것입니다. 특히 아침 일찍 학교 뒷산으로 올라가 기도하는 학생들이 생겨났습니다. 그중 한 학생은 이 책을 읽고 커다란 죄책을 확신하며 하나님께 기도하지 않으면 곧 죽을 것 같은 영적인 위기를 경험하였습니다. 그는 기도하기 위하여 학교 뒷산으로 올라갔으나 철문이 잠긴 것을 발견하고는 자신이 하나님께 나아가는 기도의 문만은 그렇게 닫히지 않게 해 달라고 철문 앞에서 울부짖으며 기도하였다고 합니다.

그때 저는 하나님을 진실하게 추구한 사람의 경건한 삶은 수백 년을 뛰어넘어 그렇게 살고 싶어하는 다른 사람들에게 감화를 끼친다는 사실을 새삼 확인하게 되었습니다. 그 후로 기회가 있을 때마다 신학생들에게 이 책을 읽게 하였으며, 또 지금도 읽도록 권하는 책입니다.

사람마다 서로 다른 목회의 길을 갑니다. 누구나 구원의 은혜가 너무 감사해서 목회 사역에 들어서지만 각기 다른 길을 걸어갑니다. 어떤 사람은 주님을 위해 자신의 모든 것을 쏟아부으면서 섬기고 또 어떤 사람은 거짓과 위선, 태만함으로 자신의 인생을 허비하며 교회에 누를 끼칩니다.

어떤 사람은 마치 하나님을 섬기다가 죽기 위해 태어난 사람처럼 자신의 젊음의 마지막 한 조각마저 불태우는데 우리는 얼마나 많은 시간을 허비하며 살았는지 모릅니다. 가고 다시 오지 않는 인생의 날들인데 우리는 아무런 가책 없이 허탄한 것을 위해, 자신의 유익을 위해 얼마나 많은 시간을 허비했는지 돌아보십시오.

E. 육체의 혈기를 버림 순간의 혈기가 목회 사역을 망쳐 버리기도 하기에 목회자는 혈기와 결별해야 한다. 혈기로부터 멀어지고 있다는 것은 자기 깨어짐으로 자기 사랑을 버리고 있다는 의미인 동시에 하나님의 사랑으로 돌아가고 있다는 것이다.

III. 영적 성숙과 십자가

우리를 거룩함에 이르게 하기 위하여, 하나님께서는 우리에게 저마다의 십자가를 주신다. 이 십자가를 지는 것은 하나님을 기쁘시게 하는 것이며, 그리스도를 닮아 가는 것이다. 고난을 사랑으로 인내하지 않으면 그 고난은 사람을 더 패역하게 할 뿐이지만, 고난이 올 때 오래 참음과 신앙으로 극복하면 아름다운 인격을 갖추게 된다. 고난을 이겨 내는 가장 큰 힘은 하나님의 말씀을 깨닫는 것이며, 또한 마음을 쏟아부어 성령 안에서 간절히 기도하는 것이다.

IV. 맺는 말

목회자의 삶은 그의 인격으로 입증된다. 역사에 길이 남을 업적을 남겼어도 그 안에 그리스도를 닮은 인격과 성품이 없다면, 그는 단지 일평생 자기가 하고 싶은 일을 하며 살았을 뿐이다. 하나님을 향한 최고의 섬김은 예수 그리스도를 많이 닮는 것이다. 그때 그의 삶은 존재의 울림을 갖는다.

어떻게 신학을 하는가

신학을 한다는 것은

하나님의 주권에 복종하는 마음을 가지고

고난과 연단의 길을 하나님 앞에 마음을 쏟아 놓는 기도로 걸어가는 것입니다.

목회자가 기도하는 것은 단지 원하는 것을 얻기 위해서가 아닙니다.

목회자의 기도의 정신은 온갖 유혹과 악을 이기게 하는 마음의 힘입니다.

신학은 하나님의 영광에 대해 가르쳐 주지만 기도는 그 영광을 경험하게 합니다.

혀 대지 않을 뿐만 아니라 냄새도 맡기 싫어하는 사람이었습니다. 그래서 저는 아내를 대신하여 고추장으로 고기를 양념해서 한 번에 모두 구워 먹었습니다.

며칠 후 고기를 놓고 간 집사님이 저에게 말씀하셨습니다. "전도사님, 제가 댓돌 위에 놓고 간 고기는 잘 드셨는지요?" 제가 감사하는 마음으로 대답했습니다. "네, 집사님. 정말 감사합니다. 고추장에 양념을 해서 한자리에서 모두 먹었습니다. 너무 맛있게 먹었습니다."

조금 황당한 표정으로 그분이 말했습니다. "아니, 전도사님. 그 좋은 한우 고기를 왜 고추장으로 양념하셨어요? 아깝게……. 그냥 구워 드시지." 저는 그때서야 소고기와 돼지고기를 구분하지 못할 정도로 오랜 기간 육식을 하지 못했다는 사실을 깨달았습니다.

이제 저는 그때처럼 굶주리지도 않고 더욱이 난방이 되지 않는 주택에서 살지도 않습니다. 하지만 그런 고통스러운 가난의 연단을 통해서 오늘날 가난하게 사는 성도들의 어려운 형편을 이해할 수 있는 마음을 주신 하나님의 섭리에 감사를 드립니다. 이처럼 하나님께서는 우리의 마음을 연단하심으로 정금과 같이 만들어 미래에 주어질 목회 사역의 도상에서 많은 양떼들을 옳은 길로 인도하게 하십니다.

세월이 많이 흘러서 이제 우리나라도 잘 살게 되었습니다. 모두 하나님의 은혜가 아닐 수 없습니다. 그러나 우리의 신앙과 영혼의 자원들에 있어서는 오히려 가난하던 그때에 더 풍족하였고, 물질적으로 번영한 지금은 더 빈약한 상태가 아닌가 하는 생각이 듭니다.

경제적으로 어렵던 그 시절에는 하나님을 앙망하는 간절한 사모함이 있었기에 가난 속에서도 부요하신 그리스도를 앙망하였습니다. 시련과 고통을 당하면서도 십자가를 사랑했기에 그 힘든 환경의 연단은 오히려 우리를 더욱 순수하고 강인한 사역자들로 자라게 하였습니다. 이러한 정신은 우리나라가 아무리 잘 살게 되었다고 할지라도 계속 유지되어야 할 아름다운 목회의 자세입니다.

오늘날 조국교회는 물질에 대한 탐욕으로 세간의 비난을 받고 있습니다. 이러한 어느 날 저녁에는 방에 아홉 개의 바가지와 그릇이 놓여 있었고, 물 떨어지는 다양한 음정의 소리를 밤새 들어야 했습니다. 바가지에 물이 차면 넘치기 전에 밖에 갖다 버려야 했기에 밤새도록 우리 부부는 기도도 하고 마음속으로 찬송도 부르면서 그 밤을 지새웠습니다.

그런데 이상하게도 그런 열악한 생활 환경에 마음이 상하지 않았습니다. 그때는 그것이 고생인 줄 몰랐습니다. 당시에 제가 이 모든 일을 잘 견딜 수 있었던 것은 다른 사람에 비해 물질 생활에 초연하거나 신앙이 탁월했기 때문이 아닙니다. 한편으로는 맡겨진 사역과 학교 공부에 몰두하느라고, 또 한편으로는 매일매일 베풀어 주시는 하나님의 은혜와 사랑에 감격하느라고 저 자신이 고생하고 있다고 생각할 겨를이 없었던 것입니다. 저는 즐겨 고난 길을 가는 것이 목회자의 도리라고 생각했습니다. 그 시절에 제가 즐겨 부르던 찬송가가 있었습니다.

세상 부귀 안일함과 모든 명예 버리고
험한 길을 가는 동안 나와 동행하소서.
주께로 가까이 주께로 가오니
나의 갈 길 다가도록 나와 동행하소서.

환경을 능가하는 하나님의 사랑이 없었더라면 그 고통스러운 가난의 시련들을 쉽게 극복하지 못했을 것입니다. 그러므로 이 모든 것이 하나님의 은혜였노라고 고백하지 않을 수 없습니다.

3. 은혜로 곤고한 때를 이김

어느 날 새벽기도를 마치고 집으로 돌아왔는데 방문 앞 댓돌 위에 검은 비닐 봉지 하나가 놓여 있었습니다. 열어 보니 고기였습니다. 저의 아내는 고기를 입에 전

현상은 "너희는 세상의 빛이라"(마 5:14)고 하신 그리스도의 계명을 거스르는 것입니다. 모든 목회자들이 이러한 추문의 주인공은 아니지만 목회자의 마음이 물질의 욕심과 결별하지 못하는 한 언제라도 이런 추문의 중심에 설 수 있습니다.

그러므로 목회자는 물질의 결핍에 관한 한 능히 견딜 수 있는 수정같이 맑고 단단한 마음을 가져야 합니다. 신학을 공부하고 목회자로 살아가는 동안 근거 없는 도움을 정중히 거절하고 자족하는 마음을 갖는 것이야말로 이 모든 어려움을 견디게 하는 훌륭한 방편입니다.

강인함 없이 단지 순결하기만 한 성품은 맑기는 하지만 연약한 유리그릇과 같아서 쉽게 깨어집니다. 깨끗하고 맑고 투명한 것도 훌륭하지만 쉽게 깨어지지 않는 강인함이야말로 그리스도의 교회의 지도자에게 절실하게 필요한 조건입니다. 우리가 하나님의 은혜의 부요하심으로 곤고한 때를 이기며 이 모든 연단들을 감당하고 그리스도의 형상을 닮아 가지 않으면 안 되는 이유가 여기에 있습니다.

IV. 하나님의 주권과 기도

하나님의 주권을 믿는다는 것은 어떤 상황이 닥쳐와도 순종하는 마음으로 그것을 받아들이는 것입니다. 하나님의 주권에 복종하는 삶은 기도하는 사람의 특징입니다. 하나님께서 인간과 만물에 대한 주권을 가지고 계시다는 사상은 기도하는 경건에서 나오기 때문입니다.

저는 칼빈의 성경 주석이나 설교문을 읽을 때마다 떠오르는 그림이 있습니다. 그것은 엎드린 채 기도하는 칼빈의 모습입니다.

여러분은 혹시 자살에 대한 칼빈의 견해를 읽어 본 적이 있는지요? 칼빈은 자살을 끔찍한 죄로 규정하였습니다. 칼빈은 자살한 사람의 구원 여부에 대해서는 언급하지 않았지만 그 죄의 심각성을 하나님의 주권과 연결 지어 해석하였습니다.[176]

다시 말해서 자살은 인간의 모든 생사화복을 주관하시는 하나님의 주권에 대한 중대한 도전이라는 것입니다. 그는 『사무엘상 강론』(*Homiliae in Primum Librum Samuelis*)에서 이에 대하여 다음과 같이 말합니다.

> 이 세상에 우리를 보내신 최고의 권위자께서 다시 그분에게로 부르실 때까지 기다립시다. 보초를 서도록 명령받은 병사가 용감하다는 칭찬을 받기 위해 적을 공격한다면 누가 그를 칭찬하겠습니까? 진실로 그 병사는 경솔하다고 비난받을 것이고 그로 인해 타당하게 벌을 받을 것입니다. 이와 같이 우리를 이 세상에 보내신 주님께서는 우리가 이곳에 머물기를 원하십니다. 또한 하나님께서는 당신이 우리에게 단념하라고 명하시기 전까지는 우리가 결코 포기하지 않아야 할 자리 가운데 우리를 두십니다. 우리는 망루에 있는 파수꾼과 같은 임무를 할당받았기 때문에 이 임무는 언제나 주의 깊게 생각할 만한 가치가 있으며, 우리의 대장께서 명령하시는 곳이면 그곳이 어디든 바로 떠날 수 있도록 준비되어 있어야 합니다. 이것이 그리스도인들의 미덕이며 불굴의 용기이자 불변함입니다.[177]

인간의 의무는 자신의 삶을 대면하는 것입니다. 때로는 알 수 없는 하나님의 섭리 속에서, 때로는 죄에 대한 징계로 말미암아 고난을 당할 수도 있고 시련을 당할

---

[176] "만일 내가 어떤 위험에 처한다면, 하나님께서 나에게 그것을 피할 어떤 수단을 허락하실지 반드시 살펴보아야 합니다. 그러나 만약 하나님께서 피할 길을 주시지 않으시므로 내가 높은 벽이나 창문에서 뛰어내려 자살을 시도한다면……그것은 마치 내가 하나님보다 더 멀리 보기를 바라는 것과 같습니다. 이러한 형태의 교만은 정죄를 받아 마땅합니다. 따라서 자살하는 것이 악을 피하기 위한 유일한 방법이라면 자살하는 것이 합법적이라고 말하는 사람들에게, 우리는 항상 이렇게 답해 주어야 합니다. 우리의 믿음에 대한 진정한 증거는 우리의 지혜가 한계에 도달했을 때, '하나님께서 섭리하실 것이다.' 라고 고백하는 것에 있다고 말입니다." John Calvin, *Ioannis Calvini Opera Quae Supersunt Omnia*, vol. 30, in *Corpus Reformatorum*, vol 58, ed. G. Baum, E. Cunitz, E. Reuss (Brunsvigae: Schwetschke, 1886), 718–719; Jeffrey R. Watt, "Calvin on Suicide," in *Church History: Studies in Christianity and Culture*, vol. 66, no. 3 (Cambridge: Cambridge University Press, 1997), 468–469에서 재인용.

[177] John Calvin, *Ioannis Calvini Opera Quae Supersunt Omnia*, vol. 30, in *Corpus Reformatorum*, vol 58, ed. G. Baum, E. Cunitz, E. Reuss (Brunsvigae: Schwetschke, 1886), 718–719; Jeffrey R. Watt, "Calvin on Suicide," in *Church History: Studies in Christianity and Culture*, vol. 66, no. 3 (Cambridge: Cambridge University Press, 1997), 466–467에서 재인용.

당시 사람들이 이해하기로는, 설교 사역은 전문적인 것이었고 상식적인 수준의 지식으로써는 감당하기 어려운 것이었습니다. 그들은 한 사람이 목회자가 되기 위해서는 특별한 신앙과 함께 특별한 지성의 준비가 필요하다는 사실을 조금도 의심하지 않았습니다. 왜냐하면 목회자는 인간의 영원한 운명을 좌우하게 될 진리를 탐구하고 또 전파하여야 하는 사람이기 때문입니다. 그래서 그는 지성의 능력을 갖추어야 할 뿐만 아니라 그 일을 감당하기에 적합하도록 철저히 훈련되어야 했습니다.

목회의 소명을 받은 사람들이 신학공부를 하는 것은 진리를 전달하기에 적합한 지적 능력을 배양하고 신학 지식을 습득하기 위함입니다. 그러므로 그가 신앙적으로 아무리 투철한 소명감을 느끼고 있고 또 인격적으로 잘 준비되었다고 할지라도 지성적으로 준비되지 않으면 안 됩니다. 그들이 지성적으로 준비되지 않았다면 그것은 마치 잘 만들어졌으나 좋은 소리를 내지 못하는 피리와 같습니다. 또한 번쩍이도록 만들어졌으나 날이 서지 않은 검과 같습니다.

여기서 말하는 지성적 준비는 단편적인 지식이 아니라 체계로서의 사상을 가리킵니다. 인간은 다양한 삶의 사태를 만납니다. 그리고 그것들은 언제나 그가 직면하는 현재의 삶의 사태보다 더 높은 목적과 관련되어 있습니다. 그 목적이란 하나는 인간을 지으신 하나님께서 받으셔야 할 영광이고, 또 다른 하나는 그 사람 인생의 행복입니다(시 5:11, 사 43:7, 엡 2:10).

대부분의 사람들은 현세의 일에 골몰하며 살아갑니다. 그래서 자신의 인생을 영원의 관점에서 생각할 여유와 능력이 부족합니다. 또한 당장 직면하고 있는 삶의 사태에 몰두하느라 인생 전체의 행복에 대하여 확고하고 올바른 견해를 가지지 못합니다. 어느 정도의 지식을 갖추었다고 할지라도 부분적으로는 무지와 오류 때문에, 또 부분적으로는 그릇된 사랑 때문에 그렇게 살지 못합니다.

목회자는 이런 사람들에게 인간과 세계를 향한 하나님의 지혜를 알게 하는 사람입니다. 그는 자신이 그것을 따라 살고 다른 사람들을 그렇게 살게 하도록 부름받았습니다.

그런데 인간으로 하여금 자신이 직면한 다양한 삶의 사태를 성공과 번영에만 초점을 맞추어 살아가도록 가르치는 것은 하나님의 지혜 대신 처세술을 가르치는 것입니다. 물론 목회자가 때로는 그런 지혜를 가르쳐야 할 때도 있습니다. 그러나 그것은 그의 고유한 직무가 아닙니다.

목회자의 직무는 하나님의 지혜를 따라 살아가게 하는 것입니다. 그가 성경을 가르치는 것도, 설교를 하는 것도, 심방을 하는 것도, 선교를 하는 것도 바로 이 일을 위해서입니다. 그의 소원은 모든 인간들이 하나님의 지혜를 알고 사랑하며 그것을 따라 살아서 하나님을 기쁘시게 하는 것입니다.

C. 도를 따르는 사람

목회자는 그리스도를 통하여 지혜를 터득한 사람입니다. 그는 도(道)이신 그리스도를 깊이 만났을 뿐 아니라 그분을 사랑하는 사람입니다. 그래서 세상 모든 사람들이 그 도의 빛 아래서 행복한 삶을 살게 되기를 바라는 갈망을 가진 사람입니다. 그러므로 목회자는 목회에 종사하기에 앞서 먼저 자신이 그 도를 사랑하고 기쁘게 따르며 그 도 때문에 행복한 사람이어야 합니다.

1. 실천적 지식의 요청

목회자에게도 실천적 지식이 요구됩니다. 그가 행하는 모든 사역들이 풍성한 열매를 맺기 위해서는 실천적 지식이 필요하기 때문입니다. 목회를 축구에 비유하면 변증의 재능은 수비의 기술이고, 경건의 능력은 승리의 정신이며, 사상의 크기는 공격의 규모이고, 목회의 기술은 득점의 재주라고 할 수 있습니다.

축구 선수가 심장이 터지도록 볼을 몰고 무수한 상대편 선수들을 제치며 운동장을 누비는 것은 오직 골을 넣기 위함입니다. 우리는 가끔 "경기에는 패배하였지만 내용에서는 승리하였다."라는 말을 듣습니다. 다만 이 말은 패자의 자기 위로일 뿐입니다. 축구 경기에서 득점력을 발휘하여 승리를 쟁취하는 것은 그 무엇보다 중요합니다.

그러나 이것은 실천적 지식만 있으면 충분하다는 의미는 결코 아닙니다. 목회에 대한 실천적 지식이 목회 사역의 아름다운 열매로 이어지기 위해서는, 실천적 지식이 그 목회자의 영적 성장과 함께 쌓여 나가야 합니다. 이러한 사실을 이해하는 데 있어서 다음과 같은 일화도 교훈이 됩니다.

응급 환자를 급히 병원으로 이송한 가족들이 초조한 마음으로 수술실 밖에서 기다리고 있었습니다. 오랜 시간이 지난 후, 수술을 담당한 의사가 피곤한 표정으로 마스크를 벗으며 수술실을 나왔습니다. 애가 타는 가족들이 의사에게 달려가서 물었습니다. "선생님, 수술 결과는 어떻습니까?" 의사가 대답하였습니다. "수술은 완벽했습니다. 제 생애 최고의 수술이었습니다. 그런데 아쉽게도 환자는 사망하였습니다." 수술 실력이 아무리 뛰어나면 무슨 소용입니까? 환자가 죽었는데 말입니다. 환부를 가르고, 제거하고, 봉합하는 모든 수술적 기술은 사람을 살리는 일에 기여할 때 의미가 있는 것입니다.

목회에 관한 실천적 지식들은 결실이 있는 목회를 위하여 반드시 필요합니다. 사람을 잘 다루고 조직 운용이나 행정을 효과적으로 잘 추진하는 목회의 기술은 결코 하찮게 볼 수 없는 중요한 것입니다. 오늘날 얼마나 많은 교회에서 미숙한 목회자들 때문에 성도들의 헌신이 쓸모없게 되어 버리는지 모릅니다.

목회의 기술로 잘 훈련된 사람은 그렇지 못한 사람과는 비교할 수 없으리만치 훌륭하게 사역을 수행합니다. 물론 겉으로 보이는 가시적인 결과가 전부는 아닙니다. 그러나 하나님의 영광을 위해서는 성공적으로 열매를 맺는 사역의 결과도 필요합니다(요 15:8).

2. 이론 없이 도는 없음

목회 사역은 전문적인 일입니다. 따라서 목회자에게는 전문적인 기술이 요구됩니다. 이것은 반드시 목회자의 영적 성장과 함께 강조되어야 합니다. 영적인 성장은 하나님을 아는 지식의 성장을 기초로 합니다. 하나님을 아는 지식의 토대 위에서 갖추어진 사상이 삶을 동반한 가운데 성숙되어 가는 것이 영적인 성장입니다. 신학교에서 공부를 하는 동안 신학생들이 마음을 쏟아야 할 것은 목회의 기술을 배우는 것이 아니라 신학의 도(道)를 터득하는 일입니다.

모든 학문에 있어서 기술은 토대가 아닙니다. 이론과 사상이 토대입니다. 건전하고 확고한 이론과 사상의 토대가 있을 때, 그 학문의 이상을 올바르게 실현할 수 있는 기술이 나옵니다. 이러한 토대가 없이 이루어진 기술은 잡기(雜技)가 되어 오히려 그것을 실행할 때 그 학문이 실현하고자 하는 이상과 목표를 그르치게 만들어 버립니다.

따라서 신학교 다니는 시절뿐 아니라 목회를 하는 동안에 기술의 사람(a man of the skill)이 되기 전에 도의 사람(a man of the Word)이 되려는 마음을 가져야 합니다. 『장자』(莊子)의 '인간세편'(人間世篇)에는 이런 말이 있습니다.

> 사람들은 모두 쓸모 있는 것의 쓸모는 알아도 쓸모없는 것의 쓸모를 모른다(人皆知有用之用 而莫知無用之用也).[187]

이 말의 의미는 이것입니다. '무용지용'(無用之用)의 지식은 '대용'(大用)의 지식이요, '유용지용'(有用之用)의 지식은 '소용'(小用)의 지식이라는 뜻입니다. 쉽게 말해서 겉으로 보기에 쓸모없어 보이는 지식이 오히려 크게 쓰일 지식이요, 쓸모 있어

---

[187] 장자, 『莊子』, 안동림 역주 (서울: 현암사, 2002), 142-143.

보이는 지식은 사실상 적게 쓰일 지식이라는 뜻입니다.

신학을 공부하다 보면, 바로 사역에 적용하고 설교에 활용할 만한 지식을 배울 때가 있는가 하면 '이런 것까지 알고 있어야 하나?' 하는 마음이 드는 지식을 배울 때도 있습니다. 당장은 전자의 공부가 더 매력적으로 느껴집니다. 그러나 한참 지난 후에 뒤돌아보면 전자의 지식보다 후자의 지식이 우리의 인생과 사상과 경건에 더 중요한 기여를 하는 경우가 많음을 알게 됩니다.

목회자의 영적 성장은 지식과 함께 이루어집니다. 목회자가 하나님 앞에서 살아가는 도의 사람이 되기 위해서는 이론적 지식의 함양이 필요합니다. 그렇기 때문에 신학교 시절과 목회 초년생 시절은 신학의 이론과 사상의 기초를 놓는 시기여야 합니다.

지엽적인 문제에 골몰하거나 편중된 학문적 기호를 가져서는 안 되고, 넓고 깊게 신학이라는 학문의 자양분을 흠뻑 섭취하여 성경의 진리를 올바르게 배우고 그 지식들을 영적인 성장에 활용해야 합니다. 이를 위해 포괄적이고 근본적인 인식 체계를 형성해 나간다는 생각으로 두루두루 학문과 경건에 힘써야 되는 시기가 바로 신학생 시절입니다.

제가 만난 어느 법조인이 법적 사고력에 대해 말해 주었습니다. 그에 따르면, 고등학교를 졸업하고 학과와 상관없이 대학에 재학 중인 평범한 청년을 기준으로 사법고시에 응시할 만한 법적 사고력(legal mind)을 함양하는 데 하루 8–10시간의 독서량으로 약 3년 정도가 소요된다고 합니다.

신학은 영적인 학문입니다. 그리고 법학과는 비교할 수 없이 많은 면에서 성경과 다른 여러 학문들, 심지어 예술과도 깊은 연관을 가지고 있습니다. 그래서 저의 경험에 비추어 볼 때, 본격적으로 신학을 탐구하면서 홀로 공부할 수 있으리만치 신학적 사고력(theological mind)을 함양하기 위해서는 법조인이 되려는 사람들의 경우보다 더 많은 시간의 독서와 사색, 무엇보다 간절한 기도와 그 가르침대로 살아가려는 실천이 필요합니다. 법적 사고력의 함양은 독서만으로도 어느 정도 가능하지만, 신학적 사고력은 독서뿐 아니라 온몸을 다 바친 실존적 몸부림으로써 함양되기 때문입니다.

오늘날 신학교에서 성경과 학문을 위한 이론 과목들이 대폭 축소되고 목회와 교회 운영을 위한 실천적 과목들로 대치되는 경향이 있습니다. 이러한 현상은 미래의 조국교회를 위하여 매우 염려스러운 일입니다. 우리가 신학교 졸업 이후에 신학 교육 과정을 밟거나 남다르게 노력하지 않는다면, 그런 공부를 할 기회가 그리 많지 않을 것이기 때문입니다.

그렇다고 해서 신학교 교육 과정에서 실천적인 지식이 필요 없다거나 실천적 교육을 소홀히 하자는 말은 아닙니다. 신학 교육의 사변화(思辨化)를 주장하는 것은 더더욱 아닙니다. 다만 저는 신학교에서 학문적 소양과 사상적 능력을 함양하는 이론 신학 교육에 소홀해서는 안 된다는 점을 강조하고 싶습니다. 모든 학문에는 그것을 감당하기에 적합한 사고력이 필요하기 때문입니다.

목회 사역에 들어서게 되면 어차피 목회 실천에 대한 지식을 갖추지 않으면 안 됩니다. 그리고 목회자 후보생으로 교회를 섬기고 있는 동안에도 설교와 전도, 기도와 심방, 상담과 양육을 통해서 목회의 실천을 배우게 됩니다. 그러므로 신학생 시절에는 가능한 실천적 지식의 추구보다는 신학의 이론과 사상적 토양을 풍성하게 하는 일에 매진하는 것이 더 바람직합니다.

3. 진리에 순종하는 삶

목회자는 도(道)의 사람이 되어야 합니다. 그 일을 위해서는 열렬한 독서만으로 충분하지 않습니다. 독서를 통하여 습득한 성경과 학문에 대한 머릿속의 지식이 묵상과 사색을 통하여 가슴으로까지 내려와야 합니다. 그리고 가슴에서 정동을 불러일으킨 지식은 자신의 삶에 적용되어 실천으로 나타나야 합니다.

그러기에 목회자가 모든 사람들에게 가르치는 진리는 곧 그가 살아가는 도가 되어야 합니다. 그가 성경을 탐구하고 학문을 추구하는 것은 궁극적으로 자신과 모든 사람들을 하나님 앞에서 살게 하기 위함입니다.

성경과 학문을 통한 진리의 발견은 곧 하나님의 아름다움을 발견하는 것입니다. 시편 27편에 나오는 시인의 일평생 소원은 하나님의 아름다움을 사모하는 것이었습니다(시 27:4). 그가 그리스도의 교회를 사랑하는 것도 단지 그가 교회에서 일하는 사람이기 때문이 아니었습니다. 그가 그리스도의 몸인 교회 안에서 하나님의 아름다움을 발견하고 영혼의 만족을 얻었기 때문입니다(시 65:4).

하나님께서는 당신의 아름다움을 사랑하는 자들에게 보여주기를 기뻐하십니다(요 14:21). 그래서 진리를 사랑하고 그 진리에 순종하며 살 때에는 그것을 발견하는 일뿐 아니라 그것에 의하여 불러일으켜지는 정동(情動)도 언제나 즐거운 것입니다.

그러나 진리를 따라 살고 싶지 않을 때에 그것은 고통스러운 일입니다. 진리가 자신을 떠난 삶을 책망하고 있는 동안에는 진리를 깨닫는 것도 그것이 주는 책망에 의하여 정동되는 것도 모두 고통스러운 일입니다. 그렇기 때문에 목회자는 과거에 목회에로 부름받은 사람이어야 할 뿐만 아니라 현재적으로도 하나님을 기뻐하고 순종하며 살아가는 사람이어야 합니다.

하나님을 경외하는 신앙생활 없이는 신학공부를 제대로 할 수 없습니다. 경건하고 열렬한 신앙 없이 순수한 신학을 공부한다는 것은 불가능합니다. 참된 신학이야말로 성경의 가르침을 순수하게 따르는 철저한 경건과 건전한 이성을 함께 요구하기 때문입니다.

만약 누구든지 신앙과 학문이 조화를 이룬 올바른 방법으로 신학을 공부하지 않는다면, 그는 반드시 자유주의자가 되거나 입술로만 개혁주의를 신봉하는 사람이 될 것입니다. 그런 잘못된 방식으로 신학을 끝까지 공부하게 될 때, 경건의 비밀과는 관계없는 이데올로기로서의 종파적 신학을 고집하게 됩니다. 그런 방식으로 하는 신학은 생명이 없는 이념의 체계를 답습하는 것에 지나지 않습니다.

복음은 모든 진리의 핵심이고, 우리는 이것을 전하며 살다가 죽도록 부름받은 사람들입니다(행 20:24). 복음을 전한다는 것은 단지 복음 자체만을 전하는 것이 아니라 그가 가르치는 모든 신앙적 가르침을 통하여 복음의 의미를 확증하는 것까지 포함합니다.

그런 의미에서 목회자의 소명은 일평생 복음의 골자만을 단순 반복하는 것이 아닙니다. 목회자의 직무는 그리스도의 복음으로써 불신자들을 구원할 뿐 아니라 신자들을 거룩한 사상으로 참다운 인간이 되도록 교화하여야 합니다(딤후 3:15-16). 그리고 자신이 윤리적 생활로 삶의 모범을 보여야 합니다(벧전 5:3).

그러므로 우리는 하나님께로부터 받은 자신만의 신령한 소명의 체험 하나를 가지고 자만해서는 안 됩니다. 그것은 겨우 우리로 하여금 목회자로서 섬기며 살게 하신 시작일 뿐입니다. 우리가 체험한 소명은 다른 사람들도 체험하였습니다. 목회자로서의 소명의 체험은 한 번에 주어지지만 그것은 지속적인 성화 속에서 은혜로 간직되어야 하고 하나님을 아는 지식을 향한 치열한 탐구와 실천으로 나아가야 합니다.

V. 맺는 말

목사는 선지자의 후예이며 사도들의 자손입니다. 그는 단지 교회를 운영하고 기독교 사업을 경영하는 사람이 아닙니다. 그는 무지한 인간들에게 하나님의 지혜를 언어로 선포하고 학문으로 가르치고 생활로써 보여주는 사람입니다. 그래서 그는 인생에 대한 지혜에 무지한 채 설교해서도 안 되지만, 단지 강의실에서 배운 지식을 앵무새처럼 전해서도 안 됩니다.

그는 하나님과 인간, 세계를 올바르게 아는 지혜 속에서 주님을 사랑하고 또한 이웃을 사랑하는 사람이어야 합니다. 이 모든 것들을 가르쳐 주는 신적 지혜가 바로 성경입니다. 예수 그리스도께서는 바로 그 지혜가 사람이 되신 것입니다.

그러므로 목회자의 가장 중요한 자격은 '도'이신 예수 그리스도를 사랑하는 것이고, 그의 가장 중대한 사명은 모든 사람을 진리로써 자유하게 하여 그리스도를 통하여 성령 안에서 하나님을 향하여 살게 하는 것입니다(요 8:32, 36). 따라서 그는 마땅히 그리스도께 매인 사람이어야 합니다.

그는 그리스도 때문에 아파하며 '도애'(道哀)의 삶을 살고 그리스도 때문에 환희하는 '도열'(道悅)의 삶을 사는 사람이어야 합니다(시 40:16, 42:1). 그가 잃어버린 영혼들로 인해 아파하고 성도들을 주님 안에서 온전한 자로 세우고자 그리스도의 남은 고난을 그의 육체에 채운 것도 모두 그 사람들 안에 있는 그리스도를 발견했기 때문입니다(골 1:24).

이것이 바로 목사로 산다는 의미입니다.

제11장 목사란 누구인가

I. 들어가는 말

목사는 성경의 진리로부터 도출된 삶의 의미와 도리와 윤리의 전문가이자 그 전문적 지식을 직접 삶으로 살아 냄으로써 성도들의 모범이 되어야 하는 존재이다.

II. 혼란스러운 현실

목사의 정체성에 대한 모호한 인식은 목회를 행함에 있어서 모호한 태도로 나타난다. 신학생에게 불타는 소명 의식 못지않게 중요한 것이 소명의 내용에 대한 인식이다.

III. 목회란 무엇인가

목회자가 치열하게 공부해야 하는 이유는, 목회란 교인들의 인생의 본질적 문제를 해결하는 일을 돕는 것이기 때문이다. 이 일을 감당하기 위해서 목회자는 기독교 사상가가 되어야 한다. 기독교는 인간의 불행의 문제를 근본적으로 해결하는 종교로, 인간의 불행에 대한 궁극적 해결은 그들이 하나님 앞에서 자신이 죄인임을 알고 하나님의 사랑으로 돌아오는 데 있다.

IV. 목사란 누구인가

목사는 말씀으로 영혼을 돌보는 사람이다. 따라서 목회자는 말씀의 사람이어야 한다.

A. 목사의 정체성 목사는 진리의 사람이어야 한다. 그는 외치지 않으면 안 될 진리를 마음에 지닌 사람이어야 하고, 성경 진리를 따라 살고 죽을 수 있는 사람이어야 한다. 그러한 삶

의 모본을 우리는 예수 그리스도에게서 본다. 모든 사람들로 하여금 진리의 빛 안에서 행복한 삶을 영위하게 하는 것이 우리가 힘들고 고단한 신학공부의 길을 가는 이유이다.

B. 신적 지혜를 아는 사람 이 세상의 어떤 직업도 목회자만큼 인간의 영원한 운명에 대하여 결정적인 역할을 하지 못한다. 목회자가 이처럼 숭고한 직무를 감당할 수 있는 것은 그가 하나님의 지혜를 소유한 사람이기 때문이다. 목회자가 성경을 가르치는 것도, 설교를 하는 것도, 심방을 하는 것도 모두 성도로 하여금 하나님의 지혜를 따라 살아가게 하기 위해서이다.

C. 도를 따르는 사람 목회는 전문적인 일이기에 실천적 지식과 전문적 기술이 반드시 필요하다. 그러나 그것은 이론과 사상의 올바른 토대 위에서 비로소 빛을 발한다. 그러므로 신학생 시절에는 가능한 실천적 지식의 추구보다는 신학의 이론과 사상적 토양을 풍성하게 하는 일에 매진하는 것이 바람직하다. 목회자는 '도'(道)의 사람이 되어야 하는데, 이는 열렬한 독서만으로 되는 것이 아니다. 독서를 통해 습득된 지식이 묵상과 사색을 통해 가슴으로까지 내려오고 삶에 적용되어 실천으로 나타나야 한다.

V. 맺는 말

목회자는 무지한 인간들에게 하나님의 지혜를 언어로 선포하고 학문으로 가르치고 생활로써 보여주는 사람이다. 목회자의 가장 중요한 자격은 '도'이신 예수 그리스도를 사랑하는 것이고, 가장 중대한 사명은 모든 사람들을 진리로써 자유하게 하여 그리스도를 통하여 성령 안에서 하나님을 향해 살게 하는 것이다.

왜 신학공부를 하는가

신학공부는
하나님의 지혜를 학문적으로 탐구하여 체계적인 지식을 쌓고
그 지혜의 빛을 자신의 삶에 적용함으로써
하나님을 향하여 살아가기 위해 해야 하는 것입니다.
신학은 이성의 원리를 따라 인과관계를 파악할 수 있는 것이 아니며
그 대상 자체가 이성으로 파악 가능한 것도 아니기에 학문일 수 없습니다.
그러나 인간다운 삶을 위해서 반드시 습득해야 할 지식에 대한 탐구인 동시에
온 인류가 공유하여야 할 아름다운 삶을 위한 지혜를 찾아가는 과정이란 점에서
신학이야말로 가장 중요한 학문이라 할 수 있습니다.

제12장

신학이란 무엇인가

What is Theology?

I. 들어가는 말

'신학'(theology)이라는 용어는 다음과 같은 의미를 갖습니다. 넓은 의미에서는 '기독교 신앙' 자체를, 좁은 의미에서는 '하나님에 관한 학문의 체계'를 가리키는데, 어원적으로 '하나님에 관한 이야기 혹은 말'을 뜻합니다.[188]

신학은 세상의 다른 학문과 비교할 때 탁월할 뿐 아니라 매우 특별합니다. 신학은 종교의 영역에만 국한된 학문이 아니라, 인간의 모든 학문들에 대하여 그것들이 주는 교훈을 바르게 이해할 수 있게 하기 때문입니다. 인간으로 하여금 그가 소유한 모든 학문의 지식을 사용하여 하나님을 알고 사랑하고 섬기게 하는 것이 곧 신학의 임무입니다. 그러므로 신학의 내적인 원리는 신앙 혹은 성령이고, 외적인 원리는 계시입니다. 그리고 그 계시의 핵심이 바로 성경입니다.

신학의 탐구는 신앙으로 성경의 계시를 연구함으로써 이루어집니다. 우리에게 주어진 세계와 인간에 대한 모든 지식들은 그 안에 오류가 없는 한 하나님의 뜻을

---

[188] P. G. W. Glare ed., *Oxford Latin Dictionary* (Oxford: Oxford University Press, 2012), 1143.

보여줍니다. 그러나 흐려진 자연 계시와 부패한 인간의 지성으로 말미암아 자연을 통한 계시만으로는 하나님의 뜻을 온전히 알 수 없게 되었습니다. 이제 우리는 성경의 진리를 믿음으로 말미암아 하나님을 올바르게 알아 가고, 그렇게 알게 된 하나님의 성품을 자연 계시 속에서 발견하며, 우리에게 주어지는 모든 지식이 다시 성경의 진리를 확증하는 데 이바지하게 해야 합니다.

우리는 신학을 통해 하나님의 지혜를 학문적으로 탐구하는 동시에 그 지혜를 따라 하나님 앞에서 살아가야 합니다. 그러므로 우리는 모든 학문을 초월하는 하나님의 지혜를 다루는 신학을 공부할 때, 학문적인 방식으로 체계적인 지식을 쌓아 갈 뿐 아니라 그것이 우리의 모든 삶의 중심이 되어 경건으로 나타나게 해야 합니다.

II. 신학은 학문인가

사람들은 종종 신학이 학문이냐고 묻습니다. 학문이라는 용어는 신앙과는 관계가 없이 인간 이성으로 발견한 지식들의 체계라고 생각하기에, 하나님을 경배하고 섬기며 살기 위한 신학을 학문으로 규정하기를 주저하는 것입니다.

학문을 체계와 형식을 따라 이성으로써 지식을 습득하는 것이라고 정의할 때, 신학은 학문의 범주에 들어가는 것인 동시에 그 범주를 훨씬 능가하는 것입니다. 그러므로 우리가 "신학이 학문인가?"라는 질문에 답하기 위해서는 입체적인 숙고가 필요합니다.

먼저 신학을 학문으로 볼 수 있는지의 여부를 두고 다음 두 가지 측면을 함께 숙고해 보겠습니다.

A. 학문일 수 없는 측면

첫째로, 학문일 수 없는 측면입니다. 모든 학문은 이성적으로 자명(自明)한 원리에서 출발합니다. 그러나 신학은 신앙적으로 믿는 것으로부터 출발하기에 학문적 관점이 아니라 종교적 관점에서 보아야 옳다는 것이 신앙을 학문이 아니라고 말하는 사람들의 일반적인 논점입니다.

하지만 아우구스티누스(Aurelius Augustinus, 354-430)는 오히려 그렇기 때문에 신학만이 진정한 학문이라고 말합니다. 그는 『삼위일체론』(*De Trinitate*)에서 다음과 같이 말합니다.

> 거기서 내가 논하였던 (하나님에 관한 일들에 대한) 지식은 오직 참된 지복으로 인도하는 가장 건강한 신앙을 낳고 양육하며 보호하고 강화하는 지식뿐이었다 (1.3.).[189]

토마스 아퀴나스(Thomas Aquinas, 1225경-1274) 역시 아우구스티누스와 의견을 같이합니다. 그가 활동하던 당시에도 신학은 믿음을 필요로 하기 때문에 학문이 될 수 없다고 생각하는 사람들이 있었습니다. 아퀴나스는 이러한 생각은 학문에 대한 오해에서 빚어진 것이라고 말하며, 학문을 자연 이성의 빛으로 알게 된 원리에서 출발하는 학문과 더 상위의 빛으로 알게 된 원리에서 출발하는 학문으로 분류했습니다. 그리고 신학이 바로 후자에 속하는 학문이라고 다음과 같이 명쾌하게 설명하였습니다.

---

[189] "… huic scientiae tribuens, sed illud tantummodo quo fides saluberrima quae ad ueram beatitudinem ducit gignitur, nutritur, defenditur, roboratur." Avrelivs Avgvstinvs, *De Trinitate*, in *Corpus Christianorvm Series Latina, La: Avrelii Avgvstini Opera*, Pars XVI, 2 (Tvrnholti: Typographi Brepols Editores Pontificii, 1968), 424.

거룩한 가르침(신학)은 학문이다. 그런데 학문은 두 종류가 있음을 명심해야 한다. (첫째로) 어떤 학문은 지성의 자연적인 빛으로 인식하게 된 원리로부터 시작하는데, 예를 들자면 산수학, 기하학 등과 같은 종류의 학문이 그것이다. (둘째로) 어떤 학문은 상위의 학문의 빛으로 인식하게 된 원리로부터 출발하는데, 예를 들자면 광학은 기하학에 의해 세워진 원리에서 출발하는 학문이며, 음악은 산수학이 지시하는 원리로부터 시작하는 학문이다. 거룩한 가르침(신학)은 두 번째 방식의 학문인데, 상위의 학문의 빛 이른바 하나님과 지복자들에 관한 지식으로 알게 된 원리로부터 시작하기 때문이다. 마치 음악이라는 학문이 산수학이 지시하는 원리들에 의존하듯……신학은 하나님께로부터 계시된 원리들에 의존한다.[190]

일반적인 관점에서 학문이란 사물의 원인과 결과의 관계를 추론하는 활동입니다. 그 관계들 안에서 서로 다르게 보이는 것들을 종합하거나 서로 같아 보이는 것들을 나누도록 분석함으로써 사물들의 이치를 터득하고 이론의 체계를 세우는 것을 사람들은 학문이라고 여깁니다. 학문의 분과는 탐구자가 깊이 관찰하는 대상이 무엇인지에 따라 나뉩니다. 만약 관찰하는 대상이 자연 사물이면 그 학문은 자연학이고, 그 대상이 인간과 사회의 현상이면 인문학입니다.

학문은 이렇게 대상을 이성적으로 관찰함으로써 그 대상에 대한 지식을 체계화해 나가고 그것을 토대로 그 분야의 미래에 대한 예측을 하는 것입니다. 이러한 학

---

[190] "*Dicendum sacram doctrinam scientiam esse. Sed sciendum est quod duplex est scientiarum genus. Quaedam enim sunt quae procedunt ex principiis notis lumine naturali intellectus, sicut arithmetica, geometria, et hujusmodi; quaedam vero sunt quae procedunt ex principiis notis lumine superioris scientiae, sicut perspectiva procedit ex principiis notificatis per geometriam et musica ex principiis per arithmeticam notis. Et hoc modo sacra doctrina est scientia, quia procedit ex principiis notis lumine superioris scientiae, quae scilicet est scientia Dei et beatorum. Unde sicut musica credit principia sibi tradita ab arithmetico ita sacra doctrina credit principia revelata a Deo.*" Thomas Aquinas, *Summa Theologiae*, vol. 1, trans. Thomas Gilby (Cambridge: Cambridge University Press, 2006), 10-11; 김남준, 『영원 안에서 나를 찾다』 (서울: 포이에마, 2015), 236.

문 활동의 결과로 현대 문명과 과학 기술은 폭발적으로 발전했습니다.

그러나 신학은 이성의 원리를 따라 그 원인과 결과의 관계를 파악할 수 있는 것이 아니며, 그러한 이성의 작용의 결과로 폭발적으로 발전할 수 있는 것은 더더욱 아닙니다.

엄격하게 말하자면, 신학은 학문이 아닙니다. 학문의 대상은 학문의 주체에게 파악 가능한 것이어야 합니다. 따라서 유한한 인간이 무한한 하나님을 학문의 대상으로 삼는다는 것은 어불성설입니다. 이러한 사실에 비추어 볼 때, 우리는 신학은 학문이 아니라는 결론에 도달하게 됩니다. 신학을 하는 것은 이성으로써 하나님에 관한 원인과 결과를 추론하여 체계를 세우기 위한 것이 아니기 때문입니다.

신학은 성경을 믿음으로 받아들이고 하나님을 공경하고자 하는 동기에서 비롯되는 것입니다. 그러나 신학의 이러한 특징을 극단화하여 신학이 결코 학문일 수 없다고 규정해서는 안 됩니다. 왜냐하면 또 다른 관점에서는 신학이 분명히 학문이기 때문입니다.

B. 학문일 수 있는 측면

둘째로, 신학이 학문일 수 있는 측면입니다. 앞에서 언급한 이유들만 고려하면 신학을 학문이라고 말하는 것이 불합리해 보이는 것이 사실입니다. 그러나 학문의 개념을 좀 더 넓게 생각한다면, 아우구스티누스나 아퀴나스의 주장처럼 신학이야말로 학문들 중의 학문이라고 말할 수 있습니다. 신학은 모든 학문들을 지도하고 판단하며 궁극적으로 그 학문들이 발견해 낸 진리의 조각들을 연결시켜 하나님의 존재와 성품을 드러내기 때문입니다.

우리는 다음과 같은 이유들을 고려할 때, 신학은 분명히 학문이라고 말할 수 있습니다.

1. 질서와 체계

신학이 학문일 수 있는 이유는 그 안에 논리적인 질서가 있기 때문입니다. 신학이 받아들인 성경의 진리는 이성이 아니라 믿음을 통한 것이었으나, 이 진리들은 논리적인 연결을 이루며 궁극적인 하나님의 뜻을 이해하게 합니다. 이런 측면에서 생각할 때, 신학은 성경을 통해 하나님께서 알려 주시는 당신 자신에 관한 모든 지식들을 체계화해 나가는 학문임에 분명합니다. 실제로 그러한 성경적 사실의 해석과 체계화 과정에 있어서, 신학은 상당 부분 일반 학문의 원리를 따르고 있습니다. 하나님에 관한 개인적인 앎은 종교를 통해서 이루어지지만, 그것을 통해 획득한 지식을 체계화하고 전수하는 일은 계몽주의의 학문적 언어를 사용하여 해야 하는 일인 것입니다.

페트루스 판 마스트리히트(Petrus van Mastricht, 1630-1706)는 신학공부에 있어서 질서를 강조하는데 이는 순서에 대한 강조이기도 합니다. 그는 신학의 체계에 있어서 순서상 성경의 증거를 첫째로 꼽습니다(딤전 6:2-3, 삼하 23:5, 딤후 2:15, 히 12:13). 그리고 신조(creed)들과 교부들, 중세 신학자들과 16세기 개혁신학자들입니다.[191]

그는 신학공부가 어떤 식으로 가르쳐져야 하는지에 대해 디모데전서 6장 2-3절에 대한 해석을 제시합니다. "믿는 상전이 있는 자들은 그 상전

▌ 마스트리히트, 통합적 관점으로 신학을 공부할 것을 강조한 17세기의 개혁주의 신학자이다.

---

191) Adriaan C. Neele, *The Art of Living to God: A Study of Method and Piety in the Theoretico-Practica Theologia of Petrus van Mastricht (1630-1706)* (Pretoria: University of Pretoria, 2005), 2-3 ; 그가 강조하고 있는 신조와 교부들, 중세 신학자들과 개혁신학자들과 16세기 개혁신학자들은 다음과 같다. "The creeds: Apostolic, Nicea, Ephesus, Chalcedon; the patristic fathers: Clement of Alexandria (*Stromaton*), Origenes (*Peri Archon*), Lactantius (*Institutionum Divinarum*), Gregory of Nazianzi (*De Theologia*), Augustine (*De*

을 형제라고 가볍게 여기지 말고 더 잘 섬기게 하라 이는 유익을 받는 자들이 믿는 자요 사랑을 받는 자임이라 너는 이것들을 가르치고 권하라 누구든지 다른 교훈을 하며 바른 말 곧 우리 주 예수 그리스도의 말씀과 경건에 관한 교훈을 따르지 아니하면"(딤전 6:2-3).[192] 그는 이 말씀을 근거로 신학이 '주 예수 그리스도의 말씀과 경건에 관한 교훈', 즉 성경의 교훈을 따라서 가르쳐져야 한다고 했습니다.

또한 사무엘하 23장 5절을 근거로 신학이 은혜 언약 아래 질서 있게 정리되어야 할 필요성과, 디모데후서 2장 15절을 근거로 신학이 진리의 말씀에 대한 올바른 판단과 그에 합당한 경건한 생활로 그리스도인의 삶에 올바르게 정립되어야 함을 주장합니다.[193] 그리고 그것이 바로 그리스도인이 신학을 공부함으로써 자신의 삶을 하나님께 드리는 '이성적인 예배'(redelijke Godtsdienst)라고 말했습니다 (롬 12:1).[194]

마스트리히트는 '신학'이라는 말이 원래 비그리스도인들로부터 사용된 것이라고 주장합니다. 그러나 비록 그 용어가 성경에서 발견되지는 않을지라도 성경적인 용어가 아니라고 볼 수는 없다고 말합니다. 구약성경에는 이미 '하나님의 지혜' (חכמת האלהים), '율법의 지식'(הידיעת התוריית), '율법의 연구'(תלמוד תורה) 같은 용어들이 나오고, 신약성경에도 '하나님의 말씀'(λογια τῶ θεῶ, 롬 3:2, 벧전 4:11), '경건'

Doctrina Christiana, Encheidirion ad Laurentium), Ruffinus (Expositio Symboli), Theodoretus (Epitome Divinorum Dogmatum), Prosper (Sententiae), Damascenus (De Orthodoxa fide); the medieval doctors: Lombardus (Sententiae), Albert Magnus, Thomas Aquinas (Summa Theologiae), Scotus, Bonaventura; and the sixteenth-Century reformers: Zwingli, Luther, Melanchton, Calvin, Bullinger, Musculus, Aretius, Martyr, Ursinus and Zanchius." Adriaan C. Neele, The Art of Living to God; A Study of Method and Piety in the Theoretico-Practica Theologia of Petrus van Mastricht(1630-1706) (Pretoria: University of Pretoria, 2005), 84.

192) "οἱ δὲ πιστοὺς ἔχοντες δεσπότας μὴ καταφρονείτωσαν, ὅτι ἀδελφοί εἰσιν, ἀλλὰ μᾶλλον δουλευέτωσαν, ὅτι πιστοί εἰσιν καὶ ἀγαπητοὶ οἱ τῆς εὐεργεσίας ἀντιλαμβανόμενοι. Ταῦτα δίδασκε καὶ παρακάλει. εἴ τις ἑτεροδιδασκαλεῖ καὶ μὴ προσέρχεται ὑγιαίνουσιν λόγοις τοῖς τοῦ κυρίου ἡμῶν Ἰησοῦ Χριστοῦ, καὶ τῇ κατ᾽ εὐσέβειαν διδασκαλίᾳ."

193) "내 집이 하나님 앞에 이같지 아니하냐 하나님이 나와 더불어 영원한 언약을 세우사 만사에 구비하고 견고하게 하셨으니 나의 모든 구원과 나의 모든 소원을 어찌 이루지 아니하시랴"(삼하 23:5). "너는 진리의 말씀을 옳게 분별하며 부끄러울 것이 없는 일꾼으로 인정된 자로 자신을 하나님 앞에 드리기를 힘쓰라"(딤후 2:15).

194) Adriaan C. Neele, The Art of Living to God: A Study of Method and Piety in the Theoretico-Practica Theologia of Petrus van Mastricht (1630-1706) (Pretoria: University of Pretoria, 2005), 84.

(εὐσέβεια, 딤전 3:16, 6:3) 같은 용어들이 등장하는데 이는 오늘날 우리가 말하는 '신학'에 해당하는 용어이기 때문입니다.[195]

또한 신학은 체계를 갖추어야 한다는 점에서 학문이라 부를 수 있습니다. 우리가 믿는 기독교 신앙의 내용이 잘 보존되고 효과적으로 가르쳐지기 위해서 그 지식들은 산발적이고 무질서한 집적이어서는 안 되고 질서 있게 배열되고 체계적인 형식을 갖춘 것이어야 합니다.

신학에 있어서 체계와 형식, 질서를 너무 강조하여 좋지 않게 된 역사적 예가 중세 스콜라주의 신학입니다. 반면 이러한 것들을 너무 무시해서 바람직하지 않게 된 예가 일부 개혁신학자들과 재세례파, 열광파, 광신론자들의 신앙입니다. 후자의 사람들은 철학에 대한 무지와 적대감으로 인하여 신학에 있어서 체계와 형식, 질서를 따르는 방법론들을 무시하였습니다. 양쪽 모두 신학함의 올바른 방법론이 아닙니다.[196]

2. 신학의 독특성

신학이 학문일 수 있는 또 다른 이유는 신학이 지닌 독특성에서 찾을 수 있습니다. 17세기 개혁파 정통주의자로서 칼빈(John Calvin, 1509-1564)의 뒤를 이어서 제네바 아카데미에서 가르쳤던 프랜시스 튜레틴(Francis Turretin, 1623-1687)은 아리스토텔레스가 제시한 앎의 다섯 가지 방식과 대조하며 신학이 지닌 독특한 지식의 유(類)에 대해 자신의 책 『변증신학강요』(*Institutio Theologiae Elencticae*)에서 다음과 같이 논하였습니다.

---

[195] Petrus van Mastricht, *Theoretico-Practica Theologia, qua, per singula capita theologica, pars exegetica, dogmatica, elenchtica et practica, perpetua successione conjugantur*, Tomus Primus (Trajecti: Thomae Appels, 1699), 5.

[196] Adriaan C. Neele, *The Art of Living to God: A Study of Method and Piety in the Theoretico-practica Theologia of Petrus van Mastricht (1630-1706)* (Pretoria: University of Pretoria, 2005), 85.

신학은 직관적 지성(*intelligentia*)일 수가 없다. 직관적 지성은 원리에 대한 지식만을 말하는 것이지 결론에 대한 지식이 아니기 때문이다. 그러나 신학은 원리에 대한 지식인 동시에 결론에 대한 지식이다. 다시 말해서 전자는 본성에 의해 익히 알려진 원리들, 본성의 빛에 의해 명료하게 된 원리들과 관련된 것이지만 신학은 계시된 하나님의 말씀의 원리와 관련된 것이다. 신학은 학문적 지식(*scientia*)이 아니다. 그것은 이성의 증거(*evidentia*)를 기초로 하는 것이 아니라 증언(*testimonio*)만을 기초로 하기 때문이다. 그것은 단순히 지식으로 안주하는 것이 아니라 그 지식이 작동하도록 명령하고 지시한다. 신학은 지혜(*sapientia*)가 아니다. 지혜의 모든 부분들이 그것 자체로 알려진 원리들에 대한 지식과 결론에 대한 지식과 같은 것을 부인하기 때문이다. 신학은 실천적 지식(*prudentia*)이 아니다. 그것은 행해야 할 것들과 관계할 뿐만 아니라 믿어야 할 것들과도 관계하기 때문이며, 세속적인 것이 아닌 영적으로 행해야 할 것들을 지시하는 힘이다. 신학은 기예(*ars*)가 아니다. 그것은 어떤 외적 소행에 있어서 종결을 짓고자 하는 효과적인(생산적인) 성향이 아니기 때문이다.[197]

다시 말해서 그는 신학이 객관적으로는 학문의 분야이지만 주관적으로는 지성 안에 내재하는 성향인데, 이는 지식의 성향이 아니라 구원을 이루는 '믿고자 하는 성향'(*habitus credendi*) 곧 '믿음'(*fides*)이며, 이성이 아닌 신적 계시로 주어진 초자연적인 성향이고, 또한 이론적인 동시에 실천적인 것이라고 정리하였습니다.[198]

---

[197] "*Theologia non potest esse Intelligentia, quia ista est tantum notitia principiorum, non conclusionum; At Theologia est notitia tum principiorum tum conclusionum. Deinde versatur circa principia natura nota, et sua luce clara; At Theologia circa principia Verbo Dei revelata. Non est Scientia, quia non nititur evidentia rationis, sed tantum testimonio, nec in cognitione acquieseit, sed eam ad operationem dirigit et ordinat. Non est Sapientia, quia de ea negantur omnes partes Sapientiae, puta intelligentia principiorum per se notorum, et notitia conclusionum. Non est Prudentia, quia non est tantum agendorum, sed etiam credendorum, et virtus est directiva actionum spiritualium, non civilium. Non denique Ars; quia non est habitus effectivus, et eorum quae extra efficientem in aliquo opere terminantur.*" Francisco Turrettino, *Institutio Theologiae Elencticae*, vol. 1 (Edinburgh: John D. Lowe, 1847), 18–19.

이것은 궁극적으로 신학이 진리 되시는 하나님에 대한 지식이자 최고선(*summum bonum*)이신 하나님을 향한 예배임을 설명한 것입니다. 여기서 말하는 예배는 인간의 삶 전체를 포괄하는 것입니다. 이와 같이 신학 연구가 가지고 있는 분명하고도 단일한 목적은 신학생들이 습득해야 했던 다양한 학문들과 부속 지식들을 성경의 연구와 경건의 실천이라는 궁극적 목표 아래서 하나로 통일되게 만드는 것입니다.[199)]

하나님께서는 당신 자신을 인간에게 알리기를 기뻐하셨습니다. 그리고 그러한 계획 속에서 우리에게 계시를 주셨는데, 그것이 신학의 원리가 됩니다. 계시를 신앙으로 받아들임으로써 신학이 가능해지는 것입니다.

그런 점에서 다른 모든 학문이 인간에 대하여 '타자'(他者)로서 자신을 드러내려는 의지 없이 존재하는 대상에 대한 탐구의 결과라면, 신학은 하나님께서 당신 자신을 인간에게 알리시기 위하여 주신 계시에 의해 시작된 학문입니다. 즉, 다른 학문은 그 학문의 주체인 인간에 의해 먼저 시작되지만 신학은 학문의 대상인 하나님에 의해 먼저 시작된 학문인 것입니다. 이렇게 볼 때 신학은 학문의 성격을 가지기도 하고 또 그렇지 않기도 하는데, 한편으로 생각하면 이것이 바로 신학의 독특한 학문적 특성이라고 할 수 있습니다.

다른 학문은 연구하는 주체가 반드시 학문의 결과를 따라 살아야 할 필요가 없습니다. 경제학을 공부하는 사람이 비경제적인 삶을 살아도, 수학을 공부하는 사람이 수학적인 삶을 살지 않아도 학문 자체를 하는 데는 어려움이 없습니다. 그러나 신학은 다른 학문과 달리 주님을 사랑하고 경외하는 사람에 의하여 탐구되어야 합니다. 그러므로 어떤 의미에서는 신학만이 진정한 학문이라고 할 수도 있습니

---

198) Richard A. Muller, "Scholasticism Protestant and Catholic: Francis Turretin on the Object and Principles of Theology," in *After Calvin: Studies in the Development of a Theological Tradition* (New York: Oxford University Press, 2003), 139.

199) Richard A. Muller, *Post-Reformation Reformed Dogmatics: The Rise and Development of Reformed Orthodoxy, ca. 1520 to ca. 1725*, vol. 1 (Grand Rapids: Baker Academic, 2003), 219.

다. 그래서 칼빈은 『기독교강요』(Institutio Christianae Religionis)에서 하나님을 아는 지식에 관하여 다음과 같이 말하였습니다.

> (하나님을 아는) 지식의 효과는 우리에게 첫째로 하나님을 경외하고 두려워할 것을 가르치며, 둘째로 그 지식의 안내와 지도를 받아 그분에게서 오는 모든 좋은 것을 간구하여 얻으며 그것을 받을 때 감사드리도록 설득한다.[200]

신학은 다른 학문과 달리 앎과 삶의 일치를 요구합니다. 다른 학문은 단순히 지적 호기심만으로도 그 길을 갈 수 있지만, 신학은 지적 호기심만으로는 그 길을 갈 수 없습니다. 신학의 동기는 하나님의 지혜에 관한 학문을 통해 그분을 경배하고 섬기고자 하는 것, 바로 그것입니다. 그러므로 신학을 공부하는 사람은 시종일관 하나님을 경외하는 사람이어야 합니다. 신학을 통하여 신앙의 내용과 체계를 갖춤으로써 하나님을 공경하고 이웃을 섬기는 데 더욱 쓸모 있는 사람이 되고자 하는 마음이 있을 때, 우리는 비로소 신학을 할 수 있습니다.

하지만 18세기 계몽주의를 거치면서 신학의 동기에 대한 이러한 관점들은 커다란 변화를 겪게 됩니다. 실질적으로 계시보다는 이성의 권위를 앞세웠던 계몽주의는 전통적인 신학의 입지에도 커다란 변화를 가져왔습니다. 이성으로 해명할 수 있는 지식의 분야만이 학문의 대상이라고 여겼던 계몽주의의 영향으로 신학은 학문의 논의의 장 바깥으로 밀려나 버렸습니다. 그리고 종교와 학문을 아우르는 독특한 학문적 성격을 가지고 있던 이전까지의 신학은 사라지고, 단지 목회 사역에 필요한 전문 교과로서의 신학만이 남게 되었습니다. 18세기 이후로 종교와 학문 사이에 커다란 간격이 존재하게 된 것입니다. 더구나 새롭게 떠오른 비평적인 방법론들은 통일된 학문이었던 신학을 다수의 전문화된 분야들로 분리시켰습니

---

[200] John Calvin, *Institutes of the Christian Religion*, vol. 1, trans. Henry Beveridge (Grand Rapids: Wm. B. Eerdmans Publishing Company, 1981), 41.

다.[201] 신학이 세분화되고, 그 목적과 방법론 그리고 다른 분과의 학문들과의 관계에 있어서 근본적인 변화가 일어나게 된 것입니다.

이러한 변화들은 신학이 신앙의 원리를 버리고 이성의 원리만을 따르는 현상을 더욱 촉진하였습니다. 그리하여 전통적으로 신학이 가지고 있던 학문적 포괄성과 총체적 사상의 힘은 현저히 사라지게 되었고, 지금 우리는 바로 그러한 풍조 아래서 신학을 공부할 수밖에 없게 되었습니다.

III. 신학의 목적 : 하나님을 향하여 사는 것

신학의 목적은 하나님을 향하여 사는 것입니다. 신학생들이 흔히 범하는 오류가 신학을 공부하는 목적이 목회하기 위해서라고 생각하는 것입니다. 그러나 그것은 잘못된 생각입니다. 신학공부는 먼저 자신의 신앙과 인생을 위한 것이어야 합니다. 잃어버린 영혼들을 구원하고 목양하는 것은 그러한 은혜를 누리며 살아가는 삶의 결과일 뿐입니다.

A. 하나님을 향한 삶

신학의 목적은 하나님을 향한 삶을 살고자 하는 것입니다. 페트루스 판 마스트리히트는 자신의 책 『이론실천신학』(*Theoretico-Practica Theologia*)에서 "교리는 그리

---

[201] 팔리(Edward Farley)는 오늘날 신학공부의 문제점인 신학의 단절적 파편화 현상을 18세기 계몽주의와 경건주의의 발흥에서 찾았다. 특별히 계몽주의는 제도적, 인지적 권위들로부터 인간 사유와 연구의 해방을 부르짖은 혁명이었으며, 근대 대학의 출현에 발맞추어 자율적인 학문이라는 이상을 내걸고 해석학의 역사적 의미와 역사 비평적 방법론을 가져옴으로써 인간과 역사적인 학문들을 새로운 의미의 분야들로 개혁시켜 버렸다고 주장한다. 이로써 성경은 그 자체로 학문의 대상이 되어 버렸고, 신학의 각 분과는 신학공부 목적의 새로운 모델, 곧 목회를 위한 훈련과 기술 연마를 위한 수단이 되어 버렸다는 것이 그의 견해이다. Edward Farley, *Theologia: The Fragmentation and Unity of Theological Education* (Philadelphia: Fortress Press, 1983), 40–42.

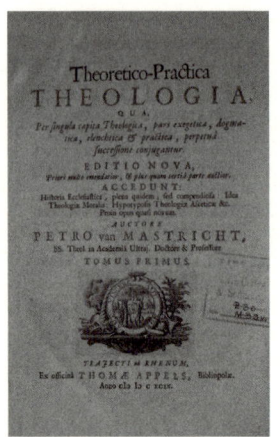

조나단 에드워즈가 성경 다음으로 탁월한 책이라고 극찬하였던 교의학 교과서, 『이론실천신학』, 1699년판.

스도를 통하여 하나님을 향하여 살기 위한 것이다." (doctrina est vivendi Deo per Christum)라고 하였습니다.[202] 여기서 독트리나(doctrina)는 바로 삶의 지혜로서의 신학을 가리키는 것입니다.[203]

오늘날 조직신학이나 성경신학에서는 꼭 다루어야 할 궁극적인 주제들, 곧 '하나님을 향하여 사는 것', '하나님의 창조 목적을 따라 사는 지혜' 같은 것들을 다루지 않습니다. 그런 것들은 실천신학 혹은 응용신학에서 다룰 내용들이라고 생각합니다. 그러나 실천신학의 많은 분야들 중 어디에도 그러한 주제를 다루는 학제는 없습니다.

사실 신학의 임무는 이 주제를 다룸으로써 신자들을 하나님 앞에서 살게 하는 것인데도 말입니다. 이에 대하여 조나단 에드워즈(Jonathan Edwards, 1703-1758)는 신학에 관한 자신의 설교 "하나님의 진리에 대한 철저한 지식의 중요성과 유익"(The Importance and Advantage of a Thorough Knowledge of Divine Truth)에서 다음과 같이 말합니다.

신학은 보통 하나님을 향한 삶의 교리라고 정의된다. 좀 더 정확하게는 신학이란 그리스도에 의한 하나님을 향한 삶의 교리라고 정의된다. 신학은 예수님 안에 있

---

202) Petrus van Mastricht, *Theoretico-Practica Theologia, qua, per singula capita theologica, pars exegetica, dogmatica, elenchtica et practica, perpetua successione conjugantur*, Tomus Primus (Trajecti: Thomae Appels, 1699), 1.

203) 마스트리히트의 『이론실천신학』(*Theoretico-Practica Theologia*)은 개혁파 정통주의 역사에서 프랜시스 튜레틴의 『변증신학강요』(*Institutio Theologiae Elencticae*), 레이덴대학교의 신학자 네 사람인 요하네스 폴리안더(Johannes Polyander), 안드레아스 리베투스(Andreas Rivetus), 안토니우스 발라에우스(Antonius Walaeus), 안토니우스 티시우스(Antonius Thysius)가 공동으로 집필한 『순수신학공관』(*Synopsis Purioris Theologiae*)과 함께 개혁파 정통주의 역사에서 금자탑을 이룬 교의학 교과서이다. 특히 앞의 두 권의 책은 조나단 에드워즈에게 개혁파 정통주의 신학을 탐구함에 있어서 매우 중요한 자료였다.

는 기독교의 모든 교리들을 포괄하며, 그리스도에 의한 하나님을 향한 삶 가운데서 우리를 인도하는 기독교의 모든 규칙들을 포괄한다. 신학 안에는 그리스도인의 거룩한 삶, 곧 그리스도에 의한 하나님을 향한 우리의 삶과 이렇게 저렇게 관련되지 않은 어떤 교리도 어떤 약속도 어떤 규칙도 없다.[204]

신학이 무엇인지에 대해 정의내리고 있는 에드워즈의 첫 문장은 마스트리히트가 『이론실천신학』에서 언급한 명제를 반영하고 있습니다. 정확히 말하자면, 마스트리히트의 책의 첫 번째 항목에 나오는 문장을 인용한 것입니다.

▌조나단 에드워즈가 20여 년간 시무했던 노샘프턴 교회의 소재지인 미국 매사추세츠 주 노샘프턴 교구의 당시 풍경을 엿볼 수 있는 엽서이다.

그러나 저는 신학에 관한 그들의 훌륭한 설명에 다음과 같이 한 가지를 더 보태고 싶습니다. 신학의 탐구는 그 시작부터 완성까지 성령의 인도하심을 힘입은 활동이기 때문입니다. 신학에 대한 다음과 같은 저의 설명은 신학의 동기와 신학함의 과정 그리고 궁극적인 목적을 삼위일체로써 가르쳐 줍니다.

신학은 그리스도를 통하여 성령 안에서 하나님을 향하여 살기 위한 것이다
(Theology is to live to God through Christ, in the Holy Spirit).

---

204) Jonathan Edwards, "The Importance and Advantage of a Thorough Knowledge of Divine Truth," *Sermons and Discourses 1739-1742*, in *The Works of Jonathan Edwards*, vol. 22, ed. Harry S. Stout (New Haven: Yale University Press, 2003), 86.

1. 그리스도를 통하여

신학은 그리스도를 통한 활동이어야 합니다. 신학은 구원을 위한 활동이고, 구원받은 자를 위한 활동입니다. 여기서 신학이라 함은 반드시 학문 형태의 신학만을 의미하는 것이 아닙니다. 하나님에 대한 모든 앎을 신학이라고 지칭하는 것입니다.

진정한 의미에서 하나님을 아는 것은 그리스도로 말미암은 구속을 통해서입니다. 성육신과 십자가의 죽음, 부활 안에서 인격적인 그리스도를 만남으로써 하나님이 누구신지에 대하여 올바로 알게 되고 신학의 삶이 시작됩니다. 그런 면에서 하나님에 관한 모든 지식의 보고는 그리스도이십니다(골 2:3). 실제로 그분을 통하여 만물이 창조되었고, 인간도 그분으로 말미암아 그분을 위하여 있습니다(요 1:3, 고전 8:6). 그래서 성경은 만물이 그리스도에게서 나오고 그리스도로 말미암고 그리스도에게로 돌아간다고 말합니다(롬 11:36).

이렇게 볼 때 신학은 인간으로 하여금 그리스도를 통하여 하나님과 만물의 존재 의미를 이해하고 그 가치 질서를 따라 생각하며 살아가게 하는 학문입니다.

2. 성령 안에서

신학은 성령 안에서의 활동이어야 합니다. 신학의 탐구는 성령의 힘입은 활동이고, 그 활동은 성령 안에서 살아가는 삶을 통해 완성되기 때문입니다.

누구든지 육으로는 영의 세계를 알 수 없고, 영의 세계를 알지 못하는 사람은 육을 거슬러 살 수 없습니다. 그러므로 신학 활동에 있어서 성령의 중요성은 아무리 강조해도 지나치지 않습니다.

성령 안에서 신학공부를 해 나가야만 하는 이유는 다음과 같이 설명됩니다. 먼저 신학의 원리인 계시가 성령으로 말미암은 것이기 때문입니다. 성경은 그 안에 담긴 계시가 성령의 감동으로 주어진 것이며(딤후 3:16), 세계가 성령 안에서 창조되었다고 말합니다(창 1:2). 다음으로 신학의 주체인 신자가 성령 안에서 거룩하게 되었기 때문입니다(고전 6:11). 인간은 처음부터 하나님을 닮은 영혼을 가진 존재로 창조되었습니다(창 2:7). 그러나 범죄로 인해 인간의 영혼 안에 있던 하나님을 닮은 아름다운 특징들은 오염되고 부패하고 말았습니다. 하나님께서는 그러한 비참한 상태에 놓여 있던 우리를 구속하시고, 진리의 영이신 성령을 보내사 진리 가운데로 인도하십니다(요 16:13, 엡 2:22).

그러므로 신학은 진리의 원천이신 삼위 하나님에 대한 성경의 계시들을 우리로 하여금 깨닫게 하시는 성령의 감화 속에서 이루어져야 합니다. 그런 점에서 신학은 성령 안에서의 활동입니다. 실제로 성령을 통해 지혜와 사랑이 인간에게 끊임없이 부어지지 않으면 누구도 올바른 신학을 할 수 없습니다. 또한 신자가 그리스도와의 연합을 이루는 실제적인 방식도 성령 안에서입니다. 그렇기 때문에 성령으로 충만한 신자로서의 삶은 좋은 신학공부의 매우 중요한 요소입니다.

3. 하나님 앞에서

마지막으로 신학은 하나님 앞에서 살기 위한 것입니다. '하나님 앞에서 산다.'는 것은 두 가지 의미를 가지고 있습니다. 한편으로는 하나님께서 인간 존재에 대하여 의도하신 대로 사는 것을 의미하며, 또 한편으로는 자신이 하나님 앞에서 책임 있는 존재로 사는 것을 의미합니다.

인간의 존재 목적은 하나님의 창조 목적과의 연관 속에서 올바르게 파악될 수 있으며, 구속 목적은 창조 목적을 이루기 위함입니다. 따라서 신자의 존재 목적은 이 세상에 세우신 교회의 존재 목적과의 관련 속에서만 생각될 수 있습니다. 이는 교회를 세우신 것이 바로 세계에 대한 구속의 경륜을 실행하시기 위함이었기 때문입니다. 세계의 존재 목적은 하나님의 의지에 근거를 두고 있습니다. 그러기에 신학의 목적은 인간으로 하여금 어떻게 이 세상을 살아가야 하는가의 문제, 곧 삶의 방식(the way of living)을 아는 것입니다.

그 무엇도 인간이 하나님 앞에서 사는 것보다 중요한 것은 없습니다. 학문적 지식도, 목회의 소명도, 심지어 성경을 아는 지식까지도 하나님 앞에서 살기 위한 것입니다. 비록 목회자의 설교가 학문으로서의 신학의 교수학적 절정이라 할지라도, 그것은 단지 하나님 앞에서 사는 것(vivere coram Deo)의 시작입니다. 그것은 순례하는 신자들에게 있어서 이정표에 불과합니다. 결코 그 자체가 목적지가 될 수는 없습니다.

설교는 신자들의 생각을 형성하고, 마음을 불붙게 하고, 의지를 사용하게 하는 방식에 따라 그의 신앙생활에 도움을 주는 섬김이지[205] 그것 자체가 곧 하나님 앞에서의 삶의 전부는 아닙니다. 다시 말해서 목회자에게 있어서 설교는 하나님 앞에서 살아가는 그의 신학적 삶의 결과물이지만, 회중들에게 그 설교는 하나님 앞에서 살아가는 그의 신학적 삶의 시작일 뿐인 것입니다.

B. 거룩한 지혜의 학문

존 오웬(John Owen, 1616-1683)은 하나님의 구원 계획을 다음과 같이 설명합니다. 하나님께서 인간을 구속하신 것은 창조의 목적을 계승하기 위함이며, 우리가 참된 그리스도인이 되는 것은 하나님께서 창조 당시에 참으로 의도하셨던 그 모습으로 돌아가게 하기 위한 과정이라고 말합니다. 그는 인간의 구원을 하나님 당신의 영원한 기쁨이라는 창조 목적의 틀 안에서 다루고 있습니다.

그의 신학에서 창조는 기독론 안에서 다루어지는데, 이는 하나님께서 세상을 창조하신 것이 그리스도를 통해서 이루신 일이기 때문입니다. 이러한 사실에 대

---

[205] Todd M. Rester, "Introduction," in *The Best Method of Preaching*, trans. Todd M. Rester (Grand Rapids: Reformation Heritage Books, 2013), 18.

하여 그는 자신의 책 『그리스도의 위격』(The Person of Christ)에서 다음과 같이 말합니다.

> 인간은 죄로 인해 하나님의 의로우심과 거룩하심, 선하심과 통치하심에 상상할 수 없는 불명예를 끼쳤고 인간 자신도 영원한 파멸의 죄책 속으로 빠졌다. 이런 상태에서 인류 전체가 창조의 목적인 하나님 자신의 즐거움에 영원히 이르지 못하는 고통을 당하지 않게 하시는 것, 게다가 그들 중 어느 누구를 구원하시든 구원과 더불어 반드시 죄로 인해 감소되고 허비된 하나님의 의로우심과 거룩하심과 통치의 영원한 영광을 회복하시는 것이 하나님의 지혜요 선하심이 되었다.[206]

또한 그는 같은 책에서 인간의 회복의 정도를 논합니다. 그 회복이 타락 이전의 동일한 상태로의 회복이며 이는 필연적으로 하나님의 선하신 지혜의 탁월하심에 부합하는 것이라고 말합니다.

> 만약 인간이 회복된다면 그는 반드시 타락 이전과 똑같은 조건과 상태와 위엄으로 회복되어야만 한다. 인간의 영광과 축복이 조금이라도 감소된 채 회복되는 것은 하나님의 지혜와 풍성하심에 합당하지 않은 것이다. 하나님께서 인간을 회복시키시는 것은 무한하신 은혜와 선하심과 자비이므로, 인간이 상실한 것보다 더 나은 영광스러운 조건으로 회복되는 것이 하나님의 은혜와 선하심과 자비가 역사함에 있어서 하나님의 탁월하심의 영광에 어울리는 것처럼 보인다.[207]

---

[206] 오웬은 기독론에 대한 그의 저서에서 하나님 그분 자신의 영원하신 즐거움이라는 창조 목적의 큰 틀 안에서 인간의 구원을 다루고 있다. John Owen, *Christologia, or, A Declaration of the Glorious Mystery of the Person of Christ*, in *The Works of John Owen*, vol. 1, ed. William H. Goold (Edinburgh: The Banner of Truth Trust, 1993), 205.

[207] John Owen, *Christologia, or, A Declaration of the Glorious Mystery of the Person of Christ*, in *The Works of John Owen*, vol. 1, ed. William H. Goold (Edinburgh: The Banner of Truth Trust, 1993), 203.

구원의 목적은 이것입니다. 인간의 죄로 말미암아 빗나가게 된 세계 창조와 인간의 존재 목적을 회복하는 것입니다. 성화는 신자의 본성이 죄의 불결로부터 순결해지는 것을 의미하는데, 이는 창조의 목적을 이탈하려고 하는 부패성과 죄로부터의 구원입니다. 인간으로 하여금 하나님을 향해 순전한 삶을 살게 하기 위한 성령의 은혜로운 역사입니다.

참된 경건은 하나님을 알고 사랑하고 순종하는 것입니다. 여기서 하나님을 안다는 것은 하나님의 살아 계심과, 그분이 세계를 창조하신 의도와, 하나님 앞에서의 인간의 지위와, 인간 창조의 목적과 개인의 소명에 대한 지식을 갖는다는 의미입니다. 하나님이 누구신지를 알고 그분이 창조하신 세계와 인간 그리고 인간들 사이의 관계의 본질에 대하여 올바른 앎을 가지고 지혜롭게 살아가는 것이 바로 참된 경건입니다(빌 4:8, 딤전 2:2, 딛 2:12, 약 1:27). 인간은 그러한 삶을 통하여 하나님께 영광을 돌리고 자신도 행복해집니다.

인간에게 있어서 아는 것이 사상의 문제라면, 사는 것은 윤리의 문제이고, 이 두 가지는 은혜 아래서 통합을 이루게 됩니다. 신학은 이러한 통합 속에서 경건을 추구하여야 합니다. 그런데 경건에 있어서 정말로 중요한 것은 지식이 아니라 지혜입니다. 이것은 지식이 가치 없다는 것이 아닙니다. 지식도 중요하지만 보다 더 중요한 것은 지혜임을 강조하는 말입니다.

많은 신학 지식을 가지고 있어도 하나님 앞에서 그 지식을 따라 살지 않는 사람들이 있습니다. 반면 적은 지식을 가지고 있지만 하나님 앞에서 그 지식을 따라 살아가는 사람도 있습니다. 이 둘 중 정말로 지혜로운 사람은 후자의 사람입니다. 그는 거룩한 지혜를 소유한 사람입니다. 여기서 '거룩한 지혜'란 하나님께서 세상을 창조하신 목적 안에서 우리가 인간으로 지음받은 목적에 부합하는 삶을 살아가기 위한 지혜입니다(고전 1:19-21). 교회가 신조를 작성하고 교리를 수립한 목적은 이 거룩한 지혜를 전수하기 위함이었습니다.

이러한 맥락에서 생각할 때 신학이야말로 거룩한 지혜를 탐구하는 가장 중요한 학문입니다. 인간을 하나님과 관계 맺게 하고, 하나님과의 교제로 말미암아 행복하게 하는 지식에 대한 탐구가 바로 신학이기 때문입니다. 신학은 인간다운 삶을 위해서 반드시 습득해야 할 지식에 대한 탐구인 동시에 온 인류가 공유하여야 할 아름다운 삶을 위한 지혜를 찾아가는 학문입니다.

IV. 삶의 지혜로서의 신학

오늘날 신학공부가 목회에 도움이 되지 않는다고 불평하는 사람들이 있습니다. 신학교에서 배운 내용을 어떻게 목회에 활용할지 모르는 신학교 졸업생이나, 교회에서 듣는 설교를 어떻게 자신의 삶과 연결해야 할지 몰라 어려워하는 성도들의 혼란은 기독교의 가르침이 삶의 지혜로서의 특성을 상실하였기 때문입니다.

A. 지혜와 신학의 전통

오늘날의 신학은 삶의 지혜를 추구하는 전통을 상실하였습니다. 기술을 통하여 물건들을 생산하기에 적합한 방식을 인문학과 신학에도 도입하였기 때문입니다. 그리하여 세속 학문 안에 학제(discipline)들을 도입하는 것과 같은 방식으로 신학도 분할되었습니다. 신학 안에 도입된 학제들 간의 높은 벽은 은혜의 통합 아래 하나님 앞에서 경건한 삶을 살아가게 하는 데 기여해야 할 학문적 성과들을 그저 개별적인 지식으로만 남아 있게 만들었습니다. 그리고 그 결과, 신학 교육에 있어서 공부는 많이 했지만 참으로 인간을 자유롭게 하는 진리에 대해서는 무지한 자들이 양산되었습니다(요 8:32).

신학의 목적은 하나님 앞에서 인간이 어떻게 가치 있는 삶을 살 수 있는지를 보여주는 것인데, 그것조차 현대 지식의 몰지혜화(沒智慧化) 현상에 삼켜져 버렸습니다. 그러나 이러한 현상은 원래 신학의 목적을 빗나간 것입니다.

역사적으로 기독교 신앙은 인간으로 하여금 잘 살게 하기 위한 것이라는 점에서 참된 철학과 동일한 것으로 이해되어 왔습니다. 이에 대하여 프랑스 철학자 피에르 아도(Pierre Hadot)는 자신의 책 『삶의 방식으로서의 철학』(*Philosophy as a Way of Life*)에서 다음과 같이 말합니다.

> 기독교 신앙을 참된 철학과 같은 것으로 바라보는 것은 오리게네스(Origenes Adamantius)의 가르침의 많은 국면들에 배어 있다. 그리고 이것은 오리게네스의 신학 사상을 따르는 이들의 학문적 전통으로 남아 있는데, 특히 갑바도기아 교부들, 곧 가이샤라의 바실리우스(Basilius Caesariensis), 나지안주스의 그레고리우스(Gregorius Nazianzenus), 닛사의 그레고리우스(Gregorius Nyssenus)에게 그러하다. 또한 요한네스 크리소스토무스(Johannes Chrysostomus)의 경우에도 그러한 증거들이 분명히 나타난다. 이들은 모두 기독교 신앙을 '우리들의 철학', '완전한 철학' 혹은 '예수 그리스도께서 전해 준 철학'이라고 말한다. ……기독교 신앙을 하나의 철학으로 묘사하는 전통은 멀리 유대교 안에서 이루어지던 추세를 물려받은 것으로 기독교가 이 전통을 분명하게 의식하였음에 틀림없다. 특히 필론(Philon Judaeus)의 경우가 그러하다. 필론은 유대교 신앙을 파트리오스 필로소피아(*patrios philosophia*)라고 하였으니, 이는 유대인들의 '조상 적부터 전해 오는 철학'을 가리키는 것이었다. 플라비우스 요세푸스(Flavius Josephus) 역시 같은 용어를 사용하였다.[208]

---

208) Pierre Hadot, *Philosophy as a Way of Life: Spiritual Exercises from Socrates to Foucault*, ed. Arnold I. Davidson, trans. Michael chase (Oxford: Blackwell Publishing, 2009), 129. 이 책의 원제목은 『영혼의 훈련과 고대 철학』(*Exercices Spirituels et Philosophie Antique*)이며, 영어 번역본은 이 책을 편집한 것이다. *Exercices Spirituels et Philosophie Antique*, 2e edition revue et augmentee (Paris: Etudes Augustiniennes, 1987). 영어 번역본 제4장에서 아도는 그리스와 로마의 고대 철학의 관심사가 인간으로서 잘 살기 위해 인간사에서 직면하는 수많은 삶의 사태들 가운데 발생하는 문제들을 잘 해결하기 위한 '영혼의 훈련'(exercices spirituels)에 있다고 보았다. 초대교회의 선교와 목회 방식이 이러한 고대 철학의 방식을 많이 닮아 있었다고 평가한다.

물론 기독교 신앙과 세속 철학은 동일하지 않습니다. 따라서 신앙과 철학의 목적에 대한 동일성이 획일적으로 지나치게 강조되어서는 안 될 것입니다. 왜냐하면 철학과 신학은 다른 원리를 따르기 때문입

▌ 필론(左)은 알렉산드리아에 살았던 유대인 철학자로 플라톤 철학과 유대교 신앙의 결합을 시도했다. 신플라톤주의와 중세 교부 철학, 스피노자 철학 등에 큰 영향을 준 인물이다. 유대 역사가 요세푸스(右)는 66년 유대 전쟁이 발발하였을 때 유대인 군대의 지휘관으로 참전하였으나 로마군에 투항하였다. 그는 『유대 전쟁사』를 통해 유대 전쟁의 전말은 물론 로마의 군사 전략과 병법을 자세히 기술하였다.

니다. 철학은 인간의 이성을 원리로 삼지만, 신학은 신앙을 입각점으로 합니다. 그럼에도 불구하고 참된 철학을 찾는 동기와 기독교 신앙을 찾는 동기가 동일하다는 것은 의심할 여지가 없습니다.

지금으로부터 약 300년 전 개혁파 정통주의 시대가 막을 내리기 전까지만 해도 항상 신학은 삶의 지혜로서 생각되었습니다. 그리고 그 지혜가 교리의 형태로 집약되어 교회에서 가르쳐졌습니다. 당시 그리스도인들에게 있어서 교리를 공부하는 것은 곧 하나님의 지혜를 습득하는 것이었습니다. 원래 교리는 성경 해석을 통하여 나오고 성경 해석은 교리적 지식에 의하여 온전해지게 되는데, 이렇게 교리를 통해 하나님의 지혜를 터득함으로써 그들은 하나님 앞에서 보다 더 잘 살 수 있었습니다.

예나 지금이나 변함이 없는 신학의 궁극적인 목적은 사람들을 하나님 앞에 세우고 하나님을 향하여 살게 하는 것입니다. 이 일을 위해서는 그리스도의 구속이 꼭 필요하며, 무한히 거룩하시고 완전하신 하나님 앞에서 인간이 무엇을 믿고 행하며 살아야 할지를 아는 것이 필수적입니다. 그러므로 신학의 임무는 인간이 어떻게

하나님이 자신을 창조하신 의도에 부합하고 진정으로 행복해질 수 있는지에 대해 답하는 것입니다.

학술적 담론으로 보이는 정치(精緻)하고 까다로운 교리도 반드시 삶의 지혜와 접촉점을 가지고 있으며, 인간으로 하여금 하나님 앞에 살게 하는 데 매우 중요한 의미를 제공해 준다는 것이 신학의 특징입니다. 그러나 오늘날 삶의 지혜로서의 신학은 더 이상 다루어지지 않고 있습니다. 여전히 신학은 정치한 지식들의 체계화를 추구하고 있지만, 그렇게 하는 궁극적인 목적이 삶의 지혜를 얻기 위함이라는 사실을 잊어버리고 있는 것입니다.

B. 지혜의 핵심, 복음

신학이 추구하는 삶의 지혜의 핵심은 복음입니다(고전 1:21, 2:7). 그리스도를 통하여 구원을 얻은 우리가 복된 사람들이라고 말할 수 있는 것은 바로 하나님과 인간과 세계에 대한 지식을 토대로 이루어진 지혜가 무엇인지를 복음을 통하여 알게 된 사람들이기 때문입니다. 이러한 신학적 사실을 이해하기 위해서는 다음 세 가지 사항을 숙고하여야 합니다.

1. 신학의 핵심, 십자가

가장 먼저 숙고해 볼 사항은 신학의 핵심이 십자가라는 사실입니다. 사도 바울은 고린도 교회에 보내는 편지에서 다음과 같이 말합니다. "내가 너희 중에서 예수 그리스도와 그가 십자가에 못 박히신 것 외에는 아무것도 알지 아니하기로 작정하였음이라"(고전 2:2).

어떤 사람은 이 구절 하나를 떼어 놓고 사도 바울은 십자가 외에 다른 것이 아무것도 필요 없다고 했으니 신학도 필요 없는 것이 아니냐고 주장합니다. 그러한 주장은 성경 본문을 심각하게 오해한 것입니다. 오히려 사도 바울은 십자가 이외에 아무것도 알지 아니하기로 작정한 이유에 대해 상세하게 설명하면서 결국은 하나님 앞에 사는 삶의 지혜의 핵심으로서 주어진 것이 그리스도의 십자가라는 사실을 선언하고 있습니다.

사도 바울의 이 고백은 십자가의 중심성에 대한 확고한 신념과 신학적인 강조를 보여줍니다. 그는 이 고백에 이어 우리의 믿음이 사람의 철학적인 지혜에 달린 것이 아니라 하나님의 능력에 달렸다고 주장합니다(고전 2:4-5). 그러나 사도는 뒤에 의미심장한 말을 덧붙입니다.

> 그러나 우리가 온전한 자들 중에서는 지혜를 말하노니 이는 이 세상의 지혜가 아니요 또 이 세상에서 없어질 통치자들의 지혜도 아니요 오직 은밀한 가운데 있는 하나님의 지혜를 말하는 것으로서 곧 감추어졌던 것인데 하나님이 우리의 영광을 위하여 만세 전에 미리 정하신 것이라(고전 2:6-7).

여기서 사도가 말하는 '온전한 자들 중에서 말하는 지혜'가 바로 그가 앞에서 자랑한 십자가입니다(고전 2:2-12). 그러므로 우리가 십자가를 믿고 이해하게 되었다는 것은 한편으로는 하나님에 대한 결정적인 앎을 소유했다는 의미이기도 하지만 또 한편으로는 비로소 하나님의 참된 지혜에 대해 탐구할 준비가 되어 있다는 의미이기도 합니다.

복음은 하나님의 지혜의 핵심이지 하나님의 지혜를 모두 말하고 있는 것은 아닙니다. 그래서 율법에 대한 이해 없이는 복음의 참된 의미를 알 수 없으며, 세상의 의미에 대하여 알지 못한다면 교회의 의미에 대해서도 이해하지 못합니다. 다시 말해서 구원의 진정한 의미는 십자가 사건 그 자체만으로 파악되는 것이 아니라 창조와 종말의 전망 안에서 구원을 생각할 때 비로소 파악되는 것입니다. 이처럼 천지창조의 목적과 하나님의 위대한 계획에 대한 총체적인 전망 안에서 십자가 사건을 올바르게 이해하기 전까지는 누구도 하나님의 지혜를 알았다고 할 수 없습니다.

십자가의 복음을 정확히 안 사람들은 하나님의 지혜에 근접한 사람들입니다. 그들은 인간이 하나님 앞에 어떻게 살아야 할지에 대한 기본적 진리를 파악한 사람입니다. 그것이 하나님의 지혜의 핵심입니다. 우리가 보다 더 잘 살기 위해서는 핵심을 아는 것만으로 충분하지 않습니다. 하나님의 지혜의 핵심을 아는 것은 다른 모든 것을 아는 지식보다 탁월하고 뛰어납니다. 그러나 그 지혜대로 살기 위해서는 더 많은 지식들이 필요합니다.

우리가 어떻게 이 세상의 역사와 관계를 맺고 창조 세계와 연관을 이루고 있는지를 더 깊이 알아 가면 알아 갈수록 하나님의 지혜의 핵심은 더욱 탁월하게 드러날 것입니다. 그리고 우리가 그 아름다움에 감격할수록 그 지혜의 핵심을 더욱 굳게 붙들고 살 것입니다. 왜냐하면 하나님의 모든 지혜는 지혜의 핵심인 십자가와 탁월한 연관을 맺고 있기 때문입니다(고전 1:18).

하나님께서는 모든 존재의 근원이십니다. 따라서 모든 존재에 대한 지식의 근원도 하나님 안에 있습니다. 그런데 그 하나님께서 그리스도를 통하여 계시되셨습니다. 그 예수 그리스도께서 우리를 위하여 죽으시고 다시 사셨다는 것이 곧 복음입니다(행 1:22, 2:36).

많은 개혁신학자들이 철학적 사변에 떨어질 위험을 감수하면서도 하나님께서 천지를 창조하신 목적에 대하여 진술하고자 힘썼던 것은 그렇게 함으로써 복음의 의미가 보다 명확하게 설명되기 때문입니다.

사도 바울은 그리스도의 십자가 이외에 아무것도 알지 아니하기로 작정하였다고 말하였습니다. 그런데 그는 신앙이 장성한 자들, 온전한 자들에게는 별도로 더 해주고 싶은 이야기가 있었습니다(고전 2:6). 그것은 바로 다음과 같은 내용이었습니다. "사실은 그리스도의 십자가가 바로 이 세상 철학자들이 그토록 추구했던 그러나 도달하지 못했던 그 참된 지혜의 핵심이다."

사도 바울이 여기서 말하는 '지혜'의 개념은 그리스 철학이 아니라 구약성경과 유대주의 전통에 뿌리를 두고 있습니다. 구약성경에서 말하는 '지혜'의 개념을 구체적으로 알기 위해서는 '지혜'를 의미하는 대표적인 히브리어 단어인 호크마(חָכְמָה)에 대해 살펴볼 필요가 있습니다.

개럿 드위즈(Garrett J. DeWeese, 1947-)는 호크마에 대해 설명하며, 이 단어의 원래 의미는 '뿌리가 잘 박혀 있어서 무엇인가 확고한 상태'라고 말했습니다. 그에 따르면 히브리어 발전사 초기에는 이 단어가 기술적인 능숙함을 의미하였는데(출 31:3-5, 렘 10:9, 왕상 7:14, 겔 27:8-9), 발전 과정을 거치면서 구약성경에서 본질적으로 '잘 숙련된 실천적인 기술 혹은 삶에 있어서 성취를 위한 기술'을 의미하게 되었습니다. 정확히 말하자면 호크마는 '잘 사는 삶의 기술'(the skill of living)을 의미하는 단어였던 것입니다.[209]

사도 바울은 바로 이러한 삶의 기술로서의 지혜의 핵심이 십자가라고 말합니다. 다시 말해서 인간으로 하여금 참으로 인간답게 잘 사는 길은 십자가의 복음 안에 나타나 있다는 것입니다. 우리는 여기서 사도 바울이 십자가와 삶의 지혜를 대척점에 둔 것이 아니라 오히려 삶의 지혜의 핵심이 그리스도의 십자가임을 보여주고자 했음을 알게 됩니다. 즉, 오직 십자가만이 모든 참된 철학의 핵심이며, 이 세상의 수많은 철학자들은 십자가 없이 삶의 지혜를 찾았기 때문에 실패한 사람들이었음을 깨닫게 되는 것입니다(고전 1:18, 19, 21).

이러한 신학적 사실은 십자가가 단지 구원을 얻는 일회적 방편도 아니고 이 세상에서 자기의 상식대로 살다가 곤고해지면 회상하는 종교의 상징도 아님을 보여줍니다. 오히려 이 십자가는 인간이 하나님 앞에 어떤 사람이 되고 어떻게 살아야만 하나님께서 자기를 창조하신 목적을 성취할 수 있는지 보여줍니다. 십자가에서 삶의 진정한 지혜를 배우게 되는 것입니다(고전 1:17, 2:7-8).

---

209) Garrett J. DeWeese, *Doing Philosophy as a Christian* (Downers Grove: IVP Academic, 2011), 53.

그런 점에서 볼 때, 그리스도의 십자가는 이 세상 모든 사물들을 연결하는 의미의 그물망의 핵심입니다. 또한 천상의 세계와 지상의 세계의 의미를 연결하는 고리의 역할을 합니다. 그러므로 누구든지 그리스도의 십자가를 통하지 않고는 하나님은 물론 세계와 인생의 목적조차 알 수 없습니다.

지금도 생생하게 기억나는 순간이 있습니다. 제가 어느 교회에서 교육 전도사로 봉사할 때의 일이었습니다. 어느 날 홀로 엎드려 기도하는데 나 같은 죄인을 살리신 십자가의 은혜에 대한 감격이 밀려왔습니다. 예수 그리스도의 구속의 사랑과 그 고난의 희생을 기억하며 한참 동안 울었습니다. 그리고 그때부터 제 마음에는 제가 돌보는 영혼들에게 이 십자가를 설교하고 싶다는 생각이 불같이 타올랐습니다.

저는 그 다음 주부터 당장 십자가를 설교하기로 마음먹었습니다. 그리고 십자가에 대한 첫 번째 설교를 준비하기 위해 책상 앞에 앉았습니다. 그런데 그 다음 순간, 저는 놀라운 사실을 발견했습니다. 이제껏 십자가 앞에서 참으로 많은 눈물을 흘리며 신앙생활을 해 왔지만 정작 십자가에 대해 학문적으로 아는 것은 거의 없다는 사실이었습니다.

그때 저는 지금까지 해 온 신학공부에 의문을 품었습니다. 그리고 스스로에게 물었습니다. "그리스도의 십자가가 기독교의 핵심인데, 이러한 지식은 어디서 배워야 하나?" 그 후부터 저는 십자가를 탐구하는 것이야말로 목회자로서 모든 교인들에게 삶의 지혜를 가르쳐 주는 일의 핵심이라 여기고 이 일에 힘써 왔습니다. 그 후로 오랜 세월이 흘렀고, 그 동안 저는 많은 책을 읽고 또 다양한 분야를 공부하였습니다.

교회의 지성사 가운데 탁월하게 빛났던 선배들에 비하면 여전히 제 공부는 참으로 보잘것없고 미진합니다. 그러나 한창 공부에 열중하던 때에는 밤늦게 연구실을 빠져나와 아무도 없는 테라스로 가서 밤하늘을 바라보노라면, 저의 신앙과 지성의 키가 어제보다 조금 자란 것이 느껴져 스스로 대견했습니다. 그때 저는 이런 생각도 했습니다. '아! 할 수만 있다면 이 새롭게 발견한 진리에 대해 한 해 전의 나에

게 찾아가 자세히 가르쳐 주고 싶다.'

하지만 과거보다 많은 것을 알고 젊은 목회자일 때보다 신학의 깊이도 깊어졌으나, 여전히 저의 모든 신학의 관심은 십자가에 있습니다. 왜냐하면 십자가야말로 모든 성경적 철학의 핵심이며 또 인류가 탐구해 온 모든 사상과 믿어 온 모든 종교를 통해 도달하고자 했으나 그럴 수 없었던 지식들 중 최고의 지식이기 때문입니다.

그런데 사도 바울은 우리가 앞서 살펴본 바와 같이, 이 십자가가 모든 지혜의 핵심이라는 사실이 기독교 신앙의 초보에 있는 사람들이 아니라 신앙에 있어서 장성한 사람들, 즉 '온전한 자들' 중에 알려져야 할 지식이라고 말합니다(고전 2:6).

고린도전서 2장은 사도 바울이 복음 사역자로서 고린도로 가던 때의 경험을 서술하고 있습니다. "내가 너희 가운데 거할 때에 약하고 두려워하고 심히 떨었노라"(고전 2:3). 사도 바울은 고린도로 들어가기 전, 아덴에서 에피쿠로스 학파와 스토아 학파 철학자들과 쟁론하며 예수와 부활을 전하였습니다(행 17:18). 비록 성경은 "몇 사람이 그를 가까이하여 믿으니"(행 17:34)라고 말하고 있지만, 사실 커다란 성과 없이 아덴에서의 사역이 끝났습니다.

사도 바울이 아덴을 떠나 고린도에 도착하여 펼친 자신의 사역에 대해 "하나님의 증거를 전할 때에 말과 지혜의 아름다운 것으로 아니하였나니"(고전 2:1)라고 말한 것과 "내가 너희 가운데 거할 때에 약하고 두려워하고 심히 떨었노라"(고전 2:3)라고 말한 것으로 미루어 짐작건대, 그는 이성의 변증과 설득으로 복음을 전하려 하였던 아덴에서의 모습을 반성하였던 듯합니다.

그리고 그 반성을 토대로 매우 중대한 결심을 하게 되는데, 그것은 다메섹으로 가는 길에서 부활하신 그리스도를 만난 이후로 자신이 고수해 온 삶의 방식을 복음 사역에도 적용하는 것이었습니다. 그래서 그는 말합니다. "내가 너희 중에서 예수 그리스도와 그가 십자가에 못 박히신 것 외에는 아무것도 알지 아니하기로 작정하였음이라"(고전 2:2).

이것은 복음 사역에 대한 새로운 결단이었습니다. 그는 이제 하나님의 존재와 통치, 그분의 엄위와 사랑을 증거함에 있어서 이성의 변증과 설득으로 전하는 방식 대신 성령의 나타나심과 능력으로 전하기로 다짐한 것입니다. "내 말과 내 전도함이 설득력 있는 지혜의 말로 하지 아니하고 다만 성령의 나타나심과 능력으로 하여 너희 믿음이 사람의 지혜에 있지 아니하고 다만 하나님의 능력에 있게 하려 하였노라"(고전 2:4-5).

그런데 사도는 바로 이렇게 말한 다음에 "그러나"라고 말합니다. 이는 앞에서 이미 언급한 자신의 말을 어느 정도 뒤집는 의미를 가지고 있습니다. "앞에서 내가 언급한 것이 움직일 수 없는 확고한 사실이지만 그럼에도 불구하고 말하자면"이라는 의미로 해석하면 정확할 것입니다.

사도 바울은 이렇게 서두를 뗀 후, 다음과 같이 말합니다. "그러나 우리가 온전한 자들(τοῖς τελείοις) 중에서는 지혜를(σοφίαν) 말하노니 이는 이 세상의 지혜가 아니요 또 이 세상에서 없어질 통치자들의 지혜도 아니요"(고전 2:6). '온전한 자들'에서 사용된 헬라어 텔레이오스(τέλειος)는 '육체적으로나 정신적으로나 다 자란(fully grown)'이란 의미를 가집니다. 다시 말해서 '온전한 자'란 신앙적으로 유아기에 있는 신자가 아니라 성인이 된 신자를 가리키는 것입니다.

우리는 여기서 십자가가 복음의 핵심이기는 하지만 신앙적으로 성숙한 그리스도인이라면 그것 이외의 신학적인 논제들에 대해서도 배워 나가야 함을 깨닫게 됩니다.

신학을 공부하고 목회자가 되었는데도, 실제로 설교할 때 교인들의 삶에 영향을 끼치는 깊이 있는 말씀을 제시하지 못하는 사람들이 있습니다. 저는 그 이유가 다음 세 가지 때문이라고 생각합니다. 첫째로는 십자가에 대한 정확한 지식이 부족하기 때문이고, 둘째로는 십자가에 대한 은혜의 체험이 없거나 현저히 부족하기 때문이며, 셋째로는 그 십자가의 도리가 하나님에 대한 다른 모든 지식들과 어떻게 연결을 이루며 그것들의 중심이 되는지에 대한 학문적 이해가 부족하기 때문입니다.

2. 하나님의 지혜와 그리스도

다음으로 숙고해야 할 사항은 하나님의 지혜와 예수 그리스도의 관계입니다. 하나님의 영원한 작정은 그리스도 안에 있고 그분을 통하여 성취됩니다(엡 1:9, 3:11, 행 13:48).

영원 안에서의 신적 작정은 육신을 입지 않으신 그리스도 안에서 이루어지고, 시간 안에서의 작정의 전개는 육신을 입으신 그리스도 안에서 지상에서 이루어지고, 천상에 오르신 그리스도 안에서 우주적으로 성취됩니다. 그런 점에서 예수 그리스도는 하나님의 영원한 작정의 종자씨입니다.

성경은 예수 그리스도를 하나님의 지혜로 표현합니다(고전 1:24). 또한 영원 전부터 감추어졌던 비밀이 우리 안에 계신 예수 그리스도시라고도 말합니다(골 1:26-27). 이것은 하나님의 영원한 작정이 예수 그리스도를 통하여 역사 속에서 실현되고 완성되었음을 나타냅니다. 감추어졌던 비밀인 하나님의 지혜가 이제는 구원 경륜을 통하여 인류에게 풍성하게 드러났습니다.

세계는 성부에 의하여, 성자를 통하여, 성령 안에서 창조되었습니다. 성자는 성령 안에서 창조된 모든 만물의 머리이시며, 인간의 타락 이후에는 교회의 머리가 되셨고, 세계가 완성될 때 다시 모든 만물의 머리가 되실 것입니다(엡 1:10). 그러므로 하나님을 아는 가장 좋은 통로는 그리스도를 아는 것입니다. 우리는 그리스도를 앎으로써 세계를 향한 하나님의 경륜과 목적을 알아 가기 때문입니다.

3. 창조의 목적과 복음

마지막으로 숙고해야 할 사항은 창조의 목적의 실제적인 성취와 복음이 어떻게 연결되는가 하는 문제입니다. 인간 마음의 모든 작용과 행위의 덕성 여부를 판단하는 궁극적인 근거는 바로 하나님의 창조의 목적입니다.

16세기의 종교개혁 신학자 중 한 사람인 자카리아스 우르시누스(Zacharias Ursinus, 1534-1584)는 자신의 책 『기독교 신앙 종합』(Doctrinae Christianae Compendium)이라는 책에서 창조의 목적에 대하여 다음과 같이 서술하였습니다.

첫째로, 천지창조의 첫 번째 목적은 하나님의 영광과 그분을 향한 찬양을 위함이다. ……둘째로, 창조 세계에 비치는 하나님의 신적 지혜와 선하심에 대한 지식과 묵상을 밝히 드러내기 위함이다. ……셋째로, (두 번째 목적에 종속되는 목적으로서) 세상을 다스리고 통치하기 위함이다. ……넷째로, 창조주를 인식하고 찬양해야 할 천사와 사람을 영원한 교회로 모으기 위함이다. ……다섯째로, 인간의 영혼과 육신의 안전을 위해 다른 모든 만물이 그를 섬기게 하기 위함이다.210)

▌ 우르시누스. 개혁교회로 넘어간 멜란히톤의 제자들 가운데 가장 중요한 인물. 그에 의해 『하이델베르크 교리문답』이 작성되었다.

조나단 에드워즈는 더욱 세련된 철학적 사유로써 창조의 목적을 진술하였는데, 그 논문이 "천지창조의 목적에 관하여"(Concerning the End for Which God Created the World)입니다. 그리고 그 논문을 기초로 "참된 미덕의 본질에 관하여"(On the Nature of True Virtue)라는 논문을 저술하였습니다. 이 두 가지 논문은 에드워즈의 철학과 신학의 기초입니다.211)

이 두 편의 논문이 그의 신학에 있어서 중요한 것은 바로 세계의 목적과 가치에 대한 지혜를 보

---

210) Zacharias Ursinus, *The Summe of Christian Religion*, trans. D. Henrie Parrie (London: H. L., 1611), 314-315.
211) 이 두 논문은 "사랑과 그 열매"(Charity and Its Fruits)라는 설교 시리즈와 함께 모두 에드워즈 전집 8권에 수록되어 있다. 그의 전집 중 제8권은 가장 중요한 책으로 덕에 대한 개념과 삶에 대한 담론들이 정교하게 엮어 있다. 덕의 개념을 공부하지 않으면 도덕주의와 참된 경건함 간의 차이에 대한 올바른 판단이 서지 않는다. 고린도전서 13장에 관한 설교 "사랑과 그 열매"는 전집 제2권 『신앙 감정론』(Religious Affections)과 같이 읽기를 권한다. Jonathan Edwards, *Ethical Writings*, in *The Works of Jonathan Edwards*, vol. 8, ed. Paul Ramsey (New Haven: Yale University Press, 1987).

여주기 때문입니다. 그런 의미에서 신학만큼 실제적이고 실천적인 학문은 없습니다. 인생을 살아가는 데 있어서 당장 필요한 지식들을 제공해 주기 때문입니다.

이 점을 보다 명징하게 설명드리기 위하여, 제가 개혁파 정통주의에 대한 연구 결과를 담은 책을 읽고 받은 신학적 도움에 대하여 말씀드리고 싶습니다.

리처드 멀러. 미국 칼빈신학대학원 교수. 개혁신학의 광맥과 같은 유산을 종합적으로 연구하여 소개해 온 현대의 대표적인 개혁주의 신학자이다.

종교개혁의 신학과 17세기 개혁파 정통주의 신학의 관계를 연구함에 있어서 기념비적인 업적을 남긴 리처드 멀러(Richard A. Muller, 1948-) 교수는 네 권으로 된 『종교개혁 이후 개혁교의학』(Post-Reformation Reformed Dogmatics)이라는 책을 썼습니다.[212]

저는 여러 해 전에 그 책들을 읽었습니다. 그중 제1권을 읽으며 받았던 신학적 충격은 지금도 잊을 수가 없습니다. 그리고 그것은 저의 신학과 목회의 커다란 전환점이 되었습니다.

제1권은 신학 서론(prolegomena)을 다루고 있는 부분이었는데, 바로 거기서 제가 그토록 궁금하게 생각했던 '삶의 지혜로서의 신학' 그리고 신학과 철학의 관계에 대한 명쾌한 설명을 들을 수 있었습니다. 그것은 저자의 사사로운 견해가 아니라 방대한 역사적인 자료에서 증거를 찾고 수많은 저자들을 인용하면서 종합한 내용이었습니다. 그는 개혁파 정통주의 시대의 신학의 하위 분과에 속하는 학문들이 삶의 지혜로서의 경건의 실천과 어떻게 일체를 이루었는지에 대하여 다음과 같이 말합니다.

---

212) Richard A. Muller, *Post-Reformation Reformed Dogmatics: The Rise and Development of Reformed Orthodoxy, ca. 1520 to ca. 1725*, 4 vols. (Grand Rapids: Baker Academic, 2003).

이러한 통일성은 주관적이면서도 객관적이다. 객관적으로 (신학의) 모든 하위 분야들은 성경 주해와 계시된 이 신앙적 유산의 자료들을 대조하고 분석하는 일이 분명하게 진술되고 탁월하게 변론될 수 있는 하나의 교리 체계, 특별히 요리문답과 설교를 통해 교회에 덕을 세우는 교리 체계가 되도록 하는 단일한 목적을 향하는 경향이 있다. 주관적으로 (신학의) 모든 하위 분야들은 기도와 묵상이 인도하고 믿음과 순종의 교리를 개인적으로 전용함으로써 형성되는 신앙생활을 위한 마음과 지성의 훈련에 기여한다.[213]

복음은 가장 좁은 의미로는 "예수 그리스도께서 우리를 위하여 죽으셨다."라는 명제입니다. 그러나 좀 더 넓은 의미에서는 인류를 위한 구원 계시의 총체입니다. 그리고 가장 넓은 의미에서는 복음을 실천하고 삶에 적용하는 교리를 포함합니다. 그러므로 그리스도의 성육신과 죽음, 부활을 통하여 계시된 복음은 신과 인간과 세계의 존재 의미를 탐구하던 철학적 질문에 대한 가장 단순한 답변입니다. 그런 점에서 복음은 하나님의 지혜입니다(고전 2:7).

이 하나님의 지혜가 철학자들이 추구하던 "이 세상의 지혜"와 현저히 다르게 보이는 것은 성경을 의존하지 않고 인간의 이성으로써 그 답을 찾은 것이 아니라 성경을 의존하여 진리로 인도하시는 성령의 도움으로써 답을 찾았기 때문입니다(고전 2:6). 그래서 성경은 복음을 "은밀한 가운데 있는 하나님의 지혜"이며, "감추어졌던 것"이며, "만세 전에 미리 정하신 것"이라고 말합니다(고전 2:7). 따라서 인간의 철학이 인간이 누구이고 어떻게 살아야 할지 가르쳐 주는 참지혜의 금고를 여는 데 실패한 가짜 열쇠였다면, 복음은 진짜 열쇠입니다.

하나님과 세계, 인간에 대한 지식의 바탕 위에서 복음의 의미는 더욱 장엄하게 다가옵니다. 우리가 참으로 복음을 안다면, 복음이 아닌 것들에 대한 지식을 통해

---

[213] Richard A. Muller, *Post-Reformation Reformed Dogmatics: The Rise and Development of Reformed Orthodoxy, ca. 1520 to ca. 1725*, vol. 1 (Grand Rapids: Baker Academic, 2003), 219.

복음의 가치를 인식하게 됩니다. 허무한 것들에 대한 지식을 통하여 참된 것에 대한 가치를 깨닫게 되듯이 말입니다.

목회는 하나님의 지혜를 가르쳐 그 빛 아래서 하나님을 사랑하며 살게 하는 것입니다. 따라서 복음에 대한 고백에는 인간이 어떻게 살아야 할 것인가라는 고민에 대한 대답이 담겨 있어야 합니다. 그렇게 함으로써 우리의 목회는 인생의 길에서 방황하는 더 많은 사람들을 품을 수 있기 때문입니다.

V. 맺는 말

신학은 어떤 의미에서는 학문일 수 없지만 또 어떤 의미에서는 학문입니다. 신학의 목적은 단지 사물의 이치를 깨닫는 것이 아닙니다. 오히려 신학의 목적은 그것을 통하여 인간이 하나님을 향하여 사는 것입니다(고후 5:15, 살전 5:10, 벧전 2:24, 4:2). 한마디로 말해서 신학은 인간으로 하여금 참으로 인간답게 살게 하기 위한 하나님의 지혜입니다.

기독교 신앙을 갖는다는 것은 이러한 지혜의 빛을 소유한다는 뜻입니다(잠 2:10). 그리하여 새로운 사상 속으로 들어간다는 의미입니다.

그러므로 신학공부는 단지 이성으로써 지식을 습득하는 것으로는 충분하지 않습니다. 오히려 신학을 공부하는 모든 과정을 통해서 하나님의 성품에 대해 습득한 지식들을 자신의 삶에 적용하여 온 마음을 다해 주님을 섬기며 살아가야 합니다. 자신이 가진 기독교 사상의 체계 안에서 지혜와 사랑으로써 하나님과 교회와 세상을 섬기는 경건의 사람이어야 합니다. 이것이 바로 신학을 한다는 의미입니다.

제12장 신학이란 무엇인가

I. 들어가는 말

우리는 신학을 통해 하나님의 지혜를 학문적으로 탐구하여 체계적인 지식을 쌓아 갈 뿐 아니라, 그 지식이 우리의 모든 삶의 중심이 되어 경건으로 나타나게 해야 한다.

II. 신학은 학문인가

A. 학문일 수 없는 측면 신학은 이성의 원리를 따라 인과관계를 파악할 수 있는 것이 아니며, 이성의 작용으로 비약적인 발전을 이룰 수 있는 것도 아니다. 더구나 학문의 대상은 학문의 주체에게 파악 가능한 것이어야 하기에, 유한한 인간이 무한한 하나님을 학문의 대상으로 삼는다는 것 자체가 어불성설이다.

B. 학문일 수 있는 측면 모든 학문들을 지도하고 판단하며 궁극적으로 그 학문들이 발견해 낸 진리의 조각들을 연결시켜 하나님의 존재와 성품을 드러낸다는 측면에서 신학은 학문이다. 또한 그 안에 논리적인 질서가 있기 때문에 우리는 신학을 학문이라 말할 수 있다. 신학의 독특성은 다른 학문은 탐구의 주체인 인간에 의해 시작되었지만, 신학은 탐구의 대상인 하나님에 의해 시작되었다는 점에 있다. 다른 학문은 연구하는 주체가 반드시 학문의 결과를 따라 살아야 할 필요가 없으나, 신학은 하나님을 사랑하는 사람에 의하여 탐구되어야 하고 그 탐구의 결과가 삶에까지 영향을 미쳐야만 한다. 그러므로 어떤 의미에서는 신학만이 진정한 학문이라고도 말할 수 있다.

III. 신학의 목적 : 하나님을 향하여 사는 것

A. 하나님을 향한 삶 신학은 그리스도를 통하여 성령 안에서 하나님을 향하여 살기 위한 것이다.

B. 거룩한 지혜의 학문 하나님이 누구신지를 알고, 그분이 창조하신 세계와 인간 그리고 인간들 사이의 관계의 본질에 대하여 바르게 앎으로써 지혜롭게 살아가는 것이 참된 경건이다. 이렇게 참된 경건에 이르게 하는 지혜를 우리는 '거룩한 지혜'라고 부르는데, 여기서 '거룩한 지혜'란 창조의 목적에 부합하는 삶을 살아가기 위한 지혜이다. 이러한 맥락에서 생각할 때 신학은 인간다운 삶을 위해 반드시 습득해야 할 지식에 대한 탐구인 동시에, 온 인류가 공유하여야 할 아름다운 삶을 위한 지혜를 찾아가는 학문이다.

IV. 삶의 지혜로서의 신학

A. 지혜와 신학의 전통 약 300년 전만 하여도 신학은 삶의 지혜로서 인정되었다. 그러나 오늘날의 신학은 삶의 지혜를 추구하는 전통을 상실하였다. 신학의 특징은 학술적 담론으로 보이는 교리들도 반드시 삶의 지혜와 접촉점을 가지고 있으며, 인간으로 하여금 하나님 앞에 살게 하는 데 매우 중요한 의미를 제공해 준다는 것인데, 오늘날의 신학은 삶의 지혜를 얻고자 하는 동기 자체를 잊어버리고 있다.

B. 지혜의 핵심, 복음 신학이 추구하는 삶의 지혜의 핵심은 복음, 즉 십자가이다. 그리스도의 십자가는 이 세상 모든 사물들을 연결하는 의미의 그물망의 핵심이다. 그러므로 누구든지 그리스도의 십자가를 통하지 않고는 하나님은 물론 세계와 인생의 목적조차 알 수 없다. 인간의 철학이 인간이 누구이고 어떻게 살아야 할지를 가르쳐 주는 참지혜의 금고를 여는 데 실패한 가짜 열쇠라면, 복음은 그것을 열 수 있는 유일한 진짜 열쇠이다.

V. 맺는 말

신학은 인간을 참으로 인간답게 살게 하는 하나님의 지혜이다. 기독교 신앙을 갖는다는 것은 이러한 지혜의 빛을 소유하고, 그 빛을 자신의 삶에 적용하며 살아간다는 뜻이다.

왜 신학공부를 하는가

신학공부는
기독교 사상과 기독교 윤리와 이 두 가지를 하나로 통합하는 하나님의 은혜로 말미암아
존재의 울림이 있는 삶을 살아가기 위하여 해야 하는 것입니다.
세상을 향한 기독교의 힘은 그리스도인의 깊은 사상과 탁월한 윤리가 그의 삶을 통해 드러나며
하나님의 존재와 성품을 보여 줄 때 느껴지는 그리스도인의 존재의 울림입니다.
교회가 성경과 올바른 신학으로 돌아갈 때
거룩하신 하나님의 살아 계심을 세상에 보여주는 그리스도인들이 이 땅에 많아집니다.

제13장

신학과 존재의 울림

Theology and the Aura of Being

I. 들어가는 말

우리가 신학을 공부하는 것은 그리스도가 누구이신지를 알기 위함입니다. 그리스도가 누구이신지를 앎으로써 우리는 하나님을 향하여 온전한 인간으로 살 수 있습니다. 우리가 그리스도의 형상을 이루기까지 성화의 노력을 기울이는 것도 온전한 인간이 되기 위함입니다. 그러므로 신학을 공부하는 동안이나 목회 사역을 감당하는 모든 기간은 온전한 인간이 되어 가는 과정이어야 합니다.

그렇게 살아가는 사람들에게는 언제나 존재의 울림이 있습니다. 그 울림은 하나님의 존재와 성품을 드러내는 것으로, 그리스도인의 깊은 사상과 탁월한 윤리가 주는 울림입니다. 그런데 그리스도인의 사상과 윤리는 은혜에 의해서 하나가 됩니다. 그것이 세상을 향한 기독교의 힘입니다.[214] 이것을 힘이라고 말하는 이유는 세상 사람들이 그러한 사람들의 삶을 보면서 무시할 수 없는 무엇인가를 느끼기 때문입니다.

---

[214] 김남준, 『그리스도인이 빛으로 산다는 것』 (서울: 생명의말씀사, 2012), 297-302.

기독교적인 사상의 체계 안에서 윤리적인 삶을 살아가도록 하는 것이 바로 경건입니다. 다시 말해서 기독교의 경건은 그 사람의 총체적 사상에서 나오는 것으로, 하나님의 은혜에 의하여 실제로 마음에서 작용하고 윤리적인 삶으로 나타납니다. 제가 경건이 우발적 선행들의 나열이 아니라 삶의 체계임을 강조하는 것도 이 때문입니다.

이처럼 그리스도가 누구이신지를 아는 지식은 삶과 동떨어질 수 없습니다. 그러하기에 이번 장에서는 신학을 공부함에 있어서 아는 것과 사는 것이 어떻게 하나가 되는지를 살펴보려고 합니다.

II. 세상을 향한 기독교의 힘

아우구스티누스(Aurelius Augustinus, 354-430)는 행복한 삶을 추구함에 있어서 세 부류의 인간이 있다고 말합니다. 첫 번째 부류는 행복에 이르는 길을 알지 못해서 잘못된 길을 옳은 길이라 확신하며 살아가는 사람들, 두 번째 부류는 행복에 이르는 길을 찾았지만 그 길에서 미끄러진 사람들, 마지막 세 번째 부류는 행복에 이르는 길을 찾았을 뿐 아니라 올바르게 그 길을 걸어가는 사람들입니다.[215]

목회자는 첫 번째 부류의 사람들에게는 진리가 있음을, 두 번째 부류의 사람들에게는 진리에 합당한 생활로 돌아가는 방법을, 세 번째 부류의 사람들에게는 계속해서 그 길을 걸어갈 수 있는 방법을 가르쳐 주어야 합니다. 즉, 목회자에게는 진리를 거슬러 불행하게 사는 사람들을 돌이키게 하고, 진리를 알았지만 진리대로 살지 아니하고 예전의 삶으로 돌아가려는 신자들을 깨우쳐야 할 책임이 있습니다.

---

215) Aurelius Augustinus, *The Happy Life(De Beata Vita)*, in *The Fathers of the Church*, vol. 5, trans. Ludwig Schopp (Washington: The Catholic University of America Press, 1948), 44-45.

이러한 직무를 잘 감당하기 위해서 목회자는 예수 그리스도를 깊이 만났을 뿐만 아니라 복음을 통하여 세계와 인간을 향한 하나님의 우주적인 경륜을 깨달은 사람이어야 합니다. 그래서 목회자에게 지식은 매우 중요합니다. 왜냐하면 목회라는 섬김이 결국은 자신이 진리라고 믿는 종교의 도리를 전파하는 것이기 때문입니다.

┃ 헤르만 바빙크. 네덜란드를 대표하는 칼빈주의 신학자이자 목회자. 이미 작고하였으나 그의 영향력은 지금까지 현대 신학에 미치고 있다.

목회는 신학 교육을 받고 자격증을 획득한다고 해서 충분히 준비되는 것은 아닙니다. 학문이 아니라 신앙의 차원에서 준비되어야 할 것들이 더 많기 때문입니다.

한 목회자가 강력한 소명을 체험하는 것과 그것을 현재적으로 유지하면서 사는 것은 학문이 아니라 신앙의 차원에서 일어나는 일입니다. 헤르만 바빙크(Herman Bavinck, 1854-1921)가 임종 때 남겼다는 다음의 말도 이러한 의미와 맥락을 같이합니다.

> 내 학문이 내게 준 유익은 무엇인가? 내 교의학 또한 나에게 무슨 소용이 있는가? 오직 신앙만이 나를 구원한다.[216]

목회자가 신학의 지식들을 열렬한 신앙으로 승화시켜야 하는 또 다른 이유는 목회가 교회를 향한 하나님의 경륜과 관계가 있기 때문입니다. 그 경륜은 교회를 통해 창조 세계를 새롭게 회복하시려는 하나님의 계획입니다.

교회는 하나님의 우주적인 계획을 성취하기 위해 택하신 도구로 부름받았으며, 교회의 온전함은 종말에 이루어질 새 하늘과 새 땅의 지상적 도입을 보여줍니다.

---

216) 유해무, 『헤르만 바빙크: 보편성을 추구한 신학자』 (서울: 살림출판사, 2004), 143.

그리고 목회자는 이 일을 위해 헌신하도록 부름받았습니다. 이에 대하여 성경은 다음과 같이 말합니다.

> 모든 성도 중에 지극히 작은 자보다 더 작은 나에게 이 은혜를 주신 것은 측량할 수 없는 그리스도의 풍성함을 이방인에게 전하게 하시고 영원부터 만물을 창조하신 하나님 속에 감추어졌던 비밀의 경륜이 어떠한 것을 드러내게 하려 하심이라 이는 이제 교회로 말미암아 하늘에 있는 통치자들과 권세들에게 하나님의 각종 지혜를 알게 하려 하심이니 곧 영원부터 우리 주 그리스도 예수 안에서 예정하신 뜻대로 하신 것이라(엡 3:8-11).

교회의 역사는 하나님께서 어떻게 기독교를 힘 있게 하셔서 당신의 경륜을 이루어 가시는지를 보여줍니다. 이 힘의 정체는 그리스도인들의 사상과 윤리입니다. 그리고 이 둘은 은혜에 의해서 하나로 묶입니다. 여기에서 사상과 윤리는 그리스도인들뿐만 아니라 세상 사람들이 알 수 있도록 드러난다는 점에서 가시적입니다. 그러나 은혜는 세상 사람들의 눈에 드러나지 않기 때문에 비가시적이라 할 수 있습니다.

그리스도인들의 사상은 그들의 지성에 드러나고, 윤리적인 삶은 보이는 행실이 판단을 받음으로써 드러납니다.

사상과 윤리는 교회로 하여금 하늘을 향하여 날아오르게 하는 두 날개와 같습니다. 두 날개 중 어느 하나가 없다고 생각해 보십시오. 아무리 치열하게 날갯짓을 한다고 할지라도 하늘로 날아오르는 것은 불가능한 일입니다. 또 하늘을 날다가 갑자기 한쪽 날개가 사라졌다고 생각해 보십시오. 공중에서 뱅글뱅글 돌다가 땅에 떨어질 것입니다. 그러므로 그리스도인의 사상과 윤리는 언제나 함께 가는 것입니다.

교회가 사상을 무시한 시기에는 윤리도 땅에 떨어졌고, 윤리적으로 분투하며 살지 않던 시대에는 사상도 치열하게 추구되지 않았습니다. 그렇기 때문에 우리는 사상과 윤리 그리고 이 둘을 하나로 묶는 은혜에 대해 살펴보려고 합니다.

III. 기독교 사상의 힘

기독교의 위대한 힘은 사상의 힘입니다.

사상은 생각과 행동의 집이라고 할 수 있습니다. 그 집이 어떠한가에 따라서 그 사람의 사고와 행동이 좌우됩니다. 공산주의자는 무엇이든지 공산주의자답게 생각하고 어떤 행동을 할지라도 자신의 신념에 위배되지 않으려고 합니다. 자유민주주의자는 자유민주주의자답게 생각하고 판단하며 그것을 행동으로 옮깁니다. 이와 같이 그리스도인들에게도 '무엇을 믿는가?' 와 '어떻게 살아야 하는가?' 라는 질문과 그에 대한 대답은 서로 그물처럼 엮여 있습니다.

그래서 신자는 어떤 삶을 살든지 자신이 행한 삶에 대해서 왜 그렇게밖에 살 수 없었는지를 하나님 앞에서 해명할 책임이 있습니다(롬 14:10, 고후 5:10). 이것에 대해 성경은 다음과 같이 말합니다. "너희 마음에 그리스도를 주로 삼아 거룩하게 하고 너희 속에 있는 소망에 관한 이유를 묻는 자에게는 대답할 것을 항상 준비하되 온유와 두려움으로 하고"(벧전 3:15).

우발적인 선한 행동은 진정한 덕이 아닙니다. 어떤 행동이 참된 덕이 되기 위해서는 그것이 정화된 도덕적 동기에서 비롯되어야 합니다. 그렇게 행동할 수밖에 없는 사상의 체계 속에서 논리성을 가져야 합니다. 이것을 위해서 그리스도인은 하나님과 세계 그리고 인간에 대해 성경의 관점에서 생각할 수 있어야 합니다. 이것이 신자에게 체계적인 신학의 탐구와 사상의 이해를 요구하는 이유입니다.

목회 사역의 중요한 목표 중 하나는 신자들을 기독교 사상가로 만드는 것입니다. 기독교 선교의 궁극적 목표는 불신자들을 단지 천국 가게 하는 것이 아니니다. 그것이 가장 중요하고 본질적인 사명임에는 틀림없지만 복음 사역은 그 이상입니다.

목회는 신자들의 모든 삶이 사상의 기반 위에 있도록, 모든 사상을 그들의 삶에서 실천하도록 돕는 섬김입니다. 자기를 구원하신 하나님의 뜻을 이 세상에 드러내도록 돕는 것입니다. 그렇게 함으로써 그들은 어두운 세상에서 빛으로, 소금으로 살아갈 수 있습니다(마 5:13-14, 엡 5:8).

사상은 제일 먼저 그리스도인의 지성에 드러납니다. 오늘날 복음주의는 개혁주의조차도 그리스도인의 지성의 깊이에 관심이 없습니다. 그러나 초기 개신교의 전통에서 볼 때 신앙은 성경을 통해 수립된 신학적 원리들을 믿음으로 받아들일 뿐만 아니라 지성으로 이해하고 그것을 삶에 적용하는 것이었습니다. 그리고 올바른 방식 안에서 행한 치열한 지성의 탐구는 열렬한 경건의 실천을 배제하지 않았습니다. 오히려 그것을 촉진하였습니다(빌 1:9).

마크 놀(Mark A. Noll, 1946-)이 지적한 바와 같이 치열한 지성의 탐구는 단지 개혁파만의 전통이 아니라 루터파와 영국 국교회파에서도 마찬가지였습니다. 그는 자신의 책 『복음주의 지성의 스캔들』(The Scandal of the Evangelical Mind)에서 현대 복음주의자들의 파편적 사고와 지성의 빈약함을 다음과 같이 통렬히 지적합니다.

> 청교도들과 존 웨슬리(John Wesley), 조나단 에드워즈(Jonathan Edwards)와 같은 18세기 복음주의 대각성 운동의 지도자들 그리고 19세기 북미의 존경할 만한 신실한 그리스도인들인 감리교도 프랜시스 에즈버리(Francis Asbury), 장로교도 찰스 핫지(Charles Hodge), 회중교도 모세 스튜어트(Moses Stuart), 캐나다 장로교도 조지 몬로 그랜트(George Monro Grant) 이들 모두는 부지런하고 엄격한 지성의 활동이 하나님을 영화롭게 하는 하나의 방법이라고 주장했다. (그렇지만) 그들 중 어느 누구도 지성적인 활동이 하나님을 영화롭게 하는 유일한 방법 내지는 최선의 방법이라고는 생각하지 않았다. 그러나 그들 모두는 지성적인 삶을 믿었으며,

복음주의 그리스도인이었기 때문에 그것을 중요하게 여겼다. 하지만 이러한 영적인 선조들과는 달리 현대 복음주의자들은 하나님 아래서 포괄적인 사고를 추구하거나, 지성의 가장 깊은 영역까지 기독교적인 관점으로 형성하려고 노력하지 않는다.[217]

마크 놀은 현대 복음주의가 지성적 전통을 저버린 상황을 개탄하면서 다음 세 가지를 지적합니다. 먼저 '문화적 차원'입니다. 현대 복음주의의 문화적 특성은 대중적, 실용적, 활동적이라고 할 수 있습니다. 이러한 문화적 특성으로는 순간순간 변하는 선교 상황의 긴박한 요구에만 부응할 수 있을 뿐입니다. 성경으로부터 난 지혜가 어떻게 세상에 대한 지식과 관계를 맺어 세상을 이해할 수 있게 되는지에 대한 과정은 보여주지 못한다는 것입니다.

다음으로는 '제도적 차원'입니다. 마크 놀은 현대 복음주의 출판의 지성적 요소가 거의 소멸점에 이를 정도로 약화되었다고 말합니다. 뿐만 아니라 서구 세계에서 개신교적이고 복음주의적인 방식으로 정의된 기독교 학문 추구를 일차적인 목표로 삼는 교육 기관을 발견하는 것은 거의 불가능하게 되었다고 말합니다.

마지막으로 '신학적 차원'입니다. 현대 복음주의는 본래의 기독교적 지성의 사명을 저버리고 지성과 자연, 사회, 예술 등 하나님에 의하여 창조되고 그분의 영광을 위하여 보존되어야 할 분야들에 대한 진지한 관심을 게을리하여 왔다고 말합니다. 그리고 이것은 사실상 기독교회가 죄를 지은 것이라는 주장입니다.[218]

마크 놀이 지적한 바와 같이, 현대교회가 잃어 가는 기독교 사상의 힘을 다시 세우기 위해서는 다음의 사항들을 정리할 필요가 있습니다.

---

217) Mark A. Noll, *The Scandal of the Evangelical Mind* (Grand Rapids: Wm. B. Eerdmans Publishing Company, 1994), 4.
218) Mark A. Noll, *The Scandal of the Evangelical Mind* (Grand Rapids: Wm. B. Eerdmans Publishing Company, 1994), 10-23.

A. 성경과 교리

첫째로, 성경과 교리의 관계입니다.

제가 신학교에서 교수로 있으면서 경험한 일입니다. 한두 달 전에 입학한 신학대학원 과정 학생이 교수실을 찾아와 두툼한 원고 뭉치를 제게 내밀었습니다. 그러고는 다음과 같이 말하였습니다. "교수님, 제가 지난 한 달 동안 하나님의 특별한 계시를 받아서 기록한 책입니다. 이제 출판하려고 하는데 한 번 읽어 보고 평가해 주십시오."

그 학생은 말로는 겸손하게 부탁하였지만 자신의 글에 커다란 확신을 가지고 있었기에 저의 평가와는 상관없이 출판을 하려고 마음먹은 것 같았습니다. 저는 방금 입학한 학생이 책을 써서 출판한다는 것이 마음에 걸렸지만 찬찬히 읽었습니다. 그런데 그 원고는 한마디로 엉터리였습니다. 무엇인가 마음에 감동을 크게 받은 것은 분명한데 횡설수설하는 내용으로 가득 찼고 온갖 성경 구절을 자신의 생각에 끼워 맞춰 해괴한 성경 해석으로 일관하고 있었습니다. 그 학생은 성경과 신학에 대해 아는 바가 거의 없었기 때문에 수많은 성경 구절을 얼토당토않은 자신의 느낌을 입증하는 일에 사사로이 사용하였던 것입니다.

그때 저는 신학에 대한 올바른 이해 없는 신앙의 체험이 얼마나 위험한가에 대해 새삼 깨달았습니다. 신학을 하면서 이러한 어려움을 겪지 않기 위해서는 다음의 사항들을 숙고하여야 합니다.

1. 해석학적 순환 관계

첫째로는, 해석학적 순환 관계입니다. 기독교가 순수한 복음을 전파하기 위해서는 교리와 사상보다는 성경으로 돌아가야 한다고 주장하는 사람들이 있습니다. 그들은 기독교 교리에는 성경을 해석하는 인간의 주관이 묻어 있고 기독교 사상에는 이미 이 세상 사람들의 철학과 사상이 섞여 있기 때문에 성경으로 돌아가는 것이야말로 기독교의 순수성을 회복하는 길이라고 주장합니다. 그러나 문제는 우리가 어떻게 성경으로 돌아갈 수 있겠는가 하는 것입니다.

사도 바울은 유대주의의 미몽에서 벗어나지 못함으로 오해하였던 구약성경을 새롭게 해석함으로써 기독교 신학의 기초를 놓았습니다. 그런데 그것은 예수 그리스도의 가르침이 있었기 때문에 가능한 일이었습니다.

아우구스티누스는 그리스 철학과 이교적 가르침의 혼합으로 혼란스럽던 기독교 신학을 성경으로 돌아가게 하였습니다. 그는 성경의 진리를 통하여 마니교의 거짓된 가르침으로부터 기독교 신앙으로 돌아왔습니다. 하지만 그는 혼자 힘으로 위대한 신학자가 된 것이 아니었습니다. 그도 앞서 있었던 신학자들인 암브로시우스(Ambrosius, 340경-397), 밀라노 대주교 심플리키아누스(Simplicianus, 320경-401경), 마리우스 빅토리누스(Gaius Marius Victorinus, 291경-363경) 등의 학문적 도움을 받았습니다.[219]

특히 성경의 정경에 대한 아우구스티누스의 견해는 루터(Martin Luther, 1483-1546)와 칼빈(John Calvin, 1509-1564)을 비롯한 기독교 인문주의자들에게 깊은 영향을 미쳤습니다. 루터가 벼락의 경험을 통하여 극적인 회심을 하고 입회한 에르푸르트의 수도원이 아우구스티누스 수도회 소속이었다는 것은 결코 우연이 아닙니다. 루터와 칼빈의 종교개혁이 교회를 성경으로 돌아가게 하자는 운동(Sola Scriptura)이었지만, 이는 앞서 있었던 교회 전통들과의 단절을 의미한 것은 아니었습니다.[220] 두 사람 모두 아우구스티누스의 신학에 여러 모양으로 신세를 지고 있었습니다. 그래서 그들이 세운 종교개혁 사상 안에는 아우구스티누스의 사상이 잘

---

[219] Johannes van Oort, *Jerusalem and Babylon: A Study into Augustine's City of God and the Sources of His Doctrine of the Two Cities* (Leiden: E. J. Brill, 1991), 47-55.

[220] William J. van Asselt, "Scholasticism Protestant and Catholic: Medieval Sources and Methods in Seventeenth-Century Reforemed Thought," in *Religious Identity and the Problem of Historical Foundation: Jewish and Christian Perspectives Series 8*, ed. Judith Frishman, Willemien Otten, Gerard Rouwhorst (Leiden: E. J. Brill, 2004), 460-461.

녹아 있습니다.

여러분은 칼빈이 『기독교강요』(Institutio Christianae Religionis)를 쓴 동기가 무엇인지 기억할 것입니다. 칼빈의 의도는 자신의 책을 믿으라는 것이 아니었습니다. 자신의 책을 통하여 성경을 읽는 사람들에게 도움을 주고자 하였습니다.

┃ 칼빈의 『기독교강요』 1559년판. 이 책은 1536년 라틴어로 된 초판이 출간된 이래 증보를 거듭하여 1559년에 최종적으로 완성되었다.

그 책의 도움을 받아서 성경을 올바르게 이해하고 참된 경건에 이르는 종교를 소유하게 되기를 바랐습니다. 성경만이 그들의 모든 신앙과 생활의 기준이었지만, 그것을 올바르게 이해하기 위해서는 성경 전체의 가르침을 핵심적이고 체계적으로 보여주는 교리서가 필요했던 것입니다.

모든 기독교 교리와 사상은 성경에 기초하여야 합니다. 이 사실은 새삼 강조할 필요가 없습니다. 성경의 진리는 해석을 필요로 하고, 이 해석은 성경적인 원리를 따르는 것이어야 합니다. 그리고 신학은 그 원리를 제공해 줍니다. 마치 한 번도 가 보지 못한 곳을 여행하는 사람들이 자기가 발견한 장소가 어디인지 알지 못할 때에 지도를 펼쳐 봄으로써 자신들이 도착한 곳이 가고자 했던 목적지인 것을 확인하게 되는 것처럼 말입니다. 목적지에 대한 설명과 아무리 비슷한 장소를 찾았다고 할지라도 좌표상의 위치가 그 지점이 아니면 자신들이 발견한 장소는 목적지가 아닙니다.

기독교의 교리는 성경을 해석할 수 있는 틀을 세워 줍니다. 그리고 우리가 경험한 신앙 체험을 주관주의에 빠져 그릇된 신앙으로 흐르지 않도록 보호해 줍니다. 이것이 우리가 교회의 신앙고백과 특히 개혁주의 신조들을 일차적으로 공부하여야 하는 이유입니다. 물론 그러한 연구는 또다시 성경 해석에 의하여 정당성을 검토받는 가운데 이루어져야 합니다.

그런 점에서 성경과 교리는 규정의 관계 안에서 구분됩니다. 즉 성경은 교리와 신학에 대하여 '규정하는 규범'(norma normans)이고, 교리와 신학은 성경에 의하여 '규정된 규범'(norma normata)입니다. '규정된 규범'은 '규정하는 규범'을 해석하고, 다시 '규정하는 규범'은 이미 '규정된 규범'에 대한 '규정을 새롭게 함'으로써 신학은 올바르고 풍성해집니다.

여기서 우리는 성경 해석과 해석 원리 사이에 있는 순환 관계를 생각하게 됩니다. 비록 동일한 성경을 해석한다고 할지라도 해석자의 해석 원리가 다르면 성경 해석의 결과도 다를 수밖에 없습니다.

성경 해석에 있어서 개신교의 가장 중요한 원리는 성경 해석의 원리를 성경 자체에서 추출하여야 한다는 것입니다. 그렇게 함으로써 성경 본문, 해석의 원리, 해석의 결과 사이에 일치를 이룰 수 있기 때문입니다. 그러나 로마 가톨릭의 성경 해석의 권위는 성경에만 있는 것이 아니라 가톨릭 교회와 공의회와 교황의 판단까지도 포함하는 것이었습니다. 그리하여 성경 본문, 해석의 원리, 해석의 결과 사이에 불일치가 발생하게 되었습니다.[221]

2. 성경 읽기와 묵상의 중요성

둘째로는, 성경 읽기와 묵상의 중요성입니다. 성경 읽기와 묵상에 충실할 때 신자의 영적 생활은 풍성해지며 신학공부를 하는 동안 개혁신학의 대의를 굳게 붙들 수 있습니다.

신학을 함에 있어서 가장 중요한 것은 성경 계시를 잘 믿는 것입니다. 이것은 단

---

221) 박형룡, 『성경해석의 원리』(서울: 엠마오, 1994), 17-21.

지 성경 전체가 하나님의 말씀임을 믿는 일반적인 믿음과는 다른 것입니다. 성경 말씀이 하나님의 말씀이라는 사실을 믿을 뿐 아니라 성경에 기록된 구체적인 신앙의 명제들을 믿는 것을 가리킵니다.

아우구스티누스에 따르면 '믿어야 할 규칙'(regulae credendi)에 관한 순전한 믿음은 '살아야 할 교훈'(praecepta vivendi)을 따라 순종하는 삶을 가능하게 합니다(2.9.14.).[222] 그러므로 규칙적으로 성경을 읽고 그 성경을 통하여 진리를 발견하고 거기에 자신의 삶을 적용하는 것은 모든 신학함의 기초가 되어야 합니다.

사랑은 의무감으로 되는 것이 아닙니다. 사랑하는 대상에게서 어떤 아름다움과 기쁨을 경험하게 될 때 그 사랑은 열렬해지고 깊어집니다. 그리스도와의 인격적인 만남, 하나님의 거룩하심에 대한 경험, 하나님의 영광에 대한 갈망, 죄인을 용서하시는 하나님의 자비에 대한 경험과 같은 것들은 성경을 읽고 묵상함으로써 촉진됩니다. 왜냐하면 성경은 하나님의 속성들에 대한 증언이며, 신적 속성들은 하나님의 아름다움의 정수이기 때문입니다.

신학공부의 중요성은 아무리 강조해도 지나치지 않습니다. 그러나 그것이 이성적인 작업에만 머물게 된다면 본래의 목표를 잃어버린 것입니다. 우리가 신학공부를 통해 궁극적으로 얻고자 하는 바는 성경 말씀을 잘 믿고 그 말씀대로 살기 위함입니다. 그리고 다른 사람들도 그렇게 살아가도록 돕기 위해서입니다. 우리가 신학의 인접 학문을 공부하는 것도 성경을 더 잘 이해하기 위해서임을 기억해야 합니다.

성경 읽기에 대해 조나단 에드워즈(Jonathan Edwards, 1703-1758)는 다음과 같이 조언합니다.[223] 모든 신학 지식의 원천인 성경을 열심히 읽되, 피상적인 성경 읽기

---

222) Avrelivs Avgvstinvs, *De Doctrina Christiana*, in *Corpus Christianorvm Series Latina*, XXXII: *Avrelii Avgvstini Opera*, Pars IV, 1 (Tvrnholti: Typographi Brepols Editores Pontificii, 1996), 40-41.
223) Jonathan Edwards, "The Importance and Advantage of a Thorough Knowledge of Divine Truth," *Sermons and Discourses 1739-1742*, in *The Works of Jonathan Edwards*, vol. 22, ed. Harry S. Stout (New Haven: Yale University Press, 2003), 101.

에 만족하지 말고 의미를 파악하면서 다른 구절들과 비교하며 읽으라는 것입니다. 이것은 성경의 서로 다른 부분들이 전체적으로 통일된 조화를 이루면서 성경 본문에 빛을 던져 주기 때문입니다.

저의 경험을 토대로 성경 읽기에 대해 조언을 하면 다음과 같습니다. 먼저 성경을 읽되 많은 양을 여러 번 읽는 통독이 중요합니다. 성경을 자주 그리고 많이 읽는 것이야말로 성경 속에 흐르는 통일된 사상들을 이해하는 지름길이기 때문입니다. 통독과 함께 실제적으로 강조되어야 할 또 다른 방식의 성경 읽기가 있습니다. 그것은 성경 묵상을 겸한 정독입니다. 성경을 정독하면서 그 속에서 하나님의 말씀을 발견하는 것입니다.

좋은 설교자는 성경을 통하여 하나님의 말씀을 자신이 먼저 잘 듣는 사람입니다. 이 일을 위하여 필요한 도구가 있습니다. 우리말 성경과 원어 성경, 잘 정리된 표준적 교리서 그리고 작은 노트 등입니다.

먼저 우리말 성경으로 본문을 읽어 갑니다. 읽다가 특별한 깨달음이 있는 곳에서 멈추고 그 부분을 반복하여 읽습니다. 더 깊은 감동이나 깨달음이 있으면 집중적으로 그 본문을 읽되 앞뒤 문맥에 비추어 의미를 파악하면서 읽습니다.

이때 한글성경 옆에 원어 성경을 두고 늘 참고하십시오. 우리말 번역이 정확한지 대조하고 잘못된 부분들을 바로잡으면서 본문의 정확한 의미를 찾아야 합니다.

거기서 어떤 교리를 발견하였을 때는 표준적 교리가 그것에 대하여 무엇이라고 말하고 있는지 확인하여야 합니다. 이때에는 설교하기 위해서가 아니라 오직 자신의 신앙을 위해 묵상하여야 합니다.

본문에 대한 충분한 깨달음이 있다면 자신의 삶에 대한 적용을 찾으십시오. 그후 자신의 삶을 돌아보며 간절히 기도하여야 합니다. 이 기도는 성경 본문에서 발견한 진리를 따라 드리는 기도입니다. 마음을 다하여 충분히 기도하면서 회개할 것은 회개하고 결단할 것은 결단하십시오.

다음으로는 이렇게 깨달은 성경의 진리들을 다른 사람들에게 전한다면 어떻게 정리하여야 할지에 대하여 생각합니다. 그리고 그 내용들을 작은 노트에 기록합니다. 여기에 기록될 내용은 묵상한 구절의 원어의 의미와 본문에서 깨달은 내용들, 그것을 설교할 때 갖출 구성, 그것들의 실제적 삶에의 적용 같은 것들입니다.

저는 신학대학원을 졸업한 후부터 이러한 방식으로 성경을 읽었습니다. 이러한 성경 묵상에 열심을 낼 때도 있었고 덜할 때도 있었습니다. 그런데 그것은 저의 은혜 생활의 등락과 거의 일치하였습니다.

20여 년 전에 한 교회를 개척하여 지금까지 섬겨 오면서 분주하고 어려운 일이 있을 때에도 설교할 재료의 고갈을 거의 느끼지 않을 수 있었던 것은 이러한 신학적 탐구의 도움을 받았기 때문입니다.

B. 계몽주의 언어의 사용

둘째로, 신학은 계몽주의 언어를 사용해야 한다는 것입니다.

신학은 학문적 기반을 이성에 두지 않습니다. 신학은 성경을 믿는 신앙을 토대로 이루어집니다. 신앙을 통해서 이루어지는 것은 신학의 기반만이 아닙니다. 신학을 세워 가는 과정도 끊임없이 성경의 진리를 신앙으로 받아들임으로써 이루어져야 합니다. 이러한 신학의 특징은 아무리 강조해도 지나침이 없습니다.

그러나 신앙으로 수납한 성경의 진리를 진술할 때에는 학문의 원리에 따라야 합니다. 그래서 신학의 내용을 진술함에 있어서 계몽주의의 언어를 사용하여야 합니다.

그렇게 함으로써 신학의 내용은 다른 사람들에게 효과적으로 가르쳐질 수 있고, 학문의 형태로 후대에 전해질 수 있습니다. 또한 다른 학문적 지식을 가진 사람들과도 소통할 수 있습니다. 이러한 사실을 이해하기 위해서는 다음의 사항들을 숙고하여야 합니다.

1. 계몽주의와 신학의 언어

첫째로는, 계몽주의와 신학의 언어입니다. 기독교 사상이 힘을 갖기 위해서는 성경 해석의 결과인 교리의 틀들을 학문적 형태로 체계화하여야 합니다. 그리고 그때 계몽주의의 언어를 사용하여 그것을 체계화하여야 합니다. 이 말은 우리가 발견한 신학적인 진리를 진술할 때에는 교회 안에서만 통용되는 용어로 표현해서는 안 된다는 것입니다. 교회 안에 있는 교인들만이 아니라 세상 사람들도 이해할 수 있는 용어와 논리로써 제시하여야 한다는 말입니다.

우리는 계몽주의의 전제들을 모두 받아들이지는 않습니다. 그러나 버나드 램(Bernard Ramm, 1916-1992)이 지적한 바와 같이, 성경을 통하여 진리를 발견하지만 그러한 신학의 결과물들을 진술함에 있어서는 계몽주의의 언어를 따라야 합니다. 그렇게 함으로써 세상의 학문과 소통을 할 수 있기 때문입니다. 이러한 사실에 대해 그는 자신의 책 『복음주의 신학의 흐름』(*The Evangelical Heritage: A Study in Historical Theology*)에서 다음과 같이 말합니다.

> 복음주의자는 계몽주의가 세워 놓은 연구와 학문의 표준을 따라야 한다. 이성과 이성의 추론은 차이점이 있다. 복음주의자는 이성이 아닌 하나님과 진리를 마음의 왕좌에 앉게 한다. 이성의 추론은 결론에 이르기 위한 책임이 있는 연구다. 이성의 추론은 연구이며 학문이다. 복음주의자는 연구 원리나 방법론에 있어서 이성의 추론 이외에 다른 것을 취할 수 없다. ……그러므로 이성의 추론 자체가 절대적으로 정확할 수 없다는 것을 인식하면서도 복음주의자는 자신의 연구가 학문 공동체에 받아들여지게 하기 위해 책임 있는 방법으로 이성에 의한 추론 작업을 수행해야 한다는 사실을 안다. 계몽주의 운동은 전통, 관습, 전해진 이야기들이 마땅히 이성의 추론에 예속되어야 한다고 주장해 왔으며, 복음주의자는 이러한 주장을 주목할 필요가 있다.[224]

교리와 신학의 결과물들은 계몽주의의 언어로 진술되어야 할 뿐 아니라 체계적인 사상으로 구축되어야 합니다. 쉽게 말해서 우리가 믿는 바는 계몽주의가 아니지만, 우리가 믿는 바를 밝히고 전달하기 위해서는 계몽주의의 언어를 사용해야 합니다. 그렇게 하지 않는다면 신학은 세상의 학문들을 공격할 수도 없고 기독교가 무엇을 믿는지에 대해서도 진술할 수 없을 것입니다. 이처럼 신학은 다른 학문들의 도움을 받으면서 기독교의 교리를 체계적으로 구축하여야 합니다. 이것은 성경으로부터 우리의 생각을 이탈하게 하기 위한 것이 아니라 성경의 진리를 보존하기 위함입니다.

이러한 사실은 인문주의의 역사적 전개 과정에서도 입증됩니다. 실질적으로 중세 교회의 권력에 대한 반발을 포함하고 있는 인문주의 운동은 인간을 학문의 중심으로 삼아 이 세계를 설명하려고 하였습니다. 그래서 많은 사람들은 인문주의 운동으로 중세 교회가 쌓아 올렸던 기독교 사상들과 개념들이 훼손되었다고 생각합니다.

그러나 역사는 오히려 정반대의 사실을 알려 줍니다. 즉, 중세의 신학에서 확립되었던 신학적이고 철학적인 개념들이 인문주의에서 이성주의의 논리 형식을 차용하여 보존될 수 있었다는 것입니다.

또한 초기 계몽주의자들에 의해서도 이러한 사실은 드러납니다. 전통적 기독교 사상은 인간의 이성을 계시와 은총 아래 둠으로써 신앙의 우위를 말합니다. 그런데 초기 계몽주의자들은 신앙과 이성의 통합을 이루고자 함으로써 점차 전통적 기독교 사상으로부터 떠나게 됩니다. 그리하여 계시와 은총의 세계는 이성으로 알 수 없는 불가지의 영역으로 간주되었고, 신학은 근대적 학문의 범주에서 소외되어 종교학과 같은 분야 속으로 들어가게 되었습니다. 결과적으로 이러한 이유 때문에 신학은 대학에서 살아 남을 수 있었습니다.

---

224) Bernard Ramm, *The Evangelical Heritage: A Study in Historical Theology* (Grand Rapids: Baker Books, 2000), 71–72.

2. 르네상스와 인문주의의 교훈

둘째로는, 르네상스와 인문주의의 교훈입니다. 이러한 사실은 폴 오스카 크리스텔러(Paul Oscar Kristeller, 1905-1999)에 의해서 분명히 지적됩니다. 크리스텔러에 따르면 다음과 같습니다. 인문주의자들은 기존 철학의 형이상학적 문제들을 회피하고 스콜라 철학의 핵심이던 아리스토텔레스의 철학을 비판하였으나, 르네상스 시기에도 아리스토텔레스의 철학은 널리 교육되었으며 스콜라 철학의 전통을 지속시켰다는 것입니다. 또한 인문주의자들이 강조한 도덕 철학을 강의한 인문주의 교사들은 아리스토텔레스를 기초로 논문을 발표하였는데, 이 논문을 보면 당시 인문주의자들이 기독교 철학이라는 용어를 잘 이해하고 있었으며 신학과 철학의 통합을 위하여 학문적으로 노력하였다는 것을 알 수 있습니다. 비록 13세기에 철학이 신학에 종속되었지만 구분되었으며, 14세기에도 신학의 기본적 우월성은 인정되었지만 철학의 독자성도 인정되었다는 것입니다.[225]

에티엔 질송. 프랑스의 철학자로 중세의 사상은 철학이 아니라 신학으로 분류되어야 한다는 당시의 통념에 맞서 기독교 철학으로서의 중세 철학의 개념을 세웠다.

세속적 인문주의가 스콜라주의 신학을 거부하고 만들어 놓은 학문적 개념들이 스콜라주의의 학문적 방법론 안에서 후대에까지 잘 보존될 수 있었다는 사실은 역사의 아이러니인 동시에 학문에 있어서 이성주의 언어의 사용이 얼마나 중요한지를 잘 보여주는 것입니다.

에티엔 질송(Étienne Gilson, 1884-1978)은 인문주의를 중세와 단절된 독창적 사상 운동이라고 보지 않았습니다. 그는 오히려 인문주의는 중세의 스콜라 철학자들에게 많은 빚을 졌다고 보았습니

---

[225] Paul O. Kristeller, *Renaissance Thought and Its Sources* (New York: Columbia University Press, 1979), 85–133.

다.[226] 이에 대하여 질송은 자신의 책 『중세 철학』(*La Philosophie au Moyen Âge*)에서 다음과 같이 말합니다.

> 근대 철학은 중세를 거슬러서 이성의 권리들을 세우기 위해 투쟁한 것이 아니었다. 오히려 중세가 근대 철학을 위하여 이 일을 해주었고, 17세기가 앞선 세대의 과업들을 폐지하는 일에 사용했다고 여긴 바로 그 방식은 중세의 학문을 계승한 것에 지나지 않았다.[227]

역사적으로 데카르트(René Descartes, 1596-1650), 스피노자(Baruch Spinoza, 1632-1677), 라이프니츠(Gottfried Wilhelm Leibniz, 1646-1716)와 같은 철학자들이 스콜라 철학의 연장선 위에서 자신들의 철학적 주장들을 펼치고 발전시켰다는 사실은 이를 잘 보여줍니다. 이러한 점에 있어서 라이프니츠의 다음과 같은 언급은 참고할 만합니다.

> 철학에서 거의 추방되다시피 한 실체적 형상에 예전에 주어졌던 권리를 다시 부여하여 옛 철학의 명예를 회복시키고자 시도하는 것은 하나의 중대한 역설을 제기하는 일이라는 점을 나는 잘 알고 있다. 그러나 물리학의 실험과 기하학의 증명에 많은 시간을 보낸 후 이러한 실체적 형상의 무용성에 대해 내가 확신하면서도, 우리 근대 철학자들이 토마스 아퀴나스와 그 시대의 다른 위대한 사람들을 충분히 공정하게 대하지 않았다는 사실을 나 자신의 연구를 통하여 알게 되었다.

---

226) Wallace K. Ferguson, *The Renaissance in Historical Thought: Five Centuries of Interpretation* (Toronto: University of Toronto Press, 2006), 354.
227) "La philosophie moderne n'a pas eu de lutte à soutenir pour conquérir les droits de la raison contre le moyen âge; c'est au contraire le moyen âge qui les a conquis pour elle, et l'acte même par lequel le XVII siècle s'imaginait abolir l'oeuvre des siècles précédents ne faisait encore que la continuer." Étienne Gilson, *La Philosophie au Moyen Âge II: De Saint Thomas d'Aquin à Guillaume d'Occam* (Paris: Payot & Cie, 1922), 153-154.

그리고 만일 스콜라 철학자와 신학자들의 견해를 올바른 방법으로 적절하게 사용하여 이해하면 그들이 주장하는 내용 속에는 신뢰할 만한 내용들이 우리가 생각하는 것보다 훨씬 많이 들어 있다는 사실을 통찰한 후, 나는 철학에 실체적 형상을 다시 도입할 수밖에 없었다. 더 나아가 면밀한 정신이 스콜라 철학자들의 생각을 분석적인 기하학자들의 방식에 따라 해명하고 통찰하는 수고를 한다면, 강력한 증명의 힘을 갖고 있는 가장 중요한 진리의 보물을 거기에서 많이 발견하게 될 것이라고 확신한다.[228]

라이프니츠. 독일의 철학자로 신학은 물론 수학과 물리학 분야에서도 활약하였다. '우주 질서는 신의 예정 조화 속에 있다.'는 예정 조화설을 주장하였으며, 수학적으로는 미적분법의 확립에도 큰 기여를 하였다.

이와 같은 역사적 상황은 그 다음 시대에도 비슷하게 전개됩니다. 종교개혁자들이 새롭게 발견한 성경적 가치들은 그들의 신학을 뒤이어 발전시킨 16세기 말-17세기 개혁파 정통주의 시대에 와서 이성주의의 언어와 그 논리의 틀을 이용함으로써 훼손되지 않고 그 의미가 잘 보존될 수 있었습니다. 종교개혁자들의 신학 사상과 철학은 인문주의자들의 그것과는 판이하게 다른 것이었습니다. 그러나 개혁파 정통주의자들은 자기 시대의 언어와 논리의 형식을 사용함으로써 당대의 이교적 사상과 투쟁할 수 있었고, 기독교회를 세속적 사상의 오염으로부터 보존할 수 있었습니다. 17세기 유럽을 흔들었던 데카르트주의(Cartesianism)에 맞서서 기스베르투스 보에티우스(Gisbertus Voetius, 1589-1676), 야코부스 레비우스(Jacobus Revius, 1586-1658), 페트루스 판 마스트리히트(Petrus van Mastricht, 1630-1706)와 같은 신학자들은 이들의 새로운 논리 체계와 주장

---

228) 빌헬름 라이프니츠, 『형이상학 논고』, 윤선구 역 (서울: 아카넷, 2010), 57-58.

들을 반박하는 작품들을 집필함으로써 효과적으로 대처하였습니다.[229]

네덜란드에서 출판되고 있는 17-18세기 철학자 사전에 보에티우스나 마스트리히트, 안토니우스 드리센(Antonius Driessen, 1684-1748)과 같은 신학자들이 이름을 올리고 있는 것만 보더라도 당시의 개혁신학이 얼마나 치열하게 자신들이 믿는 바를 사상의 체계로 수립함으로써 이교와 이단적 사상으로부터 교회를 지키고자 했는지를 알 수 있습니다.[230]

▌ 보에티우스. 후기 칼빈주의의 대표적 신학자 중 한 사람으로 정통주의자로 평가받고 있다. 그는 철학은 '신학의 시녀'(ancilla theologiae)에 지나지 않는다고 보았다.

3. 철학을 도구로 사용함

셋째로는, 철학을 도구로 사용하는 것입니다. 신학은 그리스도를 통하여 성령 안에서 하나님을 향하여 살게 하는 학문으로 그 자체가 최고의 철학입니다. 따라서 또 다른 철학의 내용의 도움을 필요로 하지 않습니다. 그러나 신학이 확고한 체계를 갖춘 학문이 되고 변증에 적합하게 되기 위해서는 철학을 방법론적 도구로 사용해야 합니다. 진리를 진술하고 변증하는 데 꼭 필요한 만큼, 철학의 내용이 아니라 철학이 지식을 다루는 방법들을 차용할 수 있어야 합니다. 이것은 신학을 견

---

229) Petrus van Mastricht, *Novitatum Cartesianarum Gangraea, Nobiliores Plerasque Corporis Theologici Partes Arrodens et Exedens, seu Theologia Cartesiana Detecta* (Amstelodami: Jansson, 1677); Aza Goudriaan ed., *Jacobus Revius: A Theological Examination of Cartesian Philosophy: Early Criticisms (1647)* (Leiden: E. J. Brill, 2002); Theo Verbeek, *Descartes and the Dutch: Early Reactions to Cartesian Philosophy 1637-1650* (Carbondale: Southern Illinois University Press, 1992).

230) Wiep van Bunge et al., *Dictionary of Seventeenth and Eighteenth-Century Dutch Philosophers*, 2 vols. (Bristol: Thoemmes Press, 2003). 이 사전에는 에임스(William Ames), 헤이다누스(Abraham Heidanus), 드 물랭(Pierre du Moulin), 발라에우스(Antonius Walaeus), 마코비우스(Johannes Maccovius) 등과 같은 신학자들도 등재되어 있다.

고하게 하고 성경의 진리를 풍성하게 진술하는 데 도움이 됩니다.

조나단 에드워즈는 "천지창조의 목적에 관하여"(Concerning the End for Which God Created the World)라는 논문을 남겼습니다. 이 작품은 당시 원죄의 교리를 부정한 신학자 존 테일러(John Taylor, 1694-1761)와의 원죄론 논쟁의 결과물입니다. 이 논문은 "참된 미덕의 본질에 관하여"(On the Nature of True Virtue), "사랑과 그 열매"(Charity and Its Fruits)와 더불어 조나단 에드워즈의 예일판 전집 제8권 『윤리학적 저술』(Ethical Writings)의 중요한 부분을 차지합니다. 그런데 그는 하나님께서 천지를 창조하신 목적을 진술하면서, 제1부에 속하는 논문에서는 의도적으로 성경 구절을 인용하지 않은 채 저술합니다.

에드워즈의 이러한 신학적 진술 방식에 대하여 존 파이퍼(John Piper, 1946-)는 다음과 같은 가상의 질문을 제기합니다. "누군가는 왜 에드워즈가 결국 마지막에 가서는 성경의 분석으로 해결한 창조의 목적이라는 논제에 그토록 심혈을 기울여 철학적으로 씨름하고자 했는가를 물을지도 모르겠습니다." 그리고 이에 대한 답변으로 에드워즈의 글을 인용합니다. 이 글에서 에드워즈는 이성의 가르침이 참된 것이라면 성경의 계시와 일치할 것이라는 사실을 확신하고 있었음을 보여줍니다.[231] 에드워즈는 "천지창조의 목적에 관하여"에서 다음과 같이 말합니다.

> 내가 생각하기에 성경이 참되게 계시하였다고 하는 것에 반대하여 제기된 반론들이 주로 거짓된 이성의 요구들을 근거로 하고 있으므로, 나는 첫째로 이 문제에 관하여 이성적인 어떤 것이 가정되어야 하는지를 몇 가지 사항으로 살펴보고 그렇게 한 다음에 그 안에서 하나님의 계시가 우리에게 어떤 빛을 주는지를 계속해서 살펴보고자 한다.[232]

---

[231] John Piper, *God's Passion for His Glory: Living the Vision of Jonathan Edwards with the Complete Text of The End for Which God Created the World* (Wheaton: Crossway Books, 1998), 118.
[232] Jonathan Edwards, "Concerning the End for Which God Created the World," *Ethical Writings*, in *The Works of Jonathan Edwards*, vol. 8, ed. Paul Ramsey (New Haven: Yale University Press, 1997), 420.

에드워즈는 믿음으로 받아들인 사실에 대해 이성의 철저한 추론을 거침으로써 그것의 합리성을 입증하고자 했습니다. 이는 중세 신학자 캔터베리의 안셀무스(Anselmus Cantuariensis, 1033경-1109)의 작품들을 생각나게 합니다. 『프로슬로기온』(Proslogion), 『모놀로기온』(Monologion), 『인간이 되신 하나님』(Cur Deus Homo)이 그것입니다.

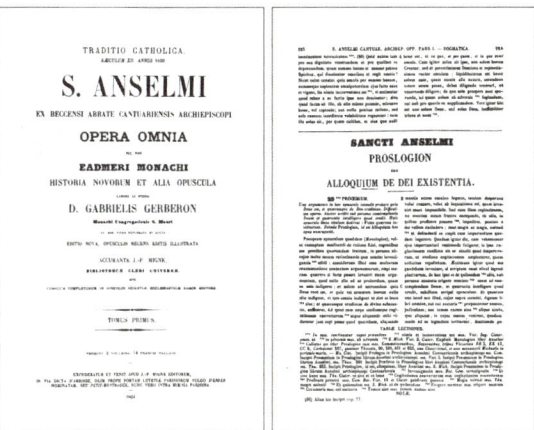
『프로슬로기온』이 수록되어 있는 라틴 교부 전집 제158권 1864년판. 왼쪽이 전집 표지, 오른쪽이 『프로슬로기온』의 첫 장이다.

안셀무스의 『프로슬로기온』은 하나님의 존재에 대한 이성적 증명을 시도한 책입니다. 그러나 더 정확히 말하면, 이 책은 소위 다른 사람들이 이름을 붙인 신에 대한 '존재론적 논증'을 시도하기 위해서 저술된 것이 아니라 송영의 의도를 가진 작품입니다. 이는 신앙으로 받아들인 신학적 사실이 이성의 추론으로써 마음에 친숙함을 가져온다는 사실을 보여줍니다.

그는 하나님을 '그보다 더 큰 것을 생각할 수 없는 존재'로 정의하고 있으며, 따라서 하나님의 존재를 부인하는 것은 곧 하나님보다 더 큰 어떤 것이 존재할 수 있다고 생각하는 추론의 모순이라고 여겼습니다.[233] 그는 자신의 책 『모놀로기온』에서 다음과 같이 말합니다.

> 그 글 안에서는 그 어떤 것도 성경의 권위를 따라 논증되어서는 안 되었다. 대신 개별적인 탐구를 통해 선포된 결론이 무엇이든지 명확한 형식과 복잡하지 않은

---

233) Alister E. McGrath, *Christian Theology: An Introduction*, 5th ed. (Malden: Wiley-Blackwell, 2011), 180.

논증, 단순한 설명을 통해서 이성의 필연성을 간결하게 강조할 뿐만 아니라 진리의 필연성을 명백하게 보여주어야 했다.[234]

또한 그는 최고선으로서의 하나님의 존재가 명백한 진리임을 입증하고자 하였던 동기를 자신의 책 『프로슬로기온』에서 다음과 같이 말합니다.

하나님께서는 참으로 존재하시며 어떤 결핍도 없으신 최고선이시지만 다른 모든 것들이 존재하거나 선하게 존재하기 위해 필요로 하는 분이시고 하나님의 실체에 대해 우리가 믿는 그 밖의 모든 것이시라는 사실을 증명하기 위해 나는 그 자체 외에 다른 어떠한 것도 필요로 하지 않는 논증, 그것 자체로 충분한 단 하나의 논증을 발견할 수 있는지를 질문하기 시작했다. ……그래서 나는 하나님에 대해 묵상하기 위해 정신을 드높이려고 애를 쓰면서, 내가 믿는 것을 이해하기 위해 노력하는 입장에서 이것과 다른 것들에 대해 다음과 같은 소책자를 썼다.[235]

이제껏 많은 신학자들은 이러한 그의 시도를 비판하였습니다. 신학함에 있어서 이성에 대한 지나친 신뢰라고 해석하였기 때문입니다. 그러나 이러한 그의 시도는 사실상 의도와 언어의 문제였습니다. 다시 말해서 하나님을 향한 송영의 의도를 가

---

[234] "*quatenus auctoritate scripturae penitus nihil in ea persuaderetur; sed quidquid per singulas investigationes finis assereret, id ita esse plano stylo et vulgaribus argumentis, simplicique disputatione, et rationis necessitas breviter cogeret, et veritatis claritas patenter ostenderet.*" Anselmus Cantuariensis, *Monologium*, in *Patrologia Latina, Curcus Completus*, vol. 158, ed. J. P. Migne (Paris: Imprimerie Catholique, 1864), 143.

[235] "*considerans illud esse multorum concatenatione contextum argumentorum, coepi mecum quaerere si forte posset inveniri unum argumentum, quod nullo alio ad se probandum, quam se solo indigeret; et solum ad astruendum quia Deus vere est, et quia est summum bonum nullo alio indigens, et quo omnia indigent ut sint et bene sint; et quaecunque credimus de divina substantia, sufficeret, … de hoc ipso et de quibusdam aliis, sub persona conantis erigere mentem suam ad contemplandum Deum, et quaerentis intelligere quod credit, subditum scripsi opusculum.*" Anselmus Cantuariensis, *Proslogion*, in *Patrologia Latina, Curcus Completus*, vol. 158, ed. J. P. Migne (Paris: Imprimerie Catholique, 1864), 223-224.

진 접근으로서, 신앙이 없는 사람들에게까지 소통할 수 있는 언어로 접근한 것입니다. 이러한 시도는 안셀무스 나름대로의 경건한 신앙고백적 접근이며 선교적인 접근이었지, 결코 계시에 대해 믿음을 앞서는 이성의 능력을 보이기 위한 것이 아니었습니다. 이에 대하여 리처드 멀러(Richard A. Muller, 1948-)는 다음과 같이 말합니다.

> 안셀무스의 존재론적인 논증이 기도의 형식을 취하는 논문 안에 위치한 것을 고려하면, 그것이 순전히 이성적인 논증만으로는 보이지 않으며 게다가 순전히 이성적인 유신론을 위한 출발점으로 혹은 변증의 핵심으로 사용하기 위해 의도된 논증으로 보이지는 않는다. 과연 안셀무스의 토대가 되는 가정, 곧 '나는 이해하기 위하여 믿는다.'는 맥락에서 보면 그 증거에서조차 이성보다 앞서는 믿음의 우선성이 분명하다. 더욱이 아우구스티누스의 신학에 대한 안셀무스의 깊은 애정과 그 증거의 모든 요소들을 실질적으로 아우구스티누스의 『시편 해설』(Enarrationes in Psalmos) 14편과 『삼위일체론』(De Trinitate)에서도 볼 수 있다는 사실을 고려하면, 안셀무스의 형식화에는 하나님의 존재에 대한 단순하고 이성적인 쟁점 이상의 그리고 그것 외에 존재하는 동기들이 있다.[236]

인간의 지성은 크게 오성과 이성으로 나눌 수 있습니다. 오성(悟性)은 변증을 담당하는 판단 작용에 관여하고, 이성(理性)은 인과관계를 파악하는 추론 작용(raciocinatio)에 관여합니다.[237]

---

236) Richard A. Muller, *Post-Reformation Reformed Dogmatics: The Rise and Development of Reformed Orthodoxy, ca. 1520 to ca. 1725*, vol. 3 (Grand Rapids: Baker Book Academic, 2003), 48.
237) 계몽주의 시대에는 이와 다른 해석들이 등장하기 시작했다. "데카르트는 표상을 그 근원에 따라 외부에서 나오는 표상과 생득적인 표상으로 구분하고 후자에 최고의 가치를 부여하였다. (그러나) 로크는 오성이 생득적인 표상을 갖는다는 사실에 회의를 나타내고 인식의 근원을 외부에서 오는 감성 작용으로 환원시켰다." 강대석, 『서양 근세 철학: 베이컨에서 칸트까지』(서울: 서광사, 1985), 98; "칸트는 판단과 지각 간의 구분을 두 가지 명백한 정신 능력, 즉 오성과 감성으로 예리하게 나누어 표현한다. ……이 점에서 그는 지각을 일종의 낮은 단계의 판단이라고 보는 합리주의 선배들에게 반대하며 또한 판단을 지각과 동일시하려고 했던 경험주의 스승들에게도 반대한다." S. 쾨르너, 『칸트의 비판 철학』, 강영계 역 (서울: 서광사, 1983),

플라톤(Plato, BC 428경-348경)이 다음과 같은 구분을 명확히 하였는지에 대해서는 의견이 분분하지만 그의 『국가론』(Politeia)에서 '지식'(ἐπιστήμη)과 '의견'(δόξα)의 대조가 등장하는 것은 분명합니다. '의견'에 해당하는 헬라어 독사(δόξα)는 대부분의 사람들이 한 대상에 대해 갖고 있는 고정된 인식입니다. 중세 신학자들의 표현과는 차이가 있지만 플라톤 연구가들은 지식(γνώμη)과 의견(δόξα)을 인식 대상의 차이에 따라 다음과 같이 분류합니다. 지식은 직관(νόησις)과 추론적인 사고(διάνοια)으로, 의견은 추측(εἰκασία)과 믿음(πίστις)으로 나눕니다.[238] 중세 스콜라 철학에서 이 오성은 신의 직관적 지성의 원형을 본뜬 것으로 그 위상이 높아집니다.[239]

이 세상의 학문 활동은 대부분 이성의 작용으로 이루어집니다. 그러나 하나님 앞에서 사는 방식을 배우는 신학 활동은 그것으로만 이루어지지 않습니다. 성경의 계시를 받아들이는 믿음은 오성의 기능에 관계하여 신적 판단을 받아들이게 하고, 이성은 믿음으로 받아들인 명제들을 사용하여 학문을 정확하고 풍성하게 하기 때문입니다. 여기서 믿음과 이성은 해석학적 순환을 이루게 됩니다. 이에 대하여 안셀무스는 자신의 책 『인간이 되신 하나님』에서 다음과 같이 말합니다.

> 올바른 순서상, 한편으로는 기독교 신앙을 논리적으로 논하기 전에 그 심오한 진리들을 믿어야 하겠지만, 또 다른 한편으로는 확고부동한 신앙을 가지게 된 이후에 우리가 믿는 것이 무엇인지를 이해하려고 하지 않는 것은 태만한 일입니다.[240]

30; "쇼펜하우어는 동물들도 인과관계를 인식하므로 오성이 인간에게 고유한 것이 아니라……이성만이 인간에게 고유한 것이라고 한다." Anthony Kenny, *Philosophy in the Modern World*, in *A New History of Western Philosophy*, vol. 4 (New York: Oxford University Press, 2008), 170, 195.

238) 플라톤, 『플라톤의 국가, 政體』, 박종현 역주 (서울: 서광사, 2005), 441. '지식'이라고 번역되는 헬라어 단어로는 그노메(γνώμη)도 있고 에피스테메(ἐπιστήμη)도 있지만 학자들은 후자를 선호한다.

239) 폴 쇼리(Paul Shorey)의 주석처럼 여기서 '믿음'이라고 번역된 피스티스(πίστις)는 물론 기독교에서 말하는 믿음하고는 개념이 다르다. Plato, *The Republic*, in *Loeb Classical Library*, vol. 276, trans. Paul Shorey (Cambridge: Harvard University Press, 2006), 108-117.

이처럼 믿은 바를 인간의 이성을 사용하여 정리할 필요가 있습니다. 인간의 이성은 크게 세 가지 관점에서 생각할 수 있습니다. 자연적 이성과 구속된 이성, 완성된 이성이 그것입니다.

자연적 이성은 하나님께서 인간의 본성 안에 주신 이성을 말합니다. 인간이 타락하기 전에는 이성이 선한 방향으로 작용하였으나 타락 후에는 필연적으로 악하게 작용합니다. 구속된 이성은 중생자의 이성을 말합니다. 구속받은 신자의 이성의 활동은 도덕적 방향에 있어서 가변적입니다. 즉, 그의 마음 안에 역사하는 성령의 은혜가 어떠한가에 따라서 선한 방향 혹은 악한 방향으로 작용합니다. 이러한 방식 안에서 하나님을 아는 지식을 '순례자의 신학'(theologia viatorum)이라고 합니다. 지금 우리들의 신학이 바로 이것입니다.

완성된 이성은 천상의 지복 상태에 있는 이성을 말합니다. 이때 인간의 이성은 찬란한 지성의 빛 안에서 부패함의 방해가 없는 고유하고 완전한 기능을 수행할 것입니다. 이러한 방식 안에서 하나님을 아는 지식을 '지복자의 신학'(theologia beatorum)이라고 합니다.

4. 탈신학화를 경계함

넷째로는, 탈신학화에 대한 경계입니다. 오늘날 탈신학적인 목회의 분위기는 자유주의자들이 자라는 원인이 되고 있습니다. 이 책의 서두에서 말한 바와 같이 한 사람의 신학자는 예수 그리스도의 십자가와 부활 사건을 경험함으로써 태어납니다. 그런데 이것은 학문의 영역에서 이루어지는 일이 아니라 신앙의 영역에서 이루어집니다. 다시 말해서 복음과 성령으로 말미암는 신앙의 체험을 통해서 신학을

---

240) "Sicut rectus ordo exigit ut profunda Christianae fidei credamus, priusquam ea praesumamus ratione discutere, ita negligentia mihi videtur, si, postquam confirmati sumus in fide, non studemus quod credimus intelligere." Anselmus Cantuariensis, *Cur Deus Homo*, in *Patrologia Latina, Curcus Completus*, vol. 158, ed. J. P. Migne (Paris: Imprimerie Catholique, 1864), 362.

공부할 수 있는 토대가 형성된다는 것입니다.

신학함에 있어서 그리스도의 십자가 앞에서 진실하게 회심한 그리스도인이 되는 것보다 더 중요한 것은 없습니다. 이것이야말로 모든 신학함의 결정적 토대입니다. 진실한 회심을 통해 그는 하나님을 알고자 하는 성향을 갖게 되고, 거기서 사랑을 배우게 되기 때문입니다(요일 4:7-8).

영국의 사상가 체스터턴(Gilbert K. Chesterton, 1874-1936)은 자신의 책에서 이렇게 말했습니다. "미친 사람은 이성을 잃어버린 사람이 아니라 이성을 제외한 모든 것을 잃어버린 사람이다."241) 그는 이성만 있는 사람을 경계하고 있습니다.

체스터턴. 역설의 거장으로 불리는 영국의 소설가이자 언론인. 무신론자였으나 이후 그리스도인이 되어 기독교 신앙을 옹호하는 작품들을 발표했다.

우리가 성경의 진리를 잘 알기 위해서는 잘 믿는 마음이 필수적입니다. 신학에 있어서 참으로 중요한 명제들은 이성의 탐구로써만이 아니라 성경 계시를 믿음으로 받아들임으로써 획득되며, 이것을 통하여 열렬하게 하나님을 섬길 수 있게 됩니다. 그리고 거기에는 반드시 지식과 은혜, 사랑과 실천에 대한 통합적인 경험이 있습니다.

그러나 어떤 사람들은 분명한 신앙의 체험이 없이 좋은 지적 능력만을 가지고 신학을 공부하기 시작합니다. 심지어 중생과 회심의 여부조차 분명하지 않은 사람들이 신학자의 길을 가고자 할 때, 그 결국은 너무나 분명합니다. 그는 믿음을 따르기보다는 이성의 논리를 따라 신학공부를 할 것입니다. 이렇게 신학을 공부하는 사람들은 복음적이고 개혁주의적인 신학에 이끌리기보다는 비평적이고 자유주의적인 신학에 이끌리게 될 가능성이 훨씬 더 많습니다.

---

241) G. K. Chesterton, *The Collected Works of G. K. Chesterton*, vol. 1, ed. David Dooley (San Francisco: Ignatius Press, 1986), 222.

한 걸음 더 나아가 이런 사람들이 신학교의 교수가 된다면, 자유주의적인 가르침들을 거침없이 학생들에게 쏟아 놓을 것입니다. 그것은 미래의 교회를 생각할 때 매우 염려스러운 일입니다.

C. 하나님의 지혜와 사상

셋째로, 하나님의 지혜와 사상의 관계입니다. 기독교 사상의 힘은 하나님의 지혜를 발견한 데서 나옵니다. 이는 기독교 윤리의 힘이 하나님의 사랑을 발견함에 있다는 것과 대조를 이룹니다.

신학의 모든 분과와 그것의 탐구에 도움을 주는 일반 학문의 탐구는 모두 성경을 통하여 세계와 인간을 향한 하나님의 지혜를 발견하기 위해서입니다. 이러한 지식들의 체계가 바로 교리와 신학입니다.

모든 지식의 근원은 하나님 자신입니다. 그리고 성령은 이 지식을 인간에게 알려 주는 유일한 원천입니다(고전 2:11). 모든 사물이 성령 안에서 창조되었으므로 모든 사물에 관한 지식은 성령 안에 있습니다. 뿐만 아니라 그것을 인식하는 인간의 영혼과 지성의 작용도 성령 안에 있습니다.

신학의 임무는 성령 안에서 모든 사물에 대한 지식을 발견하여 그것들을 통합함으로써 하나님을 더욱 잘 알고, 더욱 사랑하며, 그 지식의 그물망 안에서 다른 사물들과 더불어 하나님의 영광의 증진을 위하여 봉사하는 것입니다.

1. 기독교와 사상

개혁된 기독교 신앙(Reformed Christianity)의 세계에서 단 하나의 권위 있는 전통은, 기독교 신앙이 어떻게 인간의 지성적인 삶을 지탱할 수 있게 하는지에 대한 철저한 이해를 발전시켜 온 것입니다. 이것은 하나님께서 창조하신 모든 세계와 인간에 대한 하나님과의 관계를 설명하는 것이며, 이에 입각하여 우리가 하나님 앞에서 어떤 사람이 되고 어떻게 살아야 하는가에 대한 이해를 가리키는 것입니다.

따라서 개혁된 기독교의 지성은 통합적입니다. 다시 말해서 그 지성은 하나님과 세계와 인간에 대한 이론과 실천을 아우르는 전(全) 포괄적이며 통합적인 것입니다. 이는 아브라함 카이퍼(Abraham Kuyper, 1837-1920)의 다음의 발언을 생각나게 합니다. "인간이 살고 있는 지구 온 세상 중 만유의 주이신 그리스도께서 '이것은 내 것이다.' 라고 선포하지 않으시는 한 치의 땅도 없다."242)

피히테. 독일 관념론을 대표하는 철학자로 칸트로부터 헤겔로 이어지는 사상사의 중간다리 역할을 한 인물이다.

리처드 휴즈(Richard T. Hughes, 1943-)는 개혁교회의 교육자들이 이러한 이성을 실현하기 위한 원리로서 세 가지 토대적인 개념을 채택하였다고 주장합니다. 기독교적 세계관, '모든 진리는 하나님의 진리이다.' 라는 사상, 신앙과 학문의 통합이 그것입니다.243)

우리가 믿는 기독교 신앙은 거대한 사상입니다. 우리는 세상에 남겨 두신 하나님의 진리와 아름다움과 의로움을 창조의 목적에 맞게끔 증진함으로써 그분의 영광을 드러낼 수 있습니다. 그것은 모두 기독교 사상에 힘입은 것입니다.

요한 고틀리프 피히테(Johann Gottlieb Fichte, 1762-1814)는 독일 관념론을 대표하는 철학자로서 셸링(Friedrich Wilhelm Joseph von Schelling, 1775-1854)과 헤겔(Georg Wilhelm Friedrich Hegel, 1770-1831)에게 큰 영향을 끼쳤습니다. 나폴레옹과 전쟁을 치르고 있

---

242) Abraham Kuyper, *Souvereiniteit in Eigen Kring* (Amsterdam: Kruyt, 1880), 32; Richard T. Hughes, *The Vocation of the Christian Scholar: How Christian Faith Can Sustain the Life of Mind* (Grand Rapids: Wm. B. Eerdmans Publishing Company, 2005), 50에서 재인용.

243) Richard T. Hughes, *The Vocation of the Christian Scholar: How Christian Faith Can Sustain the Life of Mind* (Grand Rapids: Wm. B. Eerdmans Publishing Company, 2005), 52.

을 당시 위기에 처한 프로이센 국민들에게 행한 역사적 강연 『독일 국민에게 고함』 (Reden an die Deutsche Nation)으로 유명한[244] 피히테는 학문과 지식의 중요성을 강조하면서 『학자의 사명에 관한 몇 차례의 강의』(Einige Vorlesungen uber die Bestimmung des Gelehrten)에서 다음과 같이 말합니다.

> 그러므로 이러한 욕구의 지식은 그 지식을 만족시켜 줄 수 있는 수단에 대한 지식과 합쳐져야만 합니다. 그리고 이 지식은 당연히 같은 부류에 속합니다. 왜냐하면 전자는 후자 없이 완전해질 수도 없을 뿐더러 활동적이거나 살아 있을 수도 없기 때문입니다. 첫 번째 종류의 지식은 순수 이성의 원리에 기초한 지식이며 철학적입니다. 두 번째 종류의 지식은 부분적으로는 경험에 기초하기 때문에 철학적이면서 역사적입니다. 그러나 이 지식은 단순히 역사적일 수 없습니다. 전자의 지식에 도달하기 위한 수단이 되는 후자의 지식을 인식할 수 있기 위해서는 경험 안에서 드러나는 적절한 대상들을 오직 철학적으로만 인식될 수 있는 목적과 연결시켜야만 하기 때문입니다.[245]

이러한 원리는 하나님을 아는 지식을 추구하는 신학에서도 통합니다. 모든 지식의 근원을 탐구하게 하는 지식이 철학적이라면, 신학과 교리에 대한 지식은 철학적일 뿐 아니라 역사적입니다. 하지만 그것만으로 충분하지 않습니다.

신학과 교리에 대한 지식을 현실의 삶에 적용하여 실천할 수 있는 지식이 필요합니다. 이것은 앞의 두 종류의 지식의 도움 없이는 획득이 불가능한 것입니다.

다만 신학에 있어서 철학은 신학을 판단하는 도구라기보다는 신학의 원천인 성경 계시를 조직된 형태로 형성하는 도구입니다. 그리고 그 도구는 성경에서 발견

---

244) Johann Gottlieb Fichte, *Reden an die Deutsche Nation* (Langensalza: H. Beyer & sohne, 1881). 이 책의 한글 번역서로는 다음과 같은 것들이 있다. 에드먼드 버크, 요한 피히테, 『프랑스혁명 성찰/독일 국민에게 고함』, 박희철 역 (서울: 동서문화사, 2009); 피히테, 『독일 국민에게 고함』, 황문수 역 (서울: 범우사, 1998).
245) Johann Gottlieb Fichte, *The Vocation of the Scholar*, trans. William Smith (London: J. Chapman, 1847), 52.

한 진리를 계몽주의의 언어로 진술하여 이 세상 사람들과 소통하게 하는 데 반드시 필요한 것입니다.

그러므로 목회자가 되려는 사람들은 성경을 알 뿐만 아니라 이 세계와 자기 시대의 사람들을 이해할 수 있어야 합니다. 우리가 역사를 공부하고 지난 시대의 기독교 사상을 탐구하는 것도 지금 우리가 살아가고 있는 이 시대를 선교하기 위해서입니다. 그것을 위해 필요한 지식과 지혜를 얻고자 함입니다.

또한 목회자는 자기 시대의 정신을 탐구할 뿐만 아니라 그것을 확고한 사상으로 정립할 수 있는 지성적 훈련이 필요합니다. 이러한 준비는 목회자가 그리스도의 교회를 든든히 세우는 도구가 되기 위하여 꼭 필요한 일입니다. 만약 그에게 이러한 지성적 준비가 없다면 다른 부분에서 아무리 능력이 뛰어나고 순수한 열정을 가지고 있다 할지라도 목회자로서 적절히 준비되었다고 말할 수 없습니다. 왜냐하면 그는 이 세상의 사상의 바다에서 교회라는 배를 이끌고 항해할 정신적 지도자이기 때문입니다.

2. 승려와 목사

오늘날 불신자들에게 목회자는 사업가처럼 보이고, 교인들은 기회주의자처럼 보인다고 합니다. 이러한 현실의 한복판에는 목회자의 사상적 빈약함이 있습니다. 그리고 진리에 자신의 마음과 삶을 합치하고자 몸부림치지 않는 그들의 나태함이 있습니다.

여러 해 전, 어느 월간 잡지사가 저에게 인터뷰 요청을 하였습니다. 그런데 그 잡지는 기독교 잡지가 아니었습니다. 여러모로 검토를 하고 나서 선교적 차원에서 그 요청에 응하기로 하였습니다. 두 사람의 기자가 교회로 찾아왔습니다. 그중 한 사람이 자신들이 발행하고 있는 잡지의 성격과 취재 의도에 대하여 말해 주었습니다. 그에 의하면 정치, 경제, 문화, 교육, 사회, 종교 각 분야의 지도자들과 인터뷰

한 내용을 매달 특집으로 싣고 있는데, 이번 달에는 기독교를 취재할 차례가 되어서 저를 찾아오게 되었다는 것입니다.

그 기자는 그리스도인이 아니라 무신론자였습니다. 저는 한 시간 가까이 기자의 질문에 답하면서 하나님이 살아 계신 것과 그리스도가 누구이신지를, 우리가 왜 그분을 믿고 구원을 받아야 하는지와 참된 신자가 되는 길이 무엇인지를 말해 주었습니다. 그리고 천지창조의 목적과 우리 기독교가 어떤 관계를 갖는지도 논리적으로 설명해 주었습니다.

인터뷰가 끝난 후 기자의 한 마디 말이 저를 당황케 하였습니다. "목사님, 제가 기독교를 취재하기 위해 많은 사람들을 만났는데 목사님은 목사님 같지 않습니다." 제가 의아해 하며 물었습니다. "그게 무슨 뜻입니까? 그러면 제가 어떤 사람 같습니까?" 취재 기자는 뜻밖에 이렇게 대답하였습니다. "목사님은 목사님 같지 않고 스님 같아요."

저는 그의 말을 듣고 한동안 가슴이 먹먹하였습니다. 왜냐하면 불신자인 그에게 목사는 사업가처럼 보이고 승려는 철학자처럼 보인다는 것을 직감적으로 알았기 때문입니다. 저는 모든 목회자들이 그런 것은 아니라고 설명해 주었지만 하루 종일 마음의 씁쓸함을 감출 수 없었습니다. 우리가 어디까지 그들의 판단을 받아들여야 할지 알 수는 없지만 진리가 관심에서 멀어진 교회의 현실을 불신자들이 눈치채고 있는 것 같아서 하나님께 기도하지 않을 수 없었습니다.

기독교의 진정한 힘은 성경의 진리를 아는 데서 시작합니다. 그것은 교리를 믿는 힘이며 그 사상을 따라 살아가는 힘입니다. 목회자의 임무는 바로 이러한 성경의 진리와 교리들을 가르침으로써 모든 성도들이 기독교 사상가가 되게 하는 것입니다.

그러나 오늘날 조국교회의 상황을 살펴보십시오. 오늘날 교회에서는 이러한 성경의 진리와 교리를 가르치는 일에 큰 관심을 기울이지 않습니다. 더욱이 치열한 학문으로 사상을 수립하여 현대의 정신들을 공격할 준비가 되어 있지 않습니다.

오늘날은 개혁주의와 복음주의가 서로의 적수가 되기도 합니다. 잘 배운 사람의 손에 들린 개혁주의의 칼날은 복음주의의 목을 향합니다. 심지어는 개혁주의자의 날카로운 신학이 같은 신학적 노선을 걸어가는 또 다른 신학자의 목을 겨누기도 하니, 이것은 참으로 안타까운 일입니다.

물론 같은 노선의 개혁주의나 복음주의에도 오류가 있을 수 있습니다. 그래서 참된 개혁신학을 공부한 사람은 그러한 오류를 바로잡아 주어야 합니다. 그러나 개혁신학이 그것밖에 할 수 없다면 그것은 무엇인가 부족한 것입니다. 오히려 개혁신학의 칼이 개혁사상의 힘 있는 손에 붙잡혀 이교의 목을 겨누고 이단들의 가슴을 찌르며 사실상 하나님 없는 적대적인 무신론주의의 심장을 겨누어야 할 것입니다.

IV. 기독교 윤리의 힘

다음으로는 윤리입니다. 그리스도인들이 자신의 고유한 사상을 따라 살아갈 때 세상에 미치는 도덕적 영향력이 바로 윤리의 힘입니다.

우리의 모든 삶은 그렇게 살아갈 수밖에 없는 확고한 지식의 체계 위에 세워져야 합니다. 그래서 하나님의 백성의 윤리는 진리에 대한 지식의 체계, 곧 사상 위에 세워집니다. 그러기에 논리적인 순서로는 사상이 윤리보다 먼저입니다. 그러나 실제적인 현상으로는 윤리가 사상보다 먼저입니다. 왜냐하면 이 세상 사람들에게 실제적으로 먼저 보이는 것은 신자들의 윤리적 생활이기 때문입니다.

우리의 개별적인 행동들은 우리 이웃들에게 드러납니다. 그리고 우리의 이웃들은 그리스도인의 윤리에 깊은 관심을 갖습니다. 그리스도인들이 어떤 사상을 갖고 있는가는 눈에 보이지 않는 양심의 자유에 속한 문제지만 그들이 어떤 윤리를 실천하며 사는가는 세상 사람들의 이익에 직결되는 것이기 때문입니다.

그리스도인의 윤리는 매우 중요합니다. 세상 사람들은 그리스도인들의 윤리적인 생활을 보면서 하나님의 거룩함과 인간의 행복에 대하여 생각하게 되고 그들의 사상에 대해 관심을 갖습니다. 그러므로 이 윤리는 우리가 어떤 사람인지를 이 세상에 보여주고 또한 우리와 관계를 맺고 계시는 하나님이 어떤 분이신지를 이 세상에 보여주는 통로입니다.

A. 거룩함과 윤리

하나님과 언약 관계 안에 있는 이스라엘 백성의 가장 큰 의무에 관하여 성경은 다음과 같이 말합니다. "나는 너희의 하나님이 되려고 너희를 애굽 땅에서 인도하여 낸 여호와라 내가 거룩하니 너희도 거룩할지어다"(레 11:45).

오늘날 많은 사람들이 그리스도인들의 윤리적 해이에 대해 염려합니다. 그리고 이러한 윤리적 상황을 개선하기 위하여 개혁 운동을 펼치기도 합니다.

하지만 그러한 운동을 통해서는 교회의 윤리적 수준이 나아지지 않습니다. 그리스도인의 윤리적 삶은 도덕 자체를 추구한 결과가 아니라 하나님의 거룩한 성품을 따르는 데서 오는 삶의 열매이기 때문입니다.

하나님의 거룩한 성품을 경험한 그리스도인은 하나님의 존재적 초월성 앞에 서게 됩니다. 하나님께서 모든 피조물과는 질적으로 다른 뛰어난 분이심을 알게 되는 것입니다. 그때 그는 자신이 얼마나 미천한 존재인지를 알게 됩니다. 그리하여 위대하신 하나님 앞에 엎드려 그분을 섬길 수밖에 없는 존재임을 알게 됩니다.

또한 하나님의 거룩한 성품을 경험한 그리스도인은 하나님의 도덕적 완전성 앞에 서게 됩니다. 그는 도덕적으로 무한히 완전하신 하나님 앞에서 자신이 얼마나 큰 죄인인지를 알게 되며 자신을 죄로부터 깨끗하게 하기 위해 힘쓰며 선한 삶을 살게 됩니다.

여러분은 산업혁명을 제일 먼저 겪고 그 폐해로 말미암아 빈사 상태에 이르게 된 18세기 영국의 도덕적인 상황을 기억할 것입니다.

윌리엄 레키(William Lecky, 1838-1903)와 엘리 알레비(Élie Halévy, 1870-1937)와 같은 학자들은 존 웨슬리(John Wesley, 1703-1791)의 주도 하에 일어났던 당대 부흥 운동이 부패하였던 18세기 영국 사회를 변화시켰으며, 그들이 주도하였던 청교도적 경건주의의 실천은 유럽의 여러 나라에서 발생했던 폭력적인 혁명이 영국 내에서는 일어나지 않게 막아주었다고 하였습니다.[246]

▎ 산업혁명 당시의 풍경들. 산업혁명이란 18세기 중후반 영국에서 시작된 기술의 혁신과 그로 인한 사회 경제 변혁을 가리키는 말이다. 근대화의 촉매인 동시에 물질주의의 점령의 계기로 평가될 수 있다.

이것은 영국 사회가 부흥을 통해 인간이 무엇을 믿어야 하며 어떻게 살아야 하는지에 대한 확고한 신념을 얻게 되었기 때문입니다.

그리스도인들이 착한 행동을 하는 것 자체를 목표로 삼거나 도덕적인 수준에서 세상 사람들을 감동시키려고 하는 것은 사람의 영광을 구하는 것과 다르지 않습니다. 그리스도인의 윤리적인 삶은 살아 있는 영혼으로부터 나오는 진실한 생활의

---

246) J. C. D. Clark, "The Eighteenth-Century Context," in *The Oxford Handbook of Methodist Studies*, ed. William J. Abraham, James E. Kirby (Oxford: Oxford University Press, 2011), 21-22; William E. H. Lecky, *A History of England in the Eighteenth Century*, vol. 2 (London: Longmans, Green, 1883), 631.

열매여야 합니다. 진정으로 하나님의 말씀과 성령으로 말미암는 성도의 내면의 변화가 필요합니다.

그러므로 그리스도가 누구인지를 알기 원하는 신학적 탐구와 진리에 부합하여 행복한 삶을 살아가려는 그리스도인의 윤리적인 추구는 결코 분리될 수 없습니다. 그래서 신학이 없는 윤리도 삶이 따르지 않는 거룩도 참된 경건이 아닙니다.

B. 은혜가 필요함

그리스도인은 이 세상에 살고 있으나 하나님 나라의 가치를 따라 살도록 부름을 받은 사람입니다. 그들은 이 어두운 세상에서 빛이며 소금입니다. 그러나 아우구스티누스가 지적한 바와 같이 성도는 '새사람'(homo novus)과 '옛사람'(homo vetus)을 함께 짊어지고 있는 존재입니다(엡 4:22, 24).[247] 또한 루터가 말한 바와 같이 '의인이며 동시에 죄인'(simul justus et peccator)입니다.[248]

그렇기 때문에 우리는 한시도 마음을 놓을 수 없습니다. 오늘 윤리적인 삶을 살아간다고 하더라도 내일도 그러할 거라고 장담할 수 없습니다. 성령께서 우리의 지성과 의지를 새롭게 하지 않으면 우리는 한순간도 온전한 삶을 살아갈 수 없는 존재입니다. 그래서 우리는 날마다 성경을 배우고 자신의 마음을 지키려 애써야 합니다.

오늘날 조국교회의 현실을 생각해 보십시오. 우리 시대에는 편리하고 실용적인 것이 참되고 올바른 것을 대치하게 되었습니다. 그러한 풍조는 비윤리적인 삶을 양산하고 있습니다. 그리고 이러한 시대 정신의 영향력은 신학교 안에서도 공공연하게 받아들여지고 있습니다.

---

247) Avrelivs Avgvstinvs, *De Vera Religione*, in *Corpus Christianorvm Series Latina*, XXXII: *Avrelii Avgvstini Opera*, Pars IV, 1 (Tvrnholti: Typographi Brepols Editores Pontificii, 1996), 219.
248) Martin Luther, *Lectures on Romans Scholia Chapter 7*, in *Luther's Works: Lectures on Romans*, vol. 25, ed. Hilton C. Oswald, trans. Jacob A. O. Preus (Saint Louis: Concordia Publishing House, 1972), 335-336.

그리스도인들이 윤리적인 규범을 존중하기는커녕 성경이 제시하는 명백한 계명을 사랑이라는 모호한 개념으로 무시해 버립니다. 때로는 무관심과 용기의 부족으로 그렇게 하기도 합니다. 국가가 권력을 남용하여 국민의 인권을 유린하고 정의를 굽게 하여도 그 일이 올바른지에 대한 판단 없이 순응하는 것은 그리스도인의 태도가 아닙니다. 여러 가지 사회 문제를 둘러싼 정의에 대한 바른 판단과 용기를 지니지 않는 것은 그리스도인의 올바른 자세가 아닙니다.

진리를 말하는 것은 쉬운 일이지만 꾸준히 그 진리대로 살아가는 것은 자신의 전부를 드리는 헌신이 요구됩니다. 그래서 우리는 예수 그리스도를 바라보아야 합니다. 그분에 대해서 배우기를 소홀히 하지 말아야 하며 그분 닮기를 힘써야 합니다. 그러나 인간의 힘으로는 이 일을 온전히 이룰 수 없습니다. 그러므로 우리에게는 은혜가 필요합니다.

V. 선한 삶을 살게 하는 은혜

마지막으로 은혜입니다.[249] 사람들은 흔히 인간이 지성으로 윤리를 알게 되면 그대로 행하게 된다고 생각합니다. 그리고 인간이 의지로 결심하면 윤리적인 삶을 살 수 있을 것처럼 생각합니다. 이것은 인간의 능력을 과신한 모든 사람들이 생각하는 바였습니다. 하지만 인간은 그렇게 희망적인 존재가 아닙니다. 아리스토텔레스(Aristoteles, BC 384-BC 322)도 인간의 지성을 사변에만 그치는 지성과 실천에까지 이르는 지성으로 구분할 정도로 이러한 명제에 의심을 품었습니다.[250]

---

[249] 김남준, 『그리스도인이 빛으로 산다는 것』 (서울: 생명의말씀사, 2012), 297-302.
[250] 아리스토텔레스는 '지성이 긍정 또는 부정함으로 진리에 이르도록 하는 다섯 가지 특성'을 가정한다. 그것은 기예(τέχνη), 학문적 인식(ἐπιστήμη), 실천적 지혜(φρόνησις), 철학적 지혜(σοφία), 직관적 지성(νοῦς)인데, 특별히 실천적 지혜는 "무엇이 나에게 선하고 유익한 것인가를 잘 살필 수 있는 것으로……(삶의) 어느 한 측면을 말하는 것이 아니라 전체적으로 잘 사는 것과 관련하여 잘 숙고하는 것"이라고 정의를 내린다. Aristotle, *The Nicomachean Ethics*, in *Loeb Classical Library*, vol. 73, trans. H. Rackham (Cambridge: Harvard University Press, 1990), 330-343.

비록 우리가 알게 된 것을 행동으로 옮긴다고 해도 그 윤리적 행위의 동기까지 하나님의 선(善)을 따르는 것은 아닙니다. 그래서 은혜가 필요합니다. 하나님의 의지를 따라 선을 행하게 하는 것이 은혜의 힘이기 때문입니다(롬 7:24, 빌 2:13). 이러한 사실을 잘 이해하기 위해서는 다음 사항을 숙고하여야 합니다.

A. 아름다움과 끌림

첫째로, 아름다움과 인간 마음의 끌림입니다. 플라톤(Platon, BC 428경-BC 348경)은 지식이 실천을 가져온다는 사실을 의심하였습니다. 왜냐하면 그가 스스로 질문했던 것처럼, 사람들은 선한 것보다 아름다운 것에 마음이 끌리기 때문입니다. 플라톤에 따르면 아름다움은 만물의 고유한 특성이며, 개별적 사물의 아름다움의 근거가 되는 원천적 아름다움은 보편자의 속성 중 가장 탁월한 것이었습니다.[251]

▎플라톤. 소크라테스의 제자이자 아리스토텔레스의 스승. 서양의 다양한 학문에 걸쳐 지속적으로 큰 영향력을 미치고 있는 고대 그리스의 사상가이다.

그러나 인간은 항상 객관적인 아름다움에 비례하여 마음이 끌리는 것은 아닙니다. 플라톤은 인간 안에서 객관적인 선(善)과 주관적인 미(美)의 갈등이 일어나며, 이것이 인간의 불행의 원인이라고 보았습니다.

인간은 아름다운 것에 마음이 끌리지만 그 아름다운 것은 객관적으로 아름다운 것이 아니라 그가 주관적으로 아름답다고 느끼는 것입니다. 진리에 의해 판단받

---

251) "The reason for this is that beauty is in a privileged position among universal properties; whereas justice for example is only dimly mirrored in the particular just actions which reflect it, beauty, being the object of the keenest of our senses, sight, is somehow peculiarly luminous in its particulars, and peculiarly able to excite spiritual longing." I. M. Crombie, *Plato on Man and Society*, in *An Examination of Plato's Doctrines*, vol. 1 (Bristol: Thoemmes Press, 2002), 185-186.

은 아름다운 것이 언제나 인간의 마음을 끄는 것이 아니라 자신이 주관적으로 좋아하는 사물이나 행동을 아름다운 것으로 느낀다는 뜻입니다. 이 둘 사이의 격차가 크면 클수록 인간은 도덕적으로 악한 삶을 살게 됩니다.

1. 아름다움과 표상

아우구스티누스(Aurelius Augustinus, 354-430)에 의하면 인간이 주관적으로 느끼는 아름다움은 그 사물의 실재에 부착된 고유한 아름다움이 아니라 '표상'(*phantasma*)의 아름다움입니다. 그것은 어떤 사물에 부착된 진정한 가치에 끌리는 아름다움이 아니라 인간의 욕망이 투사되어 가치에 대한 그릇된 인식이 자극받음으로써 생겨나게 된 주관적인 아름다움이라는 것입니다. 이에 대하여 그는 자신의 책 『참된 종교에 관하여』(*De Vera Religione*)에서 다음과 같이 말합니다.

> 시간의 아름다운 변화가 그 궤도를 달려가면, (인간이) 그토록 탐닉하던 아름다움은 (자기를 사랑해 온) 그를 저버리고 떠나며, (인간이) 괴로워하는 사이에 그의 감관으로부터 빠져나가 버리며, 그를 환상으로 흔들어 놓는다. 그리하면 그는 속임수 많은 감각을 통해서 잘못 사랑해 오던 자기의 육(肉)이 가리켜 보이는 대로, 모든 것 중에서도 가장 낮은 것 곧 육체적 본성에 불과한 것들을 마치 첫째가는 아름다움처럼 여기기까지 한다. 자기는 마치 무엇을 깨달은 것처럼 생각하지만 사실 그는 그 그림자의 표상을 신봉한다 (20.40.).[252]

---

252) "*Quia cum ordinem suum peragit pulchra mutabilitas temporum, deserit amantem species concupita et per cruciatum sentientis discedit a sensibus et erroribus agitat, ut hanc esse primam speciem putet, quae omnium infima est, naturae scilicet corporeae, quam per lubricos sensus caro male delectata nuntiauerit, ut cum aliquid cogitat intellegere se credat umbris illusus phantasmatum.*" Avrelivs Avgvstinvs, *De Vera Religione*, in *Corpvs Christianorvm Series Latina, XXXII: Avrelii Avgvstini Opera*, Pars IV, 1 (Tvrnholti: Typographi Brepols Editores Pontificii, 1996), 211-212.

중세 미학에 사상적 토양을 마련해 준 신플라톤주의자 플로티누스(Plotinus, 205-270)는 철학사적으로도 유명한 자신의 책 『엔네아데스』(Enneades)에서 아름다움과 일자(一者) 그리고 존재에 대하여 다음과 같이 말합니다.

▌라파엘로의 '아테네 학당' 속에 등장하는 플로티누스. 상단 우측에서 세 번째 인물이 신플라톤주의의 창시자로 불리는 플로티누스이다.

> 더욱이 아름다움은 존재하는 것들이며, 그 반대의 본성은 추함이다. 추함과 같은 것이 무엇보다 악이다. 그리하여 일자에게는 선과 아름다움은 같으니, 곧 선한 것은 아름다운 것이기도 하다. 따라서 우리는 아름다움과 선과 함께 추함과 악을 탐구해야 한다. 그리고 무엇보다 아름다움을 선과 같은 것으로 두어야 한다. 선으로부터 즉시 지성이 나오는데 그 또한 아름다움이다. 또한 영혼은 지성에 의해 나오는데 그 또한 아름다움이다. 그리고 다른 것들도 형상화된 영혼에 의해 이미 아름답다. 행위들 안에서도 마찬가지이며, 삶의 방식들에 있어서도 마찬가지이다. ……그러므로 대략적으로 말하자면, 제일의 아름다움은 선과 동일하다. 그런데 지성적인 것들과 구분하자면, 형상의 자리는 지성적 아름다움에 해당하며 이와 달리 선은 그것을 초월한 것으로써 아름다움의 원천과 원리가 된다(1.6.6-9.).[253]

인간의 욕망이 투사되어 생겨난 주관적인 아름다움, 곧 환영의 아름다움은 가치의 질서를 전복하여 악을 행하는 원인이 됩니다. 인간은 이러한 가치 인식의 착오

---

[253] Plotinus, *Plotinus: Porphyry on Plotinus, Ennead I*, in *The Loeb Classical Library*, vol. 440, trans. A. H. Armstrong (Cambridge: Harvard University Press, 1989), 250-253, 260-263.

때문에 사랑해야 할 사물들의 질서를 전복시키고 그로 말미암아 불행해진다는 것입니다.

2. 그릇된 질서와 사랑

아우구스티누스는 질서란 곧 존재와 가치에 따라 사물들을 배열하는 것이라고 보았습니다. 그는 『신국론』(*De Civitate Dei*)에서 다음과 같이 말합니다.

> 질서란 동등한 것들과 그렇지 않은 것들의 고유한 자리를 각각에게 부여하는 배치이다(19.13.).[254]

인간의 모든 불행은 질서와 관련됩니다. 왜냐하면 악이 그릇된 질서에 대한 사랑이기 때문입니다. 다시 말해서 하나님의 의지를 따라 배치된 객관적 질서와 인간의 의지를 따라 선택된 주관적 질서가 서로 달라서 불행이 시작되는 것입니다.

아우구스티누스는 모든 만물이 선한 것이지만 거기에는 상위의 선과 하위의 선이 있다고 말합니다. 그리고 악은 인간의 의지가 상위의 선을 버리고 하위의 선을 따르는 것이라고 보았습니다.[255]

인간의 모든 불행은 그릇된 사랑에서 비롯됩니다. 기독교 신앙의 궁극적인 목표

---

[254] "*Ordo est parium dispariumque rerum sua cuique loca tribuens dispositio.*" Avrelivs Avgvstinvs, *De Civitate Dei*, in *Corpvs Christianorvm Series Latina*, XLVIII: *Avrelii Avgvstini Opera*, pars XIV, 2 (Tvrnholti: Typographi Brepols Editores Pontificii, 1955), 679.

[255] "의지가 상위의 선을 저버리고 하위의 것들로 전향할 때에 의지는 악해진다. 이는 전향한 그 대상이 악하기 때문이 아니라 전향한 의지 그 자체가 악하기 때문이다. 그러므로 하위의 사물이 의지를 악하게 만든 것이 아니라 의지 그 자체가 악한 것인데, 이는 의지가 악하고 무질서하게 하위의 사물들을 추구하기 때문이다"(*Cum enim se uoluntas relicto superiore ad inferiora conuertit, efficitur mala, non quia malum est, quo se conuertit, sed quia peruersa est ipsa conuersio. Idcirco non res inferior uoluntatem malam fecit, sed rem inferiorem praue atque inordinate, ipsa quia facta est, adpetiuit*). Avrelivs Avgvstinvs, *De Civitate Dei*, in *Corpvs Christianorvm Series Latina*, XLVIII: *Avrelii Avgvstini Opera*, pars XIV, 2 (Tvrnholti: Typographi Brepols Editores Pontificii, 1955), 361.

는 마땅히 아름다운 것을 아름답게 볼 수 있게 하고 마땅히 사랑해야 할 것을 사랑하게 하는 항구적인 성향을 마음에 갖게 하는 것입니다. 이것이 바로 '성화'(聖化)의 실제적 목표입니다.

인간이 선한 것이 무엇인지를 어렴풋이 안다고 할지라도 이성적으로 판단한 선을 따르기보다는 감정에 이끌린 아름다운 것을 따라가려고 하는 것은 설명할 수 없는 모순입니다. 인간 안에 있는 이러한 모순은 어느 철학자도 쉽게 해결하지 못했습니다.

신학적으로 볼 때 이러한 모순은 자기가 좋아하는 악을 행하며 살려고 하는 정서적 성향과 올바른 것을 따라 살도록 요구하는 지성의 인식 사이에서 발생합니다. 일반적으로 인간은 생각으로는 옳은 것을 선택해도 실제 행동으로는 자기가 좋아하는 것을 따르게 되는데, 이것을 '도덕적 필연성'(moral necessity)이라고 부릅니다. 헤라클레이토스(Herakleitos, BC 540경-BC 480경)의 다음 말 역시 이런 도덕적 필연성의 관점으로도 이해할 수 있을 것입니다.

> 인간의 성격이 그의 운명이다(ἦθος ἀνθρώπῳ δαίμων).[256]

거룩한 삶을 위한 신자의 투쟁은 하나님께서 정하신 질서를 받아들이고 그 질서를 따라 사물들을 가치론적으로 배열하고 사랑하느냐, 아니면 자신이 좋아하는 대로 만든 질서에 집착하며 사느냐의 문제입니다. 거듭난 새 성품은 전자를 따라 살고자 하고, 옛 성품은 후자를 따라 살고자 합니다.

이것은 누가 강요할 수 있는 것이 아닙니다. 그런 점에서 인간은 도덕적 선택에 있어서 전적으로 자유롭습니다. 이러한 사실은 아리스토텔레스와 같은 철학자들에 의해서도 지지되는 바입니다. 아리스토텔레스는 이렇게 말합니다.

---

[256] "Man's character is his fate." Charles H. Kahn, *The Art and Thought of Heraclitus: An Edition of the Fragments with Translation and Commentary* (Cambridge: Cambridge University Press, 2004), 80-81.

사람의 최고의 목적은 인간 존재로서의 자신 안에 있는 가장 최고의 그리고 최상의 것, 곧 이성을 실현하는 것이며……자신 안에서 되고자 하는 혹은 그보다 못하게 되고자 하는 모든 것에 있어서 자유롭다.257)

▎아리스토텔레스. 고대 그리스의 철학자로 논리학, 정치학, 윤리학뿐 아니라 물리학, 생물학 등 자연과학에 있어서도 그의 견해는 중세 학문에 지대한 영향을 주었다.

그러나 인간은 자기 안에 주어진 혹은 지속적인 실천으로 말미암아 이미 형성된 도덕적 성향이나 경향성으로 인하여 명목상으로는 자유롭지만 실질적으로는 자유롭지 않습니다.

자유 의지를 가진 인간으로서의 우연적 선택이 그의 도덕적 성향 안에서 필연적 선택이 되기도 하기 때문입니다. 하지만 그것은 그 사람의 의지에 반하여 외부로부터 강요된 필연이 아닙니다. 그 사람의 의지를 따라 내부적으로 순응하여 필연이 된 것입니다. 죄에 관한 인간의 이러한 본성은 필연적이라고 할 수 있습니다. 인간의 죄된 본성은 인간 스스로의 노력에 의하여 변화될 수 없습니다.

목회는 이렇게 자신이 알면서도 어찌할 수 없이 혹은 알지도 못한 채 그릇된 질서를 사랑하며 사는 사람들을 돌이켜 하나님께서 정하신 질서로 돌아오게 하는 일입니다(눅 1:17, 요일 5:2-3). 그리고 이 일을 위한 기초가 중생(重生)입니다.

B. 중생과 본성의 변화

둘째로, 중생과 인간 본성의 변화입니다. 모든 인간은 죄 아래서 태어나기에 본

---

257) S. E. Frost, Jr., *Basic Teachings of the Great Philosophers* (New York: Anchor Books, 1989), 131-132.

성적으로 하나님을 대적하는 경향이 있습니다. 그래서 인간은 하나님의 진노 아래 있습니다(롬 3:23, 엡 2:3). 이러한 인간의 절망적인 상태는 오직 예수 그리스도의 구원의 은혜를 통해 변화될 수 있습니다(골 3:10).

하나님께서는 죄로 오염된 상태에 있는 인간 안에 성령의 능력으로 사랑의 성향과 아름다움에 대한 감각을 심으십니다. 인간 영혼에 죄를 미워하고 하나님을 사랑하는 성향과 영적인 아름다움을 볼 수 있는 새로운 영적 감각을 중생을 통해 심으시는 것입니다. 그리하여 이 세상의 모든 것보다 하나님을 사랑하고 하나님께 순종하게 합니다. 이것이 신학에서 말하는 중생의 본질에 대한 설명입니다(요일 3:9, 5:1).

중생을 통해 새롭게 된 사랑의 성향은 의지에, 신령한 것들에 대한 아름다움의 감각은 지성에 작용합니다. 그러나 이것은 영혼 안에 어떤 새로운 정신이 도입되는 것이 아닙니다. 이미 있던 인간의 영혼의 기능을 새롭게 하시는 것입니다. 한편으로는 죄책(罪責)을 사면하시고 오염(汚染)으로부터 깨끗하게 하심으로써, 또 다른 한편으로는 성령 안에서의 은혜로운 교통을 통하여 새롭게 하십니다. 이에 대한 에드워즈의 이해에 관하여 노먼 피어링(Norman Fiering, 1935-)은 자신의 책에서 다음과 같이 말합니다.

> 은혜의 작용에 의해 일으켜진 마음의 새로운 감각은 새로운 사랑 혹은 거룩함과 동일시되는 새로운 성향 혹은 주입된 경향이기도 하다. ……에드워즈는 신적인 것의 아름다움에 대한 감각은 처음에는 하나님께서 주입하신 사랑으로부터 나오는 것으로, 그 후에는 중생된 영혼이 처음 사랑을 일으킨 그것에서 아름다움을 보게 된다고 믿어 온 것으로 보인다.[258]

---

258) Norman Fiering, *Jonathan Edwards's Moral Thought and Its British Context* (Eugene: Wipf & Stock Publishers, 2006), 126.

중생한 신자는 도덕적 아름다움뿐만 아니라 자연적 아름다움을 통하여 모든 아름다움의 원천이 되시는 하나님의 아름다움을 생각하며 사랑의 정동을 경험합니다. 그리하여 성령으로 말미암아 타락한 본성이 순결하게 되어 감으로써 자신을 창조하시고 구원하신 목적에 합당하게 살아가게 됩니다. 이것이 바로 '성화'(sanctification)입니다.

성화는 진리를 사용하시는 하나님의 은혜의 힘으로 이루어집니다. 하나님의 은혜는 이성의 눈으로는 보이지 않는 신비의 영역에 속하는 것으로 사상과 윤리를 묶어 주는 하나님의 초자연적인 능력입니다. 은혜는 단지 지식을 행동으로 산출하게 하는 역할만을 하지 않습니다. 은혜는 인간의 성품을 거룩하게 변화시킵니다. 이는 신자 안에 남아 있는 죄에 의해 오염된 본성을 하나님의 사랑 안에서 순결하게 하심으로써 참인간으로서의 온전함을 회복하게 하시는 성화의 과정으로 나타납니다. 이러한 은혜로운 작용의 기초가 중생과 회심을 통하여 놓이게 되는 것입니다.

C. 사상과 윤리를 묶는 은혜

셋째로, 사상과 윤리를 하나로 결합시키는 은혜의 작용입니다. 신자가 지식적으로 많이 알아도 윤리로 열매를 맺지 못하는 경우가 있습니다. 그리고 윤리적 행동을 할지라도 삶에 일관성이 없을 때가 있습니다. 이는 신자들의 마음속에서 이 둘이 하나로 결합되지 않았기 때문입니다. 다시 말해서 하나님의 은혜의 역사가 부족하기 때문입니다.

하나님의 은혜는 우리가 아는 진리를 따라 살 수 있도록 영혼에 힘을 줍니다. 그리스도인이 지성을 통해 발견한 신적 지혜의 사상의 체계를 윤리적인 생활로 나타내기 위해서는 성령의 은혜가 필요합니다. 신자라고 할지라도 이러한 은혜의 힘 없이는 결코 자신의 사상을 거룩한 생활로 이어지게 할 수 없습니다. 이러한 사실을 잘 이해하기 위해서는 다음 사항을 숙고하여야 합니다.

1. 은혜와 지성, 의지

첫째로는, 은혜와 지성과 의지 사이의 관계입니다. 은혜는 우선적으로 인간의 지성과 관련을 맺어 사상에 힘을 더합니다. 그리고 인간의 의지와 관련을 맺어 윤리에 힘을 더합니다. 인간은 지성으로 알고 있는 바를 자신의 의지를 통하여 밖으로 표출합니다. 인간의 삶에 있어서 이러한 사상과 윤리, 지성과 의지의 상관성의 원리는 하나님의 천지창조의 계획과도 깊은 관련이 있습니다.

하나님께서는 당신의 지성과 의지로써 이 세상을 창조하셨습니다. 세계가 창조되기 전에도 세계에 대한 관념은 하나님의 지성 안에 있었습니다. 그것은 영원 전부터 있었습니다. 창조될 세계의 개별적인 사물들뿐만 아니라 그것들 사이의 관계 그리고 인간과 역사에 대한 경륜까지 말입니다(잠 29:26, 사 10:22, 행 13:48). 이것이 바로 하나님의 영원한 신적 작정이며 지혜입니다. 그러나 하나님께서 지성으로써만 이 세상을 창조하신 것은 아닙니다.

하나님께서는 당신의 지성 안에 있던 것들을 의지로 드러내셨습니다. 하나님께서 천지를 창조하신 후 당신의 형상을 닮은 인간을 지으신 것도 바로 이 때문이었습니다(창 1:27). 하나님께서는 당신의 형상을 닮은 인간과 사랑의 관계를 맺으시고 교제하심으로써 그들의 지성과 의지 안에서 천지를 창조하신 당신의 계획을 이루고자 하셨습니다(창 1:26).

신학공부는 하나님의 이러한 지혜와 사랑을 알기 위한 것입니다. 그 지혜와 사랑을 따라 이웃과 올바른 관계를 맺으며 하나님을 향하여 살기 위함입니다(고후 5:15). 여기에서 하나님의 지혜는 신학을 공부함에 있어서 지식과 관련이 되고, 하나님의 사랑은 은혜와 관계됩니다. 그리고 하나님의 은혜는 우리가 아는 진리를 따라 살 수 있도록 영혼에 힘을 줍니다.

목회자는 영원이신 하나님, 곧 진리이신 하나님을 알고 사랑하도록 부름받은 사람입니다. 자신만 그렇게 하는 것이 아니라 모든 사람들이 하나님을 사랑하고 진리를 따라 살도록 돌보기 위하여 부름받았습니다.

인간이 하나님을 사랑할 때 그의 삶은 영원을 향하게 됩니다. 영원에 대한 사랑은 곧 하나님에 대한 사랑이며, 영원을 아는 것과 진리를 아는 것은 동일하기 때문입니다. 이에 대하여 아우구스티누스는 자신의 책 『고백록』(Confessiones)에서 다음과 같이 말합니다.

> 진리를 아는 자는 그 빛을 알고, 그 빛을 아는 자는 영원을 압니다. 사랑은 그 빛을 압니다. 오, 영원한 진리요 참된 사랑이시요 사랑스러운 영원이시여! (7.10.16.)[259]

기독교의 사상의 힘은 하나님의 지혜를 발견한 힘이며, 윤리의 힘은 하나님의 사랑을 발견한 힘입니다. 전자는 지성에, 후자는 의지에 주어져서 우리의 인격 안에서 통합을 이룹니다. 이 세상의 윤리주의자들은 도덕을 내세우며 그렇게 살지 못하는 사람들을 정죄합니다.

그러나 참된 기독교는 다릅니다. 그리스도인은 성경의 진리에 기초한 도덕을 내세우면서 자기를 쳐서 복종시키기까지 윤리적인 삶을 살아야 합니다. 하지만 자신이 그렇게 살았다는 이유로 그렇게 살지 못하는 사람을 얕잡아 보지 않습니다. 왜냐하면 그 윤리를 행한 것이 자신의 힘이 아니라 하나님의 사랑의 덕으로 말미암기 때문입니다.

신자는 자신의 의지로 윤리적인 삶을 삽니다. 그런데 윤리적인 삶을 살고자 하는 도덕 의지를 하나님의 사랑으로 감화시켜 주셨기 때문에 그렇게 살 수 있습니다. 그래서 그릇된 삶을 산 것은 전적으로 자신이 저지른 죄악 때문이요, 윤리적인 삶을 산 것은 의지에 그렇게 살 수 있는 힘을 주신 하나님의 은혜 때문입니다. 그

---

[259] "*Qui nouit ueritatem, nouit eam, et qui nouit eam, nouit aeternitatem. Caritas nouit eam. O aeterna ueritas et uera caritas et cara aeternitas!*" Avrelivs Avgvstinvs, Confessiones, in *Corpvs Christianorvm Series Latina, XXVII: Avrelii Avgvstini Opera* (Tvrnholti: Typographi Brepols Editores Pontificii, 1996), 103.

렇기 때문에 그리스도인은 선을 행한 후에 그럴 수 있도록 은혜를 베푸신 하나님을 자랑합니다.

2. 인간과 선한 삶

둘째로는, 인간과 그가 살아가는 선한 삶 사이의 관계입니다. 조나단 에드워즈는 참된 미덕으로 오인되는 일반 도덕의 원천을 네 가지로 제시하고 있습니다. 이차적 아름다움과 자기 사랑, 양심, 본능적인 종류의 사랑이 그것입니다.[260]

하나님의 일반 은총 아래에서 인간은 어느 정도 덕스러운 삶을 살아갑니다. 그러나 지성적 피조물에 있어서 이러한 자연적 완전함은 결코 그를 탁월한 존재로 만들어 주지 못합니다. 예를 들어서 천사들의 힘과 지혜 같은 것들도 그들이 도덕적 완전성을 가지고 있지 않다면 악마보다도 더 사랑스러운 존재로 만들 수 없습니다.[261]

이와 관련하여 토마스 아퀴나스(Thomas Aquinas, 1225경-1274)와 스콜라 철학자들은 신데레시스(*synderesis*)라는 개념을 사용하였습니다. 우리말로 '양지양능'(良知良能)이라고 번역되기도 하는 이 용어는 '논변적 추론 과정을 거치지 않고서도 도덕적 질서의 제일 원리를 아는 본성적 혹은 내재적 성향'으로서, 곧 '보편 가치에 대한 공통 감각'을 말합니다. 이것이 인간으로 하여금 도덕적 책임에 대한 감각을 갖게 한다는 것입니다.[262]

---

260) Jonathan Edwards, "The Nature of True Virtue," *Ethical Writings*, in *The Works of Jonathan Edwards*, vol. 8, ed. Paul Ramsey (New Haven: Yale University Press, 1987), 561–608.
261) Norman Fiering, *Jonathan Edwards's Moral Thought and Its British Context* (Eugene: Wipf & Stock, 2006), 81.
262) 신데레시스(*synderesis*)라는 개념은 아리스토텔레스에 의해 본격적으로 다루어지기 시작했고, 아퀴나스를 비롯한 중세 스콜라 신학자들에게 전수되어 확장된 논의들을 낳았다. 신데레시스라는 용어는 호메로스(Homeros)가 사용하였던 '세심하게 지키다.'라는 뜻을 가진 헬라어 테레오(τηρέω)에서, 후에 아리스토텔레스가 『식물학』(*De Plantis*)에서 사용한 '면밀하게 보존하다.'라는 뜻을 가진 헬라어 쉰테레오(συντηρέω)에서 유래하였다고 전해진다. 서방 신학계에 이 용어가 소개된 것은 히에로니무스(Eusebius Hieronymus)가 에스겔의 환상 속에 등장하는 네 생물을 주해하는 과정에서 나타나는데

에드워즈의 고찰에 따르면, 신데레시스는 '하나님의 공의와 심판', '균형과 비율에 대한 의식'과 함께 양심이라는 개념을 구성하는 세 요소 가운데 하나입니다.[263)] 이것은 인간이 비록 타락한 상태에 있을지라도 지니고 있는, 정사선악(正邪善惡)에 대한 도덕적 판단을 의미합니다.

중세 철학사에서는 신데레시스의 본질이 지성에 속하는 것인지 아니면 의지에 속하는 것인지에 대한 논쟁이 있었습니다. 아퀴나스는 그것이 지성에 있다고 보았고, 보나벤투라는 의지에 있다고 보았습니다.

이때부터 이미 도덕적 결정에 있어서의 인간의 지성과 의지의 관계에 대하여 해석의 갈등이 존재했음을 알 수 있습니다. 이는 인간론에 있어서 자유 의지의 개념, 의지 행사에 미치는 지성의 영향, 성향으로서의 의지가 지성에 미치는 효과 등에 대한 후일의 논쟁을 예고합니다.

그러나 천지를 창조하신 하나님의 궁극적인 계획은 모든 인류가 완전한 의미에서 덕스러운 삶을 사는 것입니다. 불완전하며 오류투성이인 일반적인 도덕의 성취가 아닙니다. 에드워즈는 자신의 논문 "참된 미덕의 본질에 관하여"(On the Nature of True Virtue)에서 다음과 같이 말합니다.

> 참된 미덕은 가장 본질적으로 존재 일반에 대한 박애에 있다. 좀 더 정확히 말하자면 참된 미덕이란 존재 일반에 대한 마음의 합치요, 마음의 지향성이요, 마음의 연합으로 그것은 선한 의지 전반에 걸쳐 직접적으로 행사된다.[264)]

(겔 1:10), 플라톤의 영혼 삼분설을 빌려서 사자는 기개에, 소는 욕망에, 사람은 이성으로 해석하였고, 독수리는 '양심의 불꽃'(scintilla conscientiae), 곧 헬라어로 쉰테레시스(συντήρησις)로 해석하였다. 중세 스콜라 신학에서는 신데레시스라는 용어보다 '양심의 불꽃'이라는 말이 훨씬 더 통상적이었다. 신데레시스는 일종의 성향이지만, 양심은 일종의 판단 행위이다. 신데레시스는 도덕적 질서의 제일 원리들에 대한 가장 일반적이고 보편적인 지식을 소유하는 것이지만, 양심은 개별적인 도덕 문제에 대한 답을 제공하는 실천적 추론과 같은 개별적 적용과 관계한다. M. W. Hollenbach, "Synderesis," in *New Catholic Encyclopedia*, vol. 13, 2nd ed. (Detroit: Thomson Gale, 2003), 679–681.

263) Norman Fiering, *Jonathan Edwards's Moral Thought and Its British Context* (Eugene: Wipf & Stock, 2006), 62–63.

이처럼 완전한 미덕의 삶은 하나님의 완전한 사랑으로써만 가능합니다. 선이신 하나님의 존재에 대한 지성적 피조물의 적합성(fittingness)만이 참된 미덕이라고 부를 수 있습니다. 그런데 인간을 향한 하나님의 사랑은 완전하지만 하나님을 향한 인간의 사랑은 완전하지 않습니다. 완전한 사랑은 거룩함의 결과입니다. 성경은 말합니다. "내가 거룩하니 너희도 거룩할지어다"(레 11:45).

인간의 거룩함은 거룩하신 하나님과의 관계로부터 획득됩니다. 그것은 인간이 자신을 계발함으로써 도달할 수 있는 상태가 아닙니다. 하나님의 거룩함을 보여주는 신자의 거룩함은 사상과 윤리의 결합으로 나타납니다. 이것이 곧 거룩함 안에 있는 도덕적 완전성입니다.

도덕적으로 '아름다움'이란 하나님의 거룩함의 미학적 측면입니다. 에드워즈는 자신의 책 『신앙 감정론』(Religious Affections)에서 그것을 다음과 같이 언급합니다.

> 하나님의 아름다움이 주로 하나님의 거룩하심에 있듯이 모든 신적인 사물들의 아름다움도 그러하다. 성도들, 곧 거룩한 자들인 성도들의 아름다움이 바로 여기에 있다. 말하자면 성도들의 아름다움이란 그들 안에 있는 하나님의 도덕적인 형상이고 그것이 바로 그들의 아름다움이며 그것이 그들의 거룩함이다.[265]

아름다움에 관한 조나단 에드워즈의 사고는 아우구스티누스주의에 기초하고 있습니다. 에드워즈의 작품에는 아우구스티누스의 사상이 잘 녹아 있습니다. 이는 에드워즈가 인간의 의지 행사와 관련한 도덕 심미학적 설명과 정동 작용을 이론화함에 있어서 도움을 받았던 17-18세기 영국의 도덕 철학이 옥스퍼드와 캠브리지

---

264) Jonathan Edwards, "The Nature of True Virtue," *Ethical Writings*, in *The Works of Jonathan Edwards*, vol. 8, ed. Paul Ramsey (New Haven: Yale University Press, 1987), 540.

265) Jonathan Edwards, *Religious Affections*, in *The Works of Jonathan Edwards*, vol. 2, ed. John E. Smith (New Haven: Yale University Press, 1959), 257-258; 아름다움은 사실상 모든 사물의 존재의 원리이며, 그 아름다움의 본질은 존재와 선의 일치이다. 김남준, 『하나님의 도덕적 통치』 (서울: 생명의말씀사, 2007), 81.

를 중심으로 활발하게 일어났던 '새로운 아우구스티누스 학풍'(schola Augustiniana moderna) 안에 있었기 때문에 더욱 그러합니다.

3. 아우구스티누스와 미학

셋째로는, 아우구스티누스와 미학의 관계입니다. 아우구스티누스는 아름다움을 두 가지로 분류하였습니다. 자연적 아름다움과 도덕적 아름다움이 그것입니다. 전자는 자연적 사물들, 후자는 도덕적 존재들인 인간이나 천사와 같은 지성적 피조물들과 관련된 것입니다.

아우구스티누스에게 있어서 자연적 사물들의 아름다움에 대한 변증은 매우 중요하였습니다. 왜냐하면 자연적 사물들의 아름다움에 대한 논증은 그것들의 선함을 입증하는 데 사용됨으로써 물질개악설(物質皆惡說)을 따르는 마니교적 관점을 비판하였기 때문입니다.

아우구스티누스는 인간의 육체를 포함한 자연적 사물들의 아름다움은 부정적 측면과 긍정적 측면을 아울러 가지고 있다고 보았습니다. 먼저 부정적 측면은 자연적 사물들이 창조 시의 완전한 신적 선과의 연대에서 이탈했을 뿐만 아니라 잠세적인 것이어서 끊임없이 인간으로 하여금 표상 혹은 환영(phantasma)의 속임에 떨어지게 한다는 것입니다. 다음으로 긍정적 측면은 자연적 사물들 안에는 부패성이 있음에도 불구하고 여전히 선과 아름다움이 있어서 하나님의 거룩함의 흔적을 보여준다는 것입니다.

아우구스티누스에게 자연적 아름다움의 본은 조화와 비율을 따르는 '알맞음'(apto) 혹은 '질서'(ordo)와 관련된 것이었습니다. 이러한 아름다움에 관한 그의 담론은 『고백록』(Confessiones), 『신국론』(De Civitate Dei), 『시편 해설』(Enarrationes in Psalmos) 등에 광범위하게 나타납니다. 아우구스티누스는 이것을 '비율의 아름다움'(rationabilis pulchritudo)이라고 보았습니다.[266]

미술사가인 동시에 미학자인 폴란드의 철학자 브와디스와프 타타르키비츠(Władysław Tatarkiewicz, 1886-1980)는 아우구스티누스를 '서방교회 미학의 창시자'라고 하였습니다. 그는 아우구스티누스의 미학이 세 개의 연원(淵源)에 빚을 지고 있다고 보았습니다. 스토아 학파, 플로티누스, 그리고 성경의 미학이 그것들입니다.[267] 먼저 스토아 학파의 미학입니다. 스토아 학파에서는 미추의 본질을 쉼메트리아(συμμετρία) 곧 비례와 아쉼메트리아(ἀσυμμετρία) 곧 비례의 결핍으로 보았습니다. 다음으로 신플라톤주의와 플로티누스의 미학은 이른바 '단순성의 미학'(aesthetics of simplicity)이라고 불립니다. 이것은 신비적인 일자(一者)의 미학을 가리킵니다. 마지막으로 성경의 미학입니다. 이것은 창조주의 선과 피조물의 선함의 영속성을 강조하며 세운 기독교적 범미(汎美, pankalia) 사상을 말합니다.[268]

아우구스티누스는 도덕적 아름다움의 구성 요소를 세 가지로 제시합니다. 정의(justitia), 사랑(dilectio), 은혜(gratia)가 그것입니다. 도덕적 아름다움은 관계의 덕스러움이 갖는 미학적 가치입니다. 그 아름다움의 구성 요소인 정의, 사랑, 은혜는 온 인류의 관계를 하나의 궁극적 선에 합치하게 해주는 요소들입니다. 정의는 사랑에 의해 완성되고, 정의가 없는 사랑은 궁극적 선의 질서를 이루지 못합니다. 타락한 인간으로 하여금 사랑할 수 있게 하는 것은 하나님의 은혜입니다.

아우구스티누스에게 있어서 도덕적 아름다움도 질서와 관련되어 있었고 플로티누스에게서 볼 수 있는 것처럼 항상 선과 연결되어 있습니다. 자연적 사물들의 아름다움이 자연적 선함과 연결되어 있는 것처럼 말입니다. 그러나 인간은 타락으로 말미암아 불결을 지니게 되었고, 이는 곧 선의 결핍인 악을 의미하는 것이었습니다.

---

266) Matthias Smalbrugge, "Beauty and Grace in Augustine," in *Studia Patristica*, vol. 49 (Leuven: Peeters, 2010), 11.
267) 손호현, 『아름다움과 악: 아우구스티누스의 미학과 신정론』, 제2권 (서울: 한들출판사, 2009), 25-29.
268) 이상의 내용들은 W. 타타르키비츠, 『미학사』, 제1권, 손효주 역 (서울: 미술문화, 2009), 335-337, 563-564; W. 타타르키비츠, 『미학사』, 제2권, 손효주 역 (서울: 미술문화, 2013), 113-114를 참고하라. 김남준, 『영원 안에서 나를 찾다』(서울: 포이에마, 2015), 67-68.

아우구스티누스의 아름다움에 대한 관점은 근대적 주관주의나 해체적 주관주의의 그것과는 다릅니다. 오히려 그의 아름다움에 관한 관점은 객관적인 질서 곧 비율과 균형에서 아름다움의 조건과 이것들을 인식하는 주관적인 미감과의 일치에서 아름다움을 찾았던 그리스 로마 철학의 고전주의의 입장에 서 있습니다.

목회는 사람들에게 모든 피조물들 위에 뛰어난 하나님의 아름다움을 보여주어 그들로 하여금 하나님을 사랑하게 하는 말씀의 섬김입니다. 하나님 앞에서 도덕적인 삶이라는 것은 바로 하나님을 향한 충심의 사랑에서 나오기 때문입니다. 그리고 그 사랑은 하나님의 아름다움을 끊임없이 발견하는 데서 북돋아집니다.

4. 은혜와 양심을 따름

넷째로는, 은혜와 양심을 따르는 생활입니다. 저는 종종 교만한 신학생들을 만납니다. 그들은 신학을 제대로 배우지도 못했으면서 메마른 학자들에게서 신학의 내용보다 교만한 정신을 먼저 배웠습니다. 젊은 목회자들 중에서도 그런 사람들을 종종 만납니다. 그런 사람들은 누군가의 강의를 한 번 듣거나 논문을 한 편 읽고 나서는 그 내용들 중 한두 가지를 지적하면서 그의 견해가 개혁주의가 아니라고 쉽게 비평합니다.

그럴 때면 저는 혼자 생각합니다. '개혁주의의 입장이라니? 무슨 개혁주의인가? 넓은 의미에서의 개혁주의인가 좁은 의미에서의 개혁주의인가? 아니면 칼빈의 『기독교강요』 한 권을 기준으로 삼은 개혁주의인가?'

그래서 저는 가끔 그런 사람들에게 물어봅니다. "그 신학적 문제는 신학에서 이러이러한 논제에 속하는 것입니다. 그것에 대한 그대의 종합적인 생각은 무엇입니까?" 그러면 대부분의 사람들은 저의 질문에 답하지 못합니다. 왜냐하면 직감으로 무엇인가 잘못되었다는 것을 알기에 남의 견해를 비판하지만 그 논제에 대한 자신의 종합적인 생각은 없기 때문입니다.

목회를 위해서 정말 필요한 지식은 누군가의 주장 중 일부를 비판할 수 있는 단편적인 지식이 아니라 종합적이고 체계적인 지식입니다. 그런 지식을 가져야 세계와 인생에 대한 통일성 있는 판단이 가능하고 도덕적인 삶을 살 수 있습니다.

내면의 부패성을 지닌 그리스도인이 도덕적인 삶을 살아갈 수 있는 실제적인 길은 두 가지입니다. 하나는, 하나님을 사랑하는 것입니다. 그럼으로써 그의 마음의 성향과 작용이 하나님에 대하여 적합성을 갖게 됩니다. 그리고 이것은 오직 말씀을 통하여 오는 성령의 은혜로 가능합니다.

다른 하나는, 양심의 실천입니다. 인간의 양심은 절대적이지 않습니다. 따라서 양심이 건전한 판단을 유지하도록 하는 것과 그것의 실천하는 힘을 유지하게 하는 것이 필요합니다.

신자의 양심은 하나님의 사랑과 성경적 도덕 기준에 대한 현재적 인식을 통해서 본래의 기능을 발휘할 수 있습니다. 목회자가 되려는 사람들뿐 아니라 모든 그리스도인들이 세상의 가치관에 의해서가 아니라 성경의 도덕 기준에 의하여 더 깊이 현재적으로 영향을 받아야 할 이유가 여기에 있습니다. 그것은 바로 우리가 어디에 있든지 '하나님 앞에 있다.'는 코람 데오(*coram Deo*)의 의식입니다.

오늘날 교회의 도덕적 수준의 저하는 실제적으로 은혜와 양심의 약화에 있습니다. 성경을 통하여 기독교 신앙의 가치 체계를 정확히 알고, 그 위에 말씀을 통한 성령의 은혜와 선명한 양심의 작용이 회복됨으로써 교회는 진정한 도덕성을 회복할 수 있습니다. 그러므로 목회의 길에 들어선 우리는 더욱 철저히 자신의 지성을 헌신하여 성경을 탐구하고 교리를 배우며 기독교 사상을 세우는 일에 학문적으로 헌신하여야 할 것입니다.

우리가 힘써야 할 일은 그뿐만이 아닙니다. 하나님의 말씀과 기도를 통하여 끊임없이 은혜를 받아야 합니다. 세속에 물들지 않은 깨끗한 양심을 소유하여야 합니다(딤전 1:5-7). 진리의 체계를 따라 사는 윤리적인 삶으로써 우리가 믿는 바 신앙의 경건함과 복됨을 이 세상 모든 사람들에게 입증할 수 있어야 합니다.

이 세상 사람들에게 들리는 진리가 이해되는 데는 시간이 걸립니다. 그러나 신자들의 생활은 쉽게 보입니다. 그것은 진리가 전달되는 효과적인 방법입니다. 사람들에게 들리는 진리가 힘을 갖기 위해서는 신자들을 통해서 보이는 진리가 뚜렷해야 할 것입니다. 이것이 바로 사상과 윤리의 관계입니다. 그리고 하나님께서 부어 주시는 은혜가 바로 이 둘을 엮어 주는 보이지 않는 힘입니다.

VI. 교회를 보존하시는 하나님

기독교가 세상을 향해 가지고 있는 영향력은 이 땅에 하나님의 나라가 실현되게 하는 힘과 같습니다. 실제로 그러한 영향력이 행사되는 것은 그 시대의 현실 교회를 통해서입니다. 그러므로 교회는 마음을 다하여 성경의 진리를 이 세상에 전파하고, 진리가 아닌 사상으로부터 그것을 파수하여야 합니다. 그리고 그 일을 위해서 우리는 단지 성경과 신학뿐 아니라 이 세상의 학문들을 탐구하여 하나님 없는 사상과 실제적으로 그분의 통치에 반항하는 사조들과 용감하게 싸워야 합니다.

신학을 공부하는 우리는 영적인 지도자들로서 이러한 사실을 깊이 인정하고 그 일에 헌신하여야 합니다. 그러나 지상의 교회의 존재 유무가 우리의 헌신 하나에 달린 것처럼 생각하는 것은 교만입니다. 왜냐하면 하나님께서 당신의 교회를 스스로 지키시기 때문입니다.

하나님께서는 이 세상의 구원을 완성하기 위하여 교회를 세우셨습니다. 교회는 형벌받은 죄인들을 구원하기 위한 도구일 뿐 아니라 구원의 완성 이후에 이루어질 새 창조의 종자씨입니다.[269]

그러기에 그리스도의 죽으심과 부활을 통하여 세워진 교회는 영원합니다. 왜냐

---

[269] 김남준, 『교회와 그리스도의 남은 고난』 (서울: 생명의말씀사, 2015), 189.

하면 교회에는 하나님께서 세상을 창조하신 영원한 계획이 담겨 있기 때문입니다. 지상교회는 역사적으로 불완전하고 지역교회는 상황에 따라 성쇠부침(盛衰浮沈)하지만, 보편교회는 이 세상이 새 하늘과 새 땅이 되기까지 영원합니다.

교회를 향한 하나님의 경륜을 존 오웬(John Owen, 1616-1683)은 자신의 책 『성경적 신학』(Biblical Theology)에서 다음과 같이 말합니다.

> 이 복음적 교회는 보편적이다. 지역, 예배 장소, 종파, 종족 혹은 문화에 제한되지 않는다. 교회의 모든 지체들이 한 장소에 모여야 할 당위성은 없으므로 그것은 중단 없이 지속될 것이다. 참되신 하나님을 예배하는 자들이 성령을 통해 예수 그리스도 안에서 만나는 곳마다 그곳은 교회이며, 이 요소만으로도 교회의 보존과 지속을 위해 충분히 족한 것이다.[270]

기독교 2,000년의 역사 속에서 세상의 나라와 임금들은 기독교를 없애려고 온 힘을 기울였습니다. 그래서 교회는 때로 이교의 박해를 받기도 하였고, 교회 자체가 부패하여 존망이 위태로워 보이는 때도 있었습니다. 하지만 교회는 결코 파멸하지 않았고 오히려 번영하였습니다. 잠시 침체에 빠지는 것 같았지만 다시 융성해졌습니다.

사도 시대 교회에 밀어닥쳤던 그 끔찍한 핍박을 생각해 보십시오.[271] 사단은 유대인들을 선동하여 교회를 핍박하였습니다. 유대인들은 그리스도인들을 체포하고 협박하고 때렸습니다. 그들은 하나님의 구원의 경륜을 설교하는 스데반에게 격분하여 돌을 던졌습니다(행 7:54-59). 유대 땅 안에서 박해할 자들을 찾아내는 것에 만족하지 않고 할 수 있는 모든 곳에서 박해할 자들을 찾으러 다녔으며(행 9:1-3),

---

[270] John Owen, *Biblical Theology* (Grand Rapids: Soli Deo Gloria Publications, 2009), 658.

[271] Jonathan Edwards, *A History of the Work of Redemption*, in *The Works of Jonathan Edwards*, vol. 9, ed. John F. Wilson (New Haven: Yale University Press, 1989), 381-382.

헤롯은 야고보를 칼로 죽이고 베드로를 잡아 감옥에 가두었습니다(행 12:1-5). 그러나 그리스도의 교회는 무너지지 않았습니다. 이러한 핍박은 속사도 시대까지 계속되었습니다.

그 이후 로마제국은 더 교묘한 방법으로 교회를 박해하기 시작하였으니, 곧 로마의 사상가들을 동원한 지성적인 박해였습니다. 이때 하나님께서는 탁월한 변증가들을 세우셔서 그들에 맞서게 하셨습니다. 이들은 뛰어난 지성을 가진 당대의 지식인들이며 사상가들로서 학문적 재능으로 로마의 사상적 박해로부터 교회를 보호하는 일에 헌신하였습니다.

주후 2-3세기의 교회에 가장 위협적인 이단이 등장합니다. 그것은 영혼과 물질, 선과 악의 첨예한 대립을 내세우며 이원론적 사상을 펼친 영지주의였습니다. 이교적 요소로 가득 찬 영지주의의 잘못된 가르침들이 정통 신앙을 위협하고 있을 때, 경건한 교부 이레나이우스(Irenaeus, 140경-203경)는 『이단 논박』(Adversus Haereses)이라는 작품을 통해 그들의 사상 전체를 일목요연하게 반박하며 성경이 말하는 정통 신앙을 훌륭하게 변증하였습니다.[272]

이 과정을 통하여 그리스도의 교회는 더욱 강해졌습니다. 교회는 자신들이 믿는 바에 대하여 더욱 정밀한 진술과 체계를 갖

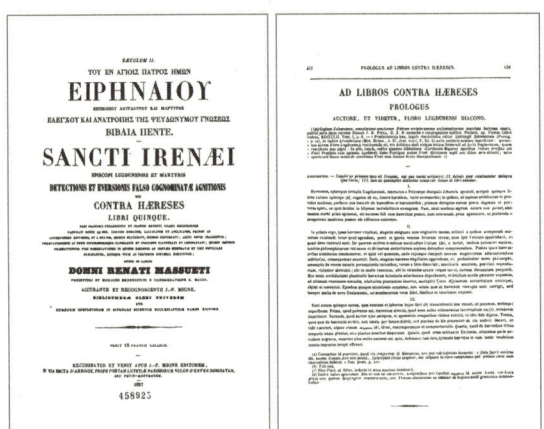

▎『이단 논박』이 수록되어 있는 헬라 교부 전집 제7-1권 1857년판. 왼쪽이 전집 표지, 오른쪽이 『이단 논박』의 첫 장이다.

---

272) Hubertus R. Drobner, *The Fathers of the Church: A Comprehensive Introduction*, trans. Siegfried S. Schatzmann (Peabody: Hendrickson Publishers, 2007), 118-121; Harold O. J. Brown, *Heresies: Heresy and Orthodoxy in the History of the Church* (Peabody: Hendrickson Publishers, 2003), 38-69.

추게 되었습니다.

  기독교가 공인된 이후에도 새로운 이단들은 끊임없이 발흥하였지만, 그때마다 하나님께서는 탁월한 기독교 사상가를 세우셔서 오류로부터 진리를 보호하셨습니다. 그리고 교회로 하여금 자신이 믿고 있는 바와 믿어야 할 바를 명료하게 정립하게 하심으로 그들의 신앙을 든든하게 하셨습니다.

  아리우스주의를 비롯한 여러 이단들은 그리스도의 위격에 대해 도전하였습니다. 그러나 하나님께서는 아타나시우스(Athanasius, 293경-373)와 같은 사상가들을 사용하셔서 삼위일체 교리를 확고하게 세우셨을 뿐만 아니라 예수님의 성육신에 대한 신앙고백이 니케아 시대 이후에도 굳건하게 유지될 수 있도록 하셨습니다.[273] 원죄 교리를 부인하며 인간의 자유 의지를 강조한 펠라기우스주의가 그리스도의 구원의 은혜를 무너뜨리려고 하였을 때는 아우구스티누스와 같은 위대한 교부들을 일으켜서 올바른 기독교적 인간론과 구원론을 정립하게 하셨습니다.[274] 특히 아우구스티누스는 파편적으로 흩어져 있던 기독교 사상의 체계를 총체적으로 정리하였고, 세상에서 통용되는 다양한 학문의 분과를 기독교적인 설명으로 종합하거나 재진술하였습니다.

  키지쿠스의 주교이던 에우노미우스(Eunomius, 333경-393경)는 주후 4세기경에 활동한 극단적 아리우스주의 지도자들 가운데 한 사람으로 에우노미우스주의라는 이단의 창시자이기도 합니다. 그는 성부와 성자의 본체적 하나이심을 부인하면서, 아우구스티누스의 신학에 마니교의 잔재가 남아 있다고 강력하게 비판하기도 하였습니다. 그는 "나온 것은 낳은 것보다 나을 수 없다."는 플라톤적 사유를 도입하여, 하나님은 낳음을 입지 않으신 분이기에 성부로부터 낳으심을 입은 성자는 성

---

273) Philip Schaff, *Nicene and Post-Nicene Christianity, from Constantine the Great to Gregory the Great, A.D. 311-600*, in *History of the Christian Church*, vol. 3 (Grand Rapids: Wm. B. Eerdmans Publishing Company, 1994), 622-632.

274) Philip Schaff, *Nicene and Post-Nicene Christianity, from Constantine the Great to Gregory the Great, A.D. 311-600*, in *History of the Christian Church*, vol. 3 (Grand Rapids: Wm. B. Eerdmans Publishing Company, 1994), 783-870.

아타나시우스(中). 삼위일체 교리의 체제를 구축하고 신약 성경 27권의 목록을 확정한 신학자이다. 바실리우스(右). 니케아 신경을 지지하며 초기 기독교 이단들의 주장을 반박한 신학자로 빈민 계층이나 소외 계층의 지원에도 힘썼던 인물이다.

부와 동일할 수 없다고 주장하였습니다. 바실리우스(Basilius Caesariensis, 329경-379)는 자신의 교리적 작품 속에서 에우노미우스의 이러한 사상을 유능하게 반박하였고, 그 결과 에우노미우스는 제1차 콘스탄티노플 공회에서 정죄당했습니다.[275)]

아우구스티누스는 탁월한 변증적 저술로써 당시 지성인들에게 호소력을 얻고 있던 마니교의 혼합주의(Manichean syncretism)로부터 기독교를 보호하였을 뿐만 아니라,[276)] 자연학과 미학을 아우르는 철학과 역사학, 기호학, 심리학에 관한 탁월한 글들로써 이후 기독교 사상을 우주적 성격을 가진 포괄적 사상으로 만들었습니다. 그리고 칼빈을 비롯한 종교개혁자들의 통합적 세계관과 신학 사상에도 지대한 영향을 미쳤습니다. 특히 아우구스티누스는 최초로 역사 철학을 제창한 사람으로 알려져 있습니다. 그가 죽기 직전까지 집필하였던 『신국론』

---

275) Philip Schaff, *Nicene and Post-Nicene Christianity, from Constantine the Great to Gregory the Great, A.D. 311-600*, in *History of the Christian Church*, vol. 3 (Grand Rapids: Wm. B. Eerdmans Publishing Company, 1994), 638-640; Hubertus R. Drobner, *The Fathers of the Church: A Comprehensive Introduction*, trans. Siegfried S. Schatzmann (Peabody: Hendrickson Publishers, 2007), 271-272.

276) 아우구스티누스는 파울리누스(Paulinus)가 '반(反) 마니교 오경'이라고 불렸던 마니교 반박 저작 5권을 사제 서품을 받기 전에 저술하였는데, 그 목록은 다음과 같다. 『자유 의지론』(*De Libero Arbitrio*), 『마니교를 논박하는 창세기 해석』(*De Genesi contra Manichaeos*), 『보편교회 신자들의 삶의 방식에 관하여』(*De Moribus Ecclesiae Catholicae*), 『마니교도들의 삶의 방식에 관하여』(*De Moribus Manichaeorum*), 『참된 종교에 관하여』(*De Vera Religione*). 그는 그 후로도 『믿는 것의 유익에 관하여』(*De Utilitate Credendi*), 『마니교를 반박하는, 두 영혼에 관하여』(*De Duabus Animabus, contra Manizeos*), 『마니교도 포르투나투스를 반박하는 논쟁록』(*Acta seu Disputatio contra Fortunatum Manichaeum*), 『아디만투스를 반박하며』(*Contra Adimantum*), 『'원리'라고 불리는 마니의 편지를 반박하며』(*Contra Epistulam Manichaei quam vocant Fundamenti*), 『마니교도 파우스투스를 반박하며』(*Contra Faustum Manichaeum*), 『세쿤디누스를 반박하며』(*Contra Secundinum*) 등을 출간하였다. Roy W. Battenhouse ed., *A Companion to the Study of St. Augustine* (Grand Rapids: Baker Book House, 1979), 158.

(*De Civitate Dei*)은 그의 유신론적 역사 철학의 수립을 위한 노력의 결실이었습니다.

13세기에 이르러 이슬람 철학자 이븐 루슈드(Ibn Rushd, 1126-1198), 통칭 아베로에스(Averroes)의 아리스토텔레스 철학에 대한 해석이 광범위한 호소력을 지닌 채 대학과 학자들 사이에 퍼져 나갔고, 그들의 이단적인 교리들은 기독교의 근간을 뒤흔들 정도로 심각하였습니다.[277] 이때 하나님께서는 토마스 아퀴나스와 같은 사상가를 세우셨습니다. 그리하여 당시의 이단적인 사상을 유능하게 논박함으로써 흔들리던 교회를 성경적 신앙으로 돌아가게 하였습니다.

아베로에스. 정식 아랍 이름으로는 이븐 루슈드로 불리는 그는 아리스토텔레스의 모든 저작의 주해를 완성함으로써 르네상스 시대가 열리는 데 크게 기여하였다.

과묵하고 침착한 성격으로 널리 알려진 토마스 아퀴나스가 『지성 단일성』(*De Unitate Intellectus Contra Averroistas*)이라는 작품을 통해 논적들의 입장에 대해 평상심을 잃을 정도로 격노하며 치열하게 논쟁하였다는 이야기는 잘 알려진 일화입니다.[278]

그 당시에 있었던 '지성 단일성'(Monopsychism)에 대한 논쟁은, 아리스토텔레스

---

[277] 1270년 에티엔 탕피에(Étienne Tempier) 주교가 정죄하였던 아베로에스 철학의 13개 명제들은 다음과 같다. (1) 모든 인간의 지성은 하나이며, 수적으로 동일하다. (2) 인간이 이해한다는 것은 그릇되거나 부적절한 명제이다. (3) 인간의 의지는 필연적으로 의지하거나 선택한다. (4) 세상에서 일어나는 모든 것은 천체들의 필연성에 종속된다. (5) 세계는 영원하다. (6) 최초의 인간은 없었다. (7) 인간의 형상인 영혼은 육체가 소멸할 때에 없어진다. (8) 사후, 분리된 영혼은 물질적 불로부터 고통당할 수 없다. (9) 자유로운 선택은 능동적 능력이 아니라 수동적 능력이다. (10) 하나님께서는 개별자를 알지 못한다. (11) 하나님께서는 자신 외에 다른 존재를 알지 못한다. (12) 인간의 행위는 하나님의 섭리에 지배받지 않는다. (13) 하나님께서는 필멸하고 소멸되는 사물에게 불멸성과 비소멸성을 줄 수 없다. Etienne Gilson, *History of Christian Philosophy in the Middle Ages* (London: Sheed and Ward, 1989), 403.

[278] Thomas Aquinas, *Sancti Thomae Aquinatis Tractatus de Unitate Intellectus contra Averroistas*, in *Series Philosophica*, vol. 12, ed. Leo William Keepler (Roma: Pontificia Università Gregoriana, 1936); Thomas Aquinas, *Saint Thomas Aquinas: On the Unity of the Intellect Against the Averroists*, trans. Beatrice H. Zedler (Milwaukee: Marquette University Press, 1968); 토마스 아퀴나스, 『지성 단일성』, 이재경 역 (왜관: 분도출판사, 2007).

저작들을 새롭게 해석함으로써 중세 유럽의 지성계에 커다란 영향력을 행사하였던 아베로에스의 주장이 당시 기독교 교리와 충돌을 일으킨 결과였습니다. 역사적으로 이 논쟁은 아리스토텔레스의 『영혼론』(On the Soul)에 관한 해석에서 비롯되었습니다. 이것은 철학적으로 인식론과 관련된 문제였습니다. 아베로에스에 따르면, 인간의 수동 지성 혹은 가능 지성(可能知性)은 육체의 기능이 아니기에 육체라는 질료와 섞이는 영혼과는 분리된 비물질적이고 형상적이고 단일한 실체라는 것입니다. 따라서 개체화될 수 없는 이 지성은 모든 인간에게 하나뿐이라고 주장하였습니다.[279]

여기서 생기는 '모든 인간의 지성이 동일하다면, 어떻게 서로 다른 생각을 할 수 있는가?'란 의문에 대해 아베로에스는 다음과 같은 이론을 제시하였습니다. 그는 '존재의 주체' 곧 '그것을 통해 형상이 실존하는 주체'(subiectum per quod est forma existens), 다시 말해 '그것을 통하여 세계 안에서 지성이 하나로 존재하는 주체'('subiectum per quod intellecta sunt unum entium in mundo)와 '진리의 주체' 곧 '그것을 통하여 참이 되게 하는 주체'(subiectum per quod est vera)라는 이중 주체(duo subiecta) 개념을 제시함으로써, 단일한 수동 지성을 개체화에 적용하고자 하였습니다. 그는 존재의 주체인 수동 지성과 진리의 주체인 외적 세계에 대한 감각 경험으로 생긴 심상이 결합함으로써 지성 작용의 개별화가 이루어진다고 주장하였습니다.[280] 이것은 인간 영혼의 불멸성을 부인하는 것일 뿐만 아니라, 하나님의 형상을 가진 인간 존재를 개별적 영혼으로 인식하고 의지한다는 기독교의 기본 교리의 근간을 뒤흔드는 이단적 사상이었습니다.

이러한 이교적 도전에 대하여 아퀴나스는 지성을 영혼의 능력이라고 이해하였습니다.[281] 그는 영혼이 육체라는 질료와 결합한다 해도 비물질적인 지성에는 아

---

[279] 정현석, "토마스 아퀴나스의 인식론과 인간", 『중세 철학』 제4호. (1998), 95-150.
[280] 토마스 아퀴나스, 『지성 단일성』, 이재경 역 (왜관: 분도출판사, 2007), 24-25.
[281] 토마스 아퀴나스, 『지성 단일성』, 이재경 역 (왜관: 분도출판사, 2007), 44-46.

무슨 문제가 되지 않는다고 주장하였습니다. 그에게 있어서 우유(偶有)적인 것들(accidens)의 개체화는 그것이 내재된 주체에서 얻을 수 있다는 말이었습니다. 그리고 영혼은 실체적 형상이고 지성은 우연적 형상이기에 지성은 실체적 형상인 영혼에 의해 개체화된다는 것이었습니다. "이 개별적 인간이 이해한다."(Hic homo singularis intelligit)는 말로 정리되는 아퀴나스의 탁월한 논박은 인간을 인식의 주체가 아니라 인식의 대상으로 전락시키고 사후 심판에 대한 기독교적 교리를 무시한 아베로에스적 인식론을 바로잡았습니다.[282]

어디 그뿐이겠습니까? 기독교회의 심각한 타락으로 교회의 대의를 더 이상 보존할 수 없을 것 같을 때에 하나님께서는 종교개혁자들을 세우셔서 참된 교회로 돌아가게 하셨습니다.

개신교가 성립된 후에도 성경의 진리를 대적하는 오래된 이단들이 그 모습만 바꾼 채 고개를 들었으나 하나님께서는 오히려 그들과의 치열한 논쟁을 허락하심으로써 신학의 정교한 체계를 세우는 기회로 삼으셨습니다.

성부와 동일한 본질이신 성자의 위격을 부정하였던 반(反)삼위일체론적 이단 소키누스주의(Socinianism)가 폴란드를 중심으로 유럽 대륙 전체에 그 세력을 규합해 나갈 때에 존 오웬은 그들이 펴낸 요리문답을 세밀하게 고찰하고 꼼꼼하게 논박함으로써 영국 교회를 이단적 사상으로부터 지킬 수 있었으며 나아가 놀라운 복음의 신비를 더 정교한 교리 체계로 녹여낼 수 있었습니다.[283]

인간의 자유 의지라는 우상으로 하나님의 영원하시고 불변하신 작정을 부인하였던 아르미니우스주의(Arminianism)가 개혁교회를 어렵게 할 때에도 하나님께서는 탁월한 개혁파 정통주의 신학자들을 예비하셔서 개혁 교리를 보존하셨습니다.[284]

---

282) "Manifestum est enim quod 'Hic homo singularis intelligit'"(That this singular man understands is manifest…). Ralph M. Mclnerny, *Aquinas Against the Averroists: On There Being Only One Intellect* (West Lafayette: Purdue University Press, 1993), 80–81.

283) John Owen, *The Mystery of the Gospel Vindicated and Socinianism Examined*, in *The Works of John Owen*, vol. 12, ed. William H. Goold (Edinburgh: The Banner of Truth Trust, 1991).

오류가 진리를 삼키고 이단이 정통을 대신할 것 같은 상황에서도 하나님께서는 언제나 교회를 지켜 주셨습니다.

역사적으로 계몽주의 사상이 광범위하게 확산되던 18세기는 위대한 부흥의 시대였습니다. 조나단 에드워즈(Jonathan Edwards, 1703-1758)와 조지 휘트필드(George Whitefield, 1714-1770), 존 웨슬리(John Wesley, 1703-1791) 등을 사용하여 유럽과 대륙에 영적인 부흥이 일어나게 하셨습니다.

19세기는 신학사적으로, 자유주의의 부흥의 시대로 불리고 있었습니다. 그러나 하나님께서는 그 세기에 기독교 역사상 어느 세기보다도 더 많은 영적 부흥을 전 세계의 교회들에게 허락하셨습니다. 부흥은 영국 웨일즈, 스코틀랜드, 아일랜드, 미국 등지에서 계속되었습니다.

이러한 놀라운 역사는 20세기 초반까지 이어졌습니다. 1904-1905년에 있었던 영국 웨일즈의 부흥과 1905년에 있었던 인도의 대부흥, 노르웨이, 스웨덴, 덴마크, 독일, 헝가리와 불가리아에 있었던 부흥, 1906년 미국 아주사의 부흥, 중국에서의 부흥, 1907년 한국 평양에서 있었던 대부흥 같은 것들이 바로 그것입니다. 이러한 교회의 역사는 그리스도께서 세우신 교회를 음부의 권세가 이기지 못함을 보여줍니다(마 16:18). 또한 교회를 힘 있게 하시는 하나님의 주권적인 섭리를 보여주는 것이기도 합니다.

---

284) 아르미니우스주의에 대해 유죄 판결을 내렸던 도르트 총회에서는 소위 칼빈주의 5대 강령이라고도 불리는 도르트 신경을 발표함으로써 저들의 오류를 공식적으로 반박하였습니다. 도르트 신경은 (1) 전적 타락(Total Depravity), (2) 무조건적 선택(Unconditional Election), (3) 제한 속죄(Limited Atonement), (4) 불가항력적 은혜(Irresistible Grace), (5) 성도의 견인(Perseverance of the Saint)으로 요약될 수 있다. Peter G. Feenstra, *Unspeakable Comfort: A Commentary on the Canons of Dort* (Winnipeg: Premier Publishing, 2008), 12-13. 그 밖에도 당대 아르미니우스에 대항하는 최고 논쟁자였던 개혁파 정통주의 신학자 프란키스쿠스 고마루스(Franciscus Gomarus)의 『신학논쟁집』(*Disputationes Theologicae*)도 아르미니우스주의를 반박하는 정통 개혁주의 신학을 잘 대변하고 있다. 또한 아르미니우스주의의 주장점들을 효과적으로 논박한 존 오웬의 『아르미니우스주의의 실상』(*Display of Arminianism*)도 이 주제와 관련하여 참고할 만한 탁월한 자료이다. Franciscus Gomarus, *Disputationes Theologicae*, in *Opera Theologica Omnia* (Amstelodami: Joannis Janssonii, 1664), 78-80, 277-298; John Owen, *Display of Arminianism*, in *The Works of John Owen*, vol. 10, ed. William H. Goold (Edinburgh: The Banner of Truth Trust, 1993).

VII. 맺는 말

　기독교의 위대한 힘은 사상과 윤리의 힘입니다. 하나님의 진리가 그리스도인들 속에서 체계적인 사상이 되어야 하고, 이 사상을 바탕으로 올바른 윤리적인 삶이 있어야 합니다. 그런데 이 일은 인간의 힘으로 이루어지지 않습니다. 하나님의 은혜가 필요합니다.

　이 일을 위한 기초는, 교회가 성경과 올바른 신학으로 돌아가는 것입니다. 이것이 목회자의 가장 중요한 직무입니다. 그러므로 목회자가 다른 모든 것을 하고 있다 할지라도 이 일에 기여하지 않는다면, 그는 아무것도 하지 않은 사람입니다.

　목회자는 자신의 소견대로 살아가는 사람들에게 복음을 전해 주어 구원에 이르도록 돕는 사람입니다. 뿐만 아니라 그들에게 기독교 사상을 심어 주어서, 하나님과의 올바른 관계 안에서 이웃을 사랑하며 살도록 돕습니다. 그런 점에서 목회자는 성경 진리를 가르침으로써 다른 사람들을 그리스도를 아는 은혜와 지식 안에서 자라도록 돌보는 사람이라고 할 수 있습니다.

　이 일을 위해서 목회자에게 필요한 것이 있습니다. 예수 그리스도와 영혼을 사랑하는 마음이 그것입니다. 또한 지성의 힘이 필요합니다. 다른 사람들이 하나님과 세계, 인간에 대한 통합적인 지식을 가지고 지혜자로 살 수 있도록 돕기 위해서입니다.

　목회자의 이런 돌봄을 받을 때 하나님의 자녀들은 이 세상에서 빛으로, 소금으로 드러날 것입니다. 그리고 세상 사람들은 그들의 삶을 보면서 거룩하신 하나님이 살아 계심을 알게 될 것입니다. 이것이 세상을 향한 기독교의 힘입니다.

제13장 신학과 존재의 울림

I. 들어가는 말

신학을 공부하고 목회 사역을 감당하는 모든 기간이 온전한 인간이 되어 가는 과정이어야 한다. 아는 것과 사는 것이 하나 된 사람에게서는 존재의 울림을 느낄 수 있다.

II. 세상을 향한 기독교의 힘

그리스도인들이 누리는 은혜는 세상 사람들의 눈에 드러나지 않지만, 그리스도인들의 사상과 윤리는 세상 사람들이 알 수 있도록 가시적으로 드러난다. 사상과 윤리 이 두 가지는 교회로 하여금 하늘로 날아오르게 하는 두 날개와 같다. 한쪽만 날갯짓을 해서는 하늘을 날 수 없다. 이처럼 그리스도인의 사상과 윤리는 언제나 함께 가는 것이다. 그리고 이 둘을 하나로 묶는 것이 바로 은혜이다.

III. 기독교 사상의 힘

사상은 사고의 행동을 좌우하는 생각의 집이라 할 수 있다. 목회 사역의 중요한 목표는 신자들을 기독교 사상가로 만드는 것이다. 그러나 오늘날 그리스도인들은 지성의 탐구에 관심이 없다. 현대교회가 기독교 사상의 힘을 다시 되찾기 위해서는 다음의 사항들을 염두에 두어야 한다.

A. 성경과 교리 성경과 교리는 해석학적 순환 관계에 있다. 즉 모든 교리와 사상은 성경에 기초하고 있어야 하며, 교리는 성경을 해석할 수 있는 틀을 제공해 줄 수 있어야 한다. 신학공부를 하는 동안 풍성한 영적 생활을 누리고 개혁신학의 대의를 굳게 붙들기 위해서는 성경 읽기와 묵상에 충실해야 한다.

B. 계몽주의 언어의 사용 신앙으로 수납한 성경의 진리라 할지라도 그것을 진술할 때에는 계몽주의의 언어를 사용하여야 한다. 그래야 신학의 내용을 효과적으로 가르치고, 후대에 전하고, 다른 학문과 소통할 수 있기 때문이다.

C. 하나님의 지혜와 사상 기독교 사상의 힘은 하나님의 지혜를 발견한 데서 나온다. 개혁된 기독교의 지성은 하나님과 세계와 인간에 대한 이론과 실천을 아우르는 전포괄적이며 통합적인 것이다. 그러나 그 힘은 성경의 진리를 아는 데서 시작된다. 오늘날의 교회는 치열한 학문으로 사상을 수립하여 현대의 정신들을 공격할 준비가 되어 있지 않다. 그러나 개혁신앙의 칼은 개혁사상의 힘 있는 손에 붙잡혀 이교의 목을 겨누고 이단의 가슴을 찌르며 무신론주의의 심장을 겨누어야 할 것이다.

IV. 기독교 윤리의 힘

기독교 윤리의 힘은 그리스도인들이 자신의 고유한 사상을 따라 살아갈 때 세상에 미치는 도덕적 영향력으로, 하나님의 사랑을 발견한 데서 나온다. 논리적인 순서로는 사상이 윤리보다 먼저이나 세상 사람들에게 실제적으로 먼저 보이는 것은 윤리가 사상보다 먼저이다. 그리스도인의 윤리적 삶은 도덕 자체를 추구한 결과가 아니라 하나님의 거룩한 성품을 경험하고 그것을 따르는 데서 오는 삶의 열매이다. 진리를 말하는 것은 쉬운 일이지만 꾸준히 그 진리대로 살아가는 것은 어려운 일이기에 우리에게는 은혜가 필요하다.

V. 선한 삶을 살게 하는 은혜

A. 아름다움과 끌림 인간은 아름다운 것에 마음이 끌린다. 그런데 인간의 마음을 끄는 아름다움에는 진리에 의해 판단받은 아름다움도 있지만, 그저 자신이 주관적으로 좋아서 아

름답게 여기는 아름다움도 있다. 인간의 욕망이 투사되어 생겨난 주관적인 아름다움, 곧 표상의 아름다움은 악을 행하는 원인이 된다. 악은 그릇된 질서에 대한 사랑으로, 인간의 모든 불행은 가치의 질서가 전복되어 사랑해야 할 것을 사랑하지 않고, 사랑하지 않아야 할 것을 사랑하는 그릇된 사랑에서 비롯된다.

B. 중생과 본성의 변화 하나님께서는 죄 아래서 태어난 절망적인 상태의 인간 안에 성령의 능력으로 사랑의 성향과 아름다움에 대한 감각을 심으신다. 이것이 중생이다. 중생한 신자는 도덕적 아름다움뿐 아니라 자연적 아름다움을 통하여 모든 아름다움의 원천이 되시는 하나님의 아름다움을 생각한다. 그는 아름다우신 하나님을 향한 사랑의 정동을 경험하며, 성령으로 말미암아 본성이 변화되고 창조의 목적을 따라 살아갈 수 있게 되는데, 이것이 성화이다.

C. 사상과 윤리를 묶는 은혜 아는 것과 사는 것, 사상과 윤리가 하나로 결합되지 않는 것은 하나님의 은혜의 역사가 부족하기 때문이다. 내면의 부패성을 지닌 그리스도인이 도덕적인 삶을 살아가는 길은 첫째 하나님을 사랑하는 것인데, 이는 오직 은혜로 가능하다. 둘째 양심의 건전한 판단력과 그 판단대로 실천하는 힘을 유지하는 것인데, 이는 양심의 작용을 회복시킴으로써 가능하다. 오늘날 교회의 도덕적 수준의 저하는 실제적으로 은혜와 양심의 약화로부터 기인한다.

VI. 교회를 보존하시는 하나님

기독교의 영향력은 그 시대의 현실 교회를 통해서 행사된다. 기독교 2,000년의 역사 속에서 온갖 박해와 풍파와 갈등을 겪었으나 그리스도의 교회는 무너지지 않았다. 이러한 교회의 역사는 그리스도께서 세우신 교회를 음부의 권세가 이기지 못함을 보여준다. 또한 교회를 힘 있게 하시는 하나님의 주권적인 섭리를 보여준다.

VII. 맺는 말

기독교의 위대한 힘은 하나님의 진리가 그리스도인들 속에서 체계적인 사상이 되고, 이 사상을 바탕으로 올바른 윤리적인 삶을 살아갈 때 나타난다. 이렇게 되기 위해서는 교회가 성경과 올바른 신학으로 돌아가야 하고, 인간의 힘이 아니라 하나님의 은혜가 모든 것을 주도해야 한다.

왜 신학공부를 하는가

신학공부는

바르지 않은 시대 정신을 분별하고 그 문제점을 분명하게 간파하여

참된 진리에 목말라하는 우리의 시대를 바르게 섬기기 위하여 해야 하는 것입니다.

오늘날 절대적인 진리를 부인하고 상대주의를 따르는 이 시대는

분명히 기독교의 입장에서 볼 때 위기입니다.

그러나 이것은 또한 선교의 기회이기도 합니다.

이러한 시대일수록 진정한 복음의 능력으로 인한 참된 회심이 필요하기 때문입니다.

제14장

변천하는 시대와 목회

Ministry in a Changing World

I. 들어가는 말

목회는 사람들을 진리로 인도하는 것입니다. 다시 말해 한 사람이 목회의 소명을 받고 신학을 공부하는 것은 자기 시대의 사람들을 진리로 인도하기 위해서입니다. 우리는 과거 종교개혁 시대를 섬기기 위해 태어난 사람들이 아닙니다. 또한 여러 세기 후의 미래를 섬기기 위해 선택된 사람들도 아닙니다. 이미 지나간 세기의 역사를 발굴하고 연구하여 거울로 삼아야 할 필요가 있지만, 현재 우리의 신학적 탐구의 결과와 열정적인 목회 사역의 결실들이 미래에 영향을 줄 수도 있지만, 우리의 우선적 소명은 지금 우리 시대를 섬기는 것입니다.

과거 신앙의 선배들의 영적 유산이 지금 우리에게 영향을 미치는 것은 부인할 수 없는 사실이나 그것은 하나님의 섭리 속에서 후손들을 위하여 사용되는 것일 뿐, 그들의 섬김의 우선적 일터는 그들의 시대였습니다. 마찬가지로 지금 우리의 섬김도 하나님의 섭리 속에서 후손들에게 유익을 끼칠 수 있으나, 그것보다 더 중요한 것은 지금 우리의 세대가 우리의 섬김을 통해 가장 우선적으로 혜택을 누리게 되는 것입니다.

II. 거목의 숲을 꿈꾸며

성경의 내용은 언제나 변함이 없습니다. 그러나 성경과 관계를 맺고 있는 시대는 저마다 다릅니다. 따라서 그 둘 사이에서 신학을 한다는 것은 곧 자기 시대와의 연관성을 고려하는 가운데 성경의 진리들을 탐구해 나간다는 의미입니다.

그러므로 우리의 과업은 바로 이것입니다. 불변하는 신학의 본질을 굳게 붙들고, 특수성을 가진 자기만의 시대를 효과적인 선교로 품어 안아야 합니다. 그리고 그리스도를 믿게 된 새로운 신자들을 기독교 사상을 가진 사람들로 세워 나가야 합니다.

이 일을 위해 목회자는 지혜자여야 합니다. 그는 목회와 신학을 열심히 탐구할 뿐만 아니라 자기의 시대를 앎에 있어서도 뱀같이 지혜로워야 합니다. 이것이 제가 이 시대의 역사와 사회를 공부하고 이 시대의 정신을 현대인의 삶의 모든 방면에서 이해하라고 촉구하는 이유입니다.

울창한 숲도 언젠가는 맨땅이었습니다. 어느 날 한 그루의 나무가 심겨지면서 오늘날 울창한 숲을 이루게 된 것입니다. 또한 한 그루의 묘목이 큰 나무가 되기까지는 숲의 역할이 큽니다. 숲은 새로운 나무들이 태어나게 하고 자라게 합니다. 그리하여 나무는 숲에 울창함을 더하고, 숲은 나무에 생명력을 더해 그중 어떤 나무들을 거목으로 자라가게 합니다. 그리고 이러한 이치는 지상교회와 신자와의 관계에도 그대로 적용됩니다.

지금으로부터 약 50년 전, 제가 초등학교에 다닐 무렵에는 온 국토가 민둥산이었습니다. 사람들이 땔감으로 쓰기 위하여 산의 나무들을 베어 갔기 때문입니다. 심지어 우리 동네에 있던 뒷산의 경우에는 사람들이 처음에는 도끼로 나무를 잘라 가져갔는데, 더 이상 벨 나무가 없자 후에는 밑동만 남은 둥치를 뿌리 바로 위까지 톱으로 잘라 갔습니다. 그리고 그마저도 없자, 곡괭이를 들고 산으로 올라가 뿌리를 캐내어 햇볕에 말려 연료로 사용하였습니다. 온 국토가 이렇게 해서 민둥산이 되어 갔습니다.

그래서 당시 제일 무서운 것은 홍수 철이 오는 것이었습니다. 여름이 되어 많은 비가 내리게 되면 산은 토사(土砂)의 무덤이 되어 어마어마한 흙을 쓸어내렸습니다. 산사태가 나고 하천이 넘치고 농경지가 유실되었습니다. 그러다가 산림녹화 사업이 시작되었고, 정부의 강력한 주도 아래 산의 나무를 공짜 땔감으로 인식하던 국민 의식이 바뀌어 갔습니다.

지금도 생생하게 기억납니다. 학창 시절, 소풍을 가서 산에 있는 나무의 작은 가지라도 꺾을라치면 선생님이 말씀하셨습니다. "손들고 거기 서 있거라. 네가 이렇게 있는데 누군가가 와서 네 손가락을 부러뜨리면 좋겠니?" 그러면 곁에 있던 친구들마저 모두 죄인처럼 고개를 숙였습니다. 이런 노력들이 오랜 세월 지나며 결실을 맺어 이제는 온 국토가 푸르게 되었습니다.

언젠가 미국을 방문하여 세쿼이아 국립공원(Sequoia National Park)의 자이언트 숲(Giant Forest)을 보러 간 적이 있습니다. 거대한 세쿼이아 나무들이 숲을 가득 채우고 있어서, 그 숲에 들어서자 갑자기 제 자신이 난쟁이가 된 것 같았습니다. 높이가 100미터 남짓 되는 나무들이 줄지어 서 있었는데, 수령이 3,000년이나 되었다는 한 나무는 성인 10명이 손을 맞잡아야 겨우 에워쌀 수 있을 정도의 굵기였습니다.

자이언트 메타세쿼이아. 세쿼이아는 지구상에서 제일 큰 나무 종으로 알려져 있다.

한 그루의 묘목이 이렇게 큰 나무로 자라게 되면, 그때는 숲이 그 나무의 신세를 집니다. 그 나무도 분명 과거에는 그 산의 품안에서 마치 어미의 젖을 빨고 자라는 아기 같았을 것입니다. 그러나 다 자란 후에는 나무가 산을 섬깁니다. 민둥산이던 골짜기는 나무로 인해 습기가 보존되고, 어마어마한 양의 낙엽은 기름진 부엽토를 켜켜이 쌓아 갑니다. 그러면 수많은 벌레들이 모여 살기 시작하고 또 그 벌레들을 잡아먹기 위해 새들이 날아옵니다. 작은 동물들이 살기 시작하고, 이어서 더 큰 동물들이 집을 짓기 시작합니다. 큰 나무의 가지를 쓸고 지나가는 바람은 수많은 씨앗들을 온 산에 날려 작은 묘목들이 자라게 합니다. 그리하여 작은 묘목들도 얼마 후면 커다란 나무가 되어서 산에게 진 신세를 갚을 것입니다.

물론 그 묘목들이 모두 거목이 되는 것은 아닙니다. 그들 중 많은 묘목들은 영양을 제대로 공급받지 못하거나 병충해에 시달려 제대로 성장하지 못할 것입니다. 따라서 거목이 되는 대신 분재처럼 될지도 모릅니다. 그러나 어떤 묘목은 틀림없이 거목이 될 것입니다.

현재 신학교에서 신학을 공부하는 이들은 조국교회라는 산에 심겨진 묘목들입니다. 그리고 목회의 초년생 시절을 보내고 있는 이들은 조국교회라는 산에서 자라고 있는 어린 나무들입니다.

지금은 교회의 신세를 지며 신학을 공부하고 있지만, 언젠가는 교회가 거목이 된 여러분의 신세를 지는 날이 있을 것입니다.[285] 그날을 위해 여러분은 철저한 신앙과 탁월한 학문으로 무장해야 합니다. 무엇보다도 하나님을 경외하는 착한 인격으로써 큰 나무가 되어 가야 합니다. 신학을 하되, 사람의 영광을 위하여 하지 말고 하나님의 영광을 위하여 해야 합니다. 이것이야말로 여러분의 소명을 이루는 길입니다.

신학생 시절에 여러분이 가장 가까이해야 할 것은 복음입니다. 복음을 경험하고, 복음에 익숙해져야 합니다. 그것에 낯선 사람은 아무리 신학을 공부해도 단지 학문으로서 신학적 사실들을 지적으로 축적해 갈 뿐이지 교회라는 산을 지키는 거

---

[285] 김남준, 『교사 리바이벌』 (서울: 생명의말씀사, 2010), 16.

목이 될 수 없습니다. 왜냐하면 교회라는 산에 뿌리를 내리고 심길 수 없기 때문입니다. 그러므로 항상 교회의 거목은 복음을 기뻐하고 그 복음의 감격에 사로잡힌 채 하나님을 경외하고 섬기는 사람이었습니다.

지금은 묘목에 불과한 여러분이 영적인 거목이 되어 이 세대를 진리로 인도하기 위해서는 숲의 도움이 필요합니다. 거목은 혼자 자라지 않습니다. 아무리 큰 나무도 한때는 묘목이었습니다. 그리고 그때는 의심할 여지없이 숲의 신세를 지며 성장하였을 것입니다.

마찬가지입니다. 신학을 하는 목회자 후보생으로서, 한 사람의 그리스도인로서 영적으로 성장하기 위해서는 교회의 품이 필요합니다. 교회의 다양한 돌봄과 자극이 공급되어야 하는 것입니다. 이러한 도움은 동시대의 교회로부터만 받는 것이 아닙니다. 교회의 숲의 거목들, 즉 교회 역사 속의 위대한 스승들의 지도도 반드시 필요합니다. 이렇게 교회의 품속에서 그는 영적으로 성장해 갑니다. 그리고 성장하고 나면 이제는 그가 교회에 많은 유익을 끼칩니다. 물론 그가 교회에 끼치는 덕스러운 유익들은 모두 그리스도로 말미암아 교회를 통하여 그에게 주신 은혜의 소산이지만 말입니다.

한 사람의 그리스도인이 영적으로 성숙되어 가는 과정에는 반드시 또 다른 성숙한 그리스도인들의 지적, 영적 도움이 필요합니다. 그래서 저는 목회자나 신학생들을 만나면 늘 이런 질문을 던집니다. "당신이 참으로 신학과 경건의 모본으로 삼고 있는 스승은 누구입니까?"

제가 만난 신학생들의 대부분이 이 질문에 제대로 대답하지 못했습니다. 만약 살아 있는 사람들 중 스승으로 삼고 싶은 사람이 없으면, 이미 죽은 사람들 가운데서라도 찾아보십시오.

여러분이 지금 저에게 "당신의 스승은 과연 누구입니까? 당신은 누구에게 가르침을 받고 영적으로 성장하였습니까?"라고 묻는다면 저는 서슴없이 나의 위대한 스승들이 누구인지 대답할 수 있습니다.

만약 여러분이 스승 없이 세월을 보낸다면, 언젠가 여러분을 따르는 제자도 없을 것입니다. 스승들을 통해서 신학의 지혜를 배우고, 그의 인격과 삶을 흠모하십시오. 혹시 그에게 작은 단점이라도 있다면, 여러분은 그렇게 하지 않겠다고 다짐하고 그의 허물은 조용히 덮어 두십시오. 그리고 그도 하나님의 은혜가 필요한 인간임을 기억하며, 그를 존경하되 하나님보다 더 의지하지 않게 하시는 하나님의 섭리에 감사하십시오.

존경하고 싶은 스승이 죽고 세상에 없는 사람들이라고 할지라도, 그의 생애의 기록과 남겨진 저작들을 통해서 여러분은 그에게 멘토링을 받을 수 있습니다. 그리고 그렇게 스승의 모본을 쫓다 보면, 언젠가는 여러분도 그 사람을 닮아 갈 것입니다.

존경하는 스승이 없는 목회자의 신학은 마치 제조처와 유통기한이 표시되지 않은 비닐봉지에 들어 있는 음식과도 같습니다. 누가 그런 음식을 신뢰하겠습니까?

오늘날 신학교를 졸업하는 많은 학생들이 이렇게 말합니다. "신학교에서 배운 것이 목회 현장에서는 거의 쓸모가 없습니다." 혹은 개척교회를 앞둔 목회자들은 다음과 같이 고백하기도 합니다. "신학교에서 믿음으로 교회를 개척하면 된다고 하기에 문을 확 열고 달려 나갔더니 거기가 벼랑 끝이었습니다."

그래서인지 신학교는 어찌하든지 학생들에게 가르치는 과목들에 변화를 주려고 합니다. 실천 위주의 과목들을 끊임없이 증설하고 이론신학의 과목들을 자꾸 줄여 나가는 것입니다. 그러나 그것은 매우 잘못된 정책입니다. 왜냐하면 건전한 실천은 견고한 이론에서 나오기 때문입니다. 목회의 소명을 받은 사람들이 자신이 앞으로 할 일이 신학 교수가 아니라 목회하는 설교자이기 때문에 신학의 이론은 제쳐 두고 실천을 위주로 공부해야 한다고 하는 것은 매우 잘못된 판단입니다.

저는 한 교회를 개척하여 섬기고 있는 지역교회의 목사입니다. 오랜 세월 설교를 하면 할수록 이론신학이 얼마나 중요한지를 절감하고 있습니다. 한 사람의 목회자가 자신 있게 전달할 수 있는 설교문 몇 편을 들고, 이 교회 저 교회 다니면서 교인들에게 은혜를 끼치는 것은 그리 어려운 일이 아닐 것입니다. 그러나 매 주일 몇 번씩 자신의 설교를 듣는 청중들에게 오랜 세월이 흘러도 여전히 깊이와 감동을 준다는 것은 결코 쉬운 일이 아닙니다.

프란츠 리스트. 역사상 가장 위대한 피아니스트들 중 한 사람으로 추앙받고 있는 신낭만파 음악가. 매일 10시간이 넘도록 연주 연습을 한 것으로도 유명하다.

저의 경험에 의하면 1년만 학문의 진보를 멈춰도 금세 설교를 통해 나타납니다. 그리고 설교단에서 진리의 빛과 은혜의 불이 사라지면 교인들이 교만해지기 시작합니다. 유명한 피아노 연주자였던 프란츠 리스트(Franz Liszt, 1811–1886)는 이런 말을 했습니다. "하루를 연습하지 않으면 내가 알고, 이틀을 연습하지 않으면 친구들이 알고, 사흘을 연습하지 않으면 청중이 안다."[286]

목회자의 사명은 동일한 말씀을 가지고도 매번 더 깊이 있는 진리를 길어 내는 것입니다. 그렇게 하여 하나님의 말씀을 성도들에게 먹이는 것입니다. 이것은 인간이 할 수 있는 가장 탁월한 일이고, 여러 방면에서 철저한 준비가 필요한 일입니다. 특히 지성적으로 잘 준비되어야 하기 때문에, 신학교 다니는 시절과 목회 초년생 시절에 더 많은 시간을 이론신학을 연구하는 일에 헌신하지 않으면 안 됩니다.

제가 아는 한 지체는 탁구 선수입니다. 합숙 훈련을 간다고 하길래 가면 무슨 훈련을 하는지 물었습니다. 그랬더니 대부분의 시간을 달리기에 투자한다고 하였습니다. 매일 아침, 약 20km를 달린 후에 기본 훈련을 시작한다는 것이었습니다. 그래서 물었습니다. "탁구공은 매우 가볍지 않습니까? 오히려 정교한 기술과 고도의 집중력이 더 필요한 것 아닙니까? 무슨 달리기를 그렇게 힘들게 시킵니까?" 그는

---

[286] "If I miss practicing one day, I know it; if I miss two days, my friends know it; and if I miss three days, the public knows it." S. H. Snow ed., *The Western Stenographer*, vol. 1, no. 7 (July 1894), 13.

대답하였습니다. "목사님, 모든 세밀한 기술과 고도의 집중력이 강인한 체력에서 나옵니다."

여러분은 등산 시, 올라갈 때보다 내려올 때 더 많은 사고가 일어난다는 것을 알 것입니다. 이것은 내려오는 것이 올라가는 것보다 힘들고 어려워서가 아닙니다. 체력을 많이 소진한 상태이기 때문입니다. 체력이 떨어지면 부주의해지기 쉽고 세밀한 몸놀림이 어렵습니다.

목회자에게 있어서 이론신학과 이에 대한 충분한 이해는 목회의 체력이라고도 할 수 있습니다. 모든 실천적인 세밀한 기술은 바로 이 강인한 기초 체력에서 나옵니다.

탄탄한 목회의 체력과 하나님의 놀라운 은혜가 만났을 때, 정말 좋은 설교가 나옵니다. 걸출한 설교자들의 설교집을 읽으며 제가 느낀 것은 정말 좋은 설교는 요약할 수도 없다는 것입니다. 그것은 오늘 읽었다고 해서 돌아오는 주일에 베껴 설교할 수 있는 설교가 아닙니다. 월요일에 읽고 수요일 저녁 예배에 사용할 수 있는 설교문은 좋은 것이 아닙니다.

모두 읽고 나서 박수를 치고 싶은 책보다는 무릎 꿇고 기도하지 않을 수 없게 만드는 책, 모두 읽고 나면 그 내용을 어디다가 써 먹겠다는 생각은 사라지고 거룩하신 하나님 앞에 엎드러져 자신을 보게 되는 책이야말로 정말 좋은 책입니다. 그리고 그런 책들은 대부분 이론신학에 대해서도 탄탄한 기초를 다진, 영적으로는 물론 지성적으로도 잘 준비된 사람들에 의해 저술된 책입니다.

그러한 책들을 읽으며 그들로부터 배우는 일에 힘쓰십시오. 그것이 바로 영적 거목들로 가득한 교회사의 숲에 자신을 심는 일입니다. 거기서 치열하게 신학을 공부하고 경건하게 살아서 큰 나무가 되어 갈 때, 이제는 조국교회가 여러분으로 인해 유익을 누리게 될 것입니다. 척박한 조국교회의 산하를 푸르고 비옥하게 만들어 갈 큰 나무들로 자라가는 여러분이 되시기를 진심으로 바랍니다.

III. 현대교회와 탈신학화

목회자는 자기 시대를 삽니다. 그는 불변하시는 하나님과 그 하나님의 불변하는 진리를 설교하는 사람이지만, 그 자신은 자기가 살고 있는 시대 속의 사람이며, 그 설교를 이해하는 사람들은 변천하는 시대 위에 살아가는 사람입니다. 그러므로 목회자는 사람들에게 불변하는 진리와 함께 변하는 그들의 시대도 보여줄 수 있어야 합니다.

인간의 마음 안에는 성경의 진리와 그 시대의 정신이 항상 공존합니다. 그러기에 목회자는 바르지 않은 시대의 정신을 공기를 호흡하듯이 살고 있는 사람들에게 바른 진리가 무엇인지를 드러낼 뿐 아니라, 시대 정신의 정체도 함께 보여주어야 합니다.

그래서 목회자는 복음으로 사람들을 섬김에 있어서, 성경 그 자체에 대한 공부도 해야 하지만 자기 시대에 대한 이해도 반드시 갖추어야 합니다. 모더니즘(Modernism)과 포스트모더니즘(Postmodernism)에 대한 공부는 오늘날 인류 사회가 걸어온 길과 지금 처해 있는 상황 그리고 앞으로 걸어갈 길을 이해하기 위하여 꼭 필요하기 때문입니다.

모더니즘은 '근대주의'라고 번역되는데, 여기서 제가 언급하는 근대주의는 인간의 이성과 자율을 중시하는 근대 철학 사상으로서의 근대주의입니다. 포스트모더니즘은 '후기 근대주의' 혹은 '탈(脫)근대주의'로 번역되는데, '후기 근대주의'로 번역하면 시기적으로 근대 이후의 시대를 가리키는 것이 되지만, '탈(脫)근대주의'로 번역하면 근대의 사상을 벗어 버린 시대를 가리키는 것이 됩니다.

오늘날 우리가 신학을 공부함에 있어서 이 두 주제에 대해 알아야 하는 것은, 우리가 살아가고 있고 우리의 신학 활동이 섬겨야 할 시대인 현대를 이해하는 두 축이 바로 이것이기 때문입니다. 엄밀하게 말하면 모더니즘과 포스트모더니즘은 어느 하나가 끝나고 그 다음 것이 단절적으로 도래한 것이 아니라 마치 꽈배기처럼 함께 뒤엉켜 현대를 이루고 있습니다. 그러므로 현대 사회를 이해하기 위해서는 현대 사회를 이루고 있는 이 두 정신을 올바로 이해해야 합니다. 그래야 신학으로 현대 시대를 살아가는 사람들의 고민과 방황에 답할 수 있습니다.

목회자의 사명은 불변하는 성경의 진리와 변하는 시대와의 연관성을 발견하는 것입니다. 그는 그렇게 함으로써 자신의 시대와 자신의 시대의 사람들을 그리스도께로 인도할 수 있습니다.

자신의 시대와 자신과 동시대를 살아가는 사람들에게 유익을 줄 수 없다면, 그는 목회를 위한 신학공부를 제대로 하고 있는 것이 아닙니다. 신학과 목회는 하늘과 지상을 이어 주는 다리와 같습니다. 다시 말해서 성경의 텍스트(text)와 시대의 콘텍스트(context)를 가로지르는 지성, 하늘 은혜를 지상에서 실천하는 사랑처럼 말입니다.

오늘날과 같은 탈근대주의 시대에 일체의 절대적 가치 기준을 거부하는 현대인들에게 조국교회의 과시주의나 종교 세력의 정치화, 소비 지향의 물질주의, 몰지성적 배타주의가 어떤 인상을 줄지에 대해 생각해 보시기 바랍니다. 목회자의 설교가 한 시대를 살아가고 있는 그리스도인들에게 실제적인 도움을 주기 위해서는 단지 삶과 동떨어진 고전적 교리의 외침만이어서도 안 되고, 그렇다고 값싼 처세술의 가르침이어서는 더더욱 안 됩니다.

저는 오래전 프랜시스 쉐퍼(Francis A. Schaeffer, 1912-1984)나 헤르만 도예베이르트(Herman Dooyeweerd, 1894-1977), 요하네스 스피어(Johannes M. Spier, 1902-1971) 등을 읽으며 모더니즘과 포스트모더니즘의 의미와 영향력에 대해 지성적으로 큰 도전을 받았습니다. 그 후 현대 사상에 대하여 공부하면서 저 자신이 목회자로서 현대 사상에 대해 너무나 모르고 있었다는 사실에 깊은 반성을 했습니다.

사상도 현대가 중요하고, 역사도 그렇습니다. 왜냐하면 모든 과거의 사상과 역사는 한때 현대사이고 현대 사상이었기 때문입니다. 2008년 한국개혁신학회에서 "21세기 세계화 사회에서 개혁주의 신앙의 역할"이라는 주제로 서울에서 국제학

술세미나를 주최하였는데, 그때 저는 세계 각 대륙에서 온 여섯 명의 발제자 중 한 사람으로서 "세계화 사회에서 진리의 전달자로서의 신자의 역할"(A Study of the Role of Christians as Truth-Communicators in Global Society)이라는 주제로 발표하였습니다. 이 학회에서의 발표를 위해 집중적으로 모더니즘과 포스트모더니즘, 현대 사회에 대한 책과 논문들을 읽으면서 다시 한 번 시대를 아는 지식의 중요성에 대하여 깊이 자각하게 되었습니다.

그 후로 여러 해가 지나면서 독서와 사유를 통해 어느 정도 모더니즘과 포스트모더니즘에 대한 이해가 생겼을 때, 오늘날 기독교 신앙을 고백하고 있는 복음주의적인 교회 안에 근대주의와 탈근대주의의 요소들이 아주 많이 들어와 있음을 발견하고 깜짝 놀랐습니다.

죄에 대한 진지한 생각이 없는 치유 중심의 목회가 그 대표적인 사례입니다. 오늘날 많은 교회들이 더 이상 인간을 하나님의 죄 사함이 필요한 존재로 바라보지 않습니다. 그 결과 목회는 자아의 결핍으로 인해 혹은 타자로부터의 부당한 대우로 인해 억압받고 있는 인간성을 회복시켜 주는 데 초점을 맞추고 있습니다. 이것은 윤리와 도덕조차 개개인의 행복을 위한 수단으로서만 그 가치를 인정하는 현대의 사상을 반영하고 있는 것입니다.

요즘 서점가를 강타하고 있는 알프레트 아들러(Alfred Adler, 1870-1937)의 책은 일본의 철학자이며 심리학자인 기시미 이치로(岸見一郎, 1956-)가 그의 전도사를 자처하면서 많은 독자들에게 특히 우리나라나 일본과 같은 체면을 중시하는 동양 문화권에 큰 공감을 불러일으키고 있습니다.[287] 또한 지난해 요나스 요나손(Jonas Jonasson, 1961-)의 『창문 넘어 도망친 100세 노인』(The 100-Year-Old Man Who Climbed Out the Window and Disappeared)이라는 소설이 베스트셀러가 되었습니다.

이러한 책들이 담고 있는 철학은 현대인의 사상과 일치합니다.[288] 이러한 책들

---

[287] 기시미 이치로, 고가 후미타케, 『미움받을 용기』, 전경아 역 (서울: 인플루엔셜, 2014); 기시미 이치로, 『버텨내는 용기』, 박재현 역 (서울: 엑스오북스, 2015); 기시미 이치로, 『아들러의 심리학을 읽는 밤』, 박재현 역 (파주: 살림, 2015).

이 주장하는 바에 따르면, 이제껏 우리가 따른 것은 선적(線的) 행복론이었습니다. 그것은 더 나은 목표가 미래에 있기 때문에 오늘은 그것을 위해 노력하고 절제하고 분투하며 살아야 한다는 것이었습니다. 그러나 두 작가는 점적(點的) 행복론을 제시합니다. 다시 말해서 인생을 선적 행복론의 시각으로 보면 만족과 행복은 늘 미래에만 있고 오늘은 내일만 못하게 되니, 매 순간에 자기 만족을 찾고 현재의 삶을 즐기라는 것입니다.

행복에 대한 기독교의 관점은 현재를 담보로 미래에 얻게 될 기쁨을 추구하는 선적 행복론도 아니고, 미래의 완전한 행복에 대한 전망 없이 매 순간을 즐기는 점적 행복론도 아닙니다.

오히려 기독교의 행복은 이 둘 모두를 포함합니다. 그것은 이미 우리 안에 도입된 하나님 나라를 누리며 현재적으로 즐거워할 뿐만 아니라 동시에 그 나라의 완성 안에서 누리게 될 완전한 행복을 기대하는 삶이기도 하기 때문입니다(마 5:12, 12:28, 벧전 4:13).

그러나 어느 경우든지 점과 같은 순간도, 선과 같은 지속도, 초월하는 하나님의 단순성 안에서 그리고 그분과의 영적인 관계 안에서 지복을 누리는 것이 아니라면 참된 행복이라고 할 수 없습니다.

목회자가 독서를 즐기는 것은 좋은 일이지만, 그 책들에 깔린 시대의 정신이나 가치관에 대한 신학적 판단력이 없이 단지 마음에 와 닿는 파편적인 내용들을 수집해 설교로 옮겨서는 결코 안 됩니다. 그러한 것들을 실제적인 삶을 위한 가르침으로 설교 시간에 전하다 보면, 그것이 쌓이고 쌓여 기독교 가치관에 심각한 왜곡이 초래됩니다. 왜냐하면 포스트모더니즘의 영향을 받은 현대인들의 탈(脫)규범적인 정신들이 기독교의 옷을 입을 때 그것은 기독교 신앙의 탈신학화를 부추기기 때문입니다.

---

288) 요나스 요나손, 『창문 넘어 도망친 100세 노인』, 임호경 역 (파주: 열린책들, 2013).

IV. 상대주의와 신비주의

목회는 진리로써 사람들을 돌보는 것입니다. 그러나 사람들은 진리보다 세상의 영향력에 더 민감합니다. 그들은 시대의 아들로 진리와 함께 살기보다는 세상과 함께 살아가는 삶이 익숙한 존재들이기 때문입니다. 심지어 목회자 자신도 자기가 태어난 시대의 아들입니다. 비록 하늘로부터 주어진 소명을 품고 살아가고 있으나, 그의 발은 세상에 있기에 그 역시 세상의 방식으로 살아가는 것이 익숙한 존재입니다.

그러므로 목회자가 주의해야 할 것은 교인들과의 인간관계가 목회의 주축이 되어서는 안 된다는 것입니다. 끈끈한 인간관계로 묶인 교회는 겉으로 보기에만 화목하고 따뜻할 뿐 희망이 없습니다. 진리가 중심이 되어야 할 자리에 사람이 중심이 되고 있기 때문입니다.

목회자는 진리 때문에 목회를 하고, 교인들은 진리 때문에 목회의 도움을 받는 교회가 올바른 교회입니다. 그리고 이렇게 교회 안에 진리의 영향력이 살아 있기 위해서는 목회자가 끊임없이 자기의 시대를 지배하는 현대 정신에 대해 탐구하여 그 공격과 유혹으로부터 지혜롭게 자신의 교회를 지킬 수 있어야 합니다.

목회자는 역사도 공부해야 하는데, 역사에 대한 이해도 결국은 과거 자체를 알기 위해서가 아니라 현대를 더 잘 이해하기 위해서입니다. 현대를 잘 살아 나가기 위해 우리에게는 현대에 대한 지식이 필요합니다.

우리가 현대의 사상을 제대로 간파하기 위해서는 모더니즘과 포스트모더니즘에 대한 전반적인 이해와 함께 상대주의와 신비주의에 대해서는 알아야 합니다. 이 두 사조야말로 오늘날의 교회를 위협하는 가장 대표적인 현대 사상이기 때문입니다.

A. 현대인과 상대주의

오늘날 기독교는 상대주의의 위협 앞에 봉착해 있습니다. 아니 이미 상대주의에 젖어 있습니다.

상대주의는 사람에 따라 경우에 따라 인식이 달라지게 되는 상대적이고 주관적인 인식론을 도입합니다.[289] 상대적이고 주관적인 인식론을 따르는 이 세상에 절대적인 가치를 지니는 것은 아무것도 없습니다. 그런데 문제는 상황이 바뀌고, 문화가 달라지고, 환경이 변하고, 인식의 주체가 전환되면 가치 판단도 바뀐다는 상대주의 사상이 이제는 철학을 공부하거나 종교를 가진 사람들뿐 아니라 일반 시민들의 정신까지 지배하고 있다는 사실입니다.

종교다원주의는 상대주의가 종교적으로 적용된 예입니다. 종교다원주의란 서로 다른 여러 종교들이 함께 공존할 수 있다는 사상으로, 이 관점에서 보면 기독교 안에만 구원이 있다는 주장도 편협하고 옹졸한 가치관에 지나지 않습니다. 상대주의는 절대적 진리의 실재성을 부인하였고, 절대적 진리의 실재성이 부인되자 인간은 모든 가치 질서의 근거를 자신 안에서 찾고자 하게 되었습니다. 이제 현대인들은 절대적 진리를 제시받아도 그것의 정당성에 관하여 끊임없이 따지고 비판하는 것이 지성적인 태도라 여기게 되었습니다. 상대주의 사상이 현대인들의 가치관에도 지대한 영향을 미치고 있는 것입니다.

1. 리만 가설과 불규칙의 규칙성

근대가 과학으로부터 발견한 뉴턴주의의 수학적 규칙성으로 말미암아 기독교회의 가르침에 회의를 갖게 되었다면, 현대는 하나의 수학적 규칙성으로는 설명할 수

---

[289] 철학사전편찬위원회, 『철학사전』 (서울: 도서출판 중원문화, 2009), 453.

없는 물질 세계에 대한 과학적 발견 때문에 절대적 진리에 회의를 갖게 되었습니다. 그러나 과학에 있어서 규칙성과 불규칙성은 양립할 수 있습니다. 왜냐하면 과학에서 발견되는 불규칙성은 과학적 사실에 대한 인간의 관점의 한계로 인한 것이지 물리적 사실에 기초한 것이 아니기 때문입니다. 이러한 사실의 예는 상대성이론(theory of relativity)과 양자역학(quantum mechanics)에서도 나타납니다.

리만. 해석학과 미분기하학에 혁신적인 업적을 남긴 독일의 수학자. 19세 무렵 목사가 되기 위해 신학을 공부했었다고 한다.

빈 학파의 학자들이 아인슈타인의 상대성이론과 양자역학을 잘 이해하고 있었던 것은 사실이지만, 뉴턴주의의 수평적 인과론을 이탈했다는 이유만으로 마치 세계가 우연성으로 존재한다든지 혹은 인과론은 단지 확률로써만 대치할 수 있을 뿐이라고 생각한 것은 합리적이지 않습니다. 왜냐하면 국지적인 관점에서 보면 우연적인 것이 전체적인 관점에서 보면 필연적이기 때문입니다.

이에 대한 좋은 예가 바로 현대 수학의 난제들 중 하나인 리만 가설(Riemann Hypothesis)입니다.[290] 베른하르트 리만(Bernhard Riemann, 1826-1866)은 1859년 "주어진 수보다 작은 소수의 개수에 관한 연구"(Über die Anzahl der Primzahlen unter einer gegebenen Grösse)라는 논문을 제출하였습니다. 그는 이 논문에서 소수 개수 분포와 관련된 내용을 개진하다가 어떤 추측을 거론하는데 훗날 이것이 리만 가설이라는 이름으로 불리며 많은 수학자들을 괴롭히는 난제가 됩니다.[291]

---

[290] 리만 가설은 다음과 같다. "제타 함수(ζ function)의 자명하지 않은(non-trivial) 모든 근들(zeros)은 실수부가 1/2이다." 존 더비셔는 이렇게 제시된 리만 가설에 대해 다음과 같이 언급한다. "리만 가설은 셈의 논리와 계량식 논리가 우연히 만나 위대한 융합을 이루면서 탄생한 걸작품이다. 수학 용어를 써서 표현하자면, 산술학의 어떤 아이디어가 해석학의 한 부분과 결합되면서 해석적 정수론이라는 새로운 수학 분야가 탄생했다고 말할 수 있다." 존 더비셔, 『리만가설: 베른하르트 리만과 소수의 비밀』, 박병철 역 (서울: 승산, 2008), 129.

[291] 존 더비셔, 『리만가설: 베른하르트 리만과 소수의 비밀』, 박병철 역 (서울: 승산, 2008), 8-11.

소수(素數)란 1과 자기 자신으로만 나누어 떨어지는 수로 2, 3, 5, 7, 11, 13…… 등과 같은 수입니다. 많은 수학자들은 리만이 그의 논문에서 부수적으로 언급했다고 생각하는 이 짤막한 가설의 참과 거짓 여부를 입증하고자 일생 동안 노력하였습니다.

그러던 중 리만 가설은 새로운 국면을 맞이하게 됩니다. 1972년 케임브리지 트리니티대학 수학과 박사과정에서 정수론을 공부하던 휴 몽고메리(Hugh Montgomery, 1944-)는 프린스턴 고등과학원의 물리학 교수인 프리먼 다이슨(Freeman J. Dyson, 1923-)을 우연히 만납니다.[292] 이 만남을 통해 몽고메리는 리만 가설과 관련하여 그가 연구하고 있던 수학적인 결과가 다이슨이 연구하는 양자역학과 관련된 결과와 일치한다는 사실을 알게 됩니다. 이리하여 수학의 정수론과 양자역학의 만남이 이루어집니다.[293]

여전히 리만 가설의 참과 거짓 여부가 완전히 해결된 것은 아니지만 서로 다른 두 학문 사이를 가로지르는 어떤 원리가 존재한다는 것은 증명되었습니다. 우리가 모든 것을 규명해 낼 수는 없기에 그 실체를 분명하게 설명할 수는 없지만, 서로 다른 학문들 사이에도 분명히 연관성이 존재합니다.

이를 근거로 우리는 세계 안에서 각기 우연적으로 보이는 일들이 보다 높은 차원에서 보면, 규칙적인 인과관계를 이루고 발생하고 있는 것일 수도 있다는 추론을 하게 됩니다. 그런 점에서 생각할 때, 이 세계 속에서 발견되는 우연성은 어쩌면 아무 인과율이 없는 것이 아니라 더 높은 차원의 질서를 설명하는 인과율이기에 우리가 인식할 수 없는 것일지도 모릅니다.

이것을 우리의 신앙에 적용하면, 우리는 이 세상에 나타나는 모든 우연적인 발

---

[292] 존 더비셔, 『리만가설: 베른하르트 리만과 소수의 비밀』, 박병철 역 (서울: 승산, 2008), 385.
[293] 존 더비셔는 수학의 정수론과 양자역학의 만남을 다음과 같이 서술한다. "다이슨이 그토록 흥분했던 이유는 독자들도 짐작할 것이다. 몽고메리가 리만 제타 함수의 자명하지 않은 근의 분포 상태를 연구하면서 얻어 낸 수학적 표현이 임의 에르미트 행렬의 형태 인자와 정확하게 같다는 것은 결코 우연의 일치가 아니었다. 다이슨은 지난 수년 동안 양자역학과 관련하여 이 분야를 꾸준히 연구해 온 물리학자였다." 존 더비셔, 『리만가설: 베른하르트 리만과 소수의 비밀』, 박병철 역 (서울: 승산, 2008), 386-387.

생들이 사실은 하나님의 계심을 증거하고 그분을 신뢰하여야 할 필요성을 강조하기 위한 필연적인 발생임을 알게 됩니다. 그 필연적인 발생이 우연적인 것으로 보이는 것은 인간이 하나님께서 우주 만물과 맺으시는 다차원적 관계의 단서를 일부만 발견하였고, 그 발견한 단서들조차 아직 제대로 해석하지 못하는 상황에 처해 있기 때문입니다.

그러므로 우리 눈에 우연적이거나 불규칙적으로 보인다고 해서 세상은 우연적인 질서에 의해 움직인다고 판단하고, 그것을 근거로 형이상학과 도덕의 근거를 거부하는 것은 합리적인 판단이 아닙니다.

그러나 현대의 사상은 모든 판단에 있어 인간의 이성의 궁극적 지위, 보편 가치의 존재, 보편적 미의 기준과 질서 등의 개념을 부정합니다. 이러한 영향은 순수한 학문의 영역에만 미치는 것이 아니라 이러한 사조들을 거의 의식하지 못하는 모든 현대인들에게까지 두루 영향을 미치고 있습니다. 우리들이 흔히 접하는 15초짜리 텔레비전 상업광고조차도 이런 사상을 깊이 내포하고 있고, 그럴수록 현대인들에게 강력한 호소력을 갖고 공감을 불러일으키고 있습니다.

이제 상대주의의 다원적 사고는 학문의 모든 영역을 휩쓸었고 정치, 사회, 과학, 의학, 수학, 음악, 미술, 패션, 건축, 요리, 조경에 이르기까지 전방위적으로 영향을 미치고 있습니다.

상대주의는 언뜻 보면 혼란스럽도록 다양한 가치를 추구하고 있는 사상으로 보이지만, 사실 가만히 들여다보면 단순하리만치 그 추구점이 명료합니다. 상대주의 사상이 추구하는 절대적 가치는 오직 하나, 인간의 절대 자율입니다. 무엇에도 얽매이지 않는 완전히 자유로운 인간, 심지어 보편 이성의 가치나 질서에도 얽매이지 않는 완전히 해방된 인간이 되는 것이 포스트모더니즘의 이상이요, 상대주의의 핵심입니다.

2. 우연적 존재로서의 인간

실존주의자들에게 인간은 우연적 존재일 뿐입니다. 하나님의 형상을 지닌 존재, 하나님의 우주적 경륜 속에서 분명한 목적을 따라 창조된 존재라는 기독교적 설명은 그들에게 있어 지난 시대의 우매한 인간론일 뿐입니다. 그들은 인간이 자신과 타인의 존재의 근거에 대해 대답할 수 없는 존재이며, 그 대답을 꼭 필요로 하지도 않는다고 봅니다.

이러한 사상은 장폴 사르트르(Jean-Paul Sartre, 1905-1980)의 언급에서도 잘 나타납니다. 그는 인간의 존재를 그 누구도 거기에 있어야 할 하등의 이유가 없는 '잉여의 존재'(l'être de trop), '여분의 존재'(l'être surnuméraire) 혹은 '무상성'(gratuité)이라고 표현하였습니다.[294] 그에 따르면, 인간은 모든 도덕과 절대적인 가치의 규제를 벗어난 자유로운 존재입니다. 사르트르는 인간이 자유를 갖는다고 할 때 그것은 전 세계의 무게를 자신의 어깨 위에 짊어진다는 것이며, 세계에 대해서도

사르트르. 프랑스의 실존주의 철학자이자 작가. 실존을 주체성으로 설명하며, 본질보다 실존이 앞서는 것으로 보았다.

자기 자신에 대해서도 자신이 존재의 방식에 관한 한 책임자라고 말하는 것이라고 하며 우연적인 인간 존재의 자유와 그에 따른 책임을 강조합니다.[295]

사르트르의 이러한 개념은 곧 그에게 영향을 준 요한 하인리히 하이데거(Johann Heinrich Heidegger, 1633-1698)가 언설하는 바 '피투성-현사실성'(被投性-現事實性, Geworfenheit-Faktizität)의 존재로서의 인간을 가리키는 것입니다.[296] '피투성'의 인

---

294) 변광배, 『존재와 무: 사르트르의 자유를 향한 실존적 탐색』 (파주: 살림, 2005), 121-122.
295) 사르트르, 『존재와 무』, 정소성 역 (서울: 동서문화사, 2010), 894-895.
296) 이기상, 『존재와 시간: 인간은 죽음을 향한 존재』 (파주: 살림, 2008), 187-188.

간이란 세계 안에 '내던져져 있는' 존재를 말하는데, 이렇게 인간이 내던져진 자기의 존재를 떠맡아서 바꾸어 나가는 존재이기에 이를 '현사실성' 이라고 표현한 것입니다.[297] 이 모든 표현들이 인간 존재에 대해 말하고자 하는 바는 이것입니다. 곧 인간은 '존재의 근거를 설명할 수 없는 우연성의 존재' 라는 것입니다.[298] 역사적으로 하이데거는 사르트르뿐 아니라 현대 철학자들에게 지대한 영향을 주었습니다.

포스트모더니즘은 18세기 낭만주의가 인간의 이성보다는 감성을 중시하였던 것처럼 인간의 이성보다는 감성과 신비를 중시하는 경향을 갖고 있습니다. 절대적인 진리, 보편적인 도덕의 기준과 가치를 부정하게 되자 인간은 무엇이든지 자신에게 행복이 되면 그것을 추구할 수 있는 자유를 누리게 되었습니다. 그리하여 이제 그 자유를 행하며 사는 것이 가장 인간적이고 도덕적인 것이 되었습니다.

3. 포스트모더니즘과 스피노자

포스트모더니즘의 사상은 스피노자의 사유 방식에서 예견되었습니다. 도덕과 가치의 절대 기준에 대한 부정은 이미 바루흐 스피노자(Baruch de Spinoza, 1632-1677) 같은 사람에 의하여 체계적으로 제시됩니다. 스피노자는 전형적인 상대주의자입니다. 그는 고전적으로 서양 철학에서 받아들여지던 도덕성(morality)의 보편성을 부정합니다. 그것을 강요하는 것은 근거 없는 전체성의 폭력이라는 것입니다.

철학적으로 보편적 도덕의 절대 기준을 부정하게 되기에, 이제껏 지탱되어 오던 선(善, good)과 악(惡, evil)에 대한 개념은 의미를 상실하게 되고 좋음(good)과 나쁨(bad)으로 대치됩니다. 그리고 그 판단은 어떤 절대자나 보편자가 아니라 개개인이 하게 됩니다. 따라서 스피노자의 유명한 작품 『윤리학』(Ethica)에서 말하는 '윤리'

---

[297] 이기상, 『존재와 시간: 인간은 죽음을 향한 존재』 (파주: 살림, 2008), 188.
[298] 변광배, 『존재와 무: 사르트르의 자유를 향한 실존적 탐색』 (파주: 살림, 2005), 126-127.

의 의미는 보편적 선악 기준을 따르는 절대 윤리를 의미하는 것이 아니라 '좋음'과 '나쁨'을 따르는 상대 윤리를 의미하는 것입니다.

그의 철학에서 중요한 개념인 라틴어 코나투스(conatus)는 이러한 그의 사상을 잘 말해 줍니다. 코나투스는 동사 코나리(conari)의 명사형으로 '노력, 충동, 경향성'을 의미하는데 이 단어는 스피노자에게 있어 '자신의 존재 속에 계속 머무르려는 노력'을 뜻합니다.299)

스피노자. 네덜란드의 합리주의 철학자. 유대 혈통이었으나 유대 공동체에서 제명당했고, 그의 모든 저작은 교회의 금서 목록에 올랐다. 계몽주의와 성경 비판의 사상적 토대를 제공하였다.

스피노자 식으로 **코나투스**를 인간에게 적용하자면 그것은 행복하고 완전한 쉼이 있는 상태로 나아가게 하는 에너지입니다. 따라서 기쁨과 환희는 **코나투스**가 가득한 상태이고, 우울과 슬픔은 **코나투스**가 결핍된 상태입니다.300) 인간의 행복은 인간이 자신 안에 코나투스를 증진하는 데 있다는 것입니다.

스피노자의 이러한 윤리와 정치 철학에 대한 사상은 신과 인간에 대한 범신론적인 관점을 토대로 하고 있습니다. 그는 자연과 신의 본성을 하나의 실체라고 봅니다. 그가 『윤리학』의 제1부 "신에 대하여"(De Deo)에서 36개의 정리(定理)를 진술한 후에 부록으로 언급하고 있는 내용은 왜 그의 사상이 포스트모더니즘 시대에 각광을 받게 되었는지를 잘 보여줍니다.

이제 내가 이야기하려는 온갖 편견은 다음 한 가지 사실에 근거하고 있다. 즉 사람들은 일반적으로 모든 자연물이 자기들처럼 목적 때문에 작용한다고 보고, 신

---

299) 질 들뢰즈, 『스피노자의 철학』, 박기순 역 (서울: 민음사, 2001), 201; 알렉상드르 마트롱, 『스피노자 철학에서 개인과 공동체』, 김문수, 김은주 역 (서울: 도서출판 그린비, 2008), 19-20.
300) 김남준, 『인간과 잘 사는 것』 (서울: 생명의말씀사, 2015), 138-140.

자신이 모든 것을 일정한 목적으로 확실히 이끌어 간다고 믿는다는 점이다. 왜냐하면 그들은 신이 모든 것을 인간을 위해서 창조하고, 또 신을 숭배하도록 인간을 창조했다고 믿기 때문이다. 여기서 나는 다음을 생각해 보고자 한다. 첫째, 어째서 많은 사람들이 이런 편견으로 만족하는가, 왜 많은 사람들이 나면서부터 이러한 편견에 빠져 버리는가를 탐구해 보겠다. 둘째, 이 편견이 잘못되었음을 밝히고, 끝으로 이 편견에서 선과 악, 공(功)과 죄, 칭찬과 비난, 질서와 혼란, 미와 추(醜), 그 밖에 이와 유사한 여러 편견이 어째서 생겨나는가를 밝히려 한다.[301]

그는 이제껏 지탱되어 오던 자아와 우주에 대한 고전적인 개념들에 혁신적으로 도전하였습니다. 그가 살았던 시대는 갈릴레이(Galileo Galilei, 1564-1642), 뉴턴(Isaac Newton, 1642-1727)과 같은 인물들의 시대로 근대 과학혁명이 일어난 때였습니다.

▌갈릴레이(左)와 뉴턴(右). 갈릴레이가 천문학의 혁명을 가져왔다면 뉴턴은 물리학의 혁명을 가져왔다고 할 수 있다.

우주의 개념이 무한히 확대되고, 자연 현상들은 수학적 법칙에 의하여 설명될 수 있다는 믿음이 유포되던 시대였습니다. 그가 선악의 보편적 척도를 완전히 부인한 것은 아니지만, 가치의 객관적 실재성은 부인되고 객관적인 선과 악에 대한 관념은 인간의 욕구와 감정을 존중하는 '좋음' 과 '나쁨' 으로 대치되었습니다.

도덕에 관한 한 포스트모더니즘은 이러한 스피노자의 사유 방식을 따릅니다. 근

---

301) 스피노자, 『에티카/정치론』 추영현 역 (서울: 동서문화사, 2008), 43.

대주의에서 도입된 가치 판단의 기준으로서의 인간의 중심성을 극단화하였습니다. 현대 철학이 다양한 분파에도 불구하고 공통된 특징을 가지고 있는데 그것은 바로 이전에 근대주의에서 신뢰하였던 이성의 절대성에 대한 회의입니다.

현대 철학이 이성에 의한 과학탐구의 확실성, 주체의 명증성, 언어의 신뢰성 등에 대해 회의를 품고 있는 것은 사실이지만 그럼에도 불구하고 현대 철학이 모든 학문 특히 과학에 있어서 인간의 이성의 신뢰성에 대해 전면적인 회의를 품은 것은 아닙니다. 오히려 이성의 판단에 대한 철저한 부인은 도덕에 관한 부분입니다.

어떤 의미에서 서양 철학은 자신이 탐구의 과정을 통하여 세운 사유의 기초들을 부단히 스스로 허물어 온 자기 파괴의 역사라고 할 수 있습니다. 근대 철학은 '하나님의 은총 아래 있는 인간의 자유'라는 중세의 철학적 기초를 허물고 '이성의 절대성 아래 있는 인간의 자율'을 주장하였습니다. 그러나 현대 철학은 다시 '이성의 절대성을 신뢰하지 않는 인간의 자유'라는 주장으로 근대 철학의 기초를 허물어 버렸습니다.

근대주의는 이성의 절대성과 과학의 확실성을 바탕으로 눈부신 발전을 거듭하여 물질문명을 이룩하였지만 그 결과로 기술의 발전과 물질문명에 대한 관심이 인간의 덕스러움과 참된 행복에 대한 추구를 축출해 버렸습니다. 현대 철학은 이러한 과학과 기술의 절대 우위에 의해 주도되는 현대 사회에 대한 근본적인 반성과 성찰을 반영합니다. 나아가서 이러한 현대 사회 속에서 인간은 자신의 삶의 의미를 묻는 인간 주체성에 대해서도 회의를 품고 있습니다.

이처럼 현대 철학은 과학과 기술, 물질문명에 의해 해명될 수 없는 인간 존재의 의미에 대한 규정 그리고 모든 사물을 판단하고 인식하는 주체가 인간 이성이라는 것과 또한 인간 이성에는 공통된 도덕의 감각이 존재한다는 근대주의의 명제를 거부하며 이를 대신할 방안을 찾고 있는 중입니다. 그런 점에서 현대 철학은 근대주의에 대해 회의를 품고 도전하였지만 자신의 답은 아직 내놓지 못한 상태입니다.

B. 현대인과 신비주의

신비주의는 바로 이러한 틈새를 비집고 들어온 사상입니다. 신비주의는 현대인들에게 강력한 매력을 느끼게 하는 사조입니다. 이것은 반드시 종교적 신비주의만을 의미하지는 않습니다. 신비주의는 어느 정도 종교성을 갖게 마련이지만 현대인은 신비주의가 전통적 종교의 전유물이라고 생각하지는 않습니다. 극단적인 과학주의적 사고가 유포되어 있는 곳에서는 역설적으로 극단적인 신비주의에 대한 갈망이 있습니다.

오늘날 명상과학이나 외계인들과 교통하려고 한다는 사이언톨로지(Scientology)와 같은 신흥 종교에 현대인들이 열광하는 것도 이러한 현대인의 심리를 보여주는 것입니다. 할리우드의 유명한 스타 톰 크루즈가 관련되어 더욱 유명해진 이 신흥 종교는 최근 뉴멕시코 동북쪽에 있는 사원 근처에 외계인을 향해 메시지를 전하려는 거대한 글자를 조각해 놓은 사실이 알려져 관심을 끌고 있습니다.

여러분은 여러 해 전, 극장가를 강타했던 '아바타' 신드롬을 기억할 것입니다. 그 영화는 탈근대주의의 코드를 가지고 뉴에이지와 신비주의를 접목시킨 내용의 영화였습니다.

저는 그 영화를 두 번 보았습니다. 그 영화가 그토록 선풍적인 인기를 끈 것은 현대인들의 의식 속에 있는 문화 코드와 정확하게 일치하였기 때문입니다. 특히 마지막 죽어 가는 여주인공을 놓고 아바타들이 생명의 여신 에이와를 부르짖는 장면에서 생명의 기운이 온 나무와 아바타 그리고 인간인 주인공을 하나로 연결시키며 하늘을 향해 오르고 있는 장면은 바로 자연과 신이 하나라고 보았던 스피노자의 자연-신 일체 사상을 생각나게 만듭니다. 이는 인간이 곧 신과 같은 본질로 일체를 이룰 수 있다는 뉴에이지 사상을 잘 대변하고 있는 장면입니다.

그리스도인들조차 자신들이 왜 이 영화에 그토록 끌리는지를 모르지만 이처럼 현대인들의 의식 속에 스며들어와 있는 문화 코드들이 작용하고 있는 것입니다.

당연히 이러한 의식들이 현대인들의 삶에 커다란 영향을 미칠 것이라고 하는 것은 자명한 일입니다.

목회자의 임무가 사람들로 하여금 하나님을 향하여 살게 하는 것이라면 그렇게 가르치고 인도하여야 할 사람과 그 시대를 아는 것이 얼마나 중요하겠습니까? 목회자가 가르쳐야 할 신학의 내용만 알고 있을 뿐 그것을 받아들이게 될 사람과 그 사람을 형성하여 온 현대 사회와 시대의 정신에 대해 아는 것이 없다면 사실상 그는 목회할 대상에 대한 지식을 제대로 갖고 있지 못한 것입니다.

목회자가 영혼의 어두움과 지성의 오류 가운데 있는 거짓된 문화 코드에 감염된 현대인들을 깨우쳐 진리의 말씀으로 돌이키고 또 그 시대 정신을 거슬러 하나님을 향해 살게 하기 위해서 얼마나 많은 공부를 하여야 하겠습니까? 더욱이 목회자 자신이 이런 사상이 무엇인지를 파악하고 단호히 맞서서 이 거짓된 사상의 조류에 감염되지 않도록 성도들을 용사와 같이 보호하는 대신 자신이 이러한 사상에 감염된다면 그것은 얼마나 커다란 비극이겠습니까?

목회자에게 있어서 준비된 지성은 영력만큼이나 귀한 것입니다. 때로는 영력보다 훨씬 더 소중한 것입니다. 목회자가 이러한 사상에 감염되어 오히려 양떼들을 돌이켜 하나님께로 돌아오게 하기보다는 신앙의 이름으로 시대 정신의 품으로 돌아가게 한다면 그 커다란 잘못을 우리가 어디에서 속죄받을 수 있겠습니까?

V. 시대를 분별하는 지성

목회자는 시대를 분별하는 지성을 갖추어야 합니다. 목회는 하늘나라에서 이미 완전히 거룩해진 성도들을 대상으로 하는 섬김이 아니라 이 세상에서 아직 죄와 싸우고 있는 신자들을 대상으로 하는 섬김이기 때문입니다. 그들은 심령으로는 하나님의 나라를 누려도 여전히 이 세상에서 살아가는 사람들입니다. 그러므로 목회자는 인간을 알 뿐 아니라 또한 인간이 사는 세상을 아는 사람이어야 합니다. 왜냐하면 지혜는 궁극적으로 판단력인데, 세상을 알지 아니하고는 인생에 있어서 어떤 선택의 문제에 대하여 올바른 판단을 어떻게 실행에 옮겨야 할지를 분별할 수 없을 것이기 때문입니다.

여러분이 목회자가 되었을 때 이러한 분별력이 없다면 어떻게 될까요? 목회자가 양떼들에게 꼴 대신 독초를 먹인다면 교회는 어떻게 될까요? 그러나 이러한 가치 상대주의의 시대 정신은 개혁주의를 표방하는 교회에까지 깊이 스며들어오고 있습니다. 그들은 말합니다. "요즘이 어느 시대인데 딱딱한 교리를 가르쳐서 성도들을 힘들게 한다는 말인가?" 어떤 사람은 이렇게 말하기도 합니다. "이처럼 서로를 존중하는 시대에 무엇 때문에 설교자가 교리를 가르쳐서 자기와 생각이 같지 않은 사람들을 적수로 만들 필요가 있겠는가? 그들이 무엇을 믿든지 사랑으로 끌어안는 것이 더욱 선교적인 성과를 가져오지 않겠는가?"

이에 대하여 사도 바울은 이렇게 말합니다. "너희는 이 세대를 본받지 말고 오직 마음을 새롭게 함으로 변화를 받아 하나님의 선하시고 기뻐하시고 온전하신 뜻이 무엇인지 분별하도록 하라"(롬 12:2).

여기에 나오는 '본받다.'에 해당하는 헬라어 단어는 쉬스케마티조($συσχηματίζω$)입니다.[302] 이 단어는 원래 어떤 틀로 무엇인가를 '찍어 내는 것'을 가리키는 말입니다. 쇠를 녹인 물을 틀 속에 부어 꼭 같은 제품을 만드는 것 같은 행동을 지시하는 것입니다. 이처럼 시대의 정신은 그 시대의 사람들을 똑같이 찍어 냅니다. 기독교의 형식은 가지고 있으나 내용은 세상에 의하여 찍혀져 세상을 본받게 하는 것입니다.[303]

---

[302] 이 단어의 사전적 의미는 "(이미 있는 어떤) 틀이나 주형(鑄型)을 따라서 만들다.", "-처럼 모양이 만들어지다.", "-을 본뜨다.", "-에 의해 지도를 받다."이다. Walter Bauer, *A Greek-English Lexicon of the New Testament and Other Early Christian Literature*, 3rd ed., ed. Frederick W. Danker, W. F. Arndt, F. W. Gingrich (Chicago: University of Chicago Press, 2000), 979.

[303] 김남준, 『그리스도인이 빛으로 산다는 것』 (서울: 생명의말씀사, 2012), 244.

존 오웬(John Owen, 1616-1683)에 의하면 인간이 본받을 수 있는 틀은 단 두 가지밖에 존재하지 않습니다. 하나는 세상을 본받는 것이고 또 하나는 그리스도를 본받는 것입니다. 이에 대하여 존 오웬은 자신의 책 『영적 사고방식』(The Grace and Duty of Being Spiritually Minded)에서 다음과 같이 말합니다.

> 이러한 변화는 믿음으로 이루어지며 가장 탁월한 믿음의 기능과 작용 중 하나이다. 고린도후서 3장 18절을 보라. 여기에서 믿음이 역사하는 방편은 우리의 정동이다. 정동 안에서 우리가 육적이기 때문에 우리가 이 세상을 본받는 것이다. 정동에 의해 우리가 거룩하기 때문에 우리가 "마음을 새롭게 함으로 변화를 받는" 것이다(롬 12:2). 따라서 이러한 변화는 새로운 형상이나 본성이 우리 영혼 속으로 도입되는 것이고 전에 우리에게 부여된 것과는 다른 것이다.[304]

현대인들에게 기독교는 매력적인 종교가 아닙니다. 진리에 대한 확신을 상실하고 가치 판단의 절대적인 기준조차 거부하는 현대인들에게 기독교의 진리가 매력적으로 다가올 리 없습니다. 그러나 많은 현대인은 이미 완전한 자유에 지쳐 있습니다. 하나님을 의존하며 살도록 태어난 인간인데, 아무리 쾌락으로 달래도 그것은 잠시이지 영혼의 참된 고향을 떠나 방황하는 고통을 완전히 위로할 수 있겠습니까? 인간은 자신의 영혼의 고향이신 하나님을 떠나서는 행복할 수 없습니다. 인간이 번영과 쾌락 그리고 끊임없는 자아 실현의 욕구를 따라서 피곤한 삶을 살아가고 있는 것은 자신의 영혼의 채워지지 않는 영원을 향한 갈망을 그런 식으로 왜

---

[304] 이 책의 원래 제목을 직역하면, 『신령한 방식으로 생각되는 마음의 상태가 되게 하는 은혜와 의무』인데, 한글 번역서에서 본문과 같이 번역하였다. John Owen, *The Grace and Duty of Being Spiritually Minded*, in *The Works of John Owen*, vol. 7, ed., William H. Goold (Edinburgh: The Banner of Truth Trust, 1988), 448; 오웬은 신자의 마음의 작용과 관련하여 육신적으로 생각되는 사유 방식과 신령하게 생각되는 사유 방식으로 나타난다고 보았다. "반대되는 주어는 '육신의 생각'과 '영의 생각'인데, 이는 곧 '생각이 육적으로 되는 것'과 '생각이 영적으로 되는 것'이다. 이 두 가지가 인류의 두 상태를 구성하는데 세상의 모든 개별 인간은 이 둘 중 하나에 속한다……." John Owen, *The Grace and Duty of Being Spiritually Minded*, in *The Works of John Owen*, vol 7. ed., William H. Goold (Edinburgh: The Banner of Truth Trust, 1988), 267.

곡하여 분출하는 것입니다.

   그런 처지에 있는 현대인들을 끌어안고 율법의 칼로 수술하고 복음으로 약을 발라 치료해 주어야 할 사람이 바로 목회자입니다. 그렇다면 목회의 길을 가려는 여러분은 얼마나 많은 공부를 해야 할까요? 환자의 몸을 알지 못하는 의사가 어찌 정확한 처방을 내릴 수 있겠으며 또 처방을 내린다 한들 어찌 환자가 건강을 회복할 수 있겠습니까?

   우리는 거룩한 성인들에 대해서만 탐구할 것이 아니라 비참한 죄인들에 대하여도 부지런히 탐구하지 않으면 안 됩니다. 죄의 본질을 아는 것만큼 거룩함의 본질을 이해할 수 있으며 하나님을 아는 것만큼 인간을 사랑할 수 있습니다.

   하나님을 사랑하는 마음으로 시대의 정신을 치열하게 탐구하고 성경과 신학의 빛으로 조명하십시오. 현대인들의 곪고 덧난 환부를 찾아내고 정확히 치료할 수 있는 목회자가 되기 위해서는 이 시대의 정신과 이 시대의 죄인들에 대해서도 분명한 지식을 가져야 합니다.

VI. 지식의 대상들

   르네상스 이후로 서구 사상에서 일어난 사상의 변화를 생각해 보십시오. 인간의 자율과 자유에 대한 극단적인 강조는 은총과 계시에 기반을 둔 기독교적 세계관에 대한 전면적인 도전이었습니다. 르네상스와 인문주의 운동에서 일어난 이러한 사상적 공격이 반드시 기독교에 부정적인 영향만을 준 것은 아니었습니다. 이것은 인간을 오류와 무지 가운데 묶어 둔 채로 성경에 근거를 두지 않는 교회의 권위를 빙자하여 행해지던 억압과 폭력으로부터 인간 존재의 가치와 존엄성을 재발견하고 시민 사회와 민주화로 나아가는 계기가 되었습니다. 그러나 그 후 나타난 해체주의적 사고는 무신론적인 인문주의와 급진적 계몽주의의 영향으로 포스트모더니즘을 모든 형이상학적 담론과 도덕의 근거들을 부정하는 극단적 인본주의로 특징 짓게 하였습니다.

오늘날 그리스도인들조차 명목상으로는 신앙을 고백합니다. 그러나 실제로 사고방식에 있어서 포스트모더니즘의 사고를 따라가는 교회의 현실은 이렇듯 복잡한 현대의 사상적 조류 속에서 그들을 지도하여야 할 우리 목회자들의 사명이 얼마나 막중한지를 보여주는 것입니다.

목회자가 알고 있어야 할 지식의 세 대상이 있습니다. 그것은 하나님과 세계와 인간에 대해서입니다.

A. 지식의 세 대상 : 하나님, 인간, 세계

앞서 지적한 바와 같이 우리가 하나님께서 이 세상을 창조하신 목적과 구속 계획을 따라 살기 위해서는 세 대상에 대한 지식이 필요합니다. 그것은 바로 하나님과 세계와 인간에 대한 지식입니다.

첫째로, 하나님을 아는 지식은 나머지 두 대상을 아는 데 있어서 근원적인 역할을 합니다. 모든 지식은 결국 사물과 관계된 것이고 원천적으로 사물들은 하나님 한 분에게서 나왔으니, 모든 사물에 대한 지식은 하나님을 아는 지식으로 환원되고 하나님을 아는 지식은 모든 사물들에 대한 지식으로 이어집니다. 둘째로, 인간을 아는 지식은 인간 일반에 관한 지식과 개별적인 인간에 관한 지식으로 나뉘는데, 전자는 후자를 아는 기반이 되고 후자는 전자를 아는 지식을 임상적으로 제공합니다. 이 개별적인 인간에 대한 지식 안에서 인간은 자기 자신에 대한 지식을 갖습니다. 셋째로, 세계를 아는 지식은 자연 사물에 대한 지식과 인간이 사는 사회에 대한 지식으로 나뉩니다.

아우구스티누스는 진리를 이해하기 위한 기초로서 인간의 인식 대상인 사물(res)에 대해 '향유'(享有, frui)와 '사용'(使用, uti)이라는 개념을 사용하는데, 사물을 '하나님'과 '인간'과 그 밖에 다른 '지상의 사물들'로 나누어 설명하였습니다.[305] 그는 자신의 책 『기독교 교양론』(De Doctrina Christiana)에서 다음과 같이 말합니다.

> 사물은 향유할 대상과 사용으로 그칠 대상과 향유하고 사용할 대상이 있다(1.3.3.). ……향유해야 할 사물은 성부와 성자와 성령 삼위일체이시다(1.5.5.). ……그 밖의 것들은 그 사물의 향유에 도달하기 위해 사용에 그칠 사물일 뿐이다. 그러므로 다른 사물을 향유하고 또 사용하는 우리 자신(인간)은 또한 별개의 사물이다(1.22.20.). ……그러므로 사랑할 것이 넷 있으니 첫째는 우리 위에 있는 것이요, 둘째는 우리 자신이요, 셋째는 우리 이웃이요, 넷째는 우리 밑에 있는 것이다. 둘째와 넷째에 관해서는 아무 계명도 내린 바 없다(1.23.22.). (하나님을 떠난 인간은 자기 자신 외에는 사랑할 수 없기 때문이다.)[306]

세 대상에 대한 지식들은 성육신하신 그리스도 안에서 가장 잘 계시되었고, 성경은 그리스도를 통한 지식의 계시의 정수입니다. 그러므로 목회자는 성경과 신학을 통하여 이 세 가지 대상에 대하여 아는 지식을 충만히 가지고 있어야 합니다.

삶의 지혜는 이 지식의 크기와 믿음으로 이 지식을 사용하는 것에 달려 있습니다. 인간의 가장 큰 의무는 하나님을 알고 사랑하고 순종하는 것입니다. 아는 것 없이는 사랑할 수 없고 사랑하지 않고는 순종할 수 없습니다. 그리스도인은 신자

---

[305] 김남준, 『인간과 잘 사는 것』(서울: 생명의말씀사, 2015), 90-93; 김남준, 『깊이 읽는 주기도문』(서울: 생명의말씀사, 2014), 290.

[306] "Res ergo aliae sunt, quibus fruendum est, aliae quibus utendum, aliae quae fruuntur et utuntur(1.3.3.). …Res igitur, quibus fruendum est, pater et filius et spiritus sanctus eademque trinitas(1.5.5.). …ceteris autem utendum est, ut ad illarum perfructionem peruenire possimus, Nos itaque, qui fruimur et utimur aliis rebus, res aliquae sumus(1.22.20.). …Cum ergo quattuor sint diligenda, unum quod supra nos est, alterum quod nos sumus, tertium quod iuxta nos est, quartum quod infra nos est, de secundo et quarto nulla praecepta danda erant(1.23.22.)." Avrelivs Avgvstinvs, De Doctrina Christiana, in Corpvs Christianorvm Series Latina, XXXII: Avrelii Avgvstini Opera, Pars IV, 1 (Tvrnholti: Typographi Brepols Editores Pontificii, 1962), 8-9, 16, 18.

가 되는 순간, 진리의 학교에 입학한 것입니다. 그의 가장 큰 의무는 하나님을 아는 것이고 목회자의 큰 의무는 그에게 하나님을 가르치는 것입니다. 그리고 하나님을 아는 그 빛 아래서 세계와 인간에 대한 올바른 지식을 가지고 하나님 앞에서 사는 지혜를 터득하게 하는 것입니다.

B. 진리 탐구의 사명

목회자의 사명은 진리를 위한 것입니다. 이처럼 급변하는 사상의 시대 속에서 살고 있기 때문에 그리스도인들은 더욱 불변하는 하나님의 말씀을 붙들고 살아야 하고, 목회자는 어떻게 복음이 불변하는 하나님의 지혜로서 우리가 무엇을 믿고 어떻게 살아야 하는지에 대한 궁극적인 답이 되는지를 가르쳐 줄 수 있어야 합니다. 목회자가 기독교 사상가가 되지 않으면 안 되는 것은 이러한 이유 때문입니다.

우리는 배우도록 창조된 존재입니다. 우리를 온전하게 하고 선을 행하기에 온전한 사람이 되게 하는 것이 하나님께서 성경을 우리에게 주신 목적이라고 말씀하신 것도 바로 이러한 사실을 입증합니다(딤후 3:17). 왜냐하면 성경은 우리에게 이해되지 않는 한, 그러한 거룩한 영향을 우리에게 끼칠 수 없기 때문입니다.

우리가 지금도 하나님의 진리를 열심히 해석하고 그 결과를 이해하고자 하는 것도 그와 같은 이유 때문입니다. 그러므로 모든 그리스도인들은 치열하게 구도의 길을 가는 사람이어야 하고, 그 일을 위하여 진리를 열렬히 배우는 것은 피할 수 없는 의무이며 외면해서는 안 되는 특권입니다.

제가 목회하는 교회에서 교리학교에 입학하는 교인들에게 늘 외우게 하는 말이 있습니다. "스투데오 에르고 숨"(studeo ergo sum), 즉 "나는 공부한다. 고로 존재한다."입니다. 그 다음에 저는 다음과 같이 묻습니다. "그러면 여러분은 무슨 공부를 하여야 합니까?" 그러면 교인들은 다 함께 대답합니다. "우리가 공부하여야 할 대상은 셋인데, 하나님과 세계와 인간입니다. 그리고 인간에 대한 공부는 보편적 존재로서의 인간과 개별적 존재로서의 나에 대해 아는 것입니다."

인간의 진정한 행복은 먹고 마시는 데 있는 것이 아니라 진리이신 하나님을 아는 데 있습니다. 이에 대하여 프랜시스 튜레틴은 자신의 책 『변증신학강요』(*Institutio Theologiae Elencticae*)에서 다음과 같이 말합니다.

> 신학은 복합적이다. 즉, 부분적으로는 이론적이고, 부분적으로는 실천적이다. ……신학의 목적은 인간의 행복인데, 이 행복은 부분적으로는 하나님을 바라봄에 있고, 부분적으로는 하나님을 향유하는 데 있다. 그 둘로 말미암아 인간은 하나님을 닮게 된다.[307]

여기서 행복은 곧 지복(至福, *beatitudo*)을 가리킵니다. 이것은 그리스도를 봄(*visio Christi*)과 관련이 있습니다. 존 오웬도 인간의 지복이 그리스도를 봄에 있으며, 지상에서는 믿음을 통하여 간접적으로, 천상에서는 영원 안에서 직접적으로 봄으로써 획득된다고 보았습니다.[308] 행복해지고자 하는 것이 인간의 본래적인 욕망이라면 그 진정한 행복은 지성적 행복이며 그것은 지식을 통해서 획득되는 것입니다. 그리고 그 지식은 하나님 사랑의 감화로써 사랑하는 의지를 동반하는 지식이어야 합니다.

포스트모더니즘에 영원한 안식은 없습니다. 인간의 절대적인 자유와 자율을 부르짖고, 선악에 대한 판단과 도덕의 근거조차도 인간 자신의 이익에 두려는 포스트모더니즘의 사상은 결코 인류에게 영원한 안식을 제공하지 못합니다. 현대인은 설명하기 어려운 모순적 존재입니다. 한편으로는 인간의 자율과 자유를 극단적으

---

[307] "*Theologiam esse mixtam, id est, partim theoreticam, partim practicam evincunt…Finis, hominis beatitudo, quae partim in visione Dei, partim in ejus fruitione posita est, ex qua utraque oritur assimilatio Dei.*" Francisco Turrettino, *Institutio Theologiae Elencticae*, Pars Prima (Trajecti: Jacobum, 1734), 24.

[308] John Owen, *Christologia, or, A Declaration of the Glorious Mystery of the Person of Christ*, in *The Works of John Owen*, vol 1, ed. by William H. Goold (Edinburgh: The Banner of Truth Trust, 1993), 288.

로 부르짖지만, 누군가에게 예속되고 어딘가에 소속되고자 합니다.

인간의 우상 심리를 생각해 보십시오. 자기를 우상화하는 것과 다른 사람들을 우상화하는 것은 서로 배치되는 마음의 성향같이 생각되지만, 사실 이 둘은 모두 동일한 욕망에서 비롯되는 것입니다.

체계적인 사상을 배우기를 싫어하는 현대인들의 성향은 포스트모더니즘에 물든 결과이지만, 그만큼 그들의 삶은 불안합니다. 무엇이든지 확신할 수 없고, 어떤 방식의 삶을 살아가든지 간에 그렇게 살아야 할 도덕적 근거를 갖지 못하기 때문입니다. 그래서 현대인들은 과학적 사고를 따르기를 강조하면서도 여전히 신비한 정신 세계와 종교에 대한 관심이 많습니다. 그것들은 전혀 과학적이지 않은 영역들인데 말입니다.

오늘날 많은 현대인들 사이에 다시 근대 정신과 고대 철학, 동양 철학과 종교에 대한 관심이 증대되고 있는 것도 바로 이러한 삶의 근거에 대한 지성의 목마름을 반영하는 것입니다.

목회자들은 이러한 현대 사상의 위험을 인식해야 합니다. 만약 그들이 세상이 가르치는 방식을 따라서 성경과 기독교 사상을 가르치는 것이 시대 정신에 뒤떨어지는 것이라고 생각하고 인본주의적인 목회를 한다면, 교인들에게 떡 대신 돌을, 생선 대신 뱀을, 알 대신 전갈을 주는 것입니다(마 7:9-10, 눅 11:12).

언젠가 독실한 불교 신자였던 한 부인이 교회에 등록하였습니다. 그녀는 오랫동안 절에 다녔지만 마음에 평안을 얻지 못했다고 합니다. 그래서 어느 날 자신을 지도하던 스님을 찾아가 이렇게 말했다고 합니다. "스님, 저는 아무래도 불교가 맞지 않는 것 같습니다. 교회에 다니면 어떨까 하는 생각이 계속 드는데, 교회로 옮겨도 되겠습니까?" 그랬더니 스님은 한 교회를 추천해 주었습니다. 바로 제가 시무하고 있는 교회였습니다. 그녀는 "스님, 왜 많은 교회 중에서 하필 그 교회를 추천하십니까?"라고 물었습니다. 그러자 스님은 이렇게 대답하였다고 합니다. "내가 설교를 들어봤는데, 그래도 그 교회는 경전을 설교하는 것 같습니다."

오늘날 조국교회의 많은 그리스도인들은 그리스도인이 된다는 것이 이성의 스위치를 끄는 것이라고 생각합니다. 그들은 신령한 은혜의 체험을 위해서는 지성을 포기해야 한다고 여기는 경향이 있습니다. 그러나 그것은 전적으로 잘못된 것입니다. 우리로 하여금 거룩한 삶을 살아가게 하는 하나님의 은혜는 대부분 이해의 작용을 통하여 성령으로부터 옵니다.

목회자는 사람들을 바른 길로 인도하여야 합니다. 그렇게 하기 위해서 목회자는 무엇을 배우든지 진리인 하나님의 경전인 성경을 설교하고, 그것을 따라 모든 교훈을 가르치고, 그것을 따라 살게 하는 데 도움이 되는 방식으로 배워야 합니다.

목회자는 우리의 신앙과 삶의 유일한 기준인 성경을 모든 목회 활동의 중심에 놓아야 합니다. 그리고 성경이 하나님과 세계와 인간에 대하여 무엇이라고 말하는지를 배우고 다른 학문들을 통해 그 성경의 진리 갈피갈피에 숨겨진 계시들을 더 분명하게 이해할 수 있어야 합니다. 그렇게 함으로써 목회자는 지혜로운 사람이 되어 자기의 양떼들에게 생명의 길을 보여줄 수 있습니다. 그러한 지식의 확장을 통하여 하나님과 이웃에 대한 사랑도 확장되는 것입니다.

VII. 맺는 말

오늘날 절대적인 진리를 부인하고 상대주의를 따르는 이 시대는 분명히 기독교의 입장에서 볼 때 위기입니다. 인간이 자신의 가치 판단을 지나치게 신뢰하고 자신의 행복을 최고의 가치로 여기는 이러한 시대 정신은 분명히 우리에게 바람직한 선교 환경은 아닐 것입니다. 그러나 이것은 또한 선교의 기회이기도 합니다. 왜냐하면 이러한 시대일수록 진정한 복음의 능력으로 인한 참된 회심이 필요하기 때문입니다.

기독교의 지성은 성령의 조명 속에서 진리를 깨달아 가지만 그것으로 모든 것을 알았다고 자만하지 않는 겸손한 지성입니다. 그래서 우리는 다른 사람들이 발견하였다고 주장하는 진리들을 성경과 학문적 지성으로 엄정하게 판단하여 배울 것이 있으면 유순하게 받아들입니다.

포스트모더니즘의 철학과 사상은 대체로 우리의 신앙을 거스르지만, 우리는 또한 그 속에서도 진리의 파편들을 봅니다. 목회는, 현대의 사상 속에서 발견되는 진리의 파편들을 올바른 진리의 체계 안에서 제자리를 찾아 거기에 위치시켜서 결국 부스러기 같은 진리의 파편들이 눈부시도록 찬란한 빛이 되게 하는 것입니다. 우리는 에마뉘엘 레비나스는 물론 질 들뢰즈나 미셸 푸코의 사상 안에 담긴 진리의 파편을 통해, 그동안 기독교가 비성경적인 전체주의적 사고에 휘둘려 하나님의 형상 안에서 그분이 부여하신 인간의 존엄과 가치를 무시해 왔음을 보고 반성하게 됩니다.

인간은 스스로 자기를 구원할 수 없는 존재라는 성경의 인간관은 자신이나 타인을 하찮게 여기고 무시하는 데 사용하는 가학적 인간관이 아닙니다. 오히려 성경의 인간관은 그런 인간에게 베푸신 하나님의 무한한 은총 안에서 인간 존재의 존엄과 가치를 발견하여 이웃을 사랑하게 만드는 인간관입니다. 그리고 그러하기에 그 안에 바로 참된 휴머니즘이 있습니다.

목회는 세상 속에서의 섬김입니다. 그것은 속세를 떠나 절해고도의 수도원이나 심산유곡 산사와 같은 곳에 모인 사람들을 돌보는 사역이 아닙니다. 오히려 목회는 사람들과 세상 속에 살면서 그들에게 하나님의 말씀을 전하며 그들을 참사람이 되도록 신앙으로 가르치고 돌보는 것입니다. 목회자가 단지 하나님과 사람만을 아는 것이 아니라 세상과 시대를 알아야 할 이유가 여기에 있습니다.

거룩하신 하나님을 향한 경건의 삶이 실현되어야 할 곳은 이미 경건해진 교회나 가정만이 아니라 죄인들이 살아가는 이 세상입니다. 하나님의 나라가 거기 세워짐으로써 주님께서는 영광을 받으시고 우리는 그 안에서 하나님으로 인하여 행복을 누리게 될 것이기 때문입니다.

제14장 변천하는 시대와 목회

I. 들어가는 말

현재 우리의 신학적 탐구의 결과와 열정적인 목회 사역의 결실이 미래에 영향을 줄 수도 있지만, 우선적으로는 지금 우리 시대를 섬기기 위한 것이다.

II. 거목의 숲을 꿈꾸며

성경의 내용은 언제나 변함이 없지만, 성경과 관계를 맺고 있는 시대는 저마다 다르다. 그러므로 우리는 불변하는 신학의 본질을 굳게 붙들고, 특수성을 가진 자기의 시대를 효과적인 선교로 품어 안아야 한다. 이 일을 감당하기 위해서는 우리가 영적으로 성장해야 하는데, 이때 필요한 것이 교회의 품과 좋은 스승의 모본이다. 여기서 교회와 스승은 반드시 동시대에 국한될 필요는 없다. 영적 거목들의 저작을 읽는 것은 영적 거목들로 가득한 교회사의 숲에 자신을 심는 일이다. 거기서 치열하게 신학을 공부하고 경건하게 살아갈 때 우리도 큰 나무가 되어 갈 것이며, 조국교회가 우리로 인해 유익을 누리게 될 것이다.

III. 현대교회와 탈신학화

목회자는 바르지 않은 시대의 정신 속에서 살아가는 사람들에게 바른 진리를 드러낼 뿐 아니라 시대 정신의 정체도 함께 보여주어야 한다. 그래서 우리는 신학을 공부함에 있어서 모더니즘과 포스트모더니즘에 대해서도 알아야 한다. 올바른 신학적 판단 없이 현대 사상의 파편적인 내용을 마음에 와 닿는 대로 설교하게 되면 그것이 쌓이고 쌓여 기독교 가치관의 왜곡을 초래한다. 왜냐하면 현대인들의 탈규범적인 정신들이 기독교의 옷을 입을 때 그것은 기독교 신앙의 탈신학화를 부추기기 때문이다.

IV. 상대주의와 신비주의

교회 안에 진리의 영향력이 살아 있게 하기 위해서는 이 시대를 지배하는 현대 정신의 공격과 유혹을 지혜롭게 간파하여 막아내야 한다. 상대주의와 신비주의는 오늘날 교회를 위협하는 가장 대표적인 현대 사조이므로 알아 둘 필요가 있다.

A. 현대인과 상대주의 근대가 뉴턴주의의 수학적 규칙성으로부터 기독교의 가르침에 회의를 갖게 되었다면, 현대는 하나의 수학적 규칙성으로는 설명되지 않는 과학적 발견들로 인해 절대적 진리에 회의를 품게 되었다. 그러나 많은 경우, 각기 우연적으로 보이는 일들이 보다 높은 차원에서 보면 규칙적인 인과관계를 이루고 발생한 것이다. 다만 우리의 이해를 뛰어넘는 더 높은 차원의 인과율이기에 우리가 인식할 수 없는 것일 뿐이다. 그러므로 당장 우리 눈에 우연적이고 불규칙적으로 보인다고 해서 세상이 우연적인 질서로 움직인다고 판단하고, 형이상학과 도덕의 근거를 거부하는 것은 합리적인 판단이 아니다. 하지만 이미 인간 이성의 궁극적 지위, 보편 가치의 존재, 보편적 미의 기준과 질서 등의 개념을 부정하는 상대주의가 현대인에게 강력한 호소력을 갖고 있다. 이제 현대인들은 인간마저 그 존재의 근거를 설명할 수 없는 우연적 존재로 본다. 절대적 진리, 보편적 도덕의 기준과 가치를 부정하게 되자 인간은 무엇이든 자신에게 행복이 되면 그것을 추구할 수 있는 자유를 누리게 되었다. 그리하여 이제 자유를 행하며 사는 것이 가장 인간적이고 도덕적인 것이 되었다.

B. 현대인과 신비주의 극단적인 과학주의가 유포되어 있는 곳에서는 역설적으로 극단적인 신비주의에 대한 갈망이 있다. 오늘날 명상과학이나 사이언톨로지와 같은 신흥 종교에

현대인들이 열광하는 것도 이런 심리를 보여주는 것이다. 목회자는 가르쳐야 할 신학의 내용뿐 아니라 그것을 받아들이게 될 사람과 그 사람을 형성하여 온 현대 사회의 정신에 대해 알아야 한다. 그래야 자신도 시대 정신에 감염되지 않고, 성도들도 시대의 조류를 거스르며 살게 할 수 있다.

V. 시대를 분별하는 지성

현대인들의 곪고 덧난 환부를 찾아내고 정확히 치료할 수 있는 목회자가 되기 위해서는 이 시대의 정신과 이 시대의 죄인들에 대한 분명한 지식이 필요하다.

VI. 지식의 대상들

A. 지식의 세 대상 : 하나님, 인간, 세계 이 세 대상에 대한 지식들은 성육신하신 그리스도 안에서 가장 잘 계시되었고, 성경은 그리스도를 통한 지식의 계시의 정수이다. 이 세 대상에 대하여 아는 지식의 크기가 크고, 이 지식을 믿음으로 사용할 줄 아는 사람이 삶의 지혜를 갖춘 사람이다.

B. 진리 탐구의 사명 그리스도인은 구도의 길을 가는 사람으로, 그 일을 위하여 진리를 열렬히 배우는 것은 그리스도인의 의무이자 특권이다. 오늘날 조국교회의 많은 그리스도인들이 신령한 은혜의 체험을 위해서는 지성을 포기해야 한다고 여기는 경향이 있는데, 그것은 전적으로 잘못된 것이다. 우리로 하여금 거룩한 삶을 살아가게 하는 하나님의 은혜는 대부분 이해의 작용으로 말미암아 성령으로부터 온다.

VII. 맺는 말

절대적인 진리를 부인하고 상대주의를 따르는 이 시대는 기독교의 위기인 동시에 선교의 기회이기도 하다. 왜냐하면 이러한 시대일수록 진정한 복음의 능력으로 인한 참된 회심이 필요하기 때문이다. 현대 사상 속에도 진리의 파편들이 있다. 우리의 임무는 그 진리들을 참되게 사용하는 것을 보여주는 것이다.

왜 신학공부를 하는가

신학공부는
존재와 가치의 질서를 알려 주는 진리를 발견하고 그 진리 위에 자신의 삶 전체를 세움으로써
사람들에게 진리를 전해 참된 자유와 행복을 누리게 하기 위하여 해야 하는 것입니다.
그러므로 목회자는 신학을 공부하되 자신의 신학에 자만하지 않고
역사적인 맥락과 인간의 실존적인 고민을 깊이 숙고하면서
인류를 향한 깊은 애정을 가지고 신학을 탐구해야 합니다.

제15장

불변하는 진리와 신학

Eternal Truth and Theology

I. 들어가는 말

진리의 위대함은 질서를 부여하는 데 있습니다. 진리가 사람을 행복하게 하는 것이 사실이나, 그것은 진리가 무질서에 질서를 부여하는 역할을 하였기에 나타난 결과입니다.

목회자가 진리를 가르치는 것은 그것으로써 사람들의 지성을 밝혀 존재와 가치의 질서를 알게 하기 위함입니다. 사람들은 자신이 생각하던 질서와 진리가 보여주는 질서의 차이를 깨달을 때, 자신의 존재의 추루함을 알게 되고 하나님의 아름다움을 찾게 됩니다. 그리고 단편적이었던 자신의 지식들을 진리에 대한 앎을 통해 통합하게 됩니다. 이처럼 진리에 대한 앎은 그 사람이 가지고 있는 다른 모든 사물들을 해석하고 이해하는 질서의 수립에 관여합니다. 목회는 진리로써 성도들의 내면에 새로운 질서를 수립해 가는 것이고, 신학은 그 일을 잘 수행하기 위한 공부를 포함합니다.

신학은 불변하는 진리를 다루는 학문이자, 하나님을 사랑하고 그 뜻대로 살고자 하는 마음으로 진리를 갈망하는 사람들의 학문입니다. 목회의 길을 가기 위해 신학을 공부하는 사람들에게 진리에 대한 탐구는 사명입니다. 재능의 우열에 관계없이 마음을 다하여 헌신하여야 할 일인 것입니다. 그러므로 혹시라도 학문에 대한 의무를 진지하게 생각하지 않고, 그것은 단지 선택 사항이거나 은사의 문제일 뿐이라고 생각했었다면 이제는 생각을 바꿔야 합니다.

인간에게 진정한 자유를 줄 수 있는 것은 오직 진리뿐입니다(요 8:32). 목회자의 설교와 사역은 변천하는 시대 속에서 불변하는 진리에 대해 증언하는 일입니다. 그리고 이 일을 제대로 해내기 위해서는 신학공부에 헌신하지 않으면 안 됩니다.

II. 신학적 설교에 대한 목마름

평신도 시절에 제가 신학을 처음 접한 것은 『박형룡 박사 저작 전집』을 통해서였습니다.[309] 그분의 저서를 읽으며 기독교의 진리가 그렇게 체계적으로 진술된다는 것을 생전 처음으로 알았습니다. 그 후 줄곧 개혁신학을 표방하는 신학교에서 공부하였기 때문에 신

『박형룡 박사 저작 전집』. 한국 보수신학의 표준이 집대성되어 있다. 혹자는 이 전집의 출간을 선교사 시대 이후 한국인에 의해 한국 교회의 신학이 구축되고 그 체계가 확립된 기념비적 작업이었다고 평했다.

---

309) 『박형룡 박사 저작 전집』의 권별 내용은 다음과 같다. 1권 서론(교의학의 정의 및 성경론), 2권 신론(하나님, 삼위일체, 예정, 창조, 섭리), 3권 인죄론(인간의 죄, 인간론), 4권 기독론(품위, 신분, 3직분, 속죄), 5권 구원론, 6권 교회론, 7권 내세론(종말론), 8권 현대 신학 선평 1, 9권 현대 신학 선평 2, 10권 비교종교학, 11권 변증학, 12권 협증학, 13권 신학 논문 1, 14권 신학 논문 2, 15권 학위 논문, 16권 주석, 17권 세계 견문록, 18권 설교 1, 19권 설교 2, 20권 설교 3. 박형룡, 『박형룡 박사 저작 전집』, 전20권 (서울: 개혁주의 신행협회, 1981-2010).

학은 개혁신학밖에 없고 나머지는 모두 잘못된 것이라는 판단만 하였습니다. 보다 넓고 깊게 신학을 공부해 보려는 생각을 아예 갖지 않았던 것입니다.

그러나 교회를 개척하고 8년 정도 지나면서 무엇인가 더 많이 배우고 더 치열하게 연구하지 않으면 안 되겠다는 도전을 받게 되었습니다. 당시 성경을 읽으면 은혜로운 깨달음이 없는 것은 아니었으나 항상 그 수준에서 맴돌고 있다는 느낌을 받았기 때문이었습니다.

이제까지의 설교의 수준을 박차고 오르는 비상한 진보가 필요하다는 것을 절실하게 자각하고 있었는데, 그러던 중 깨달은 것이 바로 저의 설교에 신학적인 깊이가 부족하다는 사실이었습니다. 그리하여 더욱 신학공부에 정진하도록 자신을 채찍질하게 되었습니다.

당시 설교자로서 제가 했던 고민은 두 가지로 집약됩니다. 그 두 가지 고민은 그리스도인으로서의 고민이기도 하였습니다. 그 고민 중 하나는 신앙적으로 그리스도를 더욱 깊이 만나야 한다는 절체절명의 요청이었고, 또 다른 하나는 설교자로서 더욱 깊은 신학 지식으로 무장되어야 한다는 것이었습니다. 전자의 요청은 저로 하여금 하나님 앞에 깊은 영적인 변화를 갈망하면서 매달려 기도하지 않을 수 없게 하였고, 후자의 요청은 더욱 치열하게 공부하지 않을 수 없게 하였습니다.

그때 저는 존 오웬이나 조나단 에드워즈, 특히 칼빈의 설교를 읽으면서 그들에게서 공통적으로 발견할 수 있는 그 무엇인가가 제 설교에 결핍되어 있음을 느꼈습니다. 처음에는 그것이 무엇인지 명확하게 파악할 수 없었습니다. 그러나 시간이 지나면서 조금씩 파악할 수 있었는데, 그것을 지금처럼 명쾌하게 설명할 수 있기까지는 그 이후로도 훨씬 더 많은 시간이 필요했습니다.

그 결핍의 핵심은 바로 설교 내용의 웅장함이었습니다. 그 위대한 신학자들의 설교는 그들이 그리스도를 만난 영적 경험의 깊이와 밑바닥까지 꿰뚫는 빈틈없는 신학 지식이 만들어 낸 교향악이었습니다. 특히 그 설교의 웅장함이 설교의 기술이나 표현의 문제 심지어는 성경에 대한 정확한 해석의 문제만이 아니라 오히려 성경 본문을 대하는 설교자의 신학 사상에서 나온 것임을 깨달은 것이 가장 중요한 발견이었습니다.

한때 마틴 로이드존스(D. Martyn Lloyd-Jones, 1899-1981)의 설교집을 열심히 읽었는데, 그때도 역시 같은 느낌을 받았습니다. 그리고 아주 오래전에 읽었던 네덜란드의 신학자 클라스 스킬더(Klaas Schilder, 1890-1952)와 베네 홀베르다(Benne Holwerda, 1909-1952)의 구속사 설교가 주었던 감동의 정체도 설교 내용의 신학적 웅장함에 있었음을 알게 되었습니다.

『고난받는 그리스도』(Christ in His Suffering)[310]라는 제목이 붙은 스킬더의 설교집을 읽었을 때의 감동이 지금도 생생하게 기억납니다. 당시에는 그 감동의 원인이 무엇인지 몰랐습니다. 그러나 그의 구속사적 설교는 탁월했고 아름답기까지 하였습니다.

물론 저는 소위 구속사적 설교 학파의 주장, 모든 본문이 그리스도를 가리키고 있으므로 성경을 구속사 중심으로만 해석해야 한다는 주장에 대해서는 지금도 신학적으로 동의하지 않습니다.

클라스 스킬더. 네덜란드의 개혁주의 신학자로 구속사적 설교 방법론의 입장을 지지했다.

소위 '구속사적 설교'라는 용어는 1940년 홀베르다가 자신들의 설교 방법론을 전통적 설교 방법론과 구별하기 위하여 붙인 명칭입니다. 역사적으로 1930년대와 40년대 네덜란드 개혁교회에서 '구속사적 설교 방법론'과 '모범적 설교 방법론'을 두고 치열한 논쟁이 있었던 것도 바로 이러한 쟁점들을 둘러싼 것입니다. 바빙크(Johan Herman Bavinck, 1895-1964), 데이크(Klaas Dijk, 1885-1968), 다우마(Jochem Douma, 1931-), 하위셀(Philip Jacob Huyser, 1902-1978), 스헬하스(Jan Schelhaas, 1899-

---

[310] K. Schilder, *Christ in His Suffering*, trans. Henry Zylstra (Grand Rapids: Wm. B. Eerdmans Publishing Company, 1938).

1974), 스트레이프케르크(N. Streefkerk, 1901-1982) 등과 같은 신학자들은 오직 구속사적 설교 방법론만을 사용하고 다른 방법을 거절하고 설교하려고 할 때에 나타날 수 있는 많은 문제점들을 지적하였습니다.311)

그들은 구속사적 설교만을 고집할 경우 자칫하면 객관적인 설교, 단순한 설명, 구속의 역사적 사실에 대한 단순한 지적 전달, 실천적 적용이 결핍된 사실의 나열과 논리의 제시에 그칠 수 있다고 비판하면서 전통적으로 이루어져 온 설교 방법론을 지지하였습니다. 그들은 구속사적 설교 방법론 그 자체를 반대한 것이 아니라 모범적 요소를 배제하는 배타적인 구속사적 방법의 배타성을 반대하였는데, 이는 전통적인 방식인 모범적 설교 방식을 따르더라도 얼마든지 구속사적 설교 방식을 결합할 수 있다고 보았기 때문입니다.312)

성경 해석학과 설교학에 있어서 구속사적 접근은 제1차, 제2차 세계 대전 사이 네덜란드의 개혁주의 내에 침투한 슐라이어마허(Friedrich Ernst Daniel Schleiermacher, 1768-1834)의 사상에 기초한 주관주의와 바르트(Karl Barth, 1886-1968)의 변증신학에 대한 비판에서 탄생하였습니다.

이 새로운 사조들이 기독교 신앙을 주관적이고 인간 자아 중심적으로 만들 수 있다고 판단하여 '오직 성경으로' (*sola scriptura*)가 강

▍ 슐라이어마허(左)와 칼 바르트(右). 슐라이어마허가 주관적이고 인간 중심적인 자유주의 신학의 토대를 마련했다고 평가된다면, 칼 바르트는 변증을 강조하다 성경의 역사성을 부인했다는 비판을 받고 있다.

---

311) Sidney Greidanus, *Sola Scriptura: Problems and Principles in Preaching Historical Texts* (Eugene: Wipf & Stock Publishers, 2001), 42.
312) Sidney Greidanus, *Sola Scriptura: Problems and Principles in Preaching Historical Texts* (Eugene: Wipf & Stock Publishers, 2001), 42-45.

조되었는데, 이는 성경의 역사적 본문에 대한 설교와 관련하여 구속사(救贖史)에 대한 강조로 이어졌습니다.[313] 구속사적 접근을 강조한 신학자들은 구속사적 설교가 성경에 기록된 하나님의 삼위일체적 자기 계시를 잘 전달하고, 살아 계신 하나님을 제대로 전파하는 것이라고 보았습니다(엡 1:3-14).

스킬더는 바르트의 변증신학을 효과적으로 공격한 첫 번째 신학자들 중 한 사람이었으며, 1931년에 "설교와 관련한 구속사의 통일성에 관하여"(Concerning the Unity of 'Redemptive History' in Connection with Preaching)라는 논문을 발표하였습니다.[314]

1934년 당시 칼 바르트의 신학이 네덜란드 교회 안에서 그 정체를 다 드러내지 않고 영향력을 확대해 가고 있을 때, 바르트의 신학과 개혁신학 사이에 있는 '역사의 본질과 가치에 대한 전혀 다른 개념'을 간파하고 이러한 사실을 개혁교회에 알려 주었다는 점에 있어서는 스킬더의 공로가 크다고 할 수 있습니다. 그의 이러한 구속사적 설교 방법론은 홀베르다, 스피어(Hendrik J. Spier, 1937-1992), 판 데이크(Douwe van Dijk, 1887-1985), 판 헤트 비어(Marinus Burcht van 't Veer, 1904-1944), 베인호프(Cornelis Veenhof, 1902-1983) 등에 의하여 지지를 받았습니다.[315]

저는 구속사적 성경 해석 방법에 상당 부분 동의하지만 그러한 주장을 극단화하는 것은 성경의 다양한 계시를 보지 못하게 하는 것이라고 생각합니다. 저의 판단으로는 오히려 이러한 구속사적 설교 방법론자들의 배타적 이론들을 비판했던 소위 '상위 종합 이론'(higher synthesis theory), 즉 구속사에 대한 고려와 모범적 성격의 고려 사이에 조화를 꾀하는 방식이 더욱 개혁신학과 교회의 유익에 부합하는 것으로 보였습니다.

그럼에도 불구하고 제가 네덜란드의 신학자 스킬더의 설교를 읽으며 감동을 받

---

[313] Sidney Greidanus, *Sola Scriptura: Problems and Principles in Preaching Historical Texts* (Eugene: Wipf & Stock Publishers, 2001), 39.
[314] Sidney Greidanus, *Sola Scriptura: Problems and Principles in Preaching Historical Texts* (Eugene: Wipf & Stock Publishers, 2001), 39.
[315] Sidney Greidanus, *Sola Scriptura: Problems and Principles in Preaching Historical Texts* (Eugene: Wipf & Stock Publishers, 2001), 40.

은 것은 그의 설교가 가진 신학적 요소들의 재발견 때문이었습니다. 그의 설교가 저에게 그토록 웅장하게 느껴질 수 있었던 것은 성경을 바라보는 그의 기독론적 신학 때문이었습니다.

아무튼 그것을 깨닫고 난 후로부터, 저는 설교하고 글을 쓰는 시간을 줄이고 더 많은 시간을 독서와 연구에 사용하려고 애써 왔습니다. 그리고 그동안 산발적으로 읽어 왔던 독서 습관을 정리하고 시대와 인물 중심으로 꾸준히 공부하기로 하였습니다.

III. 역사적 맥락에서 개혁신학을 공부함

제가 특별히 개혁신학을 공부하고자 하는 사람들에게 전하고 싶은 권면은 영적 독단에 빠지지 않도록 역사적 맥락에서 개혁신학의 뿌리를 이해하면서 공부하라는 것입니다.

신학공부에 있어서 신앙고백은 매우 중요합니다. 그리고 자신이 고백한 교파의 신앙을 따라 그 신학에 충실한 것은 아주 바람직한 일입니다. 누구도 자신만의 신앙고백 없이는 신학함이 불가능합니다.

그러나 자신의 교파의 신학을 공부할 때는 그것을 단지 교조적으로 공부해서는 안 됩니다. 어떻게 자신의 교파 신학이 태어났으며 그 앞뒤의 역사적 문맥은 무엇인지를 학문적으로 헤아려야 하는 것입니다.

그렇게 함으로써 우리는 자신만의 확고한 신학적 입장을 가질 수 있고, 신앙의 비근본 조항들(unfundamental articles)에 있어서 서로 다른 입장을 가진 교파들의 신학도 이해할 수 있게 됩니다. 그리고 이를 통하여 자신의 신학도 점점 더 풍성하게 됩니다.

A. 역사적 문맥과 칼빈

저는 신학교 다니던 시절에 개혁주의 신학을 배웠습니다. 신학교 때는 그것이 가장 좋은 것이라는 것을 부분적으로는 주입식 교육에 의해, 또 부분적으로는 저 자신의 독서와 신앙을 통해 알고 있었습니다. 그러나 실제로 개혁주의 유산들을 접해 보지는 못했습니다. 대부분 교수님들을 통해 "개혁주의는 이런 것이다."라는 설명을 듣고 알았을 뿐입니다.

당시 저는 틈나는 대로 칼빈의 설교와 신학적인 글들을 읽었습니다. 그중에서 칼빈(John Calvin, 1509-1564)의 『기독교강요』(Institutio Christianae Religionis)는 그때 우리 신학생들에게 있어서 개혁주의의 바이블로 여겨지던 책이었습니다. 당시 대부분의 사람들에게 칼빈은 오직 『기독교강요』를 통해서만 말하는 것처럼 이해되고 있었습니다. 그런데 그 책조차도 모두 읽은 신학생들이 별로 많지 않았다는 것은 참 아이러니한 사실이 아닐 수 없습니다.

한번은 어느 교수님이 우리에게 이런 농담을 하셨습니다. "우리 학교에서는 '성경에 말씀하기를'이라고 하는 말에 토를 달면 문제가 안 되지만 '칼빈이 말하기를'에 토를 달면 문제가 된다." 이런 농담이 나올 정도로 칼빈의 신학이 중시되던 것입니다.

이러한 상황은 중세 시대 신학은 종교개혁이 반대한 신학이기 때문에 공부할 필요가 없고, 종교개혁 이후 루터파의 경우 멜란히톤, 칼빈파의 경우 테오도르 베자 이후의 신학은 순수했던 종교개혁 신학에 이성주의를 도입하였기 때문에 변질된 신학이 되어 공부할 필요가 없고, 루터 자신은 신앙론에 있어서 너무 주관주의로 흘러 칼빈과 다른 길을 간 사람이므로 공부할 필요가 없고, 츠빙글리는 칼빈이 좋아하지 않았던 인물이므로 공부할 필요가 없다는 인상을 신학생들에게 주었습니다. 그리고 불링거와 휘페리우스, 무스쿨루스 같은 사람들은 잘 알려진 사람들이 아니기에 공부할 기회가 없었습니다.

하지만 당시 저는 그들의 신학에 무관심한 것이 개혁주의에 대한 바른 태도라고 믿었습니다.

그러다 후일, 저는 이것이 소위 종교개혁과 개혁파 정통주의자들 간의 관계에 대한 슐라이어마허의 테제였으며, 그 테제에 입각하여 진술된 내용들 중 많은 부분이 사실에 있어서나 해석에 있어서 동의하기 어려운 내용들이라는 사실을 알게 되었습니다.

루터와 칼빈과 같은 종교개혁 1, 2세대의 개혁신학은 그 뒤를 이은 개혁파 정통주의자들에 의하여 상세화의 과정을 거치면서 더 풍성한 신학적 유산이 되었습니다. 개혁파 정통주의자들의 이러한 역사적 역할에 대하여, 리처드 멀러(Richard A. Muller, 1948-)는 자신의 기념비적인 작품인 『종교개혁 이후 개혁교의학』(Post-Reformation Reformed Dogmatics)에서 다음과 같이 말합니다.

> 종교개혁자들이 넓은 붓으로 그림의 윤곽을 그렸다면, 정통주의적이고 스콜라주의적인 그들의 계승자들은 그 그림의 세부적인 요소들을 채우려고 애썼다. 종교개혁자들은 그들 자신과 자신들의 신학을 중세 사상에서 문제가 되는 요소들로부터 거리를 두고자 함과 동시에 가장 폭넓은 의미에서 보편적으로 남아 있으려 하였다. 이에 반해 개신교 정통주의자들은 제도화된 개신교의 규범적이고 보편적인 특성을 조직적으로 수립하고자 하였는데, 때로는 교부신학과 중세신학 속에서 종교개혁의 가르침들과 갈등을 일으키지 않는 요소들을 명백하게 사용함으로써 그리하였다.[316]

우리는 이러한 유산들의 맥락 안에서 칼빈의 신학을 읽어야 합니다. 만약 우리가 이러한 사실을 고려하지 않은 채 (제가 신학교에서 받은 인상대로) 종교개혁자

---

[316] Richard A. Muller, *Post-Reformation Reformed Dogmatics: The Rise and Development of Reformed Orthodoxy, ca. 1520 to ca. 1725*, vol. 1 (Grand Rapids: Baker Academic, 2003), 37.

들과 개혁파 정통주의자들 사이의 극단적 단절성을 지지하는 판단을 따른다면 존 칼빈이라는 신학자 한 사람만 남는데, 현실적으로 그의 주석은 너무 길고 논문과 편지는 아직 번역된 것이 별로 없기 때문에 우리에게는 그의 『기독교강요』 한 권만 남는 셈이 됩니다.

칼빈의 『기독교강요』만이 개혁주의의 유일한 기준인 것처럼 생각하는 것은 결코 옳지 않습니다. 이것은 제가 칼빈의 그 훌륭한 작품을 하찮게 평가하기 때문에 드리는 말씀이 아닙니다. 제가 목회하는 교회만큼 그 책이 사랑받는 교회도 많지 않을 것입니다. 저는 칼빈의 『기독교강요』가 아주 뛰어난 책이라고 생각합니다.

당시 로마 가톨릭의 신학은 철학의 철갑으로 휘감겨 있었습니다. 그리고 기독교의 가르침들이 실천의 능력을 잃어 가고 있었습니다. 마치 골리앗과 맞서 싸우러 나가는 다윗에게 철로 만든 갑옷을 씌워 놓아서 칼 한 자루 집어 휘두를 수 없게 만들었던 것처럼

▌칼빈의 『기독교강요』 1536년도 판. 1536년 스위스 바젤에서 6장으로 구성된 『기독교강요』 라틴어 초판이 출간되었을 때 칼빈의 나이 만 26세였다. 그 후 수차례 증보판이 출간되었고, 1559년 총 4권 80장의 구성으로 최종본이 나왔다.

말입니다(삼상 17:38-39). 이러한 때에 출간된 『기독교강요』는 다윗에게 들려진 물맷돌과 같이 순수하고 꾸밈이 없는 경건을 가르치기에 아주 탁월한 책이었습니다. 그 후로 450여 년이라는 긴 세월이 흘렀는데도 그 책의 가치는 여전히 빛나고 있습니다.

저는 개척교회를 시작하자마자 교인들에게 교리를 가르치는 일에 열심을 내었습니다. 그리고 교인들의 입교에 관하여 세운 원칙이 있습니다. 그것은 회심의 확실한 증거가 없는 성인에게, 비록 회심의 증거가 분명하다 할지라도 기독교 신앙에 대한 분명한 지식이 없는 경우에 결코 세례를 주지 않는다는 것이었습니다. 그리고 그 원칙은 이제껏 어느 정도 지켜져 왔다고 생각합니다.

제가 시무하는 열린교회에서는 교인으로 등록한 지 약 1년 정도가 지나면 초급 교리학교에 입학할 수 있게 됩니다. 교리학교는 약 15주 가량 진행되는데, 제가 직접 기독교 교리를 조직신학의 체계를 따라 가르치고 있습니다.

▎루이스 벌코프. 미국의 칼빈주의 신학자. 네덜란드에서 태어났으나 8세 때 미국으로 이민하였다. 칼빈신학교에서 30년간 조직신학을 가르쳤다.

현재 사용하고 있는 주 교재는 개혁신학자인 루이스 벌코프(Louis Berkhof, 1873-1957)의 『기독교 신학 개론』(Manual of Christian Doctrine)과 『기독교 교리 요약』(A Summary of Christian Doctrine)입니다. 그리고 모든 수강생에게 그의 가장 상세한 교리서인 『조직신학』(Systematic Theology) 전체를 이해하고 통독하도록 권합니다.317)

저는 이 내용을 압축하여 강의하고, 입학한 교인들은 매주 과제를 제출하고 시험을 보아야 하며 중간고사와 기말고사를 거쳐 일정한 점수를 획득함으로써 수료하게 됩니다. 교회는 교인이 이 교리반을 이수할 때까지 구역장과 순장은 물론 주일학교 교사와 개인양육 교사 등 일체의 가르치는 직분을 주지 않습니다. 그리고 서리집사가 되는 사람들도 모두 반드시 이 교육을 수료하여야 합니다.

이 초급 교리학교를 수료하고 나면 상급 교리학교를 이수할 자격이 주어집니다. 주 교재는 칼빈의 『기독교강요』로, 라틴어 최종판에서 한글로 직접 번역한 여섯

---

317) Louis Berkhof, *Manual of Christian Doctrine* (Grand Rapids: Wm. B. Eerdmans Publishing Company, 2007); 루이스 벌콥, 『기독교 신학 개론』, 신복윤 역 (서울: 성광문화사, 2006); 루이스 벌코프, 『벌코프 조직신학 개론』, 박희석 역 (서울: 크리스챤다이제스트, 2001); Louis Berkhof, *A Summary of Christian Doctrine* (Edinburgh: The Banner of Truth Trust, 2009); 루이스 벌코프, 『기독교 교리 요약』, 박수준 역 (서울: 도서출판 소망사, 2005); Louis Berkhof, *Systematic Theology* (Grand Rapids: Wm. B. Eerdmans Publishing, 1996); 루이스 벌코프, 『벌코프 조직신학』, 권수경, 이상원 역 (서울: 크리스챤다이제스트, 2005).

권짜리 책을 사용하고 있습니다. 이 과정에서는 『기독교강요』 여섯 권의 내용을 철저히 읽고 중요한 내용들을 암기합니다. 수강생들은 매주 일정한 양을 읽고 와서 강의를 듣고, 중간고사와 기말고사를 거쳐 일정 점수 이상을 획득함으로써 수료하게 됩니다. 그리고 당회는 교회의 일꾼들을 뽑음에 있어서 이렇게 교리 공부를 한 사람들 중에서 안수집사, 권사, 장로 등 항존직 투표에 입후보할 사람들을 선정하게 됩니다.

제가 목회하는 교회의 교육적 상황을 이렇게 상세히 말씀드리는 것은 『기독교강요』가 개혁주의 신앙에 있어서 매우 중요한 책이라는 사실을 저 역시 목회적 실천 속에서 인정하고 있음을 보여 드리기 위함입니다. 성도들은 『기독교강요』를 충분히 이해하고 철저히 공부하여 자신의 신앙생활에 적용하는 것으로써 큰 유익을 누리게 될 것이기에, 목회자는 오늘날과 같이 신앙에 있어서 절대적이고 성경적인 규범이 무엇인지를 잘 모르는 시대에 더더욱 『기독교강요』와 같은 교리서들을 철저히 가르쳐야 합니다.

B. 『기독교강요』를 넘어서

그러나 우리의 신학은 『기독교강요』를 넘어서야 합니다. 단지 『기독교강요』를 읽고 소화한 것으로 신학공부를 거의 다 한 것처럼 생각해서는 안 됩니다. 그 이상을 공부하려고 노력하여야 합니다.

그래서 칼빈의 『기독교강요』를 그 책 하나만으로 바라보지 말고 칼빈으로 하여금 『기독교강요』를 저술하게 하였던 역사적인 배경과 그로 하여금 그런 신학적 역량을 발휘하게 하였던 학문적인 유산들과 배경을 함께 연구하면서 그 그물망 안에서 『기독교강요』를 이해할 수 있어야 하는 것입니다. 그때에 우리는 진정으로 칼빈의 개혁신학을 보다 더 잘 이해할 수 있습니다.

우리가 아는 바와 같이 칼빈은 종교개혁자이기 이전에 기독교 인문주의자였습니다. 그가 인문주의의 영향 아래 특별히 교육 받은 분야는 수사학과 법학이었습니다. 그는 14세인 1523년에 라 마르슈대학에 입학하여 코르디에(Mathurin Cordier, 1479경-1574)에게 라틴어를 배웠고 이어서 몽테귀대학에 진학하여 코로넬(Antonio Coronel, ?-?)에게서 철학 강의를 들었습니다.318)

또한 칼빈은 오를레앙대학교에서 피에르 드 레투알(Pierre de l' Étoile, 1480-1537)로부터 시민법을 비롯한 고전 법학 이론을, 부르주대학교에서는 안드레아 알치

┃ 안드레아 알치아티(左)와 자크 르페브르 데타플(右). 칼빈을 가르친 스승들로 칼빈이 신앙의 토대 위에서 기독교 인문주의를 세워 나갈 수 있게 도왔다.

아티(Andrea Alciati, 1492-1550)로부터 이탈리아에서 새로 일어난 고전 연구를 배웠습니다. 알치아티는 인문주의자로서 원전을 중심으로 하는 새로운 법학 연구를 일으킨 인물이었으며, 에라스무스(Desiderius Erasmus, 1469-1536)와 기욤 뷔데(Guillaume Budé, 1467-1540)로부터 영향을 받았습니다.319)

칼빈은 루아얄대학에서 자크 르페브르 데타플(Jacques Lefèvre d' Étaples, 1455경-1536)로부터 성경적 사유 방식과 정신에 감화를 받아 신앙적 인문주의자(religious Humanist)가 되었습니다.320)

---

318) 당시 인문주의는 고전에 대한 연구를 강조하였는데 '원천으로' (ad fontes)라는 기치 아래 고전 연구를 통해 인본주의로 돌아가고자 하였다. 인문주의 교육에서 언어 교육이 강조된 것도 이 때문이었다. François Wendel, *Calvin: Origins and Development of His Religious Thought*, trans. Philip Mairet (Grand Rapids: Baker Books, 2002), 17-18.

319) Charles G. Nauert, Jr., *Humanism and the Culture of Renaissance Europe* (Edinburgh: Cambridge University Press, 2000), 167-168.

320) Willem van 't Spijker, *Calvin: A Brief Guide to His Life and Thought*, trans. Lyle D. Bierma (Louisville: Westminster John Knox Press, 2009), 12-15.

르페브르 데타플은 '프랑스 인문주의가 낳은 위대한 인물'이었습니다. 그는 아리스토텔레스의 『형이상학』(*Metaphysica*) 전반부 여섯 권에 나타난 사상에 대한 해석서를 썼는데, 스

▌ 마실리오 피치노(左)와 조반니 피코 델라 미란돌라(右). 칼빈의 스승인 르페브르 데타플과 교류했던 르네상스 시대 인문주의 철학자들로 신플라톤주의적 성향을 지니고 있었다.

콜라주의적 주석들을 배제하고 아리스토텔레스의 중심 이론을 직접적으로 다루어서 주목을 받았습니다. 또한 그는 마실리오 피치노(Marsilio Ficino, 1433-1499)와 조반니 피코 델라 미란돌라(Giovanni Pico della Mirandola, 1463-1494) 등과 교류를 가지며 고대의 신플라톤주의와 헤르메스 문헌들(Hermetic literature)을 직접 연구하였습니다. 또한 그는 영향력 있는 성경 연구서를 저술하기도 하였습니다. 이러한 출중한 인문주의자에게 칼빈이 교육을 받게 된 것은 종교개혁을 위한 하나님의 특별한 섭리였습니다.[321]

칼빈은 그리스와 로마 문필가들의 저술에 밝았습니다. 이러한 사실은 1532년 그가 23세 때 학자로서 쓴 데뷔작이 『세네카의 관용론 주석』(*Senecae Libri de Clementia cum Commentario*)인 것을 보아서도 잘 알 수 있습니다.

또한 칼빈은 유럽에 흩어진 종교개혁자들과 지속적으로 교류하였습니다. 비록 그는 자주 여행하지 않고 제네바에 머물러 사역하는 일에 힘썼던 지도자였으나, 제네바를 방문한 사람들과 만나 종교개혁의 대의를 나누는 일에 기쁨으로 헌신하

---

321) Charles G. Nauert, Jr., *Humanism and the Culture of Renaissance Europe* (Edinburgh: Cambridge University Press, 2000), 113-114.

였습니다. 그리고 각지에 흩어진 동지들과 수없이 많은 서신들을 주고받으며 교분을 쌓았습니다.

칼빈은 매우 겸손한 사람이었습니다. 그는 어떤 신학적 문제에 대한 자신의 입장을 확정하기 전에, 여러 동료 종교개혁자들에게 의견을 구하곤 하였습니다. 이러한 사실은 그의 서신들과 논문을 모아 놓은 책『칼빈의 논문과 서신들』(John Calvin: Tracts and Letters)이 풍부하게 증거하고 있습니다.[322]

제가 말씀드리고자 하는 요지는 이것입니다. 칼빈의 신학은 폐쇄적으로 구축된 것이 결코 아닙니다. 그 역시 다양한 학문과 사조를 공부하는 가운데 자신의 신학을 구축하였고, 다른 신학자들과 교류하는 가운데 자신의 주장을 확고히 해 나갔습니다.

그러므로 개혁신학을 제대로 공부하고 싶은 사람은 개혁신학이 아닌 것들도 공부하여야 합니다. 종교개혁자들의 신학은 기본적으로 개혁신학의 가치를 굳게 붙들고 있지만, 그것은 그들만의 창작품이 아니라 초대교회와 중세, 중세 말기를 아우르는 보편교회의 신학자들을 통해 발견한 것들까지 품고 있습니다.

IV. 개혁신학의 뿌리를 공부함

목회자가 되려는 한 사람의 신학공부는 일반적으로 그가 속한 교회가 따르는 신앙고백으로부터 시작됩니다. 그러나 그것이 그가 하는 신학공부의 모든 것이 되어서는 안 됩니다. 더욱이 아는 것이라고는 그것밖에 없는 목회자가 되어서는 결코 안 됩니다. 물론 자신이 속한 교파의 신학조차 잘 모르는 사람보다는 낫겠지만 말입니다.

---

[322] John Calvin, *John Calvin: Tracts and Letters*, 7 vols., ed. Henry Beveridge(vol. 1-3), Jules Bonnet(vol. 4-7) (Edinburgh: The Banner of Truth Trust, 2009).

제가 신학을 공부하면서 깊이 깨달은 것이 있습니다. 그것은 보편신학의 중요성입니다. 개신교와 가톨릭을 막론하고 모든 기독교 신학의 역사적 뿌리가 되는 신학의 중요성입니다.

보편교회의 신학이란 속사도들과 초대교회의 교부들, 중세 신학자들의 신학을 말합니다. 개신교의 다양한 신학은 대체로 14세기 이후 종교개혁 이전의 개혁자들, 16세기 종교개혁자들, 17세기 개신교 정통주의자들의 신학을 뿌리로 삼고 있습니다.

개신교나 가톨릭이나 그 신학은 역사 속에서 꾸준히 발전해 왔습니다. 어느 한 순간 교회가 분열될 때, 갑자기 새로운 신학도 하루아침에 형성되는 것이 아닙니다. 그것은 역사적 발전 과정을 거치면서 이루어진 일입니다. 그러므로 개별적 교파의 신학공부와 함께 보편교회의 신학을 공부하여야 합니다. 다시 한 번 강조하지만 개혁신학을 제대로 이해하기 위해서는 반드시 역사적 맥락에서 그것을 탐구하여야 합니다.

제가 세 명의 위대한 개혁주의 신학의 스승들, 곧 칼빈과 오웬과 조나단 에드워즈를 공부하면서 얻은 큰 유익 중 하나는 그분들을 통하여 보편교회의 신학자들, 즉 교부들과 중세 신학자들의 신학의 중요성에 눈을 뜨게 되었다는 것입니다. 그리고 17세기 개혁파 정통주의 신학자들의 저작들을 읽으면서 그러한 확신을 더욱 굳게 할 수 있게 되었습니다.

저는 초대교회의 교부들과 중세 신학자들부터 시작하여 인문주의자들, 종교개혁자들, 개혁파 정통주의자들에 이르기까지 틈나는 대로 읽고 특히 그 저자들의 원저작들을 접하고자 노력하였습니다. 특히 저의 신앙과 신학에 커다란 영향을 주었던 네 저자, 아우구스티누스, 칼빈, 존 오웬, 조나단 에드워즈에 대해서는 거의 모든 저작을 빠짐없이 읽고자 노력하였습니다.

한 위대한 신학자에 대한 공부는 저로 하여금 그 사람의 신학 사상의 배경과 뿌리가 무엇인지에 대해 궁금증을 갖게 만들었고, 그 배경을 파악하고 나면 그것과 연관된 저자들과 학문의 분야들을 함께 살펴보지 않을 수 없었습니다. 그렇게 파고 들어가 보니, 네 명의 저자들 중 한 사람도 단순한 배경을 갖고 있는 사람은 없었습니다.

제가 약 이태 동안 플라톤과 아리스토텔레스를 공부하였던 것도 바로 이러한 이유 때문이었습니다. 제가 만약 아우구스티누스에 심취하지 않았더라면 그런 공부를 할 이유가 없었을 것입니다. 더욱이 이러한 공부가 존 칼빈의 저작들을 읽을 때 매우 큰 도움을 준다는 사실도 깨달을 수 없었을 것입니다.

한 명의 저자를 터득하고 나면 다른 저자들의 사상을 더욱 입체적으로 파악할 수 있는 눈이 열리게 된다는 것을 저는 신학공부를 통해 경험하였습니다. 이러한 원리는 종교개혁 저자들을 읽으면서 더욱 분명하게 느껴졌습니다. 왜냐하면 종교개혁자들인 루터와 칼빈의 글을 읽을 때는 그들의 사상이 독창적으로 느껴졌지만, 르네상스와 인문주의의 배경을 공부하고 나자 그들도 역시 그 시대의 아들들일 뿐이었으나 하나님의 특별한 은혜로 그 시대의 사상을 새롭게 해석하고 이용하여 성경의 진리를 입증하는 데 이바지할 수 있었음을 깨달았기 때문입니다.

제가 중세 철학에 마음이 끌린 것은 에티엔 질송(Étienne Gilson, 1884-1978)에 관한 한 논문을 읽으면서부터입니다. 이후 저는 질송의 글을 읽으며, 이전에 부분적으로 접했을 때는 흥미를 느낄 수 없었던 난삽한 철학의 이론들과 논쟁들이 기독교 신학을 세우는 데 있어 어떻게 이바지하는지에 대한 이해를 갖게 되었습니다.

이전에 제가 읽었던 중세의 인물들에 대한 책들은 사상보다는 전기에 가까운 책들이었습니다. 그들의 신학과 철학보다는 역사적 사건들을 중심으로 서술하고 있어서 흥미롭기는 하였으나, 그들이 가졌던 사상의 깊이를 엿볼 수는 없었습니다. 그래서 그들의 저작들에 대해서도 그저 케케묵은 가톨릭의 유산이라고만 생각하였습니다.

그러나 질송의 글을 읽으며, 그것들이 초대교회의 교부들과 아우구스티누스의 신학을 계승하며 찬란하게 발전해 온 기독교 지성의 금자탑들이었다는 사실을 파악하고는 가슴이 벅차 올랐습니다.

이러한 과정을 거치면서 저는 신학이 인생의 근본적 질문에 대해 해답을 주는 학문이라는 사실을 깨달았습니다. 그것은 아우구스티누스가 회심 직후에 쓴 작품들을 읽음으로써 더욱 구체화되었습니다.

그는 회심 후인 388년부터 391년 사이에 북아프리카 타가스테에서 같은 마음을 가진 신앙의 동료들과 공동생활을 하였는데, 이때 쓴 중요한 책들이 바로 플라톤의 철학과 기독교의 가르침을 연결하는 작품들이었습니다. 또한 거기서 제기된 철학적이고 신학적인 질문들을 모아서 395년에 출간한 책이 있는데, 바로 『83개의 여러 질문들』(De Diversis Quaestionibus Octoginta Tribus)이라는 작품입니다. 이것은 마치 다가올 중세 천 년 동안에 신학자들로 하여금 해결하도록 내준 간 숙제와 같은 것이었습니다.323)

이 작품은 다양한 철학적, 신학적 주제들에 관한 83개의 질문들과 그에 대한 답변들로 이루어져 있습니다. 그 답변들은 질문 42에서와 같이 불과 몇 단어로 된 경우부터 질문 69에서처럼 상당한 길이의 논문과 같은 형태에 이르기까지 분량에 있어서 다양합니다.

그중 영혼들과 관련되는 주제들로는 '의지의 자유', '영혼의 본질' 그리고 '이성의 역할' 등이 있습니다. 또한 하나님과 관련되는 주제들로는 '신적인 섭리', '악의 문제', '하나님의 초월성', '하나님과 창조된 질서와의 관계', '삼위일체' 등이 다루어지고 있습니다. 이밖에도 '구약'(질문 49, 51-53, 79), '요한복음'(질문 56, 57, 62-65), '바울 서신'(질문 66-75, 82) 등 성경의 주해적 질문들도 다루고 있는데, 이것들은 철학적이고 신학적 주제들과 연계하여 성경 해석을 시도합니다.

---

323) 이것은 역사적으로, 아우구스티누스의 『엔키리디온』(Enchiridion), 『기독교 교양론』(De Doctrina Christiana)과 함께 페트루스 롬바르두스(Petrus Lombardus)의 유명한 『명제집』(Sententiarum)의 초기 형태를 보여주는 작품이다. Mark Vessey ed., *A Companion to Augustine* (West Sussex: Wiley-Blackwell, 2012), 468; 이레나 배커스(Irena Backus)에 의하면, 『83개의 여러 질문들』(De Diversis Quaestionibus Octoginta Tribus)은 롬바르두스의 『명제집』에서는 30회 인용되고, 보나벤투라에게서는 99회나 인용된다. Irena Backus, *The Reception of the Church Fathers in the West*, vol. 1 (Leiden: E. J. Brill, 2001), 115, 307.

우리는 여기에서 어느 정도 교리적 발전 또한 볼 수 있습니다. 예를 들어서 '그리스도의 사역'(질문 25, 43, 69.9., 71.3.), '하나님의 형상'(질문 51.4., 74), '지식의 습득에 있어서 이성과 권위의 역할, 인간 자유의 영역과 신적 은혜의 필요성'(질문 24, 49, 70), '인류의 시대 구분과 한 개인의 삶의 시대 구분에 관한 개념'(질문 58.2., 61.7., 64.2., 66.3-7.) 등이 그것입니다.[324]

물론 중세 철학 속에는 진리와 오류가 함께 섞여 있습니다. 때로는 이성에 대한 지나친 신뢰가 그들을 교만하게 하여 성경으로부터 멀어지게도 하였습니다. 그러나 그들의 사유의 넓은 폭들을 공부하면서 그들의 오류조차도 저에게는 반면교사(反面教師)가 되었고 성경을 신뢰하게 하는 도구가 되었습니다.

이러한 경험은 저에게 기독교 신학의 뿌리의 중요성을 가르쳐 주었습니다. 신학을 제대로 하기 위해 그 뿌리가 되는 사상들에 대하여 공부하는 것이 얼마나 중요한지 알게 되었던 것입니다. 보편신학뿐만 아니라 근대와 현대 철학을 대하면서, 저의 개혁신학에 대한 이해가 폭넓고 정확해졌습니다. 오류를 보면서 진리의 아름다움과 소중함을 인식하고, 또 다른 진리의 빛을 보면서 이미 알고 있던 진리의 아름다움과 확실함에 새롭게 눈뜨게 되었던 것입니다.

언젠가 저는 그리스도와의 연합에 대한 칼빈의 신학적 설명을 읽으면서 여러 날을 울었습니다. 당시 목회적인 상황이 제 마음에 고통을 더하고 있었는데 그 교리에 대한 설명을 읽으면서 많은 위로를 받았습니다. 그리고 그 괴로움을 이길 힘을 공급하시는 하나님의 은혜를 경험하였습니다.

칼빈은 하나님께서 우리의 신앙과 인격을 성숙하게 하시려고 사용하시는 모든 고통과 시련을 '십자가'라고 보았습니다. 그리고 신자인 우리는 하나님의 섭리 속

---

[324] 동시에 행복, 선, 아름다움, 가변성, 악 그리고 감각적 영역과 가지적 영역 사이의 대조에 대한 그의 이해는 신플라톤주의와 연속성을 갖는다. 아우구스티누스의 이 작품의 질문 31과 질문 12에 대한 답변들이 사실상 각각 키케로와 카르타고의 폰테이우스(Fonteius)를 인용한 인용문이라는 사실도 기억할 필요가 있다(*Retractiones*, 1.26[25]). 위에서 기술한 『83개의 여러 질문들』에 관한 설명은 다음을 참고했다. Eric Plumer, "De Diversis Quaestionibus Octoginta Tribus," *Augustine through the Ages*, ed. Allan D. Fitzgerald, O. S. A. (Grand Rapids: Wm. B. Eerdmans Publishing Company, 1999), 276-277.

에서 우리에게 다가오는 그 '십자가'를 감당하는 것이 마땅하다고 말합니다.

그런 시련과 고통을 당하면서 그리스도의 죽으심과 부활이 우리 안에 실재화되기 때문이라는 것입니다. 그분의 죽으심과 죄에 대한 묵상과 하나님을 전심으로 의지하는 믿음과 기도 속에서 그리스도의 죽음이 우리 안에 스며들어 하나님을 거스르는 우리의 모든 죄된 성품을 죽음에 이르게 하며, 그렇게 우리의 불경건한 자아가 죽는 것만큼 우리 안에서 그리스도께서는 성령으로 말미암아 사신다는 것입니다.[325]

칼빈은 불경건한 자아를 죽임으로써 신자는 그리스도와의 실제적인 사랑의 연합을 누리며 승리하는 삶을 살 수 있게 된다는 사실을 강조하였습니다.[326] 이것이 바로 칼빈의 그리스도와의 연합(unio cum Christo)의 핵심인 '죄 죽임'(mortification of sin)과 '은혜 살림'(vivification of grace)의 교리의 요지입니다.

아주 오랫동안 그리고 이 글을 쓰고 있는 지금 이 순간에도, 우리의 성화와 그리스도와의 연합에 대한 칼빈의 신학적 설명은 저에게 큰 위로가 되었습니다. 그리고 존 오웬의 성화에 대한 신학적 설명과 함께, 저로 하여금 그리스도와의 실제적인 연합이 무엇인지에 대해 눈을 뜨게 만들어 주었습니다. 그리스도와의 연합의 교리에 대해 알아 가며, 저는 개혁신학이 얼마나 신비롭고 은혜로운지를 절실하게 느낄 수 있었습니다.

그리고 오직 성경과 독창적 신학의 소산이라 여겨져 왔던 칼빈의 사상의 탁월함이 사실 아우구스티누스를 비롯한 초대교회의 교부들은 물론 클레르보의 베르나르두스 같은 중세 신학자들에게 의존하고 있었다는 사실을 알게 되면서, 저는 개

---

[325] 사도 바울의 다음과 같은 경험은 그리스도와의 실제적 연합을 위한 죄 죽임과 은혜 살림의 경험을 잘 말해 준다. "우리가 사방으로 우겨쌈을 당하여도 싸이지 아니하며 답답한 일을 당하여도 낙심하지 아니하며 박해를 받아도 버린 바 되지 아니하며 거꾸러뜨림을 당하여도 망하지 아니하고 우리가 항상 예수의 죽음을 몸에 짊어짐은 예수의 생명이 또한 우리 몸에 나타나게 하려 함이라 우리 살아 있는 자가 항상 예수를 위하여 죽음에 넘겨짐은 예수의 생명이 또한 우리 죽을 육체에 나타나게 하려 함이라"(고후 4:8-11).

[326] 개혁주의 구원론에 있어서 '그리스도와의 연합'이라는 주제에 관하여는 저자의 다음 책을 참고하라. 김남준, 『구원과 하나님의 계획』(서울: 부흥과개혁사, 2009), 307-324.

혁신학을 공부하는 데 있어서 보편교회 신학들이 얼마나 중요한지 눈을 뜨게 되었습니다.[327]

베르나르두스에게서 영향을 받은 것 같은 이러한 신학의 흔적들은 그에게서 직접 물려받은 것도 있고, 또한 상당 부분은 보편신학에 속하는 내용들이라 두 사람의 저작들 속에서 공유되어 나타나기도 한 것이라고 볼 수 있습니다. 이에 대해 데이비드 바비(David M. Barbee)는 자신의 한 논문에서 다음과 같이 말합니다.

> 사실 탬부렐로(Dennis E. Tamburello)의 고찰은 칼빈과 다른 개혁파 신학자들이 발전시킨 중세 신학 혹은 영성의 영역들 중 하나를 넌지시 보여준다. 칼빈은 그리스도인 혹은 교회가 그리스도의 신부라는 개념을 갖는 베르나르두스의 영성을 폭넓게 물려받아 영적인 혼인을 계약이라는 용어로 좀 더 명확하게 정의하며, 자신의 언약 신학을 발전시키는 가운데 그 개념을 좀 더 뚜렷한 형태로 제시한다.[328]

그리스도의 교회에 대한 칼빈의 서정적인 묘사는 분명히 클레르보의 베르나르두스의 『아가서 설교』(Sermones super Cantica Canticorum)를 생각나게 합니다. 칼빈은 그리스도를 하늘로부터 주어진 신랑으로 그리고 개개인의 영혼이 접붙여진 교회를 그의 신부로 묘사하는데, 이는 하나님을 천상의 신랑으로 그리고 교회와 개개인의 영혼을 그의 신부로 묘사한 베르나르두스의 아가서 설교의 내용과 매우 유사합니다.

그러나 차이점이 분명히 있습니다. 칼빈은 하나님이 아닌 그리스도를 신랑으로 묘사하고 교회를 신부로 묘사하여 그리스도와 교회가 혼인 관계에 있음을 명시합

---

[327] Anthony N. S. Lane, *John Calvin: Student of the Church Fathers* (Edinburgh: T&T Clark, 1999), 15-66.
[328] David M. Barbee, "Covenantal Spirituality: Bernardine Themes in Calvin's Covenantal Theology," *The Westminster Theological Journal*, vol. 73, no. 1 (2013), 133.

니다. 이것은 분명히 그리스도 중심의 언약 신학적인 개념을 교회의 신적 혼인 관계에 적용한 것입니다.

그리고 그리스도와 교회에 관한 이러한 상호 연합 관계의 개념은 17세기 개혁파 정통주의자들에 의해 계승 발전되며 18세기에 조나단 에드워즈에 의하여 풍부하게 해석된 가르침으로 나타납니다.

엄격히 구별하자면, 베르나르두스와 칼빈에게 있어서 신적 혼인 관계의 연합으로 들어가는 원인에 대한 견해의 차이는 분명히 존재합니다. 베르나르두스에게 있어서 신적

클레르보의 베르나르두스. 12세기 프랑스에서 활동한 신학자. 명상을 강조한 중세 말 신비주의의 선구자였다. 클레르보에 수도원을 창설하고 수도원장을 지냈다.

혼인의 연합은 신랑이신 하나님과 교회의 상호 사랑의 결과이지만, 칼빈에게 있어서는 그리스도와 그리스도의 교회를 연합시키는 것이 바로 믿음이라는 것입니다. 그러나 베르나르두스가 강조한 사랑의 개념이 믿음을 배제하거나 또한 칼빈이 강조한 믿음의 개념이 사랑을 배제한다고는 말할 수 없습니다. 다만 그것은 강조점의 차이일 뿐이기 때문입니다.

이런 점에서 볼 때 칼빈은 어느 정도 베르나르두스를 계승하고 있는 것으로 보입니다. 그는 교회와 신적 사랑의 관계를 설명함에 있어서 분명히 베르나르두스에게서 만개한 중세의 혼인 영성의 전통을 따르고 있는 것 같습니다. 그러나 칼빈은 이것을 그대로 답습한 것이 아니라 개혁신학에 부합하도록 수정하여 언약의 중심이신 그리스도와 교회의 사랑의 관계를 창의적으로 설명하였습니다.

칼빈의 신학이 독창적인 것으로 평가되는 이유는 그의 신학 사상에 실제로 그러한 면이 있기 때문이기도 하지만 일정 부분은 그가 초대 교부들이나 중세 신학자들과는 달리 평신도들과 소통할 수 있는 언어로 신학을 기술한 데서 연유합니다.

저는 칼빈의 신학 역시 보편교회의 신학에 깊이 뿌리 내리고 있었다는 것을 알고 나서, 다시 한 번 교부들의 신학의 중요성을 확인하게 되었습니다.

제가 근대 철학자들의 사상과, 현대 분석철학을 도입했던 인물들인 고틀로프 프레게(Friedrich Ludwig Gottlob Frege, 1848-1925)와 버트런드 러셀(Bertrand Russell, 1872-1970)과 루트비히 비트겐슈타인(Ludwig Josef Johann Wittgenstein, 1889-1951) 등의 사상과 작품들을 부분적으로나마 접하면서 현대의 정신이 기독교의 정신과 어떻게 다른지에 대하여 좀 더 명료한 이해를 갖고자 노력한 것도 이와 맥을 같이 합니다.[329]

고틀로프 프레게. 수리논리학과 분석철학의 기초를 마련한 독일의 철학자이다. 명제 논리와 술어 논리를 표현하는 형식적 언어를 고안했는데, 이는 이후 러셀이나 비트겐슈타인 등에게도 영향을 끼쳤다.

그러한 공부가 기독교 사상의 대의와 가치를 확인하고 보다 명쾌한 관점을 갖는 데 도움이 된다고 보기 때문입니다.

물론 어떤 사람들은 보편신학에 대한 다양한 탐구들이 오히려 개혁신학에 대한 확신을 흐리게 할 수도 있다고 생각합니다. 그러나 저는 이러한 탐구의 과정을 통하여 한 번도 개혁신학에 대한 확신이 흔들린 적이 없었습니다. 그들의 다양한 주장과 학문의 내용들을 접하면서 매료될 때도 있었으나, 그 안에서 어찌할 수 없는 오류를 만나며 개혁신학이 성경적이라는 확신을 더욱 굳게 가지게 되었습니다. 오히려 그것들을 탐구하

---

[329] 그 외에도 현대 사상을 이해하기 위하여 염두에 두어야 할 중요한 현대 철학자들은 다음과 같다. Hans-Georg Gadamer, Jacques Lacan, Karl Popper, Theodor Ludwig Wiesengrund Adorno, Hans Jonas, Jean-Paul Sartre, Hannah Arendt, Emmanuel Lévinas, Claude Lévi-Strauss, Maurice Merleau-Ponty, Paul Ricoeur, John Rawls, Gilbert Simondon, Gilles Deleuze, Zygmunt Bauman, Michel Foucault, Jürgen Habermas, Jean Baudrillard, Jacques Derrida, Pierre Bourdieu, Alain Badiou, Jacques Rancière, Giorgio Agamben, Slavoj Žižek.

며 개혁신학이 얼마나 아름다운지를 더 잘 알게 되었던 것입니다. 뿐만 아니라 이제껏 개혁신학에 대하여 사람들이 가지고 있는 편견이 어디서 비롯되었고, 또 개혁신학을 주장하는 사람들이 왜 그렇게 개혁신학을 아름답게 진술하지 못하는지도 이해할 수 있게 되었습니다.

▌ 버트런드 러셀(左)과 루트비히 비트겐슈타인(右). 스승과 제자 사이인 두 사람은 프레게와 함께 언어를 수단으로 철학적 문제를 논리적으로 분석하는 분석철학의 창시자로 꼽힌다.

 개혁신학을 다루는 책을 읽을 때마다 그 중심적 대의에는 공감을 하지만 그 진술 방식에는 동의가 되지 않은 적이 많았습니다. 다른 사람의 생각은 안중에 없이 혼자만 계속 이야기하거나, 마치 골난 사람처럼 무뚝뚝하게 말하거나, 마치 진리가 아니라 오류에 관심이 있는 것처럼 진술하는 방식이 어디에서 비롯되었는지에 대한 의문들이 풀리기 시작하였습니다. 그러면서 신학 연구에 대하여 새롭게 깨닫게 된 사실 하나가 있었습니다. '개혁신학의 아름다움은 개혁신학이 아닌 것들을 공부함으로써 더욱 아름답게 다가온다.'

 물론 개혁신학에서 출발하여 개혁신학이 아닌 것들을 공부하면서 자유주의자가 되는 경우가 없는 것은 아닙니다. 실제로 제가 아는 형제 중 한 사람은 한국에서 신학을 공부하고 나서 미국과 유럽에서 더 수학한 후에, 성경이 하나님의 말씀이 아니라고 확신하게 되었고, 성경 영감설은 개신교의 최대 사기극이라는 결론을 내리고 나서 신학뿐만 아니라 신앙까지 버렸습니다. 그러나 그것은 모두 자신의 신학적인 입장이 신앙이 되지 않은 데서 오는 불행한 사태입니다. 그것은 그 사람의 학문의 문제라기보다는 신앙의 문제입니다.

저는 오히려 개혁신학이 아닌 다른 공부를 통해서 언제나 개혁신학의 아름다움과 가치를 느낄 수 있었습니다. 매일 기도하고 성경을 통해 은혜를 받으며 목회의 현장에서 주님을 의지하고 살아가노라면 그 과정에서 경험하는 내적인 정신은 자유주의자들의 신학이 아니라 개혁신학에 훨씬 가까웠기 때문입니다. 제가 이러한 사실을 신앙적으로 경험하면서 신학공부를 할 수 있었던 것은 전적으로 하나님의 은혜입니다.

모든 학문이 그러하듯 역사적인 맥락에 대한 이해 없이 개혁신학을 공부하는 것은 개혁신학에 대한 매우 주관주의적인 인상과 해석들을 갖게 만들어 줍니다. 역사상 기독교회는 끊임없이 세속 사상과의 갈등과 투쟁 혹은 도움을 통하여 자신들이 믿고 아는 바를 구체화하여 왔습니다. 그리고 그것은 마치 살아 있는 생명체처럼 꿈틀거리고 움직이며 발전하고 약동하여 왔습니다.

우리가 어느 시대의 신학을 공부하든지 그 시대의 기독교 정신과 대립하거나 영향을 주었던 사조들을 이해하는 것은 그 시대의 신학을 제대로 이해하고 우리 자신의 신학을 바르게 세우는 데 있어서 매우 중요한 열쇠가 됩니다. 그러므로 각 시대의 신학들을 공부할 때에는 그 신학 자체에만 몰두하는 대신 그 시대의 분위기와 사상 전체를 종합적으로 조망하면서 탐구해 나가야 합니다. 세부적으로 각 시대의 신학들을 공부하면서 염두에 두어야 할 사항들이 무엇인지에 대해서는 이 책의 후편을 통해 충분히 제시하겠습니다.

V. 신학과 삶의 고민을 녹여냄

저는 신학교를 졸업한 후에도 꾸준히 공부를 하였습니다. 신학생들을 가르치면서는 가르쳐야 했기에, 목회를 하면서는 목회 사역을 해야 했기에 오히려 더 신학을 공부하는 일을 쉴 수 없었습니다. 그러다 보니 신학교에 입학한 이래로 지금까지 약 30년이 넘는 시간 동안 꾸준히 공부해 오게 되었습니다. 모든 것이 하나님의 은혜였습니다. 그러나 지금도 스스로 돌아보면 제가 아는 것은 아무것도 아닌 것 같고, 무엇인가를 배워 지식이 깊어지면 깊어질수록 더욱더 저 자신의 지성의 왜소함이 더 크게 느껴져 좌절하게 됩니다.

A. 위대한 지성의 바다에서

이렇게 자기 비참을 경험하는 날이면, 저는 낙심의 계곡 아래서 다음과 같은 생각을 하곤 합니다. '기독교 신학의 역사 속에서 나라는 존재는 얼마나 하찮은 존재인가? 더욱이 도도히 흐르는 인류의 지성사 속에서 나라는 존재는 얼마나 아무것도 아닌 존재인가? 교회 역사 안에는 탁월한 지성과 신실한 믿음으로 진리를 탐구하였던 인물들이 그렇게 많은데, 나는 이제껏 공부하여 왔지만 이제야 겨우 학문으로서의 신학에 대해 기껏해야 그 울타리만 파악한 정도구나! 그 유장한 진리 탐구의 역사에 새로운 것을 발견하여 보태기는커녕, 남들이 이미 발견해 놓은 것을 이해하는 일에도 이토록 허덕이고 있구나! 그 위대한 지성들에 의하여 드러난 진리 가운데 내가 만난 것은 일부일 뿐인데, 그 일부분 중 내가 탐구한 것은 또 얼마나 적은가? 그리고 그 탐구한 것들 중 내가 제대로 이해한 것은 또 얼마나 적은가? 또한 그 이해한 것들 중 지금까지 내가 기억하는 것은 도대체 얼마나 될 것인가? 무엇보다 아직도 기억에 남아 있는 그 진리들 중 내가 전심으로 그것을 따라 살도록 마음을 다하여 붙들고 있는 진리는 과연 얼마나 되는가?'

그런 생각을 하고 나면 그 낙심의 계곡이 기도의 골짜기가 되도록 하나님의 은혜를 구하여야 할 필요를 절감하게 됩니다.

이러한 생각들이 밀려올라치면 마음이 처연해집니다. 저의 영혼은 하나님의 진리의 광대함 앞에 초라해지고 그것을 파악하는 저의 지성의 왜소함 때문에 다시 초라해지니, 이 둘을 겹친 비애에 저의 마음은 야위기만 합니다. 그런데 그러한 자각의 순간들이 싫지 않은 것은 언제나 그렇게 느끼고 나면 저의 야윈 마음은 가난한 심령이 되어 하나님을 의지하게 되기 때문입니다. 제가 서재에서 간절히 기도하곤 하는 것도 바로 이러한 이유 때문입니다.

가난한 신학생 시절에는 책을 살 돈이 없어서 공부를 못했습니다. 그러나 이제는 책은 살 수 있는데, 읽고 탐구할 시간이 없습니다. 하지만 이 세상에서 살아가는 동안 때마다 각기 다른 이유들을 통해서 동일한 하나님을 의지하게 하시는 것이니 이것은 불평거리가 아니라 감사할 제목입니다.

문제는 언제나 상황이나 환경이 아닙니다. 좀 더 열심히 최선을 다하여 살지 못한 우리 자신입니다. 책 살 돈이 없다면 부지런히 움직여 도서관에 갔어야 했고, 이성의 능력이 뛰어나지 않다면 덜 쉬면서 더 많이 공부해야 했고, 사역이 바빴다면 좀 덜 자고 성경을 탐구해야 했는데, 그랬다면 좀 더 쓸모 있는 사람이 되었을지도 모르겠다는 아쉬움이 제게도 있습니다.

물론 신학교 문을 들어선 이후로 이제까지 저는 게으르지 않으려고 부단히 애썼습니다. 그러나 어떤 때는 영적인 침체에 빠져서, 어떤 때는 덜 가치 있는 일에 몸과 마음을 쓰느라고, 어떤 때는 공부하는 방법을 잘 몰라서 시간들을 허비해 버렸습니다. 지금도 그 시간들을 생각하면 가슴 시리도록 후회가 됩니다. 그런다고 그 날들이 다시 돌아오지 않을 테니, 후회에 시간을 헛되이 보내는 것도 어쩌면 사치스러운 일일지 모르겠습니다.

이러한 후회와 아쉬움 속에서 제가 뼈저리게 깨달은 사실이 있습니다. 바로 '인생의 어떤 진리는 그 나이에 도달하기까지 또는 실패해 보기까지 깨달을 수 없구나!' 하는 것입니다. 신학생 시절, 좀 더 효율적인 방법으로 보다 더 열심을 내서 공부했으면 얼마나 좋았을까 하는 후회가 있기에 저는 후배들에게 이런 저런 신학공부 방법들을 이야기해 주며 이를 악물고 신학공부에 매진해 보라고 권합니다. 그러면 어떤 이는 도전을 받지만 일시적으로 그치기도 하고, 어떤 이는 저만의 푸

념처럼 들어 한 귀로 듣고 흘려 버리기도 합니다. 그런데 간혹 그러한 권면을 하는 제 마음을 알아주는 후배도 만납니다. 그런 상황을 보면서 저는 이런 생각을 합니다. '아, 이런 깨달음에도 때가 있구나! 자신이 직접 겪고 느끼지 않고서는 이 마음을 모르는구나!'

그때마다 절실히 느끼게 되는 것은 신학이라는 학문의 독특성입니다. 그것은 바로 신학은 단지 그 대상이 되시는 하나님을 탐구만 하는 것이 아니라 경건을 요구한다는 것입니다. 신학이라는 학문에 매진하게 하는 힘은 주변의 진심 어린 충고나 신학에 대한 학문적 호기심, 타고난 성향이나 학구열 같은 데서 나오는 것이 아닙니다. 그것은 경건으로부터 출발합니다.

지성은 하나님을 사랑하는 마음 안에서 가장 명정(明正)하고 활발합니다. 그러한 마음 안에서 성경은 불변의 진리로 의심 없이 믿어지고, 그 진리의 파편들이 모든 학문과 자연 세계와 인간의 내면에 흩어져 있다는 사실이 발견되어지게 됩니다. 그러나 그리스도와의 만남은 이 모든 파편들 사이에 존재하는 연관들을 보게 하고, 이로써 세계와 인간에 대한 점증하는 바른 지식 안에서 하나님의 아름다움을 보게 합니다.

그 아름다움에 대한 지각은 정동을 가져다 주고 하나님을 더욱 사랑하게 합니다. 그 사랑 안에서 인간은 자기 사랑의 욕구를 버리고, 하나님과 사람들을 사랑하게 됩니다. 이 사랑은 아무런 대가를 바라지 않는 사랑이며, 자신이 사랑한다는 사실을 기억해 주기를 바라지도 않는 사랑이니, 하나님께로부터 나와서 하나님께로 회귀하는 사랑입니다.

인간은 하나님께로부터 나와서 하나님께로 돌아가는 존재입니다. 이러한 회귀적 사랑 안에서 우리는 하나님의 선(善)을 자신의 삶의 목적으로 받아들입니다. 이것은 하나님의 의지에 대한 인간의 마음으로부터 우러나오는 사랑의 합치인데, 바로 신자의 거룩함입니다. 그리고 이 거룩함이 신학공부의 진정한 기초입니다.

B. 신학이 요청하는 진지함

신학은 무한히 크시고, 완전하시고, 거룩하신 하나님에 대해 알아 가는 학문이기에 필연적으로 진지함을 요청합니다. 우리는 신학공부를 통해 온 땅과 만물 위에 지극히 높으신 하나님의 무한하신 존재적 위대함과 그 앞에서 추루하기 이를 데 없는 티끌만도 못한 자신의 상태를 자각합니다. 그리고 하나님의 도덕적 완전하심 앞에서 자신이 더러운 죄인일 뿐임을 깨닫는데, 그것이 바로 하나님의 거룩하심을 인식하는 것입니다.

신학은 이렇게 하나님의 거룩하심을 알고 거기에 합당한 삶을 살아가기 위한 학문입니다. 우리의 신학함이 현실에 대한 진지한 고민을 동반하지 않을 수 없는 것은 바로 이 때문입니다. 우리의 신학공부는 현실적인 삶과 관련하여 다음과 같은 두 가지의 적용을 요청합니다.

첫째로, 우리가 공부하는 신학이 우리의 현실적인 삶과 괴리된 것이 아니라는 인식입니다. 저는 여러 해 전 교회에 관한 찬란한 교리들이 저의 지성 속에 활짝 열리는 경험을 하였습니다. 아마도 제가 교회를 섬기며 목회하는 일에 따르는 고통을 몰랐더라면 죽을 때까지도 그 진리의 빛은 볼 수 없었을 것입니다. 이처럼 신학은 탐구자의 지성뿐 아니라 섬김과 실천과 삶의 헌신까지 요청합니다. 다시 말해서 신학에 대한 탐구는 우리에게 지적 욕구만이 아니라 이미 가지고 있는 지식을 따라 실제로 살아가는 삶까지 요청하는 것입니다.

신학은 지식을 통해서만이 아니라 삶을 통해서도 깨달음을 제공하는 학문입니다. 그리고 이렇게 삶의 실천을 통해 습득되는 더 깊고 새로운 지식은 다시 삶의 실천으로 이어집니다. 이러한 측면에서 볼 때 신학은 학문이 아니라 신앙의 영역에 속하는 것입니다.

신학은 우리의 삶을 거룩으로 이끌기 위한 학문입니다. 아무리 학문적 열심을 내며 탐구한다 할지라도 현실적인 삶에 있어서 하나님의 의지를 따라 교회와 이웃을 섬기며 살지 않는다면, 그것은 남이 정리해 놓은 학문의 결과를 습득하는 것이지 신학을 하는 것이 아닙니다. 신학은 자신의 뼛속에 스며들고 살 속에 파고들어 자신의 삶을 움직이는 사상을 세워 가는 학문이기 때문입니다.

둘째로, 우리의 신학은 우리가 처한 현실을 끌어안는 것이어야 합니다. 신학은 불변하는 성경의 진리를 기반으로 이루어지는 학문이지만, 그 성경의 진리들은 변화하는 현실을 끌어안은 가운데 학문적으로 체계화되지 않으면 안 됩니다.

인간의 영혼과 실존의 문제는 궁극적으로 교회와 세계의 문제와 연결되어 있습니다. 즉, 개별적인 인간의 죄와 비참은 보편적인 인간의 타락과 악의 문제에 기초하고 있는 것입니다.

이 세상은 단지 저 세상의 실현을 위한 소모품이 아닙니다. 그래서 인간을 구원하신 하나님의 계획 역시 생로병사가 있는 이 세상과 영원한 기쁨과 영광이 있는 저 세상을 걸쳐 있습니다. 어떤 사람들은 신학을 이 세상을 살면서 저 세상의 영광에 대해 공부하는 학문으로 생각하는데, 그렇지 않습니다. 우리의 신학은 이 세상에 나타나는 하나님의 영광을 봄으로써 저 세상에 나타날 하나님의 영광까지 바라보는 학문입니다. 따라서 우리의 신학에는 마땅히 이 세상에서 경험하는 우리의 신앙적인 고민들도 녹아 있어야 합니다.

제가 이제껏 신학을 공부해 오면서 느끼게 된 아쉬움이 있습니다. 그것은 저 자신을 포함해서 많은 목회자나 신학자들에게 우리의 현실에 대한 처절한 고민이 없다는 것입니다. 우리에게는 우리와는 견해가 다른 신학에 대한 비판뿐 아니라, 현실에 대한 애끓는 고민이 없는 신학함 자체에 대한 비판도 필요합니다.

우리가 믿는 진리에 대한 논리적 변증도 중요하지만, 한편으로는 현실을 개혁하여 창조 목적에 부합하도록 만드는 노력도 병행되어야 합니다.

제가 개혁신학을 공부하면서 가장 아쉬웠던 점은 치열하게 현실에 대해 고민하며 그 고민을 신학적으로 녹여내려는 참여가 부족하다는 것이었습니다. 그것을 위하여 성경의 본문과 시대의 상황 사이에서 처절하도록 고뇌하는 스승들의 모본을 쉽게 만날 수 없었습니다. 오히려 저는 개혁신학이 아닌 다른 신학들을 공부하는 사람들 속에서는 그러한 처절한 고민들을 만나며 깊은 감명을 받았습니다.

최근 20년 사이에 신학계 안에서 일어나고 있는 신론의 부흥을 생각해 보십시오. 지난 수십 년 동안 사변적인 주제로 간주되었던 삼위일체론이 새로운 각광을 받고 있습니다. 이는 현대 신학자들의 사변신학에로의 스콜라주의적 회귀를 보여 주는 것이 아니라, 현대 사회와 교회 문제들에 대한 답이 결국은 삼위일체 하나님 안에 있다는 현실적인 자각의 결과입니다.

지난 세기 중반 이후 칼 바르트(Karl Barth, 1886-1968), 블라디미르 로스키(Vladimir Lossky, 1903-1958), 칼 라너(Karl Rahner, 1904-1984) 등에 의하여 시작된 삼위일체에 대한 논의가 위르겐 몰트만(Jürgen Moltmann, 1926-), 볼프하르트 판넨베르크(Wolfhart Pannenberg, 1928-2014), 로버트 젠슨(Robert W. Jenson, 1930-), 장 다니엘루(Jean Daniélou, 1905-1974), 질 에메리(Gilles Emery, 1962-), 레오나르도 보프(Leonardo Boff, 1938-), 조셉 브래큰(Joseph Bracken, 1930-), 노먼 피텐저(Norman Pittenger, 1905-1997), 마저리 스카키(Marjorie H. Suchocki, 1933-), 캐서린 라쿠냐(Catherine Mowry LaCugna, 1952-1997), 존 지지울라스(John D. Zizioulas, 1931-), 요제프 라칭거(Joseph Aloisius Ratzinger, 1927-), 다니엘 미글리오르(Daniel Migliore, 1935-), 엘리자베스 존슨(Elizabeth Johnson, 1941-), 라이몬 파니카르(Raimon Panikkar, 1918-2010), 개빈 드 코스타(Gavin D'Costa, 1958-), 루이스 에이레스(Lewis Ayres, 1966-), 미로슬라브 볼프(Miroslav Volf, 1956-) 등에 의해 계승 발전되는 상황은 이러한 사실을 말해 줍니다.[330]

그 신학자들 중에는 자유주의자들도 있고, 우리처럼 성경이 정확무오한 하나님의 말씀이라고 고백하지 않는 사람들도 있습니다. 그리고 어떤 책의 내용들은 우리의 신학으로는 도저히 동의하기 힘들기까지 합니다. 그럼에도 불구하고 그들의 글 속에는 신학과 현실 사이에서의 진지한, 때로는 절실한 고민이 느껴집니다.

그런 신학자들 중 어떤 사람들은 자신이 가진 세계관을 바탕으로 자신의 탐구를 신학이 목적하는 바를 성취하는 일에 이바지하게 하고자 합니다. 사회적 불평등과 경제적 억압, 독재, 남녀의 성차별, 정치적 폭력 등으로 고통받는 세계를 고쳐 보고자 노력하는 것입니다. 그래서 하나님의 형상을 가진 사람들이 공평하고 정의로운 삶을 살 수 있도록 대안을 제시하며 고민하기도 하고, 그리스도의 교회가 어떻게 하면 삼위일체 하나님의 사랑과 연합의 모상을 이 세상 속에 드러낼 수 있을 것인지를 논의하기도 합니다.

---

330) 최근에 이루어진 삼위일체에 관한 괄목할 만한 연구의 결과들을 이해하기 위해서는 다음의 책들을 참고하라. Karl Barth, *Church Dogmatics* (Peabody: Hendrickson Publishers, 2010); Vladimir Lossky, *The Mystical Theology of the Eastern Church* (New York: James Clarke & Co., 2005); Karl Rahner, *Trinity* (London: Continuum, 2001); Jürgen Moltmann, *The Crucified God: The Cross of Christ as the Foundation and Criticism of Christian Theology* (Minneapolis: Fortress Press, 1993); Wolfhart Pannenberg, *Systematic Theology*, vol. 1, trans. Geoffrey W. Bromiley (Grand Rapids: Wm. B. Eerdmans Publishing Company, 2004); Robert W. Jenson, *The Triune Identity: God according to the Gospel* (Eugene: Wipf & Stock Publishers, 2002); Leonardo Boff, *Trinity and Society* (Eugene: Wipf & Stock Publishers, 2005); Catherine Mowry LaCugna, *God for Us: The Trinity and Christian Life* (New York: Harpercollins, 1993); John Zizioulas, *Being as Communion: Studies in Personhood and the Church* (New York: St. Vladimir's Seminary Press, 1997); Joseph Bracken, *Christianity and Process Thought: Spirituality for a Changing World* (West Conshohocken: Templeton Press, 2006); Norman Pittenger, *Christian Church as Social Process, The Divine Triunity* (Philadelphia: Westminster Press, 1972); Marjorie H. Suchocki, *In God's Presence* (St. Louis: Chalice Press, 1996); Daniel Migliore, *Faith Seeking Understanding: An Introduction to Christian Theology* (Grand Rapids: Wm. B. Eerdmans Publishing, 2014); Daniel Migliore, *The Power of God and the Gods of Power* (Louisville: Westminster John Knox Press, 2008); Elizabeth Johnson, *Quest for the Living God: Mapping Frontiers in the Theology of God* (New York: Bloomsbury Academic, 2011); Elizabeth Johnson, *Consider Jesus: Waves of Renewal in Christology* (New York: Herder & Herder, 1992); Raimundo Panikkar, *Myth, Faith, and Hermeneutics: Cross-Cultural Studies* (Mahwah: Paulist Press, 1980); Cheriyan Menacherry, *Christ: The Mystery in History: A Critical Study on the Christology of Raymond Panikkar* (Frankfurt: Peter Lang, 1996); Gavin D'Costa, *Christianity and World Religions: Disputed Questions in the Theology of Religions* (Chichester: Wiley-Blackwell, 2009); Gavin D'Costa, *The Meeting of Religions and the Trinity* (New York: Orbis, 2000); Lewis Ayres, *Augustine and the Trinity* (Cambridge: Cambridge University Press, 2014); Martin Ohm, *Die Dreieinigkeit der Kraft: Ein Beitrag(1856)* (Whitefish: Kessinger Publishing, LLC, 2010); Peter Trawny, *Die Zeit der Dreieinigkeit: Untersuchungen zur Trinität bei Hegel und Schelling* (Würzburg: Königshausen & Neumann, 2000); Richardus de Sancto Victore, *Die Dreieinigkeit* (Freiburg: Johannes Verlag Einsiedeln, 2002); George Henry Tavard, *La Trinité* (Paris: Les Éditions du Cerf, 1991); François Bousquet, *La Trinité* (Paris: Les Éditions de l'Atelier, 2000); David Brown, *La Trinité: Mystère Futile ou Réalité Essentielle?* (Paris: Éditions Farel, 2006); Gilles Emery, *La Trinité Créatrice: Trinité et Création dans les Commentaires aux Sentences de Thomas d'Aquin et de Ses Précurseurs Albert le Grand et Bonaventure* (Paris: Librairie Philosophique J. Vrin, 1995); Jean Daniélou, *La Trinité et le Mystère de l'Existence* (Paris: Éditions Desclée de Brouwer, 1991).

그들의 신학의 내용에 동의할 수 없는 부분이 있는 것이 사실이지만, 그럼에도 불구하고 어찌하든지 신학적 탐구를 통하여 세계와 교회의 현실 문제를 녹여내려 하는 자세에 대하여는 스스로 부끄러움을 느낄 때가 많습니다. 그런 부끄러움이 들 때마다, 제 자신에게 이렇게 질문하곤 합니다. "다른 사람들은 올바르지 않은 신학을 가지고도 이렇게 현실을 고치려고 치열하게 고민하는데, 올바른 신학을 가지고 있다는 나는 과연 현실의 문제를 두고 얼마나 고민하고 있는가?"

저는 이 책을 읽는 여러분이 미래에 도래할 하나님의 나라뿐 아니라 지금 우리 시대 안에서 이루어져 가는 하나님의 나라에도 깊은 관심을 가지고 신학을 탐구하기를 바랍니다.

VI. 목회와 설교로 열매를 맺음

신학공부의 열매는 그 탐구자의 목회와 설교를 통해 나타납니다. 물론 목회의 성공은 신학공부를 잘한 순서가 아닙니다. 많은 신학 지식이 목회의 열매를 보장하지도 않습니다. 목회는 단지 신학 지식의 전달이 아니기 때문입니다. 그럼에도 불구하고 신학은 목회를 하고 설교를 하기 위해서는 반드시 배우고 익혀야 하는 학문입니다.

A. 신학공부의 유익

저는 가끔 "신학공부를 열심히 하는 것이 목회와 설교에 실제적인 도움이 됩니까?" 하는 질문을 받습니다. 심지어 신학공부에 지속적인 열심을 내며 매진하고 있지 않지만 목회와 설교, 경건의 문제에 있어서도 큰 결핍을 느끼지 않는다는 목회자를 만나기도 합니다.

그러나 저는 신학공부를 열심히 하는 것이 목회와 설교뿐만 아니라 그 자신의 경건을 위해서도 꼭 필요하다고 단언할 수 있습니다.

목회자의 지속적인 신학공부는 다음과 같은 네 가지 유익을 그의 사역에 가져옵니다.

1. 목회 사역의 풍성함

첫째로, 목회를 풍성하게 합니다. 목회자가 자신의 사역을 성경 말씀의 토대 위에 놓기 위해서는 성경에 대한 탐구와 함께 신학공부가 절대로 필요합니다. 성경은 그렇게 쉽고 간단하게 정복될 수 있는 책이 아닙니다. 또한 성경은 성경을 대하는 목회자와 해석학적 순환 관계에 있습니다. 따라서 목회자가 도달한 신학의 내용과 깊이, 그가 체험한 하나님의 속성들에 비례하여 성경의 내용들이 이해되기 마련입니다.

오늘날 목회자들의 설교 속에서 현저하게 신학적인 깊이가 느껴지지 않는 것은 바로 이러한 이유 때문입니다. 그러므로 목회자는 신학교에 다닐 때에 배운 신학의 내용에 만족하지 말고 계속해서 열심히 공부하여 목회 사역에 신학적인 깊이를 더하도록 날마다 분투하여야 합니다.

2. 신학적 판단의 정확함

둘째로, 신학적 판단을 정확하게 합니다. 목회는 진공상태에서 천상의 사람들을 상대로 이루어지는 활동이 아닙니다. 목회는 이미 천국 백성이 되었지만 아직은 여전히 이 세상 나라의 습속을 지닌 불완전한 사람들을 대상으로, 불완전한 세상에서 죄와의 갈등 속에서 이루어지는 활동입니다.

우리의 목회 사역은 끊임없는 신학적 판단을 요청합니다. 그리고 그 판단들을 기초로 목회 활동을 위한 수많은 선택들을 해야 하고 그것들은 우리가 목회하는 교회의 모습을 결정합니다.

그리스도인이 진리를 따라 산다는 것은 필연적으로 진리가 아닌 것들과의 갈등과 투쟁을 동반하며 이것은 매 순간 신학적인 판단을 요구합니다. 그리고 정확한 판단을 가능하게 하는 것은 올바른 지식과 용기입니다.

여러분은 철학자나 인문학자들이 종종 책이나 방송을 통해 동서양의 고전과 현대 철학과 과학, 의학 등의 학문 분야를 종횡무진으로 넘나들면서 인생의 지혜에 대하여 강론하는 것을 보았을 것입니다.

그러한 논의의 결과물들이 성경 진리에 부합하는가 하는 질문을 차치하고서라도 모든 인문학자가, 모든 철학자가 그렇게 인생의 의미에 대해 강론할 수 있는 것은 아닙니다. 그것은 단순히 철학과 인문학에 대한 지식뿐만 아니라 그 이상의 무엇을 필요로 하기 때문입니다. 자신이 습득한 지식에 대한 깊은 성찰과 묵상을 필요로 하고, 삶에 대한 성찰과 경험을 요구하기 때문입니다. 그렇게 체계화된 지식 속에서 모든 사람들이 따라야 할 교훈의 형태로 제시하는 재능도 필요하기 때문입니다.

목회자는 통일된 관점을 가지고 모든 교회의 활동과 성도들의 실제적인 삶의 사태들을 성경 진리를 따라 판단할 책임이 있습니다. 그 일은 누구도 대신해 줄 수 없는 그의 고유한 일이고 신학을 비롯한 학문의 탐구 없이는 이루어질 수 없는 일입니다. 목회자가 성경을 중심으로 탐구하되, 일반 학문을 통하여 세계와 인간에 대해 함께 공부하지 않으면 안 되는 이유도 바로 여기에 있습니다.

목회자는 반드시 지혜를 추구하는 사람이어야 합니다. 그리고 지혜를 추구하는 사람은 결코 지식을 소홀히 여기지 않습니다. 목회를 하면서도 지속적으로 신학과 학문을 탐구할 때, 그 목회자는 비로소 자산의 고유한 사명에 충실할 수 있습니다.

3. 현대인과 현대 사상의 바른 이해

셋째로, 현대인에 대한 이해를 깊고 바르게 합니다. 근대 이후로 인간의 관심사는 끊임없는 전이를 계속하였습니다. 중세 시대의 관심사가 신이었다면, 르네상스 이후로는 인간으로, 그것도 근대 이후에는 이성 중심으로, 그 후 낭만주의 시대 이후에는 감정 중심으로, 그 이후에는 욕망과 내면 심리로 관심사가 이동합니다. 현대인들은 이러한 복잡한 정신적 유산들을 물려받은 사람들입니다. 그리고 신자들은 이러한 현대인들 가운데 신자가 된 사람들입니다.

목회자가 전도하여야 하는 대상들은 이렇게 현대 사상을 물려받고 그런 세계관을 가지고 이 시대를 살아가는 사람들입니다. 따라서 목회자에게 현대인들을 이해하고 소통할 수 있는 능력이 있어야 하는 것은 지극히 당연합니다. 목회자가 하늘의 진리를 설교해도, 교인들은 여전히 땅에서 현대의 사상을 따라서 살아갑니다.

목회자는 어떤 의미에서 세상과 단절된 가운데 살아가는 사람이기에, 매우 열심히 공부하지 않으면 현대인의 민낯을 정확히 아는 것이 쉽지 않습니다. 그러므로 목회자는 현대의 신학은 물론 현대 철학 사상, 문화 등을 공부하여 그것이 이 시대의 그리스도인과 기독교 사상에 미치는 영향을 분명히 간파해야 합니다.

4. 설교의 신학적 깊이와 실천적 적실성

넷째로, 설교의 깊이를 더하고 적실성을 제고시켜 줍니다. 인간의 종교적 경험이 아무리 심오할지라도 계시된 말씀의 깊이를 능가할 수는 없습니다. 종교적 경험은 설교를 생기 있게 하지만, 신학은 설교에 신학 사상을 불어넣어 교인들로 하여금 기독교 사상을 갖게 만들어 줍니다.

목회자의 설교는 단지 성경 한 구절에서 윤리적 교훈을 이끌어 내는 것을 목표로 하지 않습니다. 한 편의 설교는 신자들에게 성경 전체를 볼 수 있는 신학적 안목을 열어 주는 데 기여할 수 있어야 합니다.

목회자의 지속적인 공부와 자기 반성은 설교의 신학적 깊이를 더해 주고, 현대인들에 대한 이해는 실천적 적실성을 높여 줍니다. 목회자가 열렬히 지속적으로 공부하지 않으면 안 되는 이유가 여기에 있습니다.

VII. 맺는 말

목회자는 선지자와 사도들의 후손입니다. 그들은 구약에서 하나님의 영광을 위하여 진리를 선포하다가 죽어 간 선지자들과 신약에서 땅 끝까지 이르러 그리스도의 복음을 전파하다가 순교한 사도들의 후예입니다. 그러므로 그의 존재 이유는 필연적으로 진리와 관련되어 있습니다. 목회자가 신학을 통하여 성경을 탐구하는 일에 전문적으로 헌신하지 않으면 안 되는 것도 바로 이 때문입니다.

목회자는 세상이라는 바다에서 교회라는 배에 사람들을 태우고 운항하는 사람입니다. 그는 단지 배에 대해서만 잘 아는 것으로 충분하지 않습니다. 그는 무엇보다도 자신에게 그 일을 맡기신 주인의 성품과 뜻을 잘 아는 사람이어야 합니다.

그는 거친 파도와 조류뿐만 아니라 끝없이 펼쳐진 바다에 대해서도 잘 아는 사람이어야 합니다. 하늘의 별자리들과 대양을 가로지르며 흐르는 폭풍과 파도에 대해서도 알고 있어야 합니다. 무엇보다도 그 모든 풍랑과 싸우면서도 자신이 가야 할 길을 포기하지 않는 거룩한 강인함과 연단된 꿋꿋함이 절실하게 필요합니다. 그는 특별한 사람으로 태어날 필요는 없으나, 평범한 사람처럼 성장해서는 안 되는 사람입니다.

더욱이 오늘날은 가치 판단에 있어서 절대적인 규범을 거절하는 상대주의가 보편화된 시대입니다. 이러한 때에는 목회자에게 영적 지도자로서 현대 사조에 대한 더욱 깊은 이해를 갖출 것이 요구됩니다. 그는 예전에 그리스도를 만난 간증 하나만 가지고 목회 사역을 감당하기에는 충분하지 않습니다.

목회자는 결코 가볍지 않은 인생의 무게를 인식해야 합니다. 이러한 무게감이 모든 인간들의 엄연한 현실임을 알아야 합니다. 그는 그리스도 안에서 그것을 극복하며 사는 삶의 지혜를 발견한 사람이어야 합니다. 자신의 삶 전체를 그 진리 위에 세운 사람이어야 합니다.

그는 자신이 신봉하는 노선을 따라 신학을 공부하겠지만, 자신의 신학에 자만하지 않아야 합니다. 그는 오히려 역사적 맥락에서 신학을 탐구하여야 합니다. 그리스도와 사도들과 함께 이루어진 보편교회의 신학을 토대로 개혁신학을 공부하여야 합니다. 그리고 근대 이후에 발전하여 온 인류 문명사의 맥락을 이해하면서, 현대인들의 실존적인 고민이 무엇인지를 깊이 숙고하는 가운데 인류를 향한 깊은 애정을 가지고 신학을 탐구하여야 합니다.

그러할 때, 그가 전도하고 설교하고 심방하고 교육하는 모든 목회의 행위들은 세계와 인류를 향한 그의 애정의 구체적인 표현이 될 것입니다. 또한 그의 삶은 자신을 부수는 열심으로써 치열하게 신학을 탐구할 뿐만 아니라, 그 신학으로써 자신이 처한 교회와 사회의 현실을 온 마음을 다하여 끌어안고 녹여내는 참된 신학함의 장(場)이 될 것입니다. 그러므로 목회자는 곧 신학인(神學人)이며 학문인(學問人)이어야 합니다.

제15장 불변하는 진리와 신학

I. 들어가는 말

진리는 존재와 가치의 질서를 알게 하여 인간에게 진정한 행복과 자유를 누리게 한다. 목회자는 변천하는 시대 속에서 불변하는 진리에 대해 증언하는 일을 하는 사람이다. 이 일을 제대로 해내기 위해서는 신학공부에 헌신하지 않으면 안 된다.

II. 신학적 설교에 대한 목마름

설교 내용의 웅장함은 설교자 자신의 그리스도를 만난 영적 경험의 깊이와 성경 본문을 대하는 그의 신학 사상에서 나오는 것이다.

III. 역사적 맥락에서 개혁신학을 공부함

개혁신학을 공부함에 있어서 독단에 빠지지 않으려면 역사적 맥락에서 개혁신학의 뿌리를 이해하면서 공부해야 한다.

A. 역사적 문맥과 칼빈 중세 신학, 칼빈의 종교개혁 신학, 개혁파 정통주의 신학을 제각각 극단적 단절성을 가지고 있는 것으로 판단하는 것은 올바르지 않다. 칼빈의 신학이 위대한 것은 사실이나, 그렇다고 칼빈의 『기독교강요』만이 개혁주의의 유일한 기준은 아니다. 칼빈의 신학은 폐쇄적으로 구축된 것이 아니라 다양한 사조와 학문을 공부하고 여러 신학자들과 교류하는 가운데 확립되어져 나갔다.

B. 『기독교강요』를 넘어서 개혁신학을 공부하고자 한다면 『기독교강요』를 읽고 소화함은 물론, 그 책을 넘어서서 그 책이 저술된 역사적 배경과 나아가 개혁신학은 아니지만 개혁신학에 영향을 주고 또한 개혁신학으로부터 영향을 받은 또 다른 학문들에 이르기까지 공부해야 한다.

IV. 개혁신학의 뿌리를 공부함

물론 개혁신학에서 출발하여 개혁신학이 아닌 것들을 공부하면서 자유주의자가 되는 경우가 없는 것은 아니다. 그러나 그것은 모두 자신의 신학적인 입장이 신앙이 되지 않는 데서 오는 불행한 사태이다. 오히려 개혁신학이 아닌 다른 공부를 통해서 개혁신학의 아름다움과 가치를 느낄 때도 많다. 역사적인 맥락에 대한 이해 없이 개혁신학을 공부하는 것은 개혁신학에 대한 매우 주관주의적인 인상과 해석들을 갖게 만든다. 그러므로 각 시대의 신학들을 공부할 때에는 그 신학 자체에만 몰두하는 대신 그 시대의 분위기와 사상 전체를 종합적으로 조망하면서 탐구할 필요가 있다.

V. 신학과 삶의 고민을 녹여냄

신학교에 입학한 이래로 지금까지 30년 넘게 꾸준히 공부하였으나, 지식이 쌓일수록 오히려 자신의 지성의 왜소함이 더 크게 느껴진다.

A. 위대한 지성의 바다에서 게으르지 않으려고 부단히 애썼으나, 돌아보면 그럼에도 불구하고 허비해 버린 시간들이 생각나 후회가 된다. 그래서 후배들에게 이를 악물고 공부하라고 권면하는데, 그렇다고 그 권면을 들은 사람이 모두 공부에 매진하지는 않는다. 신학에 매진하게 하는 힘은 주변의 충고나 학문적 호기심, 타고난 학구열 같은 데서 나오지 않는다. 그것은 경건으로부터 출발한다.

B. 신학이 요청하는 진지함 신학은 하나님의 거룩하심을 알고 거기에 합당한 삶을 살아가기 위한 학문이기에 우리의 신학함은 현실에 대한 진지한 고민을 동반하지 않을 수 없다. 신학은 우리의 현실적 삶과 괴리된 것이 아니며, 오히려 우리가 처한 현실을 끌어안는 것이다. 그러나 아쉽게도 우리의 신학함에는 현실에 대한 처절한 고민이 없을 때가 많다. 신학적 탐구를 통하여 세계와 교회의 현실 문제를 녹여내려는 자세가 필요하다.

VI. 목회와 설교로 열매를 맺음

신학공부의 열매는 목회와 설교로 나타난다. 목회자의 지속적인 신학공부는 구체적으로 다음과 같은 네 가지 유익을 그의 사역에 가져온다. 목회를 풍성하게 하고, 신학적 판단을 정확하게 하고, 현대인에 대한 이해를 깊고 바르게 하고, 설교의 깊이를 더하고 적실성을 제고시켜 준다.

VII. 맺는 말

목회자의 존재 이유는 필연적으로 진리와 관련되어 있다. 그는 인생의 무게를 인식하고, 그리스도 안에서 그것을 극복하며 사는 삶의 지혜를 발견하고, 자신의 삶 전체를 그 진리 위에 세운 사람이어야 한다. 그러므로 목회자는 곧 신학자이어야 한다.

부록1

참고 문헌

성경주석, 사전류

매튜 헨리. 『매튜 헨리 주석: 창세기』, 원광연 역 (서울: 크리스챤다이제스트, 2008).

철학사전편찬위원회. 『철학사전』(서울: 도서출판 중원문화, 2009).

Bauer, Walter. *A Greek-English Lexicon of the New Testament and Other Early Christian Literature*, 3rd ed., ed. Frederick W. Danker, W. F. Arndt, F. W. Gingrich (Chicago: University of Chicago Press, 2000).

Bright, John. *Jeremiah*, in *The Anchor Bible*, vol. 21 (Garden City: Doubleday & Company, Inc., 1986).

Britannica Academic, ed. "Shen Nung," "Stradivari, Antonio," in *The New Encyclopaedia Britannica: Micropaedia, Ready Reference and Index*, vol. 9, 15th ed. (Chicago: Encyclopaedia Britannica, Inc., 1977).

Bruce, F. F. *The New International Commentary on the New Testament: The Book of the Acts* (Grand Rapids: Wm. B. Eerdmans Publishing Company, 1988).

Bunge, Wiep van, et al. *Dictionary of Seventeenth and Eighteenth-Century Dutch Philosophers*, 2 vols. (Bristol: Thoemmes Press, 2003).

Cognet, L., J. M. Gres-Gayer, "Port-Royal," in *New Catholic Encyclopedia*, vol. 11 (Detroit: Thomson Gale, 2003).

Glare, P. G. W. ed. *Oxford Latin Dictionary* (Oxford: Oxford University Press, 2012).

Hollenbach, M. W. "Synderesis," in *New Catholic Encyclopedia*, vol. 13, 2nd ed. (Detroit: Thomson Gale, 2003).

Lehmann, Andrew George. "Saint-Beuve, Charles-Augustin," *The New Encyclopaedia Britannica: Micropaedia, Knowledge in Depth*, vol. 16, 15th ed. (Chicago: Encyclopaedia Britannica, Inc., 1977).

학술논문, 잡지

정현석. "토마스 아퀴나스의 인식론과 인간", 『중세 철학』 제4호 (1998), 95-150.

존 맥아더. "다시 찾아야 할 한 단어", 『크리스채너티 투데이』, 2014년 7/8월호, 26-30.

Barbee, David M. "Covenantal Spirituality: Bernardine Themes in Calvin's Covenantal Theology," *The Westminster Theological Journal*, vol. 73, no. 1 (2013), 133-155.

Edwards, Jonathan. "Six Letters of Jonathan Edwards to Joseph Bellamy," in *New England Quarterly*, vol. 1, no. 2, ed. Stanley T. Williams (Apr 1928), 226-242.

Leithart, Peter J. "Stoic Elements in Calvin's Doctrine of the Christian Life, Part I: Original Corruption, Natural Law, and the Order of the Soul," in *Westminster Theological Journal*, vol. 55, no. 1 (spring 1993), 31-54.

Leithart, Peter J. "Stoic Elements in Calvin's Doctrine of the Christian Life, Part II: Mortification," in *Westminster Theological Journal*, vol. 55, no. 2 (fall 1993), 191-208.

Leithart, Peter J. "Stoic Elements in Calvin's Doctrine of the Christian Life, Part III: Christian Moderation," in *Westminster Theological Journal*, vol. 56, no. 1 (spring 1994), 59-85.

Minkema, Kenneth Pieter. "The Edwardses: A Ministerial Family in Eighteenth-Century New England" (Ph.D. diss., The University of Connecticut, 1988).

Muller, Richard A. "Arminius and Scholastic Tradition," in *Calvin Theological Journal*, vol. 24, no. 2 (Nov 1989), 263-277.

Oliphint, K. Scott. "Using Reason By Faith," in *Westminster Theological Journal* vol. 73, no. 1 (spring 2011), 97-112.

Pierce, David C. "Jonathan Edwards and the New Sense of Glory" (Ph.D. diss., Columbia University, 1965).

Snow, S. H. ed. *The Western Stenographer*, vol. 1, no. 7 (July, 1894), 13.

Watt, Jeffrey R. "Calvin on Suicide," in *Church History: Studies in Christianity and Culture*, vol. 66, no. 3 (Sep 1997), 463-476.

국내 단행본, 번역본

강구정. 『나는 외과의사다』 (서울: 사이언스북스, 2003).

강영안. 『어떻게 참된 그리스도인이 될 것인가』 (파주: 한길사, 2012).

기시미 이치로 · 고가 후미타케. 『미움 받을 용기』, 전경아 역 (서울: 인플루엔셜, 2014).

기시미 이치로. 『버려내는 용기』, 박재현 역 (서울: 엑스오북스, 2015).

기시미 이치로. 『아들러의 심리학을 읽는 밤』, 박재현 역 (파주: 살림, 2015).

김강수. 『현대과학이 보는 우주』 (서울: 아카데미서적, 2012).

김남준. 『개념없음』 (서울: 생명의말씀사, 2011).

김남준. 『교사 리바이벌』 (서울: 생명의말씀사, 2010).

김남준. 『교회와 그리스도의 남은 고난』 (서울: 생명의말씀사, 2015).

김남준. 『구원과 하나님의 계획』 (서울: 부흥과개혁사, 2011).

김남준. 『설교자는 불꽃처럼 타올라야 한다』 (서울: 생명의말씀사, 2009).

김남준. 『성화의 맥락에서 본 갈라디아서 6장 17절의 예수의 흔적』 (안양: 열린교회출판부, 2007).

김남준. 『영원 안에서 나를 찾다』 (서울: 포이에마, 2015).

김남준. 『인간과 잘 사는 것』 (서울: 생명의말씀사, 2015).

김남준. 『자기 깨어짐』 (서울: 생명의말씀사, 2006).

김남준. 『자네, 정말 그 길을 가려나』 (서울: 생명의말씀사, 2008).

김남준. 『주기도문』 (서울: 생명의말씀사, 2014).

김남준. 『하나님의 도덕적 통치』 (서울: 생명의말씀사, 2007).

김세윤. 『구원이란 무엇인가』 (서울: 두란노, 2003).

김세윤. "바울 복음의 기원", 『예수와 바울』 (서울: 두란노, 2001).

김세윤. 『복음이란 무엇인가』 (서울: 두란노, 2003).

루이스 벌코프. 『기독교 교리 요약』, 박수준 역 (서울: 도서출판 소망사, 2005).

루이스 벌코프. 『벌코프 조직신학』, 권수경, 이상원 역 (서울: 크리스챤다이제스트, 2005).

루이스 벌코프. 『벌코프 조직신학 개론』, 박희석 역 (서울: 크리스챤다이제스트, 2001).

루이스 뺄콥. 『기독교 신학 개론』, 신복윤 역 (서울: 성광문화사, 2006).

박형룡. 『박형룡 박사 저작 전집』, 전20권 (서울: 개혁주의 신행협회, 1981-2010).

박형룡. 『성경해석의 원리』 (서울: 엠마오, 1994).

변광배. 『존재와 무: 사르트르의 자유를 향한 실존적 탐색』 (파주: 살림, 2005).

사르트르. 『존재와 무』, 정소성 역 (서울: 동서문화사, 2010).

서철원. 『인간, 하나님의 형상』 (서울: 총신대학교출판부, 2007).

손호현. 『아름다움과 악: 아우구스티누스의 미학과 신정론』, 제2권 (서울: 한들출판사, 2009).

순자. 『순자(荀子) 1』, 이운구 역 (파주: 한길사, 2006).

스피노자. 『에티카 / 정치론』 추영현 역 (서울: 동서문화사, 2008).

아놀드 델리모어. 『George Whitefield: 18세기의 위대한 복음 전도자』, 오현미 역 (서울: 복있는사람, 2015).

알렉상드르 마트롱. 『스피노자 철학에서 개인과 공동체』, 김문수, 김은주 역 (서울: 도서출판 그린비, 2008).

알프레드 랜싱. 『섀클턴의 위대한 항해』, 유혜경 역 (서울: 뜨인돌, 2012).

요나스 요나손. 『창문 넘어 도망친 100세 노인』, 임호경 역 (파주: 열린책들, 2013).

요한 피히테. 『독일 국민에게 고함』, 황문수 역 (서울: 범우사, 1998).

요한 피히테. 『프랑스혁명 성찰 / 독일 국민에게 고함』, 박희철 역 (서울: 동서문화사, 2009).

유해무. 『헤르만 바빙크: 보편성을 추구한 신학자』 (서울: 살림출판사, 2004).

이기상. 『존재와 시간: 인간은 죽음을 향한 존재』 (파주: 살림, 2008).

장자. 『莊子』, 안동림 역주 (서울: 현암사, 2002).

정성구. 『박윤선 목사의 신학과 설교 연구』 (서울: 한국칼빈주의연구원, 1991), 63.

조나단 에드워즈. 『심판 날 다시 만날, 분쟁하는 목사와 교인들』, 백금산 역 (서울: 부흥과개혁사, 2005).

존 더비셔. 『리만가설: 베른하르트 리만과 소수의 비밀』, 박병철 역 (서울: 승산, 2008).

질 들뢰즈. 『스피노자의 철학』, 박기순 역 (서울: 민음사, 2001).

토니 사전트. 『위대한 설교자 로이드존스』, 황영철 역 (서울: IVP, 1996).

토마스 아퀴나스. 『지성 단일성』, 이재경 역 (왜관: 분도출판사, 2007).

플라톤. 『플라톤의 국가(政體)』, 박종현 역주 (서울: 서광사, 2005).

Andrew Fraknoi, David Morrison, Sidney Woff. 『우주로의 여행』, 윤홍식 외 역 (서울: 청범출판사, 1998).

J. M. 스피어. 『기독교 철학개론』, 문석호 역 (고양: 크리스챤다이제스트, 2001).

S. 쾨르너. 『칸트의 비판 철학』, 강영계 역 (서울: 서광사, 1983).

W. 타타르키비츠. 『미학사』, 제1권, 손효주 역 (서울: 미술문화, 2009).

W. 타타르키비츠. 『미학사』, 제2권, 손효주 역 (서울: 미술문화, 2013).

국외 단행본, 번역본

Aitken, Jonathan. *John Newton: from disgrace to amazing grace* (Wheaton: Crossway Books, 2007).

Anselmus Cantuariensis, *Monologium; Proslogion; Cur Deus Homo, in Patrologia Latina, Curcus Completus*, vol. 158, ed. J. P. Migne (Paris: Imprimerie Catholique, 1864).

Aquinas, Thomas. *Christian Theology*, in *St. Thomas Aquinas Summa Theologiae*, vol. 1, trans. Thomas Gilby (Cambridge: Cambridge University Press, 2006).

Aquinas, Thomas. *Man Made to God's Image*, in *St. Thomas Aquinas Summa Theologiae*, vol. 13, trans. Edmund Hill (Cambridge: Cambridge University Press, 2006).

Aquinas, Thomas. *On Love and Charity: Reading from the Commentary on the Sentences of Peter Lombard*, trans. Peter A. Kwansniewski, Thomas Bolin, Joseph Bolin (Washington: The Catholic University of America Press, 2008).

Aquinas, Thomas. *Saint Thomas Aquinas: On the Unity of the Intellect Against the Averroists*, trans. Beatrice H. Zedler (Milwaukee: Marquette University Press, 1968).

Aquinas, Thomas. *Sancti Thomae Aquinatis Tractatus de Unitate Intellectus contra Averroistas*, in *Series philosophica*, vol. 12, ed. Leo William Keepler (Roma: Pontificia Università Gregoriana, 1936).

Aristotle. *The Nicomachean Ethics*, in *Loeb Classical Library*, vol. 73, trans. H. Rackham (Cambridge: Harvard University Press, 1990).

Asselt, William J. van. "Scholasticism Protestant and Catholic: Medieval Sources and Methods in Seventeenth-Century Reforemed Thought," in *Religious Identity and the Problem of Historical Foundation: Jewish and Christian Perspectives Series 8*, ed. Judith Frishman, Willemien Otten, Gerard Rouwhorst (Leiden: E. J. Brill, 2004).

Augustini, Aurelii. *Soliloquia*, in *Patrologia Latina, Curcus Completus*, vol. 32, ed. J. P. Migne (Paris: Imprimerie Catholique, 1845).

Augustinus, Aurelius. *The Happy Life(De Beata Vita)*, in *The Fathers of the Church*, vol. 5, trans. Ludwig Schopp (Washington: The Catholic University of America Press, 1948).

Avgvstinvs, Avrelivs. *Confessiones*, in *Corpvs Christianorvm Series Latina, XXVII: Avrelii Avgvstini Opera* (Tvrnholti: Typographi Brepols Editores Pontificii, 1996).

Avgvstinvs, Avrelivs. *De Civitate Dei*, in *Corpvs Christianorvm Series Latina, XLVII: Avrelii Avgvstini Opera*, Pars XIV, 1 (Tvrnholti: Typographi Brepols Editores Pontificii, 1955).

Avgvstinvs, Avrelivs. *De Civitate Dei*, in *Corpvs Christianorvm Series Latina, XLVIII: Avrelii Avgvstini Opera*, Pars XIV, 2 (Tvrnholti: Typographi Brepols Editores Pontificii, 1955).

Avgvstinvs, Avrelivs. *De Doctrina Christiana*, in *Corpvs Christianorvm Series Latina, XXXII: Avrelii Avgvstini Opera*, Pars IV, 1 (Tvrnholti: Typographi Brepols Editores Pontificii, 1996).

Avgvstinvs, Avrelivs. *De Trinitate*, in *Corpvs Christianorvm Series Latina, La: Avrelii Avgvstini Opera*, Pars XVI, 2 (Tvrnholti: Typographi Brepols Editores Pontificii, 1968).

Avgvstinvs, Avrelivs. *De Vera Religione*, in *Corpvs Christianorvm Series Latina, XXXII: Avrelii Avgvstini Opera*, Pars IV, 1 (Tvrnholti: Typographi Brepols Editores Pontificii, 1962).

Ayres, Lewis. *Augustine and the Trinity* (Cambridge: Cambridge University Press, 2014).

Backus, Irena. "Calvin. Saint, Hero, or the Worst of All Possible Christians?" in *Calvinus sacrarum literarum interpres: Papers of the International Congress on Calvin Research*, ed. Herman J. Selderhuis (Gottingen: Vandenhoeck & Ruprecht, 2008).

Backus, Irena. *The Reception of the Church Fathers in the West*, vol. 1 (Leiden: E. J. Brill, 2001).

Barth, Karl. *Church Dogmatics* (Peabody: Hendrickson Publishers, 2010).

Battenhouse, Roy W. ed. *A Companion to the Study of St. Augustine* (Grand Rapids: Baker Book House, 1979).

Bavinck, Herman. *God and Creation*, in *Reformed Dogmatics*, vol. 2, ed. John Bolt, trans. John Vriend (Grand Rapids: Baker Academic, 2004).

Baxter, Richard. T*he Practical Works of Richard Baxter*, 23 vols., ed. William Orme (London: James Duncan, 1830).

Berkhof, Louis. *A Summary of Christian Doctrine* (Edinburgh: The Banner of Truth Trust, 2009).

Berkhof, Louis. *Manual of Christian Doctrine* (Grand Rapids: Wm. B. Eerdmans Publishing Company, 2007).

Berkhof, Louis. *Systematic Theology* (Grand Rapids: Wm. B. Eerdmans Publishing Company, 1996).

Berkouwer, G. C. *Studies in Dogmatics: Man, The Image of God*, trans. Dirk W. Jellema (Grand Rapids: Wm. B. Eerdmans Publishing Company, 1972).

Billings, J. Todd. *Union with Christ: Reframing Theology and Ministry for the Church* (Grand Rapids: Baker Academic, 2011).

Boff, Leonardo. *Trinity and Society* (Eugene: Wipf & Stock Publishers, 2005).

Bonar, Horatius. *Editor's Preface, in Historical Collections of Account of Revival*, ed. John Gillies (Edinburgh: The Banner of Truth Trust, 1981).

Bousquet, François. *La Trinité* (Paris: Les Éditions de l'Atelier, 2000).

Bracken, Joseph. *Christianity and Process Thought: Spirituality for a Changing World* (West Conshohocken: Templeton Press, 2006).

Brown, David. *La Trinité: Mystère Futile ou Réalité Essentielle?* (Paris: Éditions Farel, 2006).

Brown, Harold O. J. *Heresies: Heresy and Orthodoxy in the History of the Church* (Peabody: Hendrickson Publishers, 2003).

Bunyan, John. *Grace Abounding to the Chief of Sinners*, in *The Works of John Bunyan, vol. 1: Experimental, Doctrinal and Practical*, ed. George Offor (Edinburgh: The Banner of Truth Trust, 1991).

Calvin, John. *Calvin: Institutes of the Christian Religion*, in *Library of Christian Class*, vol 20, ed. John T. McNeil (Philadelphia: The Westminster Press, 1975).

Calvin, John. *Commentary on The Book of Psalms*, in *Calvin's Commentaries*, vol. 4, trans. James Anderson (Grand Rapids: Baker Book House, 1979).

Calvin, John. *Institutes of the Christian Religion*, vol. 1, trans. Henry Beveridge (Grand Rapids: Wm. B. Eerdmans Publishing Company, 1981).

Calvin, John. *Institutes of the Christian Religion*, vol. 2, trans. Henry Beveridge (Grand Rapids: Wm. B. Eerdmans Publishing Company, 1981).

Calvin, Jean. *Institution de la Religion Chrestienne* (Paris: Librairie de Ch. Meyrueis et Compagnie, 1859).

Calvin, John. *John Calvin: Tracts and Letters*, 7 vols., ed. Henry Beveridge(vol. 1–3), Jules Bonnet(vol. 4–7) (Edinburgh: The Banner of Truth Trust, 2009).

Calvin, John. *Sermons from Job*, trans. Leroy Nixon (Grand Rapids: Baker Book House, 1980).

Calvini, Ioannis. *Ioannis Calvini Opera Quae Supersunt Omnia*, vol. 28, in *Corpus Reformatorum*, vol 56, ed. G. Baum, E. Cunitz, E. Reuss (Brunsvigae: Schwetschke, 1885).

Calvini, Ioannis. *Ioannis Calvini Opera Quae Supersunt Omnia*, vol. 30, in *Corpus Reformatorum*, vol. 58, ed. G. Baum, E. Cunitz, E. Reuss (Brunsvigae: Schwetschke, 1886).

Carr, Edward H. *What is History?* (New York: Random House, 1961).

Cassirer, Ernst. *The Philosophy of the Enlightenment*, trans. Fritz C. A. Kollen, James P. Pettergrove (Princeton: Princeton University Press, 1979).

Chesterton, G. K. *The Collected Works of G. K. Chesterton*, vol. 1, ed. David Dooley (San Francisco: Ignatius Press, 1986).

Chrysostom, John. *Treatise Concerning the Christian Priesthood*, in *A Select Library of the Nicene and Post-Nicene Fathers of the Christian Church*, vol. 9, ed. Philip Schaff, trans. W. R. W. Stephens (Grand Rapids: Wm. B. Eerdmans Publishing Company, 1983).

Cicero. *De Finibus Bonorum et Malorum(On Ends of Goods and Evils)*, in *The Loeb Classical Library*, vol. 40, trans. H. Rackham (Cambridge: Harvard University Press, 2006).

Cicero. *De Officiis(On Duties)*, in *The Loeb Classical Library*, vol. 30, trans. Walter Miller (Cambridge: Harvard University Press, 2005).

Clark, J. C. D. "The Eighteenth-Century Context," in *The Oxford Handbook of Methodist Studies*, ed. William J. Abraham, James E. Kirby (Oxford: Oxford University Press, 2011).

Crombie, I. M. *Plato on Man and Society*, in *An Examination of Plato's Doctrines*, vol. 1 (Bristol: Thoemmes Press, 2002).

Daniélou, Jean. *La Trinité et le mystère de l'existence* (Paris: Éditions Desclee de Brouwer, 1991).

D'Costa, Gavin. *The Meeting of Religions and the Trinity* (New York: Orbis, 2000).

D'Costa, Gavin. *Christianity and World Religions: Disputed Questions in the Theology of Religions* (Chichester: Wiley-Blackwell, 2009).

DeWeese, Garrett J. *Doing Philosophy as a Christian* (Downers Grove: IVP Academic, 2011).

Drobner, Hubertus R. *The Fathers of the Church: A Comprehensive Introduction*, trans. Siegfried S. Schatzmann (Peabody: Hendrickson Publishers, 2007).

Dwight, Sereno E. "Memoirs of Jonathan Edwards," in *The Works of Jonathan Edwards*, vol. 1, revised and corrected by Edward Hickman (Edinburgh: The Banner of Truth Trust, 1987).

Edwards, Jonathan. "A Farewell Sermon Preached at the First Precinct in Northampton, after the People's Public Rejection of Their Minister," *Sermons and Discourses*, 1743–1758, in *The Works of Jonathan Edwards*, vol. 25, ed. Wilson H. Kimnach (New Haven: Yale University Press, 2006).

Edwards, Jonathan. *A History of the Work of Redemption*, in *The Works of Jonathan Edwards*, vol. 9, ed. John F. Wilson (New Haven: Yale University Press, 1989).

Edwards, Jonathan. *Ethical Writings*, in *The Works of Jonathan Edwards*, vol. 8, ed. Paul Ramsey (New Haven: Yale University Press, 1987).

Edwards, Jonathan. "Jonathan Edwards to Erskine, July 5, 1750," in *Works of President Edwards*, vol. 1 (Ann Arbor: University of Michigan Library, 1851).

Edwards, Jonathan. "p: Infused Grace," "108: Excellency of Christ," *The Miscellanies* (a–z, aa–zz, 1–500), in *The Works of Jonathan Edwards*, vol. 13, ed. Thomas A. Schafer (New Haven: Yale University Press, 1994).

Edwards, Jonathan. *Religious Affections*, in *The Works of Jonathan Edwards*, vol. 2, ed. John E. Smith (New Haven: Yale University Press, 1959).

Edwards, Jonathan. "Resolutions," "To the Reverend John Erskine," "Personal Narrative," *Letters and Personal Writings*, in *The Works of Jonathan Edwards*, vol. 16, ed. George S. Claghorn (New Haven: Yale University Press, 1998).

Edwards, Jonathan. *The Life of David Brainerd*, in *The Works of Jonathan Edwards*, vol. 7, ed. Norman Pettit (New Haven: Yale University Press, 1985).

Edwards, Jonathan. "The Importance and Advantage of a Thorough Knowledge of Divine Truth," *Sermons and Discourses* 1739–1742, in *The Works of Jonathan Edwards*, vol. 22, ed. Harry S. Stout (New Haven: Yale University Press, 2003).

Edwards, Jonathan. "1157: Means of Grace," *The Miscellanies* (1153–1360), in *The Works of Jonathan Edwards*, vol. 23, ed. Douglas A. Sweeney (New Haven: Yale University Press, 2004).

Emery, Gilles. *La Trinité Créatrice: Trinité et Création dans les Commentaires aux Sentences de Thomas d'Aquin et de Ses Précurseurs Albert le Grand et Bonaventure* (Paris: Librairie Philosophique J. Vrin, 1995).

Farley, Edward. *Theologia: the Fragmentation and Unity of Theological Education* (Philadelphia: Fortress Press, 1983).

Feenstra, Peter G. *Unspeakable Comfort: A Commentary on The Canons of Dort* (Winnipeg: Premier Publishing, 2008).

Ferguson, Wallace K. *The Renaissance in Historical Thought: Five Centuries of Interpretation* (Toronto: University of Toronto Press, 2006).

Fichte, Johann Gottlieb. *Reden an die Deutsche Nation* (Langensalza: H. Beyer & sohne, 1881).

Fiering, Norman. *Jonathan Edwards's Moral Thought and Its British Context* (Eugene: Wipf & Stock Publishers, 2006).

Frost, S. E. Jr. *Basic Teachings of the Great Philosophers* (New York: Anchor Books, 1989).

Gilson, Etienne. *History of Christian Philosophy in the Middle Ages* (London: Sheed and Ward, 1989).

Gilson, Étienne. *La Philosophie au Moyen Âge II: De Saint Thomas d' Aquin à Guillaume d' Occam* (Paris: Payot & Cie, 1922).

Gomarus, Franciscus. *Desputationes Theologicae*, in *Opera Theologica Omnia* (Amstelodami: Joannis Janssonii, 1664).

Goudriaan, Aza, ed. *Jacobus Revius: A Theological Examination of Cartesian Philosophy: Early Criticisms (1647)* (Leiden: E. J. Brill, 2002).

Greidanus, Sidney. *Sola Scriptura: Problems and Principles in Preaching Historical Texts* (Eugene: Wipf & Stock Publishers, 2001).

Hadot, Pierre. *Philosophy as a Way of Life: Spiritual Exercises from Socrates to Foucault* (Oxford: Blackwell Publishing, 2009).

Hastings, Sir Max. "Foreword," in *The Second World War: A World in Flames*, ed. Alexander Stilwell (Oxford: Osprey Publishing, 2004).

Hillis, David M., David E. Sadava, H. Craig Heller, Mary V. Price. *Principles of Life* (Sunderland: W. H. Freeman & Co. Ltd., 2012).

Hoekema, Anthony A. *Created in God's Image* (Grand Rapids: Wm. B. Eerdmans Publishing Company, 1994).

Hughes, Richard T. *The Vocation of the Christian Scholar: How Christian Faith Can Sustain the Life of Mind* (Grand Rapids: Wm. B. Eerdmans Publishing Company, 2005).

Israel, Jonathan I. *Radical Enlightenment: Philosophy and the Making of Modernity 1650–1750* (Oxford: Oxford University Press, 2002).

Jenson, Robert W. *The Triune Identity: God according to the Gospel* (Eugene: Wipf & Stock Publishers, 2002).

Johnson, Elizabeth. *Consider Jesus: Waves of Renewal in Christology* (New York: Herder & Herder, 1992).

Johnson, Elizabeth. *Quest for the Living God: Mapping Frontiers in the Theology of God* (New York: Bloomsbury Academic, 2011).

Josephus, Flavius. *The Wars of the Jews*, in *The Works of Flavius Josephus* vol. 1, trans. William Whiston (Grand Rapids: Baker Books House, 1995).

Kahn, Charles H. *The Art and Thought of Heraclitus: An Edition of the Fragments with Translation and Commentary* (Cambridge: Cambridge University Press, 2004).

Kant, Immanuel. *Religion within the Limits of Reason Alone*, trans. Theodore M. Greene, Hoyt H. Hudson (New York: HarperOne, 2008).

Kenny, Anthony. *Philosophy in the Modern World*, in *A New History of Western Philosophy*, vol. 4 (New York: Oxford University Press, 2008).

Kim, Seyoon. *The Origin of Paul's Gospel* (Tubingen: J. C. B. Mohr, 1981).

Kraemer, Joel L. *Maimonides: The Life and World of One of Civilization's Greatest Minds* (New York: Doubleday, 2008).

Kristeller, Paul O. *Renaissance Thought and Its Sources* (New York: Columbia University Press, 1979).

Kuyper, Abraham. *Souvereiniteit in Eigen Kring* (Amsterdam: Kruyt, 1880).

LaCugna, Catherine Mowry. *God for Us: The Trinity and Christian Life* (New York: Harpercollins, 1993).

Lane, Anthony N. S. *John Calvin: Student of the Church Fathers* (Edinburgh: T&T Clark, 1999).

Lansing, Alfred. *Endurance: Shackleton's Incredible Voyage* (Carol Stream: Tyndale House Publishers, 1999).

Lecky, William E. H. *A History of England in the Eighteenth Century*, vol. 2 (London: Longmans, Green, 1883).

Lévinas, Emmanuel. *Dieu, la Mort et le Temps* (Paris: Grasset & Fasquelle, 1993).

Lloyd-Jones, D. M. *Authentic Christianity: Sermons on the Acts of the Apostles*, vol. 1(Acts 1-3) (Edinburgh: The Banner of Truth Trust, 1999).

Lloyd-Jones, D. M. *Preaching and Preachers* (London: Hodder & Stoughton, 1998).

Lossky, Vladimir. *The Mystical Theology of the Eastern Church* (New York: James Clarke & Co., 2005).

Luther, Martin. *Lectures on Romans Scholia Chapter 7*, in *Luther's Works: Lectures on Romans*, vol. 25, ed. Hilton C. Oswald, trans. Jacob A. O. Preus (Saint Louis: Concordia Publishing House, 1972).

Luther, Martin. "Preface to the Wittenberg Edition of Luther's German Writings, 1539," *Career of the Reformer IV*, in *Luther's Works:* vol. 34, ed. Lewis W. Spitz (Philadelphia: Muhlenberg Press, 1960).

MacArthur, John. *Slave: The Hidden Truth About Your Identity in Christ* (New York: Gale Cengage Learning, 2010).

MacIntyre, Alasdair C. *After Virtue: A Study in Moral Theory* (Notre Dame: University of Notre Dame Press, 2007).

Marsden, George M. *Jonathan Edwards: A Life* (New Haven: Yale University Press, 2003).

Mastricht, Petrus van. *Novitatum Cartesianarum Gangraea, Nobiliores Plerasque Corporis Theologici Partes Arrodens et Exedens, seu Theologia Cartesiana Detecta* (Amstelodami: Jansson, 1677).

Mastricht, Petrus van. *Theoretico-Practica Theologia, qua, per singula capita theologica, pars exegetica, dogmatica, elenchtica et practica, perpetua successione conjugantur*, Tomus Primus (Trajecti: Thomae Appels, 1699).

McGrath, Alister E. *A Life of John Calvin* (Oxford: Blackwell Publishers, 2001).

McGrath, Alister E. *Christian Theology: An Introduction*, 5th ed. (Malden: Wiley-Blackwell, 2011).

McInerny, Ralph M. *Aquinas Against the Averroists: On There Being Only One Intellect* (West Lafayette: Purdue University Press, 1993).

Menacherry, Cheriyan. *Christ: The Mystery in History: A Critical Study on the Christology of Raymond Panikkar* (Frankfurt: Peter Lang, 1996).

Migliore, Daniel. *Faith Seeking Understanding: An Introduction to Christian Theology* (Grand Rapids: Wm. B. Eerdmans Publishing, 2014).

Migliore, Daniel. *The Power of God and the Gods of Power* (Louisville: Westminster John Knox Press, 2008).

Moltmann, Jurgen. *The Crucified God: The Cross of Christ as the Foundation and Criticism of Christian Theology* (Minneapolis: Fortress Press, 1993).

Muller, Richard A. *Post-Reformation Reformed Dogmatics: The Rise and Development of Reformed Orthodoxy, ca. 1520 to ca. 1725*, 4 vols. (Grand Rapids: Baker Academic, 2003).

Muller, Richard A. "Scholasticism Protestant and Catholic: Francis Turretin on the Object and Principles of Theology," in *After Calvin: Studies in the Development of a Theological Tradition* (New York: Oxford University Press, 2003).

Murray, Andrew. *Humility* (New Kensington: Whitaker House, 1982).

Murray, Iain H. *Revival & Revivalism* (Edinburgh: The Banner of Truth Trust, 1996).

Nauert, Charles G. Jr. *Humanism and the Culture of Renaissance Europe* (Edinburgh: Cambridge University Press, 2000).

Neele, Adriaan C. *The Art of Living to God; A Study of Method and Piety in the Theoretico-Practica Theologia of Petrus van Mastricht(1630–1706)* (Pretoria: University of Pretoria, 2005).

Noll, Mark A. *The Scandal of the Evangelical Mind* (Grand Rapids: Wm. B. Eerdmans Publishing Company, 1994).

Ohm, Martin. *Die Dreieinigkeit Der Kraft: Ein Beitrag*(1856) (Whitefish: Kessinger Publishing, LLC, 2010).

Oort, Johannes van. *Jerusalem and Babylon: A Study into Augustine's City of God and the Sources of His Doctrine of the Two Cities* (Leiden: E. J. Brill, 1991).

Owen, John. *A Practical Exposition upon Psalm 130*, in *The Works of John Owen*, vol. 6, ed. William H. Goold (Edinburgh: The Banner of Truth Trust, 1991).

Owen, John. *Biblical Theology* (Grand Rapids: Soli Deo Gloria Publications, 2009).

Owen, John. *Christologia, or A Declaration of the Glorious Mystery of the Person of Christ*, in *The Works of John Owen*, vol. 1, ed. William H. Goold (Edinburgh: The Banner of Truth Trust, 1993).

Owen, John. *Display of Arminianism*, in *The Works of John Owen*, vol. 10, ed. William H. Goold (Edinburgh: The Banner of Truth Trust, 1993).

Owen, John. *The Grace and Duty of Being Spiritually Minded*, in *The Works of John Owen*, vol 7. ed. William H. Goold (Edinburgh: The Banner of Truth Trust, 1988).

Owen, John. *The Mystery of the Gospel Vindicated and Socinianism Examined*, in *The Works of John Owen*, vol. 12, ed. William H. Goold (Edinburgh: The Banner of Truth Trust, 1991).

Owen, John. *The True Nature of a Gospel Church*, in *The Works of John Owen*, vol. 16, ed. William H. Goold (Edinburgh: The Banner of Truth Trust, 1988).

Panikkar, Raimundo. *Myth, Faith, and Hermeneutics: Cross-Cultural Studies* (Mahwah: Paulist Press, 1980).

Pannenberg, Wolfhart. *Systematic Theology*, vol. 1, trans. Geoffrey W. Bromiley (Grand Rapids: Willaim B. Eerdmans Publishong Company, 2004).

Partee, Charles. *Calvin and Classical Philosophy* (Louisville: Westminster John Knox Press, 2005).

Pearcey, Nancy R. *Total Truth: Liberating Christianity from Its Cultural Captivity* (Wheaton: Crossway Books, 2008).

Pettit, Norman. *Editor's Introduction*, in *The Works of Jonathan Edwards*, vol. 7, ed. Norman Pettit (New Haven: Yale University Press, 1985).

Piper, John. *God's Passion for His Glory: Living the Vision of Jonathan Edwards with the Complete Text of The End for Which God Created the World* (Wheaton: Crossway Books, 1998).

Pittenger, Norman. *Christian Church as Social Process, The Divine Triunity* (Philadelphia: Westminster Press, 1972).

Plantinga, Alvin. *A Christian Life Partly Lived*, in *Philosophers Who Believe: The Spiritual Journeys of 11 Leading Thinkers*, ed. Kelly James Clark (Downers Grove: InterVarsity Press, 1993).

Plato, *The Republic*, in *Loeb Classical Library*, vol. 276, trans. Paul Shorey (Cambridge: Harvard University Press, 2006).

Plopper, George., David Sharp, Eric Sikorski, ed. *Lewin's Cells*, 3rd ed. (Burlington: Jones & Bartlett Learning, 2013).

Plotinus, *Plotinus: Porphyry on Plotinus, Ennead* I, in *The Loeb Classical Library*, vol. 440, trans. A. H. Armstrong (Cambridge: Harvard University Press, 1989).

Plumer, Eric. "De Diversis Quaestionibus Octoginta Tribus," *Augustine through the Ages*, ed. Allan D. Fitzgerald, O. S. A. (Grand Rapids: Wm. B. Eerdmans Publishing Company, 1999).

Pope, Robert G. *The Half-Way Covenant: Church Membership in Puritan New England* (Eugene: Wipf & Stock Publishers, 2002).

Rahner, Karl. *Trinity* (London: Continuum, 2001).

Ramm, Bernard. *The Evangelical Heritage: A Study in Historical Theology* (Grand Rapids: Baker Books, 2000).

Ramsey, Paul. "Infused Virtues in Edwardsean and Calvinistic Context," in *The Works of Jonathan Edwards*, vol. 8, ed. Paul Ramsey (New Haven: Yale University Press, 1987).

Rehnman, Sebastian. *Divine Discourse: The Theological Methodology of John Owen* (Grand Rapids: Baker Academic, 2002).

Rester, Todd M. "Introduction," in *The Best Method of Preaching*, trans. Todd M. Rester (Grand Rapids: Reformation Heritage Books, 2013).

Richardus de Sancto Victore. *Die Dreieinigkeit* (Freiburg: Johannes Verlag Einsiedeln, 2002).

Saint Augustine. *The Literal Meaning of Genesis*, in *The Works of Saint Augustine*, vol. I/13 (New York: New City Press, 2002).

Sainte-Beuve, Charles-Augustin. *Port-Royal*, 7 vols., 3rd ed. (Paris: Librairie de L. Hachette et Cie, 1867).

Sargent, Tony. *The Sacred Anointing: Preaching and the Spirit's Anointing in the Life and Thought of Martyn Lloyd-Jones* (London: Paternoster Publishing, 2007).

Schaeffer, Francis A. *The Great Evangelical Disaster*, in *The Complete Works of Francis A. Schaeffer: A Christian Worldview*, vol. 4 (Westchester: Crossway Books, 1987).

Schaff, Philip. *Ante-Nicene Christianity A.D. 100-325*, in *History of the Christian Church*, vol. 2 (Grand Rapids: Wm. B. Eerdmans Publishing Company, 1994).

Schaff, Philip. *Nicene and Post-Nicene Christianity, from Constantine the Great to Gregory the Great, A.D. 311-600*, in *History of the Christian Church*, vol. 3 (Grand Rapids: Wm. B. Eerdmans Publishing Company, 1994).

Schilder, K. *Christ in His Suffering*, trans. Henry Zylstra (Grand Rapids: Wm. B. Eerdmans Publishing Company, 1938).

Scougal, Henry. *The Life of God in the Soul of Man* (Harrisonburg: Sprinkle Publications, 1986).

Selderhuis, Herman J. *John Calvin: A Pilgrim's Life* (Downers Grove: InterVarsity Press, 2009).

Smalbrugge, Matthias. "Beauty and Grace in Augustine," in *Studia Patristica*, vol. 49 (Leuven: Peeters, 2010).

Spijker, Willem van 't. *Calvin: A Brief Guide to His Life and Thought*, trans. Lyle D. Bierma (Louisville: Westminster John Knox Press, 2009).

Stoeffler, F. Ernest. *The Rise of Evangelical Pietism* (Leiden: E. J. Brill, 1971).

Suchocki, Marjorie H. *In God's Presence* (St. Louis: Chalice Press, 1996).

Tamburello, Dennis E. *Union with Christ: John Calvin and the Mysticism of St. Bernard* (Louisville: Westminster John Knox Press, 1994).

Tavard, George Henry. *La Trinité* (Paris: Les Éditions du Cerf, 1991).

Tertulliani. *De Carne Christi*, in *Patrologia Latina*, vol. 2, ed. J. P. Migne (Paris: Imprimerie Catholique, 1844).

Trawny, Peter. *Die Zeit der Dreieinigkeit: Untersuchungen zur Trinitat bei Hegel und Schelling* (Wurzburg: Konigshausen & Neumann, 2000).

Turretin, Francis. *Institutes of Elenctic Theology*, vol. 1, trans. George Musgrave Giger (Phillipsburg: P&R Publishing, 1992).

Turrettino, Francisco. *Institutio Theologiae Elencticae*, Pars Prima (Trajecti: Jacobum, 1734).

Turrettino, Francisco. *Institutio Theologiae Elencticae*, vol. 1 (Edinburgh: John D. Lowe, 1847).

Ursinus, Zacharias. *The Summe of Christian Religion*, trans. D. Henrie Parrie (London: H. L., 1611).

Van Halsema, Thea B. *This Was John Calvin* (Grand Rapids: Baker Book House, 1981).

Van Til, Cornelius. *The Reformed Pastor and Modern Thought* (Phillipsburg: Presbyterian and Reformed Publishing co., 1980).

Verbeek, Theo. *Descartes and the Dutch: Early Reactions to Cartesian Philosophy 1637–1650* (Carbondale: Southern Illinois University Press, 1992).

Vermigli, Peter Martyr. *Philosophical Works: On the Relation of Philosophy to Theology*, in *Sixteenth Century Essays & Studies*, vol. 39, ed. & trans. Joseph C. McLelland (Kirksville: The Thomas Jefferson University Press and Sixteenth Century Journal Publishers, 1996).

Vessey, Mark, ed. *A Companion to Augustine* (West Sussex: Wiley-Blackwell, 2012).

Voetii, Gisbertii. *De Praecisitate ad Illustrationem*, in *Selectarum Disputationum Theologicarum*, Pars Tertia (Ultrajecti: apud Johannis a Waesberge, 1659).

Wallace, Ronald S. *Calvin's Doctrine of the Christian Life* (Eugene: Wipf & Stock Publishers, 1997).

Warfield, Benjamin B. *Faith and Life* (Edinburgh: The Banner of Truth Trust, 1990).

Wells, David F. *No Place for Truth: or Whatever happened to Evangelical Theology?* (Grand Rapids: Wm. B. Eerdmans Publishing Company, 1993).

Wendel, Francois. *Calvin: Origins and Development of His Religious Thought*, trans. Philip Mairet (Grand Rapids: Baker Books, 2002).

Whitefield, George. *George Whitefield's Journals* (Edinburgh: The Banner of Truth Trust, 1986).

Zizioulas, John. *Being as Communion: Studies in Personhood and the Church* (New York: St Vladimir's Seminary Press, 1997).

부록2

주제별 색인

ㄱ

가난 92, 121, 193, 207, 211, 213, 222, 295, 298, 300 308, 349-355, 386
가변적 삶과 가변적 순종 87
가톨릭의 오류 43
감각의 진리 161
개신교 교부 시대(개혁파 신학의 황금기) 44, 47
개혁신학 43, 47, 74, 117, 121, 163, 175, 178, 240, 265, 454, 463, 476, 556, 560-578, 583, 591
개혁주의 시대 117-121, 176
개혁파 정통주의 44-47, 173, 413, 427, 437, 462, 505, 569
거룩한 순환 187
거룩한 지혜 424
거룩한 탐미 133
거룩한 행복 74
견딤 309-333
겸손 80, 129, 205-206, 229, 279-284, 289, 314, 347, 547, 568
경건과 학문 45, 117, 121
경건의 비밀 399
경건주의 149, 163-166
계몽주의 48, 148, 164-165, 416, 506, 540
계몽주의 언어 457, 471, 411
고난 90-91, 194, 211, 222, 224, 231, 308-335, 340-373
공부에 몰입하는 것 194-195, 383-384
공짜 295-298, 300, 351
과학 기술 242, 410
관용 175, 333
광신론 413
교만 62, 70, 76, 129, 205, 265, 371, 496, 498, 520, 572
교회의 머리 202, 276, 435
교회의 역사 34, 35, 38, 149, 371, 447, 506
교회의 의미 429
교회의 일치 232
교회의 질서 347
구도의 길 227-232, 543
구도의 삶 224
구도자 87, 137, 227, 228
구속의 경륜 421, 447, 499
구원의 계시 35, 438
구원의 역사(구원사, 구속사) 34-35, 49, 558-559
국가 43, 194, 290, 480
그릇된 질서 484
그리스 철학 41, 146, 157, 431, 452
그리스도를 본받음 80, 90, 185, 227, 230, 232
그리스도를 아는 지식 87, 108, 111, 252
그리스도를 향한 사랑 55, 110, 210
그리스도와의 연합 89, 90-91, 167, 334, 572, 573
그리스도의 구속의 아름다움 125, 364, 430
그리스도의 남은 고난 201-203, 334
그리스도의 노예 182, 332
그리스도의 다시 머리 되심 38
그리스도의 몸(교회) 69, 93, 202, 203, 271, 275, 324, 326, 329, 330, 348, 399
그리스도의 향기 224
그리스도의 형상 80, 98, 180, 183, 185, 187, 251-255, 286, 355, 360, 387, 444
금욕주의 152, 154, 162
긍휼 128, 135, 213, 251, 317, 332, 351, 359
기도의 영 204, 205, 371, 372
기독교 신앙 43, 62, 64-65, 122, 133, 149, 151, 155, 175, 197, 247, 406, 413, 426-427, 439, 468, 471, 472, 484, 497, 524, 558, 563
기독교 철학 38, 104, 460
기독교의 힘 444, 445, 507
기독론적 전환 252
까리따스 68-69, 71, 86, 278, 296

ㄴ

낭만주의 532, 589
내적 광명 164
네크로시스 327

ㄷ

단순성의 미학 495
담대함 176, 263, 264, 266, 294, 330
덕(덕스러운 삶) 146, 241-244, 248-251, 491, 492, 497
도덕성 232, 235, 241, 263, 486, 497, 532
도덕의 근거 146, 148, 165, 530, 541, 544
도덕적 설득 103
도덕적 아름다움 488, 493, 494-495
도덕적 완전성 333, 477, 493
도덕적 책임 171, 491
도덕적 판단 492
도덕적 필연성 485
도덕주의 88, 436
도덕철학 460, 493
도애 232-233, 401
도열 232-233, 401

ㄹ

로고스 146
르네상스 43, 165, 460, 540, 570, 589
리더십 268-275, 332

ㅁ

말씀과 기도 76, 251, 497
말씀의 진실성 255

메시아 56, 182
모순적 존재 544
목사의 정체성 380, 382, 388-391
목사의 직무 381
목양 79, 80, 179, 186, 193, 225, 265, 268, 285, 316, 322, 390, 417
목자 59, 95, 308, 380, 382
목회 상황 223, 316
목회의 기술 79, 264-266, 394-395, 396
목회의 성공 173, 214, 586
목회의 소명 56, 57, 59, 70, 71, 73, 79, 86-87, 89, 90-91, 93, 109, 125, 127, 138, 178, 183, 209, 210, 214, 250, 265, 422
목회의 정신 179, 214
목회자의 진실성 293, 384
목회적 돌봄 369, 385, 507, 518
몬타누스주의 39, 152
무신론 61, 64, 68, 318, 475, 476, 540
무정념(아파테이아) 358
묵상 132, 136, 177, 185, 275, 330, 360, 371, 398, 436, 438, 454-457, 466, 573, 588
문화적 이신론 88-89
물질개악설 494
물질주의 255, 351, 523
뮈토스 146
미학 103, 117, 483, 493, 494-496, 502
믿음 44, 49, 59-66, 73, 78, 79, 106-108, 137, 146, 147, 153-154, 161, 163, 186, 249, 252, 275, 313, 321, 342, 345, 347, 350, 359, 386, 391, 407, 408, 410, 411, 414, 429, 434, 455, 468, 470, 539, 542, 544, 573, 575, 579

ㅂ

반쪽 언약 319-320
방탕 40, 62, 176

배향 227
번영 232, 255, 354, 394, 539
변증신학 558-559
변천하는 시대 522, 555
보편자 158, 481, 532
복음주의 74, 121, 122, 173, 175, 449-450, 458, 476
본성의 변화 179, 200, 344, 486-488
봉사 133, 192, 227, 262, 291, 347, 390, 392, 471
부패성 70, 424, 497
부패한 지성 70, 161, 407
부흥주의 122, 124, 175
분노 93, 295
불가지론 75
불순종 235, 314, 348
불의 292, 299, 301, 315, 318, 331
비난 94-95, 160, 280-281, 284, 291, 294, 309-317, 320, 321-323, 330, 348, 354, 360, 381

ㅅ

사랑 86, 91, 92-93, 99, 100-105, 106, 108, 110, 117, 127, 133, 137, 150, 172, 174, 175, 180, 187, 202, 204, 206, 210-214, 226, 227, 230, 233, 234, 237, 242-243, 248, 255, 266, 273, 277-289, 309, 317, 321-326, 330, 333, 340, 389, 394, 401, 439, 455, 484, 487, 489, 490, 493, 495, 496, 542, 575, 581
사랑의 속성 316-317
사변신학 160, 398, 584
사상적 토양 398, 483
사적인 사랑 72
사회개혁 122, 158
산업혁명 477-478

삶의 방식 118, 120, 266, 268, 422, 433, 483
삶의 전수 268
삶의 지혜 129, 418, 425-439, 542, 588, 591
삼위일체 69, 70, 88, 90, 133, 147, 186, 419, 501, 542, 559, 571, 584, 585
상대주의 158, 267, 527, 530, 538, 546, 590
생명 185, 203, 228, 242, 262, 263, 328, 373, 386
생명력 185, 334, 515
선교사 37, 366, 367
선지자 36, 37, 110, 252, 388, 400, 590
선한 삶 241, 477, 480-481, 491
설복적인 사랑 103, 127
성경 계시 44, 78, 106, 107, 108, 148, 454, 470
성경 읽기 135, 177, 207, 285, 454-457, 556
성경 해석 40, 177, 427, 451, 454, 458, 559, 571
성경의 교훈 118, 289, 412
성경의 진리 48, 106-107, 126-127, 130, 137, 175, 180, 187, 224, 381-382, 452-453, 456-457, 459, 470, 475, 490, 498, 505, 522-523, 570, 583, 588
성도의 연합 133, 276, 325
성령의 은혜 69, 99, 100, 116, 251, 488, 497
성육신 37, 89, 180, 225-233, 234, 251, 252, 253, 271, 420, 438, 501, 542
성찰 316, 321, 535, 588
성화 87, 89, 95, 96, 99, 103, 106, 109, 111, 116, 145, 181, 260, 303, 345, 400, 424, 444, 485, 488, 573
세상의 지혜 429, 434, 438
소명 55, 56, 57, 59, 66-67, 71, 79, 80, 87, 108, 109, 116, 138, 185, 205, 210, 224, 280, 368, 382, 514, 517, 526
소명 없는 신학 공부 58, 73-77, 215
소명 의식 59, 65, 77, 95, 111, 193, 210, 309, 351, 382

소명 의식의 가변성 87, 94
소명 체험의 유익 87-94, 109-110
소명 체험의 한계 94-99, 103, 110-111, 400
소명감 57, 73, 95, 183, 369, 393
소명의 진실성 58
소키누스주의 162
수도원 운동 154
수사학 40, 47, 566
수치심 39, 239, 291
순례자의 신학 90, 469
순수 이성 165, 473
순종 74, 87, 99, 214, 229, 262, 330, 347, 355, 357, 387, 398-400, 424, 438, 455, 487, 542
스코투스주의 157, 170-171
스콜라주의 149, 156-157, 158, 160, 236, 239, 413, 460-462, 468, 562, 584
스토아 철학 147, 243-244, 357-358, 495
시대 정신 267, 269, 300, 479, 522, 537, 538, 545, 546
시대의 아들 526, 570
시험 280, 293, 311, 314, 359
신비주의 42, 154, 155, 163, 164, 536-537
신사도 운동 123
신생의 진실성 163
신앙과 이성 145-149, 150-166, 459
신앙의 균형추 162, 164
신앙의 엄정성 118, 119
신앙의 자리 36, 167, 172
신앙의 진리 148, 161
신앙주의 148, 150, 156
신적 지혜 157, 391-394, 400, 436, 488
신학(진리)의 아름다움 145, 233
신학의 언어 458
신학의 우월성 460
신학의 체계 45, 564
신학적 오류 122, 123, 124, 417, 476
신학함의 요체 137

실재론 157, 158, 166
실존주의 149, 531
십자가와 부활 사건 56-59, 66, 70, 72, 79, 109, 183, 210, 215, 233, 469

ㅇ

아가페 68-69, 277-278
아담 180, 234, 236
아담과 하와 35, 81, 145, 251, 253
아르미니우스주의 47, 105, 505-506
아름다움 35, 107-108, 135, 324, 481-483, 491, 496
아름다움과 끌림 481-482
아름다움과 환영(표상) 482-484, 494
아브락사스 63, 147
아우구스티누스주의 172-174, 493
아포프토시스 327-328
악의(반감) 168, 278, 281, 284, 309-317, 331
얀세니우스주의 162-163
양심 86, 263, 291-292, 298-301, 476, 491-492, 496-497
어리석음 93, 97, 137, 265, 283
엄격주의(신앙의 엄정성) 118-120
에덴동산 81
역사 철학 502-503
연단 92, 209, 211, 326, 340-346, 349-355, 373
영매술 75
영원 146, 276, 391, 393, 423, 489-490, 498, 539-540, 544
영원에 대한 감각 132
영원한 세계(영원한 하나님의 나라) 245-246, 343
영원한 안식 544, 583
영원한 작정(계획) 202-203, 169, 435, 505
영적 봉우리 36-37, 39-41, 43, 48

영적 부흥 201, 203, 506
영적 생명 75, 97, 149, 226
영적 생활(경험) 46, 56, 89 96, 109, 116, 134, 315, 326, 454, 525, 556
영적 성장(성숙) 88, 98-100, 103, 107-111, 138, 201, 203, 324, 333, 395-397, 518, 556
영적 연합 276, 334, 574
영적 이스라엘과 육적 이스라엘 36
영적 침체 580
영적인 권위(권세) 273, 275, 332
예배(예배자) 173, 184, 198-200, 412, 415, 499
예수의 흔적 181
예의 바름 279-280, 284-289
예정론 311-312
오성 241, 467-468
오순절 운동 123
완전성 146, 333, 477, 491, 493
욕망 35, 69, 263, 334, 482-483, 544-545, 589
용기 175-176, 262-263, 275, 287, 290, 291-295, 300, 302-303, 356, 480, 588
우상 심리(우상화) 545
우연적 존재 385, 528-530, 531
우위성 151, 170
우주의 중심 70
원의 236, 238, 240
원죄 154, 162, 165, 464, 501
위로 60, 61, 135, 349, 360, 364, 371, 390, 395, 539, 572, 573
유대주의 156, 431, 452
유명론 157-158
육체의 혈기 331-332
육화된 진리 225-226, 268
윤리 267, 301, 424, 444-445, 447-448, 471, 476-481, 488-490, 493, 497-498, 507, 524, 532-533
율법 35, 57, 119, 150-151, 172, 246, 252, 412, 429

은둔주의 154
은혜 살림의 교리 97-98, 573
은혜의 수단 69, 207
의지 57, 101, 105-106, 126, 154, 166-171, 172, 204-205, 210, 238, 240, 263, 270, 289, 415, 421-422, 479, 480, 484, 486-487, 489-490, 492-493, 544, 571
이성 77-78, 81, 103, 106-107, 137, 145-149, 150-151, 152-154, 155-159, 159-161, 162, 164-166, 186, 205, 236-237, 238-241, 244, 247, 249-250, 371, 399 407, 408, 410-411, 414, 416-417, 427, 433-434, 438-439, 457, 458-459, 464-467, 468-470, 472-473, 486, 488, 522, 530, 532, 534-535, 572, 580, 589
이성성 169-170, 358
이성의 원리 410, 417, 473
이성의 작용 243-244, 410, 468
이성의 진리 161
이성의 추론(사유) 146-148, 157, 458, 465
이성주의 46, 147-148, 160-161, 459, 460, 462, 561
인내(오래 참음) 290, 309, 317-318, 321-322, 331, 334, 357-358
인문주의 43, 459-460, 540, 565-567, 569-570
인식론 158, 504-505, 527
일자 147, 483, 495
일치 69, 119, 149, 156-157, 161, 172, 194, 232, 243-244, 416, 454, 464, 496

ㅈ

자기 깨어짐 71, 185, 224, 326, 335
자기사랑 68, 70, 331, 491, 581
자기죽음(자아 죽임) 162, 185, 276, 326, 335, 345, 348, 573

자비 226, 251, 317, 423, 455
자살 63, 355-356
자연적 아름다움 488, 494-495
자유 의지 169, 486, 492, 501, 505
자유주의(신학) 74-76, 162, 470-471
자유주의자 299, 577-578, 584
자율 522, 535, 540
재세례파 164, 413
전도 123-124, 234, 285, 389-390, 398, 589, 591
전적 타락 245
전향 227
절대 자율 530, 544
절대적 진리 528, 532, 546
정동 68, 127, 167, 359, 398-399, 488, 493, 539, 581
정욕 97, 282-283
정의 289-292, 302-303, 480, 495, 584-585
정직 289-293, 298-301
정향 227
제사(제사장) 57, 283
존재의 울림 172-173, 260-261, 335, 444
존재의 유비 158
종교개혁 38, 42-43, 44, 118, 149, 158, 159-161, 162, 308, 310, 436-437, 452, 514, 561-562, 567, 569-570
종교다원주의 158-159, 267
종교의 씨 245-246
종교의 해체 165
죄 죽임 97, 573
죄사함(속죄함) 110, 226, 524, 537
죄성 60, 172
죄의 결과 59
죄의 근원(뿌리) 36, 70
죄의 본성 89, 486, 488
죄의 심각성 199, 355
죄의 영향(력) 70, 180, 245
죄의 저자(창조자) 311-312

죄의식 200, 573
죄인 57, 68, 91, 100, 200, 211, 224, 227, 233, 247, 251, 254, 282-283, 315, 386, 479, 498, 582
죄죽임 97
죄책 370, 423, 487
죄책감 104, 239
주관적인 충동 123-124
주관주의 149, 155-156, 453-454, 496, 558
주의주의 167, 170-172
주지주의 167, 169-170
죽음의 효과 64
중생(거듭남) 34, 100, 101, 103, 180, 202, 319-318, 469-470, 485-488
지복 181, 234, 250-251, 525, 544
지복자의 신학 90, 409, 469
지성 34, 37, 38, 41, 43, 57, 62-63, 70, 102-103, 105-106, 117, 120, 122, 125, 130-131, 149, 152, 155, 161, 166-170, 172, 174, 205, 214, 236-238, 240-241, 249-250, 261, 263, 266, 314, 341, 384, 393, 407, 409, 414, 432, 438, 447, 449-450, 467, 469, 471-472, 474, 479, 480, 483, 485, 487, 488, 489, 490, 492, 497, 500, 504-505, 507, 520, 521, 523, 527, 537, 544, 545, 546-547, 554, 570, 579, 581, 582
지성 단일성 503-504
지성과 애성 70
지성과 의지 166, 169, 205, 210, 240, 263, 479, 489, 492
지성사 145, 150, 432, 579
지성에 대한 의지 170, 172
지성의 교만 70
지성의 오류 169, 537
지성적 피조물 333, 491, 493, 494
지성주의 157
지식과 사랑의 결합 117-127, 150, 161, 167, 324
지식의 근원 138, 430, 471

지식의 대상 540-543
지적 개안 134-136
지적 호기심 74, 79, 416
지혜를 추구하는 신앙 156
지혜의 근원 62
지혜의 핵심 428-439
직관적 지성 414, 468, 480
진리 탐구의 사명 543-546
진리에 부합하는 삶 178-180, 292-293, 479-480
진리의 사람 127-128, 388, 391-394
진리의 아름다움 233
진리의 주체 504
진실한 사랑 91, 211, 323
진실한 신앙 80, 180, 335
질서와 체계 411-413

ㅊ

창조의 기둥 327-329
창조의 목적 91, 422-424, 429, 435-439, 464, 472, 475
창조주 하나님의 영광 36
철학의 도구화 463-469
청교도 45, 58, 118, 120, 123, 149-150, 175, 203, 294, 388, 449, 478
초월적 경험 104-105, 116, 229
초월적 은혜 56, 199, 201, 364
초월적 진리 106-107, 152, 157
초월적인 사랑 92, 103, 105, 364
초월적인 진리 106-107, 152
초월주의 88, 152
최고선 415, 466
충성스러운 사람 89, 208, 294
칭찬 62, 47, 266, 282, 297, 356, 534

ㅋ

칼빈주의 43, 47, 105

ㅌ

타락 35, 81, 146, 152, 180, 235-236, 238-240, 245, 247, 251, 253, 423, 435, 469, 488, 492, 495, 583
타자 415
탈신학화 469-470, 522-525
토마스주의 169-170
투쟁 43, 199, 297, 461, 462, 485, 578, 588

ㅍ

패역 334, 345-348
포스트모더니즘 522-526, 530, 532-535, 541, 544-545, 547
피투성 531-532

ㅎ

하나님 앞에서 사는 것 72, 79, 116, 117, 267, 280-283, 292, 363, 385-386, 388, 397, 399, 407, 418, 421-422, 424-425, 427 448, 468, 472, 477, 496, 543
하나님과의 연합 162, 167, 585
하나님에 관한 이중지식 253
하나님을 아는 지식 35, 108, 116, 121, 249, 252, 396, 400, 416, 469, 473, 541
하나님의 교수법 153
하나님의 구원 계획 35, 422, 583
하나님의 나라 71, 93, 138, 227, 326, 371, 498, 547, 586

하나님의 생명 167-168, 202-203, 227, 387
하나님의 선 245, 481, 581
하나님의 속성 117, 150, 387, 455, 481, 587
하나님의 아름다움 101-103, 107-108, 117, 125-127, 132-133, 134-139, 399, 455, 488, 493, 494-496, 581
하나님의 영광 68, 71-72, 102, 135, 201, 205, 282, 343, 364, 367-368, 371, 388, 395, 436, 455, 471, 517, 583, 590
하나님의 우주적 계획 57, 66, 446, 492
하나님의 은혜 90, 167, 172, 224, 275, 294, 314, 316, 318, 322, 351, 445, 488-490, 495, 546, 572
하나님의 의지 169, 172, 242, 421, 484, 581, 582
하나님의 인자하심 102, 138
하나님의 주권 43, 49, 181, 263, 313, 333, 355-361, 506
하나님의 지혜 35, 57, 62, 89, 252, 358, 389, 391, 400, 407, 412, 416, 423, 427, 429, 430, 435, 438, 471-476, 490, 543
하나님의 진리 231, 323
하나님의 진실하심 283
하나님의 초월성 333, 477, 571
하나님의 형상 69, 90, 119, 168, 180, 232, 235-251, 277-278, 489, 504, 531, 572, 585
학문으로서의 신학 151, 155, 160, 195, 410-417
학문의 대상 77-79, 410, 415-416
학문의 주체 410, 415
학문의 탐구 107, 118, 174-175, 192, 194, 203, 205, 383, 392, 471, 498, 588
한 책의 사람 177
할례 181
합리주의 45, 147-148, 150, 152, 162, 166
해석학적 순환 관계 451-454, 468, 587
허세 302, 387
혈기 275, 323, 331-332, 349
형상과 질료 144-145, 172-173, 504

형이상학 160, 460, 530, 541, 567
회개 64, 163, 268, 343
회심 56-59, 60-65, 70, 105, 180, 195, 260, 319, 389-391, 470, 488, 545, 563
회심의 진실성 264, 470
휴머니즘 65, 547
힘적인 사랑 100-103

부록3

성구 색인

구약

창 1:2	421
창 1:19	145
창 1:26	234, 489
창 1:26-27	235
창 1:27	489
창 2:7	421
창 3:2-3	146
창 3:24	81
창 5:1-3	235
창 9:6	235
출 2:15-25	343
출 31:3-5	431
레 11:45	477, 493
신 21:23	56
삿 2:10	37
삿 21:25	37
삼상 17:38-39	563
삼하 11:27	96
삼하 23:5	411
왕상 7:14	431
스 7:10	384
시 5:11	393
시 6:6	343
시 6:8-9	343
시 8:1	117
시 27:4	399
시 31:19-20	322
시 34:8	252
시 40:16	401
시 42:1	401
시 42:5	93
시 43:5	93
시 46:10	252
시 57:5	135
시 57:10	343
시 65:4	399
시 85:10	289
시 108:4	343
시 119:136	232
시 148:4	135
잠 2:10	439
잠 29:26	489
사 10:22	489
사 11:9	252
사 43:7	393
사 59:2	386
렘 5:25	386
렘 10:9	431
렘 20:9	173
렘 31:34	252
애 3:22-23	173
겔 27:8-9	431
단 3:18	359
호 2:20	252
호 4:6	252
호 6:3	138
암 5:15	290

신약

마 4:8-9	293
마 5:12	525
마 5:13-14	449
마 7:9-10	545
마 12:28	525
마 16:18	506
마 16:19	228
마 18:18	228
마 20:22	276
마 20:28	276
마 22:37	174
마 24:45	265
마 25:21	265, 266
눅 1:17	486
눅 2:33-35	200
눅 11:3	387
눅 11:12	545
눅 16:10	301
눅 16:15	282
요 1:3	138, 420
요 1:6-8	389
요 1:7-8	388
요 1:14	226
요 1:17	150
요 6:55	387
요 8:32	387, 401, 425, 555
요 8:36	401
요 10:2	380
요 10:15	389
요 12:24	330
요 14:6	228
요 14:21	133
요 15:8	395
요 16:13	421
요 17:21	233
요 19:30	202
요 20:31	387
요 21:15-17	55, 56
요 21:17	187
행 1:22	430
행 2:36	430
행 5:31	225
행 7:54-59	499
행 9:1-3	499
행 9:27	264
행 11:26	182
행 12:1-5	500
행 13:48	435, 489
행 17:18	433
행 17:34	433
행 19:11-12	280
행 20:9-12	280
행 20:18-19	280
행 20:19-21	314
행 20:22	389
행 20:24	388, 400
행 26:13-23	110
롬 1:1	182
롬 1:4	56
롬 3:2	412
롬 3:11	244
롬 3:23	386, 487
롬 3:25	226
롬 5:5-6	105
롬 5:8	226
롬 5:10	226
롬 6:23	386
롬 7:18	245
롬 7:24	481
롬 8:13-14	97

롬 8:29	108, 234, 253	고전 9:27	97
롬 8:29-30	360	고전 11:1	108, 227, 253
롬 9:1-3	86	고전 11:7	235
롬 11:29	360	고전 13:4-7	317
롬 11:36	420	고전 13:5	287
롬 12:1	412	고전 13:6	232
롬 12:2	538, 539	고전 15:31	93, 97
롬 12:18	279		
롬 14:10	448	고후 1:7	93, 276
롬 15:5-6	227	고후 1:7-10	344
		고후 1:9	344
고전 1:17	431	고후 2:15	224
고전 1:18	430	고후 2:16	223
고전 1:18-19	431	고후 2:17	263
고전 1:19-21	424	고후 3:18	539
고전 1:21	428, 431	고후 4:2	263
고전 1:24	435	고후 4:10-12	94
고전 1:24-25	57	고후 4:12	274, 348
고전 2:1	433	고후 4:16	233
고전 2:2	233, 428, 433	고후 5:10	448
고전 2:2-12	429	고후 5:15	439, 489
고전 2:3	433	고후 12:9	97
고전 2:4-5	429, 434	고후 12:12	317
고전 2:6	430, 433, 434, 438	고후 12:15	233
고전 2:6-7	429		
고전 2:7	252, 428, 438	갈 2:20	98
고전 2:7-8	431	갈 4:19	387
고전 2:7-9	389	갈 6:17	181
고전 2:11	471		
고전 4:1	388	엡 1:3-14	559
고전 4:13	343	엡 1:9	435
고전 6:1-2	318	엡 1:10	435
고전 6:7	315, 322	엡 2:3	487
고전 6:11	421	엡 2:10	133, 393
고전 7:18	225	엡 2:22	421
고전 8:1	76	엡 3:8-10	57
고전 8:6	420	엡 3:8-11	447
고전 9:16	57, 389	엡 3:11	435

엡 4:11	225, 380
엡 4:12	392
엡 4:15	100
엡 4:22	479
엡 4:24	479
엡 5:8	449
빌 1:9	100, 449
빌 1:20-21	330
빌 2:13	481
빌 3:8	87, 232
빌 3:8-9	252
빌 3:10	90, 93, 108, 276, 334
빌 3:13-14	87
빌 4:5	331
빌 4:8	424
골 1:24	93, 202, 276, 334, 401
골 1:26-27	435
골 2:3	420
골 3:10	235, 487
살전 5:10	439
딤전 1:5-7	497
딤전 1:15	283
딤전 2:2	424
딤전 3:16	413
딤전 4:4-5	251
딤전 6:2-3	411, 412
딤전 6:3	413
딤후 1:8	309
딤후 1:13	234
딤후 2:15	411
딤후 3:15-16	400
딤후 3:15-17	387
딤후 3:16	421
딤후 3:17	178, 392, 543
딛 2:12	424
히 11:1	359
히 12:13	411
히 12:14	279
히 13:6	264
히 13:8	267
히 13:17	262
약 1:20	295
약 1:27	424
약 3:9	235
벧전 1:8	105
벧전 1:12	125, 252
벧전 2:9	283
벧전 2:21	226
벧전 2:24	439
벧전 3:15	448
벧전 3:16	298
벧전 4:2	439
벧전 4:8	321
벧전 4:11	412
벧전 4:13	93, 276, 525
벧전 5:3	400
벧후 3:18	100, 150
요일 2:16-17	283
요일 3:9	487
요일 4:7-8	470
요일 4:10	226
요일 5:1	487
요일 5:2-3	486

부록4

인명 색인

ㄱ

갈릴레이 534
개럿 드위즈 431
고틀로프 프레게 576
기스베르투스 보에티우스 45, 118, 119, 120, 462, 463
기시미 이치로 524
기욤 뷔데 566
기욤 파렐 43
김희보 177

ㄴ

나지안주스의 그레고리우스 426
나폴레옹 472
노먼 피어링 487
노먼 피텐저 584
니체 61
니콜라 콜라동 313
닛사의 그레고리우스 426

ㄷ

다니엘 37
다니엘 미글리오르 584
다메섹의 요한네스 41, 236
다우마 557
다윗 36, 96, 343, 563
데이비드 바비 574
데이비드 브레이너드 365, 366, 367, 372
데이크 557
데카르트 165, 461
둔스 스코투스 156, 157, 170
드와이트 무디 123
디오니시우스 154

ㄹ

라이몬 파니카르 584
라이프니츠 461
러셀 61, 576
레오나르도 보프 584
로버트 머리 맥체인 253
로버트 모리슨 367
로버트 젠슨 584
루이스 데 몰리나 171
루이스 벌코프 564
루이스 에이레스 584
루크레티우스 147
루터 42, 47, 149, 159, 239, 308, 310, 452, 561, 562, 570
루트비히 비트겐슈타인 576
리처드 멀러 47, 161, 172, 437, 467, 562
리처드 백스터 45, 46
리처드 휴즈 472

ㅁ

마르틴 부처 310
마리우스 빅토리누스 452
마실리오 피치노 567
마이모니데스 156
마이스터 에크하르트 42
마저리 스카키 584
마크 놀 449, 450
마틴 로이드존스 67, 108, 109, 126, 204, 557
말라기 37
매튜 헨리 47
멜란히톤 43, 159, 561
모세 35, 156, 343
모세 스튜어트 449
미로슬라브 볼프 584
미셸 푸코 547

밀라노 대주교 심플리키아누스 452

ㅂ

바나바 264
바르톨로메우스 케커만 44
바실리우스 426, 502
박윤선 76
버나드 램 458
베네 홀베르다 557, 559
베드로 55, 99
베른하르트 리만 528
베인호프 559
벤저민 워필드 36, 48
보나벤투라 156
볼프강 무스쿨루스 43, 561
볼프하르트 판넨베르크 584
브와디스와프 타타르키비츠 495
블라디미르 로스키 584
빌헬무스 아 브라켈 45

ㅅ

사도 바울 37, 56, 57, 87, 89, 90, 93, 96, 97, 98, 109, 110, 149, 181, 227, 252, 262, 264, 279, 280, 314, 316, 317, 329, 343, 359, 428, 429, 430, 431, 433, 434, 452, 538
사도 요한 37
사무엘 36
사무엘 존 밀스 367
사벨리우스 154
생빅토르의 위고 155
생트뵈브 163
생푸르생의 두란두스 158
세례 요한 368
세바스티앵 카스텔리옹 311

셸링 472
소키누스 162
솔로몬 156
솔로몬 스토다드 319
쇼펜하우어 61
순교자 유스티누스 38, 151
슐라이어마허 558, 562
스데반 499
스콧 올리핀트 246
스트레이프케르크 558
스피노자 461, 532, 536
스피어(Hendrik J. Spier) 559
스헬하스 557

ㅇ

아리스토텔레스 61, 152, 155, 156, 460, 480, 485, 567, 570
아리우스 154
아만두스 폴라누스 44
아베로에스(이븐 루슈드) 503, 504
아벨라르두스 155
아브라함 35
아브라함 카이퍼 48, 472
아시시의 프란체스코 41
아우구스티누스 40, 47, 65, 68, 71, 130, 149, 152, 153, 154, 159, 172, 181, 205, 234, 236, 249, 386, 408, 410, 445, 452, 455, 467, 482, 484, 490, 493, 494, 495, 502, 541, 569, 571, 573
아이작 뉴턴 534
아인슈타인 528
아타나시우스 236, 501
안드레아 알치알티 566
안드레아스 휘페리우스 43, 561
안토니오 스트라디바리 341, 342
안토니우스 드리센 463

알렉산드리아의 클레멘스 151, 236
알리스터 맥그래스 312
알베르투스 마그누스 156
알프레트 아들러 524
암브로시우스 236, 452
앤드루 머리 281
앨빈 플랜팅거 104, 105
야고보 500
야코부스 레비우스 462
얀 후스 42
어니스트 새클턴 273
에드워드 카 269, 270
에라스무스 566
에마뉘엘 레비나스 547
에스겔 37
에스라 384
에티엔느 질송 460, 461, 570
엘리 알레비 478
엘리자베스 존슨 584
여호수아 35
예레미야 173
예레미야 37
오리게네스 38, 151, 236, 426
오컴의 윌리엄 158
요나스 요나손 524
요제프 라칭거 584
요하네스 스피어 523
요하네스 타울러 42
요한 고틀리프 피히테 472, 473
요한 하인리히 불링거 43, 561
요한 하인리히 알슈테트 45
요한 하인리히 하이데거 45, 46, 61, 531, 532
요한네스 크리소스토무스 39, 228, 426
위르겐 몰트만 584
윌리엄 레키 478
윌리엄 에임스 45
윌리엄 캐리 367
윌리엄 퍼킨스 44

윌리엄 해리 젤레마 104
이레나 배커스 313
이레나이우스 38, 235, 500
이사야 36
이상근 212
이안 머리 122

ㅈ

자카리아스 우르시누스 44, 436
자크 르페브르 데타플 566, 567
장 다니엘 루 584
장 드 라바디 162, 163, 164
장폴 사르트르 61, 531, 532
제롬에르메스 볼섹 311, 312, 313
제임스 파이크 75
조나단 에드워즈 46, 47, 48, 79, 101, 102, 103, 105, 122, 124, 126, 168, 284, 319, 320, 418, 419, 436, 449, 455, 464, 465, 492, 493, 506, 556, 569, 575
조반니 피코 델라 미란돌라 567
조셉 브래큰 584
조지 마스던 124, 126
조지 몬로 그랜트 449
조지 휘트필드 47, 48, 58, 120, 123, 124, 506
존 녹스 43
존 뉴턴 211
존 머리 212
존 번연 45, 46, 60
존 어스킨 320
존 오웬 36, 45, 46, 97, 194, 422, 499, 539, 556, 569
존 웨슬리 47, 120, 449, 478, 506
존 위클리프 42
존 지지울라스 584
존 테일러 464
존 파이퍼 464

질 들뢰즈 547
질 에메리 584

ㅊ

찰스 스펄전 209
찰스 피니 123, 124
찰스 핫지 449
체스터턴 470
츠빙글리 43, 159, 561

ㅋ

카시러 165
칸트 61, 165
칼 라너 584
칼 바르트 149, 558, 559, 584
칼빈 43, 47, 97, 117, 118, 138, 159, 202, 229, 238, 239, 278, 310, 311, 312, 313, 334, 355, 357, 358, 359, 360, 413, 416, 453, 556, 561, 562, 563, 565, 566, 567, 568, 569, 570, 572, 573, 574, 575
캐서린 라쿠냐 584
캔터베리 대주교 브래드워딘 158
캔터베리의 안셀무스 41, 78, 155, 465, 467
코넬리어스 플랜팅거 105
코로넬 566
코르넬리우스 얀세니우스 162
코르디에 566
쿠자의 니콜라우스 158
크리스티안 프리드리히 슈바르츠 367
클라스 스킬더 557, 559
클레르보의 베르나르두스 41, 155, 333, 573, 574, 575
키에르케고르 61
키지쿠스 주교 에우노미우스 501, 502

키케로 242, 243, 244, 290
키프리아누스 38

ㅌ

탬부렐로 574
테르툴리아누스 38, 39, 148, 152
테오도르 베자 44, 159, 313, 561
토니 사전트 108
토드 빌링스 88
토마스 아퀴나스 41, 42, 148, 156, 172, 237, 241, 408, 410, 461, 491, 492, 503, 504, 505
토머스 리즐리 45
트롤리에 312

ㅍ

파르메니데스 147
판 데이크 559
판 헤트 비어 559
페르투스 롬바르두스 41, 156, 241
페르투스 판 마스트리히트 45, 411, 412, 417, 419, 462, 463
펠라기우스 154
폴 오스카 크리스텔러 460
프란시스코 수아레스 171
프란츠 리스트 520
프란키스쿠스 고마루스 45
프란키스쿠스 유니우스 44
프랜시스 쉐퍼 74, 523
프랜시스 에즈버리 449
프랜시스 튜레틴 45, 46, 159, 161, 240, 413, 544
프리먼 다이슨 529
플라비우스 요세푸스 372, 426

플라톤 41, 47, 61, 147, 468, 481, 570, 571
플로티누스 483
피에르 드 레투알 566
피에르 비레 43
피에르 아도 426
피에르 아모 311
피터 마터 버미글리 43, 159, 161
필론 157, 426
필리프 야코프 슈페너 163

ㅎ

하위셀 557
하인리히 주조 42

헤겔 269, 472
헤라클레이토스 485
헤르만 도예베이르트 523
헤르만 바빙크 48, 446, 557
헤르만 헤세 62, 63
헤일즈의 알렉산더 156
헨리 마틴 367
헨리 스쿠걸 167
헬무트 틸리케 239
호레이셔스 보나 175, 294
호세아 252
휴 몽고메리 529
흐로샤이데 132
힐라리우스 236

사명선언문

너희가 흠이 없고 순전하여……세상에서 그들 가운데 빛들로
나타내며 생명의 말씀을 밝혀 _ 빌 2:15-16

1. 생명을 담겠습니다
만드는 책에 주님 주신 생명을 담겠습니다.
그 책으로 복음을 선포하겠습니다.

2. 말씀을 밝히겠습니다
생명의 근본은 말씀입니다.
말씀을 밝혀 성도와 교회의 성장을 돕겠습니다.

3. 빛이 되겠습니다
시대와 영혼의 어두움을 밝혀 주님 앞으로 이끄는
빛이 되는 책을 만들겠습니다.

4. 순전히 행하겠습니다
책을 만들고 전하는 일과 경영하는 일에 부끄러움이 없는
정직함으로 행하겠습니다.

5. 끝까지 전파하겠습니다
모든 사람에게, 땅 끝까지, 주님 오시는 그날까지
복음을 전하는 사명을 다하겠습니다.

서점 안내

광화문점 서울시 종로구 새문안로 69 구세군회관 1층
02)737-2288(T) 02)737-4623(F)

강남점 서울시 서초구 신반포로 177 반포쇼핑타운 3동 2층
02)595-1211(T) 02)595-3549(F)

구로점 서울시 구로구 시흥대로 577 3층
02)858-8744(T) 02)838-0653(F)

노원점 서울시 노원구 동일로 1366 삼봉빌딩 지하 1층
02)938-7979(T) 02)3391-6169(F)

분당점 경기도 성남시 분당구 황새울로 315 대현빌딩 3층
031)707-5566(T) 031)707-4999(F)

일산점 경기도 고양시 일산서구 중앙로 1391 레이크타운 지하 1층
031)916-8787(T) 031)916-8788(F)

의정부점 경기도 의정부시 청사로47번길 12 성산타워 3층
031)845-0600(T) 031) 852-6930(F)

인터넷서점 www.lifebook.co.kr